SECOND EDITION

Sentieri

ATTRAVERSO L'ITALIA CONTEMPORANEA

Volume 1

Lessons 1-6

Julia M. Cozzarelli

vistahigherlearning.com/store

2nd EDITION

Sentieri

ATTRAVERSO L'ITALIA CONTEMPORANEA

Volume 1

Lessons 1-6

Julia M. Cozzarelli
Ithaca College

VISTA HIGHER LEARNING
Boston, Massachusetts

Publisher: José A. Blanco
Editorial Development: Deborah Coffey, Aliza B. Krefetz
Project Management: Hillary Gospodarek, Sharon Inglis
Rights Management: Maria Rosa Alcaraz Pinsach, Annie Pickert Fuller, Caitlin O'Brien
Technology Production: Egle Gutiérrez, Sonja Porras, Paola Ríos Schaaf
Design: Mark James, Erik Restrepo, Andrés Vanegas
Production: Manuela Arango, Oscar Díez, Jennifer López

Student Text (Casebound) ISBN: 978-1-62680-760-0
Student Text (Casebound-SIMRA) ISBN: 978-1-62680-761-7
Instructor's Annotated Edition ISBN: 978-1-62680-763-1

Library of Congress Control Number: 2014948564

1 2 3 4 5 6 7 8 9 WC 19 18 17 16 15

TO THE STUDENT

Welcome to the Second Edition of **SENTIERI**, an introductory Italian program from Vista Higher Learning. In Italian the word **sentieri** means *paths*. The major sections in **SENTIERI** are paths designed to help you learn Italian and explore Italian culture in the most user-friendly way possible. In light of this goal, here are some of the features you will encounter in **SENTIERI**:

- A unique, easy-to-navigate design built around color-coded sections that appear completely on either one page or on two facing pages
- Abundant illustrations, photos, charts, graphs, diagrams, and other graphic elements, all created or chosen to help you learn
- Integration in each lesson of a video program entirely shot in Rome and specifically created for **SENTIERI**
- Clear, concise grammar explanations in an innovative format that allows you to see the full explanation as you work through the practice activities
- Practical, high-frequency vocabulary for use in real-life situations
- Abundant guided vocabulary and grammar activities to give you a solid foundation for communicating in Italian
- An emphasis on communicative interactions with a classmate, small groups, the whole class, and your instructor
- Systematic development of reading and writing skills, incorporating learning strategies and a process approach
- A rich, contemporary cultural presentation of the everyday life of Italian speakers
- Exciting integration of culture and multimedia through TV commercials and short films
- A full set of completely integrated print and technology ancillaries to make learning Italian easier
- Built-in correlation of all ancillaries, right down to the page numbers

SENTIERI is divided into twelve units. Each unit has two lessons followed by an end-of-unit **Avanti** section that includes a cultural presentation, skill-building components, and a list of active vocabulary. To familiarize yourself with the textbook's organization, features, and ancillary package, turn to page xvi and take the **SENTIERI** At-A-Glance tour.

TABLE OF CONTENTS

strutture	sintesi	avanti
1A.1 Nouns and articles . . . . 10 **1A.2** Numbers 0–100 12	**Ricapitolazione** . . . . 14 **Lo zapping** Zanichelli 15	**Panorama:** Dove si parla italiano? . . . . 32 **Lettura:** L'agenda di Giovanni . . . 34 **In ascolto** . . . . 36 **Scrittura** . . . . 37 **Vocabolario dell'Unità 1** 38
1B.1 Subject pronouns and the verb **essere** . . . . 24 **1B.2** Adjective agreement . . . . . . 26 **1B.3** Telling time 28	**Ricapitolazione** 30	
2A.1 Regular **-are** verbs. . . . . 48 **2A.2 Andare**, **dare**, **fare**, and **stare** 50	**Ricapitolazione** . . . . 52 **Lo zapping** Pagine Gialle 53	**Panorama:** Roma . . . . 70 **Lettura:** Parco Nazionale del Gran Sasso . . . . 72 **In ascolto** . . . . 74 **Scrittura** . . . . 75 **Vocabolario dell'Unità 2** 76
2B.1 The verb **avere** . . . . 62 **2B.2** Regular **-ere** verbs and **piacere** . . . . 64 **2B.3** Numbers 101 and higher . . 66	**Ricapitolazione** 68	
3A.1 Possessives . . . . 86 **3A.2 Preposizioni semplici e articolate** . . . . 88 **3A.3** Regular **-ire** verbs 90	**Ricapitolazione** . . . . 92 **Lo zapping** Galletto Vallespluga 93	**Panorama:** Gli italiani nel mondo . . . . 108 **Lettura:** Amici a quattro zampe . 110 **In ascolto** . . . . 112 **Scrittura** . . . . 113 **Vocabolario dell'Unità 3** 114
3B.1 Descriptive adjectives . . . . 102 **3B.2** Interrogatives and demonstratives 104	**Ricapitolazione** 106	
4A.1 Dovere, **potere**, and **volere** . . . . 124 **4A.2 Dire**, **uscire**, and **venire**, and disjunctive pronouns 126	**Ricapitolazione** . . . . 128 **Lo zapping** Telecom Italia Mobile 129	**Panorama:** Milano. . . . . 144 **Lettura:** La casa della moda . . . 146 **In ascolto** . . . . 148 **Scrittura** . . . . 149 **Vocabolario dell'Unità 4** 150
4B.1 The **passato prossimo** with **avere** . . . . 138 **4B.2** The verbs **conoscere** and **sapere** 140	**Ricapitolazione** 142	

strutture	sintesi	avanti

strutture	sintesi	avanti
8A.1 Comparatives of equality . . 278 **8A.2** Comparatives of inequality . . . . 280 **8A.3** Superlatives 282	**Ricapitolazione** . . . . 284 **Lo zapping** Atlantia 285	**Panorama:** Venezia . . . . 302 **Lettura:** In giro per l'Italia settentrionale. . . . . 304 **In ascolto**. . . . . 306 **Scrittura**. . . . . 307 **Vocabolario dell'Unità 8**. 308
8B.1 The present conditional . . . 294 **8B.2** The past conditional . . . . . 296 **8B.3** **Dovere**, **potere**, and **volere** in the conditional. 298	**Ricapitolazione** 300	
9A.1 Si impersonale and **si passivante** . . . . 318 **9A.2** Relative pronouns 320	**Ricapitolazione** . . . . 322 **Lo zapping** Le città, i mercati. 323	**Panorama:** L'Italia centrale: Marche, Umbria e Lazio . . . . . 338 **Lettura:** Valdilago: un vero angolo di paradiso. . . . . 340 **In ascolto**. . . . . 342 **Scrittura**. . . . . 343 **Vocabolario dell'Unità 9**. 344
9B.1 Indefinite words . . . . 332 **9B.2** Negative expressions. 334	**Ricapitolazione** 336	
10A.1 Infinitive constructions . . 354 **10A.2** Non-standard noun forms. 356	**Ricapitolazione** . . . . 358 **Lo zapping: cortometraggio** *A piedi nudi sul palco* 359	**Panorama:** Firenze . . . . 376 **Lettura:** *Inferno*, Canto III di Dante Alighieri . . . . 378 **In ascolto**. . . . . 380 **Scrittura**. . . . . 381 **Vocabolario dell'Unità 10**. 382
10B.1 The gerund and progressive tenses . . . . 370 **10B.2** Ordinal numbers and suffixes. 372	**Ricapitolazione** 374	

Appendici

strutture	sintesi	avanti

Each section of your textbook comes with activities on the **SENTIERI** Supersite, many of which are auto-graded for immediate feedback. Plus, the Supersite is iPad®-friendly*, so it can be accessed on the go! Visit **vhlcentral.com** to explore this wealth of exciting resources.

CONTESTI
- Audio recordings of all vocabulary items
- Audio for **Contesti** listening activity
- Image-based vocabulary activity
- Textbook activities
- Additional online-only practice activities
- Audio recording of **Pronuncia e ortografia** presentation
- Record-compare audio activities

FOTOROMANZO
- Streaming video of **Fotoromanzo** episodes, with instructor-managed options for subtitles and transcripts in Italian and English
- Textbook activities
- Additional online-only practice activities

CULTURA
- **Cultura** reading
- Keywords and support for **Su Internet**
- Textbook activities
- Additional online-only practice activities

STRUTTURE
- Grammar presentations
- Textbook and extra practice activities
- Chat activities for conversational skill-building and oral practice

SINTESI
- Chat activities for conversational skill-building and oral practice
- Streaming video of **Lo zapping** TV clips and short films
- Textbook activities
- Additional online-only practice activities

AVANTI
- **Panorama** readings
- **Su Internet** research activity
- Textbook activities
- Additional online-only practice activities
- Audio-sync **Lettura** readings
- Audio for **In ascolto**
- Composition engine writing activity for **Scrittura**

VOCABOLARIO
- Vocabulary list with audio
- Customizable study lists

Plus! Also found on the Supersite:

- All textbook and lab audio MP3 files
- Communication center for instructor notifications and feedback
- Live Chat tool for video chat, audio chat, and instant messaging without leaving your browser
- A single gradebook for all Supersite activities
- WebSAM online Student Activities Manual
- **vText** online, interactive student edition with access to Supersite activities, audio, and video

Supersite features vary by access level. Visit **vistahigherlearning.com** to explore which Supersite level is right for you.

*Students must use a computer for audio recording and select presentations and tools that require Flash or Shockwave.

STUDENT RESOURCES

- **Student Edition (SE)**
  The SE is available in hardcover, loose-leaf, and digital format (online vText).
- **Student Activities Manual**
  The Student Activities Manual is divided into three sections: the Workbook, the Video Manual, and the Lab Manual. The activities in the Workbook section provide additional practice of the vocabulary and grammar in each textbook lesson and the cultural information in each unit's **Avanti** section. The Video Manual section includes pre-viewing, while-viewing, and post-viewing activities for the **SENTIERI Fotoromanzo**, and the Lab Manual section contains activities for each textbook lesson that build listening comprehension, speaking, and pronunciation skills in Italian.
- **Lab Program MP3s**
  The Lab Program MP3s contain the recordings needed to complete the activities in the Lab Manual.
- **Textbook MP3s**
  The Textbook MP3s contain the recordings needed to complete the listening activities in **Contesti**, **Pronuncia e ortografia**, **In Ascolto**, and **Vocabolario** sections.
- **Online Student Activities Manual**
  Incorporating the **SENTIERI** Video, as well as the complete Lab Program, this component delivers the Workbook, Video Manual, and Lab Manual online with automatic scoring. Instructors have access to powerful classroom management and gradebook tools that allow in-depth tracking of students' scores.
- **SENTIERI, Second Edition, Supersite**
  Your passcode to the Supersite (vhlcentral.com) gives you access to a wide variety of interactive activities for each section of every lesson of the student text; auto-graded activities for extra practice with vocabulary, grammar, video, and cultural content; reference tools; grammar practice with diagnostics; the **Lo zapping** TV commercials and short films; the **Fotoromanzo**; the Textbook MP3s, and the Lab Program MP3s.
- **vText Online Interactive Text**
  Provides the entire student edition textbook with notetaking and highlighting capabilities. It is fully integrated with Supersite and other online resources.

ICONS & *RISORSE* BOXES

ICONS

These icons in the Second Edition of **SENTIERI** alert you to the type of activity or section involved.

Icons legend	
Listening activity/section	Additional content found on the Supersite: audio, video, and presentations
Activity also on the Supersite	Recycling activity
Pair activity	Information Gap activity
Group activity	*Fogli d'attività*

- The Information Gap activities and those involving **Fogli d'attività** (*activity sheets*) require handouts that your instructor will give you.
- The listening icon appears in **Contesti**, **Pronuncia e ortografia**, **In ascolto**, and **Vocabolario** sections.
- The Supersite icon appears on pages for which there is additional online content, like audio, video, or presentations.
- The recycling icon tells you that to finish a specific activity you will need to use vocabulary and/or grammar learned in previous lessons.

RISORSE BOXES

Risorse boxes let you know exactly which print and technology ancillaries you can use to reinforce and expand on every section of every lesson in your textbook. They include page numbers when applicable.

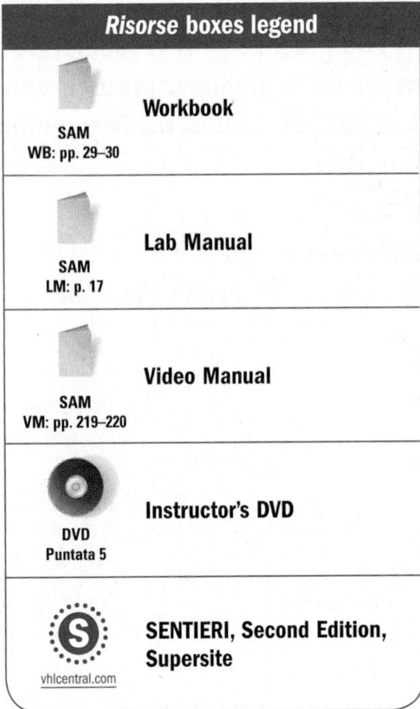

Risorse boxes legend	
SAM WB: pp. 29–30	Workbook
SAM LM: p. 17	Lab Manual
SAM VM: pp. 219–220	Video Manual
DVD Puntata 5	Instructor's DVD
vhlcentral.com	SENTIERI, Second Edition, Supersite

vText provides an online, interactive version of the Student Edition that links directly with Supersite practice activities, audio, and video. Plus, all online resources are located on one platform so you can complete assignments and access resources quickly and conveniently.

- Links on the vText page to all mouse-icon textbook activities, audio, and video
- Note-taking capabilities for students
- Easy navigation with searchable table of contents and page number browsing
- Access to all Supersite resources
- Now iPad®-friendly* for on-the-go access!

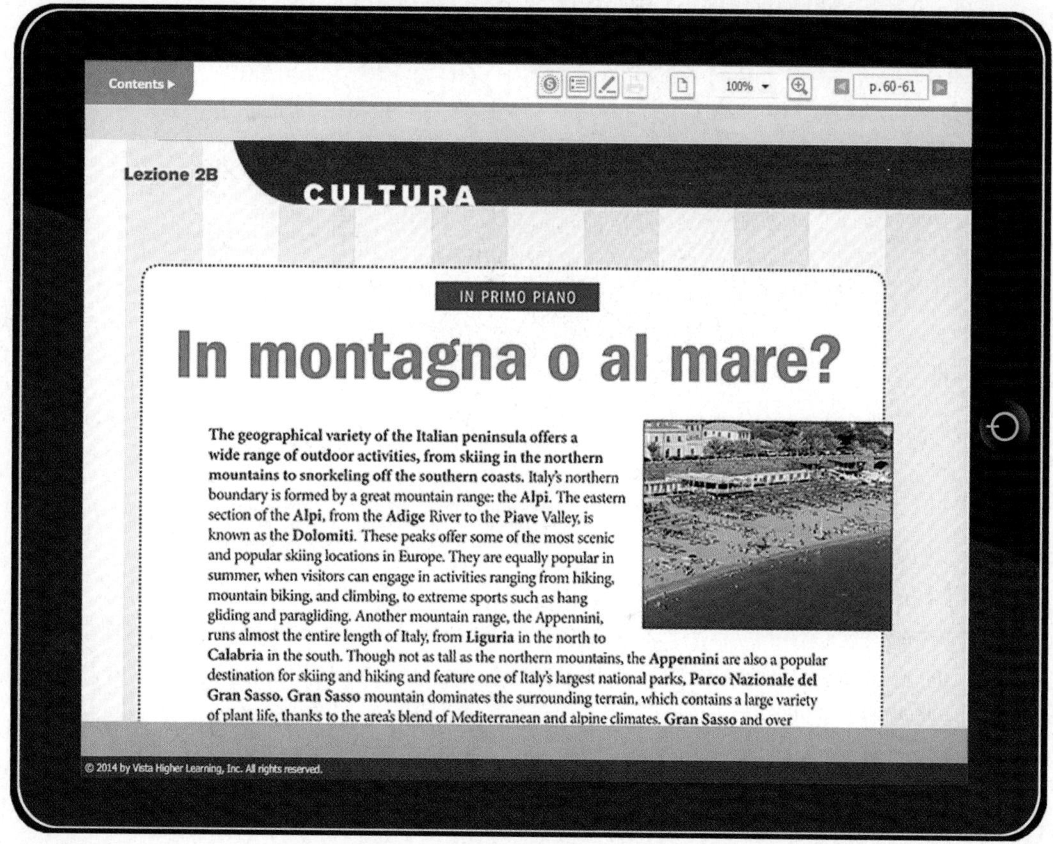

* Students must use a computer for audio recording and select presentations and tools that require Flash or Shockwave.

UNIT OPENERS

outline the content and features of each unit.

UNITÀ 2

Il tempo libero

Lezione 2A

CONTESTI
pagine 40–43
- Sports and pastimes
- Letter combinations **gli**, **gn**, and **sc**

FOTOROMANZO
pagine 44–45
- **Che cosa vuoi fare?**

CULTURA
pagine 46–47
- **Giochiamo a pallone!**

STRUTTURE
pagine 48–51
- Regular **-are** verbs
- **Andare**, **dare**, **fare**, and **stare**

SINTESI
pagine 52–53
- **Ricapitolazione**
- **Lo zapping**

Lezione 2B

CONTESTI
pagine 54–57
- Weather and seasons
- Italian vowels

FOTOROMANZO
pagine 58–59
- **Che tempo fa?**

CULTURA
pagine 60–61
- **In montagna o al mare?**

STRUTTURE
pagine 62–67
- The verb **avere**
- Regular **-ere** verbs and **piacere**
- Numbers 101 and higher

SINTESI
pagine 68–69
- **Ricapitolazione**

Per cominciare
- Where is Riccardo sitting?
  a. allo stadio b. in biblioteca c. in piazza
- Which word describes what Riccardo is doing?
  a. ascoltare la musica b. andare in bicicletta c. guardare la TV
- What month is it?
  a. dicembre b. agosto c. febbraio

AVANTI
pagine 70–76
Panorama: Roma
Lettura: Read a brochure for a national park.
In ascolto: Listen to a conversation about weekend activities.
Scrittura: Write a description of yourself.
Vocabolario dell'Unità 2

Per cominciare activities jump-start the units, allowing you to use the Italian you know to talk about the photos.

Content thumbnails break down each unit into its two lessons (A and B) and one **Avanti** section, giving you an at-a-glance summary of the vocabulary, grammar, cultural topics, and language skills covered in the unit.

Supersite

Supersite resources are available for every section of the unit at **vhlcentral.com.** Icons show you which textbook activities are also available online, and where additional practice activities are available. The description next to the Ⓢ icon indicates what additional resources are available for each section: videos, audio recordings, readings, presentations, and more!

Supersite features vary by access level. Visit **vistahigherlearning.com** to explore which Supersite level is right for you.

CONTESTI

presents and practices vocabulary in meaningful contexts.

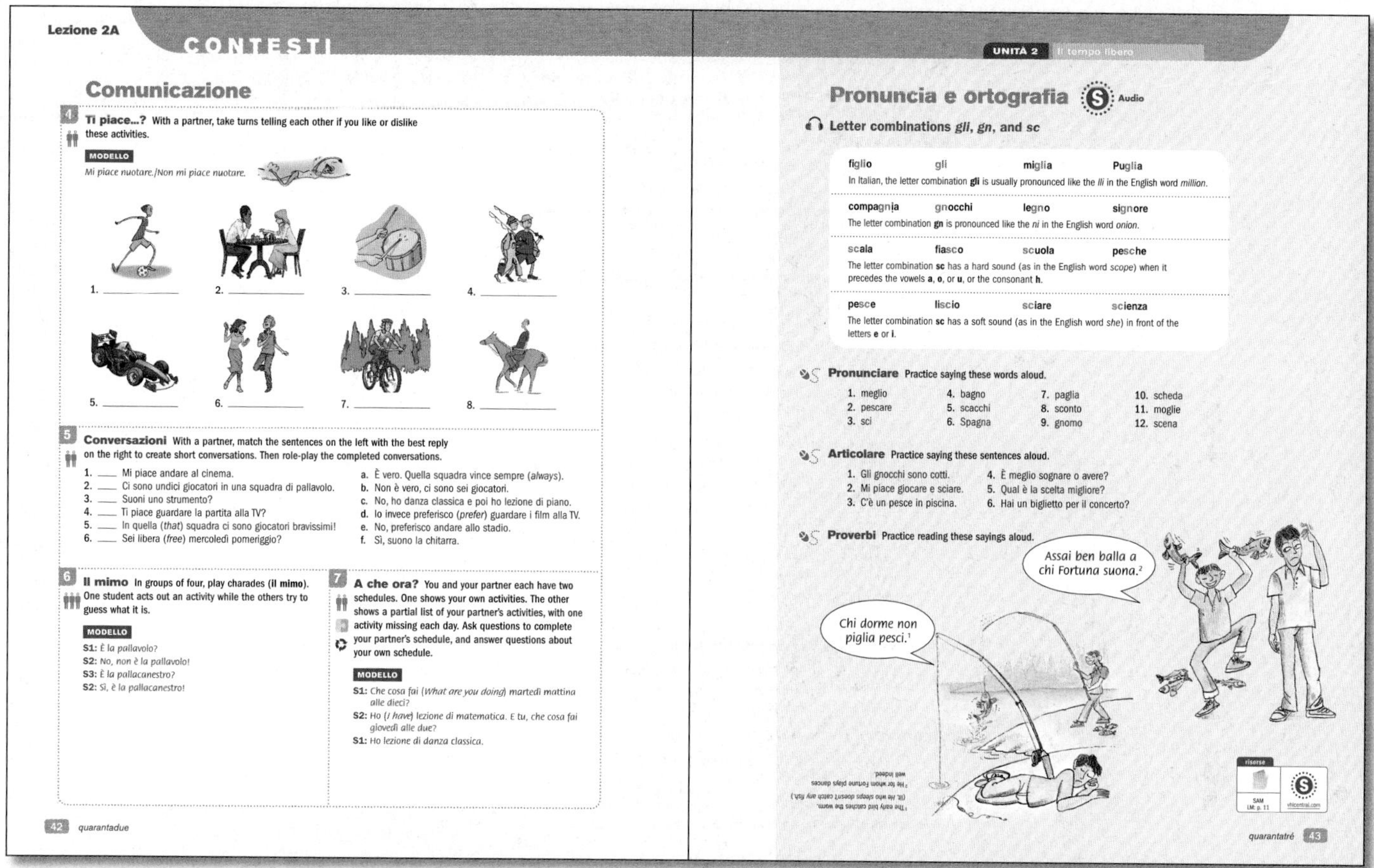

Lezione 2A

CONTESTI

Comunicazione

4 **Ti piace...?** With a partner, take turns telling each other if you like or dislike these activities.

MODELLO

Mi piace nuotare./Non mi piace nuotare.

1. ________ 2. ________ 3. ________ 4. ________

5. ________ 6. ________ 7. ________ 8. ________

5 **Conversazioni** With a partner, match the sentences on the left with the best reply on the right to create short conversations. Then role-play the completed conversations.

1. ____ Mi piace andare al cinema.
2. ____ Ci sono undici giocatori in una squadra di pallavolo.
3. ____ Suoni uno strumento?
4. ____ Ti piace guardare la partita alla TV?
5. ____ In quella (*that*) squadra ci sono giocatori bravissimi!
6. ____ Sei libera (*free*) mercoledì pomeriggio?

a. È vero. Quella squadra vince sempre (*always*).
b. Non è vero, ci sono sei giocatori.
c. No, ho danza classica e poi ho lezione di piano.
d. Io invece preferisco (*prefer*) guardare i film alla TV.
e. No, preferisco andare allo stadio.
f. Sì, suono la chitarra.

6 **Il mimo** In groups of four, play charades (**il mimo**). One student acts out an activity while the others try to guess what it is.

MODELLO

S1: *È la pallavolo?*
S2: *No, non è la pallavolo!*
S3: *È la pallacanestro?*
S2: *Sì, è la pallacanestro!*

7 **A che ora?** You and your partner each have two schedules. One shows your own activities. The other shows a partial list of your partner's activities, with one activity missing each day. Ask questions to complete your partner's schedule, and answer questions about your own schedule.

MODELLO

S1: *Che cosa fai (What are you doing) martedì mattina alle dieci?*
S2: *Ho (I have) lezione di matematica. E tu, che cosa fai giovedì alle due?*
S1: *Ho lezione di danza classica.*

42 *quarantadue*

UNITÀ 2 Il tempo libero

Pronuncia e ortografia

Audio

Letter combinations *gli*, *gn*, and *sc*

figlio **gli** **miglia** **Puglia**
In Italian, the letter combination **gli** is usually pronounced like the *lli* in the English word *million*.

compagnia **gnocchi** **legno** **signore**
The letter combination **gn** is pronounced like the *ni* in the English word *onion*.

scala **fiasco** **scuola** **pesche**
The letter combination **sc** has a hard sound (as in the English word *scope*) when it precedes the vowels **a**, **o**, or **u**, or the consonant **h**.

pesce **liscio** **sciare** **scienza**
The letter combination **sc** has a soft sound (as in the English word *she*) in front of the letters **e** or **i**.

Pronunciare Practice saying these words aloud.

1. meglio
2. pescare
3. sci
4. bagno
5. scacchi
6. Spagna
7. paglia
8. sconto
9. gnomo
10. scheda
11. moglie
12. scena

Articolare Practice saying these sentences aloud.

1. Gli gnocchi sono cotti.
2. Mi piace giocare e sciare.
3. C'è un pesce in piscina.
4. È meglio sognare o avere?
5. Qual è la scelta migliore?
6. Hai un biglietto per il concerto?

Proverbi Practice reading these sayings aloud.

[1] The early bird catches the worm. (lit. He who sleeps doesn't catch any fish.)
[2] He for whom Fortune plays dances well indeed.

risorse
SAM LM: p. 11
vhlcentral.com

quarantatré 43

Communicative goals highlight the real-life tasks you will be able to carry out in Italian by the end of each lesson.

Risorse boxes let you know exactly what print and technology ancillaries you can use to reinforce and expand on every strand of every lesson in your textbook.

Illustrations High-frequency vocabulary is introduced through expansive, full-color illustrations.

Vocabulario boxes call out other important theme-related vocabulary in easy-to-reference Italian-English lists. To teach proper pronunciation of new words, vocabulary lists identify the stressed syllable of a word with a dot if it does not follow the normal pronunciation pattern.

Contesti always includes a listening activity, as well as other activities that practice the new vocabulary in meaningful contexts.

Comunicazione follows the recognition and production pedagogical sequence. The activities in this section allow you to use the vocabulary creatively in interactions with a partner, a small group, or the entire class.

Icons provide on-the-spot visual cues for various types of activities: pair, small group, recyclng, listening-based, video-related, handout-based, information gap, and internet activities.

Supersite

- Audio recordings of all vocabulary items
- Audio for **Contesti** listening activity
- Textbook activities
- Additional online-only practice activities

Supersite features vary by access level. Visit **vistahigherlearning.com** to explore which Supersite level is right for you.

PRONUNCIA E ORTOGRAFIA

presents the rules of Italian pronunciation and spelling.

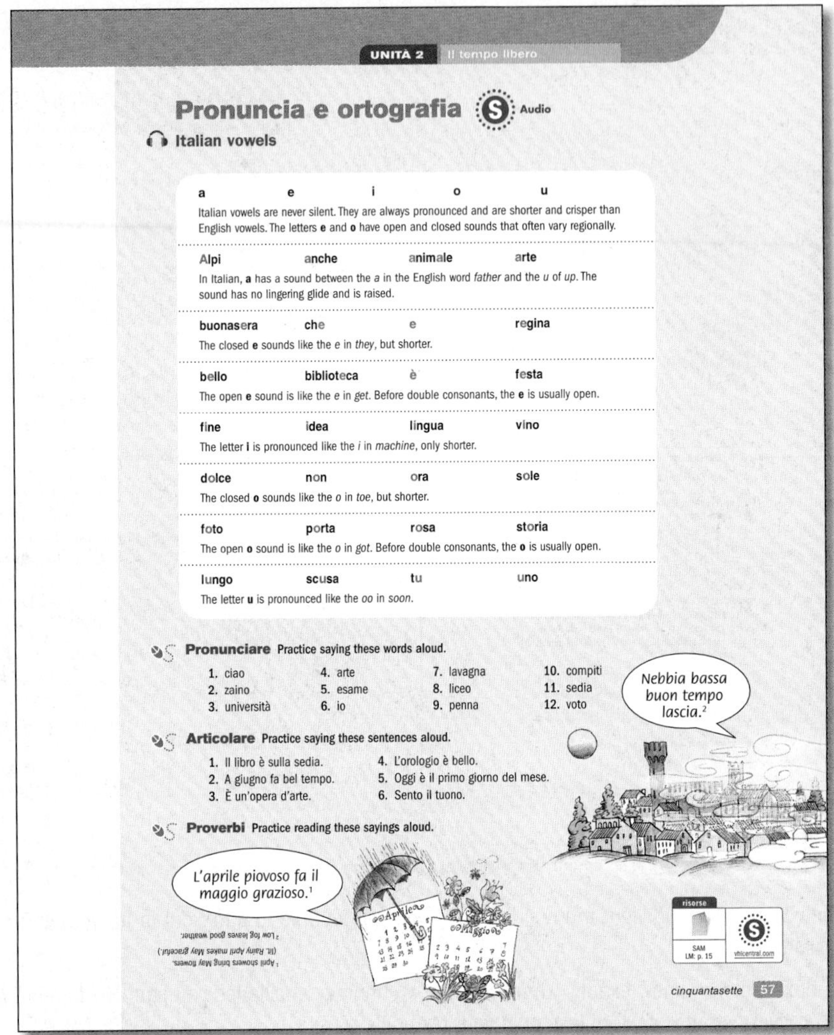

UNITÀ 2 Il tempo libero

Pronuncia e ortografia

Audio

Italian vowels

a **e** **i** **o** **u**

Italian vowels are never silent. They are always pronounced and are shorter and crisper than English vowels. The letters **e** and **o** have open and closed sounds that often vary regionally.

Alpi **anche** **animale** **arte**

In Italian, **a** has a sound between the *a* in the English word *father* and the *u* of *up*. The sound has no lingering glide and is raised.

buonasera **che** **e** **regina**

The closed **e** sounds like the *e* in *they*, but shorter.

bello **biblioteca** **è** **festa**

The open **e** sound is like the *e* in *get*. Before double consonants, the **e** is usually open.

fine **idea** **lingua** **vino**

The letter **i** is pronounced like the *i* in *machine*, only shorter.

dolce **non** **ora** **sole**

The closed **o** sounds like the *o* in *toe*, but shorter.

foto **porta** **rosa** **storia**

The open **o** sound is like the *o* in *got*. Before double consonants, the **o** is usually open.

lungo **scusa** **tu** **uno**

The letter **u** is pronounced like the *oo* in *soon*.

Pronunciare Practice saying these words aloud.

1. ciao
2. zaino
3. università
4. arte
5. esame
6. io
7. lavagna
8. liceo
9. penna
10. compiti
11. sedia
12. voto

Articolare Practice saying these sentences aloud.

1. Il libro è sulla sedia.
2. A giugno fa bel tempo.
3. È un'opera d'arte.
4. L'orologio è bello.
5. Oggi è il primo giorno del mese.
6. Sento il tuono.

Proverbi Practice reading these sayings aloud.

[1] April showers bring May flowers. (lit. Rainy April makes May graceful.)
[2] Low fog leaves good weather.

risorse
SAM LM: p. 15
vhlcentral.com

cinquantasette 57

The headset icon at the top of the page indicates when an explanation and activities are recorded for convenient use in or outside of class.

Explanation The rules of Italian pronunciation and spelling are presented clearly with abundant model words and phrases. The orange highlighting feature focuses your attention on the target structure.

Practice Pronunciation and spelling practice is provided at the word and sentence levels. The final activity features illustrated sayings and proverbs so you can practice the pronunciation or spelling point in an entertaining cultural context.

Supersite

- Audio recording of **Pronuncia e ortografia** presentation
- Record-and-compare textbook audio activities

Supersite features vary by access level. Visit **vistahigherlearning.com** to explore which Supersite level is right for you.

FOTOROMANZO

tells the story of a group of students living in Rome, Italy.

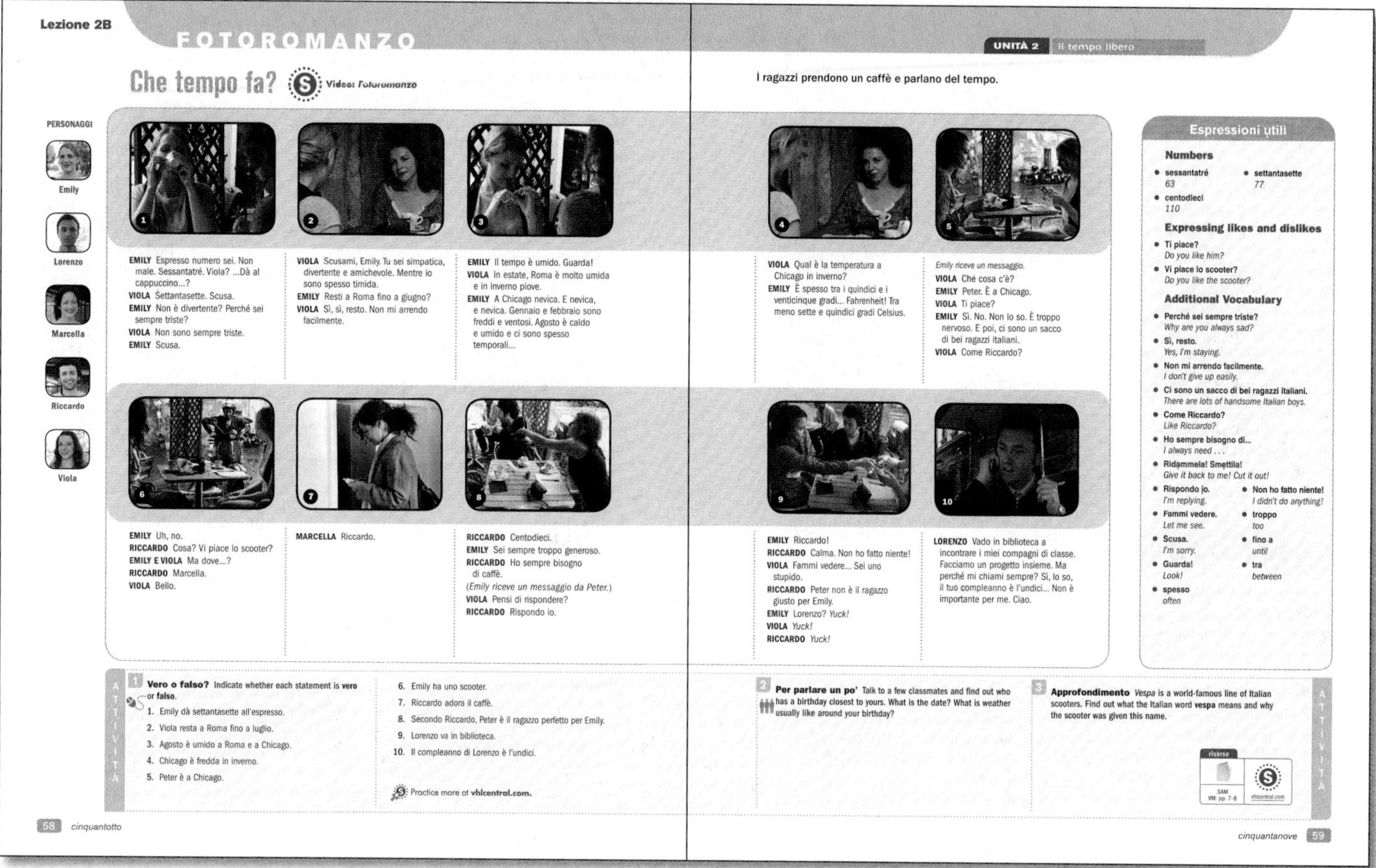

Lezione 2B

FOTOROMANZO

UNITÀ 2 Il tempo libero

Che tempo fa?

Video: Fotoromanzo

I ragazzi prendono un caffè e parlano del tempo.

PERSONAGGI

Emily

Lorenzo

Marcella

Riccardo

Viola

1
EMILY Espresso numero sei. Non male. Sessantatré. Viola? ...Dà al cappuccino...?
VIOLA Settantasette. Scusa.
EMILY Non è divertente? Perché sei sempre triste?
VIOLA Non sono sempre triste.
EMILY Scusa.

2
VIOLA Scusami, Emily. Tu sei simpatica, divertente e amichevole. Mentre io sono spesso timida.
EMILY Resti a Roma fino a giugno?
VIOLA Sì, sì, resto. Non mi arrendo facilmente.

3
EMILY Il tempo è umido. Guarda!
VIOLA In estate, Roma è molto umida e in inverno piove.
EMILY A Chicago nevica. E nevica, e nevica. Gennaio e febbraio sono freddi e ventosi. Agosto è caldo e umido e ci sono spesso temporali...

4
VIOLA Qual è la temperatura a Chicago in inverno?
EMILY È spesso tra i quindici e i venticinque gradi... Fahrenheit! Tra meno sette e quindici gradi Celsius.

5
Emily riceve un messaggio.
VIOLA Che cosa c'è?
EMILY Peter. È a Chicago.
VIOLA Ti piace?
EMILY Sì. No. Non lo so. È troppo nervoso. E poi, ci sono un sacco di bei ragazzi italiani.
VIOLA Come Riccardo?

6
EMILY Uh, no.
RICCARDO Cosa? Vi piace lo scooter?
EMILY E VIOLA Ma dove...?
RICCARDO Marcella.
VIOLA Bello.

7
MARCELLA Riccardo.

8
RICCARDO Centodieci.
EMILY Sei sempre troppo generoso.
RICCARDO Ho sempre bisogno di caffè.
(*Emily riceve un messaggio da Peter.*)
VIOLA Pensi di rispondere?
RICCARDO Rispondo io.

9
EMILY Riccardo!
RICCARDO Calma. Non ho fatto niente!
VIOLA Fammi vedere... Sei uno stupido.
RICCARDO Peter non è il ragazzo giusto per Emily.
EMILY Lorenzo? *Yuck!*
VIOLA *Yuck!*
RICCARDO *Yuck!*

10
LORENZO Vado in biblioteca a incontrare i miei compagni di classe. Facciamo un progetto insieme. Ma perché mi chiami sempre? Sì, lo so, il tuo compleanno è l'undici... Non è importante per me. Ciao.

Espressioni utili

Numbers
- **sessantatré** *63*
- **settantasette** *77*
- **centodieci** *110*

Expressing likes and dislikes
- **Ti piace?** *Do you like him?*
- **Vi piace lo scooter?** *Do you like the scooter?*

Additional Vocabulary
- **Perché sei sempre triste?** *Why are you always sad?*
- **Sì, resto.** *Yes, I'm staying.*
- **Non mi arrendo facilmente.** *I don't give up easily.*
- **Ci sono un sacco di bei ragazzi italiani.** *There are lots of handsome Italian boys.*
- **Come Riccardo?** *Like Riccardo?*
- **Ho sempre bisogno di...** *I always need . . .*
- **Ridammela! Smettila!** *Give it back to me! Cut it out!*
- **Rispondo io.** *I'm replying.*
- **Fammi vedere.** *Let me see.*
- **Scusa.** *I'm sorry.*
- **Guarda!** *Look!*
- **spesso** *often*
- **Non ho fatto niente!** *I didn't do anything!*
- **troppo** *too*
- **fino a** *until*
- **tra** *between*

ATTIVITÀ

1 **Vero o falso?** Indicate whether each statement is **vero** or **falso**.
1. Emily dà settantasette all'espresso.
2. Viola resta a Roma fino a luglio.
3. Agosto è umido a Roma e a Chicago.
4. Chicago è fredda in inverno.
5. Peter è a Chicago.
6. Emily ha uno scooter.
7. Riccardo adora il caffè.
8. Secondo Riccardo, Peter è il ragazzo perfetto per Emily.
9. Lorenzo va in biblioteca.
10. Il compleanno di Lorenzo è l'undici.

Practice more at **vhlcentral.com.**

2 **Per parlare un po'** Talk to a few classmates and find out who has a birthday closest to yours. What is the date? What is weather usually like around your birthday?

3 **Approfondimento** *Vespa* is a world-famous line of Italian scooters. Find out what the Italian word **vespa** means and why the scooter was given this name.

risorse
SAM
VM: pp. 7-8
vhlcentral.com

58 cinquantotto

cinquantanove 59

Personaggi The photo-based conversations take place among a cast of recurring characters—four college students, their landlady (who owns the boarding house), and her teenage son.

***Fotoromanzo* video episodes** The **Fotoromanzo** is a versatile component that can be assigned as homework, presented in class, or used as review.

Conversations The conversations reinforce vocabulary from **Contesti.** They also preview structures from the upcoming **Strutture** section in context and in a comprehensible way.

Espressioni utili organizes new, active words and expressions by language function so you can focus on using them for real-life, practical purposes.

Supersite

- Streaming video of the **Fotoromanzo**
- End-of-video **Riepilogo** section where key vocabulary and grammar from the episode are called out
- Textbook activities
- Additional online-only practice activities

Supersite features vary by access level. Visit **vistahigherlearning.com** to explore which Supersite level is right for you.

CULTURA

explores cultural themes introduced in **CONTESTI** and **FOTOROMANZO**.

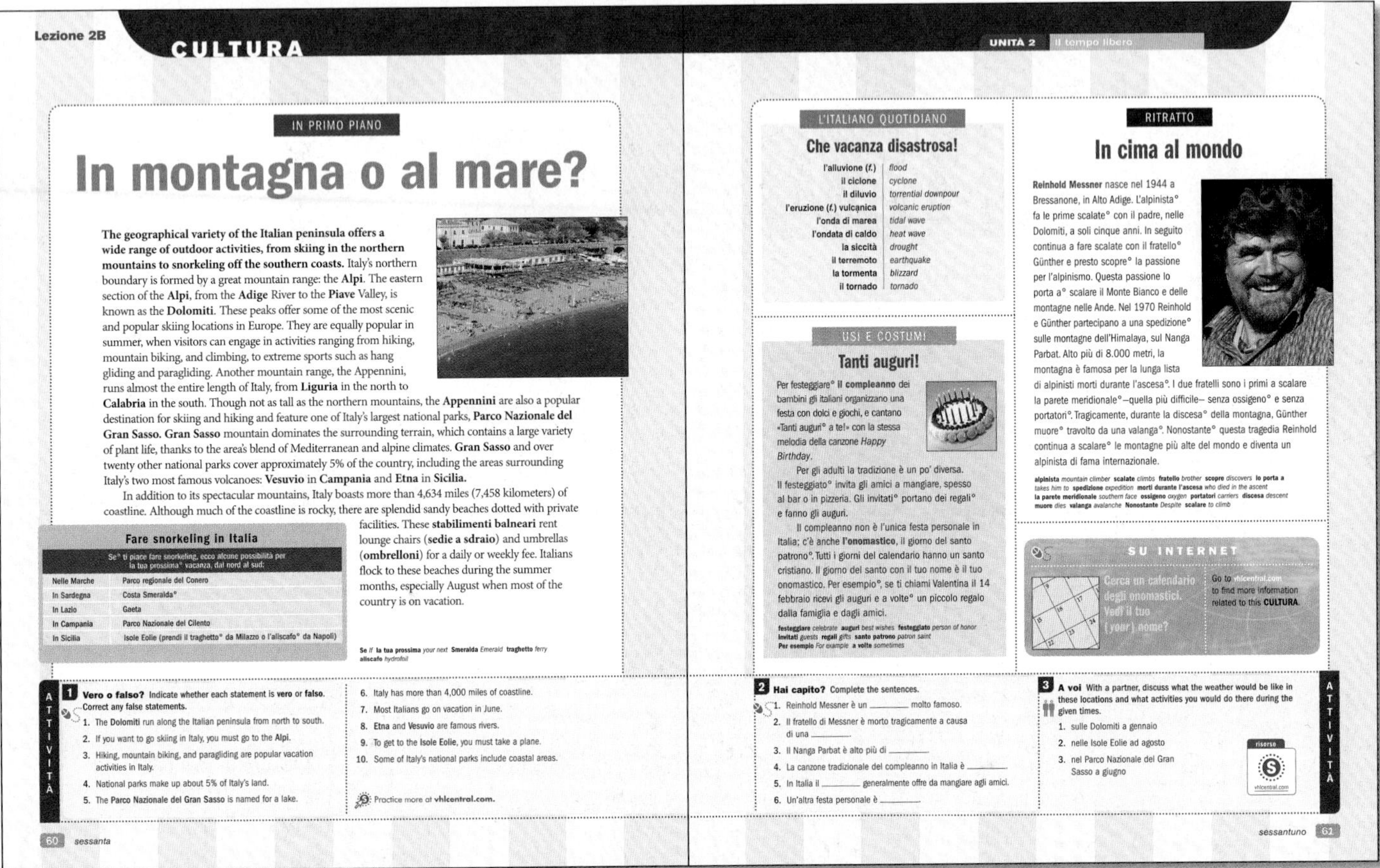

Lezione 2B

CULTURA

IN PRIMO PIANO

In montagna o al mare?

The geographical variety of the Italian peninsula offers a wide range of outdoor activities, from skiing in the northern mountains to snorkeling off the southern coasts. Italy's northern boundary is formed by a great mountain range: the **Alpi**. The eastern section of the **Alpi**, from the **Adige** River to the **Piave** Valley, is known as the **Dolomiti**. These peaks offer some of the most scenic and popular skiing locations in Europe. They are equally popular in summer, when visitors can engage in activities ranging from hiking, mountain biking, and climbing, to extreme sports such as hang gliding and paragliding. Another mountain range, the Appennini, runs almost the entire length of Italy, from **Liguria** in the north to **Calabria** in the south. Though not as tall as the northern mountains, the **Appennini** are also a popular destination for skiing and hiking and feature one of Italy's largest national parks, **Parco Nazionale del Gran Sasso. Gran Sasso** mountain dominates the surrounding terrain, which contains a large variety of plant life, thanks to the area's blend of Mediterranean and alpine climates. **Gran Sasso** and over twenty other national parks cover approximately 5% of the country, including the areas surrounding Italy's two most famous volcanoes: **Vesuvio** in **Campania** and **Etna** in **Sicilia.**

In addition to its spectacular mountains, Italy boasts more than 4,634 miles (7,458 kilometers) of coastline. Although much of the coastline is rocky, there are splendid sandy beaches dotted with private facilities. These **stabilimenti balneari** rent lounge chairs (**sedie a sdraio**) and umbrellas (**ombrelloni**) for a daily or weekly fee. Italians flock to these beaches during the summer months, especially August when most of the country is on vacation.

Fare snorkeling in Italia

Se° ti piace fare snorkeling, ecco alcune possibilità per la tua prossima° vacanza, dal nord al sud:	
Nelle Marche	Parco regionale del Conero
In Sardegna	Costa Smeralda°
In Lazio	Gaeta
In Campania	Parco Nazionale del Cilento
In Sicilia	Isole Eolie (prendi il traghetto° da Milazzo o l'aliscafo° da Napoli)

Se *If* **la tua prossima** *your next* **Smeralda** *Emerald* **traghetto** *ferry* **aliscafo** *hydrofoil*

ATTIVITÀ

1 Vero o falso? Indicate whether each statement is **vero** or **falso**. Correct any false statements.

1. The **Dolomiti** run along the Italian peninsula from north to south.
2. If you want to go skiing in Italy, you must go to the **Alpi**.
3. Hiking, mountain biking, and paragliding are popular vacation activities in Italy.
4. National parks make up about 5% of Italy's land.
5. The **Parco Nazionale del Gran Sasso** is named for a lake.
6. Italy has more than 4,000 miles of coastline.
7. Most Italians go on vacation in June.
8. **Etna** and **Vesuvio** are famous rivers.
9. To get to the **Isole Eolie**, you must take a plane.
10. Some of Italy's national parks include coastal areas.

Practice more at **vhlcentral.com.**

60 *sessanta*

UNITÀ 2 Il tempo libero

L'ITALIANO QUOTIDIANO

Che vacanza disastrosa!

l'alluvione (*f.*)	*flood*
il ciclone	*cyclone*
il diluvio	*torrential downpour*
l'eruzione (*f.*) vulcanica	*volcanic eruption*
l'onda di marea	*tidal wave*
l'ondata di caldo	*heat wave*
la siccità	*drought*
il terremoto	*earthquake*
la tormenta	*blizzard*
il tornado	*tornado*

USI E COSTUMI

Tanti auguri!

Per festeggiare° **il compleanno** dei bambini gli italiani organizzano una festa con dolci e giochi, e cantano «Tanti auguri° a te!» con la stessa melodia della canzone *Happy Birthday*.

Per gli adulti la tradizione è un po' diversa. Il festeggiato° invita gli amici a mangiare, spesso al bar o in pizzeria. Gli invitati° portano dei regali° e fanno gli auguri.

Il compleanno non è l'unica festa personale in Italia; c'è anche **l'onomastico**, il giorno del santo patrono°. Tutti i giorni del calendario hanno un santo cristiano. Il giorno del santo con il tuo nome è il tuo onomastico. Per esempio°, se ti chiami Valentina il 14 febbraio ricevi gli auguri e a volte° un piccolo regalo dalla famiglia e dagli amici.

festeggiare *celebrate* **auguri** *best wishes* **festeggiato** *person of honor* **invitati** *guests* **regali** *gifts* **santo patrono** *patron saint* **Per esempio** *For example* **a volte** *sometimes*

RITRATTO

In cima al mondo

Reinhold Messner nasce nel 1944 a Bressanone, in Alto Adige. L'alpinista° fa le prime scalate° con il padre, nelle Dolomiti, a soli cinque anni. In seguito continua a fare scalate con il fratello° Günther e presto scopre° la passione per l'alpinismo. Questa passione lo porta a° scalare il Monte Bianco e delle montagne nelle Ande. Nel 1970 Reinhold e Günther partecipano a una spedizione° sulle montagne dell'Himalaya, sul Nanga Parbat. Alto più di 8.000 metri, la montagna è famosa per la lunga lista di alpinisti morti durante l'ascesa°. I due fratelli sono i primi a scalare la parete meridionale°—quella più difficile— senza ossigeno° e senza portatori°. Tragicamente, durante la discesa° della montagna, Günther muore° travolto da una valanga°. Nonostante° questa tragedia Reinhold continua a scalare° le montagne più alte del mondo e diventa un alpinista di fama internazionale.

alpinista *mountain climber* **scalate** *climbs* **fratello** *brother* **scopre** *discovers* **lo porta a** *takes him to* **spedizione** *expedition* **morti durante l'ascesa** *who died in the ascent* **la parete meridionale** *southern face* **ossigeno** *oxygen* **portatori** *carriers* **discesa** *descent* **muore** *dies* **valanga** *avalanche* **Nonostante** *Despite* **scalare** *to climb*

SU INTERNET

Cerca un calendario degli onomastici. Vedi il tuo (your) nome?

Go to vhlcentral.com to find more information related to this **CULTURA**.

2 Hai capito? Complete the sentences.

1. Reinhold Messner è un ________ molto famoso.
2. Il fratello di Messner è morto tragicamente a causa di una ________.
3. Il Nanga Parbat è alto più di ________
4. La canzone tradizionale del compleanno in Italia è ________.
5. In Italia il ________ generalmente offre da mangiare agli amici.
6. Un'altra festa personale è ________.

3 A voi With a partner, discuss what the weather would be like in these locations and what activities you would do there during the given times.

1. sulle Dolomiti a gennaio
2. nelle Isole Eolie ad agosto
3. nel Parco Nazionale del Gran Sasso a giugno

risorse vhlcentral.com

ATTIVITÀ

sessantuno 61

In primo piano presents a main, in-depth reading about the lesson's cultural theme. Full-color photos bring to life important aspects of the topic, while charts with statistics and/or intriguing facts support and extend the information.

L'italiano quotidiano exposes you to current, contemporary language by presenting familiar words and phrases related to the lesson's theme that are used in everyday spoken Italian.

Usi e costumi puts the spotlight on the people, places, and traditions of regions where Italian is spoken.

Ritratto showcases places, events, and products explaining their significance in the Italian culture, or it highlights the accomplishments of Italian people and how they contribute to their culture and the global community.

Supersite

- Main cultural reading
- **Su Internet** research activity
- Textbook activities
- Additional online-only practice activities

Supersite features vary by access level. Visit **vistahigherlearning.com** to explore which Supersite level is right for you.

STRUTTURE

uses an innovative design to support the learning of Italian grammar.

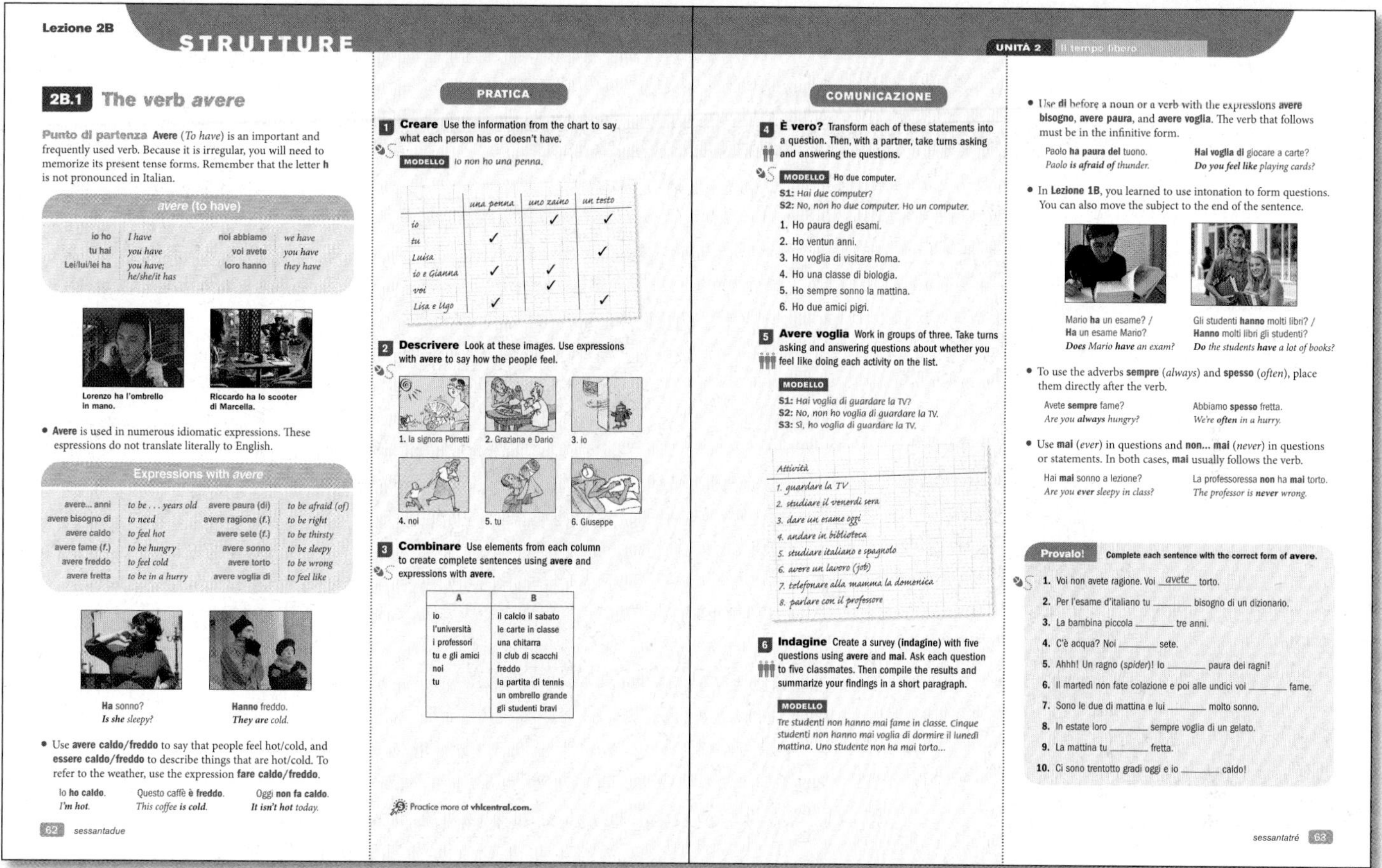

Lezione 2B

STRUTTURE

2B.1 The verb *avere*

Punto di partenza **Avere** (*To have*) is an important and frequently used verb. Because it is irregular, you will need to memorize its present tense forms. Remember that the letter **h** is not pronounced in Italian.

avere (to have)

io ho	*I have*	noi abbiamo	*we have*
tu hai	*you have*	voi avete	*you have*
Lei/lui/lei ha	*you have; he/she/it has*	loro hanno	*they have*

Lorenzo ha l'ombrello in mano.

Riccardo ha lo scooter di Marcella.

- **Avere** is used in numerous idiomatic expressions. These expressions do not translate literally to English.

Expressions with *avere*

avere... anni	*to be . . . years old*	avere paura (di)	*to be afraid (of)*
avere bisogno di	*to need*	avere ragione (f.)	*to be right*
avere caldo	*to feel hot*	avere sete (f.)	*to be thirsty*
avere fame (f.)	*to be hungry*	avere sonno	*to be sleepy*
avere freddo	*to feel cold*	avere torto	*to be wrong*
avere fretta	*to be in a hurry*	avere voglia di	*to feel like*

Ha sonno?
Is she sleepy?

Hanno freddo.
They are cold.

- Use **avere caldo/freddo** to say that people feel hot/cold, and **essere caldo/freddo** to describe things that are hot/cold. To refer to the weather, use the expression **fare caldo/freddo**.

Io **ho caldo.** *I'm hot.*
Questo caffè **è freddo.** *This coffee **is cold**.*
Oggi **non fa caldo.** *It **isn't hot** today.*

62 sessantadue

PRATICA

1 Creare Use the information from the chart to say what each person has or doesn't have.

MODELLO *Io non ho una penna.*

	una penna	uno zaino	un testo
io		✓	✓
tu	✓		
Luisa			✓
io e Gianna	✓	✓	
voi		✓	
Lisa e Ugo	✓		✓

2 Descrivere Look at these images. Use expressions with **avere** to say how the people feel.

1. la signora Porretti 2. Graziana e Dario 3. io
4. noi 5. tu 6. Giuseppe

3 Combinare Use elements from each column to create complete sentences using **avere** and expressions with **avere**.

A	B
io l'università i professori tu e gli amici noi tu	il calcio il sabato le carte in classe una chitarra il club di scacchi freddo la partita di tennis un ombrello grande gli studenti bravi

Practice more at **vhlcentral.com.**

COMUNICAZIONE

4 È vero? Transform each of these statements into a question. Then, with a partner, take turns asking and answering the questions.

MODELLO Ho due computer.
S1: *Hai due computer?*
S2: *No, non ho due computer. Ho un computer.*

1. Ho paura degli esami.
2. Ho ventun anni.
3. Ho voglia di visitare Roma.
4. Ho una classe di biologia.
5. Ho sempre sonno la mattina.
6. Ho due amici pigri.

5 Avere voglia Work in groups of three. Take turns asking and answering questions about whether you feel like doing each activity on the list.

MODELLO
S1: *Hai voglia di guardare la TV?*
S2: *No, non ho voglia di guardare la TV.*
S3: *Sì, ho voglia di guardare la TV.*

Attività
1. *guardare la TV*
2. *studiare il venerdì sera*
3. *dare un esame oggi*
4. *andare in biblioteca*
5. *studiare italiano e spagnolo*
6. *avere un lavoro (job)*
7. *telefonare alla mamma la domenica*
8. *parlare con il professore*

6 Indagine Create a survey (**indagine**) with five questions using **avere** and **mai**. Ask each question to five classmates. Then compile the results and summarize your findings in a short paragraph.

MODELLO
Tre studenti non hanno mai fame in classe. Cinque studenti non hanno mai voglia di dormire il lunedì mattina. Uno studente non ha mai torto...

UNITÀ 2 Il tempo libero

- Use **di** before a noun or a verb with the expressions **avere bisogno, avere paura,** and **avere voglia.** The verb that follows must be in the infinitive form.

Paolo **ha paura del** tuono. *Paolo **is afraid of** thunder.*
Hai voglia di giocare a carte? ***Do you feel like** playing cards?*

- In **Lezione 1B**, you learned to use intonation to form questions. You can also move the subject to the end of the sentence.

Mario **ha** un esame? / **Ha** un esame Mario? ***Does** Mario **have** an exam?*

Gli studenti **hanno** molti libri? / **Hanno** molti libri gli studenti? ***Do** the students **have** a lot of books?*

- To use the adverbs **sempre** (*always*) and **spesso** (*often*), place them directly after the verb.

Avete **sempre** fame? *Are you **always** hungry?*
Abbiamo **spesso** fretta. *We're **often** in a hurry.*

- Use **mai** (*ever*) in questions and **non... mai** (*never*) in questions or statements. In both cases, **mai** usually follows the verb.

Hai **mai** sonno a lezione? *Are you **ever** sleepy in class?*
La professoressa **non** ha **mai** torto. *The professor is **never** wrong.*

Provalo! Complete each sentence with the correct form of **avere.**

1. Voi non avete ragione. Voi _avete_ torto.
2. Per l'esame d'italiano tu ______ bisogno di un dizionario.
3. La bambina piccola ______ tre anni.
4. C'è acqua? Noi ______ sete.
5. Ahhh! Un ragno (*spider*)! Io ______ paura dei ragni!
6. Il martedì non fate colazione e poi alle undici voi ______ fame.
7. Sono le due di mattina e lui ______ molto sonno.
8. In estate loro ______ sempre voglia di un gelato.
9. La mattina tu ______ fretta.
10. Ci sono trentotto gradi oggi e io ______ caldo!

sessantatré 63

Text format Each lesson contains two or three grammar points. For each grammar point, the explanation and practice activities appear on two facing pages. Grammar explanations on the outside panels offer handy, on-page support for the activities in the central panels, giving you immediate access to essential information.

Graphics-intensive design Photos from the **SENTIERI,** Second Edition, Video Program consistently integrate the lesson's **Fotoromanzo** episode with the grammar explanations. Additional photos, drawings, and graphic devices liven up activities and heighten visual interest.

Attrezzi boxes call out information you already learned or cross-references related topics you will see in future units.

Provalo! offers you your first practice of each new grammar point. It gets you working with the grammar point right away in simple, easy-to-understand formats.

Pratica provides a wide range of guided activities that combine the lesson vocabulary and previously learned material with grammar practice.

Communication activities offer opportunities for creative expression using the lesson's grammar and vocabulary. You do these activities with a partner, in small groups, or with the whole class.

Supersite

- Grammar presentation
- Textbook activities
- Additional online-only practice activities
- Chat activities for conversational skill-building and oral practice

Supersite features vary by access level. Visit **vistahigherlearning.com** to explore which Supersite level is right for you.

SINTESI

pulls the lesson together with **Ricapitolazione** and **Lo zapping**.

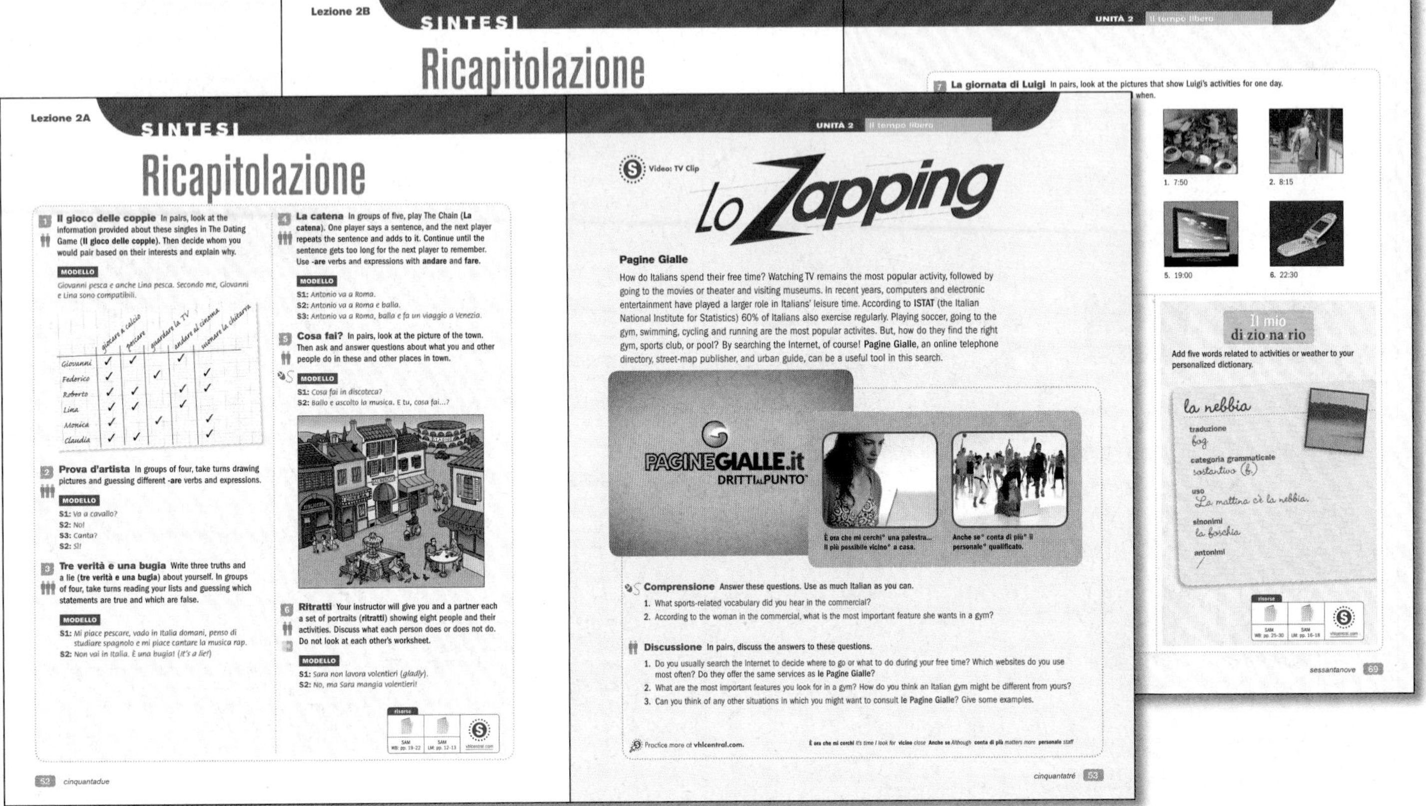

Ricapitolazione activities integrate the lesson's grammar points with previously learned vocabulary and structures, providing consistent, built-in review as you progress through the text. In all B lessons, this feature is two pages long to provide better coverage.

Pair and group icons call out the communicative nature of the activities. Situations, role-plays, games, personal questions, interviews, and surveys are just some of the types of activities that you will engage in.

Information gap activities, identified by the interlocking puzzle pieces, engage you and a partner in problem-solving situations. You and your partner each have only half of the information you need, so you must work together to accomplish the task at hand.

Lo zapping features television clips in Italian, supported by background information, images, and activities to help you understand and check your comprehension.

Re-entering icons call out the activities in which you will practice the lesson's grammar and vocabulary along with previously learned material.

Il mio dizionario appears in the **Ricapitolazione** section of the B lesson in each unit. It offers the opportunity to increase your vocabulary and to personalize it at the same time.

Supersite

- Chat activities for conversational skill-building and oral practice
- Streaming video of **Lo zapping** TV clips
- Textbook activities
- Additional online-only practice activities

Supersite features vary by access level. Visit **vistahigherlearning.com** to explore which Supersite level is right for you.

SINTESI

Lo zapping cortometraggio

Units 10 through 12 feature short-subject dramatic films by contemporary Italian filmmakers.

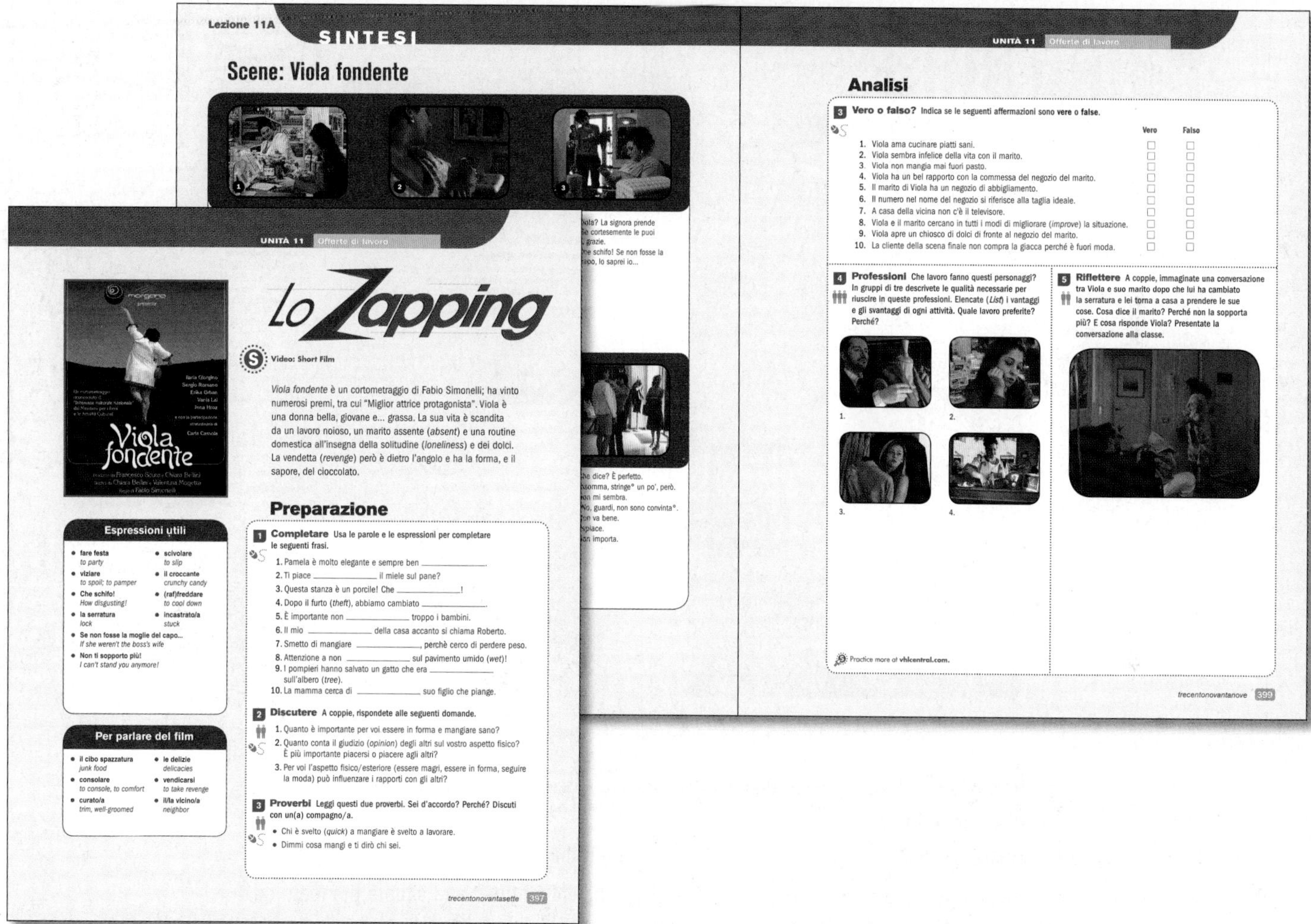

Lezione 11A SINTESI

Scene: Viola fondente

UNITÀ 11 Offerte di lavoro

Lo Zapping

Video: Short Film

Viola fondente è un cortometraggio di Fabio Simonelli; ha vinto numerosi premi, tra cui "Miglior attrice protagonista". Viola è una donna bella, giovane e... grassa. La sua vita è scandita da un lavoro noioso, un marito assente (*absent*) e una routine domestica all'insegna della solitudine (*loneliness*) e dei dolci. La vendetta (*revenge*) però è dietro l'angolo e ha la forma, e il sapore, del cioccolato.

Espressioni utili

- **fare festa** *to party*
- **viziare** *to spoil; to pamper*
- **Che schifo!** *How disgusting!*
- **la serratura** *lock*
- **scivolare** *to slip*
- **il croccante** *crunchy candy*
- **(raf)freddare** *to cool down*
- **incastrato/a** *stuck*
- **Se non fosse la moglie del capo...** *If she weren't the boss's wife*
- **Non ti sopporto più!** *I can't stand you anymore!*

Per parlare del film

- **il cibo spazzatura** *junk food*
- **consolare** *to console, to comfort*
- **curato/a** *trim, well-groomed*
- **le delizie** *delicacies*
- **vendicarsi** *to take revenge*
- **il/la vicino/a** *neighbor*

Preparazione

1 Completare Usa le parole e le espressioni per completare le seguenti frasi.

1. Pamela è molto elegante e sempre ben ______.
2. Ti piace ______ il miele sul pane?
3. Questa stanza è un porcile! Che ______!
4. Dopo il furto (*theft*), abbiamo cambiato ______.
5. È importante non ______ troppo i bambini.
6. Il mio ______ della casa accanto si chiama Roberto.
7. Smetto di mangiare ______, perchè cerco di perdere peso.
8. Attenzione a non ______ sul pavimento umido (*wet*)!
9. I pompieri hanno salvato un gatto che era ______ sull'albero (*tree*).
10. La mamma cerca di ______ suo figlio che piange.

2 Discutere A coppie, rispondete alle seguenti domande.

1. Quanto è importante per voi essere in forma e mangiare sano?
2. Quanto conta il giudizio (*opinion*) degli altri sul vostro aspetto fisico? È più importante piacersi o piacere agli altri?
3. Per voi l'aspetto fisico/esteriore (essere magri, essere in forma, seguire la moda) può influenzare i rapporti con gli altri?

3 Proverbi Leggi questi due proverbi. Sei d'accordo? Perché? Discuti con un(a) compagno/a.

- Chi è svelto (*quick*) a mangiare è svelto a lavorare.
- Dimmi cosa mangi e ti dirò chi sei.

trecentonovantasette 397

UNITÀ 11 Offerte di lavoro

Analisi

3 Vero o falso? Indica se le seguenti affermazioni sono **vere** o **false**.

	Vero	Falso
1. Viola ama cucinare piatti sani.	☐	☐
2. Viola sembra infelice della vita con il marito.	☐	☐
3. Viola non mangia mai fuori pasto.	☐	☐
4. Viola ha un bel rapporto con la commessa del negozio del marito.	☐	☐
5. Il marito di Viola ha un negozio di abbigliamento.	☐	☐
6. Il numero nel nome del negozio si riferisce alla taglia ideale.	☐	☐
7. A casa della vicina non c'è il televisore.	☐	☐
8. Viola e il marito cercano in tutti i modi di migliorare (*improve*) la situazione.	☐	☐
9. Viola apre un chiosco di dolci di fronte al negozio del marito.	☐	☐
10. La cliente della scena finale non compra la giacca perché è fuori moda.	☐	☐

4 Professioni Che lavoro fanno questi personaggi? In gruppi di tre descrivete le qualità necessarie per riuscire in queste professioni. Elencate (*List*) i vantaggi e gli svantaggi di ogni attività. Quale lavoro preferite? Perché?

1. 2. 3. 4.

5 Riflettere A coppie, immaginate una conversazione tra Viola e suo marito dopo che lui ha cambiato la serratura e lei torna a casa a prendere le sue cose. Cosa dice il marito? Perché non la sopporta più? E cosa risponde Viola? Presentate la conversazione alla classe.

Practice more at **vhlcentral.com.**

trecentonovantanove 399

Espressioni utili highlight phrases and expressions useful in understanding the film.

Per parlare del film features the words that you will encounter and use in activities in the short film section.

Preparazione Pre-viewing exercises set the stage for the short-subject film and provide key background information, facilitating comprehension.

Scene A synopsis of the film's plot with captioned video stills prepares you visually for the film.

Analisi Post-viewing activities go beyond checking comprehension, allowing you to discover broader themes.

Supersite

- Streaming video of **Lo zapping** short films
- Textbook activities
- Additional online-only practice activities

Supersite features vary by access level. Visit **vistahigherlearning.com** to explore which Supersite level is right for you.

AVANTI

Panorama presents cultural information about Italy and other areas where Italian is spoken.

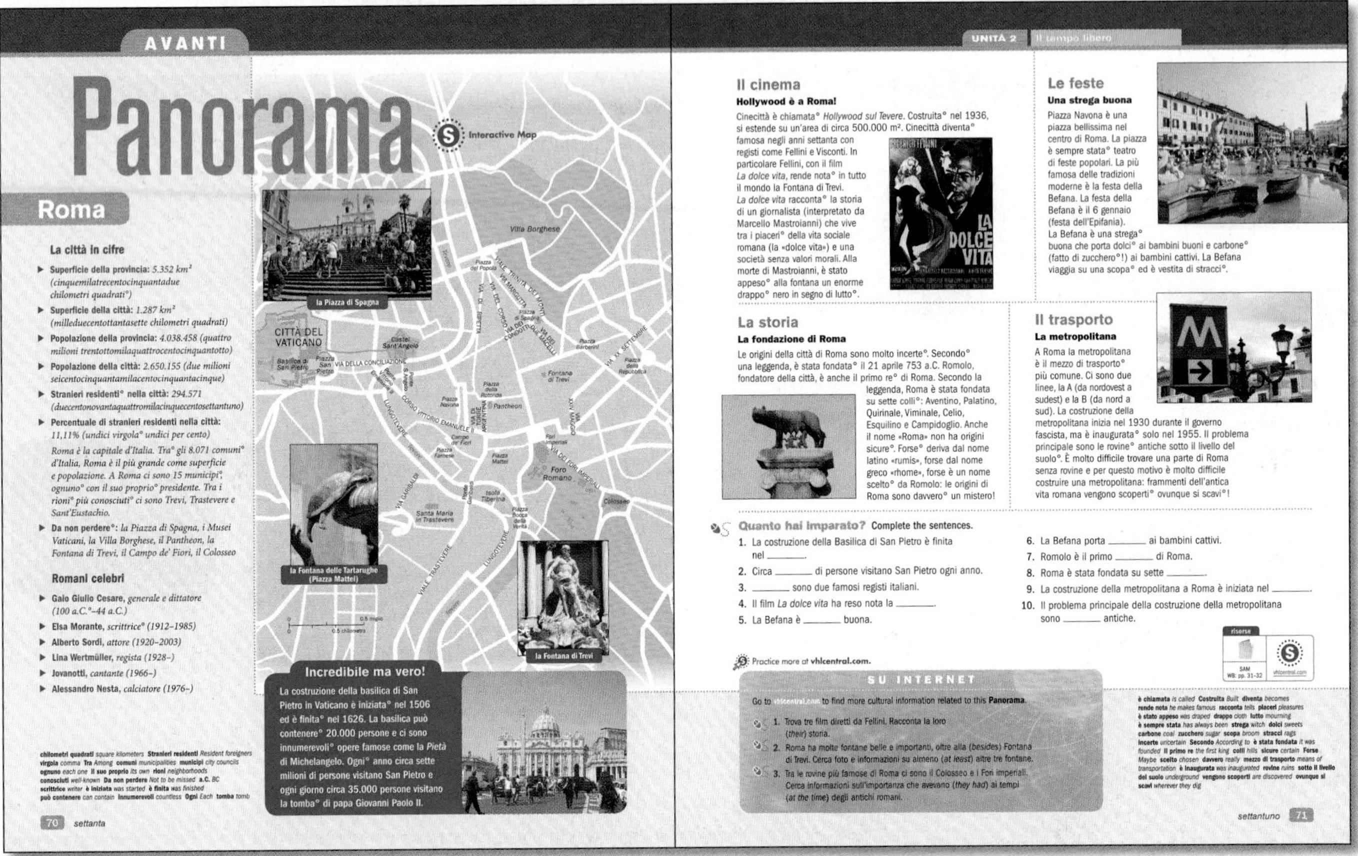
AVANTI

Panorama

Interactive Map

Roma

La città in cifre

- **Superficie della provincia:** *5.352 km² (cinquemilatrecentocinquantadue chilometri quadrati°)*
- **Superficie della città:** *1.287 km² (milleduecentottantasette chilometri quadrati)*
- **Popolazione della provincia:** *4.038.458 (quattro milioni trentottomilaquattrocentocinquantotto)*
- **Popolazione della città:** *2.650.155 (due milioni seicentocinquantamilacentocinquantacinque)*
- **Stranieri residenti° nella città:** *294.571 (duecentonovantaquattromilacinquecentosettantuno)*
- **Percentuale di stranieri residenti nella città:** *11,11% (undici virgola° undici per cento)*

Roma è la capitale d'Italia. Tra° gli 8.071 comuni° d'Italia, Roma è il più grande come superficie e popolazione. A Roma ci sono 15 municipi°, ognuno° con il suo proprio° presidente. Tra i rioni° più conosciuti° ci sono Trevi, Trastevere e Sant'Eustachio.

- **Da non perdere°:** *la Piazza di Spagna, i Musei Vaticani, la Villa Borghese, il Pantheon, la Fontana di Trevi, il Campo de' Fiori, il Colosseo*

Romani celebri

- **Gaio Giulio Cesare,** *generale e dittatore (100 a.C.°–44 a.C.)*
- **Elsa Morante,** *scrittrice° (1912–1985)*
- **Alberto Sordi,** *attore (1920–2003)*
- **Lina Wertmüller,** *regista (1928–)*
- **Jovanotti,** *cantante (1966–)*
- **Alessandro Nesta,** *calciatore (1976–)*

chilometri quadrati square kilometers **Stranieri residenti** Resident foreigners **virgola** comma **Tra** Among **comuni** municipalities **municipi** city councils **ognuno** each one **il suo proprio** its own **rioni** neighborhoods **conosciuti** well-known **Da non perdere** Not to be missed **a.C.** BC **scrittrice** writer **è iniziata** was started **è finita** was finished **può contenere** can contain **innumerevoli** countless **Ogni** Each **tomba** tomb

la Piazza di Spagna

la Fontana delle Tartarughe (Piazza Mattei)

la Fontana di Trevi

Incredibile ma vero!

La costruzione della basilica di San Pietro in Vaticano è iniziata° nel 1506 ed è finita° nel 1626. La basilica può contenere° 20.000 persone e ci sono innumerevoli° opere famose come la *Pietà* di Michelangelo. Ogni° anno circa sette milioni di persone visitano San Pietro e ogni giorno circa 35.000 persone visitano la tomba° di papa Giovanni Paolo II.

70 settanta

UNITÀ 2 Il tempo libero

Il cinema

Hollywood è a Roma!

Cinecittà è chiamata° *Hollywood sul Tevere*. Costruita° nel 1936, si estende su un'area di circa 500.000 m². Cinecittà diventa° famosa negli anni settanta con registi come Fellini e Visconti. In particolare Fellini, con il film *La dolce vita*, rende nota° in tutto il mondo la Fontana di Trevi. *La dolce vita* racconta° la storia di un giornalista (interpretato da Marcello Mastroianni) che vive tra i piaceri° della vita sociale romana (la «dolce vita») e una società senza valori morali. Alla morte di Mastroianni, è stato appeso° alla fontana un enorme drappo° nero in segno di lutto°.

Le feste

Una strega buona

Piazza Navona è una piazza bellissima nel centro di Roma. La piazza è sempre stata° teatro di feste popolari. La più famosa delle tradizioni moderne è la festa della Befana. La festa della Befana è il 6 gennaio (festa dell'Epifania). La Befana è una strega° buona che porta dolci° ai bambini buoni e carbone° (fatto di zucchero°!) ai bambini cattivi. La Befana viaggia su una scopa° ed è vestita di stracci°.

La storia

La fondazione di Roma

Le origini della città di Roma sono molto incerte°. Secondo° una leggenda, è stata fondata° il 21 aprile 753 a.C. Romolo, fondatore della città, è anche il primo re° di Roma. Secondo la leggenda, Roma è stata fondata su sette colli°: Aventino, Palatino, Quirinale, Viminale, Celio, Esquilino e Campidoglio. Anche il nome «Roma» non ha origini sicure°. Forse° deriva dal nome latino «rumis», forse dal nome greco «rhome», forse è un nome scelto° da Romolo: le origini di Roma sono davvero° un mistero!

Il trasporto

La metropolitana

A Roma la metropolitana è il mezzo di trasporto° più comune. Ci sono due linee, la A (da nordovest a sudest) e la B (da nord a sud). La costruzione della metropolitana inizia nel 1930 durante il governo fascista, ma è inaugurata° solo nel 1955. Il problema principale sono le rovine° antiche sotto il livello del suolo°. È molto difficile trovare una parte di Roma senza rovine e per questo motivo è molto difficile costruire una metropolitana: frammenti dell'antica vita romana vengono scoperti° ovunque si scavi°!

Quanto hai imparato? Complete the sentences.

1. La costruzione della Basilica di San Pietro è finita nel ______.
2. Circa ______ di persone visitano San Pietro ogni anno.
3. ______ sono due famosi registi italiani.
4. Il film *La dolce vita* ha reso nota la ______.
5. La Befana è ______ buona.
6. La Befana porta ______ ai bambini cattivi.
7. Romolo è il primo ______ di Roma.
8. Roma è stata fondata su sette ______.
9. La costruzione della metropolitana a Roma è iniziata nel ______.
10. Il problema principale della costruzione della metropolitana sono ______ antiche.

risorse SAM WB: pp. 31–32 vhlcentral.com

Practice more at **vhlcentral.com**.

SU INTERNET

Go to vhlcentral.com to find more cultural information related to this **Panorama**.

1. Trova tre film diretti da Fellini. Racconta la loro (*their*) storia.
2. Roma ha molte fontane belle e importanti, oltre alla (*besides*) Fontana di Trevi. Cerca foto e informazioni su almeno (*at least*) altre tre fontane.
3. Tra le rovine più famose di Roma ci sono il Colosseo e i Fori imperiali. Cerca informazioni sull'importanza che avevano (*they had*) ai tempi (*at the time*) degli antichi romani.

è chiamata is called **Costruita** Built **diventa** becomes **rende nota** he makes famous **racconta** tells **piaceri** pleasures **è stato appeso** was draped **drappo** cloth **lutto** mourning **è sempre stata** has always been **strega** witch **dolci** sweets **carbone** coal **zucchero** sugar **scopa** broom **stracci** rags **incerte** uncertain **Secondo** According to **è stata fondata** it was founded **il primo re** the first king **colli** hills **sicure** certain **Forse** Maybe **scelto** chosen **davvero** really **mezzo di trasporto** means of transportation **è inaugurata** was inaugurated **rovine** ruins **sotto il livello del suolo** underground **vengono scoperti** are discovered **ovunque si scavi** wherever they dig

settantuno 71

La popolazione/La città/La regione in cifre provides interesting key facts about the featured city, or region.

Incredibile ma vero! highlights an intriguing fact about the featured place or its people.

Maps point out major cities, rivers, and other geographical features and situate the featured place in the context of its immediate surroundings.

Quanto hai imparato? exercises check your understanding of key ideas, and **risorse** boxes reference the two pages of additional activities in the **SENTIERI** Student Activities Manual.

Readings A series of brief paragraphs explores different facets of the featured location's culture such as history, landmarks, fine art, literature, and aspects of everyday life.

Supersite

- **Su Internet** research activity
- Textbook activities
- Additional online-only practice activities

Supersite features vary by access level. Visit **vistahigherlearning.com** to explore which Supersite level is right for you.

AVANTI

Lettura develops reading skills in the context of the unit's theme.

AVANTI

Lettura

Audio: Reading

Prima di leggere

STRATEGIA

Predicting content through formats

Recognizing the format of a document can help you to predict its content. For instance, invitations, greeting cards, and classified ads follow easily identifiable formats, which usually give you a general idea of the information they contain. Look at the text below and try to identify it based on its format.

LE TEMPERATURE OGGI IN ITALIA

	min	max			min	max	
Ancona	+12	+17	C	Milano	+10	+14	P/B
Aosta	+5	+11	T	Napoli	+14	+16	P
Bari	+17	+19	S	Palermo	+16	+21	C
Bologna	+13	+17	P/B	Pescara	+13	+17	C
Cagliari	+14	+21	S	Reggio C.	+21	+26	S
Catania	+19	+23	N	Roma	+14	+16	P
Firenze	+11	+14	P	Torino	+10	+12	P
Genova	+12	+19	T	Venezia	+13	+16	C

C=Coperto B=Nebbia° N=Nuvoloso P=Pioggia S=Sereno° T=Temporale

Nebbia *Fog* **Sereno** *Clear*

If you guessed that this is a newspaper weather forecast, you are correct. You can infer that the document contains information about the weather in Italy, including high and low temperatures and the weather forecast for different cities.

Esamina il testo

Briefly look at the document. What is its format? What kind of information is given? How is it organized? Are there any visuals? What kind? What types of documents usually contain these elements?

Parole affini

As you have already learned, in addition to format, you can use cognates to help you predict the content of a document. With a classmate, make a list of all the cognates you find in the reading selection. Based on these cognates and the format of the document, can you guess what this document is and what it's for?

72 *settantadue*

Parco Nazionale

Il Parco Nazionale del Gran Sasso comprende°:

3 Regioni
5 Province
44 Comuni
2600 specie vegetali
350 camosci°
40 lupi°
15 coppie di falco° pellegrino
150 cervi°
8 coppie di aquile° reali
40 specie di piante a rischio di estinzione°

Il Parco Nazionale del Gran Sasso offre atmosfere e paesaggi magici°. Durante tutto l'anno ci sono numerose attività ed escursioni.

- Ci sono 130 km di piste da sci° adatte anche allo sciatore più esigente°, con impianti di risalita° moderni ed efficienti.
- Per gli appassionati degli sport estremi ci sono scalate° e l'alpinismo° ad altezze che raggiungono° i 2.912 metri.
- In estate le attività più diffuse sono l'equitazione° e l'escursionismo°.
- Le strutture sportive di Roccaraso offrono al turista diverse alternative: dal pattinaggio° al nuoto, dal bowling al tennis.
- In estate ci sono percorsi vita° a diverso grado di difficoltà e sentieri° per passeggiare e apprezzare° meravigliosi panorami.
- E per gli amanti degli animali, il Parco Nazionale permette di osservare numerose specie animali° che vivono in completa libertà.

del Gran Sasso

Parco Nazionale del Gran Sasso
Telefono: 011 167 80 64
Fax: 011 167 80 60
Web: www.gr.laga.it
Indirizzo e-mail: info@gransassolaga.it
Indirizzo: Via Sassomorone, 67 Roccaraso (AQ)

comprende *comprises* **camosci** *chamois* **lupi** *wolves* **falco** *falcon* **cervi** *deer* **aquile** *eagles* **a rischio di estinzione** *endangered* **paesaggi magici** *magical landscapes* **piste da sci** *ski slopes* **impianti di risalita** *ski lifts* **esigente** *demanding* **scalate** *climbing* **alpinismo** *mountaineering* **raggiungono** *reach* **equitazione** *horseback riding* **escursionismo** *hiking* **pattinaggio** *skating* **percorsi vita** *nature walks* **sentieri** *paths* **apprezzare** *appreciate* **specie animali** *animal species*

UNITÀ 2 Il tempo libero

Dopo la lettura

Rispondere Select the correct response or completion to each question or statement, based on the reading.

1. Questo è un opuscolo (*brochure*) di...
   a. un'agenzia di viaggio.
   b. un parco nazionale.
   c. un negozio di articoli sportivi.
2. Il Parco Nazionale del Gran Sasso...
   a. ospita (*is home to*) 150 cervi.
   b. è la montagna più alta d'Europa.
   c. non ha piste da sci.
3. Le montagne del parco offrono...
   a. un bosco di sequoie.
   b. paesaggi magici.
   c. vedute sul mare.
4. A Roccaraso ci sono...
   a. trecento aquile.
   b. diversi alberghi a cinque stelle (*five-star*).
   c. piste da pattinaggio.
5. Lo sport più popolare in inverno è...
   a. lo sci.
   b. il pattinaggio.
   c. l'equitazione.
6. In estate i turisti...
   a. sciano.
   b. fanno escursioni.
   c. fanno il bagno al mare.
7. Per chi (*those who*) ama gli animali ci sono...
   a. numerosi ristoranti per vegetariani.
   b. due zoo.
   c. possibilità di osservare gli animali in completa libertà.
8. Ci sono diverse attività...
   a. soltanto (*only*) in estate.
   b. in inverno e in primavera.
   c. durante tutto l'anno.

Completare Complete the sentences.

1. Il numero di telefono è ________________.
2. Il numero di fax è ________________.
3. Il sito Internet del parco è ________________.
4. L'indirizzo di posta elettronica è ________________.
5. L'indirizzo stradale (*mailing*) è ________________.

Practice more at **vhlcentral.com.**

settantatré 73

Readings are directly tied to the unit theme and recycle vocabulary and grammar you have learned. The selections in Units 1–9 are cultural texts, while those in Units 10–12 are literary pieces.

Prima di leggere presents valuable reading strategies and pre-reading activities that strengthen your reading abilities in Italian and English.

Dopo la lettura includes post-reading activities that check your comprehension of the reading.

Supersite

- Textbook activities
- Additional online-only practice activities
- Audio-sync technology for all readings

Supersite features vary by access level. Visit **vistahigherlearning.com** to explore which Supersite level is right for you.

AVANTI

In ascolto and **Scrittura** develop listening and writing skills in the context of the unit's theme.

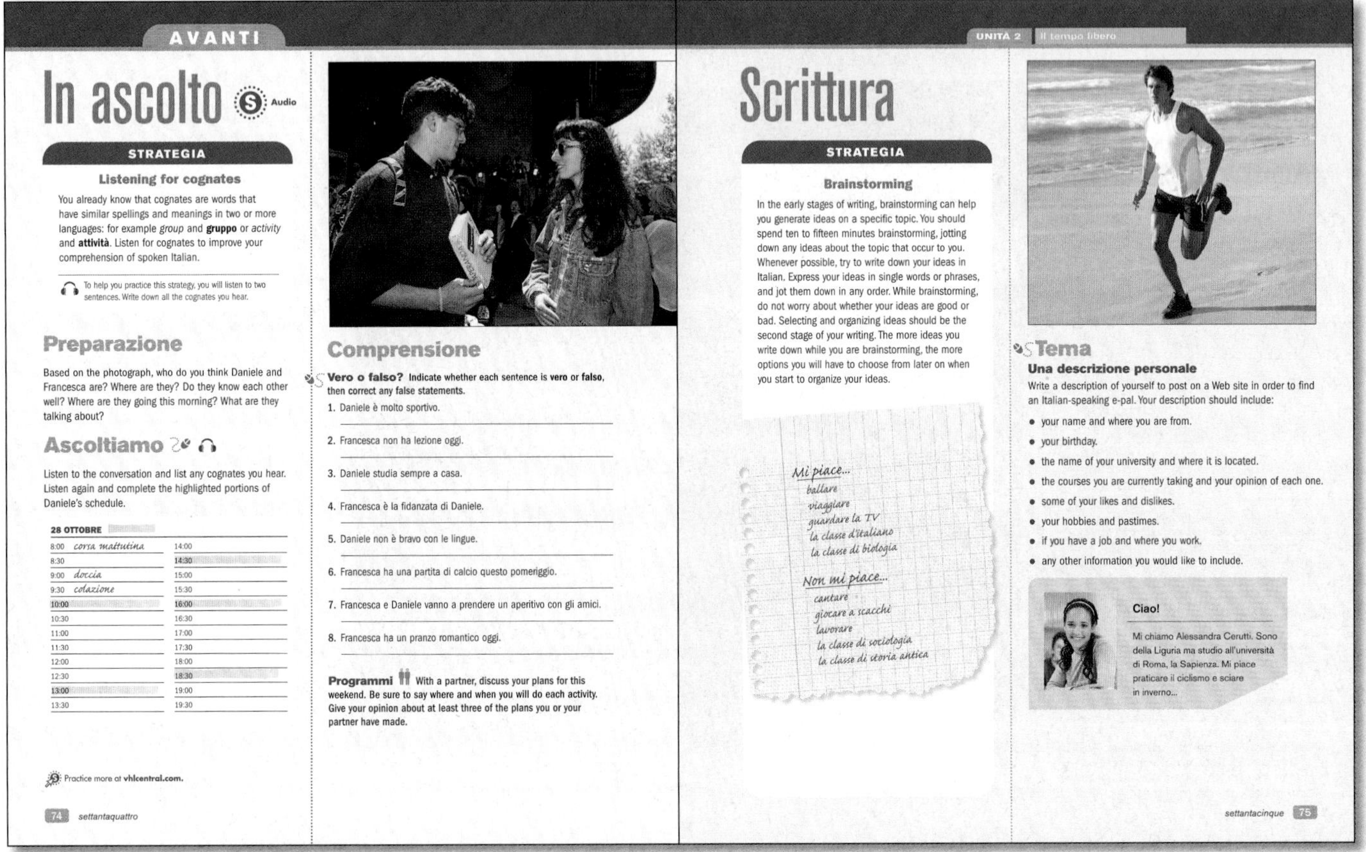

In ascolto uses a recorded conversation or narration to develop your listening skills in Italian. **Strategia** and **Preparazione** prepare you for listening to the recorded passage.

Ascoltiamo guides you through the recorded passage, and **Comprensione** checks your understanding of what you heard.

Strategia in **Scrittura** provides useful strategies that prepare you for the writing task presented in **Tema**.

Tema describes the writing topic and includes suggestions for approaching it. It also provides useful terms and/or phrases related to the writing task that may be useful in developing the topic.

Supersite

- Textbook activities
- Additional online-only practice activities
- Composition engine writing activity for **Scrittura**

Supersite features vary by access level. Visit **vistahigherlearning.com** to explore which Supersite level is right for you.

VOCABOLARIO

summarizes all the active vocabulary of the unit.

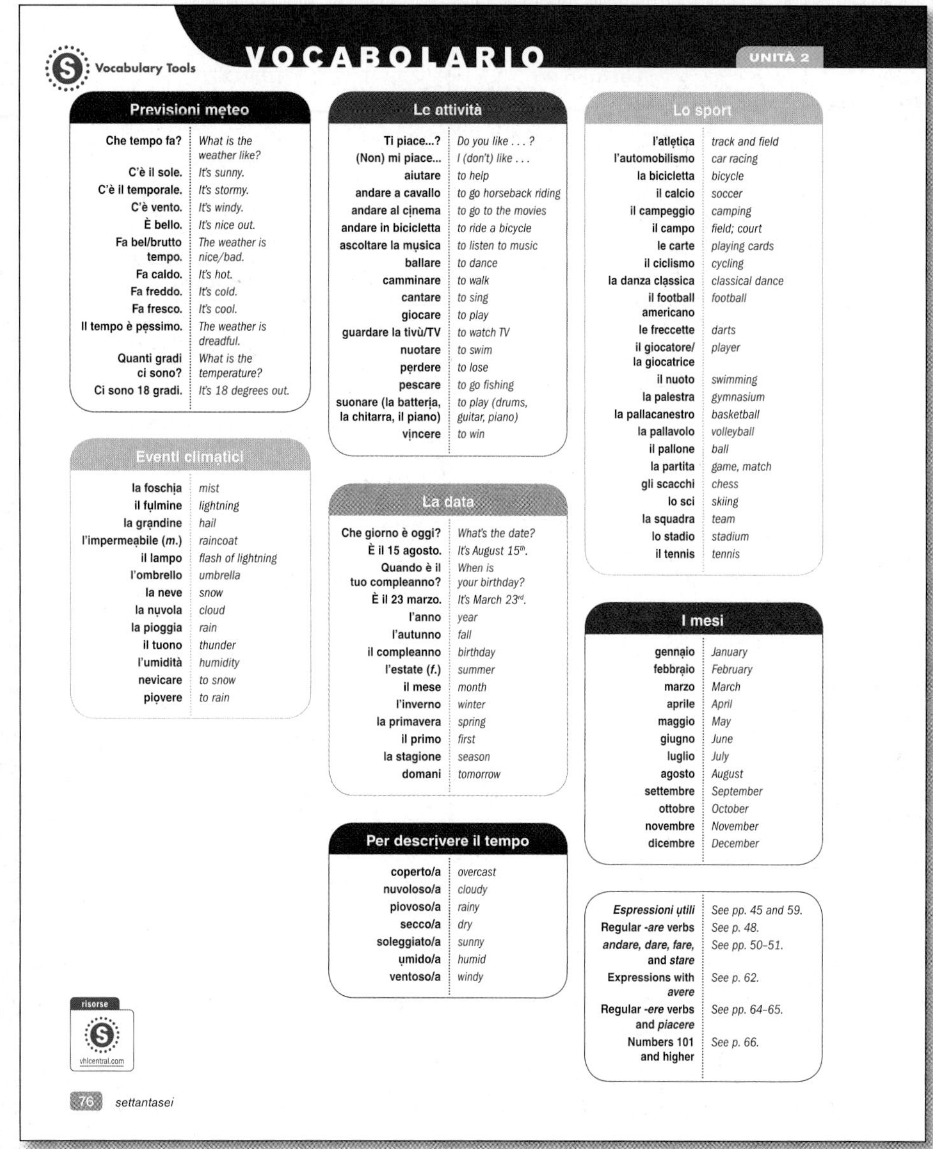

Vocabulary Tools

VOCABOLARIO

UNITÀ 2

Previsioni meteo

Che tempo fa?	*What is the weather like?*
C'è il sole.	*It's sunny.*
C'è il temporale.	*It's stormy.*
C'è vento.	*It's windy.*
È bello.	*It's nice out.*
Fa bel/brutto tempo.	*The weather is nice/bad.*
Fa caldo.	*It's hot.*
Fa freddo.	*It's cold.*
Fa fresco.	*It's cool.*
Il tempo è pessimo.	*The weather is dreadful.*
Quanti gradi ci sono?	*What is the temperature?*
Ci sono 18 gradi.	*It's 18 degrees out.*

Eventi climatici

la foschia	*mist*
il fulmine	*lightning*
la grandine	*hail*
l'impermeabile (*m.*)	*raincoat*
il lampo	*flash of lightning*
l'ombrello	*umbrella*
la neve	*snow*
la nuvola	*cloud*
la pioggia	*rain*
il tuono	*thunder*
l'umidità	*humidity*
nevicare	*to snow*
piovere	*to rain*

Le attività

Ti piace...?	*Do you like . . . ?*
(Non) mi piace...	*I (don't) like . . .*
aiutare	*to help*
andare a cavallo	*to go horseback riding*
andare al cinema	*to go to the movies*
andare in bicicletta	*to ride a bicycle*
ascoltare la musica	*to listen to music*
ballare	*to dance*
camminare	*to walk*
cantare	*to sing*
giocare	*to play*
guardare la tivù/TV	*to watch TV*
nuotare	*to swim*
perdere	*to lose*
pescare	*to go fishing*
suonare (la batteria, la chitarra, il piano)	*to play (drums, guitar, piano)*
vincere	*to win*

La data

Che giorno è oggi?	*What's the date?*
È il 15 agosto.	*It's August 15th.*
Quando è il tuo compleanno?	*When is your birthday?*
È il 23 marzo.	*It's March 23rd.*
l'anno	*year*
l'autunno	*fall*
il compleanno	*birthday*
l'estate (*f.*)	*summer*
il mese	*month*
l'inverno	*winter*
la primavera	*spring*
il primo	*first*
la stagione	*season*
domani	*tomorrow*

Per descrivere il tempo

coperto/a	*overcast*
nuvoloso/a	*cloudy*
piovoso/a	*rainy*
secco/a	*dry*
soleggiato/a	*sunny*
umido/a	*humid*
ventoso/a	*windy*

Lo sport

l'atletica	*track and field*
l'automobilismo	*car racing*
la bicicletta	*bicycle*
il calcio	*soccer*
il campeggio	*camping*
il campo	*field; court*
le carte	*playing cards*
il ciclismo	*cycling*
la danza classica	*classical dance*
il football americano	*football*
le freccette	*darts*
il giocatore/ la giocatrice	*player*
il nuoto	*swimming*
la palestra	*gymnasium*
la pallacanestro	*basketball*
la pallavolo	*volleyball*
il pallone	*ball*
la partita	*game, match*
gli scacchi	*chess*
lo sci	*skiing*
la squadra	*team*
lo stadio	*stadium*
il tennis	*tennis*

I mesi

gennaio	*January*
febbraio	*February*
marzo	*March*
aprile	*April*
maggio	*May*
giugno	*June*
luglio	*July*
agosto	*August*
settembre	*September*
ottobre	*October*
novembre	*November*
dicembre	*December*

Espressioni utili	*See pp. 45 and 59.*
Regular *-are* verbs	*See p. 48.*
andare, dare, fare,* and *stare	*See pp. 50–51.*
Expressions with *avere*	*See p. 62.*
Regular *-ere* verbs and *piacere*	*See pp. 64–65.*
Numbers 101 and higher	*See p. 66.*

risorse

vhlcentral.com

76 *settantasei*

Vocabulary All the lesson's active vocabulary is brought together, grouped in easy-to-study thematic lists.

Supersite

- Audio recordings of all vocabulary items
- Customizable study lists

Supersite features vary by access level. Visit **vistahigherlearning.com** to explore which Supersite level is right for you.

Student Activities Manual

Nome ____________ Data ____________

Unità 2 **Lezione 2B**

CONTESTI

Lab Manual

1 **Il tempo** Listen to each statement and write the number of the statement below the picture it describes. There are more statements than pictures.

a. ____________ b. ____________

c. ____________ d. ____________

2 **Identificare** You will hear a series of words. Write the word that does not belong in each series.

1. ____________ 4. ____________
2. ____________ 5. ____________
3. ____________ 6. ____________

3 **Completare** You will hear a statement. Use the information it provides to complete the partial statement in your lab manual.

Modello
You see: Il tempo è ______
You hear: Piove e c'è vento.
You write: brutto

1. Il tempo è ____________.
2. Questo (*This*) mese è ____________.
3. La prossima (*next*) stagione è l' ____________.
4. C'è un ____________.
5. Fa molto ____________.
6. La stagione è l' ____________.

14 **Unità 2** Lab Activities © 2016 by Vista Higher Learning, Inc. All rights reserved.

Nome ____________ Data ____________

Lezione 2A, Puntata 3 **Fotoromanzo**

CHE COSA VUOI FARE?

Prima di guardare

1 **Il fine settimana** In this episode, the characters talk about their plans for the weekend. What activities do you think they have planned to do?

Durante il video

2 **Chi parla?** As you watch this episode, indicate which character says each line: **Marcella**, **Riccardo**, **Emily**, **Viola**, or **Lorenzo**.

____________ 1. Programmi per il fine settimana?
____________ 2. Che cosa ti piace fare?
____________ 3. Anch'io penso di studiare.
____________ 4. Guarda che non siamo in vacanza.
____________ 5. All'inizio è difficile per molti studenti.
____________ 6. Tu adesso frequenti l'università a Roma!
____________ 7. L'Abruzzo è il passato.
____________ 8. Vivere in una grande città è una cattiva idea.

3 **Attività** Check off the activities that are mentioned in this episode.

❑ 1. giocare a pallacanestro
❑ 2. guardare uno spettacolo di danza
❑ 3. guardare la TV
❑ 4. passeggiare
❑ 5. giocare a freccette
❑ 6. andare al cinema
❑ 7. andare a un concerto
❑ 8. ballare
❑ 9. giocare a tennis
❑ 10. giocare a calcio
❑ 11. giocare a pallavolo
❑ 12. nuotare
❑ 13. ascoltare musica
❑ 14. fare spese

4 **Collegare** Watch the scene as the four friends discuss their day. Match the first half of these sentences with the correct endings.

______ 1. Allora, siete a Roma...
______ 2. Io penso di andare...
______ 3. Venerdì io vado a...
______ 4. Comincio a insegnare...
______ 5. Ci sono un milione di...
______ 6. Io adoro giocare...
______ 7. Guarda che non siamo...
______ 8. Impari un sacco...

a. cose da fare a Roma.
b. da una settimana ormai.
c. in vacanza.
d. a freccette.
e. uno spettacolo di danza classica.
f. a un concerto domenica.
g. fra due settimane.
h. di cose nuove.

Video Manual

© 2016 by Vista Higher Learning, Inc. All rights reserved. **Lezione 2A Fotoromanzo** Activities 5

Workbook The Workbook provides additional practice for the **Contesti**, **Strutture**, and **Panorama** sections in your textbook.

Lab Manual The Lab Manual section further practices listening and speaking skills related to the **Contesti**, **Pronuncia e ortografia**, and **Strutture** sections.

Video Manual The Video Manual provides activities to be completed before, during, and after viewing each lesson's **Fotoromanzo**.

Supersite

- Audio for Lab Manual activities
- Streaming video of **Fotonovela**
- WebSAM online Student Activities Manual

Supersite features vary by access level. Visit **vistahigherlearning.com** to explore which Supersite level is right for you.

THE *FOTOROMANZO* EPISODES

Fully integrated with your textbook, the **SENTIERI Fotoromanzo** contains twenty-four dramatic episodes, one for each lesson of the text. The episodes relate the adventures of four college students who are studying in Rome. They live at the **Pensione Marcella**, a boarding house. The video tells their story and the story of Marcella and her teenage son, Paolo.

The **Fotoromanzo** dialogues in each printed textbook lesson are actually an abbreviated version of the dramatic episode featured in the video. Therefore, each **Fotoromanzo** section can be used as preparation before you see the corresponding video episode, after it as review, or as a stand-alone section.

As you watch the video, you will first see the characters interact using the vocabulary and grammar you are studying. Their dialogues carefully incorporate new vocabulary and grammar with previously taught language. After the episode there is a **Riepilogo** segment that summarizes the key language functions and grammar points used in the dramatic episode.

THE CAST

Here are the main characters you will meet when you watch the SENTIERI Video:

From Chicago
Emily

From Abruzzo
Viola

From Bari
Riccardo

From Milan
Lorenzo

From Rome
Marcella

From Rome
Paolo

On behalf of its author and editors, Vista Higher Learning expresses its sincere appreciation to the instructors nationwide who reviewed materials from **SENTIERI**. Their input and suggestions were vitally helpful in forming and shaping the Second Edition into its final, published form.

Reviewers

Maria Rita Barbarino
Syracuse University, NY

Brian Barone
University of Central Florida, FL

Viktor Berberi
University of Minnesota, Morris, MN

Kelly Blank
Xavier University, OH

Emma O. Brombin
Daytona State College, FL

Danila Cannamela
University of North Carolina at Chapel Hill, NC

Cynthia Capone
George Washington University, DC

Mark Cerosaletti
SUNY Cortland, NY

Giuliana Chapman
Roanoke College, VA

Amy Chambless
University of North Carolina at Chapel Hill, NC

Rachel Cullenen
Ithaca College, NY

Linda De Caterina
San Diego City College, CA

Sydney Conrad
University of North Carolina-Chapel Hill, NC

Antonella Dell'Anna
Arizona State University, AZ

Carmen De Lorenzo
Michigan State University, MI

Vito Di Giulio
Napa Valley College, CA

Antonietta Di Pietro
Florida International University, FL

Lisa DiSanti Rosenthal
Illinois State University, IL

Kate Greenburg
University of North Carolina at Chapel Hill, NC

Marinella M. Griffith
College of Charleston, SC

Tessa Gurney
University of North Carolina, NC

David Hamilton
Concordia College, MN

Eileen Juskie
College of Dupage, IL

Erich Lichtscheidl
Montgomery County Community College, PA

Loredana Lo Bianco
California State University of Fresno, CA

Antonella Longoni
George Washington University, VA

Martin Marafioti
Pace University, NY

Lorenza Marcin
University of Richmond, VA

Judith Mazziotti
Daemen College, NY

Barbara Michael
Monterey Peninsula College, CA

J. Vincent H. Morrissette
Fairfield University, CT

Annalisa Mosca
Purdue University, IN

Rosa Motta Christopher
Newport University, VA

Giuseppe Natale
University of Nevada, Las Vegas, NV

Elaine Navia
Andrews University, MI

Mirta Pagnucci
Northern Illinois University, IL

Gloria Pastorino
Fairleigh Dickinson University, NJ

Lorella Paltrinieri
Colorado State University, CO

Maria Roglieri
St. Thomas Aquinas College, NY

Steven J. Sacco
San Diego State University, CA

Simona Sansovini
Metropolitan State University, CO

Francesca Santoro
George Washington University, VA

Elizabeth Scheiber
Rider University, NJ

Maria Grazia Spina
University of Central Florida, FL

Gabriele Steiner
Modesto Junior College, CA

Giuseppe Tassone
University of Washington, WA

Rachel Toncelli
Rhode Island College, RI

Maria Traub
Neumann University, PA

Massimiliano Verita
Fox Valley Technical College, WI

Molly M. Zaldivar
University of Texas at San Antonio, TX

Ciao, come va?

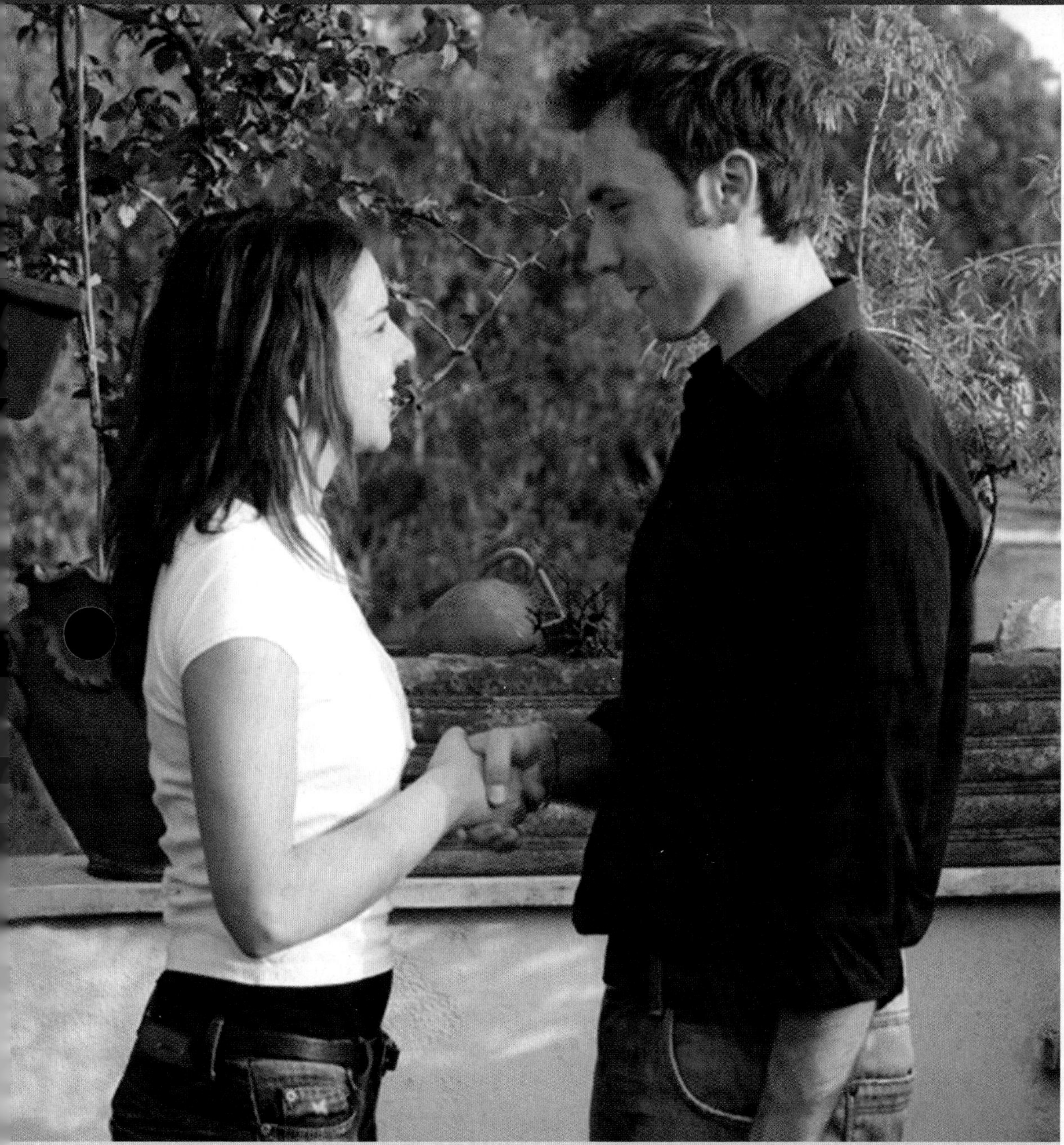

Per cominciare

- What are these people saying?
  a. Scusa. b. Buongiorno! c. Grazie.
- How many women are there in the photo?
  a. una b. due c. tre
- What do you think is an appropriate title for this woman?
  a. signori b. professore c. signorina

Lezione

1A

Communicative Goals

You will learn how to:

- use greetings and make introductions
- use expressions of courtesy

CONTESTI

Vocabulary Tools

Come va?

Vocabolario

saluti e addịi	*hellos and good-byes*
Buonasera.	*Good evening.*
Buonanotte.	*Good night.*
A domani.	*See you tomorrow.*
A presto.	*See you soon.*
ArrivederLa/ci. (*form./fam.*)	*Good-bye.*
Buona giornata!	*Have a nice day!*
Come sta? (*form.*)	*How are you?*
Come stai? (*fam.*)	*How are you?*
Anch'ịo.	*Me, too.*
Così così.	*So-so.*
Non c'è male.	*Not bad.*
Sto male.	*I am not well.*
presentazioni	*introductions*
Come si chiama? (*form.*)	*What is your name?*
Come ti chiami? (*fam.*)	*What is your name?*
E Lei/tu? (*form./fam.*)	*And you?*
Le/Ti presento... (*form./fam.*)	*This is [name].*
Piacere.	*Delighted.*
Piacere di conọscerLa/ti. (*form./fam.*)	*Pleased to meet you.*
Piacere mịo.	*My pleasure.*
forme di cortesịa	*polite expressions*
Grazie.	*Thank you.*
Di niente.	*You're welcome.*
per favore	*please*
Scusi/a. (*form./fam.*)	*Excuse me.*
persone	*people*
la donna	*woman*
il/la ragazzo/a	*boy/girl*
signor(a)...	*Mr./Mrs. . . .*
l'uomo (*pl.* uọmini)	*man (men)*
Dov'è?	*Where is it?*
là/lì	*there*
qua/qui	*here*

risorse

SAM WB: pp. 1–2 | SAM LM: p. 1 | vhlcentral.com

Attenzione!

In Italian, people can be addressed formally or informally. Use **tu** forms with a close friend or someone younger than you. Use **Lei** forms with a boss, someone older than you, or someone you do not know.

MARCO **Buongiorno, mi chiamo Marco. E Lei, come si chiama?**
ANNA **Mi chiamo Anna.**
MARCO **Molto piacere, Anna!**

SOFIA **Buongiorno, Caterina!**
CATERINA **Ciao, Sofia!**
SOFIA **Come stai?**
CATERINA **Sto bene, grazie. E tu, come stai? Tutto bene?**
SOFIA **Molto bene, grazie!**

Pratica

1 Categorizzare

Put each of the following words into the correct category.

buonanotte	la donna	la ragazza	scusi
buonasera	grazie	salve	l'uomo

Forme di cortesia	Persone	Saluti
______	______	______
______	______	______
______	______	______

2 Completare

Complete each conversation with the appropriate word.

1. –________ mille!
   –Prego!
2. –Sono il ________ Colombo, il professore di matematica.
   –Buongiorno, professore!
3. –Ciao Elisa, come stai?
   –Non c'è ________.
4. –Martina, ti ________ Andrea.
   –Piacere di conoscerti!

3 Trovare la risposta

Choose the response that best completes each conversation.

1. –Ciao Matteo, come stai?
   a. –Bene, grazie.
   b. –Anch'io.
2. –Grazie, Paola.
   a. –Per favore.
   b. –Di niente.
3. –Arrivederci!
   a. –A presto.
   b. –Così così.
4. –Buongiorno, professor Migliorini. Le presento Alfredo.
   a. –Scusi, Alfredo!
   b. –Piacere di conoscerti, Alfredo!
5. –Sto bene, grazie. E tu?
   a. –Mi chiamo Andrea.
   b. –Non c'è male.
6. –Piacere di conoscerti.
   a. –Piacere mio!
   b. –Per favore.
7. –Dov'è la signora Rossi?
   a. –È là.
   b. –Scusa.
8. –Come si chiama Lei?
   a. –Buona giornata!
   b. –Mi chiamo Paolo DeMarco.

4 Rispondere

Respond to each question or statement you hear.

1. ________________________
2. ________________________
3. ________________________
4. ________________________
5. ________________________
6. ________________________

Practice more at **vhlcentral.com.**

Comunicazione

5 **Ascoltiamo!** Listen to the conversations. Then decide with a partner whether each conversation is formal (**formale**) or informal (**informale**).

	formale	informale
1.	☐	☐
2.	☐	☐
3.	☐	☐
4.	☐	☐
5.	☐	☐
6.	☐	☐

6 **Tocca a te!** In pairs, look at each illustration. Discuss how you would greet the people, ask them for their names, and ask how they are doing. For each situation, write a short dialogue and then act it out. Pay attention to the use of **tu** and **Lei**.

1. Signora Bindi

2. Rosa

3. Signor Monti

4. Gemma

7 **Mi chiamo...** Your instructor will give you and a partner two different worksheets with descriptions of five different people. Use the information from your worksheet to introduce yourselves and talk about how you are feeling. Role-play each of the five identities on your worksheet.

MODELLO

S1: *Buongiorno, mi chiamo Vittorio. Come ti chiami?*
S2: *Ciao! Mi chiamo Silvia. Come stai?*
S1: *Sto molto bene, grazie. E tu?*

8 **Presentazioni** In groups of three, introduce yourselves and ask your group members how they are doing. Then join another group and introduce one another to the new group.

MODELLO

S1: *Ciao, mi chiamo Laura. E tu?*
S2: *Mi chiamo Fabio.*
S1: *Come stai?*
S2: *Bene, grazie. E tu?*
S1: *Anch'io sto bene. Fabio, ti presento Michele.*
S3: *Ciao, Fabio. Molto piacere!*

Pronuncia e ortografia

Audio

The Italian alphabet

lettera	esempio	lettera	esempio	lettera	esempio
a (a)	**abilità**	**h** (acca)	**hai**	**q** (cu)	**quattro**
b (bi)	**banana**	**i** (i)	**idea**	**r** (erre)	**radio**
c (ci)	**città**	**l** (elle)	**lungo**	**s** (esse)	**speciale**
d (di)	**delizioso**	**m** (emme)	**mamma**	**t** (ti)	**terrịbile**
e (e)	**elegante**	**n** (enne)	**natura**	**u** (u)	**università**
f (effe)	**famoso**	**o** (o)	**ọpera**	**v** (vu)	**vịdeo**
g (gi)	**generoso**	**p** (pi)	**pizza**	**z** (zeta)	**zoo**

The Italian alphabet is made up of 21 letters. Although these letters are all found in the English alphabet, some are pronounced differently. The letter **h** is not pronounced in Italian.

jeans **kiwi** **weekend** **taxi** **yogurt**

j (**i lunga**), **k** (**cappa**), **w** (**doppia vu**), **x** (**ics**), and **y** (**ịpsilon**) are used primarily in foreign terms.

sete *thirst* **sette** *seven* **sono** *I am* **sonno** *sleep*

A double consonant often distinguishes between two similarly spelled words. The sound of the doubled consonant should be emphasized and held for an extra beat. When spelling double consonants aloud, say **due** (*two*) or **doppia** (*double*).

é = e accento acuto **à = a accento grave**

When spelling aloud, indicate accented letters by saying **accento acuto** (´) or **accento grave** (`).

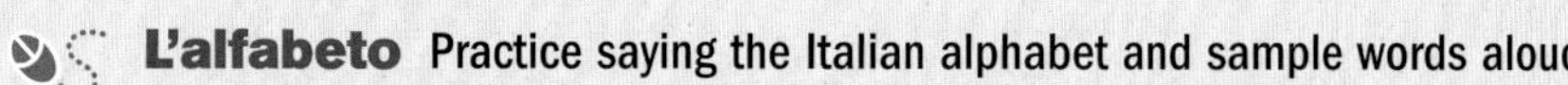

L'alfabeto Practice saying the Italian alphabet and sample words aloud.

Come si scrive? Spell these words aloud in Italian. For uppercase letters, say **maiuscola: L = elle maiuscola.**

1. Roma
2. arrivederci
3. università
4. Firenze
5. ciao
6. yacht
7. musica
8. Milano
9. esatto
10. karaoke
11. numero
12. città

Proverbi Practice reading these sayings aloud.

Errare è umano.[1]

[1] To err is human.
[2] All's well that ends well!

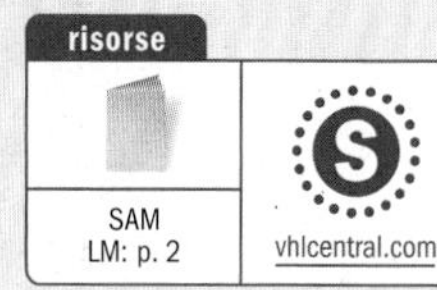

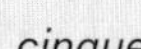

Ciao, io sono...

Video: *Fotoromanzo*

PERSONAGGI

Emily

Lorenzo

Marcella

Paolo

Riccardo

Viola

MARCELLA Sì? Chi è?
RICCARDO Scusi, è Lei la signora Marcella? Io sono Riccardo. Piacere di conoscerLa.
MARCELLA Piacere mio. Benvenuto.
RICCARDO Grazie. È bello qui.
MARCELLA Grazie.

MARCELLA Ecco la stanza per i ragazzi e lì (*indicando*) c'è un'altra stanza per due ragazze.
RICCARDO Quattro studenti?
MARCELLA Molto bene.
RICCARDO Grazie.

MARCELLA Arrivo subito. Scusa.
EMILY Salve... C'è qualcuno? Marcella? Sono Emily. Emily Rufo Eriksson da Chicago. C'è qualcuno?
MARCELLA Benvenuta, Emily. Io sono Marcella. Quante valigie hai?
EMILY Una. E lo zaino.
MARCELLA Ecco la stanza delle ragazze.

Alla pensione...
EMILY Il computer è pronto.
MARCELLA *I'm Marcella. This is my house...*
RICCARDO *I'm Riccardo. I'm Italian.* Ciao, America! Prima lezione d'italiano: sedia... matita... libro... amica.

PAOLO Ciao, mamma.
MARCELLA Ciao, Paolo. Vieni, ti presento Riccardo ed Emily.
PAOLO Ciao, io sono... Paolo.

MARCELLA Ciao.
LORENZO Sono Lorenzo. Dov'è la stanza?
MARCELLA Benvenuto, Lorenzo. Io sono Marcella e questi sono Paolo, Riccardo ed Emily... Da questa parte. Scusa.

ATTIVITÀ

1 **Vero o falso?** Indicate whether each statement is **vero** or **falso**.

1. Marcella e Riccardo sono vecchi amici (*old friends*).
2. Alla pensione c'è una stanza per i ragazzi e una per le ragazze.
3. Emily è una ragazza italiana.
4. Emily non ha (*doesn't have*) valigie.
5. Lorenzo è a Roma.
6. Emily ha (*has*) un computer.
7. Marcella è la mamma di Paolo.
8. Viola sta molto bene.
9. Vicino alla pensione c'è un supermercato.
10. Ci sono quattro studenti nella pensione.

Practice more at **vhlcentral.com.**

I ragazzi arrivano alla pensione.

Al cellullare...

LORENZO Pronto... A Roma... Non lo so. Ma dai... No... Lasciami in pace, per favore!

LORENZO Ma vuoi stare attenta!
VIOLA Scusa! ...Grazie.

VIOLA Grazie, grazie mille. Siete molto gentili. Sono Viola.
RICCARDO Io sono Riccardo.
EMILY Emily.
PAOLO Paolo.
RICCARDO Benvenuta a Roma.
VIOLA Grazie.
RICCARDO Come va?
VIOLA Non c'è male.

MARCELLA Benvenuti nella mia pensione. Allora, ci sono ristoranti, bar e una biblioteca qui vicino. Ci sono anche diversi autobus che vanno in centro... Quanti studenti?
RICCARDO Uno... due... tre. Tre. Quattro. Quattro studenti.
MARCELLA Alla città di Roma! Cin, cin!
TUTTI A Roma. Cin, cin!

Espressioni ụtili

Introductions

- **Chi è?** *Who is it?*
- **C'è qualcuno?** *Is anybody there?*
- **Scusi, è Lei la signora Marcella? Io sono Riccardo. Piacere di conọscerLa.** *Excuse me, are you Marcella? I'm Riccardo. Pleased to meet you.*
- **Benvenuto!** *Welcome!*
- **È bello qui.** *It's nice here.*
- **Io sono Marcella e questi sono Paolo, Riccardo ed Emily.** *I'm Marcella, and these are Paolo, Riccardo, and Emily.*

Additional vocabulary

- **Ecco la stanza per i ragazzi e lì c'è un'altra stanza per due ragazze.** *Here's the room for the boys, and there is another room for two girls there.*
- **Quante valigie hai?** *How many suitcases do you have?*
- **Una. E lo zaino.** *One. And the backpack.*
- **Lạsciami in pace, per favore!** *Leave me alone, please!*
- **Il computer è pronto.** *The computer is ready.*
- **sedia, matita, libro, amica...** *chair, pencil, book, friend . . .*
- **Ci sono ristoranti, bar e una biblioteca.** *There are restaurants, cafés, and a library.*
- **Vuoi stare attenta!** *Pay attention!*
- **Pronto.** *Hello (on the phone).*
- **Arrivo sụbito.** *I'll be right there.*
- **Ma dai.** *Oh, come on.*
- **Non lo so.** *I don't know.*
- **Vieni.** *Come.*
- **Da questa parte.** *This way.*
- **prima** *first*
- **Siete molto gentili.** *You (pl.) are very nice.*
- **Cin, cin!** *Cheers!*

ATTIVITÀ

2 Per parlare un po' In groups of three, imagine that you are exchange students meeting for the first time. Introduce yourselves to one another. Include information such as your name and where you are from. Be prepared to present your conversation to the class.

3 Approfondimento Did you know that there are seven hills (**colli**) in Rome? And a river (**fiume**) with an island (**isola**)? Use the Internet to find their names in Italian.

IN PRIMO PIANO

Baci dall'Italia!

Friends and family in Italy traditionally give each other a kiss (un bacio) on each cheek when they say hello and good-bye. The first **bacio** always goes on the left cheek, followed by the right, so you should lean to your right when you greet someone in this way.

To give an Italian-style kiss, press your cheek against the other person's and make a kissing sound. There may or may not be contact between your lips and the person's cheek. These kisses are often accompanied by a hand on the other person's shoulder or shoulders; a greater amount of contact indicates a closer personal connection with the person you are greeting. Young adults often give two or three kisses to their close friends, accompanied by a hug.

Greeting friends with a kiss is common among women, while men customarily greet each other with a handshake (**una stretta di mano**). Men who are related or are very close friends may exchange kisses if they haven't seen each other in a long time, or on a special occasion. In a business setting, colleagues (both men and women) shake hands. The Italian handshake is firm, with one or two quick shakes up and down.

There are slight variations on these traditions from person to person and region to region. For example, kissing is more prevalent in the southern part of Italy, where men are also more likely to greet one another with a kiss. When in doubt, simply follow the lead of the person you are greeting!

Un piccolo aiuto

When greeting someone considerably older than you or someone in a position of authority, you should always address him/her with the formal **Lei**. Wait for that person to suggest that the informal **tu** be used. (**Diamoci del tu?**)

ATTIVITÀ

1 Vero o falso? Indicate whether each statement is **vero** or **falso**. Correct any false statements.

1. Men in the south of Italy never greet each other with a kiss.
2. In Italy, work colleagues usually shake hands.
3. Two women who are friends may greet each other with a kiss.
4. Placing a hand on someone's shoulder is considered disrespectful.
5. Most young Italians kiss four times.
6. The Italian handshake is firm and quick.
7. Men always shake hands when they greet each other.
8. Italians give the first kiss on the right cheek.
9. Italians kiss both when saying hello and good-bye.
10. Kisses are usually accompanied by a kissing sound.

 Practice more at **vhlcentral.com.**

L'ITALIANO QUOTIDIANO

I saluti

Alla prọssima!	*Until next time!*
Buon fine settimana!	*Have a nice weekend!*
Che c'è di nuovo?	*What's new?*
Ci sentiamo!	*Talk to you soon!*
Ci vediamo!	*See you soon!*
Come te la passi?	*How are you getting along?*
Ehilà!	*Hey there!*
Il solito.	*The usual.*
Niente di nuovo.	*Nothing new.*

USI E COSTUMI

Buongiorno, professoressa!

Italians tend to be very formal in their greetings, usually addressing each other with their social titles (**signore**, **signora**, **signorina**) or professional titles (**professore**, **professoressa**, **dottore**, **dottoressa**, **ingegnere°**, **avvocato°**).

Greetings vary according to the time of day and whether you are saying hello or good-bye. For example, **buongiorno** is used to say hello during the early part of the day, but if you say **buona giornata**, you are wishing someone a good day as you say good-bye. Later in the afternoon (how late in the afternoon varies considerably from region to region), Italians use **buonasera** to say hello. **Buonanotte** is used only to say good-bye at nighttime; otherwise you should use **arrivederci** or **arrivederLa**. In an informal situation, **ciao** is all you need for hello and good-bye!

ingegnere *engineer* **avvocato** *lawyer*

RITRATTO

I personaggi della commedia dell'arte

La commedia dell'arte is a form of improvisational theater based on common themes of life, such as love, jealousy, and poverty. Originating in the 16th century in northern Italy, this form of theater was performed in the streets by troupes of actors who portrayed a cast of standard characters representing typical human traits, each with its own unique costume. The long list of characters represents different regions and cities in Italy. Many of them inspired the traditional masks of **Carnevale** in **Venezia**. Among the most popular characters are **Arlecchino** (Harlequin), a servant whose clown-like costume has a colorful diamond pattern; **Colombina**, **Arlecchino**'s love interest who doesn't reciprocate but pokes fun at him; **Pantalone**, a wealthy miser who speaks in Venetian dialect and wears a red vest, a black cloak, and a mask with a hooked nose; and **il Dottore**, the wine-loving doctor from **Bologna** who wears long black academic robes and a short black mask.

SU INTERNET

What are the personalities and outfits of some characters in the commedia dell'arte?

Go to **vhlcentral.com** to find more information related to this **CULTURA**.

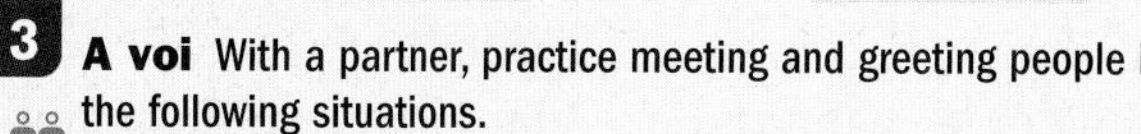

2 Hai capito? Answer these questions.

1. At what time of day would you say **buonanotte**?
2. What title would you use to address your female doctor?
3. How would you tell someone to have a nice day?
4. Which **commedia dell'arte** character speaks in Venetian dialect?
5. Who is in love with **Colombina**?

3 A voi With a partner, practice meeting and greeting people in the following situations.

1. You arrive at your professor's office at five o'clock in the afternoon.
2. You meet a group of friends outside the library.
3. Your Italian roommate introduces you to a good friend.

ATTIVITÀ

1A.1 Nouns and articles

Punto di partenza A noun is a word that identifies a person, animal, place, thing, or idea. As in English, Italian nouns are singular or plural. All Italian nouns also have gender, even those that refer to objects; they are either masculine or feminine.

- Nouns that refer to males are usually masculine, and those that refer to females are usually feminine. One exception is **persona** (*person*), a feminine noun that can refer to a man or a woman.

masculine		feminine	
amico	*(male) friend*	amica	*(female) friend*
attore	*actor*	attrice	*actress*
studente	*(male) student*	studentessa	*(female) student*

- Usually, nouns that end in **-o** are masculine, and nouns that end in **-a** are feminine.

masculine		feminine	
libro	*book*	casa	*house*
tạvolo	*table*	domanda	*question*
ufficio	*office*	idea	*idea*

- Nouns that end in **-e** may be either masculine or feminine. Memorize the gender of these nouns as you learn them.

masculine		feminine	
esame	*exam*	automọbile	*car*
ristorante	*restaurant*	notte	*night*

- Nouns ending in a consonant or **-ore** are masculine, and nouns ending in **-ione** are feminine.

masculine		feminine	
ạutobus	*bus*	lezione	*lesson*
computer	*computer*	stazione	*station*
dottore	*(male) doctor*	televisione	*television*

- To form the plural of most Italian nouns, you need to change the final vowel. The masculine ending **-o** becomes **-i**, and the feminine ending **-a** becomes **-e**. Regardless of gender, singular nouns ending in **-e** change the vowel to **-i** to form the plural.

	singular		plural	
masculine	ragazzo	*boy*	ragazzi	*boys*
	ristorante	*restaurant*	ristoranti	*restaurants*
feminine	donna	*woman*	donne	*women*
	notte	*night*	notti	*nights*

PRATICA

1 Scegliere Choose the correct article.

un, una, un' o uno?	**la, lo, il, l', le, gli o i?**
1. ____ autobus	7. ____ studente
2. ____ albergo	8. ____ ragazzi
3. ____ signora	9. ____ attrice
4. ____ sport	10. ____ autori
5. ____ idea	11. ____ amiche
6. ____ libro	12. ____ casa

2 Trasformare Provide the plural of each word.

1. lezione	7. sport
2. caffè	8. tavolo
3. ragazza	9. domanda
4. studente	10. persona
5. amico	11. dottore
6. attrice	12. albergo

3 Completare Complete sentences 1–4 with the correct indefinite article (**l'articolo indeterminativo**). Then complete sentences 5–8 with the correct definite article (**l'articolo determinativo**).

1. La signora comunica ____ idea.
2. L'autore conclude ____ libro.
3. In città c'è ____ albergo.
4. È ____ domanda intelligente.
5. Il ragazzo assiste ____ attori.
6. Il traffico blocca ____ autobus.
7. ____ professori arrivano in albergo.
8. ____ amiche sono a casa.

4 Scegliere Complete the sentences with the appropriate definite or indefinite article.

1. Marco è ____ capitano della squadra (*of the team*).
2. ____ professoressa d'italiano si chiama Nadia Piacentini.
3. Il tennis è ____ sport divertente (*fun*).
4. Roberto Benigni è ____ attore famoso.
5. ____ ufficio del Prof. Specchio è grande (*big*).
6. La Sapienza è ____ università importante.
7. Professore, ho (*I have*) ____ domanda!
8. Tutti (*All of*) ____ ragazzi studiano italiano.

Practice more at **vhlcentral.com.**

COMUNICAZIONE

5 Categorie In pairs, indicate a category for each group of items. Be sure to include the definite article.

MODELLO Dante Alighieri, Italo Calvino, Umberto Eco
gli autori

1. Lamborghini, Ferrari, Alfa Romeo
2. *Harry Potter*, *Sentieri*, dizionario
3. Macintosh, Dell, Toshiba
4. Olive Garden, Ruby Tuesday, IHOP
5. Hilton, Marriott, Holiday Inn
6. Jennifer Lawrence, Kerry Washington, Scarlett Johansson

6 Che cos'è? In pairs, take turns identifying each photo.

MODELLO

S1: Che cos'è (*What is it*)?
S2: È (*It is*) una televisione.

1. ____________

2. ____________

3. ____________

4. ____________

5. ____________

6. ____________

7 Prova d'artista In small groups, take turns drawing people or objects you've learned for the others to guess. The person who guesses correctly is the next to draw.

- When referring to an all-male group or a mixed group of males and females, use the masculine plural form.

gli amici	**gli studenti**
the (male and female) friends	*the (male and female) students*

- To form the plural of most nouns ending in **-co**, **-ca**, **-go**, and **-ga**, add an **h** in order to maintain the hard **c** or **g** sound. One exception is **amico**, which becomes **amici**.

singular		plural	
albergo	*hotel*	alberghi	*hotels*
amica	*friend*	amiche	*friends*

- Shortened nouns and nouns that end in a consonant or accented vowel do not change from the singular to the plural.

singular		plural	
una foto	*a photo*	due foto	*two photos*
un autobus	*a bus*	due autobus	*two buses*
un caffè	*coffee*	due caffè	*two coffees*

Articles

- The indefinite article refers to an unspecified person or thing and corresponds to the English *a/an*.

	before . . .		
masculine	z or s + consonant	**uno** studente	*a student*
	a vowel or other consonants	**un** uomo	*a man*
feminine	a vowel	**un'**idea	*an idea*
	a consonant	**una** città	*a city*

- The definite article (*the*) indicates a specific person or thing.

	before . . .	singular		plural	
masculine	a vowel	**l'**autore	***the** author*	**gli** autori	***the** authors*
	z or s + consonant	**lo** sport	***the** sport*	**gli** sport	***the** sports*
	other consonants	**il** libro	***the** book*	**i** libri	***the** books*
feminine	a vowel	**l'**amica	***the** friend*	**le** amiche	***the** friends*
	a consonant	**la** casa	***the** house*	**le** case	***the** houses*

Provalo! ***Maschile*** **(masculine) or *femminile* (feminine)?**

1. ragazzo *maschile*
2. ufficio ____________
3. attrice ____________
4. caffè ____________
5. dottore ____________
6. notte ____________
7. computer ____________
8. stazione ____________
9. idea ____________
10. studente ____________

1A.2 Numbers 0–100

Punto di partenza As in English, numbers in Italian follow patterns. Memorizing the numbers **0–30** will help you learn **31–100**.

Numbers 0–30

0–10	11–20	21–30
0 zero		
1 uno	**11** undici	**21** ventuno
2 due	**12** dodici	**22** ventidue
3 tre	**13** tredici	**23** ventitré
4 quattro	**14** quattordici	**24** ventiquattro
5 cinque	**15** quindici	**25** venticinque
6 sei	**16** sedici	**26** ventisei
7 sette	**17** diciassette	**27** ventisette
8 otto	**18** diciotto	**28** ventotto
9 nove	**19** diciannove	**29** ventinove
10 dieci	**20** venti	**30** trenta

- In Italian, the number **uno** changes to agree with the noun it precedes. The forms of the number **uno** and the indefinite article are the same (see **Strutture 1A.1**).

una matita	**un'**amica	**un** quaderno	**uno** zaino
a/one pencil	*a/one friend*	*a/one notebook*	*a/one backpack*

- Note that **venti** drops its final vowel when combined with **-uno** and **-otto**, and that the addition of **-tre** requires an accent. These patterns repeat in numbers **31–100**.

Numbers 31–100

31–35	36–40	50–100
31 trentuno	**36** trentasei	**50** cinquanta
32 trentadue	**37** trentasette	**60** sessanta
33 trentatré	**38** trentotto	**70** settanta
34 trentaquattro	**39** trentanove	**80** ottanta
35 trentacinque	**40** quaranta	**90** novanta
		100 cento

- Numbers that end in **-uno** may drop the **-o** before plural nouns.

cinquantuno anni	**ottantun** amiche
fifty-one years	*eighty-one friends*

PRATICA

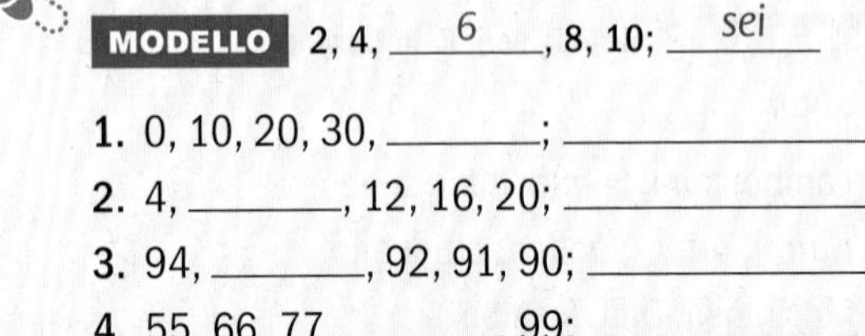

1 Completare Complete each series with the missing number. Then write the number in Italian.

MODELLO 2, 4, __6__, 8, 10; __*sei*__

1. 0, 10, 20, 30, ______; __________
2. 4, ______, 12, 16, 20; __________
3. 94, ______, 92, 91, 90; __________
4. 55, 66, 77, ______, 99; __________
5. 4, ______, 24, 34, 44; __________
6. ______, 70, 75, 80, 85; __________

2 Descrivere Write how many of each item there are.

MODELLO la televisione (3)

Ci sono tre televisioni.

1. (25) lo zaino ______

2. (89) lo studente ______

3. (63) l'amico ______

4. (74) il dizionario ______

5. (11) la biblioteca ______

6. (96) l'albergo ______

3 Leggere ad alta voce In pairs, take turns reading the numbers aloud and writing them down. (Note that Italian phone numbers are read in double digits.)

MODELLO

La mamma: zero settantuno, settantacinque, novantadue, cinquantaquattro

1. la mamma: 071-75.92.54
2. il taxi: 0583-71.01.30
3. la polizia: 081-25.99.61.11
4. il dottore: 06-85.73.64.92
5. l'ufficio: 08-16.50.41.80

Practice more at **vhlcentral.com.**

COMUNICAZIONE

4 **L'impiccato** In pairs, play Hangman (**L'impiccato**). Try to guess what number your partner is spelling.

MODELLO

D I __ I __ __ __ __ (diciotto)
S1: *C'è una O?*
S2: *Sì! Ci sono due O!*

5 **In classe** In pairs, take turns saying whether each item is in your classroom, and how many there are.

MODELLO

S1: *C'è un professore?*
S2: *Sì, c'è un professore./*
No, non c'è un professore.

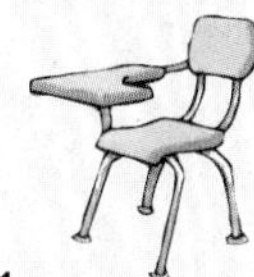
1.

2.

3.

4.

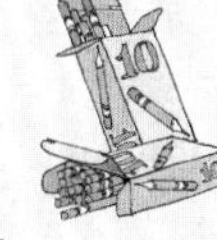
5.

6.

6 **A casa mia** In groups of three, create a list of ten people or items. Then ask each other how many of each there are at your house (**a casa tua**).

MODELLO

S1: *Quanti libri ci sono a casa tua?*
S2: *A casa mia (At my house), ci sono sessantadue libri.*
S3: *Ci sono novantuno libri a casa mia.*

C'è and *ci sono*

- In Italian, use **c'è** (*there is . . . /is there . . . ?*) and **ci sono** (*there are . . . /are there . . . ?*) to talk about the existence of people or things. Use **c'è** with singular nouns and **ci sono** with plural nouns.

C'è una sedia? ***Is there** a chair?*	**Ci sono** tre sedie. ***There are** three chairs.*
Ci sono computer in biblioteca. ***There are** computers in the library.*	**C'è** una televisione? ***Is there** a television?*

- To ask *how many?* use **quanti** with masculine plural nouns and **quante** with feminine plural nouns and place **ci sono** at the end of the question. Remember, because **quanti** and **quante** are plural forms, use **ci sono**.

Quanti studenti ci sono? ***How many** students are there?*	**Quante** matite ci sono? ***How many** pencils are there?*

- Use **molti** with masculine plural nouns and **molte** with feminine plural nouns to mean *many* or *a lot*.

Ci sono **molti** studenti. *There are **a lot of** students.*	Ci sono **molte** matite. *There are **a lot of** pencils.*

- Add **non** (*not*) to make **c'è** and **ci sono** negative.

Non c'è lezione. ***There is no** class.*	**Non ci sono** molti esami. ***There aren't** many exams.*

Ecco

- Unlike **c'è** and **ci sono**, which simply state the existence of something or someone, **ecco** draws attention to the presence of an object or person. **Ecco** is invariable.

Ci sono sei professori d'italiano. ***There are** six Italian professors.*	**Ecco** i professori! ***Here/There are** the professors!*
C'è un dizionario in biblioteca? ***Is there** a dictionary in the library?*	**Ecco** il dizionario. ***Here/There is** the dictionary.*

Provalo! **Write the Italian word for each number.**

1. 2 due	**6.** 7 ______	**11.** 11 ______
2. 67 ______	**7.** 45 ______	**12.** 59 ______
3. 16 ______	**8.** 100 ______	**13.** 81 ______
4. 28 ______	**9.** 36 ______	**14.** 15 ______
5. 91 ______	**10.** 77 ______	**15.** 43 ______

Ricapitolazione

1 Trova la coppia In pairs, create twelve game cards. On six of the cards, draw pictures of nouns you learned in this lesson. On the other six cards, write the name of each item, including the definite article. Then shuffle the cards, place them face down, and take turns matching them.

2 Caccia al tesoro Work in groups of four. Each pair creates a list of four types of words or expressions the other pair must find in their textbooks. Exchange lists and look through your textbooks for each item on the list. Write down the word and the page number.

1. un nome femminile plurale
2. un numero fra il 3 e il 23
3. un saluto informale
...

3 In centro In pairs, take turns asking if each person or item indicated is in the picture. If it is, ask where it is. Your partner responds by pointing to the item.

MODELLO

S1: *C'è un ristorante?*
S2: *Sì.*
S1: *Dov'è?*
S2: *Ecco il ristorante, qui* (here)*!*

autobus	casa	ristorante	università
automobile	donna	stazione	uomo

4 Presentazioni With a partner, go to meet another pair. One person per pair should introduce him-/herself and his/her partner. Use items from the list to role-play formal and informal situations. Switch roles until you have met every pair in the class.

amico/a	professore(ssa)
dottore(ssa)	studente(ssa)

5 Alla facoltà You are new on campus and ask another student for help finding these places and classes. He/She tells you the building (**l'edificio**) and the room (**l'aula**) and you thank him/her. Switch roles and repeat with another item from the list.

MODELLO

S1: *Scusa, dov'è l'esame d'italiano?*
S2: *Italiano... Edificio Z, aula novantanove.*
S1: *Grazie!*
S2: *Prego!*

Ufficio del Prof. Ferra	Edificio C Aula 20
Ufficio della Prof.ssa Nardi	Edificio F Aula 15
Letteratura italiana	Edificio M Aula 56
Matematica	Edificio A Aula 31
L'esame di biologia	Edificio T Aula 77
L'esame di arte	Edificio H Aula 11
Sala professori	Edificio P Aula 98
Sala computer	Edificio B Aula 42

6 Parole intrecciate You and your partner each have half the words of a word search (**le parole intrecciate**). Pick a number and a letter and say them to your partner, who will tell you if he/she has a letter in the corresponding space. Do not look at each other's worksheets.

risorse
SAM WB: pp. 3-6 | SAM LM: pp. 3-4 | vhlcentral.com

Lo Zapping

Zanichelli

Zanichelli is an Italian publishing company, founded in 1859 in Modena and currently based in Bologna. Specializing in textbooks and reference materials for students, teachers, and medical and legal professionals, Zanichelli offers a catalogue of over 1000 different publications. Dictionaries (**dizionari**) play a major role in this catalogue. Since 1941, Zanichelli has published the famous ***Vocabolario della Lingua Italiana*** (*Italian Language Dictionary*) by Nicola Zingarelli. In addition to their popular line of bilingual dictionaries in a variety of languages (**lingue**), Zanichelli also publishes reference books on subjects ranging from psychology to cinema.

Senza° i dizionari Zanichelli, il mondo sarebbe° una giungla°...

...per sapere°, per fare°.

Comprensione Circle the correct answers.

1. How many different dictionaries are mentioned in the commercial?
   - a. tre
   - b. quattro
   - c. cinque
   - d. sei
2. Which language is not mentioned in the commercial?
   - a. francese
   - b. greco
   - c. spagnolo
   - d. italiano

Discussione In pairs, discuss the answers to these questions. Use as much Italian as you can.

1. Do you prefer to use print dictionaries or electronic dictionaries? What do you think are the advantages of each?
2. Does this ad make you want to buy a Zanichelli dictionary? Why or why not?

Practice more at **vhlcentral.com.**

Senza *without* **sarebbe** *would be* **giungla** *jungle* **sapere** *to know* **fare** *to do*

Lezione

1B

Communicative Goals

You will learn how to:

- talk about classes
- talk about schedules

CONTESTI

Vocabulary Tools

Alla facoltà

Vocabolario

a lezione	***in class***
(Che) cos'è?	*What is it?*
l'agenda	*planner*
gli appunti	*notes*
i compiti	*homework*
l'esame (*m.*)	*exam*
la porta	*door*
il testo	*textbook*
il voto	*grade*
i luoghi	***places***
l'aula	*lecture hall, classroom*
la biblioteca	*library*
la facoltà	*department*
il liceo	*high school*
la mensa	*cafeteria*
l'università	*university*
le materie	***subjects***
l'arte (*f.*)	*art*
l'economia	*economics*
la giurisprudenza	*law*
l'informatica	*computer science*
le lettere	*arts; humanities*
le lingue	*languages*
la medicina	*medicine*
le scienze	*science*
la storia	*history*
gli studi	*studies*
la gente	***people***
Chi è?	*Who is it?*
l'alunno/a	*(K-12) student*
l'amico/a	*friend*
la classe	*class*
il/la compagno/a di classe	*classmate*
l'insegnante	*instructor*

risorse

SAM WB: pp. 7-8

SAM LM: p. 5

vhlcentral.com

la lavagna

Attenzione!

When you answer the question **Che cos'è?**, use **È...** to talk about a single item and **Sono...** to talk about more than one item.

la cartina

il professore (la professoressa *f.*)

il banco

la sedia

Pratica

1 Trova l'intruso

Choose the word that does not belong.

1. **a.** la finestra
   b. la porta
   c. la storia
   d. la sedia
2. **a.** l'università
   b. l'orologio
   c. la biblioteca
   d. l'aula
3. **a.** il libro
   b. il dizionario
   c. il testo
   d. la cartina
4. **a.** lo studente
   b. la professoressa
   c. il voto
   d. l'amico
5. **a.** il quaderno
   b. la giurisprudenza
   c. le scienze
   d. l'economia
6. **a.** gli appunti
   b. la matita
   c. la penna
   d. il compagno di classe

2 Mettere etichette

Label each item with a word from the lesson vocabulary.

MODELLO *la matita*

1. ________  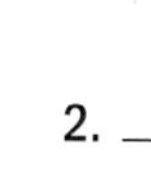
2. ________  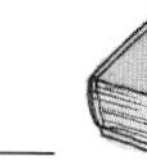 
3. ________ 
4. ________ 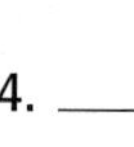 
5. ________   
6. ________ 

3 Completare

Choose the best response or completion for each question or statement.

1. Aldo studia...
   a. la sedia.
   b. il banco.
   c. le scienze.
2. Chi è? È...
   a. la penna.
   b. il professore.
   c. la storia.
3. Nello (*In the*) zaino c'è...
   a. il libro.
   b. il compagno di classe.
   c. la facoltà.
4. Ci sono molti libri in...
   a. biblioteca.
   b. il voto.
   c. l'informatica.
5. La medicina, le lettere e la storia sono...
   a. luoghi.
   b. materie.
   c. persone.
6. Che cosa c'è in aula?
   a. la lavagna
   b. gli studi
   c. la mensa
7. La professoressa De Luca è...
   a. gli appunti.
   b. la matita.
   c. l'insegnante.
8. L'italiano, l'inglese e il francese sono...
   a. compiti.
   b. agende.
   c. lingue.

Practice more at **vhlcentral.com.**

Comunicazione

4 **Descrivere** With a partner, use the word bank to ask and answer questions about the illustration.

MODELLO

S1: *Ci sono studenti nell'aula?*
S2: *Sì, ci sono otto studenti.*

cartina	lavagna	porta
dizionario	orologio	sedia
finestra	persona	studente

5 **Dov'è?** Listen to each conversation. Then indicate which conversation takes place in each of these locations.

1. l'aula conversazione ____
2. la biblioteca conversazione ____
3. la mensa conversazione ____
4. l'autobus conversazione ____

6 **Cosa c'è nello zaino?** List six different items you have in your backpack. Then, in pairs, compare your lists.

Nel mio (*my*) zaino c'è/ci sono...

1. ______
2. ______
3. ______
4. ______
5. ______
6. ______

Nello zaino di *nome* c'è/ci sono...

1. ______
2. ______
3. ______
4. ______
5. ______
6. ______

7 **L'inventario** You and another student are taking inventory in the university supplies office. Introduce yourselves, then ask and answer questions about how many of each item there are.

MODELLO (7)

S1: *Scusa, quanti cestini ci sono?*
S2: *Ci sono sette cestini.*

1. (26) ______

2. (58) ______

3. (1) ______

4. (10) ______

5. (81) ______

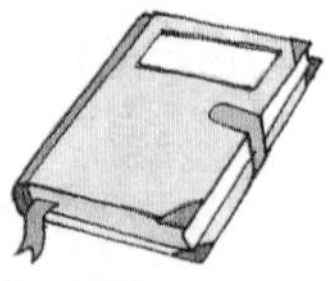

6. (67) ______

Pronuncia e ortografia

The letters *c* and *g*

caldo **coppa** **curva** **chiaro**

c has a hard sound (as in the English word *cat*) when followed by the vowels **a**, **o**, or **u**, or when followed by the letter **h**.

cena **cento** **ciao** **cibo**

c has a soft sound (as in the English word *chat*) when followed by the vowels **e** or **i**.

gatto **gondola** **gusto** **spaghetti**

Similarly, **g** has a hard sound (as in the English word *gap*) when followed by the vowels **a**, **o**, or **u**, or by the letter **h**.

gelato **gente** **pagina** **fagioli**

g has a soft sound (as in the English word *gem*) when followed by the vowels **e** or **i**.

Pronunciare Practice saying these words aloud.

1. ciao
2. gala
3. logico
4. cono
5. lago
6. vicino
7. parco
8. liceo
9. giallo
10. compiti
11. felice
12. Cina

Articolare Practice saying these sentences aloud.

1. La bicicletta costa cento dollari.
2. L'università è grande.
3. Oggi fa caldo.
4. L'orologio è bello.
5. Il ragazzo mangia alla mensa.
6. Il principe è coraggioso.

Proverbi Practice reading these sayings aloud.

[1] Every time you open a book, you learn something.

[2] Think before you speak. (lit. Think today and speak tomorrow.)

risorse
SAM LM: p. 6
vhlcentral.com

Il primo giorno di scuola

Video: *Fotoromanzo*

PERSONAGGI

Emily

Lorenzo

Marcella

Riccardo

Viola

LORENZO Riccardo!
RICCARDO Ciao Lorenzo. Come stai? Cosa studi?
LORENZO Economia. E tu?
RICCARDO Il lunedì e il mercoledì, scienze politiche e diritto romano. Il martedì e il giovedì, diritto costituzionale.

LORENZO E il venerdì?
RICCARDO Il venerdì sono pigro. Sono bravo in questo.
LORENZO Sei un tipo strano.
RICCARDO Un libro. Un quaderno. Tu sei un tipo serio.

LORENZO Senti, di dove sei?
RICCARDO Di Bari. Sono per metà greco e per metà italiano. E tu?
LORENZO Io sono di Milano.
RICCARDO È una città molto bella e interessante.
LORENZO Grazie.

EMILY Dov'è la mia cartina? Aha! È qui, giusto?
VIOLA Sì. Giusto. Tu invece sei di Chicago. Che ora è lì adesso?
EMILY Sono le undici e mezza, dunque sette ore... dieci, nove, otto, sette, sei, cinque, le quattro e mezza del mattino!

EMILY Che cosa c'è?
VIOLA Dov'è la mia agenda? Aha! È nella stanza.
(Entra Marcella.)
VIOLA Buongiorno, Marcella.
MARCELLA Buongiorno, Viola. Buongiorno, Emily. Come stai?
EMILY Molto bene, grazie. Ho lezione di italiano fra un'ora.

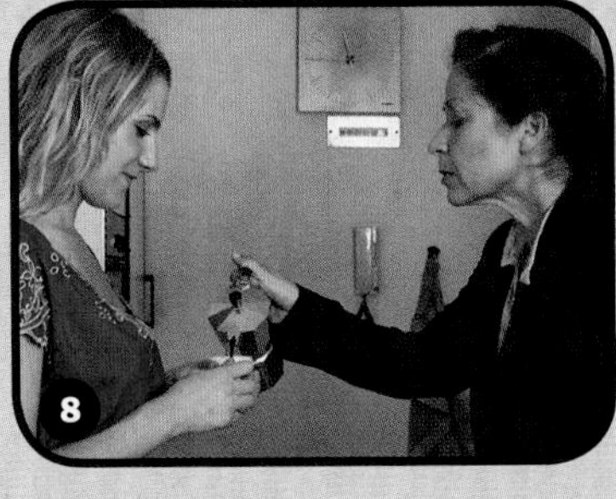

MARCELLA Caffè?
EMILY Sì, grazie.
MARCELLA In Italia, il caffè è importante. Fare un buon caffè non è facile. Questa è la tua prima lezione.
EMILY Dove sono la penna e il quaderno? Ah.
(Prova il caffè.)
EMILY Ottimo! Delizioso!
MARCELLA Grazie, grazie.

ATTIVITÀ

1 **Chi è?** To which character does each statement refer?

1. Studia economia.
2. È pigro.
3. È greco e italiano.
4. Per Lorenzo, è antipatica!
5. Nella sua città sono le quattro e mezza.
6. Ha un'agenda.
7. Ha lezione di italiano fra un'ora.
8. Per lei, il caffè è importante.
9. È nervosa.
10. È una ragazza studiosa.

Practice more at **vhlcentral.com.**

I ragazzi parlano della (*talk about*) scuola e della personalità.

4

LORENZO E Viola, di dov'è?
RICCARDO È abruzzese, credo. Di Capistrello... Emily è degli Stati Uniti. Chicago, *The Windy City*.
(Continua.)
RICCARDO Emily è divertente, socievole e indipendente. Viola invece è studiosa e timida.
LORENZO Viola è antipatica.

5

Alla pensione...
EMILY Di dove sei, Viola?
VIOLA Sono abruzzese.
EMILY Che città?
VIOLA Capistrello.

9

MARCELLA Che cosa c'è?
VIOLA Sono nervosa.
MARCELLA Su, non ti preoccupare.
VIOLA Sì, ma...
MARCELLA Viola. Sei una ragazza intelligente e studiosa. La scuola è facile.
VIOLA È facile a Capistrello.
MARCELLA E anche a Roma.

10

MARCELLA In bocca al lupo.
VIOLA Crepi. Grazie.
MARCELLA Mi raccomando.

Espressioni utili

Describing people

- **Il venerdì sono pigro. Sono bravo in questo.** *On Fridays I'm lazy. I'm good at that.*
- **Sei un tipo strano.** *You're a weird guy.*
- **Di dove sei?** *Where are you from?*
- **Sono per metà greco e per metà italiano.** *I'm half Greek and half Italian.*
- **È abruzzese, credo.** *She's from Abruzzo, I believe.*
- **Emily è divertente, socievole e indipendente. Viola, invece, è studiosa e timida.** *Emily is fun, sociable, and independent. Viola, on the other hand, is studious and shy.*

Talking about classes

- **Cosa studi?** *What do you study?*
- **Il lunedì e il mercoledì, scienze politiche e diritto romano.** *On Mondays and Wednesdays, Political Science and Roman Law.*
- **Ho lezione di italiano fra un'ora.** *I have an Italian class in an hour.*
- **Questa è la tua prima lezione.** *This is your first lesson.*

Additional vocabulary

- **È qui, giusto?** *It's here, right?*
- **Che cosa c'è?** *What's wrong?*
- **Che ora è lì adesso?** *What time is it there now?*
- **Sono le undici e mezza.** *It's 11:30.*
- **Fare un buon caffè non è facile.** *Making a good coffee is not easy.*
- **Su, non ti preoccupare.** *Come on, don't worry.*
- **In bocca al lupo.** *Good luck.*
- **Crepi.** *Thanks.*
- **Mi raccomando.** *Take care of yourself.*
- **antipatica** *unpleasant*

ATTIVITÀ

2 Per parlare un po' In pairs, choose the words from this list that you would use to describe yourselves. What personality traits do you have in common? Be prepared to share your answers with the class.

divertente	pigro	strano
indipendente	serio	studioso
nervoso	socievole	timido

3 Approfondimento There are twenty regions (**regioni**) in Italy, each with its own capital (**capoluogo**). Find the Italian names of five regions and their capitals.

risorse
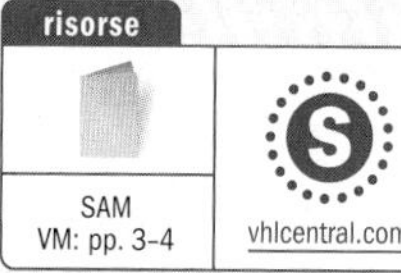

CULTURA

IN PRIMO PIANO

All'università!

Italy is home to some of the oldest universities in Europe; the cities of Bologna, Padova, Napoli, and Siena have universities dating back to the 13th century or earlier. Almost every major town in Italy has a public university. Most Italian students attend their hometown university and many students continue to live with their parents. Universities in Italy don't have campuses, but are comprised of numerous buildings, usually in the city center.

Most universities are public and the cost of tuition (**le tasse universitarie**) is less than in-state tuition at public universities in the United States. There are a few private universities, including the **Università Bocconi** in **Milano** for business and economics and the **LUISS** (**Libera Università Internazionale degli Studi Sociali**) in **Roma** for economics, law, and political science. One of the most prestigious public universities in Italy is **La Scuola Normale Superiore di Pisa.**

After passing the national exam (**l'esame di stato**) to complete high school, students can enroll in any university by applying directly to their chosen department (**la facoltà**). Students can complete a three-year degree (**la laurea**), which corresponds to a bachelor's degree, or continue for another two years to receive the equivalent of a master's degree (**la laurea magistrale**). Before a reform of the university system in 1999, students were required to complete four or five years of study to receive their **laurea**, now called the **laurea del vecchio ordinamento.** The most popular degrees are in **economia**, **scienze politiche**, and **giurisprudenza**, followed by **medicina** and **ingegneria**°. Whatever the field, most classes follow a lecture format and have oral exams, though some, such as the sciences (**le scienze**) and math (**la matematica**), also include a written component.

ingegneria *engineering* **Percentuale** *Percentage* **Insegnamento** *Education*

Italian matriculations by discipline

AREE DISCIPLINARI	NUMERO TOTALE	PERCENTUALE°
Economia/Statistica	45.884	14,2%
Scienze politiche/sociali	40.970	12,6%
Giurisprudenza	36.949	11,4%
Medicina	31.476	9,7%
Ingegneria	31.396	9,7%
Lettere	26.603	8,2%
Linguistica	17.769	5,5%
Geografia/Biologia	17.675	5,5%
Architettura	15.605	4,8%
Insegnamento°	15.070	4,6%

FONTE: MIUR Ufficio di statistica

ATTIVITÀ

1 **Vero o falso?** Indicate whether each statement is **vero** or **falso**. Correct any false statements.

1. Most Italian students leave their hometown to attend university.
2. The most popular degrees are in economics and political science.
3. To receive **la laurea magistrale**, students study for five years.
4. Italian universities are more expensive than those in the United States.
5. Italian universities typically don't have a central campus.
6. Most exams in Italy are written.
7. Students must pass a national exam at the end of high school before attending college.
8. Many university students live with their parents.
9. The **Università Bocconi** specializes in law.
10. Students who want a less specialized degree can receive **la laurea** in three years.

Practice more at **vhlcentral.com.**

L'ITALIANO QUOTIDIANO

In facoltà

Che noia!	*How boring!*
la bacheca	*bulletin board*
il/la prof	*professor*
essere bocciato	*to fail (exam)*
ẹssere forte in...	*to be strong in (subject)*
ẹssere negato/a per...	*to be no good at (subject)*
frequentare la lezione	*to attend class*
passare	*to pass (exam)*
saltare la lezione	*to skip class*
superare	*to pass (exam)*

USI E COSTUMI

I voti italiani

Grades in the Italian university system are on a 30-point scale, with 18 as the minimum passing grade. The grade for each course is usually based on a single exam. Once they have completed all their courses, students must write a thesis or another similar research project. The final grade for the degree, comprised of the average received in the courses and additional points for the thesis, is given on a 110-point scale. It is possible to receive bonus points (**lode**) on both exams and the thesis, so an excellent student could graduate with **110 e lode**°.

110 e lode *with honors*

RITRATTO

Un'università storica

Founded in 1088, the **Università di Bologna**, known to its students as **Unibo**, is the oldest university in Europe. The first lessons offered in the 11th century were in rhetoric, grammar, and logic. By the 14th century, the curriculum had expanded to include medicine, philosophy, arithmetic, astronomy, and theology. The 15th century brought Greek and Hebrew as well. Medicine and experimental sciences would continue throughout the 16th and 17th centuries, and in 1637 the famous anatomical theater for human dissections was constructed. Among the many renowned scholars who have studied at the university over the years are **Dante Alighieri**, **Francesco Petrarca**, and **Niccolò Copernico**. Situated in the center of **Bologna** with its famous **portici**°, the **Unibo** is both the physical and intellectual heart of the city. Today almost 80,000 students enrolled in twenty-three **facoltà** can choose from numerous **corsi di laurea**°, from **antropologia** to **studi internazionali**.

portici *arcades* **corsi di laurea** *academic programs*

SU INTERNET

Research programs at the Unibo. Find five courses you'd like to take.

Go to **vhlcentral.com** to find more information related to this **CULTURA**.

ATTIVITÀ

2 Completare Complete these sentences.

1. The **Università di Bologna** is the ________ university in Europe.
2. The first lessons offered were in rhetoric, ________, and logic.
3. The **Università di Bologna** is commonly called ________.
4. If you graduate with honors in Italy, the grade you receive is ________.
5. The minimum passing grade for an exam is ________ points.

3 A voi What are the main differences between Italian universities and those in the United States? With a partner, brainstorm a list of these differences. Which system do you prefer, and why?

1B.1 Subject pronouns and the verb *essere*

Punto di partenza In Italian, as in English, a verb is a word denoting an action or a state of being. The subject of a verb is the person or thing that carries out the action.

SUBJECT	VERB
La professoressa	parla italiano.
The teacher	*speaks Italian.*

- Subject pronouns replace a noun that is the subject of a verb.

SUBJECT PRONOUN	VERB
Lei	parla italiano.
She	*speaks Italian.*

- As in English, Italian subject pronouns are divided into three groups of singular and plural forms: first person, second person, and third person.

Subject pronouns

	singular		plural	
first person	io	*I*	noi	*we*
second person	tu	*you* (fam.)	voi	*you*
	Lei	*you* (form.)	Loro	*you* (form.)
third person	lui	*he*	loro	*they*
	lei	*she*		

- Unlike *I* in English, **io** is not capitalized unless it begins a sentence. Also note that in Italian, *it* and *they* are seldom expressed when referring to animals or objects.

Studio l'italiano anch'**io**.	È un cane.	Sono libri d'italiano.
***I** study Italian, too.*	***It's** a dog.*	***They** are Italian books.*

- The English *you* has multiple equivalents in Italian. When addressing one person, use either **tu** or **Lei**, depending on the degree of formality necessary.

Paolo, **tu** parli bene.	Signor Bruni, **Lei** parla molto bene.
*Paolo, **you** speak well.*	*Mr. Bruni, **you** speak very well.*

- Write **Lei** (*you*, form.) with a capital **L** to distinguish it from **lei** (*she*). In formal situations, use **Lei** whether you are speaking to a man or a woman.

Che cosa studia **lei**?	Professor Balli, **Lei** cosa insegna?
*What does **she** study?*	*Professor Balli, what do **you** teach?*

PRATICA

1 Riempire Fill in the blanks with the correct form of the verb **essere**.

1. Io _______ italiana.
2. Voi _______ intelligenti.
3. Lui _______ un attore famoso.
4. Francesca e Mario _______ studenti.
5. Io e Anna _______ all'università.
6. La signora Casetti _______ una professoressa.
7. Tu _______ a New York.
8. Antonio _______ in classe.

2 Completare Complete each sentence with the subject pronoun and the correct form of **essere**.

MODELLO <u>Lei è</u> un'attrice.

1. _____ un'insegnante.

2. _____ studenti d'italiano.

3. _____ il signor Paoli.

4. _____ in classe.

5. _____ una studentessa.

6. _____ in biblioteca.

3 Creare Use the cues to write complete sentences using **essere**.

MODELLO lui / amico

Lui è un amico.

1. noi / i ragazzi
2. tu / un alunno
3. io / uno studente di lingue
4. lei / un'insegnante di storia
5. voi / amici di Luisa
6. loro / compagni di classe
7. lui / un professore bravissimo
8. loro / studentesse di storia

Practice more at **vhlcentral.com.**

COMUNICAZIONE

4 **Descrizioni** In pairs, look at each picture and use the prompt to take turns asking and answering questions about the illustrations.

MODELLO

S1: *È una televisione?*
S2: *No, non è una televisione. È un cane.*

una televisione?

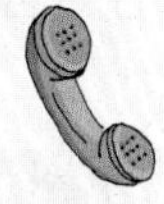
1. un telefono?

2. un ristorante?

3. una cartina?

4. un professore?

5. un aeroporto?

6. una motocicletta?

5 **Domande** In pairs, ask and answer the following questions.

MODELLO

S1: *Sei un professore?*
S2: *No, non sono un professore. Sono uno studente.*

1. Sei la signora Rossi?
2. Tu e io siamo studenti di matematica?
3. Tu e i compagni di classe siete americani?
4. La classe d'italiano è difficile?
5. Il dizionario inglese-italiano è importante?
6. La mensa dell'università è buona?

6 **Piacere di conoscerti** In groups of three, role-play the following situation: You and your roommate meet your friend on campus. Introduce yourselves and ask how each person is doing. Then each person should say something about him-/herself using a form of **essere**.

- Use **voi** to address a group of people in both formal and informal settings. The formal second-person plural form **Loro** is seldom used, and is presented here for recognition only.

Voi siete bravi studenti.
You are good students.

Signore, **voi** parlate inglese?
*Ladies, do **you** speak English?*

The verb *essere*

- **Essere** (*To be*) is an irregular verb because its conjugation (the set of forms for the different subjects) does not follow a pattern. The basic form **essere** is an *infinitive*, meaning it does not correspond to any particular subject.

***essere* (to be)**

singular forms		plural forms	
io **sono**	*I am*	noi **siamo**	*we are*
tu **sei**	*you are*	voi **siete**	*you are*
Lei **è**	*you are* (form.)	Loro **sono**	*you are* (form.)
lui/lei **è**	*he/she is*	loro **sono**	*they are*

- Unlike English, Italian does not require subject pronouns and, in fact, they are usually omitted. In the case of **è** and **sono**, use the context of the sentence to identify the subject.

Sono studente.
***I am** a student.*

Sono brave studentesse?
***Are they** good students?*

- Rising intonation at the end of a sentence transforms a statement into a yes-or-no question. To reply in the negative, place **non** (*not*) directly before the verb. Use **no** only as a negative response, equivalent to *no* in English.

È un dizionario?
Is it a dictionary?

No, **non** è un dizionario.
*No, it's **not** a dictionary.*

- Note the differences in meaning in these statements.

È un esame.	**C'è** un esame.	**Ecco** un esame!
*It **is** an exam.*	***There is** an exam.*	***Here is** an exam!*

Provalo! **Choose the correct subject pronoun in each sentence.**

1. (Tu/Voi) siete americani.
2. (Lui/Loro) è in biblioteca.
3. (Io/Noi) sono generoso.
4. (Io/Tu) sei in Italia.
5. (Io/Voi) sono alla mensa alle due.
6. (Noi/Tu) sei un attore.
7. (Loro/Lei) sono a casa.
8. (Voi/Tu) siete dottori.
9. (Lui/Noi) siamo timide.
10. (Tu/Lei) è una ragazza simpatica.

1B.2 Adjective agreement

Punto di partenza Adjectives are words that describe people, places, and things. In Italian, adjectives are often used with the verb **essere** to point out the qualities of the subject.

- Many adjectives in Italian are cognates. Their spellings and meanings are similar in both Italian and English.

Cognate adjectives

contento/a	*content, happy*	lungo/a	*long*
difficile	*difficult*	nervoso/a	*nervous*
(dis)onesto/a	*(dis)honest*	serio/a	*serious*
generoso/a	*generous*	sincero/a	*sincere*
importante	*important*	socievole	*sociable*
indipendente	*independent*	studioso/a	*studious*
intelligente	*intelligent*	timido/a	*timid, shy*
interessante	*interesting*	tranquillo/a	*tranquil, calm*

Other common adjectives

antipatico/a	*unpleasant*	facile	*easy*
bello/a	*beautiful, handsome*	felice	*happy*
bravo/a	*good, skilled*	noioso/a	*boring*
buono/a	*good*	pigro/a	*lazy*
cattivo/a	*bad, naughty*	simpatico/a	*nice, likeable*
divertente	*fun*	triste	*sad*

- Although both **buono** and **bravo** mean *good*, use **bravo** to describe someone who is skilled or talented.

La pizza è **buona**.
*The pizza is **good**.*

L'insegnante d'italiano è **brava**.
*The Italian teacher is **good**.*

- Unlike in English, most adjectives in Italian follow the noun.

È un libro **noioso**.
*It's a **boring** book.*

Sono ragazzi **studiosi**.
*They are **studious** boys.*

PRATICA

1 Completare Use adjectives from the word bank to complete each sentence.

antipatico	generoso	pigro	timido
calmo	nervoso	studioso	triste

MODELLO La ragazza è *antipatica*.

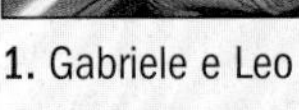

1. Gabriele e Leo sono ______.

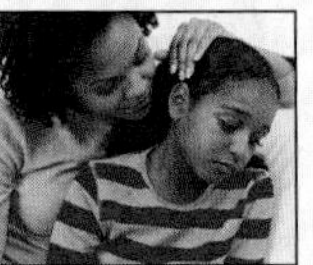

2. Antonella e Patrizia sono ______.

3. Giulia è ______.

4. Chiara è ______.

5. Marcello è ______.

6. Stefano e Fiorenza sono ______.

2 Creare Use the cues to write complete sentences.

MODELLO io / nervoso
Io sono nervoso/a.

1. noi / onesto
2. Franca / timido
3. io e Gianni / intelligente
4. tu / generoso
5. Anna e Caterina / pigro
6. voi / sincero

3 Descrivere Identify the nationality of each person or group of people.

MODELLO Dimitri è della Grecia. Lui è *greco*.

1. Paul e Jon sono di Boston. Sono ______.
2. Tu e Julie siete del Canada. Siete ______.
3. Chyou è della Cina. Lei è ______.
4. Alessandra è dell'Italia. Lei è ______.
5. Tu e io siamo del Messico. Siamo ______.
6. Tu sei della Francia. Tu sei ______.

Practice more at **vhlcentral.com.**

COMUNICAZIONE

4 **Come sono?** In pairs, take turns describing each person or thing indicated. Agree (**È vero!**) or disagree (**Non è vero!**) with each description you hear. If you disagree, give your own opinion.

MODELLO Johnny Depp

S1: *È un attore terribile.*
S2: *È vero, è un attore terribile. / Non è vero! È un attore bravo.*

1. Will Smith e Will Ferrell (**attori**)
2. Angelina Jolie e Scarlett Johansson (**attrici**)
3. Sophia Loren (**attrice**)
4. Leonardo DiCaprio (**attore**)
5. Giorgio Armani e Gianni Versace (**stilisti**)
6. Leonardo da Vinci (**artista**)
7. Dante Alighieri (**scrittore**)
8. Luciano Pavarotti e Andrea Bocelli (**cantanti**)

5 **Personaggi** In pairs, imagine you are writing a script for a soap opera that includes the following characters. For each person, write a short description that includes the person's name, nationality, and a few adjectives that describe him/her.

MODELLO

Si chiama Anastasia Regina.
È svizzera. È difficile, antipatica, intelligente e disonesta.

1.

2.

3.

4.

5.

6.

6 **Il mio capo** Role-play the following situation: You and a friend both have part-time jobs and each of you is convinced that your boss (**il mio capo**) is the worst boss ever. Describe your bosses to each other. Be creative!

Agreement

Italian adjectives agree in gender and number with the nouns they modify. In **Strutture 1A.1** you learned how to make nouns plural; adjectives change their final vowel in a similar way.

- Adjectives whose masculine singular form ends in **-o** have four possible endings: **-o** (*masc.*) and **-a** (*fem.*) in the singular, and **-i** (*masc.*) and **-e** (*fem.*) in the plural. To refer to groups of mixed gender, use the masculine plural ending **-i**.

Giorgio è **contento**. *Giorgio is **happy**.*	Giorgio e Laura sono **contenti**. *Giorgio and Laura are **happy**.*
Silvia è **contenta**. *Silvia is **happy**.*	Silvia e Laura sono **contente**. *Silvia and Laura are **happy**.*

- Adjectives that end in **-e** in the singular change to **-i** in the plural.

Lucia è **intelligente**. *Lucia is **intelligent**.*	Lucia e Roberto sono **intelligenti**. *Lucia and Roberto are **intelligent**.*

- Most adjectives ending in **-co**, **-ca**, **-go**, and **-ga** require an **h** in the plural to maintain the hard sound of the **c** or **g**. Exceptions include the masculine plural adjectives **simpatici** and **antipatici**.

È **simpatica**. *She is **nice**.*	Le ragazze sono **simpatiche**. *The girls are **nice**.*
È un **amico tedesco**. *He is a **German friend**.*	Gli **amici** sono **tedeschi**. *The **friends** are **German.***

- Adjectives of nationality also follow the rules of agreement described above. Unlike in English, they are not capitalized.

Adjectives of nationality

americano/a	*American*	**italiano/a**	*Italian*
canadese	*Canadian*	**marocchino/a**	*Moroccan*
cinese	*Chinese*	**messicano/a**	*Mexican*
francese	*French*	**spagnolo/a**	*Spanish*
giapponese	*Japanese*	**svedese**	*Swedish*
greco/a	*Greek*	**svizzero/a**	*Swiss*
inglese	*English*	**tedesco/a**	*German*

- Use **Di dove** + **essere** to ask about someone's nationality or origin. To name a city in the reply, use **di**.

Di dove sei? ***Where are you from?***	Sono **italiana**. Sono **di Roma**. *I am **Italian**. I am **from Rome**.*

Provalo! **Write the correct forms of the adjectives.**

1. Loro sono *generosi/e*. (generoso)
2. Lisa è ______. (simpatico)
3. Hiroshi è ______. (giapponese)
4. Io non sono ______. (pigro)
5. Gli esami sono ______. (facile)
6. Silvia è ______. (tedesco)

1B.3 Telling time

Punto di partenza Use the verb **essere** with numbers to tell time.

- To ask for the time in Italian, use **ora** (*hour*) in either the singular or plural form.

Che **ora è**?/ Che **ore sono**? ▶ *What time is it?*

- Express time with either **sono** or **è**, depending on the hour. Use **è** with **mezzogiorno** (*noon*), **mezzanotte** (*midnight*), and 1:00. Note the use of the definite article with **una**.

È **mezzogiorno/mezzanotte**.

È **l'una**.

- Express all other hours with **sono le** + [*number*].

Sono le sei.

Sono le dieci.

- To express minutes from the hour to the half hour, use **e** (*and*). To express minutes from the half hour to the next hour, subtract the minutes from that hour using **meno** (*minus*).

Sono le quattro **e cinque**.

Sono le tre **meno dieci**.

- You can use **un quarto** or **quindici** for *a quarter past*, **meno un quarto** for *a quarter to*, and **mezzo/mezza** or **trenta** for the half hour.

È l'una e **un quarto**.

Sono le sette e **mezzo**.

PRATICA

1 Dire l'ora Give the time shown on each clock.

MODELLO *Sono le dodici meno venti.*

1. ________

2. ________

3. ________

4. ________

5. ________

6. ________

7. ________

8. ________

2 Sostituire Change the time in each sentence from the 24-hour clock to standard time.

MODELLO Sono le quindici e quaranta.

Sono le quattro meno venti del pomeriggio.

1. Sono le ventuno e trenta.
2. Sono le sedici.
3. Sono le diciannove e tre.
4. Sono le quattordici e quindici.
5. Sono le venti.
6. Sono le ventidue e quarantacinque.

3 Che ore sono? In pairs, look at Giulia's schedule. Then take turns asking and answering questions about her activities.

MODELLO

S1: *Dov'è Giulia alle nove e dieci lunedì mattina?*
S2: *Giulia è in biblioteca.*

	lunedì	martedì	mercoledì
9:10	biblioteca	ufficio del Prof. Rossi	letteratura inglese
11:00		italiano	ingegneria
13:30	letteratura	mensa	
15:15	latino		geometria
17:45	giornalismo		informatica

Practice more at **vhlcentral.com.**

COMUNICAZIONE

4 Rispondere In pairs, take turns asking and answering these questions.

MODELLO

S1: *Quando vai (When do you go) alla mensa?*
S2: *Il lunedì e il mercoledì. E tu?*

1. Quando vai in biblioteca?
2. Quando vai alla lezione d'italiano?
3. Che giorno è oggi?
4. Che giorno è domani?
5. Che ore sono adesso (*now*)?
6. A che ora vai a casa oggi?

5 Televisione In pairs, use these television listings to ask and answer questions about when programs begin.

MODELLO

S1: *A che ora è la televendita?*
S2: *È alle nove e quindici di mattina.*

i cartoni animati	*cartoons*
il film giallo	*mystery*
il gioco televisivo	*game show*
l'oroscopo	*horoscope*
la telenovela	*soap opera*
il telegiornale	*news*
la televendita	*infomercial*

GIOVEDÌ

Rai Uno	Canale 5	Teleregione
8:00 Telegiornale **12:50** Il commissario Rex (telefilm) **16:00** Heidi (cartoni animati) **21:00** La Piovra (film giallo)	**7:30** TG 5 (telegiornale) **11:00** Oroscopo **15:35** La ruota della fortuna (gioco televisivo) **23:00** Il Maurizio Costanzo Show (talk show)	**9:15** Televendita **13:00** Formula 1 (sport) **18:30** Anche i ricchi piangono (telenovela) **21:50** Un pesce di nome Wanda (commedia)

6 Tocca a voi Create your own class schedule. In groups of three, ask and answer questions about each other's schedule.

MODELLO

S1: *Che cosa hai (What do you have) il lunedì mattina?*
S2: *Ho (I have) lezione di storia. E tu?*
S1: *Io ho lezione di economia.*

- To distinguish between a.m. and p.m., use the expressions **di mattina/del mattino** (*in the morning*), **del pomeriggio** (*in the afternoon*), **di sera** (*in the evening*), and **di notte** (*at night*).

  Sono le tre **del pomeriggio**.
  It's three ***p.m.***

  Sono le undici **di mattina**.
  It's eleven ***a.m.***

- To ask what time something takes place, use **A che ora?** Express the reply with **a mezzogiorno/mezzanotte, all'una**, or **alle** + [*all other hours*].

  A che ora è la lezione d'italiano?
  What time *is Italian class?*

  La lezione è **alle dieci meno un quarto**.
  The class is ***at 9:45***.

- The 24-hour clock is often used to express official time, especially in schedules and store or museum hours.

  Il museo chiude alle **sedici e trenta.**
  The museum closes at ***4:30 p.m.***

  Il treno arriva alle **venti e sette**.
  The train arrives at ***8:07 p.m.***

Days of the week

- In Italian, the days of the week (**i giorni della settimana**) are not capitalized. They are all masculine except **domenica**.

I giorni della settimana

lunedì	martedì	mercoledì	giovedì	venerdì	sabato	domenica
Monday	*Tuesday*	*Wednesday*	*Thursday*	*Friday*	*Saturday*	*Sunday*

Che giorno è?
What day is it?

Oggi è **venerdì**.
Today is ***Friday***.

Domani è **sabato**.
Tomorrow is ***Saturday***.

- To express a recurring event, use the singular definite article before the day. Refer to a specific day without the article.

  Ho lezione d'italiano **il lunedì**.
  I have Italian class ***on Mondays***.

  Vado in biblioteca **lunedì**.
  I'm going to the library ***on Monday***.

Provalo! Complete each sentence with the correct time.

1. 1:00 p.m.: È *l'una* del pomeriggio.
2. 6:20 a.m.: Sono ________ di mattina.
3. 7:25 p.m.: Sono ________ di sera.
4. 12:00 p.m.: È ________.
5. 5:55 a.m.: Sono ________ di mattina.
6. 4:00 a.m.: Sono ________ di notte.
7. 3:30 p.m.: Sono ________ del pomeriggio.
8. 12:00 a.m.: È ________.

Ricapitolazione

1 Personaggi celebri In groups of four, each person writes a description of an international celebrity. Take turns reading the descriptions aloud while the other group members guess who it is.

MODELLO

S1: *È alta, bella, intelligente e ha (she has) molti bambini (kids) con Brad Pitt. Chi è?*
S2: *Angelina Jolie!*

2 Come sei? Your instructor will give you a worksheet. Survey as many classmates as possible to ask if they would use the adjectives listed to describe themselves. Then decide which two students in the class are most similar.

MODELLO

S1: *Sei timido?*
S2: *Sì, sono timido. / No, sono socievole.*

Aggettivi	*Nomi*
1. timido/a	*Giulia, Anna, Lele*
2. generoso/a	
3. sincero/a	
4. intelligente	
5. studioso/a	
6. nervoso/a	
7. pigro/a	
8. indipendente	

3 Compagni di classe Write a paragraph describing the students in your Italian class. What are some of their names? What are their personalities? What is their heritage? Use all the Italian you have learned so far. Share your observations with a partner. Do you agree?

4 Sette differenze Your instructor will give you and your partner two different drawings of a classroom. Do not look at each other's drawings. Ask and answer questions to identify seven differences between the two drawings.

MODELLO

S1: *C'è una finestra nella tua (your) aula?*
S2: *Sì, c'è una finestra nella mia (my) aula. / No, non c'è una finestra nella mia aula.*

5 L'orario perfetto In pairs, each person creates his/her ideal class schedule. Once you have created the schedules, take turns asking and answering questions about your classes and what time they take place.

MODELLO

S1: *Ho (I have) lezione di arte il martedì.*
S2: *A che ora è la lezione?*
S1: *È alle 11:00 di mattina.*

	lunedì	*martedì*	*mercoledì*	*giovedì*	*venerdì*
9:00					
10:00	*italiano*		*italiano*		*italiano*
11:00		*informatica*			*informatica*
14:00	*arte*		*economia*	*arte*	
15:30		*matematica*			*matematica*

6 L'impiccato In pairs, play Hangman using the vocabulary you learned in **Lezione 1A** and **Lezione 1B**. Before you begin each word, give a hint about what it is.

MODELLO

S1: *Che cos'è?*
S2: *È un luogo. / È una materia. / È una persona.*
S1: *C'è una b?*

7 **Alla stazione** In pairs, take turns asking and answering when each train (**treno**) leaves (**parte**) or arrives (**arriva**).

MODELLO

S1: *A che ora arriva il treno da (from) Firenze?*
S2: *Alle dieci e tre di mattina. A che ora parte il treno per (to) Trieste?*
S1: *Alle undici meno dieci di sera.*

Arrivi	Ora	Partenze	Ora
Firenze	10:03	Perugia	6:30
Bologna	11:30	Terni	8:45
Milano	12:15	Torino	13:00
Napoli	16:37	Genova	17:46
Assisi	18:22	Palermo	19:58
Venezia	21:45	Trieste	22:50
Reggio Calabria	23:10	Aosta	23:58

8 **La telenovela** In groups of four, create descriptions of the following four characters who will appear in a soap opera about university life in Italy. For each character, say what he/she is like and what classes he/she is taking. Make your descriptions as complete as possible.

MODELLO

Fabio Neri è italiano. È pigro e noioso. Studia lettere a Roma.

Francesca Balli

Anne Dupont

Sergio Franchi

Fabio Neri

Il mio di·zio·na·rio

Add five words related to classes and personal descriptions to your personal dictionary.

il gesso

ciao!

traduzione
chalk

categoria grammaticale
sostantivo (m.)

uso
Scrivo sulla lavagna con il gesso.

sinonimi
—

antonimi
—

risorse

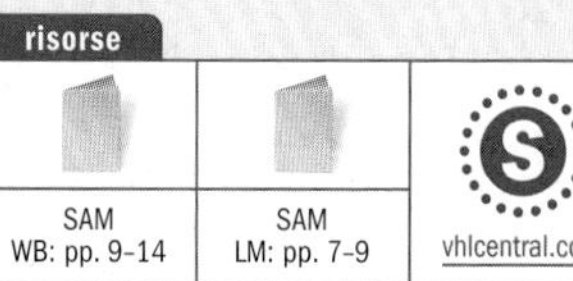

Panorama

Interactive Map

Dove si parla italiano?

La popolazione in cifre°

- **Numero di paesi° dove l'italiano è una lingua ufficiale°:** *4*
- **Numero di paesi dove si parla italiano°:** *più di° 15*
- **Numero di italofoni° nel mondo°:** *più di 65.000.000*

Popolazioni (paesi)

- **Italia:** *61.482.297*
- **Svizzera (Ticino):** *8.036.917 (341.652)*
- **San Marino:** *32.538*
- **Città del Vaticano:** *836*

Popolazioni (città principali)

- **Roma:** *2.650.155*
- **Milano:** *1.316.497*
- **Napoli:** *958.126*
- **Torino:** *895.034*
- **Palermo:** *654.080*
- **Genova:** *596.908*

Italiani celebri°

- **Cristoforo Colombo,** *Liguria, esploratore (1451–1506)*
- **Leonardo da Vinci,** *Toscana, artista e scienziato (1452–1519)*
- **Sophia Loren,** *Campania, attrice (1934–)*
- **Mario Andretti,** *Istria, pilota automobilistico° (1940–)*
- **Giuseppe Tornatore,** *Sicilia, regista° e sceneggiatore° (1956–)*
- **Carmen Consoli,** *Sicilia, cantante° (1974–)*

cifre *numbers* **paesi** *countries* **lingua ufficiale** *official language* **si parla italiano** *Italian is spoken* **più di** *more than* **italofoni** *Italian-speakers* **nel mondo** *in the world* **celebri** *famous* **pilota automobilistico** *racecar driver* **regista** *director* **sceneggiatore** *screenwriter* **cantante** *singer* **dozzine di** *dozens of* **dialetti** *dialects* **idiomi** *languages* **alcune** *some* **seguenti** *following*

GERMANIA
AUSTRIA
UNGHERIA
SLOVENIA
CROAZIA
BOSNIA-ERZEGOVINA
MONTENEGRO
FRANCIA
MONACO
SVIZZERA
LIECHTENSTEIN
Basilea
Zurigo
Neuchâtel
Lucerna
Berna
Losanna
Ginevra
Coira
GRIGIONI
TICINO
Bellinzona
A L P I
TRENTINO-ALTO ADIGE
Trento
FRIULI-VENEZIA GIULIA
Trieste
VALLE D'AOSTA
Aosta
Milano
LOMBARDIA
VENETO
Padova
Verona
Venezia
ISTRIA
Torino
PIEMONTE
EMILIA-ROMAGNA
Parma
Modena
Bologna
Genova
LIGURIA
SAN MARINO
MAR LIGURE
Firenze
Pisa
TOSCANA
Siena
Ancona
MARCHE
Perugia
UMBRIA
A P P E N N I N I
MARE ADRIATICO
Elba
Giglio
Corsica (FRANCIA)
L'Aquila
ABRUZZO
LAZIO
Roma
CITTÀ DEL VATICANO
MOLISE
Campobasso
CAMPANIA
Napoli
Salerno
Ischia
Capri
Bari
PUGLIA
Potenza
BASILICATA
SARDEGNA
Cagliari
CALABRIA
MAR TIRRENO
Catanzaro
Isole Eolie
MAR IONIO
Palermo
SICILIA
MAR MEDITERRANEO
TUNISIA
ALGERIA
0 100 miglia
0 100 chilometri

le Alpi

il Colosseo a Roma

la costiera amalfitana

Incredibile ma vero!

La lingua ufficiale in Italia è l'italiano, ma non si parla solo italiano! In Italia ci sono anche dozzine di° dialetti° diversi e due idiomi° (ladino e sardo). In alcune° regioni la gente parla l'italiano, il dialetto e anche una delle seguenti° lingue: provenzale, francoprovenzale, tedesco, sloveno, serbo-croato, albanese, greco o catalano.

italiano **buongiorno**

siciliano **bongiornu**

La storia

Dal latino all'italiano

Molti dialetti italiani derivano dal° latino. L'italiano moderno—quello che studi° a lezione—deriva dal dialetto toscano, originario della regione Toscana. Negli anni 1200 e 1300 la Toscana è economicamente molto forte e il toscano è usato° per gli affari° in molti luoghi. Allo stesso tempo° ci sono importanti poeti toscani—come Dante (1265-1321), Petrarca (1304-1374) e Boccaccio (1313-1375)—che usano° il toscano nella letteratura. Oggi l'italiano è la lingua ufficiale in Italia, nella° Repubblica di San Marino, nella Città del Vaticano, nella Svizzera italiana e in alcune aree di Slovenia e Croazia.

Le tradizioni

I colori della bandiera italiana

La bandiera° italiana nasce il 7 gennaio 1797 nella città di Reggio Emilia. È verde, bianca e rossa°. Perché questi colori? Il verde rappresenta il colore delle uniformi militari; il rosso e il bianco sono i colori dello stemma° di Milano. La bandiera italiana più lunga del mondo misura° 1.570 metri ed è stata portata° a New York dall'Italia l'11 ottobre 1999 per il Columbus Day. Gli ingredienti della pizza Margherita (basilico°, mozzarella e pomodoro°) sono ispirati° ai colori della bandiera.

La geografia

La Città del Vaticano e la Repubblica di San Marino

In Italia ci sono due stati indipendenti, la Città del Vaticano e San Marino. La Città del Vaticano nasce l'11 febbraio 1929. Con 0,44 km² è il più piccolo° stato del mondo. Ci sono circa 900 abitanti°. È una monarchia assoluta con due principali gruppi nazionali (italiani e svizzeri) e le lingue ufficiali sono l'italiano e il latino. San Marino è una repubblica parlamentare° con circa 32.000 abitanti. La lingua ufficiale è l'italiano.

Lo sport

Forza Azzurri!

Il calcio° è lo sport italiano più popolare. Ci sono un totale di 111 squadre° divise in Serie A, Serie B, Serie C1 e Serie C2. I giocatori° della squadra nazionale italiana si chiamano «gli Azzurri» per il colore della maglia°. Il colore azzurro° è il colore della bandiera dei Savoia, antichi sovrani° d'Italia. Le squadre più conosciute° della Serie A sono il Milan, la Juventus, la Roma, l'Inter e la Lazio. La nazionale italiana ha vinto° quattro campionati° del mondo: nel 1934, 1938, 1982 e 2006.

Quanto hai imparato? Complete the sentences.

1. Il ladino e il sardo sono ________.
2. L'italiano moderno deriva dal dialetto ________.
3. In Italia molti ________ derivano dal latino.
4. I poeti toscani che usano il dialetto toscano nella letteratura sono ________.
5. La bandiera italiana nasce il ________.
6. I colori della bandiera italiana sono ________.
7. La Città del Vaticano e la Repubblica di San Marino sono due ________.
8. San Marino è una repubblica ________.
9. In Italia ci sono 132 ________ di calcio.
10. Il colore azzurro della maglia è il colore della ________ dei Savoia.

risorse

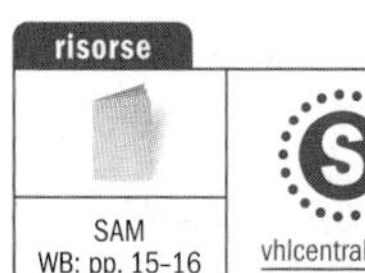

SAM WB: pp. 15-16

vhlcentral.com

Practice more at **vhlcentral.com.**

SU INTERNET

Go to vhlcentral.com to find more cultural information related to this **Panorama**.

1. Cerca (*Look for*) informazioni su un(a) cantante italiano/a famoso/a. Cita (*Name*) i titoli di tre canzoni (*songs*).
2. L'italiano si parla anche in Istria, una penisola nel mare Adriatico. Dov'è l'Istria? A quale nazione appartiene (*belongs*) la maggior parte (*most*) del territorio dell'Istria? Quali (*Which*) sono i comuni (*municipalities*) italiani dell'Istria?

derivano dal *are derived from* **quello che studi** *what you study* **usato** *used* **affari** *business* **Allo stesso tempo** *At the same time* **usano** *use* **nella** *in the* **bandiera** *flag* **verde, bianca e rossa** *green, white, and red* **stemma** *coat of arms* **misura** *measures* **è stata portata** *was taken* **basilico** *basil* **pomodoro** *tomato* **ispirati** *inspired* **più piccolo** *smallest* **abitanti** *citizens* **repubblica parlamentare** *parliamentary republic* **calcio** *soccer* **squadre** *teams* **giocatori** *players* **maglia** *jersey* **azzurro** *blue* **antichi sovrani** *former rulers* **conosciute** *known* **ha vinto** *has won* **campionati** *championships*

Prima di leggere

STRATEGIA

Recognizing cognates

Cognates are words that share similar meanings and spellings in two or more languages. When reading in Italian, it's helpful to look for cognates and use them to guess the meaning of what you're reading. However, watch out for false cognates. For example, **libreria** means *bookstore*, not *library*, and **lettura** means *reading*, not *lecture*. Look at this list of Italian words. Can you guess the meaning of each word?

cultura	persona
famoso	ristorante
informazione	speciale
interessante	studiare
lezione	televisione
minuto	turista
monumento	università

Esamina il testo

Briefly look at the document. What kind of information is listed? In what order is it listed? Where do you usually find such information? Can you guess what this document is?

Parole affini

Read the list of cognates in the **Strategia** box again. How many can you find in the reading selection? Are there additional cognates in the reading? Which ones? Can you guess their English equivalents?

Indovinare

In addition to using cognates and words you already know, you can also use context to guess the meaning of words you do not know. Find the following words in the reading selection and try to guess what they mean. Compare your answers with those of a classmate.

con | domani | partita | pranzo | tutto

L'agenda

Lunedì

10:00 *ufficio postale per spedire° le lettere*

12:30 *pranzo con Martina in pizzeria*

14:00–17:00 *lezione di arte all'università*

Martedì

9:00–11:00 *lezione d'italiano all'università*

11:00 *incontrare il Prof. Fortunato all'università*

13:00 *pranzo alla mensa con Enrico*

Mercoledì

Tutto il giorno: studiare per l'esame di domani!

di Giovanni

Giovedì

9:00–12:00 esame d'italiano!
13:00–15:30 lezione di matematica all'università
16:00 gelato con gli amici alla Gelateria Pascoli

Venerdì

10:30 appuntamento dal dentista
14:00–15:00 lezione di tennis
20:00 cena° al Ristorante Toscana con i compagni di classe

Sabato

21:15 cinema con Sara

Domenica

Mattina: dormire°!
Pomeriggio: partita di calcio allo stadio.

spedire *to mail* **cena** *dinner* **dormire** *sleep*

Dopo la lettura

Quando si fanno queste cose? Give the day and time when Giovanni is scheduled to do each activity.

MODELLO Giovanni is meeting Enrico.
martedì all'una del pomeriggio

1. Giovanni mails letters.
2. Giovanni plays tennis.
3. Giovanni has an Italian test.
4. Giovanni is meeting his friends for ice cream at Gelateria Pascoli.
5. Giovanni goes to the stadium.
6. Giovanni has a dentist's appointment.
7. Sara and Giovanni are going to the movies.
8. Giovanni has pizza for lunch.
9. Giovanni studies for the Italian test.
10. Professor Fortunato and Giovanni are meeting at the university.

La mia agenda With a partner, use Giovanni's schedule as a model to create your weekly schedules. Use your schedules to plan a time to meet next week.

MODELLO

S1: *Martedì alle tre del pomeriggio?*
S2: *No, c'è lezione d'italiano.*
S1: *Allora (Then), martedì alle quattro?*
S2: *Va bene (OK)!*

 Practice more at **vhlcentral.com.**

In ascolto

Audio

STRATEGIA

Listening for words you know

You can get the gist of a conversation by listening for words and phrases you already know.

 To help you practice this strategy, listen to these sentences and make a list of the words you have already learned.

______ ______

______ ______

Preparazione

Look at the photograph. Where are these people? What are they doing? In your opinion, do they know one another? Why or why not? What do you think they're talking about?

Ascoltiamo

As you listen, circle the items you associate with Paola and those you associate with Davide.

PAOLA	DAVIDE
i libri	economia
l'esame	il dizionario
l'orologio	il voto
la biblioteca	l'esame
la mensa	la finestra
Sta bene.	Sta male.
un amico	un amico

Practice more at **vhlcentral.com.**

Comprensione

Vero o falso? Based on the conversation you heard, indicate whether each statement is **vero** or **falso**.

	Vero	Falso
1. Paola studia italiano.	☐	☐
2. Paola è una professoressa.	☐	☐
3. Paola sta male.	☐	☐
4. La professoressa di Paola si chiama Tina.	☐	☐
5. Davide studia con un'amica.	☐	☐
6. Davide ha un esame domani.	☐	☐
7. Davide studia economia.	☐	☐
8. Davide è a casa.	☐	☐

Presentazioni It's your turn to get to know your classmates. Using the conversation you heard as a model, select a partner you do not know, and introduce yourself to him/her in Italian. Follow the steps below.

- Greet your partner.
- Ask how he/she is doing.
- Ask about his/her class schedule.
- Ask about his/her teachers.
- Introduce your partner to another student.
- Say good-bye.

Scrittura

STRATEGIA

Writing in Italian

Why do we write? All writing has a purpose. For example, we may write a poem to reveal our innermost feelings, a letter to share information, or an essay to persuade others to accept a point of view. Writing requires time, thought, effort, and a lot of practice. Here are some tips to help you write more effectively in Italian.

DO

- **Try to write your ideas in Italian.**
- **Try to make an outline of your ideas.**
- **Decide what the purpose of your writing will be.**
- **Use the grammar and vocabulary that you know.**
- **Use your textbook for examples of style, format, and expressions in Italian.**
- **Use your imagination and creativity to make your writing more interesting.**
- **Put yourself in your reader's place to determine if your writing is interesting.**

DON'T

- **Translate your ideas from English to Italian.**
- **Simply repeat what is in the textbook or on a web page.**
- **Use a bilingual dictionary until you have learned how to use one effectively.**

Tema

Fai una lista!

Imagine that several Italian-speaking students will be spending a year at your school. You've been asked to put together a list of people and places that might be useful and of interest to them. Your list should include:

- Your name, address, phone number(s) (home and/or cell), and e-mail address
- The names of two or three other students in your Italian class, their addresses, phone numbers, and e-mail addresses
- Your Italian teacher's name, office and/or cell phone number(s), e-mail address, as well as his/her office hours
- Your school library's phone number and hours
- The names, addresses, and phone numbers of three places near your school where students like to go (a bookstore, a coffee shop or restaurant, a theater, a skate park, etc.)

NOME: *Prof. Caspani (professore d'italiano)*
INDIRIZZO: *McNeil University*
NUMERO DI TELEFONO: *654-3458 (ufficio)*
NUMERO DI CELLULARE: *919-0040*
INDIRIZZO E-MAIL: *profcaspani@mcneilU.edu*
APPUNTI: *orario ufficio: 9–12*

NOME: *Al Buon Gelato*
INDIRIZZO: *8970 McNeil Road*
NUMERO DI TELEFONO: *658-0349*
NUMERO DI CELLULARE: *-*
INDIRIZZO E-MAIL: *info@buongelato.com*
APPUNTI: *aperto ogni giorno 10.00–22.00*

Saluti e addii

Ciao.	*Hi.; Good-bye.*
Salve.	*Hello.*
Buongiorno.	*Hello.; Good morning.*
Buonasera.	*Good evening.*
Buonanotte.	*Good night.*
A domani.	*See you tomorrow.*
A dopo.	*See you later.*
A più tardi.	*See you later.*
A presto.	*See you soon.*
ArrivederLa/ci. (*form./fam.*)	*Good-bye.*
Buona giornata!	*Have a nice day!*
Come sta/stai? (*form./fam.*)	*How are you?*
Come va?	*How are things?*
Tutto bene?	*Everything OK?*
Abbastanza bene.	*Pretty well.*
Anch'io.	*Me, too.*
Così così.	*So-so.*
Non c'è male.	*Not bad.*
Sto (molto) bene.	*I am (very) well.*
Sto male.	*I am not well.*
per favore	*please*
Grazie.	*Thank you.*
Grazie mille.	*Thanks a lot.*
Di niente.	*You're welcome.*
Prego.	*You're welcome.*
Scusi/a. (*form./fam.*)	*Excuse me.*

Le presentazioni

Come si/ti chiama/i? (*form./fam.*)	*What is your name?*
E Lei/tu? (*form./fam.*)	*And you?*
Le/Ti presento... (*form./fam.*)	*This is [name].*
Mi chiamo...	*My name is...*
Molto piacere.	*A real pleasure.*
Piacere.	*Delighted.*
Piacere di conoscerLa/ti. (*form./fam.*)	*Pleased to meet you.*
Piacere mio.	*My pleasure.*

Alla facoltà

l'agenda	*planner*
gli appunti	*notes*
l'autobus	*bus*
l'automobile (*f.*)	*car*
il banco	*desk*
il caffè	*coffee*
la cartina	*map*
il cestino	*wastebasket*
la classe	*class*
i compiti	*homework*
il computer	*computer*
la domanda	*question*
il dizionario	*dictionary*
l'esame (*m.*)	*exam*
la foto(grafia)	*photo(graph)*
la finestra	*window*
il foglio di carta	*sheet of paper*
la gomma	*eraser*
l'idea	*idea*
la lavagna	*blackboard*
la lezione	*lesson*
il libro	*book*
la matita	*pencil*
l'orologio	*clock; watch*
la penna	*pen*
la porta	*door*
il quaderno	*notebook*
la sedia	*chair*
lo sport	*sport*
il tavolo	*table*
la televisione	*television*
il testo	*textbook*
il voto	*grade*
lo zaino	*backpack*

I luoghi

l'albergo	*hotel*
l'aula	*lecture hall, classroom*
la biblioteca	*library*
la casa	*house*
la città	*city*
la facoltà	*department*
il liceo	*high school*
la mensa	*cafeteria*
il ristorante	*restaurant*
la stazione	*station*
l'ufficio	*office*
l'università	*university*

Le persone

l'alunno/a	*(K-12) student*
l'amico/a	*friend*
l'attore/l'attrice	*actor/actress*
l'autore (*m./f.*)	*author*
il/la compagno/a di classe	*classmate*
la donna	*woman*
il/la dottore(ssa)	*doctor*
la gente	*people*
l'insegnante	*instructor*
il/la professore(ssa)	*professor; teacher*
il/la ragazzo/a	*boy/girl*
signor(a)...	*Mr./Mrs. . . .*
signorina...	*Miss . . .*
lo/la studente(ssa)	*student*
l'uomo (*pl.* uomini)	*man (men)*

Le materie

l'arte (*f.*)	*art*
l'economia	*economics*
la giurisprudenza	*law*
l'informatica	*computer science*
le lettere	*arts; humanities*
le lingue	*languages*
la medicina	*medicine*
le scienze	*science*
la storia	*history*
gli studi	*studies*

Identificare

c'è/ci sono	*there is/there are*
(Che) cos'è?	*What is it?*
Chi è?	*Who is it?*
ecco	*here*
là/lì	*there*
molti/e	*many*
qua/qui	*here*
Quanti/e...?	*How many . . . ?*

Espressioni utili	*See pp. 7 and 21.*
Numbers 0–100	*See p. 12.*
Subject pronouns	*See p. 24.*
essere	*See p. 25.*
Adjectives	*See pp. 26–27.*
Telling time	*See pp. 28–29.*
Days of the week	*See p. 29.*

risorse

vhlcentral.com

UNITÀ

2

Il tempo libero

Per cominciare

- Where is Riccardo sitting?
  a. allo stadio b. in biblioteca c. in piazza
- Which word describes what Riccardo is doing?
  a. ascoltare la mụsica b. andare in bicicletta c. guardare la TV
- What month is it?
  a. dicembre b. agosto c. febbraio

Lezione

2A

Communicative Goals

You will learn how to:

- talk about sports
- talk about activities and pastimes

CONTESTI

I passatempi

Vocabulary Tools

Vocabolario

espressioni	***expressions***
Ti piace...?	*Do you like . . . ?*
(Non) mi piace...	*I (don't) like . . .*
le attività	***activities***
andare a cavallo	*to go horseback riding*
andare al cịnema	*to go to the movies*
andare in bicicletta	*to ride a bicycle*
ascoltare la mụsica	*to listen to music*
ballare	*to dance*
cantare	*to sing*
guardare la tivù/TV	*to watch TV*
nuotare	*to swim*
pescare	*to go fishing*
suonare (la batterịa, la chitarra, il piano)	*to play (drums, guitar, piano)*
lo sport	***sports***
l'atlẹtica	*track and field*
l'automobilismo	*car racing*
il campeggio	*camping*
il campo	*field; court*
il ciclismo	*cycling*
la danza clạssica	*classical dance*
il football americano	*football*
le freccette	*darts*
il nuoto	*swimming*
la palestra	*gymnasium*
la pallavolo	*volleyball*
lo sci	*skiing*
lo stadio	*stadium*

le giocatrici

una partita di tennis

Cammina. (camminare)

il pallone

la squadra

il giocatore

Gioca a calcio. (giocare)

Non mi piace pẹrdere!

le carte

Mi piace vịncere!

risorse

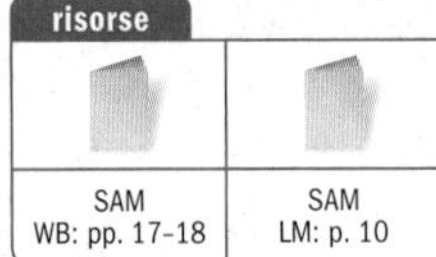
SAM WB: pp. 17-18

SAM LM: p. 10

vhlcentral.com

Attenzione!

Use **giocare a** with games and sports.

Giocano a scacchi/pallavolo.
They play chess/volleyball.

Use **suonare** with musical instruments.

Suono il piano/la chitarra.
I play piano/guitar.

Pratica

1 **Trova l'intruso** Circle the word that doesn't belong.

MODELLO la chitarra, (il calcio), la batteria, il piano

1. il tennis, andare in bicicletta, cantare, il football americano
2. le freccette, il campeggio, gli scacchi, le carte
3. il campo, lo stadio, nuotare, la palestra
4. cantare, suonare la batteria, le freccette, ascoltare la musica
5. lo stadio, la squadra, il calcio, la danza classica
6. andare al cinema, la pallavolo, andare a cavallo, lo sci

2 **Categorizzare** Write each word you hear in the correct category.

Luoghi	Passatempi
1. ______	1. ______
2. ______	2. ______
3. ______	3. ______
4. ______	4. ______
5. ______	5. ______
6. ______	6. ______

3 **Le coppie** Match each activity to a picture.

andare a cavallo	camminare nel parco	giocare a tennis
andare al cinema	giocare a calcio	guardare la TV
ascoltare la musica	giocare a carte	suonare la chitarra

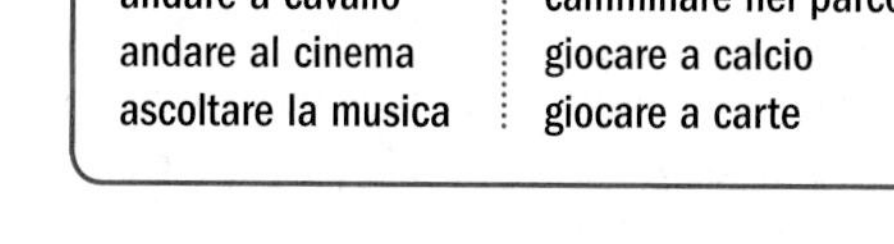

1. ______ 2. ______ 3. ______

4. ______ 5. ______ 6. ______

7. ______ 8. ______ 9. ______

Practice more at **vhlcentral.com.**

Comunicazione

4 **Ti piace...?** With a partner, take turns telling each other if you like or dislike these activities.

MODELLO

Mi piace nuotare./Non mi piace nuotare.

1. ____________

2. ____________

3. ____________

4. ____________

5. ____________

6. ____________

7. ____________

8. ____________

5 **Conversazioni** With a partner, match the sentences on the left with the best reply on the right to create short conversations. Then role-play the completed conversations.

1. ____ Mi piace andare al cinema.
2. ____ Ci sono undici giocatori in una squadra di pallavolo.
3. ____ Suoni uno strumento?
4. ____ Ti piace guardare la partita alla TV?
5. ____ In quella (*that*) squadra ci sono giocatori bravissimi!
6. ____ Sei libera (*free*) mercoledì pomeriggio?

a. È vero. Quella squadra vince sempre (*always*).
b. Non è vero, ci sono sei giocatori.
c. No, ho danza classica e poi ho lezione di piano.
d. Io invece preferisco (*prefer*) guardare i film alla TV.
e. No, preferisco andare allo stadio.
f. Sì, suono la chitarra.

6 **Il mimo** In groups of four, play charades (**il mimo**). One student acts out an activity while the others try to guess what it is.

MODELLO

S1: *È la pallavolo?*
S2: *No, non è la pallavolo!*
S3: *È la pallacanestro?*
S2: *Sì, è la pallacanestro!*

7 **A che ora?** You and your partner each have two schedules. One shows your own activities. The other shows a partial list of your partner's activities, with one activity missing each day. Ask questions to complete your partner's schedule, and answer questions about your own schedule.

MODELLO

S1: *Che cosa fai (What are you doing) martedì mattina alle dieci?*
S2: *Ho (I have) lezione di matematica. E tu, che cosa fai giovedì alle due?*
S1: *Ho lezione di danza classica.*

Pronuncia e ortografia  Audio

Letter combinations *gli*, *gn*, and *sc*

figlio **gli** **miglia** **Puglia**

In Italian, the letter combination **gli** is usually pronounced like the *lli* in the English word *million*.

compagnia **gnocchi** **legno** **signore**

The letter combination **gn** is pronounced like the *ni* in the English word *onion*.

scala **fiasco** **scuola** **pesche**

The letter combination **sc** has a hard sound (as in the English word *scope*) when it precedes the vowels **a**, **o**, or **u**, or the consonant **h**.

pesce **liscio** **sciare** **scienza**

The letter combination **sc** has a soft sound (as in the English word *she*) in front of the letters **e** or **i**.

Pronunciare Practice saying these words aloud.

1. meglio
2. pescare
3. sci
4. bagno
5. scacchi
6. Spagna
7. paglia
8. sconto
9. gnomo
10. scheda
11. moglie
12. scena

Articolare Practice saying these sentences aloud.

1. Gli gnocchi sono cotti.
2. Mi piace giocare e sciare.
3. C'è un pesce in piscina.
4. È meglio sognare o avere?
5. Qual è la scelta migliore?
6. Hai un biglietto per il concerto?

Proverbi Practice reading these sayings aloud.

[1] The early bird catches the worm. (lit. He who sleeps doesn't catch any fish.)
[2] He for whom Fortune plays dances well indeed.

risorse
SAM LM: p. 11
vhlcentral.com

Che cosa vuoi fare?

Video: *Fotoromanzo*

PERSONAGGI

Emily

Lorenzo

Marcella

Paolo

Riccardo

Viola

1

MARCELLA Buon appetito!
EMILY Ma è delizioso!
RICCARDO Mmh.
VIOLA Squisito!
LORENZO Molto buono.

2

MARCELLA Allora, siete a Roma da una settimana ormai. Come va? ...Programmi per il fine settimana?
RICCARDO Io penso di andare a un concerto domenica.
LORENZO La squadra italiana di ciclismo dà un seminario all'università sabato.
EMILY Venerdì io vado a uno spettacolo di danza classica.

3

VIOLA Io? Studio... Comincio a insegnare fra due settimane.
MARCELLA Studiare è importante. Ma anche il tempo libero. Che cosa ti piace fare?
EMILY A me piace giocare a pallacanestro e a pallavolo!

6

LORENZO Freccette?
RICCARDO Giocare a freccette è bello.
PAOLO Io adoro giocare a freccette.

7

LORENZO Anche studiare va bene. Anch'io penso di studiare.
EMILY Studiare? Per soltanto un corso?
RICCARDO Allora, voi due state a casa e studiate insieme, mentre io ascolto musica, vado al cinema e gioco a freccette.
LORENZO Guarda che non siamo in vacanza. Siamo qui per imparare.

8

MARCELLA All'inizio è difficile per molti studenti.
EMILY E poi tu adesso frequenti l'università a Roma! Impari un sacco di cose nuove. Visiti posti nuovi. Tu, tu... mangi!

ATTIVITÀ

1 Vero o falso? Indicate whether each statement is **vero** or **falso**.

1. I ragazzi apprezzano il cibo (*appreciate the food*).
2. Riccardo pensa di andare a un concerto sabato.
3. Emily, Riccardo e Paolo adorano la pallavolo.
4. Ci sono tante cose da fare a Roma.
5. Lorenzo pensa di giocare a freccette.
6. Riccardo vuole (*wants to*) andare al cinema.
7. Lorenzo è in vacanza.
8. Marcella dice (*says*) che all'inizio è facile.
9. Viola frequenta l'università a Roma.
10. Viola adora vivere in una grande città.

Practice more at **vhlcentral.com.**

I ragazzi parlano dei programmi (*plans*) per il fine settimana.

4

LORENZO Pallavolo?
EMILY Sì.
RICCARDO Beh, la pallavolo è divertente.
PAOLO Io adoro la pallavolo.

5

EMILY Ci sono un milione di cose da fare a Roma, Viola... Un po' d'aiuto?
RICCARDO Fare spese... Passeggiare...
EMILY Giocare a tennis, a calcio o a freccette.

9

RICCARDO L'Abruzzo è il passato.
EMILY Non ascoltare Riccardo.
RICCARDO Già, non ascoltare Riccardo.

10

MARCELLA Stai tranquilla, Viola.
VIOLA No. Vivere in una grande città è una cattiva idea.

Espressioni utili

Plans for the weekend

- **Che cosa ti piace fare?** *What do you like to do?*
- **penso di...** *I'm thinking of . . .*
- **Studio.** *I'm studying.*
- **Io vado a uno spettacolo.** *I'm going to a show.*
- **A me piace giocare a...** *I like to play . . .*
- **Io adoro...** *I love . . .*
- **Ci sono un milione di cose da fare a Roma.** *There are a million things to do in Rome.*
- **fare spese** *going shopping*
- **passeggiare** *taking a walk*

Time expressions

- **ormai** *by now; already*
- **fra due settimane** *in two weeks*
- **mentre** *while*
- **all'inizio** *at first*

Additional vocabulary

- **Comincio a insegnare.** *I begin teaching.*
- **Guarda che non siamo in vacanza.** *Look, we are not on vacation.*
- **Frequenti l'università a Roma.** *You're studying at the university in Rome.*
- **Impari un sacco di cose nuove.** *You're learning a ton of new things.*
- **Già, non ascoltare Riccardo.** *Yeah, don't listen to Riccardo.*
- **Vivere in una grande città è una cattiva idea.** *Living in a big city is a bad idea.*
- **squisito** *exquisite*
- **allora** *so; then*
- **soltanto un corso** *only one class*
- **insieme** *together*
- **beh** *well*
- **adesso** *now*

ATTIVITÀ

2  **Per parlare un po'** In this episode, the characters talk about their plans for the weekend. Discuss these plans with a partner. Do any of the characters' interests remind you of your own? With whom would you like to spend the weekend?

3 **Approfondimento** Lorenzo mentions a presentation by the national cycling team. *Il Giro d'Italia* (Tour of Italy) is a bicycle race that takes place in Italy every year. Find out when it usually takes place and how long it lasts. Who was the winner last year? What color is the jersey worn by the leaders?

risorse
SAM VM: pp. 5–6
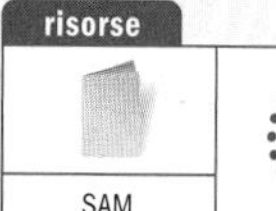
vhlcentral.com

IN PRIMO PIANO

Giochiamo a pallone!

No sport in Italy is more popular than soccer (il calcio). It is estimated that there are 26 million soccer fans (**tifosi**) in Italy, almost 50% of the population. Evidence of soccer's popularity can be seen everywhere, from children playing in their neighborhood **piazza** to impromptu parades of cars filled with fans honking and waving team flags after a victory.

Every major town has a team, if only in a minor league. The best teams from each season play in **Serie A**, but since these positions can change from year to year, the competition between teams is fierce.

The biggest rivalries are usually between teams from the same region or city, such as **A.C. Milan** and **F.C. Internazionale Milano** or **AS Roma** and **S.S. Lazio** (usually called **Milan**, **Inter**, **Roma**, and **Lazio**, respectively). The matches between rival teams from the same town are known as **i derby**, and can drive fans as crazy as any championship match.

In the biggest national championship game, the top teams from **Serie A** play for **lo scudetto**. More Italian **Serie A** teams have gone on to win the European Cup than teams from any other country. On the international stage, the Italian national team, called **gli Azzurri** for the blue color of their jerseys, is one of the most successful teams in the history of the World Cup championship.

Le squadre italiane più popolari

SQUADRA	NUMERO DI TIFOSI	SOPRANNOME	SIMBOLO
Juventus	12.400.000	i bianconeri°	la zebra
Inter	8.989.000	i nerazzurri°	il biscione°
Milan	7.452.000	i rossoneri°	il diavolo°
Napoli	3.123.000	gli azzurri	l'asinello°
Roma	2.879.000	i giallorossi°	la lupa capitolina°
Fiorentina	1.374.000	i viola°	il giglio° di Firenze
Lazio	1.103.000	i biancazzurri°	l'aquila°

FONTE: tuttosport.com

bianconeri *white and black* **nerazzurri** *black and blue* **biscione** *big snake* **rossoneri** *red and black* **diavolo** *devil* **asinello** *donkey* **giallorossi** *yellow and red* **lupa capitolina** *she-wolf (symbol of Rome)* **viola** *violet* **giglio** *lily* **biancazzurri** *white and blue* **aquila** *eagle*

ATTIVITÀ

1 Vero o falso? Indicate whether each statement is **vero** or **falso**. Correct any false statements.

1. Twenty-six percent of Italians are soccer fans.
2. Soccer players are called **i tifosi**.
3. The biggest rivalries are between teams from the same area.
4. Only the largest cities have soccer teams.
5. Teams from the same region or city often have the biggest rivalries.
6. When two teams from the same town play each other, it is called a **derby**.
7. The top prize for **Serie A** teams is called **lo scudetto**.
8. Italian teams don't do well in the European Cup.
9. Italy has never made it to the World Cup championship.
10. **Roma** has more than twice as many fans as **Lazio**.

 Practice more at **vhlcentral.com.**

L'ITALIANO QUOTIDIANO

Tutto sport

l'arbitro	*referee*
l'arrampicata	*climbing*
il basket	*basketball*
il calciatore	*soccer player*
il pallone	*soccer*
il parapendio	*paragliding*
il premio	*prize*
gli sport estremi	*extreme sports*
il windsurf	*windsurfing*
tifare	*to root for a team*

USI E COSTUMI

I passatempi italiani

Ecco alcuni° passatempi amati° dagli italiani:

Andare al cinema a vedere° un film europeo, oppure° un blockbuster americano.

Andare al mare, sicuramente° il tipo di vacanza più popolare.

Andare in montagna a sciare o a fare snowboard°. In inverno° molti italiani vanno in settimana bianca°.

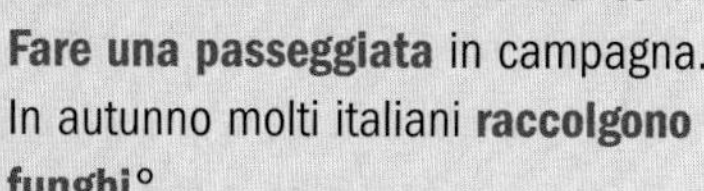

Fare una passeggiata in campagna. In autunno molti italiani **raccolgono funghi**°.

Fare un giro in centro. Nei fine settimana è l'attività preferita.

Giocare a bocce è molto popolare tra i pensionati°, ma è divertente per tutta la famiglia. È un gioco tradizionale.

alcuni *some* **amati** *favorite* **a vedere** *to watch* **oppure** *or* **sicuramente** *surely* **fare snowboard** *go snowboarding* **In inverno** *In the winter* **vanno in settimana bianca** *go on a ski vacation* **raccolgono funghi** *gather mushrooms* **i pensionati** *retired people*

RITRATTO

Una vera campionessa italiana

Valentina Vezzali nasce° a Jesi, in provincia di Ancona, il 14 febbraio del 1974. Inizia a praticare la scherma° nel 1980 e vince il primo premio nel 1983. È stata la prima schermitrice a vincere tre medaglie d'oro° individuali nel fioretto° in tre Giochi Olimpici consecutivi. Ai Giochi di Atlanta, nel 1996, la Vezzali vince la medaglia d'argento° individuale e la medaglia d'oro nella prova di squadra. Alle Olimpiadi di Sydney, nel 2000, vince due medaglie d'oro, nella prova individuale e di squadra. Ad Atene°, nel 2004, riceve° un'altra medaglia d'oro nell'individuale. Quando°, nel 2008, vince la medaglia d'oro nell'individuale a Pechino°, la Vezzali diventa° l'atleta italiana più vincente° della storia.

nasce *is born* **Inizia a praticare la scherma** *She begins to practice fencing* **medaglie d'oro** *gold medals* **fioretto** *foil* **d'argento** *silver* **Atene** *Athens* **riceve** *she receives* **Quando** *When* **Pechino** *Beijing* **diventa** *becomes* **più vincente** *winningest*

SU INTERNET

Cerca (*Look for*) i nomi di altri campioni olimpici italiani.

Go to **vhlcentral.com** to find more information related to this **CULTURA**.

ATTIVITÀ

2 **Hai capito?** Complete the sentences.

1. Valentina Vezzali ha vinto tre medaglie d'oro individuali nel ________.
2. Nel 2008, Valentina partecipa alle Olimpiadi di ________.
3. La Vezzali è ________ italiana più vincente della storia.
4. Raccogliere ________ in campagna è un passatempo popolare.
5. Il tipo di vacanza più popolare è sicuramente ________.
6. Le ________ sono un gioco tradizionale.

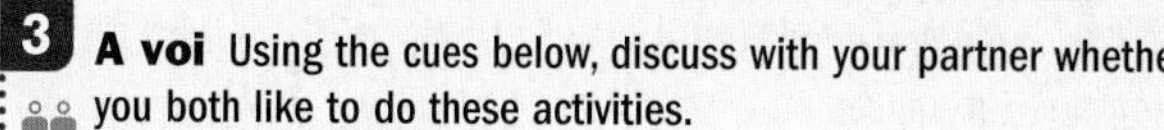

3 **A voi** Using the cues below, discuss with your partner whether you both like to do these activities.

1. andare al cinema
2. fare gli sport estremi
3. tifare per una squadra

2A.1 Regular *-are* verbs

Punto di partenza As you learned in **Lezione 1B**, the infinitive is the basic form of a verb. In English, it is preceded by the word *to*: *to be*, *to play*, *to eat*, and so on. The infinitive in Italian is a single word, consisting of a stem and one of three characteristic endings: **-are**, **-ere**, or **-ire**.

parl**are**	lẹgg**ere**	part**ire**
to speak	*to read*	*to leave*

- To form the present tense of a regular **-are** verb, drop the **-are** and add the ending that corresponds to the subject performing the action.

parlare (to speak)			
io parlo	*I speak*	noi parliamo	*we speak*
tu parli	*you speak*	voi parlate	*you speak*
Lei/lui/lei parla	*you speak; he/she/it speaks*	loro pạrlano	*they speak*

- Use the same endings to conjugate other regular **-are** verbs in the present tense.

Regular *-are* verbs			
abitare	*to live (in)*	lavorare	*to work*
arrivare	*to arrive*	mandare	*to send*
aspettare	*to wait (for)*	mangiare	*to eat*
cambiare	*to change*	pagare	*to pay*
cenare	*to have dinner*	pensare (a/di)	*to think (about/of)*
cercare	*to look for*	portare	*to bring; to wear*
chiamare	*to call*	praticare	*to practice*
(in)cominciare (a)	*to begin (to)*	ricordare	*to remember*
comprare	*to buy*	(ri)tornare	*to return*
desiderare	*to desire, to want*	spiegare	*to explain*
dimenticare	*to forget*	studiare	*to study*
frequentare	*to attend*	telefonare (a)	*to telephone*
guidare	*to drive*	trovare	*to find*
incontrare	*to meet with*	usare	*to use*
imparare (a)	*to learn (to)*	viaggiare	*to travel*
insegnare	*to teach*		

- The English equivalent of the Italian present tense varies depending on the context of the sentence.

Carlo **balla**.	**Suoni** la chitarra?
*Carlo **dances**.*	***Do you play** the guitar?*
*Carlo **is dancing**.*	***Are you playing** the guitar?*
*Carlo **does dance**.*	***Will you play** the guitar?*

PRATICA

1 Completare Complete the conversation with the correct form of each verb.

PAOLO Ti piace lo sport?

GIANNI Sì! Io e Antonio siamo allenatori di una squadra di pallavolo. Antonio (1) ________ (aiutare) la squadra il lunedì e il mercoledì; io (2) ________ (lavorare) il martedì e il venerdì. E tu?

PAOLO Io sono pigro e non (3) ________ (praticare) sport. Ma la mia amica Antonella (4) ________ (giocare) a pallavolo. Il sabato noi (5) ________ (guardare) la TV perché c'è il football americano e mi piace molto.

GIANNI Ho (*I have*) un'idea! Sabato andiamo al parco e tu ed io (6) ________ (camminare) insieme. Che ne pensi?

PAOLO Va bene, è una buon'idea!

2 Creare Create complete sentences using the words provided.

1. io / ascoltare la musica classica
2. i professori / insegnare la lezione
3. Clara / aiutare l'amica
4. tu e Francesco / frequentare il club di scacchi
5. noi / giocare a carte la domenica pomeriggio
6. la signora Zotti / telefonare al dottore
7. io / abitare in Italia
8. Andrea e Giovanna / suonare la chitarra

3 Descrivere Say what each person or group of people is doing.

1. Noi ________ la pizza.

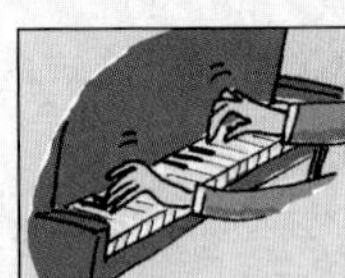

2. Tu ________ il piano al club.

3. Valeria ed Elena ________.

4. Lucia e Matteo ________.

5. Io ________ un'aria.

6. Il signor Ughetti ________ la TV.

Practice more at **vhlcentral.com.**

COMUNICAZIONE

4 **Le nostre attività** In pairs, ask about your partner's habits and activities. Once you have both asked and answered the questions, present your findings to the class.

MODELLO

Cristina abita a New York e lavora dopo le lezioni...

1. Giochi a freccette?
2. Balli in discoteca il venerdì sera?
3. Mangi i broccoli e gli zucchini?
4. Chiami spesso la tua (*your*) famiglia?
5. Abiti a New York?
6. Guardi la danza classica alla TV?
7. Lavori dopo (*after*) le lezioni?
8. Pensi di studiare sabato sera?

5 **Al parco** In pairs, look at the picture of the people in the park. Together, create names for the people shown and write a paragraph that describes what they are doing.

6 **Caccia al tesoro** As a class, create a list of eight activities and go on a scavenger hunt (**caccia al tesoro**). Ask your classmates whether they like the activities on the list. When you find someone who likes an activity, write his or her name on your list. The first person to collect eight names wins.

- Verbs whose stems end in **-c** or **-g** require a spelling change in the **tu** and **noi** forms. Add an **h** to the stem in order to maintain the hard sound of the **c** or **g**.

Giochiamo a pallacanestro. ***We're playing*** *basketball.*	**Spieghi** le regole del gioco. ***You explain*** *the rules of the game.*

- To create the **tu** and **noi** forms of most verbs with stems ending in **-i**, such as **mangiare** and **studiare**, drop the **i** before adding the ending.

Mangi il pesce? ***Do you eat*** *fish?*	**Studi** bene. ***You study*** *well.*
Mangiamo allo stadio. ***We're eating*** *at the stadium.*	**Studiamo** fra un'ora. ***We'll study*** *in an hour.*

- Some common verbs that are followed by a preposition in English do not take a preposition in Italian.

Ascoltano la musica rap. ***They listen to*** *rap music.*	**Aspetta** la sua amica. ***She's waiting for*** *her friend.*
Cerco una bicicletta. ***I'm looking for*** *a bicycle.*	**Guardi** i giocatori? ***Are you looking at*** *the players?*

- Other verbs may require the use of a preposition in Italian, especially when followed by an infinitive.

Telefonano a Luigi. ***They're calling*** *Luigi.*	**Imparate a** nuotare? ***Are you learning*** *to swim?*
Giochiamo a calcio. ***We're playing*** *soccer.*	Il bambino **comincia a** parlare. *The baby's* ***starting*** *to talk.*
Penso a loro. ***I'm thinking about*** *them.*	**Penso di** studiare l'arabo. ***I'm thinking of*** *studying Arabic.*

ATTREZZI

To express yourself with greater accuracy, use these adverbs: **oggi** (*today*), **domani** (*tomorrow*), **spesso** (*often*), **sempre** (*always*), **tutti i giorni** (*every day*), **a volte** (*sometimes*), **abbastanza** (*enough*).

Provalo! **Complete the sentences with the correct present tense form of each verb in parentheses.**

1. Io *parlo* (parlare) italiano.
2. Giulia e Anna non ____________ (studiare) lo spagnolo.
3. Lei ____________ (cercare) una palestra vicino a casa.
4. Noi ____________ (mangiare) il pesce il venerdì.
5. Tu ____________ (giocare) a calcio.
6. Franca ____________ (viaggiare) spesso in Europa.
7. Io e Marcello ____________ (pensare) di andare alla partita.
8. Tu e Annabella ____________ (incontrare) Jacopo oggi?

2A.2 *Andare, dare, fare,* and *stare*

Punto di partenza The verbs **andare** (*to go*), **dare** (*to give*), **fare** (*to do; to make*), and **stare** (*to be; to stay*) are common irregular **-are** verbs. You will have to memorize their present-tense forms.

andare (to go)			
io vado	*I go*	noi andiamo	*we go*
tu vai	*you go*	voi andate	*you go*
Lei/lui/lei va	*you go; he/she/it goes*	loro vanno	*they go*

- Use **andare** + **a** + [*infinitive*] to talk about what people are going to do. Note that this construction indicates movement only and, unlike in English, is not equivalent to the future tense.

  Vai a pescare al lago?
  ***Are you going** fishing at the lake?*

  Le ragazze **non vanno a** ballare.
  *The girls **aren't going** dancing.*

- In general, use the preposition **a** before the names of cities and small islands, and **in** before the names of countries or regions.

  Non andiamo a Roma.
  ***We're not going to** Rome.*

  Vado in Italia.
  ***I am going to** Italy.*

dare (to give)			
io do	*I give*	noi diamo	*we give*
tu dai	*you give*	voi date	*you give*
Lei/lui/lei dà	*you give; he/she/it gives*	loro danno	*they give*

- Note the use of the preposition **a** (*to*) in these examples.

  Maria **dà** le carte **a** Giuseppe.
  *Maria **gives** the cards **to** Giuseppe.*

  Do la bici **a** Clara.
  ***I'm giving** the bike **to** Clara.*

- **Dare** is used in these common expressions.

Expressions with *dare*			
dare del tu	*to address informally*	dare del Lei	*to address formally*
dare un esame	*to take an exam*	dare una mano	*to lend a hand*

Pina **dà del Lei** al professore.
*Pina **addresses** the professor **formally.***

Diamo una mano a Leo.
***We're helping** Leo.*

PRATICA

1 Completare Circle the correct verb form to complete each sentence.

1. Maria (dà, dai) il libro a Claudio.
2. Antonio e Giancarlo (state, stanno) zitti.
3. Io non (faccio, fanno) colazione oggi.
4. Tu (dai, date) del tu o del Lei alla signora Rossi?
5. Noi (facciamo, fanno) una gita a Roma domenica.
6. Il signor Perrioli (va, vado) all'università il lunedì.
7. Tu e Gioia (stai, state) attente alla lezione.
8. Io e Maurizio (diamo, danno) una mano agli amici.

2 Creare Create complete sentences using the words provided.

MODELLO io / dare un esame
Io do un esame.

1. noi / stare a casa
2. tu / fare colazione / alle sette di mattina
3. Lei / dare il libro / a Chiara
4. loro / andare a Milano / nel 2012
5. io / fare una domanda / a lezione
6. voi / dare una mano / al professore

3 Descrivere Use **andare, dare, fare,** or **stare** to say what each person or group of people is doing or feeling.

MODELLO Enrico
Enrico dà un esame.

1. Giovanna

2. gli studenti

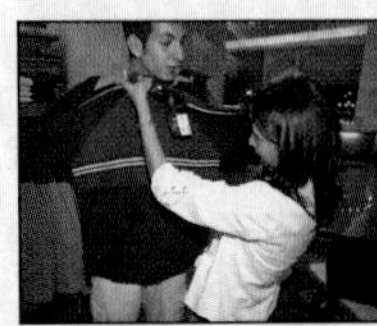

3. Andrea e Giuliana

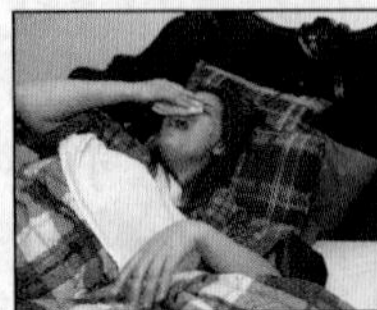

4. Patrizia

Practice more at **vhlcentral.com.**

COMUNICAZIONE

4 **Chi...?** In groups of four, ask and answer these questions about the group.

1. Chi sta bene?
2. Chi sta male?
3. Chi va a una partita di calcio domani?
4. Chi sta a casa venerdì sera?
5. Chi fa la spesa al supermercato?
6. Chi fa i compiti in biblioteca?
7. Chi va spesso in palestra?
8. Chi sta attento/a a lezione?

5 **A che ora?** Create a schedule for your week. In pairs, ask and answer questions about what you do and when. Summarize your findings.

MODELLO

Il giovedì Annabella fa colazione alle sette. Io faccio colazione alle otto...

	giovedì	venerdì	sabato	domenica
7:00	colazione	colazione		
9:00	lezione	lezione	colazione	colazione
11:00		lezione		
16:00	dentista			
18:00	biblioteca		cinema	
22:00		discoteca		

6 **Il gioco del dare** In small groups, play the giving game (**il gioco del dare**). Take turns passing items such as a book, a backpack, or a pencil among the group. One player describes the action as it occurs and calls **Alt!** (*Stop!*) after 90 seconds. Play until everyone has had a chance to be the narrator.

MODELLO

Stefano dà lo zaino a Piero. Piero dà lo zaino a Olivia e Serena. Loro danno lo zaino a Simone...

fare (to do; to make)

io faccio	*I do/make*	noi facciamo	*we do/make*
tu fai	*you do/make*	voi fate	*you do/make*
Lei/lui/lei fa	*you do/make; he/she/it does/makes*	loro fanno	*they do/make*

- The verb **fare** is also used in many common expressions.

Expressions with *fare*

fare attenzione	*to pay attention*	fare una foto	*to take a picture*
fare il bagno/la doccia	*to take a bath/a shower*	fare una gita	*to take a field trip*
fare colazione	*to have breakfast*	fare una passeggiata	*to take a walk*
fare due passi	*to take a short walk*	fare la spesa/le spese	*to buy groceries/to shop*
fare una domanda	*to ask a question*	fare un viaggio	*to take a trip*

Massimo **fa colazione** al bar.
*Massimo **has breakfast** at the café.*

Facciamo le spese?
Are we going shopping?

stare (to stay; to be)

io sto	*I stay/am*	noi stiamo	*we stay/are*
tu stai	*you stay/are*	voi state	*you stay/are*
Lei/lui/lei sta	*you stay/are; he/she/it stays/is*	loro stanno	*they stay/are*

- In **Lezione 1A**, you learned to use **stare** to inquire about someone's health. It is also used in the expressions **stare zitto/a** (*to be/stay quiet*) and **stare attento/a** (*to pay attention*).

Noi **stiamo zitte.**
*We're **keeping quiet.***

Gli studenti **stanno attenti.**
*The students **are paying attention.***

Provalo! **Complete the table with the missing verb forms.**

	andare	dare	fare	stare
1. io	vado	______	faccio	______
2. tu	vai	dai	______	stai
3. Lei/lui/lei	______	______	fa	sta
4. noi	andiamo	diamo	______	______
5. voi	andate	______	fate	______
6. loro	______	danno	______	stanno

SINTESI

Ricapitolazione

1 Il gioco delle coppie In pairs, look at the information provided about these singles in The Dating Game (**Il gioco delle coppie**). Then decide whom you would pair based on their interests and explain why.

MODELLO

Giovanni pesca e anche Lina pesca. Secondo me, Giovanni e Lina sono compatibili.

	giocare a calcio	pescare	guardare la TV	andare al cinema	suonare la chitarra
Giovanni	✓	✓		✓	
Federico	✓		✓		✓
Roberto	✓	✓		✓	✓
Lina	✓	✓		✓	
Monica	✓		✓		✓
Claudia	✓	✓			✓

2 Prova d'artista In groups of four, take turns drawing pictures and guessing different **-are** verbs and expressions.

MODELLO

S1: *Va a cavallo?*
S2: *No!*
S3: *Canta?*
S2: *Sì!*

3 Tre verità e una bugia Write three truths and a lie (**tre verità e una bugia**) about yourself. In groups of four, take turns reading your lists and guessing which statements are true and which are false.

MODELLO

S1: *Mi piace pescare, vado in Italia domani, penso di studiare spagnolo e mi piace cantare la musica rap.*
S2: *Non vai in Italia. È una bugia!* (*It's a lie!*)

4 La catena In groups of five, play The Chain (**La catena**). One player says a sentence, and the next player repeats the sentence and adds to it. Continue until the sentence gets too long for the next player to remember. Use **-are** verbs and expressions with **andare** and **fare**.

MODELLO

S1: *Antonio va a Roma.*
S2: *Antonio va a Roma e balla.*
S3: *Antonio va a Roma, balla e fa un viaggio a Venezia.*

5 Cosa fai? In pairs, look at the picture of the town. Then ask and answer questions about what you and other people do in these and other places in town.

MODELLO

S1: *Cosa fai in discoteca?*
S2: *Ballo e ascolto la musica. E tu, cosa fai...?*

6 Ritratti Your instructor will give you and a partner each a set of portraits (**ritratti**) showing eight people and their activities. Discuss what each person does or does not do. Do not look at each other's worksheet.

MODELLO

S1: *Sara non lavora volentieri* (*gladly*).
S2: *No, ma Sara mangia volentieri!*

risorse

SAM WB: pp. 19–22	SAM LM: pp. 12–13	vhlcentral.com

Lo Zapping

Pagine Gialle

How do Italians spend their free time? Watching TV remains the most popular activity, followed by going to the movies or theater and visiting museums. In recent years, computers and electronic entertainment have played a larger role in Italians' leisure time. According to **ISTAT** (the Italian National Institute for Statistics) 60% of Italians also exercise regularly. Playing soccer, going to the gym, swimming, cycling and running are the most popular activites. But, how do they find the right gym, sports club, or pool? By searching the Internet, of course! **Pagine Gialle**, an online telephone directory, street-map publisher, and urban guide, can be a useful tool in this search.

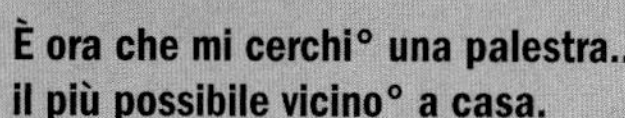
È ora che mi cerchi° una palestra... il più possibile vicino° a casa.

Anche se° conta di più° il personale° qualificato.

Comprensione Answer these questions. Use as much Italian as you can.

1. What sports-related vocabulary did you hear in the commercial?
2. According to the woman in the commercial, what is the most important feature she wants in a gym?

Discussione In pairs, discuss the answers to these questions.

1. Do you usually search the Internet to decide where to go or what to do during your free time? Which websites do you use most often? Do they offer the same services as **le Pagine Gialle**?
2. What are the most important features you look for in a gym? How do you think an Italian gym might be different from yours?
3. Can you think of any other situations in which you might want to consult **le Pagine Gialle**? Give some examples.

Practice more at **vhlcentral.com.**

È ora che mi cerchi *It's time I look for* **vicino** *close* **Anche se** *Although* **conta di più** *matters more* **personale** *staff*

Communicative Goals

You will learn how to:

- discuss the weather and seasons
- talk about the months of the year

Vocabulary Tools

Che tempo fa oggi?

Nevica. (nevicare)

Fa freddo.

l'inverno: dicembre, gennaio, febbraio

Vocabolario

previsioni meteo	*weather forecast*
Che tempo fa?	*What is the weather like?*
C'è il temporale.	*It is stormy.*
È bello.	*It is nice out.*
Fa bel/brutto tempo.	*The weather is nice/bad.*
Il tempo è pessimo.	*The weather is dreadful.*
Quanti gradi ci sono?	*What is the temperature?*
Ci sono 18 gradi.	*It is 18 degrees out.*
eventi climatici	*weather events*
la foschia	*mist*
il fulmine	*lightning*
la grandine	*hail*
il lampo	*flash of lightning*
la neve	*snow*
la nuvola	*cloud*
la pioggia	*rain*
il tuono	*thunder*
l'umidità	*humidity*
per descrivere il tempo	*to describe the weather*
coperto/a	*overcast*
piovoso/a	*rainy*
secco/a	*dry*
soleggiato/a	*sunny*
umido/a	*humid*
ventoso/a	*windy*
la data	*the date*
Quando è il tuo compleanno?	*When is your birthday?*
È il 23 marzo.	*It's March 23rd.*
domani	*tomorrow*
l'anno	*year*
il compleanno	*birthday*
il mese	*month*
la stagione	*season*

l'estate (*f.*): giugno, luglio, agosto

risorse

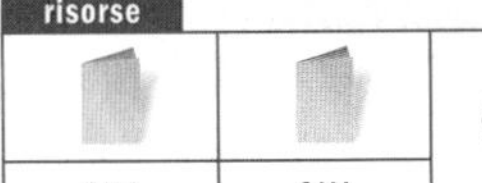
SAM WB: pp. 23-24

SAM LM: p. 14

vhlcentral.com

Attenzione!

In Italy, the temperature is given in degrees Celsius. Convert from Celsius to Fahrenheit with this formula:
F = (C × 1.8) + 32.
Convert from Fahrenheit to Celsius with this formula:
C = (F – 32) × 0.56.
11°C = 52°F 78°F = 26°C

Pratica

1 **Trova la coppia** Create a set of fourteen cards. On seven of the cards, draw pictures of words from the lesson vocabulary. On the other seven cards, write the corresponding vocabulary words. With a partner, use the cards to play concentration (**trova la coppia**).

2 **Completare** Complete each sentence in the weather report with a word from the lesson vocabulary.

MODELLO **Roma: 30˚C** A Roma fa caldo e c'è _il sole_.

1. **Milano: 15˚C** A Milano fa fresco e c'è il ______________.
2. **Venezia: 22˚C** A Venezia fa caldo ed è ______________.
3. **Napoli: 32˚C** A Napoli fa molto caldo e c'è ______________.
4. **Bari: 16˚C** A Bari fa fresco ed è ______________.
5. **Bolzano: -2˚C** A Bolzano fa freddo e c'è ______________.
6. **Cagliari: 25˚C** A Cagliari fa caldo ed è ______________.

3 **Scegliere** Choose the label that corresponds to each picture.

a. Mamma mia! Che vento forte!
b. Guarda il fulmine! C'è il temporale.
c. Fa caldo con questo sole!
d. C'è una nuvola grossa grossa!

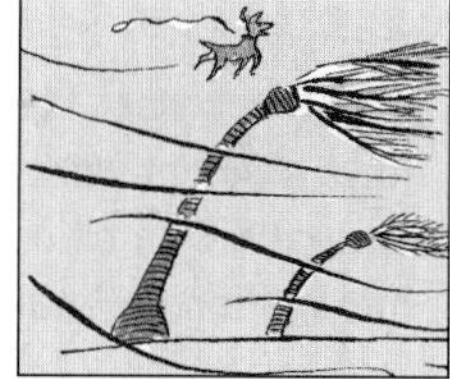

1. ____

2. ____

3. ____

4. ____

4 **Rispondere** Answer each question you hear using a complete sentence.

1. ______________________________
2. ______________________________
3. ______________________________
4. ______________________________
5. ______________________________
6. ______________________________

Practice more at **vhlcentral.com.**

Comunicazione

5 **Parlare del tempo** Work with a partner to put these conversations in the correct order by numbering each sentence or response.

1. ____ Non mi piace il vento! Qui in Sicilia c'è il sole e fa caldo.
   ____ Fa brutto tempo. È nuvoloso e c'è vento.
   ____ Che bello! In estate mi piace il bel tempo.
   ____ Gabriella, che tempo fa a Milano oggi?

2. ____ Perché fa freddo e nevica spesso; la neve mi piace tanto!
   ____ Sicuramente l'inverno.
   ____ Qual è la tua (*your*) stagione preferita, Alfredo?
   ____ Davvero? (*Really?*) Perché ti piace l'inverno?

6 **Dare consigli** You are writing to a student in Italy who will be studying in your town this fall. Write an e-mail telling her what the weather is like in your town during six different months of the year. Share your e-mail with a partner.

MODELLO

Fa bello e fa brutto!

A: sara0412@scrivilaposta.it
Da: iloveskiing92@mail098.com
Data: 29 gennaio
Oggetto: Fa bello e fa brutto!

Cara Sara,
Come stai? Spero benissimo!
Mi hai chiesto (*You asked me*) com'è il tempo qui a Hanover. Ti spiego: a gennaio e febbraio fa molto freddo e nevica tanto. Ti piace la neve? Io adoro l'inverno perché vado a sciare...

7 **Che tempo fa in Italia?** You and your partner have different worksheets showing the weather in several Italian cities. Work together to complete the information on both sheets.

MODELLO

S1: *Che tempo fa a Milano?*
S2: *A Milano fa bel tempo: c'è il sole e ci sono diciotto gradi.*

8 **Il bollettino meteo** Work with a partner to prepare a weather report (**bollettino meteo**):

- Mention the day, date, and season.
- Present the weather forecast for the next seven days.
- Prepare a poster to illustrate your presentation.
- Say what activity is best for each day.

Il tempo in Italia a luglio – Torino

lunedì 23	martedì 24	mercoledì 25
27°C	32°C	31°C
sole	molto nuvoloso	temporali

Oggi è lunedì 23 luglio. È estate e fa bel tempo. C'è il sole. È una bella giornata per andare in bicicletta!

Pronuncia e ortografia

Italian vowels

a **e** **i** **o** **u**

Italian vowels are never silent. They are always pronounced and are shorter and crisper than English vowels. The letters **e** and **o** have open and closed sounds that often vary regionally.

Alpi **anche** **animale** **arte**

In Italian, **a** has a sound between the *a* in the English word *father* and the *u* of *up*. The sound has no lingering glide and is raised.

buonasera **che** **e** **regina**

The closed **e** sounds like the *e* in *they*, but shorter.

bello **biblioteca** **è** **festa**

The open **e** sound is like the *e* in *get*. Before double consonants, the **e** is usually open.

fine **idea** **lingua** **vino**

The letter **i** is pronounced like the *i* in *machine*, only shorter.

dolce **non** **ora** **sole**

The closed **o** sounds like the *o* in *toe*, but shorter.

foto **porta** **rosa** **storia**

The open **o** sound is like the *o* in *got*. Before double consonants, the **o** is usually open.

lungo **scusa** **tu** **uno**

The letter **u** is pronounced like the *oo* in *soon*.

Pronunciare Practice saying these words aloud.

1. ciao
2. zaino
3. università
4. arte
5. esame
6. io
7. lavagna
8. liceo
9. penna
10. compiti
11. sedia
12. voto

Nebbia bassa buon tempo lascia.[2]

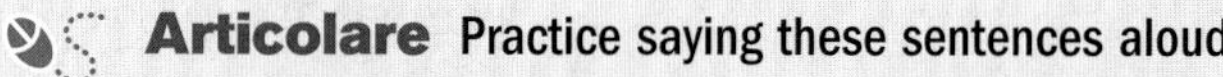

Articolare Practice saying these sentences aloud.

1. Il libro è sulla sedia.
2. A giugno fa bel tempo.
3. È un'opera d'arte.
4. L'orologio è bello.
5. Oggi è il primo giorno del mese.
6. Sento il tuono.

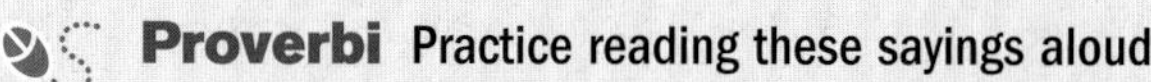

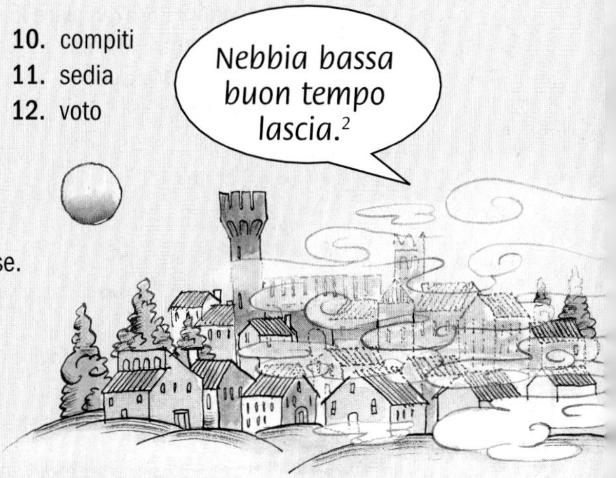

Proverbi Practice reading these sayings aloud.

L'aprile piovoso fa il maggio grazioso.[1]

[1] April showers bring May flowers. (lit. Rainy April makes May graceful.)
[2] Low fog leaves good weather.

risorse

Che tempo fa?

 Video: *Fotoromanzo*

PERSONAGGI

Emily

Lorenzo

Marcella

Riccardo

Viola

EMILY Espresso numero sei. Non male. Sessantatré. Viola? ...Dà al cappuccino...?

VIOLA Settantasette. Scusa.

EMILY Non è divertente? Perché sei sempre triste?

VIOLA Non sono sempre triste.

EMILY Scusa.

VIOLA Scusami, Emily. Tu sei simpatica, divertente e amichevole. Mentre io sono spesso timida.

EMILY Resti a Roma fino a giugno?

VIOLA Sì, sì, resto. Non mi arrendo facilmente.

EMILY Il tempo è umido. Guarda!

VIOLA In estate, Roma è molto umida e in inverno piove.

EMILY A Chicago nevica. E nevica, e nevica. Gennaio e febbraio sono freddi e ventosi. Agosto è caldo e umido e ci sono spesso temporali...

EMILY Uh, no.

RICCARDO Cosa? Vi piace lo scooter?

EMILY E VIOLA Ma dove...?

RICCARDO Marcella.

VIOLA Bello.

MARCELLA Riccardo.

RICCARDO Centodieci.

EMILY Sei sempre troppo generoso.

RICCARDO Ho sempre bisogno di caffè.

(*Emily riceve un messaggio da Peter.*)

VIOLA Pensi di rispondere?

RICCARDO Rispondo io.

ATTIVITÀ

1 Vero o falso? Indicate whether each statement is **vero** or **falso**.

1. Emily dà settantasette all'espresso.
2. Viola resta a Roma fino a luglio.
3. Agosto è umido a Roma e a Chicago.
4. Chicago è fredda in inverno.
5. Peter è a Chicago.
6. Emily ha uno scooter.
7. Riccardo adora il caffè.
8. Secondo Riccardo, Peter è il ragazzo perfetto per Emily.
9. Lorenzo va in biblioteca.
10. Il compleanno di Lorenzo è l'undici.

 Practice more at **vhlcentral.com.**

I ragazzi prendono un caffè e parlano del tempo.

4

VIOLA Qual è la temperatura a Chicago in inverno?

EMILY È spesso tra i quindici e i venticinque gradi... Fahrenheit! Tra meno sette e quindici gradi Celsius.

5

Emily riceve un messaggio.

VIOLA Che cosa c'è?

EMILY Peter. È a Chicago.

VIOLA Ti piace?

EMILY Sì. No. Non lo so. È troppo nervoso. E poi, ci sono un sacco di bei ragazzi italiani.

VIOLA Come Riccardo?

9

EMILY Riccardo!

RICCARDO Calma. Non ho fatto niente!

VIOLA Fammi vedere... Sei uno stupido.

RICCARDO Peter non è il ragazzo giusto per Emily.

EMILY Lorenzo? *Yuck!*

VIOLA *Yuck!*

RICCARDO *Yuck!*

10

LORENZO Vado in biblioteca a incontrare i miei compagni di classe. Facciamo un progetto insieme. Ma perché mi chiami sempre? Sì, lo so, il tuo compleanno è l'undici... Non è importante per me. Ciao.

Espressioni utili

Numbers

- **sessantatré** *63*
- **settantasette** *77*
- **centodieci** *110*

Expressing likes and dislikes

- **Ti piace?** *Do you like him?*
- **Vi piace lo scooter?** *Do you like the scooter?*

Additional Vocabulary

- **Perché sei sempre triste?** *Why are you always sad?*
- **Sì, resto.** *Yes, I'm staying.*
- **Non mi arrendo facilmente.** *I don't give up easily.*
- **Ci sono un sacco di bei ragazzi italiani.** *There are lots of handsome Italian boys.*
- **Come Riccardo?** *Like Riccardo?*
- **Ho sempre bisogno di...** *I always need . . .*
- **Ridammela! Smettila!** *Give it back to me! Cut it out!*
- **Rispondo io.** *I'm replying.*
- **Non ho fatto niente!** *I didn't do anything!*
- **Fammi vedere.** *Let me see.*
- **troppo** *too*
- **Scusa.** *I'm sorry.*
- **fino a** *until*
- **Guarda!** *Look!*
- **tra** *between*
- **spesso** *often*

2 **Per parlare un po'** Talk to a few classmates and find out who has a birthday closest to yours. What is the date? What is weather usually like around your birthday?

3 **Approfondimento** *Vespa* is a world-famous line of Italian scooters. Find out what the Italian word **vespa** means and why the scooter was given this name.

ATTIVITÀ

CULTURA

IN PRIMO PIANO

In montagna o al mare?

The geographical variety of the Italian peninsula offers a wide range of outdoor activities, from skiing in the northern mountains to snorkeling off the southern coasts. Italy's northern boundary is formed by a great mountain range: the **Alpi**. The eastern section of the **Alpi**, from the **Adige** River to the **Piave** Valley, is known as the **Dolomiti**. These peaks offer some of the most scenic and popular skiing locations in Europe. They are equally popular in summer, when visitors can engage in activities ranging from hiking, mountain biking, and climbing, to extreme sports such as hang gliding and paragliding. Another mountain range, the Appennini, runs almost the entire length of Italy, from **Liguria** in the north to **Calabria** in the south. Though not as tall as the northern mountains, the **Appennini** are also a popular destination for skiing and hiking and feature one of Italy's largest national parks, **Parco Nazionale del Gran Sasso. Gran Sasso** mountain dominates the surrounding terrain, which contains a large variety of plant life, thanks to the area's blend of Mediterranean and alpine climates. **Gran Sasso** and over twenty other national parks cover approximately 5% of the country, including the areas surrounding Italy's two most famous volcanoes: **Vesuvio** in **Campania** and **Etna** in **Sicilia.**

In addition to its spectacular mountains, Italy boasts more than 4,634 miles (7,458 kilometers) of coastline. Although much of the coastline is rocky, there are splendid sandy beaches dotted with private facilities. These **stabilimenti balneari** rent lounge chairs (**sedie a sdraio**) and umbrellas (**ombrelloni**) for a daily or weekly fee. Italians flock to these beaches during the summer months, especially August when most of the country is on vacation.

Fare snorkeling in Italia

Se° ti piace fare snorkeling, ecco alcune possibilità per la tua prossima° vacanza, dal nord al sud:

Nelle Marche	Parco regionale del Conero
In Sardegna	Costa Smeralda°
In Lazio	Gaeta
In Campania	Parco Nazionale del Cilento
In Sicilia	Isole Eolie (prendi il traghetto° da Milazzo o l'aliscafo° da Napoli)

Se *If* **la tua prossima** *your next* **Smeralda** *Emerald* **traghetto** *ferry* **aliscafo** *hydrofoil*

ATTIVITÀ

1 **Vero o falso?** Indicate whether each statement is **vero** or **falso**. Correct any false statements.

1. The **Dolomiti** run along the Italian peninsula from north to south.
2. If you want to go skiing in Italy, you must go to the **Alpi**.
3. Hiking, mountain biking, and paragliding are popular vacation activities in Italy.
4. National parks make up about 5% of Italy's land.
5. The **Parco Nazionale del Gran Sasso** is named for a lake.
6. Italy has more than 4,000 miles of coastline.
7. Most Italians go on vacation in June.
8. **Etna** and **Vesuvio** are famous rivers.
9. To get to the **Isole Eolie**, you must take a plane.
10. Some of Italy's national parks include coastal areas.

 Practice more at **vhlcentral.com.**

L'ITALIANO QUOTIDIANO

Che vacanza disastrosa!

l'alluvione (*f.*)	*flood*
il ciclone	*cyclone*
il diluvio	*torrential downpour*
l'eruzione (*f.*) vulcanica	*volcanic eruption*
l'onda di marea	*tidal wave*
l'ondata di caldo	*heat wave*
la siccità	*drought*
il terremoto	*earthquake*
la tormenta	*blizzard*
il tornado	*tornado*

USI E COSTUMI

Tanti auguri!

Per festeggiare° **il compleanno** dei bambini gli italiani organizzano una festa con dolci e giochi, e cantano «Tanti auguri° a te!» con la stessa melodia della canzone *Happy Birthday*.

Per gli adulti la tradizione è un po' diversa. Il festeggiato° invita gli amici a mangiare, spesso al bar o in pizzeria. Gli invitati° portano dei regali° e fanno gli auguri.

Il compleanno non è l'unica festa personale in Italia; c'è anche **l'onomastico**, il giorno del santo patrono°. Tutti i giorni del calendario hanno un santo cristiano. Il giorno del santo con il tuo nome è il tuo onomastico. Per esempio°, se ti chiami Valentina il 14 febbraio ricevi gli auguri e a volte° un piccolo regalo dalla famiglia e dagli amici.

festeggiare *celebrate* **auguri** *best wishes* **festeggiato** *person of honor* **invitati** *guests* **regali** *gifts* **santo patrono** *patron saint* **Per esempio** *For example* **a volte** *sometimes*

RITRATTO

In cima al mondo

Reinhold Messner nasce nel 1944 a Bressanone, in Alto Adige. L'alpinista° fa le prime scalate° con il padre, nelle Dolomiti, a soli cinque anni. In seguito continua a fare scalate con il fratello° Günther e presto scopre° la passione per l'alpinismo. Questa passione lo porta a° scalare il Monte Bianco e delle montagne nelle Ande. Nel 1970 Reinhold e Günther partecipano a una spedizione° sulle montagne dell'Himalaya, sul Nanga Parbat. Alto più di 8.000 metri, la montagna è famosa per la lunga lista di alpinisti morti durante l'ascesa°. I due fratelli sono i primi a scalare la parete meridionale°—quella più difficile— senza ossigeno° e senza portatori°. Tragicamente, durante la discesa° della montagna, Günther muore° travolto da una valanga°. Nonostante° questa tragedia Reinhold continua a scalare° le montagne più alte del mondo e diventa un alpinista di fama internazionale.

alpinista *mountain climber* **scalate** *climbs* **fratello** *brother* **scopre** *discovers* **lo porta a** *takes him to* **spedizione** *expedition* **morti durante l'ascesa** *who died in the ascent* **la parete meridionale** *southern face* **ossigeno** *oxygen* **portatori** *carriers* **discesa** *descent* **muore** *dies* **valanga** *avalanche* **Nonostante** *Despite* **scalare** *to climb*

SU INTERNET

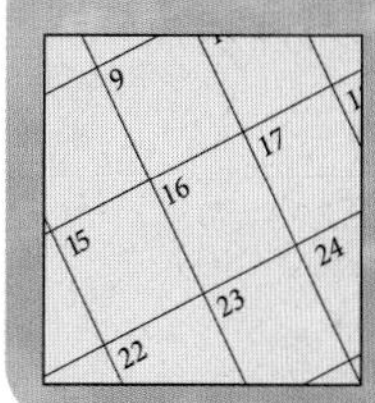

Cerca un calendario degli onomastici. Vedi il tuo (*your*) nome?

Go to **vhlcentral.com** to find more information related to this **CULTURA**.

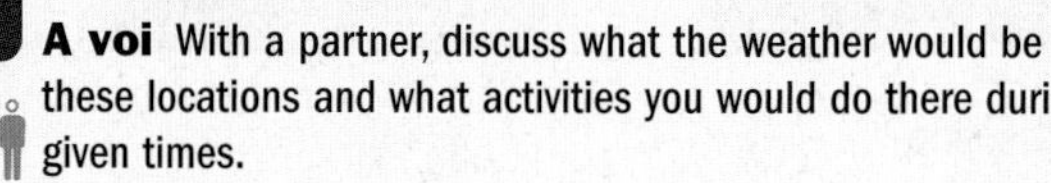

ATTIVITÀ

2 Hai capito? Complete the sentences.

1. Reinhold Messner è un ________ molto famoso.
2. Il fratello di Messner è morto tragicamente a causa di una ________.
3. Il Nanga Parbat è alto più di ________.
4. La canzone tradizionale del compleanno in Italia è ________.
5. In Italia il ________ generalmente offre da mangiare agli amici.
6. Un'altra festa personale è ________.

3 A voi With a partner, discuss what the weather would be like in these locations and what activities you would do there during the given times.

1. sulle Dolomiti a gennaio
2. nelle Isole Eolie ad agosto
3. nel Parco Nazionale del Gran Sasso a giugno

2B.1 The verb *avere*

Punto di partenza **Avere** (*To have*) is an important and frequently used verb. Because it is irregular, you will need to memorize its present tense forms. Remember that the letter **h** is not pronounced in Italian.

avere (to have)			
io ho	*I have*	noi abbiamo	*we have*
tu hai	*you have*	voi avete	*you have*
Lei/lui/lei ha	*you have; he/she/it has*	loro hanno	*they have*

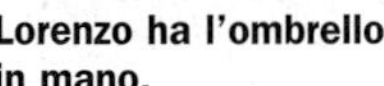

Lorenzo ha l'ombrello in mano.

Riccardo ha lo scooter di Marcella.

- **Avere** is used in numerous idiomatic expressions. These espressions do not translate literally to English.

Expressions with *avere*			
avere... anni	*to be . . . years old*	avere paura (di)	*to be afraid (of)*
avere bisogno di	*to need*	avere ragione (*f.*)	*to be right*
avere caldo	*to feel hot*	avere sete (*f.*)	*to be thirsty*
avere fame (*f.*)	*to be hungry*	avere sonno	*to be sleepy*
avere freddo	*to feel cold*	avere torto	*to be wrong*
avere fretta	*to be in a hurry*	avere voglia di	*to feel like*

Ha sonno?
***Is she** sleepy?*

Hanno freddo.
***They are** cold.*

- Use **avere caldo/freddo** to say that people feel hot/cold, and **essere caldo/freddo** to describe things that are hot/cold. To refer to the weather, use the expression **fare caldo/freddo**.

Io **ho caldo**.
I'm hot.

Questo caffè **è freddo**.
*This coffee **is cold**.*

Oggi **non fa caldo**.
***It isn't hot** today.*

PRATICA

1 **Creare** Use the information from the chart to say what each person has or doesn't have.

MODELLO *Io non ho una penna.*

	una penna	uno zaino	un testo
io		✓	✓
tu	✓		
Luisa			✓
io e Gianna	✓	✓	
voi		✓	
Lisa e Ugo	✓		✓

2 **Descrivere** Look at these images. Use expressions with **avere** to say how the people feel.

1. la signora Porretti

2. Graziana e Dario

3. io

4. noi

5. tu

6. Giuseppe

3 **Combinare** Use elements from each column to create complete sentences using **avere** and expressions with **avere**.

A	B
io	il calcio il sabato
l'università	le carte in classe
i professori	una chitarra
tu e gli amici	il club di scacchi
noi	freddo
tu	la partita di tennis
	un ombrello grande
	gli studenti bravi

Practice more at **vhlcentral.com.**

COMUNICAZIONE

4 **È vero?** Transform each of these statements into a question. Then, with a partner, take turns asking and answering the questions.

MODELLO Ho due computer.

S1: *Hai due computer?*
S2: *No, non ho due computer. Ho un computer.*

1. Ho paura degli esami.
2. Ho ventun anni.
3. Ho voglia di visitare Roma.
4. Ho una classe di biologia.
5. Ho sempre sonno la mattina.
6. Ho due amici pigri.

5 **Avere voglia** Work in groups of three. Take turns asking and answering questions about whether you feel like doing each activity on the list.

MODELLO

S1: *Hai voglia di guardare la TV?*
S2: *No, non ho voglia di guardare la TV.*
S3: *Sì, ho voglia di guardare la TV.*

Attività

1. *guardare la TV*
2. *studiare il venerdì sera*
3. *dare un esame oggi*
4. *andare in biblioteca*
5. *studiare italiano e spagnolo*
6. *avere un lavoro (job)*
7. *telefonare alla mamma la domenica*
8. *parlare con il professore*

6 **Indagine** Create a survey (**indagine**) with five questions using **avere** and **mai**. Ask each question to five classmates. Then compile the results and summarize your findings in a short paragraph.

MODELLO

Tre studenti non hanno mai fame in classe. Cinque studenti non hanno mai voglia di dormire il lunedì mattina. Uno studente non ha mai torto...

- Use **di** before a noun or a verb with the expressions **avere bisogno**, **avere paura**, and **avere voglia**. The verb that follows must be in the infinitive form.

Paolo **ha paura del** tuono. *Paolo **is afraid of** thunder.*	**Hai voglia di** giocare a carte? ***Do you feel like** playing cards?*

- In **Lezione 1B**, you learned to use intonation to form questions. You can also move the subject to the end of the sentence.

Mario **ha** un esame? / **Ha** un esame Mario?
***Does** Mario **have** an exam?*

Gli studenti **hanno** molti libri? / **Hanno** molti libri gli studenti?
***Do** the students **have** a lot of books?*

- To use the adverbs **sempre** (*always*) and **spesso** (*often*), place them directly after the verb.

Avete **sempre** fame? *Are you **always** hungry?*	Abbiamo **spesso** fretta. *We're **often** in a hurry.*

- Use **mai** (*ever*) in questions and **non... mai** (*never*) in questions or statements. In both cases, **mai** usually follows the verb.

Hai **mai** sonno a lezione? *Are you **ever** sleepy in class?*	La professoressa **non** ha **mai** torto. *The professor is **never** wrong.*

Provalo! **Complete each sentence with the correct form of avere.**

1. Voi non avete ragione. Voi _avete_ torto.
2. Per l'esame d'italiano tu ________ bisogno di un dizionario.
3. La bambina piccola ________ tre anni.
4. C'è acqua? Noi ________ sete.
5. Ahhh! Un ragno (*spider*)! Io ________ paura dei ragni!
6. Il martedì non fate colazione e poi alle undici voi ________ fame.
7. Sono le due di mattina e lui ________ molto sonno.
8. In estate loro ________ sempre voglia di un gelato.
9. La mattina tu ________ fretta.
10. Ci sono trentotto gradi oggi e io ________ caldo!

2B.2 Regular *-ere* verbs and *piacere*

Punto di partenza In **Lezione 2A**, you learned how to form the present tense of **-are** verbs by attaching different endings to the stem. Conjugate regular **-ere** verbs in the same way, using the endings shown in the chart below.

lẹggere (to read)			
io leggo	*I read*	noi leggiamo	*we read*
tu leggi	*you read*	voi leggete	*you read*
Lei/lui/lei legge	*you read; he/she/it reads*	loro lẹggono	*they read*

- Use the same endings to conjugate other regular **-ere** verbs. Unlike **-are** verbs, **-ere** verbs require no spelling changes when the stem ends in **-c** or **-g**. As a result, the conjugation may include both the soft and hard sounds of these letters.

Common regular *-ere* verbs			
chiẹdere	*to ask (for)*	ripẹtere	*to repeat*
chiụdere	*to close*	rispọndere (a)	*to reply (to)*
cọrrere	*to run*	scrịvere	*to write*
dipịngere	*to paint*	spẹndere	*to spend (money)*
mẹttere	*to put*	vedere	*to see*
prẹndere	*to take*	vẹndere	*to sell*
ricẹvere	*to receive*	vịvere	*to live*

- The infinitives of most **-ere** verbs are stressed on the third-to-last syllable.
- The verb **prendere** is used in the idiomatic expression **prendere una decisione** (*to make a decision*). It can also mean *to have* when referring to food or drink.

Prendo una decisione a luglio.
***I'll make a decision** in July.*

Laura **prende** un caffè.
*Laura **is having** a coffee.*

- Use **chiedere** to ask for things. **Domandare** can be used to request information, although the use of **chiedere** is becoming more widespread in such instances. Use the expression **fare una domanda** for *to ask a question.*

Chiedi una penna a Marta?
***Are you going to ask** Marta **for** a pen?*

Lui **domanda/chiede** che tempo fa.
***He's asking** how the weather is.*

Faccio una domanda al professore.
***I'm asking** the professor **a question**.*

PRATICA

1 Creare Use the cues to create complete sentences.

MODELLO io / rispondere / al telefono
Io rispondo al telefono.

1. tu / spendere / dieci dollari per la penna
2. i direttori / prendere / le decisioni importanti
3. noi / vendere / il caffè
4. gli studenti / correre / la maratona
5. la mamma / leggere / la storia al bambino
6. tu e io / chiedere / le indicazioni
7. voi / vincere / la partita di pallavolo
8. io / ricevere / un bel voto

2 Completare Write the correct expression with **piacere** to complete each sentence.

tu
1. ________ cantare nella doccia.

noi
2. ________ sciare in inverno.

io
3. ________ i cavalli marroni.

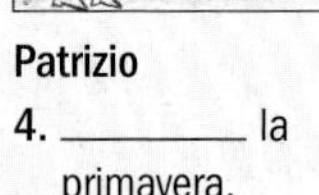

Patrizio
4. ________ la primavera.

voi
5. Non ________ la pioggia.

io e Nicola
6. ________ le carte e i giochi.

3 Rispondere In groups, take turns asking and answering the questions using complete sentences.

MODELLO
S1: *Scrivi al computer?*
S2: *Sì, scrivo al computer.*
S3: *No, non scrivo al computer.*

1. Vedi molti film in italiano?
2. Prendi spesso la pasta al ristorante?
3. Ti piace l'estate?
4. Leggi molti libri romantici?
5. Corri spesso?
6. Chiedi molti soldi (*money*) alla famiglia?

Practice more at **vhlcentral.com.**

COMUNICAZIONE

4 **Frasi mescolate** In pairs, create eight sentences using items from each column. Be creative!

MODELLO

Gli studenti d'italiano prendono buoni voti all'esame.

A	B
io	aiutare
Silvio	chiedere
le amiche	giocare
io e Gina	perdere
tu e Silvana	prendere
tu	ricevere
la squadra di football americano	scrivere
gli studenti d'italiano	vedere

5 **Ti piace o non ti piace?** In pairs, ask and answer the questions in this survey. Then compare your likes and dislikes with those of another pair of classmates.

MODELLO

Mi piace pescare. A Laura piacciono i broccoli.
Non ci piace il caffè.

Ti piace/piacciono...	Sì	No		Sì	No
i broccoli?	☐	☐	dipingere?	☐	☐
pescare?	☐	☐	il caffè?	☐	☐
i temporali?	☐	☐	il campeggio?	☐	☐
la neve?	☐	☐	l'inverno?	☐	☐
la danza classica?	☐	☐	ballare?	☐	☐

6 **Personaggi** In pairs, create descriptions of four characters (**personaggi**) for a new television program based on the photos below. Give the characters names and ages and talk about their activities, likes, and dislikes.

1.

2.

3.

4.

The verb *piacere*

To express likes and dislikes, use the verb **piacere** (*to please*). **Piacere** is most often used in the third person singular or plural.

piacere

+ singular noun or infinitive

io	**Mi piace** l'estate. **Mi piace** dipingere.	***I like*** *summer.* ***I like*** *to paint.*
tu	**Ti piace** il calcio. **Ti piace** correre.	***You like*** *soccer.* ***You like*** *to run.*
Lei	**Le piace** il ciclismo. **Le piace** scrivere.	***You like*** *cycling.* ***You like*** *to write.*
lui	**Gli piace** la pioggia. **Gli piace** cantare.	***He likes*** *the rain.* ***He likes*** *to sing.*
lei	**Le piace** il nuoto. **Le piace** ballare.	***She likes*** *swimming.* ***She likes*** *to dance.*
noi	**Ci piace** la pallavolo. **Ci piace** pescare.	***We like*** *volleyball.* ***We like*** *to go fishing.*
voi	**Vi piace** lo sci. **Vi piace** camminare.	***You like*** *skiing.* ***You like*** *to walk.*
loro	**Gli piace** il tennis. **Gli piace** avere ragione.	***They like*** *tennis.* ***They like*** *to be right.*

+ plural noun

io	**Mi piacciono** i temporali.	***I like*** *storms.*
tu	**Ti piacciono** i compleanni.	***You like*** *birthdays.*
Lei	**Le piacciono** le stagioni.	***You like*** *the seasons.*
lui	**Gli piacciono** gli scacchi.	***He likes*** *chess.*
lei	**Le piacciono** i libri.	***She likes*** *books.*
noi	**Ci piacciono** le automobili.	***We like*** *cars.*
voi	**Vi piacciono** i computer.	***You like*** *computers.*
loro	**Gli piacciono** i compiti.	***They like*** *homework.*

- Use **a** + [*name/noun*] instead of a pronoun (**mi**, **ti**, **gli**, etc.) to specify to whom you are referring. Be sure to use the definite article with nouns in this structure.

A Stefano non piacciono gli esami.
Stefano *doesn't like exams.*

Agli studenti piace la neve.
The students *like snow.*

Provalo! **Complete each sentence with the correct form of the verb indicated.**

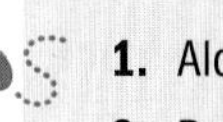

1. Aldo e Franco leggono (leggere) il libro.
2. Rosa __________ (ripetere) la domanda.
3. Io __________ (scrivere) una lettera.
4. Voi __________ (perdere) il numero di telefono.
5. Io e Teresa __________ (ricevere) le lettere.
6. Tu __________ (mettere) il libro nello zaino.

2B.3 Numbers 101 and higher

Punto di partenza In **Lezione 1A** you learned the numbers 0–100. The chart below shows numbers above one hundred.

Numbers 101 and higher			
101	centouno	**800**	ottocento
183	centottantatré	**900**	novecento
198	centonovantotto	**1.000**	mille
200	duecento	**1.100**	millecento
208	duecentootto	**2.000**	duemila
300	trecento	**5.000**	cinquemila
400	quattrocento	**100.000**	centomila
500	cinquecento	**550.000**	cinquecentocinquantamila
600	seicento	**1.000.000**	un milione
700	settecento	**8.000.000**	otto milioni

- Italian uses a period, rather than a comma, to indicate thousands and millions. A comma is the equivalent of the English decimal point.

  English ***€2,320.50*** **€2.320,50** Italian

- Use these words to talk about math in Italian. When reading or writing out equations, **fa** is often used to mean *equals*.

Simboli matematici					
+	più	*plus*	–	meno	*minus*
×	per	*times*	:	diviso	*divided by*
=	uguale	*equals*	%	percento	*percent*

100 : 20 = 5
Cento diviso venti uguale cinque.

60 × 3 = 180
Sessanta per tre fa centottanta.

- Say **un milione** to express *one million*, but do not use **un** with **cento** or **mille** to mean *one hundred* or *one thousand*.

  Ecco **un milione di** dollari!
  *Here's **a million** dollars!*

  Ha **cento** anni Luigi?
  *Is Luigi **one hundred** years old?*

- The plural of **mille** is **-mila** and the plural of **milione** is **milioni**. **Cento** is invariable and does not change form. Drop the **o** from **cento** when it is followed by **-ottanta** (**centottanta**).

  ventimila spettatori
  ***twenty thousand** spectators*

  trecentonovanta studenti
  ***three hundred ninety** students*

PRATICA

1 Completare Calculate the answer to each equation. Then write out the entire equation in words.

MODELLO 200 + 300 =
Duecento più trecento fa cinquecento.

1. 5.000 - 3.000 =
2. 6 × 400 =
3. 2.000.000 : 2 =
4. 4.800 : 1.200 =
5. 155 + 310 =
6. 9.000 - 7.000 =
7. 1.000.000 + 1.200.000 =
8. 50 × 70 =

2 Descrivere Say when these people were born.

MODELLO Lisa / 1993
Lisa è nata nel millenovecentonovantatré.

1. Franco / 1990
2. Antonio / 1948
3. Maria / 1930
4. Alberta / 2007
5. Michele e Mario / 1929
6. Elena / 1963
7. Giovanni e Giovanna / 1999
8. la signora Parati / 1958

3 Rispondere With a partner, take turns asking and saying how many people live in each province.

MODELLO Bari: 1.594.109
S1: *Quanti abitanti ci sono nella provincia di Bari?*
S2: *Ci sono un milione cinquecentonovantaquattromilacentonove abitanti.*

1. Firenze: 970.414
2. Milano: 3.884.481
3. Roma: 4.013.057
4. Napoli: 3.082.756
5. Gorizia: 141.229
6. Torino: 2.248.955

Practice more at **vhlcentral.com.**

COMUNICAZIONE

4 **Date famose** In pairs, look at the timeline and say when each event took place.

MODELLO La fondazione di Roma è nel (*in*)...

La fondazione di Roma è nel settecentocinquantatré a.C. (avanti Cristo).

1. Dante inizia (*begins*) la *Divina Commedia*...
2. Michelangelo inizia la Cappella Sistina...
3. Il Regno d'Italia nasce (*is born*)...
4. La Prima Guerra Mondiale inizia...
5. Mussolini muore (*dies*)...
6. L'Italia adotta (*adopts*) l'euro...

5 **Quanto spendi?** In pairs, take turns asking and saying how much you spend on each item. What do you think each item is worth?

MODELLO

S1: *Quanto spendi per il computer?*
S2: *Per il computer spendo milleottocento euro.*

1. 

2. 

3. 

4. 

6 **Spendere soldi** On separate index cards, write down six luxury items and their prices between zero and 70,000 euros. Be creative! Then combine your cards with those of two classmates and discuss how each of you would spend 100,000 euros.

MODELLO

S1: *Mi piacciono le automobili eleganti. Spendo 65.000 euro per l'automobile.*
S2: *Ma ora (now) non hai soldi per il viaggio in Egitto!*

- Before a noun, use **di** after **milione/i** unless it is followed by other numbers. **Di** can also be written as **d'** before a vowel.

tre milioni duecento euro ***three million two hundred*** *euros*	**tre milioni di/d'**italiani ***three million*** *Italians*

La data

- Use **il** before a number representing a year.

il duemilaundici ***the year two thousand eleven***	**il milleottocentosettantacinque** ***the year eighteen seventy-five***

- Use **essere** + **nato/a** + **nel** + [*year*] to express the year someone was born. **Nato** agrees in gender and number with the person.

Erminia **è nata nel** duemila. *Erminia* ***was born in*** *2000.*	**Sono nati nel** millenovecentodieci. *They* ***were born in*** *1910.*

- To express a span of years, use **dal** (*from*) and **al** (*to*).

Penso di frequentare l'università **dal** 2016 **al** 2020.
I am thinking of attending the university ***from*** *2016* ***to*** *2020.*

- To refer to a specific date, use **il** + [*number of day*] + [*name of month*] + [*year*]. **Di** is optional before the month. Use **il primo** for the first of the month, and cardinal numbers for all other days.

il 24 (di) ottobre 2009 ***October 24th, 2009***	**il primo (di) luglio 1965** ***July 1st, 1965***

ATTREZZI
In CONTESTI, you learned to say the months of the year. Remember that months are not capitalized in Italian!

- In Italian, when dates are written in abbreviated form, the day precedes the month.

English ***3/21/95***	**21-03-1995** Italian

- To ask how long something has been going on, use the expressions **Da quando...?** and **Da quanto tempo...?** Note the use of **da** (*since/for*) in the replies.

Da quando studi l'italiano? ***How long (Since when)*** *have you been studying Italian?*	Studio l'italiano **da marzo/dal 2010**. *I've been studying Italian* ***since March/since 2010.***
Da quanto tempo suoni il piano? ***How long*** *have you been playing the piano?*	Suono il piano **da tre mesi**. *I've been playing the piano* ***for three months.***

Provalo! Write out the equivalents in Italian.

1. 10.000 *diecimila*
2. 620 ____________
3. 365 ____________
4. 42.000 ____________
5. 10.450.000 ____________
6. 1.128 ____________

Ricapitolazione

1 **Di quali classi ho bisogno?** To complete your schedules, you and your partner each need two humanities classes, two math or science classes, and an elective. Decide what classes you want to take, and discuss the schedule with your partner.

MODELLO

S1: *Ho bisogno di una classe di matematica, forse (maybe) matematica I.*
S2: *Matematica I è il martedì e il giovedì alle 10:00.*

Classi	Giorni e ora
Storia dell'arte	venerdì; 15:00-17:00
Economia I	martedì, venerdì; 8:00-9:00
Storia delle religioni	mercoledì; 9:00-11:00
Informatica	lunedì, giovedì; 12:00-13:30
Spagnolo	martedì, giovedì; 10:00-11:00
Letteratura inglese	lunedì; 8:00-10:30
Matematica I	martedì, giovedì; 10:00-11:00
Giurisprudenza	lunedì, mercoledì, giovedì, venerdì; 8:00-10:30
Scienze politiche	lunedì, venerdì; 11:00-12:00
Tedesco	lunedì, mercoledì, venerdì; 12:00-13:00
Biologia	martedì, venerdì; 14:30-15:30
Statistica II	lunedì, mercoledì; 14:00-15:00

2 **Venti domande** Write down three things you will do today. Take turns asking each other yes-or-no questions to guess what your classmates are doing.

MODELLO

S1: *Spendi soldi?*
S2: *Sì, spendo soldi.*
S3: *Fai la spesa?*
S1: *No, non faccio la spesa....*

3 **Ti piace...?** With a partner, make a list of eight activities. Then, walk around the room and find one classmate who likes doing each of these activities. When a classmate answers yes, record his/her name.

MODELLO

S1: *Ti piace giocare a calcio?*
S2: *Sì, mi piace giocare a calcio.*
S1: *Ti piace giocare a scacchi?*
S3: *No, non mi piace giocare a scacchi.*

4 **Date famose** In pairs, say what important events happened on these famous dates.

MODELLO 4-7-1776 / giorno dell'Indipendenza degli Stati Uniti

Il giorno dell'Indipendenza degli Stati Uniti è il quattro luglio millesettecentosettantasei.

1. 12-10-1492 / la scoperta dell'America
2. 15-2-1564 / la nascita (*birth*) di Galileo Galilei
3. 11-11-1918 / giorno dell'armistizio
4. 2-6-1946 / la nascita della Repubblica italiana
5. 20-7-1969 / il primo atterraggio lunare (*lunar landing*)
6. 10-2-2006 / l'inizio dei giochi olimpici a Torino

5 **Battaglia navale** Your instructor will give you a worksheet. Choose four spaces on your chart and mark them with a battleship. In pairs, take turns asking questions, using the subjects in the first column and the verbs in the first row, to find each other's battleships.

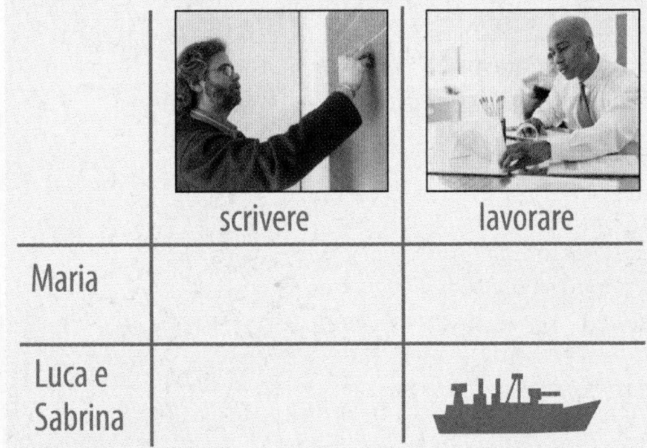

6 **Eventi sportivi** Your instructor will give you and your partner a schedule for different events at a sports complex. For each event, one of you will have information about how many spectators are expected to attend. Take turns asking and answering questions to find out the expected attendance for each event.

MODELLO

S1: *Quante persone vanno a vedere la partita di calcio?*
S2: *Settantaduemilacinquecento persone vanno a vedere la partita di calcio.*

7 **La giornata di Luigi** In pairs, look at the pictures that show Luigi's activities for one day. Create a paragraph that describes what he does and when.

MODELLO

Alle 7:30 Luigi fa la doccia. Poi...

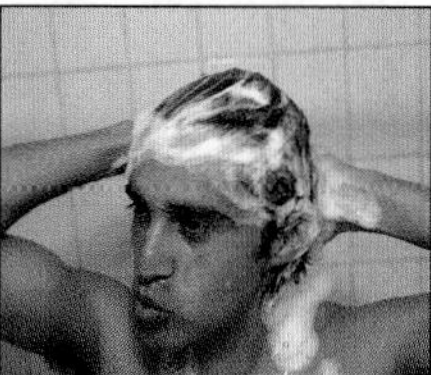
7:30

1. 7:50

2. 8:15

3. 9:00

4. 14:30

5. 19:00

6. 22:30

8 **Che tempo fa?** In pairs, look at the list of activities and the weather icons next to each person or group. Use this information to say what each person or group of people is going to do today, based on the weather.

MODELLO

Oggi fa bel tempo e Pamela va in bicicletta al parco.

andare a cavallo	giocare a pallavolo
andare in bicicletta	giocare a scacchi
dipingere	guardare la partita di calcio
fare i compiti	nuotare
fare le spese	studiare in biblioteca

1. Silvana 30 °C
2. Marco e Stefano -5 °C
3. io 25 °C
4. tu e Silvestro 20 °C
5. tre amici 10 °C
6. tu e io 15 °C

Add five words related to activities or weather to your personalized dictionary.

la nebbia

traduzione
fog

categoria grammaticale
sostantivo (f.)

uso
La mattina c'è la nebbia.

sinonimi
la foschia

antonimi
/

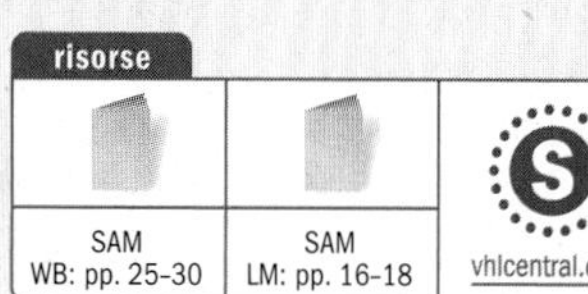

Panorama

Interactive Map

Roma

La città in cifre

- **Superficie della provincia:** *5.352 km² (cinquemilatrecentocinquantadue chilometri quadrati°)*
- **Superficie della città:** *1.287 km² (milleduecentottantasette chilometri quadrati)*
- **Popolazione della provincia:** *4.038.458 (quattro milioni trentottomilaquattrocentocinquantotto)*
- **Popolazione della città:** *2.650.155 (due milioni seicentocinquantamilacentocinquantacinque)*
- **Stranieri residenti° nella città:** *294.571 (duecentonovantaquattromilacinquecentosettantuno)*
- **Percentuale di stranieri residenti nella città:** *11,11% (undici virgola° undici per cento)*

  Roma è la capitale d'Italia. Tra° gli 8.071 comuni° d'Italia, Roma è il più grande come superficie e popolazione. A Roma ci sono 15 municipi°, ognuno° con il suo proprio° presidente. Tra i rioni° più conosciuti° ci sono Trevi, Trastevere e Sant'Eustachio.
- **Da non perdere°:** *la Piazza di Spagna, i Musei Vaticani, la Villa Borghese, il Pantheon, la Fontana di Trevi, il Campo de' Fiori, il Colosseo*

Romani celebri

- **Gaio Giulio Cesare,** *generale e dittatore (100 a.C.°–44 a.C.)*
- **Elsa Morante,** *scrittrice° (1912–1985)*
- **Alberto Sordi,** *attore (1920–2003)*
- **Lina Wertmüller,** *regista (1928–)*
- **Jovanotti,** *cantante (1966–)*
- **Alessandro Nesta,** *calciatore (1976–)*

chilometri quadrati *square kilometers* **Stranieri residenti** *Resident foreigners* **virgola** *comma* **Tra** *Among* **comuni** *municipalities* **municipi** *city councils* **ognuno** *each one* **il suo proprio** *its own* **rioni** *neighborhoods* **conosciuti** *well-known* **Da non perdere** *Not to be missed* **a.C.** *BC* **scrittrice** *writer* **è iniziata** *was started* **è finita** *was finished* **può contenere** *can contain* **innumerevoli** *countless* **Ogni** *Each* **tomba** *tomb*

la Piazza di Spagna

la Fontana delle Tartarughe (Piazza Mattei)

la Fontana di Trevi

Incredibile ma vero!

La costruzione della basilica di San Pietro in Vaticano è iniziata° nel 1506 ed è finita° nel 1626. La basilica può contenere° 20.000 persone e ci sono innumerevoli° opere famose come la *Pietà* di Michelangelo. Ogni° anno circa sette milioni di persone visitano San Pietro e ogni giorno circa 35.000 persone visitano la tomba° di papa Giovanni Paolo II.

Il cinema

Hollywood è a Roma!

Cinecittà è chiamata° *Hollywood sul Tevere*. Costruita° nel 1936, si estende su un'area di circa 500.000 m². Cinecittà diventa° famosa negli anni settanta con registi come Fellini e Visconti. In particolare Fellini, con il film *La dolce vita*, rende nota° in tutto il mondo la Fontana di Trevi. *La dolce vita* racconta° la storia di un giornalista (interpretato da Marcello Mastroianni) che vive tra i piaceri° della vita sociale romana (la «dolce vita») e una società senza valori morali. Alla morte di Mastroianni, è stato appeso° alla fontana un enorme drappo° nero in segno di lutto°.

Le feste

Una strega buona

Piazza Navona è una piazza bellissima nel centro di Roma. La piazza è sempre stata° teatro di feste popolari. La più famosa delle tradizioni moderne è la festa della Befana. La festa della Befana è il 6 gennaio (festa dell'Epifania). La Befana è una strega° buona che porta dolci° ai bambini buoni e carbone° (fatto di zucchero°!) ai bambini cattivi. La Befana viaggia su una scopa° ed è vestita di stracci°.

La storia

La fondazione di Roma

Le origini della città di Roma sono molto incerte°. Secondo° una leggenda, è stata fondata° il 21 aprile 753 a.C. Romolo, fondatore della città, è anche il primo re° di Roma. Secondo la leggenda, Roma è stata fondata su sette colli°: Aventino, Palatino, Quirinale, Viminale, Celio, Esquilino e Campidoglio. Anche il nome «Roma» non ha origini sicure°. Forse° deriva dal nome latino «rumis», forse dal nome greco «rhome», forse è un nome scelto° da Romolo: le origini di Roma sono davvero° un mistero!

Il trasporto

La metropolitana

A Roma la metropolitana è il mezzo di trasporto° più comune. Ci sono due linee, la A (da nordovest a sudest) e la B (da nord a sud). La costruzione della metropolitana inizia nel 1930 durante il governo fascista, ma è inaugurata° solo nel 1955. Il problema principale sono le rovine° antiche sotto il livello del suolo°. È molto difficile trovare una parte di Roma senza rovine e per questo motivo è molto difficile costruire una metropolitana: frammenti dell'antica vita romana vengono scoperti° ovunque si scavi°!

Quanto hai imparato? Complete the sentences.

1. La costruzione della Basilica di San Pietro è finita nel ________.
2. Circa ________ di persone visitano San Pietro ogni anno.
3. ________ sono due famosi registi italiani.
4. Il film *La dolce vita* ha reso nota la ________.
5. La Befana è ________ buona.
6. La Befana porta ________ ai bambini cattivi.
7. Romolo è il primo ________ di Roma.
8. Roma è stata fondata su sette ________.
9. La costruzione della metropolitana a Roma è iniziata nel ________.
10. Il problema principale della costruzione della metropolitana sono ________ antiche.

risorse

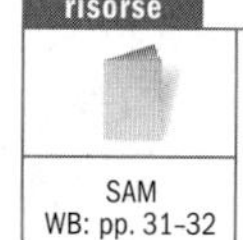

SAM WB: pp. 31–32

vhlcentral.com

Practice more at **vhlcentral.com.**

SU INTERNET

Go to vhlcentral.com to find more cultural information related to this **Panorama**.

1. Trova tre film diretti da Fellini. Racconta la loro (*their*) storia.
2. Roma ha molte fontane belle e importanti, oltre alla (*besides*) Fontana di Trevi. Cerca foto e informazioni su almeno (*at least*) altre tre fontane.
3. Tra le rovine più famose di Roma ci sono il Colosseo e i Fori imperiali. Cerca informazioni sull'importanza che avevano (*they had*) ai tempi (*at the time*) degli antichi romani.

è chiamata *is called* **Costruita** *Built* **diventa** *becomes* **rende nota** *he makes famous* **racconta** *tells* **piaceri** *pleasures* **è stato appeso** *was draped* **drappo** *cloth* **lutto** *mourning* **è sempre stata** *has always been* **strega** *witch* **dolci** *sweets* **carbone** *coal* **zucchero** *sugar* **scopa** *broom* **stracci** *rags* **incerte** *uncertain* **Secondo** *According to* **è stata fondata** *it was founded* **il primo re** *the first king* **colli** *hills* **sicure** *certain* **Forse** *Maybe* **scelto** *chosen* **davvero** *really* **mezzo di trasporto** *means of transportation* **è inaugurata** *was inaugurated* **rovine** *ruins* **sotto il livello del suolo** *underground* **vengono scoperti** *are discovered* **ovunque si scavi** *wherever they dig*

Lettura

Audio: Reading

Prima di leggere

STRATEGIA

Predicting content through formats

Recognizing the format of a document can help you to predict its content. For instance, invitations, greeting cards, and classified ads follow easily identifiable formats, which usually give you a general idea of the information they contain. Look at the text below and try to identify it based on its format.

LE TEMPERATURE OGGI IN ITALIA

	min	max			min	max	
Ancona	+12	+17	C	Milano	+10	+14	P/B
Aosta	+5	+11	T	Napoli	+14	+16	P
Bari	+17	+19	S	Palermo	+16	+21	C
Bologna	+13	+17	P/B	Pescara	+13	+17	C
Cagliari	+14	+21	S	Reggio C.	+21	+26	S
Catania	+19	+23	N	Roma	+14	+16	P
Firenze	+11	+14	P	Torino	+10	+12	P
Genova	+12	+19	T	Venezia	+13	+16	C

C=Coperto B=Nebbia° N=Nuvoloso P=Pioggia S=Sereno° T=Temporale

Nebbia *Fog* **Sereno** *Clear*

If you guessed that this is a newspaper weather forecast, you are correct. You can infer that the document contains information about the weather in Italy, including high and low temperatures and the weather forecast for different cities.

Esamina il testo

Briefly look at the document. What is its format? What kind of information is given? How is it organized? Are there any visuals? What kind? What types of documents usually contain these elements?

Parole affini

As you have already learned, in addition to format, you can use cognates to help you predict the content of a document. With a classmate, make a list of all the cognates you find in the reading selection. Based on these cognates and the format of the document, can you guess what this document is and what it's for?

Parco Nazionale

Il Parco Nazionale del Gran Sasso comprende°:

3 Regioni
5 Province
44 Comuni
2600 specie vegetali
350 camosci°
40 lupi°
15 coppie di falco° pellegrino
150 cervi°
8 coppie di aquile° reali
40 specie di piante a rischio di estinzione°

Il Parco Nazionale del Gran Sasso offre atmosfere e paesaggi magici°. Durante tutto l'anno ci sono numerose attività ed escursioni.

- Ci sono 130 km di piste da sci° adatte anche allo sciatore più esigente°, con impianti di risalita° moderni ed efficienti.
- Per gli appassionati degli sport estremi ci sono scalate° e l'alpinismo° ad altezze che raggiungono° i 2.912 metri.
- In estate le attività più diffuse sono l'equitazione° e l'escursionismo°.
- Le strutture sportive di Roccaraso offrono al turista diverse alternative: dal pattinaggio° al nuoto, dal bowling al tennis.
- In estate ci sono percorsi vita° a diverso grado di difficoltà e sentieri° per passeggiare e apprezzare° meravigliosi panorami.
- E per gli amanti degli animali, il Parco Nazionale permette di osservare numerose specie animali° che vivono in completa libertà.

del Gran Sasso

Parco Nazionale del Gran Sasso

Telefono: 011 167 80 64
Fax: 011 167 80 60
Web: www.gr.laga.it

Indirizzo e-mail:
info@gransassolaga.it
Indirizzo:
Via Sassomorone, 67 Roccaraso (AQ)

comprende *comprises* **camosci** *chamois* **lupi** *wolves* **falco** *falcon* **cervi** *deer* **aquile** *eagles* **a rischio di estinzione** *endangered* **paesaggi magici** *magical landscapes* **piste da sci** *ski slopes* **impianti di risalita** *ski lifts* **esigente** *demanding* **scalate** *climbing* **alpinismo** *mountaineering* **raggiungono** *reach* **equitazione** *horseback riding* **escursionismo** *hiking* **pattinaggio** *skating* **percorsi vita** *nature walks* **sentieri** *paths* **apprezzare** *appreciate* **specie animali** *animal species*

Dopo la lettura

Rispondere Select the correct response or completion to each question or statement, based on the reading.

1. Questo è un opuscolo (*brochure*) di...
   a. un'agenzia di viaggio.
   b. un parco nazionale.
   c. un negozio di articoli sportivi.
2. Il Parco Nazionale del Gran Sasso...
   a. ospita (*is home to*) 150 cervi.
   b. è la montagna più alta d'Europa.
   c. non ha piste da sci.
3. Le montagne del parco offrono...
   a. un bosco di sequoie.
   b. paesaggi magici.
   c. vedute sul mare.
4. A Roccaraso ci sono...
   a. trecento aquile.
   b. diversi alberghi a cinque stelle (*five-star*).
   c. piste da pattinaggio.
5. Lo sport più popolare in inverno è...
   a. lo sci.
   b. il pattinaggio.
   c. l'equitazione.
6. In estate i turisti...
   a. sciano.
   b. fanno escursioni.
   c. fanno il bagno al mare.
7. Per chi (*those who*) ama gli animali ci sono...
   a. numerosi ristoranti per vegetariani.
   b. due zoo.
   c. possibilità di osservare gli animali in completa libertà.
8. Ci sono diverse attività...
   a. soltanto (*only*) in estate.
   b. in inverno e in primavera.
   c. durante tutto l'anno.

Completare Complete the sentences.

1. Il numero di telefono è ________________.
2. Il numero di fax è ________________.
3. Il sito Internet del parco è ________________.
4. L'indirizzo di posta elettronica è ________________.
5. L'indirizzo stradale (*mailing*) è ________________.

Practice more at **vhlcentral.com.**

In ascolto

 Audio

STRATEGIA

Listening for cognates

You already know that cognates are words that have similar spellings and meanings in two or more languages: for example *group* and **gruppo** or *activity* and **attività**. Listen for cognates to improve your comprehension of spoken Italian.

 To help you practice this strategy, you will listen to two sentences. Write down all the cognates you hear.

Preparazione

Based on the photograph, who do you think Daniele and Francesca are? Where are they? Do they know each other well? Where are they going this morning? What are they talking about?

Ascoltiamo

Listen to the conversation and list any cognates you hear. Listen again and complete the highlighted portions of Daniele's schedule.

28 OTTOBRE

8:00	*corsa mattutina*	14:00	
8:30		14:30	
9:00	*doccia*	15:00	
9:30	*colazione*	15:30	
10:00		16:00	
10:30		16:30	
11:00		17:00	
11:30		17:30	
12:00		18:00	
12:30		18:30	
13:00		19:00	
13:30		19:30	

Practice more at **vhlcentral.com.**

Comprensione

Vero o falso? **Indicate whether each sentence is vero or falso, then correct any false statements.**

1. Daniele è molto sportivo.
2. Francesca non ha lezione oggi.
3. Daniele studia sempre a casa.
4. Francesca è la fidanzata di Daniele.
5. Daniele non è bravo con le lingue.
6. Francesca ha una partita di calcio questo pomeriggio.
7. Francesca e Daniele vanno a prendere un aperitivo con gli amici.
8. Francesca ha un pranzo romantico oggi.

Programmi **With a partner, discuss your plans for this weekend. Be sure to say where and when you will do each activity. Give your opinion about at least three of the plans you or your partner have made.**

Scrittura

STRATEGIA

Brainstorming

In the early stages of writing, brainstorming can help you generate ideas on a specific topic. You should spend ten to fifteen minutes brainstorming, jotting down any ideas about the topic that occur to you. Whenever possible, try to write down your ideas in Italian. Express your ideas in single words or phrases, and jot them down in any order. While brainstorming, do not worry about whether your ideas are good or bad. Selecting and organizing ideas should be the second stage of your writing. The more ideas you write down while you are brainstorming, the more options you will have to choose from later on when you start to organize your ideas.

Mi piace...
ballare
viaggiare
guardare la TV
la classe d'italiano
la classe di biologia

Non mi piace...
cantare
giocare a scacchi
lavorare
la classe di sociologia
la classe di storia antica

Tema

Una descrizione personale

Write a description of yourself to post on a Web site in order to find an Italian-speaking e-pal. Your description should include:

- your name and where you are from.
- your birthday.
- the name of your university and where it is located.
- the courses you are currently taking and your opinion of each one.
- some of your likes and dislikes.
- your hobbies and pastimes.
- if you have a job and where you work.
- any other information you would like to include.

Ciao!

Mi chiamo Alessandra Cerutti. Sono della Liguria ma studio all'università di Roma, la Sapienza. Mi piace praticare il ciclismo e sciare in inverno...

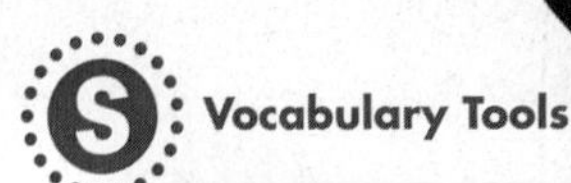

VOCABOLARIO

Previsioni meteo

Che tempo fa?	*What is the weather like?*
C'è il sole.	*It's sunny.*
C'è il temporale.	*It's stormy.*
C'è vento.	*It's windy.*
È bello.	*It's nice out.*
Fa bel/brutto tempo.	*The weather is nice/bad.*
Fa caldo.	*It's hot.*
Fa freddo.	*It's cold.*
Fa fresco.	*It's cool.*
Il tempo è pessimo.	*The weather is dreadful.*
Quanti gradi ci sono?	*What is the temperature?*
Ci sono 18 gradi.	*It's 18 degrees out.*

Eventi climatici

la foschia	*mist*
il fulmine	*lightning*
la grandine	*hail*
l'impermeabile (*m.*)	*raincoat*
il lampo	*flash of lightning*
l'ombrello	*umbrella*
la neve	*snow*
la nuvola	*cloud*
la pioggia	*rain*
il tuono	*thunder*
l'umidità	*humidity*
nevicare	*to snow*
piovere	*to rain*

Le attività

Ti piace...?	*Do you like . . . ?*
(Non) mi piace...	*I (don't) like . . .*
aiutare	*to help*
andare a cavallo	*to go horseback riding*
andare al cinema	*to go to the movies*
andare in bicicletta	*to ride a bicycle*
ascoltare la musica	*to listen to music*
ballare	*to dance*
camminare	*to walk*
cantare	*to sing*
giocare	*to play*
guardare la tivù/TV	*to watch TV*
nuotare	*to swim*
perdere	*to lose*
pescare	*to go fishing*
suonare (la batteria, la chitarra, il piano)	*to play (drums, guitar, piano)*
vincere	*to win*

La data

Che giorno è oggi?	*What's the date?*
È il 15 agosto.	*It's August 15th.*
Quando è il tuo compleanno?	*When is your birthday?*
È il 23 marzo.	*It's March 23rd.*
l'anno	*year*
l'autunno	*fall*
il compleanno	*birthday*
l'estate (*f.*)	*summer*
il mese	*month*
l'inverno	*winter*
la primavera	*spring*
il primo	*first*
la stagione	*season*
domani	*tomorrow*

Per descrivere il tempo

coperto/a	*overcast*
nuvoloso/a	*cloudy*
piovoso/a	*rainy*
secco/a	*dry*
soleggiato/a	*sunny*
umido/a	*humid*
ventoso/a	*windy*

Lo sport

l'atletica	*track and field*
l'automobilismo	*car racing*
la bicicletta	*bicycle*
il calcio	*soccer*
il campeggio	*camping*
il campo	*field; court*
le carte	*playing cards*
il ciclismo	*cycling*
la danza classica	*classical dance*
il football americano	*football*
le freccette	*darts*
il giocatore/ la giocatrice	*player*
il nuoto	*swimming*
la palestra	*gymnasium*
la pallacanestro	*basketball*
la pallavolo	*volleyball*
il pallone	*ball*
la partita	*game, match*
gli scacchi	*chess*
lo sci	*skiing*
la squadra	*team*
lo stadio	*stadium*
il tennis	*tennis*

I mesi

gennaio	*January*
febbraio	*February*
marzo	*March*
aprile	*April*
maggio	*May*
giugno	*June*
luglio	*July*
agosto	*August*
settembre	*September*
ottobre	*October*
novembre	*November*
dicembre	*December*

Espressioni utili	*See pp. 45 and 59.*
Regular *-are* verbs	*See p. 48.*
andare, dare, fare,* and *stare	*See pp. 50–51.*
Expressions with *avere*	*See p. 62.*
Regular *-ere* verbs and *piacere*	*See pp. 64-65.*
Numbers 101 and higher	*See p. 66.*

La famiglia e gli amici

UNITÀ

3

Per cominciare
- Quanti anni hanno?
- Dove sono?
- Che cosa prendono?
- Che cosa mostra Emily a Riccardo?

Lezione

3A

Communicative Goals

You will learn how to:

- talk about families
- express ownership

CONTESTI

Vocabulary Tools

La famiglia di Alessia Bianchi

Vocabolario

lo stato civile	*marital status*
celibe	*single (male)*
divorziato/a	*divorced*
fidanzato/a	*engaged*
nubile	*single (female)*
separato/a	*separated*
sposato/a	*married*
vedovo/a	*widowed*
la famiglia	*family*
il/la bambino/a	*child; baby*
il cognome	*last name*
la coppia	*couple*
il/la figliastro/a	*stepson/stepdaughter*
il fratellastro	*stepbrother; half brother*
il fratellino	*little/younger brother*
i/le gemelli/e	*twins*
la matrigna	*stepmother*
il/la nipote	*nephew/niece; grandson/granddaughter*
i parenti	*relatives*
il patrigno	*stepfather*
il/la ragazzo/a	*boy/girl; boyfriend/girlfriend*
la sorellastra	*stepsister; half sister*
la sorellina	*little/younger sister*
maggiore	*elder*
minore	*younger*
i parenti acquisiti	*in-laws*
il/la cognato/a	*brother-/sister-in-law*
il genero	*son-in-law*
la nuora	*daughter-in-law*
il/la suocero/a	*father-/mother-in-law*
gli animali domestici	*pets*
il canarino	*canary*
il gatto	*cat*
il pesce	*fish*

Luca Conti

mio nonno (*my grandfather*)

Roberto Bianchi

mio padre (*father*), marito (*husband*) di Mariella

Mariella Conti

mia madre (*mother*), figlia (*daughter*) di Luca e di Fiorella

Vittoria Sala

mia cognata (*sister-in-law*)

Elio Bianchi

mio fratello (*brother*)

Alessia Bianchi

io, figlia di Mariella e di Roberto

Matteo Bianchi

mio nipote (*nephew*)

Emiliana Bianchi

mia nipote (*niece*)

i nipoti (*grandchildren*) dei miei genitori (*my parents*)

Attenzione!

Many Italian speakers avoid using terms such as **figliastro** and **sorellastra** because they consider the **-astro/a** suffix to be pejorative. Instead, they favor expressions like **figlio di mio marito** or **sorella di madre**.

risorse

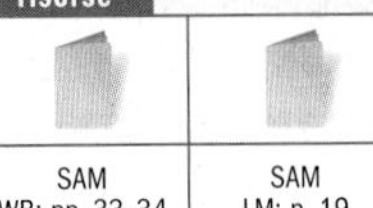

SAM WB: pp. 33–34

SAM LM: p. 19

vhlcentral.com

Fiorella Mariano

mia nonna (*my grandmother*)

Mario Conti

mio zio (*uncle*), figlio (*son*) di Luca e di Fiorella

Paola Alfieri

mia zia (*aunt*), moglie (*wife*) di Mario

Gennaro Conti

mio cugino (*cousin*), nipote (*grandson*) di Luca e di Fiorella

Isabella Conti

mia cugina (*cousin*), sorella (*sister*) di Gennaro e di Cinzia, nipote di Luca e di Fiorella

Cinzia Conti

mia cugina, sorella di Gennaro e di Isabella, nipote (*granddaughter*) di Luca e di Fiorella

Cicero

il cane (*dog*) dei miei cugini

Pratica

1 Collegare

Match the definitions with the correct family member(s).

1. ____ il figlio dei miei zii
2. ____ la figlia minore dei miei genitori
3. ____ il figlio di mia madre e del mio patrigno
4. ____ la moglie di mio fratello
5. ____ mia madre e mio padre
6. ____ il padre di mia madre
7. ____ la sorella di mio padre
8. ____ il figlio di mio fratello

a. i miei genitori
b. il mio fratellastro
c. la mia sorellina
d. mio cugino
e. mia zia
f. mio nonno
g. mia cognata
h. mio nipote

2 Identificare

Use the family tree to determine how each person is related to Mario Conti.

MODELLO Alessia *la nipote*

1. Gennaro ________
2. Fiorella ________
3. Isabella e Cinzia ________
4. Paola ________
5. Gennaro, Isabella e Cinzia ________
6. Mariella ________
7. Roberto ________
8. Luca e Fiorella ________

3 Categorie

List at least four roles each person could have in a family.

MODELLO una donna di trentacinque anni

una madre, *una zia*, *una cugina*, *una figlia*

1. un uomo di sessantadue anni
   ________, ________, ________, ________
2. una ragazza di quattordici anni
   ________, ________, ________, ________
3. un bambino di tre anni
   ________, ________, ________, ________
4. una donna di cinquant'anni
   ________, ________, ________, ________

4 Ascoltare

Listen to each statement made by Alessia Bianchi, then indicate whether it is **vero** or **falso**, based on her family tree.

	Vero	Falso		Vero	Falso
1.	☐	☐	5.	☐	☐
2.	☐	☐	6.	☐	☐
3.	☐	☐	7.	☐	☐
4.	☐	☐	8.	☐	☐

Practice more at **vhlcentral.com.**

Comunicazione

5 **Descrizioni** Use the words from the word bank to describe the images. Compare your answers with a classmate's, and correct each other's work.

figlio | gemelli | genitori | minore | nipoti | ragazzo | sposati

MODELLO

La ragazza dà un bacio al ragazzo.

1. ______________

2. ______________

3. ______________

4. ______________

5. ______________

6. ______________

6 **Amici di penna** In pairs, read Lucia's letter and take turns answering the questions.

Caro Fabio,

Mi domandi com'è la mia famiglia?
Numerosa! In totale siamo cinque figli.
Ho una sorella maggiore, una sorellina e due fratelli gemelli. A casa abbiamo anche due cani e un canarino.

Abitiamo ancora tutti con i nostri genitori e nostra nonna. Lei è vedova.

Insomma, c'è sempre molta gente a casa!
Com'è la tua famiglia?

Un abbraccio,
Lucia

1. Con quante persone abita Lucia?
2. Ha animali domestici?
3. Perché vive con sua nonna?
4. Lucia vive ancora con i suoi genitori?
5. Lucia abita in una casa molto tranquilla?
6. La famiglia di Lucia è simile alla (*similar to*) tua famiglia?

7 **Chi sono?** Your instructor will give you a worksheet. Use it to ask your classmates about their families. When a classmate gives one of the answers on the worksheet, write his or her name in the corresponding space. Be prepared to discuss the results with the class.

MODELLO Ho due sorelle.

S1: *Hai due sorelle?*
S2: *Sì, ho due sorelle.* (*You write his/her name.*)
OR
S2: *No, non ho due sorelle.* (*You ask another classmate.*)

8 **Fa bello oggi!** It's a beautiful day out! Use the vocabulary you learned in **Unità 2** to discuss with a classmate what each member of your family enjoys doing in different types of weather.

MODELLO

Quando fa bel tempo io e mio padre andiamo al parco…

Pronuncia e ortografia

L'accento tonico

fratello **cugine** **marito** **genitori**

The distinctive cadence of spoken Italian depends on a pattern of stressed and unstressed syllables. In most Italian words, the stress falls on the next-to-last syllable.

nubile **celibe** **vedovi** **suocera**

Some words are stressed on the third-to-last syllable, resulting in a "sliding" pronunciation. This text presents these words with a dot under the stressed syllable.

Gli studenti **parlano** solo italiano. Gli italiani **mettono** zucchero nel caffè.

The same "sliding" stress pattern occurs in the third-person plural form (**loro**) of regular verbs in the present tense.

È necessario **essere** felici per **vivere**? Desideri **prendere** un caffè con me?

Many infinitives ending in **-ere** are stressed on the third-to-last syllable.

Abitiamo in una **città** molto bella. L'**università** ha **più** di 15.000 studenti.

Written accents are used to show when the spoken stress falls on the last syllable.

Pronunciare Practice saying these words aloud.

1. città
2. figlia
3. nipoti
4. dipendere
5. mangiano
6. genero
7. nonno
8. suocero
9. cane
10. marito
11. felicità
12. divorziati

Articolare Practice saying these sentences aloud.

1. Chi ha voglia di andare al cinema?
2. La mia cugina nubile è molto bella.
3. I nostri zii giocano sempre a calcio.
4. Dove desiderate andare a prendere un gelato?
5. Il mio nuovo genero è del Perù.
6. I miei fratelli non studiano mai.

Proverbi Practice reading these sayings aloud.

Tale padre, tale figlio.[2]

[1] One friend is worth a hundred relatives.

[2] Like father, like son.

risorse

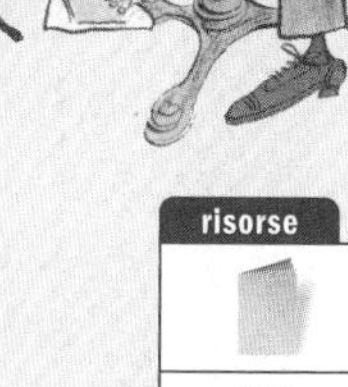

Tutti in famiglia

Video: *Fotoromanzo*

PERSONAGGI

Angela

Emily

Lorenzo

Riccardo

Sofia

Viola

1

RICCARDO In genere, noi facciamo così. Questo significa che un giorno tornerò a Roma.

EMILY Figo. Tocca a me... Aspetta! Ho un'idea. Per il sito. (*Alla videocamera*) Benvenuti alla bellissima Fontana di Trevi a Roma.

2

RICCARDO Ciao, amici e famiglia di Emily. Io sono Riccardo, e questa è la Fontana di Trevi.
Ritornare a Roma è facile:
Uno. Fate questo.
Due. Fate questo!
Voilà!
Bene, Emily, sei pronta?

3

VIOLA Ciao mamma. Ciao Angela.

SOFIA La mia bambina. Fatti vedere. Stai bene? Mangi abbastanza? Sei felice?

VIOLA Sto bene, mamma. Come stanno gli altri? (*Ad Angela*) Ma sei fidanzata?

ANGELA Il matrimonio è in ottobre.

VIOLA Meraviglioso.

6

RICCARDO I miei genitori sono divorziati. Mio padre ha due figli e una figlia dalla sua seconda moglie. Mia madre vive con mia zia. Ha due figlie dal suo secondo matrimonio.

EMILY Una grande famiglia.

RICCARDO Mah, ho molti parenti.

7

SOFIA Di dove sei?

LORENZO Di Milano.

SOFIA Cosa studi?

LORENZO Economia. Frequento un corso e sono stagista in una banca.

SOFIA E i tuoi genitori?

LORENZO Divorziati. La mia matrigna è svizzera. Lei e mio padre hanno un altro figlio insieme.

8

LORENZO Mia madre vive a Firenze. Ho due sorelle più grandi a Milano. Sono sposate. Ho quattro nipoti: due maschi e due femmine.

SOFIA Tu sei di Milano, ma noi siamo gente di campagna.

ANGELA Senti, ma cosa ci trovi in mia sorella?

LORENZO Perché?

ATTIVITÀ

1 Completare Choose the words that best complete the following sentences.

1. Emily ha un'idea per (il sito / la fontana).
2. Per Riccardo, ritornare a Roma è (facile / difficile).
3. Il matrimonio di Angela è in (ottobre / novembre).
4. Lorenzo è (l'amico / il ragazzo) di Viola.
5. Il fratello di Emily ha (cinque / quindici) anni.
6. Riccardo ha molti (parenti / amici).
7. Lorenzo è stagista in (una banca / un supermercato).
8. Lorenzo ha quattro (sorelle / nipoti).
9. Sofia e la sua famiglia sono gente di (montagna / campagna).
10. Per Lorenzo, Viola è (interessante e carina / divertente e stupida).

Practice more at **vhlcentral.com.**

La madre e la sorella di Viola fanno visita.

4

SOFIA E tu? Ce l'hai il ragazzo?
ANGELA Mamma, Viola preferisce la scuola ai ragazzi.
VIOLA Lorenzo!
LORENZO Cosa?
VIOLA Ti presento mia madre e mia sorella. Questo è Lorenzo... il mio ragazzo.

5

EMILY Mio fratello Charlie ha quindici anni. È al primo anno del liceo.
RICCARDO Come Paolo?
EMILY Sì. Questo è Charlie con il nostro cane Max. Ecco mia madre e mio padre. I miei genitori e i miei nonni sono tutti di Chicago. I nonni di mio padre sono svedesi. Una famiglia normale. Com'è la tua famiglia?

9

LORENZO Beh, Viola è intelligente, interessante e divertente!
ANGELA Divertente? Viola? La nostra Viola?
LORENZO Sì, Viola. Ed è anche carina. Molto carina. (*Lorenzo si alza.*) È stato un piacere. Ci vediamo stasera.

10

ANGELA Non è il tuo ragazzo.
VIOLA No.
SOFIA Ma tu gli piaci.
ANGELA Dai, andiamo in città a fare spese!
VIOLA Io non gli piaccio. O forse sì?

Espressioni utili

Expressing interest and appreciation

- **Figo.** (*slang*) *Cool.*
- **preferisce...** *she prefers . . .*
- **Senti, ma cosa ci trovi in mia sorella?** *Listen, what do you see in my sister?*
- **È stato un piacere.** *It was nice meeting you.*
- **Ma tu gli piaci.** *But he likes you.*
- **Io non gli piaccio.** *He doesn't like me.*

Talking about family

- **Ho molti parenti.** *I have many relatives.*
- **Ho quattro nipoti: due maschi e due femmine.** *I have two nephews and two nieces.*
- **Noi siamo gente di campagna.** *We're from the country.*

Additional vocabulary

- **In genere, noi facciamo così.** *Generally, we do it like this.*
- **Questo significa che un giorno tornerò a Roma.** *That means that one day I'll return to Rome.*
- **La mia bambina. Fatti vedere.** *My baby. Let me see you.*
- **Ce l'hai il ragazzo?** *Do you have a boyfriend?*
- **Dai, andiamo in città a fare spese!** *Come on, let's go into town and shop!*
- **Tocca a me.** *My turn.*
- **O forse sì?** *Or maybe he does?*
- **con il nostro cane** *with our dog*
- **Aspetta!** *Wait!*
- **stasera** *tonight*
- **stagista** *intern*

ATTIVITÀ

2 **Per parlare un po'** Draw your family tree. Include your parents, siblings, aunts, uncles, and grandparents. Then "introduce" your family to a classmate in Italian.

3 **Approfondimento** **La Fontana di Trevi** is a famous fountain in Rome. According to legend, if you throw a coin over your shoulder into the fountain, one day you will return to Rome. Find out what the legend says about throwing two or three coins. What will happen?

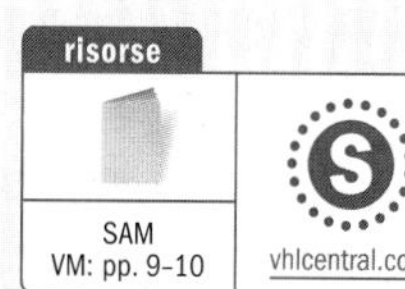

IN PRIMO PIANO

La famiglia italiana

Com'è la famiglia italiana? La tipica famiglia italiana che vediamo nei film degli anni '40 e '50° è di solito° numerosa: un padre, una madre, molti bambini e persino° un nonno. Oggi la famiglia italiana è ancora così°? Non esattamente. Negli ultimi anni° in Italia ci sono state° molte trasformazioni sociali. Il matrimonio non è più° un evento fondamentale per tutti gli italiani; ci sono coppie sposate e coppie non sposate. Le coppie con figli hanno generalmente un solo figlio, e ci sono sempre più° coppie senza bambini. Il divorzio e la separazione sono anche molto comuni e perciò° ci sono sempre più famiglie composte da un solo genitore con figli.

La tipica famiglia italiana è differente da quella americana. Per esempio, in Italia i figli vivono spesso con i genitori fino a quando° decidono di avere una famiglia propria°. Questo succede° in parte perché i giovani non hanno bisogno di cambiare casa per frequentare l'università e in parte perché spesso è difficile trovare un lavoro immediatamente dopo l'università e i giovani laureati non riescono a mantenersi°. Tutti questi fattori hanno trasformato° il volto della famiglia italiana contemporanea.

Un piccolo aiuto

Read decimal places in Italian using the word **virgola** (*comma*) where you would normally say *point* in English. To say *percent*, use **percento**.

58,5% cinquantotto virgola cinque percento

58.5% fifty-eight point five percent

I nuclei familiari° italiani
(per posizione geografica)

POSIZIONE GEOGRAFICA	COPPIE SENZA FIGLI	COPPIE CON FIGLI	GENITORI SINGLE	GIOVANI (18-34 ANNI) CHE VIVONO CON UN GENITORE
Nord-ovest	33,8%	53,3%	12,8%	57,0%
Nord-est	33,4%	54,2%	12,5%	58,5%
Centro	32,1%	55,1%	12,8%	60,4%
Sud	24,1%	63,8%	12,1%	62,9%
Isole	24,9%	62,2%	13,0%	61,8%

FONTE: ISTAT

anni '40 e '50 *1940s and 1950s* **di solito** *usually* **persino** *even* **è ancora così** *is still like this* **Negli ultimi anni** *In recent years* **ci sono state** *there have been* **non è più** *is no longer* **sempre più** *more and more* **perciò** *therefore* **fino a quando** *until* **propria** *their own* **succede** *happens* **non riescono a mantenersi** *cannot earn a living* **hanno trasformato** *have transformed* **nuclei familiari** *households*

ATTIVITÀ

1 Completare Complete each statement with the appropriate word or phrase.

1. La tipica famiglia italiana che vediamo nei film degli _________ è numerosa.
2. Ha un papà, una mamma, molti bambini e persino un _________.
3. In Italia ci sono state molte _________ sociali.
4. Il _________ non è più un evento fondamentale per tutti gli italiani.
5. Ci sono sempre più coppie senza _________.
6. Il _________ e la separazione sono fenomeni molto comuni oggi.
7. Ci sono sempre più famiglie _________ da un solo genitore con figli.
8. Spesso i figli vivono con i _________ fino a quando decidono di avere una propria famiglia.
9. È difficile trovare un _________ immediatamente dopo l'università.
10. Il 63,8% delle famiglie nel Sud Italia sono coppie _________ figli.

 Practice more at **vhlcentral.com.**

L'ITALIANO QUOTIDIANO

La famiglia

il/la bisnonno/a	*great grandfather/ great grandmother*
il/la fidanzato/a	*fiancé(e); boy/girlfriend*
il/la figlio/a unico/a	*only child*
la mamma/il papà	*mom/dad*
il matrimonio	*wedding; marriage*
i miei/tuoi	*my/your parents*
il primo/secondo marito	*first/second husband*
il/la primogenito/a	*first-born*
adottare	*to adopt*

USI E COSTUMI

Le feste dei genitori

La festa° della mamma e la festa del papà si festeggiano° in Italia come negli Stati Uniti, ma le tradizioni non sono sempre identiche.

La festa della mamma

In Italia si festeggia la mamma la seconda domenica di maggio. All'inizio°, la festa si festeggiava° l'otto maggio, poi la data è stata cambiata°. Gli italiani mostrano il loro affetto per la mamma regalando° fiori, cioccolatini, profumi oppure oggetti° utili per la casa.

La festa del papà

La festa del papà è il 19 marzo, in corrispondenza con la Festa di San Giuseppe, il padre di Gesù°. In questo giorno, molti alunni mettono in scena uno spettacolo° dedicato alla famiglia e in alcune regioni si mangia un dolce tradizionale, la **zeppola di San Giuseppe.**

festa *holiday* **si festeggiano** *are celebrated* **All'inizio** *Initially* **si festeggiava** *was celebrated* **è stata cambiata** *was changed* **regalando** *by giving* **oggetti** *objects* **Gesù** *Jesus* **spettacolo** *show*

RITRATTO

Isabella Rossellini

Isabella Rossellini è un'attrice e modella conosciuta° in tutto il mondo. Senza dubbio° il suo talento proviene dai° suoi genitori. Isabella e la sua sorella gemella, Isotta, sono infatti figlie di due leggende° del cinema internazionale: Roberto Rossellini e Ingrid Bergman. Anche nella vita sentimentale Isabella è sempre stata circondata da° importanti personaggi del mondo del cinema. Il suo primo matrimonio è con il regista° Martin Scorsese e il secondo con Jon Wiedemann. Nel 1983 Wiedemann e Isabella hanno una figlia, Elettra. Anni dopo, insieme a° Gary Oldman, Isabella adotta un bambino e lo chiama° Roberto Rossellini Jr. in onore° di suo padre, il grande regista.

conosciuta *known* **Senza dubbio** *Without a doubt* **proviene dai** *comes from* **leggende** *legends* **circondata da** *surrounded by* **regista** *director* **insieme a** *together with* **lo chiama** *names him* **in onore** *in honor*

SU INTERNET

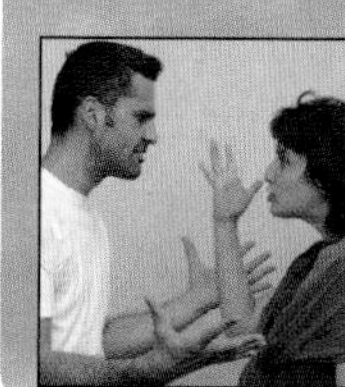

Il divorzio è un fenomeno epidemico in Italia?

Go to **vhlcentral.com** to find more information related to this **CULTURA**.

ATTIVITÀ

2 Vero o falso? Indicate whether each statement is **vero** or **falso**. Correct the false statements.

1. Isabella Rossellini ha quattro figli.
2. Martin Scorsese è il primo marito di Isabella.
3. Ingrid Bergman è la mamma di Roberto Rossellini.
4. Isabella è la mamma di Elettra e di Roberto Jr.
5. La festa della mamma si festeggia l'otto marzo.
6. In alcune regioni si mangiano le zeppole di San Giuseppe.

3 A voi... With a partner, write six sentences describing a famous American family. Use the vocabulary in **L'italiano quotidiano**. Be prepared to share your description with your classmates.

3A.1 Possessives

Punto di partenza In both English and Italian, possessives express ownership or possession.

ATTREZZI

In CONTESTI, you learned a few possessive adjectives with family vocabulary: **mio nonno**, **mia sorella**, **i miei cugini**.

Possessive adjectives

masculine singular	feminine singular	masculine plural	feminine plural	
il mio	la mia	i miei	le mie	*my*
il tuo	la tua	i tuoi	le tue	*your*
il Suo	la Sua	i Suoi	le Sue	*your* (form.)
il suo	la sua	i suoi	le sue	*his, her, its*
il nostro	la nostra	i nostri	le nostre	*our*
il vostro	la vostra	i vostri	le vostre	*your* (pl.)
il loro	la loro	i loro	le loro	*their*

- In most cases, possessive adjectives precede the nouns they modify. Note that a definite article usually accompanies the possessive adjective.

  la nostra famiglia — ***our** family*
  i tuoi cugini — ***your** cousins*
  il mio cane — ***my** dog*

- Like other adjectives in Italian, possessive adjectives agree in gender and number with the nouns they modify.

  il mio pesce — ***my** fish*
  la mia sorellastra — ***my** stepsister*
  i miei parenti — ***my** relatives*

- **Il suo**, **la sua**, **i suoi**, and **le sue** can mean *his* or *her*, depending on the context. Remember that the gender and number of both the adjective and the article match the gender and number of the object *possessed*, not the *possessor*.

  le sue zie — ***his/her** aunts*
  i suoi figli — ***his/her** children*
  il suo gatto — ***his/her** cat*

PRATICA

1 Identificare Identify the owner of each object.

MODELLO *Ecco i quaderni di Sofia.*

Sofia

Giorgio
1. ______

Paola
2. ______

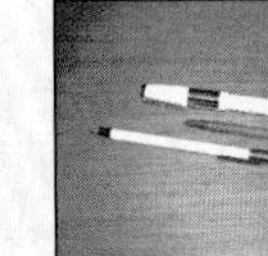
Cristina
3. ______

mio fratello
4. ______

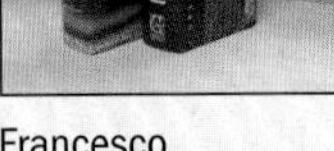
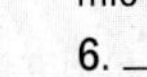
Francesco
5. ______

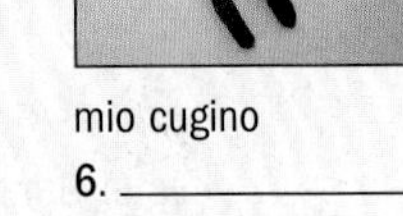
mio cugino
6. ______

2 Completare Complete each sentence with the correct possessive adjective. Use the definite article where appropriate.

1. ______ (*Our*) sorella è molto seria.
2. ______ (*His*) figli vivono a Napoli.
3. ______ (*Her*) padre lavora all'università.
4. ______ (*Our*) amiche ascoltano la musica.
5. ______ (*My*) cugini studiano negli Stati Uniti.
6. ______ (*Their*) lezione comincia a mezzogiorno.
7. Qual è ______ (*your, pl.*) sport preferito?
8. Un ______ amico (*of mine*) suona la chitarra.

3 Rispondere Answer the following questions using possessives.

1. Qual è il tuo indirizzo?
2. Quando è il tuo compleanno?
3. Come si chiama tua madre?
4. Dov'è il tuo ristorante preferito?
5. A che ora comincia la tua prima lezione?
6. Chi è il tuo migliore (*best*) amico?
7. Qual è la tua stagione preferita?
8. Qual è il tuo sport preferito?

Practice more at **vhlcentral.com.**

COMUNICAZIONE

4 **La mia famiglia** Use these cues to form questions. Then interview your classmates about their family members. Tell the class what you find out.

MODELLO madre / parlare / italiano

S1: *Tua madre parla italiano?*
S2: *Sì, mia madre parla italiano.*
S3: *No, mia madre non parla italiano.*

1. fratello / studiare / matematica
____
2. padre / lavorare / in banca
____
3. genitori / vedere / molti film
____
4. sorella / usare / il telefono
____
5. zii / leggere / il giornale (*newspaper*)
____
6. nonna / preparare / la pasta
____
7. cugine / scrivere / lettere
____
8. amici / giocare / a scacchi
____

5 **La famiglia e gli amici** Complete these sentences about your family and friends. Share your answers with a classmate.

1. I miei genitori a volte...
2. Il/La mio/a migliore amico/a studia...
3. La mia famiglia è...
4. I miei nonni sono...
5. Il sabato io e i miei amici...
6. Quando sono triste parlo con...

6 **Ritratto di famiglia** In groups of three, take turns describing your family. After everyone has spoken, two of you describe your classmate's family to the rest of the class.

MODELLO

S1: *La madre di Rachele è alta, bionda e socievole.*
S2: *Sì, è anche sportiva e molto intelligente.*

- Do not use the definite article with singular, unmodified nouns denoting family members.

mio padre	**vostra** nonna	**nostra** figlia
my *father*	***your*** *grandmother*	***our*** *daughter*

- However, use the definite article if a noun referring to a family member is plural or modified by an adjective or a suffix, such as **-astro/a**, **-igno/a**, or **-ino/a**. Use the definite article with affectionate terms such as **mamma** and **papà** as well.

il mio bel fratello	**la tua** sorellina	**la vostra** mamma
my *handsome brother*	***your*** *little sister*	***your*** *mom*

- **Loro** is a special case. It is always accompanied by the definite article, and it never changes form, regardless of the gender and number of the noun it modifies.

i loro cugini	**la loro** zia	**le loro** sorelle
their *cousins*	***their*** *aunt*	***their*** *sisters*

- Use an indefinite article before the possessive adjective to express *of mine*, *of yours*, *of his/hers*, *of ours*, and *of theirs*.

un mio gatto	**una sua** zia	**una nostra** cugina
a cat ***of mine***	*an aunt* ***of hers/his***	*a cousin* ***of ours***

Possession with *di*

- English uses *-'s* after a noun or name to express relationships or ownership. Italian uses **di** + [*noun or proper name*].

Di chi è il cane?	È **di mia madre**.	È **di Stefano**.
Whose *dog is it?*	*It's* ***my mother's***.	*It's* ***Stefano's***.

Provalo! Provide the appropriate singular or plural form of each possessive.

il mio/la mia
1. il mio libro
2. _______ compagne di classe
3. _______ quaderni

il tuo/la tua
4. _______ cugini
5. _______ sorella
6. _______ pallone

il suo/la sua
7. _______ lettera
8. _______ sorelle
9. _______ cugini

il nostro/la nostra
10. _______ professoressa
11. _______ cugino
12. _______ zie

il vostro/la vostra
13. _______ cane
14. _______ zii
15. _______ madre

il/la loro
16. _______ gatti
17. _______ fratello
18. _______ mogli

3A.2 Preposizioni semplici e articolate

Punto di partenza You have already learned some prepositions and prepositional contractions in Italian, such as **di** to show possession and **alle** when referring to time. Prepositions show the relationship between two words in a sentence.

Simple prepositions

a	*to, at, in*	in	*in, to, at*
con	*with*	per	*for, through, in order to*
da	*from, since, by, at*	fra/tra	*among, between, in*
di (d')	*of, from*	su	*on, in*

Camminiamo **per** la città.
*We're walking **through** the city.*

Il regalo è **per** il papà.
*The present is **for** Dad.*

Il tre sta **fra** il due e il quattro.
*Three is **between** two and four.*

Arriva **fra** tre mesi.
*She will arrive **in** three months.*

- Prepositional contractions, or **preposizioni articolate**, are formed when certain prepositions contract with a definite article.

a + il ▶ **al**
to the ▶ *to the*

in + la ▶ **nella**
in the ▶ *in the*

Preposizioni articolate

	a	da	di	in	su
il	al	dal	del	nel	sul
lo	allo	dallo	dello	nello	sullo
l'	all'	dall'	dell'	nell'	sull'
la	alla	dalla	della	nella	sulla
i	ai	dai	dei	nei	sui
gli	agli	dagli	degli	negli	sugli
le	alle	dalle	delle	nelle	sulle

- As you have seen, **di** is used to express possession. **Di** can also be used to describe a person or item, while **da** reflects an item's purpose.

il professore **di** spagnolo
the Spanish teacher

la partita **di** calcio
the soccer game

il costume **da** bagno
the bathing suit
(the suit for bathing)

la racchetta **da** tennis
the tennis racket
(the racket for tennis)

PRATICA

1 Scegliere Choose the appropriate prepositions to complete these questions.

1. Andiamo (in / al) cinema?
2. Stiamo (a / per) casa?
3. Facciamo gli esercizi (di / con) francese?
4. Ascoltiamo un CD (fra / di) Andrea Bocelli?
5. Mettiamo i libri (sullo / dallo) scaffale (*shelf*)?
6. Compriamo un regalo (di / per) Milena?
7. Vediamo un film (da / a) mio cugino Giancarlo?
8. Leggiamo il giornale (alla / in) biblioteca?

2 Completare Complete these sentences using appropriate simple or prepositional contractions.

MODELLO Mia cugina arriva _alle sei_.

1. Il tuo dizionario è ________.

2. Prende il sole ________.

3. Mio fratello ritorna ________.

4. Mariella è ________.

5. I miei mangiano ________.

6. I ragazzi studiano ________.

3 Riempire Complete the paragraph using the appropriate simple and prepositional contractions.

Oggi è il compleanno (1) ________ mio fratello Davide. (2) ________ tre del pomeriggio andiamo tutti (3) ________ miei genitori (4) ________ festeggiare. Io e mia sorella andiamo (5) ________ macchina, perché la casa dei genitori è (6) ________ montagna. Nostro fratello va sempre (7) ________ autobus. Abbiamo bisogno di arrivare (8) ________ tre meno un quarto, perché la festa è una sorpresa!

 Practice more at **vhlcentral.com.**

COMUNICAZIONE

4 **Mescolare** With a partner, use items from each column to create six logical sentences. You may use some items more than once.

MODELLO *Mia sorella va in centro a piedi.*

A	B	C
mia sorella	andare	nel quaderno
i tuoi nonni	giocare	a piedi
tu e tuo cugino	lavorare	a Roma
le mie zie	scrivere	negli Stati Uniti
nostro nonno	viaggiare	allo stadio
papà	vivere	in treno

5 **Intervista** In pairs, take turns asking each other these questions. Use the lesson vocabulary in your answers when possible.

MODELLO

S1: *Con chi studi?*
S2: *Studio con mio fratello.*

1. A chi telefoni con frequenza?
2. Dove vai dopo la lezione?
3. Dove abita la tua famiglia?
4. Di dove sono i tuoi nonni?
5. Dove lavorano i tuoi genitori?
6. Con chi vai in vacanza d'estate?
7. Dove mangi la domenica a mezzogiorno?
8. Dove vai il sabato sera?

6 **La festa di compleanno** Write five sentences to describe the illustration. Be sure to use the following prepositions in your description: **a**, **con**, **per**, **su**, **tra**. Compare your description with a classmate's.

- **Di** and **da** can both describe origin, but **di** is typically used with forms of **essere**, while **da** is used with other verbs.

Sono **di** Roma.	Vengo **da** Firenze.	Arrivano **da** Milano.
*I am **from** Rome.*	*I come **from** Florence.*	*They arrive **from** Milan.*

- Use **da** + [*noun*] to mean *at* [*a person's*] *place* or *home.*

Andiamo **dai miei genitori**.	Studio **da Cinzia** oggi.
*We're going to **my parents' house**.*	*I'm studying **at Cinzia's** today.*

- As you learned in **Lezione 2A**, both **a** and **in** can express destination or location. Use the prepositional contraction when the noun is modified.

nella bella Toscana	**alla** Roma di Pasolini
in *beautiful Tuscany*	***in*** *Pasolini's Rome*

- In many cases, the use of **a** or **in** is idiomatic. Note that many expressions with **a** or **in** do not use the definite article.

a casa ***at*** *home*	**in** autobus ***by*** *bus*
al cinema ***at/to*** *the movies*	**in** bicicletta ***by*** *bicycle*
al mare ***at/to*** *the beach/sea*	**in** macchina ***by*** *car*
a mezzanotte ***at*** *midnight*	**in** treno ***by*** *train*
a piedi ***on*** *foot*	**in** banca ***at/to*** *the bank*
a scuola ***at/to*** *school*	**in** biblioteca ***at/to*** *the library*
a tavola ***at*** *the table*	**in** centro ***in*** *town*
a letto ***in/to*** *bed*	**in** montagna ***in/to*** *the mountains*
a teatro ***at/to*** *the theater*	**in** vacanza ***on*** *vacation*

- **Su** has idiomatic uses as shown in the following examples.

sul computer	**su** Internet	**sul** giornale
on *the computer*	*online/**on** the Internet*	***in*** *the newspaper*

- Use **a** to say that something is on the radio, and **a** or **in** for television.

C'è una bella canzone **alla** radio.	Il film è **alla** (**in**) televisione.
*There is a pretty song **on** the radio.*	*The movie is **on** television.*

Provalo! **Circle the correct form of the preposition.**

1. Il libro è (sul / sulle) tavolo.
2. Andiamo (ai / a) Roma l'anno prossimo.
3. Ci sono venti studenti (nella / negli) classe d'italiano.
4. Studiamo (per / per il) imparare bene.
5. Domani andiamo (da / da') Elena per giocare a calcio.
6. Non c'è la nuova moglie (di / dello) zio.
7. Qual è la professione (dell' / del) suocero di Gianni?
8. Fa sempre bel tempo (in / nei) Australia?

3A.3 Regular *-ire* verbs

Punto di partenza You are already familiar with Italian verbs that end in **-are** and **-ere**. The third class of Italian verbs ends in **-ire**, and can be conjugated in one of two ways. Many **-ire** verbs are conjugated like **partire** (*to leave, to depart*) as presented in this chart.

partire (to leave)			
io parto	*I leave*	noi partiamo	*we leave*
tu parti	*you leave*	voi partite	*you leave*
Lei/lui/lei parte	*you leave; he/she/it leaves*	loro partono	*they leave*

- **Partire** is often used with the prepositions **per** and **da**.

Mio padre **parte per** Milano alle due.
*My father **leaves for** Milan at 2:00.*

Noi **partiamo da** Firenze a mezzogiorno.
*We're **leaving** Florence at noon.*

Verbs conjugated like *partire*			
aprire	*to open*	seguire	*to follow; to take (a class)*
dormire	*to sleep*	sentire	*to feel; to hear*
offrire	*to offer*	servire	*to serve*

Luca **apre** la finestra.
*Luca **is opening** the window.*

Dormiamo bene a casa.
*We **sleep** well at home.*

La nonna **offre** i biscotti ai bambini.
*Grandma **offers** cookies to the kids.*

Sento il tuo telefonino.
***I hear** your cell phone.*

Seguite un corso di storia?
***Are you taking** a history course?*

Il gatto **segue** il topolino.
*The cat **is following** the mouse.*

Viola apre la porta della pensione.

Lorenzo segue un corso di economia.

PRATICA

1 Completare Match items from each column to create logical sentences.

1. Capite ____
2. Io spedisco ____
3. Tua zia serve ____
4. Mio fratello dorme ____
5. Parti ____
6. Apriamo ____
7. Le tue sorelle seguono ____
8. Luigi finisce ____

a. tutta la giornata!
b. di leggere il giornale.
c. il francese?
d. la pizza.
e. la porta?
f. tre lettere.
g. un corso d'inglese.
h. per Roma oggi?

2 Descrizioni Complete the following sentences with the correct form of one of these verbs.

aprire	finire	sentire
capire	partire	servire

1. Maria /  / il caffè
2. i ragazzi /  / la corsa
3. papà /  / la porta
4. voi /  / per la Francia
5. tu /  / la filosofia
6. io e i miei compagni /  / freddo

 Practice more at **vhlcentral.com.**

COMUNICAZIONE

3 Mescolare With a partner, use items from each column to create sentences telling what each person does.

MODELLO *La mia famiglia preferisce i film italiani.*

A	B	C
la mia famiglia	capire	i film italiani
io e mio cugino	dormire	lo spagnolo
tu e Luigi	partire	la macchina
il mio cane	preferire	sette ore
mia madre	pulire	una lettera
io	spedire	il calcio
i tuoi parenti		in treno
il tuo ragazzo/ la tua ragazza		la musica classica

4 Qual è la domanda? Stefano is speaking to his mother on the phone. You hear his answers, but not his mother's questions. Work with a partner to reconstruct the conversation.

MODELLO La lezione finisce alle dieci.
A che ora finisce la lezione?

1. Spedisco la cartolina (*postcard*) a un mio amico.
2. Dormo otto ore al giorno.
3. Il sabato pulisco l'appartamento.
4. Preferisco una vacanza in Argentina.
5. Offro un gelato ai miei amici.
6. Parto con la mia ragazza, Serena.
7. Il bar apre alle sette.
8. Seguo un corso d'italiano quest'anno.

5 Cosa preferisce? With a partner, take turns asking each other questions about these people's preferences.

MODELLO i tuoi nonni: l'inverno / l'estate
S1: *Cosa preferiscono i tuoi nonni: l'inverno o l'estate?*
S2: *I miei nonni preferiscono l'estate.*

1. i tuoi amici: la pioggia / la neve
2. tuo padre: il calcio / la pallacanestro
3. le tue sorelle: la montagna / il mare
4. i tuoi cugini: il tedesco / l'inglese
5. i tuoi genitori: il cinema / il teatro
6. la tua mamma: i cani / i gatti

- Many **-ire** verbs follow a different pattern of conjugation. Verbs like **capire** (*to understand*) add **-isc-** between the stem and the endings of the singular subject forms and the third person plural form.

capire (to understand)

io capisco	*I understand*	noi capiamo	*we understand*
tu capisci	*you understand*	voi capite	*you understand*
Lei/lui/lei capisce	*you understand; he/she/it understands*	loro capiscono	*they understand*

Verbs conjugated like *capire*

finire	*to finish*	pulire	*to clean*
preferire	*to prefer*	spedire	*to send*

Chi **pulisce** la cucina?
*Who **cleans** the kitchen?*

Spediamo una lettera a Luca.
***We're sending** a letter to Luca.*

- The verb **finire** can be followed by a noun or an infinitive. Before an infinitive, use the preposition **di**. To mean *to end up* doing something, use **finire per** + [*infinitive*].

Mio zio **finisce il caffè**.
*My uncle **is finishing his coffee**.*

Finisce di studiare a mezzanotte.
*She **finishes studying** at midnight.*

Non **finisco** mai **di lavorare**!
***I am** never **done working**!*

Finiscono per leggere due saggi.
***They end up reading** two essays.*

- Similarly, **preferire** can be used with a noun or an infinitive, but without a preposition.

Preferiamo la casa verde.
***We prefer the** green **house**.*

Io **preferisco andare** a piedi.
*I **prefer to go** on foot.*

Provalo! **Complete the sentences with the correct forms of the verbs.**

1. Mia madre *preferisce* (preferire) mangiare all'una.
2. I nostri problemi non ________ (finire) mai.
3. I bambini ________ (dormire) tutto il giorno.
4. Il sabato noi ________ (pulire) l'appartamento.
5. Voi ________ (servire) il caffè ai giovani?
6. A che ora ________ (partire) tu per la Germania?
7. Mia sorella ________ (aprire) la porta per tutti.
8. Ragazzi, voi ________ (capire) la formazione dei verbi?
9. Io non ________ (sentire) la sveglia (*alarm clock*)!
10. Loro ________ (seguire) un corso di filosofia.

SINTESI

Ricapitolazione

1 Spiegare In pairs, take turns randomly calling out one person from column A and one from column B. Your partner will explain how they are related.

MODELLO

S1: *tua sorella e tua madre*
S2: *Mia sorella è la figlia di mia madre.*

A	B
zio	padre
nonni	madre
cugina	zia
cognato	nipote
sorella	fratello

2 Una famiglia attiva In pairs, take turns asking and answering questions about what Roberto's family is doing based on the illustrations. Use the material you learned in the lesson to add detail and answer creatively.

MODELLO fratello

S1: *Cosa fa il fratello di Roberto?*
S2: *Suo fratello spedisce le e-mail agli amici.*

1. sorella

2. fratellino

3. zie

4. padre

5. cugino

6. cugina

7. Roberto

8. zio

9. genitori

3 Le famiglie celebri In groups of four, take turns describing one of these families to your partners, taking the role of one of its members. Be creative!

la famiglia Addams	la famiglia Jackson
la famiglia Brady	la famiglia Kennedy
la famiglia Flintstone	la famiglia Simpson

4 La famiglia perfetta Survey your classmates. Ask them to describe their ideal family situation, and record their answers. Then, in pairs, compare your results.

MODELLO

S1: *Com'è la tua famiglia ideale?*
S2: *La mia famiglia ideale è...*

5 I programmi Survey your classmates to find at least one classmate who would like to do each of these activities with you. When somebody says "yes", record his or her name, and agree on a time and date. Make plans with as many classmates as you can.

MODELLO

S1: *Hai voglia di studiare in biblioteca con me?*
S2: *Sì, d'accordo. Va bene sabato alle undici di mattina?*
S1: *Perfetto!*

andare al cinema	giocare a freccette
andare in centro	giocare a tennis
ballare in discoteca	mangiare alla mensa
finire i compiti	scrivere al nostro amico

6 L'albero genealogico Create an illustrated family tree of your family, and share it with a classmate. Tell your partner about each family member; mention his/her name and that person's relation to you. Ask your partner questions about his or her family members' preferences.

MODELLO

S1: *Ecco mia cugina. Si chiama Rachel.*
S2: *Rachel cosa preferisce: sciare o nuotare?*

risorse

SAM WB: pp. 35-40	SAM LM: pp. 21-23	vhlcentral.com

Lo Zapping

Galletto Vallespluga

Valle Spluga S.p.A.: In the early 1970s, **Valle Spluga** was a small poultry producer in the Alpine province of Sondrio, Lombardy. Sales took off in 1972 when they introduced **Galletto Vallespluga**, their trademark game hen, on the Italian market. The tender, low-fat meat was a quick success, and soon Galletto Vallespluga's **Scudetto Rosso** (Red Shield) symbol became a familiar sight throughout Italy. By specializing in game hens and controlling the entire production process, Valle Spluga has been able to maintain a high quality product and secure its place as the market leader in Italy.

bello, tenero°, mai grasso°

chicchirichì°

Comprensione Answer the following questions in Italian.

1. How is the taste of the game hen described?
2. What does a rooster's crow sound like in Italian?

Discussione In pairs, discuss the answers to these questions.

1. On what occasions would an Italian family gather for dinner? How often do you think this happens? In what ways is this similar to your family's eating patterns?
2. Do you think this commercial is effective? Explain.

Practice more at **vhlcentral.com.**

tenero *tender* **mai grasso** *never fatty* **chicchirichì** *cock-a-doodle-doo*

Communicative Goals

You will learn how to:

- describe people
- ask questions

Come sono?

Vocabulary Tools

Vocabolario

descrizioni personali	*personal descriptions*
amaro/a	*bitter*
attivo/a	*active*
atlẹtico/a	*athletic*
avaro/a	*greedy*
brillante	*bright*
convinto/a	*earnest*
coraggioso/a	*courageous*
crudele	*cruel*
curioso/a	*curious*
dẹbole	*weak*
disponịbile	*helpful*
dolce	*sweet*
duro/a	*hard; tough*
egoista	*selfish*
enẹrgico/a	*energetic*
fedele	*faithful*
gentile	*kind*
giọvane	*young*
laborioso/a	*hardworking*
lamentoso/a	*whiny*
lento/a	*slow*
modesto/a	*modest*
pọvero/a	*poor*
preferito/a	*favorite*
pronto/a	*ready*
ricco/a	*rich*
spiritoso/a	*funny; clever*
straniero/a	*foreign*
vecchio/a	*old*
professioni	*professions*
l'architetto	*architect*
l'avvocato	*lawyer*
il/la giornalista	*journalist*
l'ingegnere	*engineer*
l'uomo/la donna d'affari	*businessman/ business woman*

risorse

SAM WB: pp. 41–42	SAM LM: p. 24	vhlcentral.com

Attenzione!

In Italy, women generally do not change their last names when they marry. The couple's children usually take only their father's last name.

Pratica

1 Corrispondenze Match these famous people with their professions.

1. ____ Antonio Vivaldi
2. ____ Vidal Sassoon
3. ____ Gian Lorenzo Bernini
4. ____ Steve Jobs
5. ____ Johnny Cochran
6. ____ Katie Couric

a. avvocato
b. giornalista
c. musicista
d. architetto
e. uomo/donna d'affari
f. parrucchiere/a

2 Completare Complete each sentence with the opposite adjective.

1. Mia nonna non è *crudele*; è ________.
2. Mio fratello non è *debole*; è ________.
3. Le mie cugine non sono *egoiste*; sono ________.
4. La mia famiglia e io non siamo *pigri*; siamo ________.
5. Il mio cane Spartaco non è *veloce*; è ________.
6. Mio zio non è *vecchio*; è ________.
7. I miei cognati non sono *poveri*; sono ________.
8. Mia sorella non è *stupida*; è ________.

3 Scegliere Choose the word that best completes each sentence.

amara	brillante	curiosa	disponibile	fedele	stanca
atletica	coraggiosa	discreta	dolce	preferita	straniera

1. Una persona che è sempre pronta ad aiutare (*help*) è ________.
2. Una persona ________ è molto intelligente.
3. Una persona ________ non racconta i segreti (*tell secrets*).
4. Una persona che fa tante domande è ________.
5. Una persona che viene (*comes*) da un altro paese è ________.
6. Una persona che non dorme abbastanza è ________.
7. Una persona sportiva è ________.
8. Una persona ________ è gentile e disponibile.

4 Ascoltare You will hear descriptions of three people. Listen carefully and indicate whether each statement is **vero** or **falso**.

	Vero	Falso
1. Il cameriere è nonno.	☐	☐
2. Angela è architetto.	☐	☐
3. Giovanni è atletico.	☐	☐
4. Angela non è timida.	☐	☐
5. Carlo è responsabile e disponibile.	☐	☐
6. Giovanni studia ingegneria.	☐	☐
7. Angela è un'amica fedele.	☐	☐
8. Carlo è pessimista e pigro.	☐	☐

Practice more at **vhlcentral.com.**

Comunicazione

5 **Le professioni** In pairs, say what the true professions of these people are. Alternate reading and answering the questions.

MODELLO

S1: *Carlo è musicista?*
S2: *No, Carlo è cameriere.*

1. Paolo è professore?

2. Carla è ingegnere?

3. Davide è cameriere?

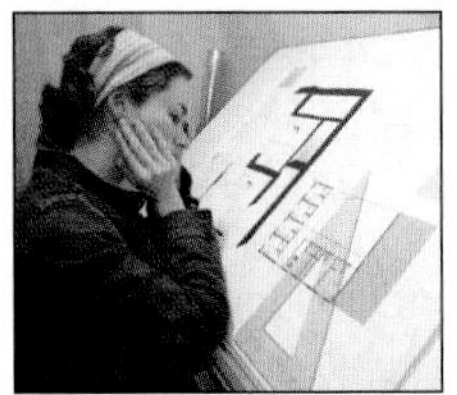

4. Vittoria è avvocato?

5. Maria e Sofia sono giornaliste?

6. Cinzia e Alessandra sono donne d'affari?

6 **Cercasi fidanzata** Luca has posted the following personal ad on an online dating site. With a partner, read the ad and discuss whether Laura or Patrizia would be a better match for him. Be ready to defend your opinion to the class.

Luca, 35 anni   

Mi chiamo Luca e ho 35 anni. Sono alto, forte, muscoloso e molto carino. Sono un uomo simpatico, disponibile, ottimista e paziente, ma sono anche molto geloso in amore. La mia donna ideale è una ragazza socievole e gentile, spiritosa e brillante. Odio le ragazze pigre ed egoiste, amo quelle fedeli e dolci. Preferisco una donna alta (*tall*) e non troppo magra (*thin*). Se sei tu quella giusta, manda una tua foto al mio indirizzo luca@il_mondo_dei_sogni.it.

Laura
spiritosa
timida
alta
paziente
fedele

Patrizia
fedele
brillante
dolce
magra
ottimista

7 **Tocca a te!** Now it's your turn to write a personal ad. Based on Luca's ad, describe yourself and your ideal girlfriend or boyfriend. Include details such as profession, age, physical characteristics, and personality. Your instructor will post the ads in the classroom. In groups, take turns reading the ads and guessing who wrote them.

Un piccolo aiuto

Use these words to help you complete this activity.

amo *I love*
cerco *I'm looking for*
odio *I hate*
mi piace *I like*

8 **La pettegola** Daniele missed a recent family wedding, and is catching up on all the news from his cousin Linda, who is a real **pettegola** (*gossip*)! With a partner, write a conversation between Daniele and Linda in which Linda gives her opinion of everyone at the wedding and shares family news. Be sure to use the vocabulary you learned in **Lezione 3A**.

MODELLO

Daniele: *E com'è il fidanzato di Elena?*
Linda: *Senti: è bellissimo, ma egoista! È proprietario di un ristorante a Torino ed è molto ricco...*

Pronuncia e ortografia

Audio

Intonation of questions and the *qu* letter combination

Sono le dieci.
It's ten o'clock.

Andiamo al mare.
Let's go to the beach.

Italian sentences usually have a smooth, rolling tempo, with a drop of intonation at the end.

Sono le dieci?
Is it ten o'clock?

Andiamo al mare?
Are we going to the beach?

In questions, on the other hand, the pitch of the voice rises on the final syllable. This final rise distinguishes between a statement and a question.

Quando mangiate?
When do you eat?

Quanti fratelli hai?
How many brothers do you have?

In standard Italian, questions formed with interrogative words follow the same pattern as yes-or-no questions. They have a rolling tempo with a rise in intonation on the final syllable.

quando **quattro** **questo** **quale**

Many Italian words begin with the letter combination **qu**. In Italian, **qu** is pronounced *kw*, as in the English words *quake* and *queen*.

quanto **questione** **qui** **Pasqua**

Regardless of the vowel that follows, the pronunciation of the Italian **qu** remains *kw*. Even when found in the middle of a word, **qu** retains the *kw* pronunciation.

Pronunciare Practice saying these words aloud.

1. quindici
2. quello
3. quaderno
4. quarto
5. quota
6. acqua
7. requisito
8. qualità
9. quasi
10. quindi

Articolare Practice saying these questions aloud.

1. Andiamo da Elena stasera?
2. Hai il libro?
3. Mangi a casa oggi?
4. Quando vai a scuola?
5. Dove studiamo?
6. Chi parla?

Proverbi Practice reading these sayings aloud.

Chi trova un amico trova un tesoro.[2]

Quando il gatto non c'è, i topi ballano.[1]

[1] When the cat's away, the mice will play.
[2] He who finds a friend finds a treasure.

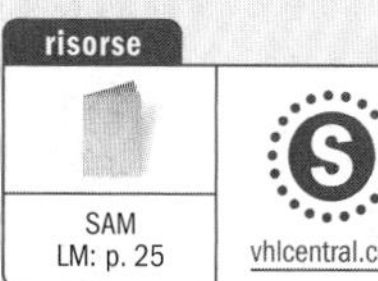

Una serata in casa

Video: *Fotoromanzo*

PERSONAGGI

Emily

Lorenzo

Riccardo

Viola

VIOLA Ciao, Emily

EMILY Ciao, Viola. Come va con le lezioni?

VIOLA È dura. Ho un esame martedì, ma non ho voglia di studiare.

EMILY Perché no?

EMILY Chi è?

VIOLA Massimo. È nella mia classe di pedagogia.

EMILY E com'è? Grasso, magro, alto, basso, carino, brutto?

VIOLA No, è molto carino!

VIOLA Ha i capelli neri, corti e lisci, e gli occhi verde-scuro.

EMILY Molti uomini italiani hanno i capelli...

VIOLA È vero. Ed è anche dolce e intelligente. Giovedì andiamo a fare una passeggiata e a studiare insieme.

RICCARDO Sei proprio innamorato!

(Squilla il telefonino di Lorenzo.)

LORENZO Pronto. Ciao, Francesca. Ma perché mi chiami di nuovo? Sei una ragazza in gamba. Non hai bisogno di aiuto. Per favore.

RICCARDO (*In falsetto*) Lorenzo, caro, sono stanca.

LORENZO (*Al telefono*) Il mio compagno di stanza, un idiota. Ed è pure brutto.

RICCARDO (*In falsetto*) Lorenzo...

LORENZO Devo andare via. Devo andare via. No.

RICCARDO Chi è Francesca?

LORENZO Una ragazza.

ATTIVITÀ

1 Chi è? To which character does each statement refer?

1. Non ha voglia di studiare.
2. È carino e studia pedagogia.
3. Ha ventuno anni.
4. Ha ventidue anni.
5. È una ragazza in gamba.
6. Secondo Lorenzo, è un idiota!
7. È allegra.
8. Non parla bene l'inglese.
9. È preoccupata.
10. Pensa di andare a Roma.

Practice more at **vhlcentral.com.**

I ragazzi stanno alla pensione e parlano delle relazioni.

4

EMILY Che immaturi! Ma quanti anni avete?
RICCARDO Ventuno. Lorenzo?
LORENZO Ventidue. Emily?
EMILY Siete come il mio fratellino.

5

LORENZO Attenta, Viola. Non siamo in Abruzzo. In città gli uomini sono aggressivi ed egoisti.
RICCARDO E lamentosi... insensibili... scortesi... pazzi... strani... gelosi.
EMILY Fuori, subito!

9

EMILY Tu e Massimo. Sono ottimista.
VIOLA Perché?
EMILY Perché sei allegra.
VIOLA E Peter?

10

VIOLA Scusami, non parlo bene l'inglese.
EMILY Sono preoccupata. Pensa di venire a Roma.

Espressioni utili

Describing people

- **Grasso, magro, alto, basso, carino, brutto?**
  Fat, skinny, tall, short, cute, ugly?
- **No, è molto carino!**
  No, he's very cute!
- **Ha i capelli neri, corti e lisci, e gli occhi verde-scuro.**
  He has short, straight, black hair and dark green eyes.
- **egoisti**
  selfish
- **insensibili, scortesi, pazzi, strani**
  insensitive, rude, crazy, weird
- **Sei una ragazza in gamba.**
  You are a smart girl.
- **Ed è pure brutto.**
  He's even ugly.
- **ottimista**
  optimistic

Asking questions

- **Come va con le lezioni?**
  How are classes going?
- **Perché no?**
  Why not?
- **Chi è?**
  Who is he?
- **Com'è?**
  What's he like?

Additional vocabulary

- **Sei proprio innamorato!**
  You're head over heels!
- **Perché mi chiami di nuovo?**
  Why are you calling me again?
- **Pensa di venire.**
  He's planning on coming.
- **Attenta, Viola.**
  Be careful, Viola.
- **Fuori, subito!**
  Out, now!
- **Devo andare via.**
  I've got to go.

ATTIVITÀ

2 **Per parlare un po'** In pairs, write a brief description of one of your classmates. Do not mention his/her name. Be prepared to read your description to the class, who will guess the identity of this person.

3 **Approfondimento** Choose a famous Italian and describe his/her physical appearance and personality. Be prepared to share your description with your classmates.

CULTURA

IN PRIMO PIANO

L'amicizia

Qual è la differenza tra un amico e un compagno? È vero che chi trova un amico trova un tesoro?

I compagni sono quelle persone che incontriamo molto spesso, per esempio, all'università o al lavoro. L'amicizia° tra compagni è spesso temporanea° e superficiale. Di solito, in questi contesti non si parla di cose molto personali.

Gli amici invece° parlano di cose più intime° e importanti: l'amicizia è solitamente più stabile° e duratura°. In genere° gli amici sono molto più pazienti e disponibili. In Italia non è raro vedere amici di lunga data° che passano la maggior parte del tempo libero insieme. Per gli italiani spesso è più facile mantenere gli amici d'infanzia°. Molti ragazzi infatti frequentano l'università della loro città e, in generale, gli italiani - diversamente dagli americani - non si spostano° frequentemente dalla loro città o paese.

I ragazzi italiani amano uscire in comitiva°. La comitiva è un gruppo di amici, in genere abbastanza numeroso. Spesso il luogo d'incontro° è una piazza o un bar, dove è possibile prendere un gelato o qualcosa da bere° prima o dopo cena. Quando non sono insieme, i ragazzi hanno inoltre un ottimo mezzo per comunicare: il cellulare! Ogni scusa è perfetta per chattare° o scambiarsi° messaggi con lo smartphone! Un altro passatempo molto amato° è quello di cenare° tutti insieme. Cenare insieme è considerato° un momento di gioia°, un atto quindi che rafforza° l'amicizia. È proprio vero quindi che chi trova un amico trova un tesoro.

L'amicizia *Friendship* **temporanea** *temporary* **invece** *on the other hand* **più intime** *more intimate* **più stabile** *more stable* **duratura** *enduring* **In genere** *In general* **di lunga data** *longtime* **amici d'infanzia** *childhood friends* **si spostano** *move* **uscire in comitiva** *going out as a group* **luogo d'incontro** *meeting place* **qualcosa da bere** *something to drink* **chattare** *to chat online* **scambiarsi** *to exchange* **amato** *beloved* **cenare** *to have dinner* **è considerato** *is considered* **gioia** *joy* **rafforza** *reinforces*

Un piccolo aiuto

Qual è is used to ask "*What is . . . ?*" when the answer involves a choice or identification, whereas **Che, Che cosa,** or **Cosa** ask for a definition.

Qual è il tuo numero di telefono?
What is your telephone number?

Che cos'è l'amicizia?
What is friendship?

ATTIVITÀ

1 Completare Complete the following statements with the appropriate word or phrase.

1. L'amicizia tra compagni è spesso ________ e ________.
2. Gli amici parlano di cose ________.
3. Una delle loro ________ preferite è quella di uscire in ________.
4. Non è raro vedere amici di ________.
5. Spesso il ________ è una piazza o un bar.
6. La comitiva è un gruppo di amici in genere ________.
7. Gli ________ sono un ottimo modo per comunicare.
8. Un altro ________ molto amato è quello di cenare tutti insieme.
9. Cenare insieme è considerato un momento di ________.
10. È vero che chi trova un amico trova un ________.

Practice more at **vhlcentral.com.**

L'ITALIANO QUOTIDIANO

Le personalità estreme

buffo/a	*funny*
chic (*invar.*)	*chic*
pazzo/a	*crazy*
scemo/a	*dim-witted*
scherzoso/a	*playful*
strano/a	*weird, strange*
sveglio	*smart*
testardo/a	*stubborn*
tonto/a	*thick; dumb*

USI E COSTUMI

Le tradizioni del matrimonio

Le tradizioni più comuni sono il lancio del riso° agli sposi e il lancio del bouquet alle ragazze nubili. In alcune regioni la sposa indossa° una cosa blu, una cosa regalata°, una prestata°, una vecchia e una nuova. Ma ogni regione italiana ha le sue tradizioni matrimoniali.

In **Emilia-Romagna** gli sposi tagliano° un tronco° in molti pezzi.

In **Calabria** gli invitati lanciano° agli sposi il riso, ma anche il sale e il grano°.

In **Puglia** il vestito della sposa è abbottonato° da una ragazza nubile.

In **Liguria** gli invitati lanciano petali° di fiori colorati.

il lancio del riso *throwing rice* **indossa** *wears* **regalata** *given as a gift* **prestata** *borrowed* **tagliano** *cut* **tronco** *log* **lanciano** *throw* **il sale e il grano** *salt and grains* **abbottonato** *buttoned* **petali petals**

RITRATTO

Un matrimonio sfarzoso

Francesco Totti è uno dei migliori° calciatori italiani, campione del mondo nel 2006 con la squadra nazionale italiana. A soli sedici anni gioca per la prima volta in Serie A; ora è il capitano della A.S. Roma. Nel 2005 sposa°, nella splendida chiesa dell'Aracoeli a Roma, **Ilary Blasi**, una famosa presentatrice° italiana. Il giorno del matrimonio lei indossa un abito molto scollato° di Armani, e lui un tight° (sempre di Armani) con cilindro e guanti°. È un matrimonio sfarzoso° di due bellissimi giovani molto amati dal pubblico italiano. All'uscita° della chiesa ci sono duemila tifosi che aspettano gli sposi felici e sorridenti°. La cerimonia è ripresa° dalla TV e i proventi° sono donati al canile° di Roma.

uno dei migliori *one of the best* **sposa** *he marries* **presentatrice** *T.V. hostess* **scollato** *low-cut* **tight** *tails (tuxedo)* **cilindro e guanti** *top hat and gloves* **sfarzoso** *sumptuous* **uscita** *exit* **sorridenti** *smiling* **ripresa** *broadcast* **proventi** *proceeds* **donati al canile** *donated to the dog pound*

SU INTERNET

Qual è l'origine del velo da sposa?

Go to vhlcentral.com to find more information related to this **CULTURA**.

ATTIVITÀ

2 **Vero o falso?** Indicate whether each statement is **vero** or **falso**. Correct the false statements.

1. In Italia il matrimonio è uguale (*the same*) in tutte le regioni.
2. Una tradizione comune è il lancio del riso agli sposi.
3. In Emilia-Romagna gli sposi tagliano un tronco.
4. Francesco Totti è il capitano della Nazionale italiana.
5. Ilary Blasi indossa un abito molto scollato di Armani.
6. Il matrimonio di Francesco Totti è semplice e tranquillo.

3 **Come sono?** Look at the photo of the students on the facing page. With a partner, take turns describing each person in detail. How old do you think they are? What do you think their personalities are like? Are they likely **amici** or **compagni di università**?

3B.1 Descriptive adjectives

Punto di partenza You already learned some descriptive adjectives in **Lezione 1B**, and in **Lezione 3A** you learned to use possessive adjectives. Descriptive adjectives generally follow the nouns they modify.

NOUN — DESCRIPTIVE ADJECTIVE

Lo studente **pigro** non studia molto.
*The **lazy** student doesn't study a lot.*

- Here are more adjectives that you can use to describe people.

Physical description		Personality or mood	
alto/a	*tall*	allegro/a	*cheerful*
basso/a	*short*	arrabbiato/a	*angry*
biondo/a	*blond*	audace	*audacious, bold*
bruno/a	*dark-haired*	dinamico/a	*dynamic*
brutto/a	*ugly*	disinvolto/a	*confident*
carino/a	*cute*	furbo/a	*shrewd, sly*
grasso/a	*fat*	ingenuo/a	*naïve*
magro/a	*thin*	(in)sensibile	*(in)sensitive*
muscoloso/a	*muscular*	(ir)responsabile	*(ir)responsible*
sportivo/a	*active*	(s)cortese	*(dis)courteous*

Roberto è **muscoloso**.
*Roberto is **muscular**.*

Claudia è **arrabbiata**.
*Claudia is **angry**.*

Quei bambini sono **scortesi**.
*Those children are **rude**.*

Le tue figlie sono **carine.**
*Your daughters are **cute**.*

- To describe a person who is neither **alto** nor **basso**, use the phrase **di media statura** (*of average height*).

- You have already learned that adjectives ending in **-o** have four forms, and those ending in **-e** have only two forms. Adjectives ending in **-ista** have three forms: one for all singular nouns, and different forms for masculine plural and feminine plural nouns.

Adjectives ending in *-ista*

masculine and feminine singular	masculine plural	feminine plural
egoista	egoisti	egoiste
femminista	femministi	femministe
ottimista	ottimisti	ottimiste
pessimista	pessimisti	pessimiste

PRATICA

1 Collegare Match each adjective with its opposite.

1. ____ grande	a. arrabbiato
2. ____ pessimista	b. grasso
3. ____ calmo	c. bello
4. ____ magro	d. noioso
5. ____ forte	e. piccolo
6. ____ interessante	f. debole
7. ____ giovane	g. vecchio
8. ____ brutto	h. ottimista

2 Scegliere Choose the adjective that best completes each sentence and write the correct form.

MODELLO

Marisa non lavora molto. Lei è (socievole, pigro, brutto).
pigra

1. Pino è sempre contento perché è una persona (ottimista, duro, povero). ____________
2. Renata non è bassa; è (muscoloso, di media statura, stupido). ____________
3. Mia madre non dorme bene perché è (preoccupato, liscio, gentile). ____________
4. Mi piace leggere i libri (avaro, interessante, castano). ____________
5. Luca è molto grasso, ma le sue sorelle sono (arrabbiato, verde, magro). ____________
6. Nikolai non è un ragazzo italiano; è (vecchio, straniero, noioso). ____________

3 Trasformare Replace the underlined word(s) with the correct form of the word(s) in parentheses and make all necessary changes to the sentence.

MODELLO Il <u>bambino</u> cattivo non mangia. (bambine)
Le bambine cattive non mangiano.

1. Il <u>ragazzo</u> atletico gioca bene a calcio. (ragazze)
2. Invitiamo <u>un amico</u> socievole e simpatico alla festa. (tre amiche)
3. I miei genitori hanno una <u>piccola</u> macchina. (brutto)
4. L'uomo <u>basso</u> dai capelli <u>neri</u> si chiama Umberto. (alto / biondo)
5. Gli <u>studenti</u> intelligenti finiscono <u>i compiti</u> difficili. (studentessa / l'attività)
6. Giorgina ha una bella <u>casa</u> a Milano. (ufficio)

Practice more at **vhlcentral.com.**

COMUNICAZIONE

4 **La famiglia Petrillo** In pairs, take turns describing the members of the Petrillo family. Comment on their personality as well as their physical appearance.

MODELLO *Luca è vecchio e intelligente...*

5 **Venti domande** Choose a famous person. In groups of four, take turns asking yes-or-no questions to determine the identity of each other's person.

MODELLO
S2: *È una donna?*
S1: *Sì.*
S3: *Ha gli occhi blu?*
S1: *No.*

6 **Un buon amico** Interview a classmate to learn about one of his/her friends. Use the questions below plus three additional questions. Take notes and be prepared to describe your partner's friend to the class.

- Come si chiama lui/lei?
- Quanti anni ha lui/lei?
- È alto/a, basso/a o di media statura?
- Che tipo di personalità ha?
- È un bravo studente/una brava studentessa?
- Quali sono i suoi passatempi?

- To describe the color of a person's eyes or hair, use **avere** + **gli occhi/i capelli** + [*adjective*].

Hair and eye adjectives

azzurri	*(sky) blue*	lunghi	*long*
bianchi	*white*	marroni	*brown (eyes)*
blu (*invar.*)	*blue*	mossi	*wavy*
castani	*brown*	neri	*black*
corti	*short*	ricci	*curly*
grigi	*grey*	rossi	*red*
lisci	*straight*	verdi	*green*

Non ho **i capelli mossi**.
*I don't have **wavy hair**.*

I miei figli hanno **gli occhi azzurri**.
*My kids have **blue eyes.***

- The Italian equivalent of the English expression *with (red, blonde, etc.) hair* is **dai capelli (rossi, biondi ecc.)**.

Vedi la ragazza **dai capelli castani**?
*Do you see the girl **with brown hair** (the **brown-haired** girl)?*

Position of adjectives

- Certain adjectives, including **bello**, **brutto**, **buono**, **cattivo**, **nuovo**, **vecchio**, **giovane**, **grande**, and **piccolo**, often precede the noun. In this position, **buono** and **bello** have special forms.

buono		*bello*	
un film	un **buon** film	il bambino	il **bel** bambino
uno zoo	un **buono** zoo	lo zaino	il **bello** zaino
un amico	un **buon** amico	l'uomo	il **bell'**uomo
i giornali	i **buoni** giornali	i capelli	i **bei** capelli
gli avvocati	i **buoni** avvocati	gli occhi	i **begli** occhi
una donna	una **buona** donna	la casa	la **bella** casa
un'amica	una **buon'**amica	l'amica	la **bell'**amica
le ragazze	le **buone** ragazze	le rose	le **belle** rose

- Note that the pattern of singular endings of **buono** resembles the pattern of the indefinite article, and the pattern of **bello** resembles that of the definite article.

Provalo! **Provide all forms of each adjective.**

1. muscoloso *muscoloso, muscolosa, muscolosi, muscolose*
2. blu ____
3. contento ____
4. intelligente ____
5. piccolo ____
6. triste ____
7. sportivo ____
8. pessimista ____

3B.2 Interrogatives and demonstratives

Punto di partenza In **Lezione 1B**, you learned how to form yes-or-no questions and you learned some questions with interrogative words. Here are the most commonly used interrogative words.

Interrogative words			
che cosa/che/cosa?	*what?*	perché?	*why?*
chi?	*who/whom?*	quale?	*which/what?*
come?	*how?*	quando?	*when?*
dove?	*where?*	quanto?	*how much?*

- In questions beginning with an interrogative word, the subject is usually placed at the end.

  Cosa comprate voi?
  ***What** are you buying?*

  Dove abita l'ingegnere?
  ***Where** does the engineer live?*

- When an interrogative is used with a preposition, the preposition must precede the interrogative.

  Con chi parla Beppe?
  ***With whom** is Beppe talking?*

  Da dove viene Mario?
  ***Where** does Mario come **from**?*

- Although **quando?** and **a che ora?** both express *when?*, **quando?** asks for a general time reference, while **a che ora?** indicates a specific time of day.

  Quando studiano?
  ***When** (generally) do they study?*

  A che ora parte il treno?
  *(At) **what time** does the train leave?*

- The interrogatives **che**, **quale**, and **quanto** can also be used as interrogative adjectives that modify nouns. **Che** is invariable, but **quale** and **quanto/a** must agree with the nouns they modify.

  Quale donna è tua zia?
  ***Which** woman is your aunt?*

  Quanti cugini avete?
  ***How many** cousins do you have?*

- When followed by the verb **è**, the interrogatives **come**, **dove**, and **che cosa** drop the final vowel and add an apostrophe.

  Com'è il tuo fidanzato?
  ***What is** your boyfriend **like**?*

  Dov'è la proprietaria?
  ***Where is** the owner?*

- Use **che cos'è** to ask for an explanation or definition and **qual è** to request specific information. Note that **quale** and **qual è** are not interchangeable.

  Che cos'è la paleontologia?
  ***What is** paleontology?*

  Qual è il suo indirizzo?
  ***What is** his address?*

PRATICA

1 Completare Select the word or phrase that best completes each question or statement.

1. ____ donna si chiama Diana.
2. ____ fai stasera?
3. ____ il suo nome?
4. ____ viaggiano? In treno?
5. ____ l'esame? Difficile?
6. ____ comincia il film?
7. ____ ragazzo non studia mai!
8. ____ mettiamo i libri?

a. Com'è
b. Dove
c. Che cosa
d. Questo
e. Qual è
f. Quella
g. Come
h. A che ora

2 Domandare Write a question for each response. Use each interrogative word only once.

MODELLO Milano è nel nord d'Italia. *Dov'è Milano?*

1. Stefano è alto, magro, biondo e molto gentile.
2. I miei fratelli cercano il nostro cane Jupiter.
3. Angela scrive poesie romantiche.
4. Vado al cinema stasera.
5. L'astronomia è lo studio degli astri (*stars*).
6. Preferiamo cenare da noi.
7. Tutte sono veloci, ma compro la bicicletta verde.
8. Paolo spedisce una lettera al suo professore.

3 Rispondere Use the appropriate demonstrative pronoun to answer each question in the negative.

MODELLO Beatrice prende quella bicicletta?
No, prende questa.

1. Quegli studenti sono socievoli?
2. Leggiamo questa lezione?
3. Nina lavora in quel negozio?
4. Vincenzo pulisce quelle lavagne dopo la lezione?
5. I Pedretti comprano questa casa?
6. Quel treno parte alle tre?
7. Ascolti spesso questi CD?
8. Elio gioca con quella squadra di calcio?

 Practice more at **vhlcentral.com.**

COMUNICAZIONE

4 **Domande e risposte** With a partner, make a set of flashcards for interrogative words. Mix the cards and place them in a stack face down. Then turn one card at a time and ask your partner a question using the word. Your partner will answer the question.

MODELLO

S1: *Quante matite hai tu?*
S2: *Non ho matite. Ho due penne.*

5 **Le preferenze** In small groups, take turns asking each other which item in each pair you prefer. Continue the conversation with follow-up questions.

MODELLO

S1: *Quale scooter preferite comprare?*
S2: *Preferisco quello scooter.*
S3: *Io ho voglia di comprare questo.*
S1: *Perché questo?*
S3: *Perché è rosso… e quello non mi piace.*

1.

2.

3.

4.

5.

Demonstrative adjectives and pronouns

- Demonstratives indicate which of multiple items is being discussed. The adjectives **questo** (*this*) and **quello** (*that*) precede the nouns they modify. **Questo** has four regular endings, but the singular forms can be shortened to **quest'** before a vowel. Note that **quello** follows the same pattern as **bello**.

Demonstrative adjectives

il libro	**questo** libro	**quel** libro
lo zaino	**questo** zaino	**quello** zaino
l'orologio	**quest'**orologio	**quell'**orologio
i capitoli	**questi** capitoli	**quei** capitoli
gli esercizi	**questi** esercizi	**quegli** esercizi
la lezione	**questa** lezione	**quella** lezione
l'attività	**quest'**attività	**quell'**attività
le risposte	**queste** risposte	**quelle** risposte

A che ora parte **questo** treno?
*What time does **this** train leave?*

Chi è **quell'**uomo?
*Who is **that** man?*

- Demonstrative pronouns refer to a person or thing that has already been mentioned or whose identity is clear. They replace the noun to which they refer and agree with it in gender and number. The demonstrative pronouns are **questo/a** (*this one*), **questi/e** (*these*), **quello/a** (*that one*), and **quelli/e** (*those*).

Quale libro preferisci: **questo** o **quello**?
*Which book do you prefer: **this one** or **that one**?*

Leggi questi libri o **quelli**?
*Are you reading these books or **those**?*

- The pronouns **questo** and **quello** can be used to refer to whole ideas or previously mentioned topics.

Quello non è importante in questo momento.
***That** isn't important right now.*

Questo è veramente interessante!
***This** is really interesting!*

Provalo! **Complete each question with the appropriate interrogative or demonstrative word.**

1. Cosa/Che/Che cosa studia Giulia all'università? Matematica?
2. ____________ stai oggi?
3. ____________ è lei? Tua sorella Anna?
4. ____________ è il tuo numero di telefono?
5. ____________ comincia la classe? Alle due?
6. ____________ costa il libro?
7. Qual è la tua macchina: questa o ____________?
8. Di chi è ____________ cane?

SINTESI

Ricapitolazione

1 La tua città Interview a classmate. Ask whether he/she goes to these places in town. If he/she says yes, ask follow-up questions: with whom, when, why, and so on. Be prepared to report your findings to the class.

la biblioteca	la farmacia
il caffè	i negozi
il centro commerciale	il parco
il cinema	il supermercato

2 Gli occhi della madre List five physical or personality traits that you share with other members of your family. Then, in pairs, compare lists. Be ready to present your partner's list to the class.

MODELLO

S1: *Io e mio fratello Frankie siamo atletici.*
S2: *Io sono ottimista, come mia madre.*

3 Fare una catena Pick someone in the drawing below and describe him/her. The next person in your group repeats the first person's statement and adds to it. Keep going and see how many details you can add and remember.

MODELLO

S1: *Quella donna si chiama Rachele. È magra.*
S2: *Rachele è magra e anche alta.*
S3: *È magra, alta e bionda.*

4 I cartoni animati Write five questions and answers about these cartoon characters. Use a different interrogative for each question. Then, in groups of three, take turns playing the role of game show host. Ask your questions to the two contestants. When someone answers correctly, switch hosts.

MODELLO

S1: *Dove abita la famiglia Simpson?*
S2: *La famiglia Simpson abita a Springfield.*

Bugs Bunny	i Griffin (*Family Guy*)
i bambini di South Park	Scooby-Doo
Cenerentola (*Cinderella*)	Shrek
la famiglia Flintstone	la sirenetta (*the Little Mermaid*)
la famiglia Simpson	Aladino

5 Firma qui! Your instructor will give you a worksheet. First, write yes-or-no questions using descriptive adjectives. Follow the model on the card. Then ask your questions to your classmates: one per person. If the answer is yes, ask for his/her signature. Get eight signatures.

MODELLO

S1: *Roberto, hai una sorella alta?*
S2: *Sì, mia sorella Janet è molto alta.*
S1: *Benissimo! Firma qui, per favore.*

6 Le differenze Your instructor will give you and a partner each a drawing of a family. Ask questions to find the six differences between your picture and your partner's.

MODELLO

S1: *La madre è bionda?*
S2: *No, non è bionda. Ha i capelli castani.*

7 **Cercasi attori** You are a casting director trying to find actors for a new comedy about a family. Work with a partner to write a brief description of each member of the family. Use the vocabulary you learned in **Lezioni 2A, 3A e 3B** to describe the characters, their personalities, and their pastimes.

MODELLO

Il figlio maggiore si chiama Massimo. Ha 22 anni ed è alto, bruno e molto studioso. Gli piace giocare a...

il figlio la figlia il padre la madre il cugino

8 **La sceneggiatura** Prepare a scene for your new television show. The characters are making plans for the weekend, and they each have a different opinion about where to go and what to do. In pairs, use the vocabulary you learned in **Unità 2** to prepare a scene in which the characters try to decide on their plans.

MODELLO

Massimo: *Fa caldo. Andiamo al mare! Ho voglia di nuotare.*
Alessia: *Ma no! Io preferisco andare al cinema. Ho voglia di vedere un film.*

Il mio di·zio·na·rio

Add five words related to **La famiglia** and **Le descrizioni personali** to your personalized dictionary.

il matrimonio

traduzione
marriage; wedding

categoria grammaticale
sostantivo (m.)

uso
Vado al matrimonio di mia cugina con il suo fidanzato.

sinonimi
nozze

antonimi
divorzio

risorse

SAM WB: pp. 43–46	SAM LM: pp. 26–27	vhlcentral.com

Panorama

Interactive Map

il *North End*, il quartiere italiano di Boston

Gli italiani nel mondo

La popolazione in cifre

- **Cittadini italiani° residenti all'estero°:** *più di 4 milioni*
- **Germania:** *651.852*
- **Argentina:** *691.481*
- **Svizzera:** *558.545*
- **Francia:** *373.145*
- **Belgio:** *254.741*
- **Brasile:** *316.699*
- **Stati Uniti:** *223.429*
- **Regno Unito°:** *209.720*

FONTE: AIRE 2012

Stati con più oriundi italiani°:

- **Percentuale di statunitensi d'origine italiana:** *6%*
- **New York:** *2.833.825*
- **Pennsylvania:** *1.605.853*
- **New Jersey:** *1.577.028*
- **California:** *1.560.870*
- **Florida:** *1.231.122*
- **Massachusetts:** *913.186*
- **Illinois:** *844.254*
- **Ohio:** *769.060*
- **Connecticut:** *671.823*
- **Michigan:** *500.172*
- **Texas:** *467.824*
- **Louisiana:** *222.243*

FONTE: U.S. Census Bureau 2006 American Community Survey

Italoamericani celebri

- **Enrico Fermi,** *fisico° (1901–1954)*
- **Joe DiMaggio,** *giocatore di baseball (1914–1999)*
- **Frank Sinatra,** *cantante e attore (1915–1998)*
- **Nancy Pelosi,** *politica, prima donna presidente della Camera dei rappresentanti° (1940–)*
- **Liza Minnelli,** *attrice e cantante (1946–)*
- **Sofia Coppola,** *regista, sceneggiatrice° e attrice (1971–)*
- **Leonardo DiCaprio,** *attore (1974–)*

tifosi di calcio alle cascate del Niagara

Michigan
New York
Massachusetts
California
Connecticut
Illinois
Ohio
New Jersey
Pennsylvania
Texas
Louisiana
Florida

Una pasticciera italoamericana prepara *le colombe*.

Incredibile ma vero!

La Dichiarazione° di indipendenza degli Stati Uniti d'America è firmata° da due italoamericani: William Paca e Caesar Rodney. Circa 1.500 hanno combattuto° per l'indipendenza degli Stati Uniti. Inoltre°, più di 5.000 italiani hanno partecipato° alla guerra civile° americana.

Cittadini italiani *Italian citizens* **all'estero** *abroad* **Regno Unito** *United Kingdom* **oriundi italiani** *people of Italian ancestry* **fisico** *physicist* **Camera dei rappresentanti** *House of Representatives* **sceneggiatrice** *screenwriter* **Dichiarazione** *Declaration* **è firmata** *is signed* **hanno combattuto** *fought* **Inoltre** *Furthermore* **hanno partecipato** *participated* **guerra civile** *Civil War*

La storia

La Piccola Italia in Argentina

Molti italiani emigrano° in Argentina tra il 1870 e il 1970. Dai 15 ai 20 milioni di argentini hanno origine italiana. L'influenza della cultura e della lingua italiana è molto forte in Argentina. I primi italiani che si stabiliscono° a Buenos Aires provengono° dalla Liguria, dalla Lombardia e dal Piemonte. Il quartiere° italiano più famoso di Buenos Aires si chiama *La Boca*. Oggi *La Boca* è un quartiere turistico, famoso per le sue case dipinte° di vari colori, per l'aria europea che si respira nelle strade, per il tango ballato° nei locali sulla strada principale° e per la sua squadra di calcio.

Le feste

La Festa dei Gigli

La Festa dei Gigli° è una festa molto antica° (è nata in Italia nel 409 d.C.°) in onore di San Paolino di Nola. Questa festa è celebrata a luglio in Italia e anche negli Stati Uniti. Dal 1903 la comunità italoamericana di Williamsburg (Brooklyn) celebra ogni anno la ricorrenza° con più di cento uomini che portano *il Giglio*, una struttura alta cento metri, per le strade della città.

Le persone

John Turturro

John Turturro nasce a New York nel 1957. Il padre di John era originario di Giovinazzo, un paese vicino a Bari. Turturro studia recitazione° alla *Yale University School of Drama*. All'inizio della sua carriera lavora a Broadway. Vince molti premi° all'estero, ma gli resta da° vincere un Oscar. È famoso soprattutto° per la sua collaborazione con il regista Spike Lee e con i fratelli Coen.

La gastronomia

La bruschetta

La bruschetta è un piatto° italiano che è diventato° famoso nei ristoranti americani. Originariamente° la bruschetta era° un piatto povero° dei contadini° che mettevano un po' d'olio d'oliva sul pane. La bruschetta classica è preparata anche con aglio°, pomodoro e basilico fresco, ma può essere condita° con infiniti ingredienti. Oggi viene servita° come antipasto.

Quanto hai imparato? Completa le frasi.

1. William Paca ha firmato la __________ di indipendenza.
2. L'influenza della cultura e della __________ italiana è molto forte in Argentina.
3. *La Boca* è il __________ italiano di Buenos Aires.
4. La Festa dei Gigli è molto __________.
5. Più di __________ uomini portano il Giglio per la città.
6. Il padre di John Turturro è di __________.
7. A Turturro resta da __________ un Oscar.
8. La bruschetta è un piatto __________ in America.
9. I contadini mettevano __________ sul pane.
10. La bruschetta è preparata anche con __________, pomodoro e __________ fresco.

risorse

SAM WB: pp. 47–48

vhlcentral.com

Practice more at **vhlcentral.com.**

SU INTERNET

Go to vhlcentral.com to find more cultural information related to this **Panorama**.

1. C'è un quartiere italiano nella città dove vivi? Ci sono ristoranti italiani vicino a casa tua?
2. Cerca una ricetta per la bruschetta.
3. Cerca informazioni sulla vita di un(a) italoamericano/a celebre.

emigrano *emigrate* **si stabiliscono** *settle* **provengono** *they come* **quartiere** *neighborhood* **dipinte** *painted* **ballato** *danced* **principale** *main* **Gigli** *lilies* **antica** *old* **d.C.** *AD* **ricorrenza** *holiday* **recitazione** *acting* **premi** *awards* **gli resta da** *he still hasn't* **soprattutto** *above all* **piatto** *dish* **è diventato** *has become* **Originariamente** *Originally* **era** *was* **povero** *humble* **contadini** *farmers* **aglio** *garlic* **può essere condita** *it can be garnished* **viene servita** *is served*

Lettura

Audio: Reading

Prima di leggere

STRATEGIA

Predicting content from visuals

When you read in Italian, be sure to look for visual cues that can orient you to the content and purpose of what you are reading. Photos and illustrations, for example, will often give you an idea of the topic of the reading.

You may also encounter helpful visuals that summarize large amounts of data in a way that is easy to comprehend; these visuals include bar graphs, pie charts, flow charts, lists of percentages, and other diagrams.

Animali domestici più diffusi°	
In Italia gli animali domestici sono più di 44 milioni.	
Cani	6.900.000
Gatti	7.400.000
Pesci	15.800.000
Uccelli°	12.100.000
Roditori°	500.000
Altri animali	1.400.000

diffusi *common* **Uccelli** *Birds* **Roditori** *Rodents*

Esamina il testo

Take a quick look at the visual elements of the article and make a list of ideas about its content. Then compare your list with a classmate's. Are your lists the same or different? Discuss any differences, and make a final list combining both of your ideas.

Amici a quattro zampe

Gli animali domestici sono molto importanti per gli italiani. Quasi° due nuclei familiari su tre° hanno un cane, un gatto, pesci o uccelli. I cani sono particolarmente preferiti dalle famiglie e dai giovani che hanno un giardino.

Un recente sondaggio° mostra che soprattutto le famiglie numerose e i giovani amano vivere con un amico a quattro zampe°. In particolare, il cane è considerato un ottimo compagno di giochi per i bambini e un amico fedele per tutti.

Alcuni degli intervistati° dicono° che un animale domestico aiuta a fare più esercizio fisico, altri dicono che diminuisce° lo stress, ma gli animali sono usati° inoltre come terapia, soprattutto per gli anziani.

In Italia gli animali domestici sono trattati come compagni di vita insostituibili°. I cani e i gatti di razza° sono circa il 20%. Spesso i loro padroni li iscrivono° a gare° di bellezza e di portamento°. Ci sono anche molte scuole di addestramento° e di rieducazione° per aiutare i cani che hanno avuto° un passato difficile.

Perché avere un animale domestico?

Ragioni	Cani	Gatti	Pesci	Uccelli
Per la compagnia	63,4%	61,5%	14%	35%
Per amore degli animali	47,0%	45,0%	22%	17%
Per il benessere° personale	41,1%	39,0%	0%	10%
Per i bambini	48,0%	28,0%	47%	33%
Per tenersi occupati°	41,0%	36,5%	0%	15%

Quasi *Almost* **due nuclei familiari su tre** *two households out of three* **sondaggio** *survey* **a quattro zampe** *four-footed* **Alcuni degli intervistati** *Some of the interviewees* **dicono** *say* **diminuisce** *reduces* **sono usati** *are used* **insostituibili** *irreplaceable* **di razza** *purebred* **li iscrivono** *register them* **gare** *competitions* **portamento** *bearing* **addestramento** *training* **rieducazione** *reeducation* **hanno avuto** *have had* **benessere** *well-being* **tenersi occupati** *keep busy*

Dopo la lettura

Vero o falso Indicate whether each statement is **vero** or **falso**, based on the reading.

	Vero	Falso
1. Gli animali domestici sono considerati come compagni di vita.	☐	☐
2. È raro vedere una famiglia con bambini che ha un animale domestico.	☐	☐
3. Il gatto non è un animale apprezzato (*prized*) in Italia.	☐	☐
4. Alcuni degli intervistati dicono che un cane aiuta a fare più esercizio fisico.	☐	☐
5. Alcune persone dicono che un cane aumenta lo stress.	☐	☐
6. In Italia i cani e i gatti di razza non fanno mai gare di portamento.	☐	☐

Scegliere Choose the correct response according to the article.

1. Quanti sono in Italia i cani e i gatti di razza?
   a. 20%-25%
   b. 40%-45%
   c. 55%-60%
2. Perché gli italiani hanno un animale domestico?
   a. per avere più compagnia e più stress
   b. per fare meno esercizio fisico
   c. per avere più compagnia e diminuire lo stress
3. Che cosa pensano le famiglie italiane dei loro cani?
   a. I cani sono meno diffusi nelle famiglie che hanno un giardino.
   b I cani fanno parte della famiglia e sono compagni di vita insostituibili.
   c. Il cane non è usato come terapia per gli anziani.
4. Quali animali domestici sono più numerosi in Italia?
   a. i gatti
   b. i cani
   c. i pesci
5. Ci sono famiglie italiane che hanno altri tipi di animali domestici?
   a. No.
   b. Sì.

 Practice more at **vhlcentral.com.**

In ascolto

STRATEGIA

Asking for repetition/ Replaying the recording

Sometimes it is difficult to understand what people are saying, especially in a noisy environment. During a conversation, you can ask someone to repeat by saying **Come?** or **Scusi?** (*Pardon me?*). In class, you can ask your instructor to repeat by saying, **Ripeta, per favore** (*Repeat, please*). If you don't understand a recorded activity, you can simply replay it.

To help you practice this strategy, you will listen to a short paragraph. Ask your instructor to repeat it or replay the recording, and then summarize what you heard.

Preparazione

Based on the photograph, where do you think Susanna and Diana are? What do you think they are talking about?

Ascoltiamo

Now you are going to hear Susanna and Diana's conversation. Use **F** to indicate adjectives that describe Susanna's boyfriend, Fernando. Use **E** for adjectives that describe Diana's boyfriend, Edoardo. Some adjectives will not be used.

____ castano
____ simpatico
____ grosso
____ interessante
____ gentile
____ divertente
____ ottimista
____ intelligente
____ biondo
____ bello
____ brutto
____ paziente

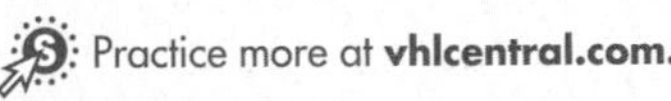

Practice more at **vhlcentral.com.**

Comprensione

Identificare Who do these statements describe?

1. Ha un problema con un ragazzo. ______
2. Non parla con Diana. ______
3. Lei è fortunata. ______
4. Loro parlano spesso. ______
5. Lui è simpatico. ______
6. Lui è un po' timido. ______

Vero o falso Indicate whether each statement is **vero** or **falso**, then correct the false ones.

1. Edoardo è un ragazzo molto paziente e ottimista. ______
2. Diana non ha fortuna con i ragazzi. ______
3. Susanna e il suo ragazzo parlano di tutto. ______
4. Edoardo parla spesso con Diana. ______
5. Fernando è un po' timido. ______
6. Susanna parla di molte cose con Fernando. ______

Scrittura

STRATEGIA

Using idea maps

How do you organize ideas for a first draft? Often, the organization of ideas represents the most challenging part of the writing process. Idea maps are useful for organizing pertinent information. Here is an example of an idea map you can use when writing.

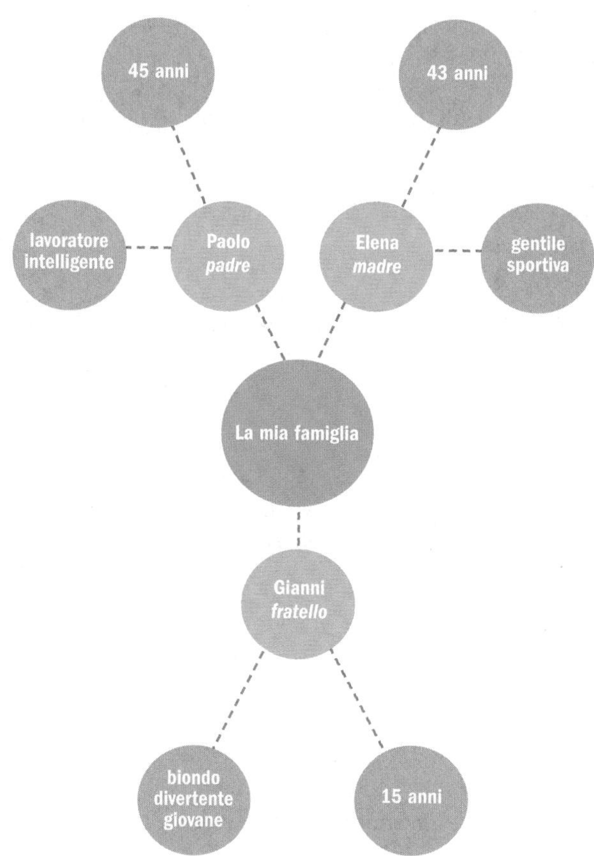

Tema

Scrivere una lettera

A friend you met in a chat room for Italian speakers wants to know about your family. Using some of the verbs and adjectives you learned in this lesson, write a brief letter describing your family or an imaginary family, including:

- Names and relationships
- Physical characteristics
- Hobbies and interests

Here are some useful expressions for letter-writing in Italian:

Salutations

Caro Fabrizio,	*Dear Fabrizio,*
Cara Isidora,	*Dear Isidora,*

Asking for a response

Spero di sentirti presto.	*I hope to hear from you soon.*
Fammi sapere le tue novità.	*Let me know what's new with you.*

Closings

Bacioni!	*Big kisses!*
Baci e abbracci,	*Kisses and hugs,*
Baci,	*Kisses,*
Cari saluti,	*Warm regards,*
Ci sentiamo,	*We'll be in touch,*
A presto!	*See you soon!*
Con affetto,	*Fondly,*
Cordiali saluti,	*Kind regards,*

VOCABOLARIO

Lo stato civile

cẹlibe	*single (male)*
divorziato/a	*divorced*
fidanzato/a	*engaged*
nụbile	*single (female)*
separato/a	*separated*
sposato/a	*married*
vẹdovo/a	*widowed*

La famiglia

il/la bambino/a	*child; baby*
il cognome	*last name*
la coppia	*couple*
il/la cugino/a	*cousin*
il/la figliastro/a	*stepson/ stepdaughter*
il/la figlio/a	*son/daughter*
il fratellastro	*stepbrother; half brother*
il fratellino	*little/younger brother*
il fratello	*brother*
i/le gemelli/e	*twins*
i genitori	*parents*
la madre	*mother*
il marito	*husband*
la matrigna	*stepmother*
la moglie	*wife*
il/la nipote	*nephew/niece; grandson/ granddaughter*
il/la nonno/a	*grandfather/ grandmother*
il padre	*father*
i parenti	*relatives*
il patrigno	*stepfather*
il/la ragazzo/a	*boy/girl; boyfriend/girlfriend*
la sorella	*sister*
la sorellastra	*stepsister; half sister*
la sorellina	*little/younger sister*
lo/la zịo/a	*uncle/aunt*
maggiore	*elder*
minore	*younger*

I parenti acquisiti

il/la cognato/a	*brother-/sister-in-law*
il gẹnero	*son-in-law*
la nuora	*daughter-in-law*
il/la suọcero/a	*father-/mother-in-law*

Descrizioni personali

amaro/a	*bitter*
atlẹtico/a	*athletic*
attivo/a	*active*
avaro/a	*greedy*
brillante	*bright*
convinto/a	*earnest*
coraggioso/a	*courageous*
crudele	*cruel*
curioso/a	*curious*
dẹbole	*weak*
discreto/a	*discreet*
disponịbile	*helpful*
dolce	*sweet*
duro/a	*hard; tough*
egoista	*selfish*
enẹrgico/a	*energetic*
fedele	*faithful*
forte	*strong*
geloso/a	*jealous*
gentile	*kind*
giọvane	*young*
laborioso/a	*hardworking*
lamentoso/a	*whiny*
lento/a	*slow*
modesto/a	*modest*
paziente	*patient*
pọvero/a	*poor*
preferito/a	*favorite*
preoccupato/a	*worried*
pronto/a	*ready*
ricco/a	*rich*
spiritoso/a	*funny; clever*
stanco/a	*tired*
straniero/a	*foreign*
vecchio/a	*old*
veloce	*fast*

Professioni

l'architetto	*architect*
l'avvocato	*lawyer*
il/la cameriere/a	*waiter/waitress*
il/la giornalista	*journalist*
l'ingegnere	*engineer*
il/la musicista	*musician*
il/la parrucchiere/a	*hairdresser*
il/la proprietario/a	*owner*
l'uomo/la donna d'affari	*businessman/ business woman*

Gli animali domẹstici

il canarino	*canary*
il cane	*dog*
il gatto	*cat*
il pesce	*fish*

Verbi in *-ire*

aprire	*to open*
capire (-isc-)	*to understand*
dormire	*to sleep*
finire (-isc-)	*to finish*
offrire	*to offer*
partire	*to leave*
preferire (-isc-)	*to prefer*
pulire (-isc-)	*to clean*
seguire	*to follow; to take (a class)*
sentire	*to feel; to hear*
servire	*to serve*
spedire (-isc-)	*to send*

Espressioni ụtili	*See pp. 83 and 99.*
Possessives	*See p. 86.*
Prepositions	*See p. 88.*
Descriptive adjectives	*See pp. 102–103.*
Interrogatives and demonstratives	*See pp. 104–105.*

Tecnologia e moda

UNITÀ

4

Per cominciare
- Viola e Lorenzo fanno i compiti o fanno lo shopping?
- Hanno voglia di comprare una collana o una macchina fotografica digitale?
- Sono interessati oppure annoiati?
- Viola ha i capelli biondi o marroni?

Lezione

4A

Communicative Goals

You will learn how to:

- talk about electronic communication
- talk about computer technology

CONTESTI

La tecnologia

Vocabolario

usare la tecnologia	*using technology*
accẹndere	*to turn on*
cancellare	*to erase*
caricare	*to charge; to load*
cominciare	*to start*
comporre*	*to dial (a number)*
ẹssere connesso/a	*to be connected*
ẹssere in lịnea	*to be online*
funzionare	*to work, to function*
navigare in rete	*to surf the Internet*
registrare	*to record*
salvare	*to save*
scaricare	*to download*
spẹgnere*	*to turn off*
stampare	*to print*
tẹrmini tecnolọgici	*technology terms*
il canale (televisivo)	*(television) channel*
il cạrica batterịa	*battery charger*
la cartella	*folder*
il (computer) portạtile	*laptop (computer)*
il documento	*document*
l'e-mail (*f.*)	*e-mail message*
l'impianto stẹreo	*stereo system*
il lettore DVD	*DVD player*
la mạcchina fotogrạfica (digitale)	*(digital) camera*
il messaggio (di testo); l'SMS	*text message*
il micrọfono	*microphone*
la password	*password*
il programma	*program*
la rete	*network; Internet*
il sito Internet	*web site*
lo smartphone	*smartphone*
il videogioco	*video game*

il lettore MP3/CD

il cellulare

lo schermo

le cuffie

il disco rịgido

la tastiera

il mouse

la stampante

il tablet

risorse

SAM WB: pp. 49-50 | SAM LM: p. 28 | vhlcentral.com

Attenzione!

The conjugation of **comporre** (*to dial; to compose*) is irregular:

compongo	**componiamo**
componi	**componete**
compone	**compọngono**

Irregular verbs are marked with an asterisk (*) the first time they are presented in this text. See **Appendice D** for the full conjugation tables.

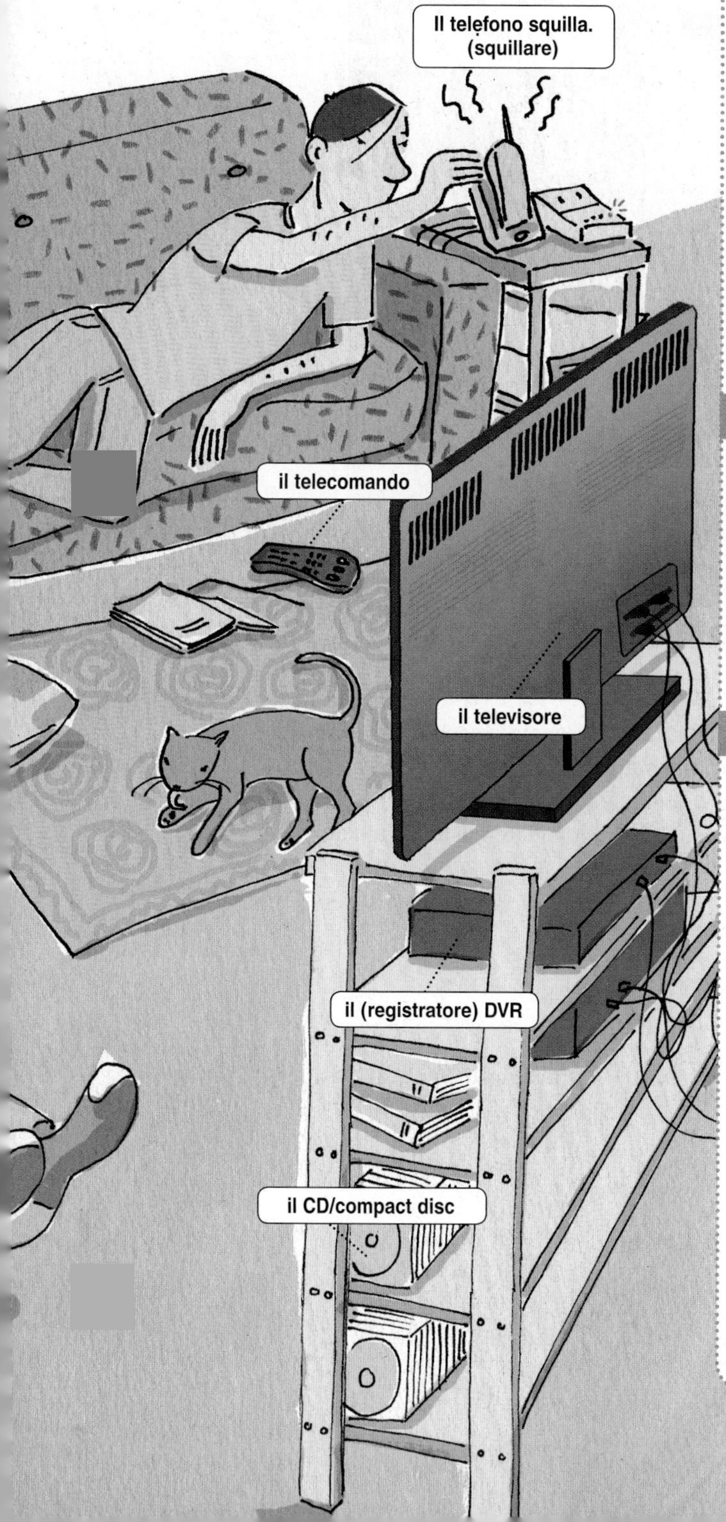

Il telẹfono squilla. (squillare)

il telecomando

il televisore

il (registratore) DVR

il CD/compact disc

Pratica

1 **Mettere etichette** Abbina (*Match*) ogni foto con la parola adatta dell'elenco (*list*).

a. il tablet
b. la tastiera
c. lo smartphone
d. l'impianto stereo
e. il telecomando
f. il microfono

1. ____

2. ____

3. ____

4. ____

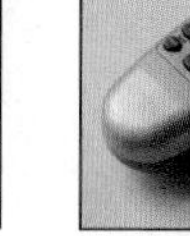

5. ____

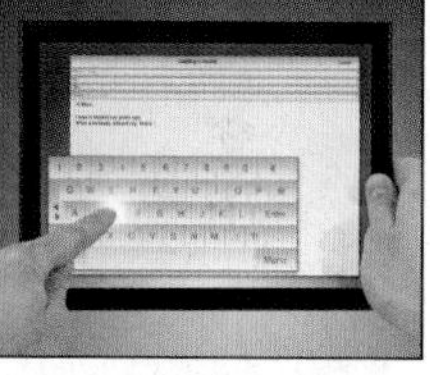
6. ____

2 **Completare** Completa ogni frase (*sentence*) con la parola o espressione giusta.

1. Lui __________ i documenti prima di (*before*) spegnere il computer.
2. Maurizio ha bisogno di essere __________ per vedere i siti Internet.
3. Outlook è un __________ per scrivere e leggere l'e-mail.
4. __________ di Marina squilla sempre durante la lezione.
5. Ambrosio porta il computer __________ in biblioteca per studiare.
6. Mi piace molto navigare __________.

3 **Scegliere** Scegli (*Choose*) la risposta migliore (*best*).

1. Puoi (*Can you*) stampare questo documento?
   a. Sì, accendo subito la stampante.
   b. Sì, ecco il cellulare!
   c. Sì, spengo la stampante.
2. Facciamo una fotografia!
   a. Prendo il lettore DVD.
   b. Prendo lo schermo.
   c. Prendo la macchina fotografica digitale.
3. Sento squillare un telefono!
   a. Sì, è il cellulare.
   b. Sì, è la rete.
   c. Sì, è il lettore MP3.
4. Per fare i compiti ho bisogno di...
   a. comporre il numero.
   b. accendere il computer.
   c. spegnere il programma.
5. Perché accendi lo stereo?
   a. per ascoltare questo CD
   b. per salvare questo programma
   c. per spegnere il registratore DVR.
6. Questo film è noioso!
   a. Dov'è lo schermo?
   b. Dov'è il carica batteria?
   c. Dov'è il telecomando?

Practice more at **vhlcentral.com.**

Comunicazione

4 **Cosa c'è nel negozio?** A coppie, fate domande sugli oggetti indicati.

S1: *C'è uno stereo?*
S2: *Sì, c'è uno stereo.*

carica batteria	lettore MP3/CD	telecomando
computer portatile	registratore DVR	televisore
cuffie	stampante	videogioco

5 **Di che cosa hanno bisogno?** A coppie, ascoltate le conversazioni e decidete di che cosa hanno bisogno le persone. Scrivi il numero della conversazione accanto (*next to*) all'oggetto giusto.

1. ____ il lettore CD
2. ____ il cellulare
3. ____ la macchina fotografica
4. ____ il telecomando

6 **La mia famiglia** In gruppi di tre, parlate dei vari dispositivi elettronici (*electronic devices*) che hanno in casa e che amano usare le vostre famiglie.

MODELLO

S1: *Mia sorella adora parlare al telefono! Usa il cellulare tutto il giorno.*
S2: *Mio fratello ha un lettore MP3 molto bello. Gli piace ascoltare la musica...*

7 **Parole crociate** Lavorate a coppie. L'insegnante vi darà (*will give you*) due fogli diversi, ciascuno (*each one*) con uno schema di parole crociate (*crossword puzzle*) incompleto. A turno, fate domande e date definizioni per completare gli schemi.

MODELLO

S1: *Uno orizzontale (across): usi questo oggetto per fare fotografie.*
S2: *La macchina fotografica!*

Pronuncia e ortografia

The letter *r*

faro **loro** **prẹndere** **rịdere**

Unlike in English, the Italian **r** is pronounced at the front of the mouth with the tip of the tongue touching the roof of the mouth near the teeth. This results in a rolled or tapped *r* sound.

arrivare **farro** **porre** **terra**

The double **r** is held for an extra beat and has a trilled sound.

rana **ricotta** **risotto** **Roma**

When **r** appears at the beginning of a word, it is important to flap the tip of the tongue near the upper teeth to ensure proper trilled pronunciation of both the **r** and the vowel that follows.

cạmera **crẹdere** **ora** **prete**

When **r** follows a vowel, correct pronunciation of the preceding vowel will ease the rolling of the **r**. When preceded by a consonant, **r** maintains its rolled sound.

Pronunciare Ripeti le parole ad alta voce.

1. radio
2. comporre
3. per
4. restare
5. arte
6. cronica
7. caro
8. rosso
9. raro
10. troppo
11. programma
12. registratore

Articolare Ripeti le frasi ad alta voce.

1. Mario corre al ristorante.
2. Porti una camicia azzurra martedì?
3. Compro una rosa per mia madre.
4. Loro arrivano a Roma.
5. Carlo Rossi scrive un romanzo.
6. Fa fresco d'inverno a Firenze?

Proverbi Ripeti i proverbi ad alta voce.

[1] He who laughs last, laughs best.
[2] Red sky at night, sailor's delight. (lit. Red in the evening, one expects beautiful weather.)

FOTOROMANZO

Un brindisi per il laptop

Video: *Fotoromanzo*

PERSONAGGI

Emily

Lorenzo

Paolo

Riccardo

Viola

EMILY Peter vuole venire in Italia.
VIOLA E tu che ne pensi?
(Emily scrolla le spalle.)
VIOLA Ma non puoi dirlo, vero?

EMILY Voglio un caffè... Vieni con me?
VIOLA Va bene.
RICCARDO Scusa Emily, posso usare il computer per scaricare una canzone?
EMILY Certo.
RICCARDO Grazie. Ti devo un favore.

RICCARDO Sei connessa? Voglio navigare su Internet. Lo schermo del mio cellulare è difficile da usare. Qual è la password?
(Emily scrive la password.)
RICCARDO Grazie. Deve essere l'ora del caffè. Aspettate.
EMILY Sbrigati.

LORENZO Vuol dire «venire a Roma». Chi viene a Roma?
VIOLA Peter.
LORENZO Chi è Peter?
RICCARDO Il ragazzo di Emily.
PAOLO Tu hai un ragazzo?
EMILY Non è esattamente il mio ragazzo. Usciamo insieme di tanto in tanto da cinque mesi.

EMILY Non voglio vedere Peter a Roma.
LORENZO È un egoista. Non capisce che tu vuoi frequentare l'università e fare nuove amicizie.
EMILY Sì.
RICCARDO Francesca!
VIOLA Chi è Francesca?
LORENZO È la mia ex-ragazza.

PAOLO Il tuo computer funziona adesso.
EMILY Grazie mille, Paolo!
PAOLO Però devi salvare i tuoi documenti!
RICCARDO Ho un'idea, ragazzi: possiamo fare un canale TV.
VIOLA Che vuoi dire?

ATTIVITÀ

1 Vero o falso? Decidi se le seguenti affermazioni sono vere o false.

1. Peter vuole andare in Italia.
2. Riccardo vuole usare il computer per scaricare un film.
3. Riccardo ha un cellulare.
4. Paolo aggiusta il computer.
5. Paolo cancella il disco rigido.
6. Emily e Peter escono insieme da otto mesi.
7. Francesca è la ragazza di Riccardo.
8. Riccardo vuole fare un blog della pensione.
9. Paolo è un esperto d'informatica.
10. Secondo Lorenzo, Riccardo non è intelligente.

Practice more at **vhlcentral.com.**

I ragazzi decidono di creare un blog della pensione.

EMILY Che succede al mio computer?
RICCARDO Non lo so. Io e Peter...
EMILY Peter?
PAOLO Tutto bene?
EMILY Paolo! Puoi aggiustare il mio computer?
PAOLO Tranquilla, ci penso io.

EMILY Non puoi più usare il mio computer, Riccardo.
PAOLO Posso cancellare il disco rigido?
EMILY No! Sei pazzo?
PAOLO Scusa, Emily. Posso farcela lo stesso. Devo caricare un programma da un CD-ROM.
RICCARDO Cosa vuol dire «*coming to Rome*»?

RICCARDO Blog della pensione. Con il sito di Emily possiamo dire alle nostre famiglie e ai nostri amici com'è la nostra vita a Roma. E Paolo può essere il nostro «piccolo esperto informatico».
VIOLA Che bello!
PAOLO Come «piccolo»?

LORENZO Sei un genio, Riccardo.
RICCARDO Che ne pensi, Emily?
EMILY Ora posso prendere trenta in Cultura Italiana.

Espressioni utili

Expressing possibility, desire, and obligation

- **Vuole venire in Italia.** *He wants to come to Italy.*
- **Ma non puoi dirlo, vero?** *But you can't say that, right?*
- **Puoi aggiustare...?** *Can you fix . . . ?*
- **Non puoi più usare il mio computer.** *You can't use my computer anymore.*
- **Posso farcela lo stesso.** *I can do it anyway.*
- **Possiamo dire ai nostri amici com'è la nostra vita a Roma.** *We can tell our friends what our life in Rome is like.*
- **Voglio...** *I want . . .*
- **Posso usare...?** *Can I use . . . ?*
- **Ti devo un favore.** *I owe you one.*
- **deve essere** *it must be*

Additional vocabulary

- **Che ne pensi?** *What do you think (about it)?*
- **Vieni con me?** *Are you coming with me?*
- **Che cosa vuol dire...?** *What does . . . mean?*
- **Usciamo insieme di tanto in tanto da cinque mesi.** *We've been going out on and off for five months.*
- **Sbrigati.** *Hurry up.*
- **Ci penso io.** *I'll take care of this.*
- **Come «piccolo»?** *What do you mean, "little"?*
- **Sei un genio.** *You're a genius.*
- **Va bene.** *OK.*

ATTIVITÀ

2 Per parlare un po' A coppie, descrivete come usate la tecnologia. Avete un computer? Per che cosa usate il computer di solito? Avete un blog? Perché sì o perché no?

3 Approfondimento Alcune invenzioni tecnologiche importanti sono di origine italiana. Fai una ricerca e scopri chi e quando ha inventato (*invented*) il telescopio, la pila (*battery*) e la radio. Poi cerca un'immagine di una di queste persone e descrivi le sue caratteristiche fisiche.

risorse

SAM VM: pp. 13–14 | vhlcentral.com

CULTURA

IN PRIMO PIANO

Gli italiani sempre raggiungibili°

Gli studenti italiani vivono immersi° nella tecnologia ogni giorno della loro vita, da quando si svegliano° a quando vanno a dormire. Al mattino la sveglia del cellulare segnala° l'inizio della giornata. È poi il momento di controllare la posta elettronica e scrivere qualche e-mail. Prima di uscire di° casa i giovani prendono sempre il lettore MP3, un accessorio fondamentale, e naturalmente, tengono il cellulare sempre acceso°, ventiquattro ore su ventiquattro°.

Anche le strade italiane, come quelle americane, sono piene° di persone che parlano da sole°, perché usano apparecchi Bluetooth e cuffie. Tuttavia non è ancora possibile comparare l'Italia e gli Stati Uniti per quanto riguarda° l'uso di Internet nei bar°. Le catene° di caffè non sono molto diffuse° in Italia e i numerosi bar sono solamente un luogo di ritrovo° e non un ufficio con tanti computer portatili. Ci sono, però, degli Internet café a pagamento° per navigare in rete o per stampare documenti, soprattutto nelle grandi città.

Un metodo di comunicazione molto popolare tra i giovani sono gli SMS e i messaggi istantanei. È inoltre comune «fare uno squillo» sul cellulare degli amici, cioè fare squillare il telefono per poco, senza aspettare una risposta, con il significato di «ti penso°», «va bene», «sto uscendo° di casa adesso». L'uso della segreteria telefonica° non è diffuso e lasciare° i messaggi vocali non è quasi mai necessario perché gli italiani hanno generalmente il cellulare acceso e sono sempre raggiungibili.

raggiungibili *reachable* **immersi** *immersed* **si svegliano** *they wake up* **segnala** *marks* **Prima di uscire di** *Before leaving* **acceso** *turned on* **ventiquattro ore su ventiquattro** *twenty-four hours a day* **piene** *full* **da sole** *by themselves* **per quanto riguarda** *in terms of* **bar** *cafés* **catene** *chains* **diffuse** *widespread* **luogo di ritrovo** *meeting place* **a pagamento** *for pay* **ti penso** *I'm thinking of you* **sto uscendo** *I'm leaving* **segreteria telefonica** *voicemail* **lasciare** *leaving*

La diffusione di Internet e cellulari in Italia

Dotati di accesso a Internet da casa	75% d'Italiani 11-74 anni
Possessori di cellulare	97% d'Italiani maggiori di 16 anni
Possessori di smartphone	62% d'Italiani maggiori di 16 anni
Possessori di più di un dispositivo mobile	35% d'Italiani maggiori di 16 anni

FONTE: Nielsen (2013)

ATTIVITÀ

1 **Vero o falso?** Indica se l'affermazione è **vera** o **falsa**. Correggi le affermazioni false.

1. Il cellulare degli italiani è generalmente sempre acceso.
2. Tutti gli studenti usano un orologio sveglia al mattino.
3. Anche in Italia, come negli Stati Uniti, molte persone vanno nei bar con il computer portatile.
4. In Italia sono molto diffusi i lettori MP3.
5. Ci sono molti italiani che camminano e parlano al cellulare.
6. In Italia le catene di caffè non sono molto diffuse.
7. Negli Internet café è possibile usare il computer senza pagare.
8. I giovani scrivono lettere per dire «ti penso».
9. Gli italiani spesso lasciano messaggi vocali in segreteria telefonica.
10. Il bar italiano è un luogo di ritrovo.

Practice more at **vhlcentral.com.**

L'ITALIANO QUOTIDIANO

Gli SMS

Messaggio	Significato italiano
ASP	*Aspetta!*
KE	*Che*
C6 STAS?	*Ci sei stasera?°*
CMQ	*Comunque°*
XCHE	*Perché*
TVB	*Ti voglio bene°.*
TA	*Ti amo°.*

Ci sei stasera? *Are you around tonight?* **Comunque** *However*
Ti voglio bene *I care for you* **Ti amo** *I love you*

USI E COSTUMI

Navigare in Internet in Italia

Il mouse, **l'e-mail** e **il sito web** sono veramente parole italiane? È comune, infatti, usare parole inglesi nel campo delle tecnologie informatiche°. Spesso si parla del **software** e molti giovani passano ore a **chattare** con i programmi di messaggi istantanei. Esistono°, però, parole italiane per sostituire° quelle inglesi. Per esempio la **chiocciola** è il nome del simbolo «@» degli indirizzi e-mail, oppure, per dirlo all'italiana°, la **posta elettronica**. Quindi l'indirizzo **mario_rossi@posta.it** si dice «mario-trattino basso°-rossi-chiocciola-posta-punto-it». Anche i siti web hanno una pronuncia italiana: «vu-vu-vu-punto-rai-punto-it» corrisponde a **www.rai.it**, che permette di connettersi° al sito della Radiotelevisione Italiana, dove è possibile guardare i telegiornali° nazionali e regionali.

tecnologie informatiche *information technology* **Esistono** *There exist*
per sostituire *to substitute* **per dirlo all'italiana** *to say it the Italian way*
trattino basso *underscore* **connettersi** *to connect*
telegiornali *news programs*

RITRATTO

Carlo Rubbia

Il fisico° **Carlo Rubbia** nasce a Gorizia nel 1934. Si interessa alla scienza e al pensiero scientifico fin da bambino, soprattutto all'elettronica e alla meccanica. Nel 1957 si laurea° presso° la Scuola Normale di Pisa, una delle università più prestigiose d'Italia. Poi decide di trasferirsi° negli Stati Uniti per fare ricerca presso la Columbia University. S'innamora degli° Stati Uniti, dove ritorna nel 1971; per circa quindici anni insegna alla Harvard University. Durante i suoi continui viaggi certamente non perde tempo°; al contrario, con la collaborazione di altri fisici, vince il premio Nobel per la fisica nel 1984 per la scoperta delle particelle° W e Z.

fisico *physicist* **pensiero scientifico** *scientific ideas* **si laurea** *he graduates*
presso *at* **trasferirsi** *to move* **S'innamora degli** *He falls in love with*
certamente non perde tempo *he certainly wastes no time*
scoperta delle particelle *discovery of the particles*

SU INTERNET

Facebook è comune anche in Italia? Chi lo usa?

Go to **vhlcentral.com** to find more information related to this **CULTURA**.

ATTIVITÀ

2 Completare Completa le frasi.

1. Carlo Rubbia è un ________.
2. Ha fatto molti viaggi negli ________.
3. Ha vinto il premio ________ per una sua scoperta in fisica.
4. Negli indirizzi e-mail il simbolo «@» si chiama ________.
5. Sul sito della Rai è possibile guardare i ________.
6. Per chattare i giovani scrivono messaggi ________.

3 A voi A coppie, discutete le differenze tra gli Stati Uniti e l'Italia per quanto riguarda la tecnologia.

1. Negli Stati Uniti è comune mandare SMS?
2. Le persone adulte usano il cellulare?
3. Gli americani sono maniaci del (*crazy about*) cellulare come gli italiani?

4A.1 *Dovere, potere,* and *volere*

Punto di partenza The verbs **dovere** (*to have to/must; to owe*), **potere** (*to be able to/can*), and **volere** (*to want*) are irregular. All three are commonly used in two-verb constructions with infinitives to express what someone *has to*, *can*, or *wants to* do.

dovere (to have to)	
devo	dobbiamo
devi	dovete
deve	devono

- **Dovere** is normally used with other verbs to express obligation. Use a conjugated form of **dovere** + [*infinitive*] to express what *has to* or *must* be done.

  Devo scaricare il documento.
  ***I must download** the document.*

  Dovete comporre il numero.
  ***You have to dial** the number.*

- In addition to obligation, **dovere** + [*infinitive*] can imply probability.

  Non risponde! Il suo cellulare **deve essere** spento.
  *There's no answer! His phone **must be** switched off.*

- **Dovere** also means *to owe*. In this case, **dovere** is used without another verb.

  Devi cento euro alla mamma?
  ***Do you owe** Mom 100 euros?*

  Non dobbiamo niente.
  ***We don't owe** anything.*

- Like **dovere**, **potere** is normally used with other verbs. The verb that follows **potere** must always be in the infinitive form.

potere (to be able to)	
posso	possiamo
puoi	potete
può	possono

Puoi salvare la password?
***Are you able to save** the password?*

Non posso accendere la TV.
***I can't turn on** the TV.*

PRATICA

1 Completare Completa ogni frase con la forma corretta di **volere** e **dovere**.

1. Io __________ mangiare bene, quindi __________ preparare i broccoli e gli zucchini.
2. Lino __________ ascoltare la musica, quindi __________ comprare un lettore MP3.
3. Noi __________ prendere un buon voto, quindi __________ studiare.
4. I bambini __________ giocare a calcio, quindi __________ chiamare gli amici.
5. Tu __________ guardare la televisione, quindi __________ fare i compiti.
6. Voi __________ scrivere un libro, quindi __________ fare molta ricerca.

2 Descrivere Crea frasi complete per descrivere che cosa possono fare queste persone al computer.

MODELLO Giovanni / cancellare il documento
Giovanni può cancellare il documento.

1. Marco / navigare in rete
2. Benito e Anna / scaricare il programma
3. tu e Giovanni / stampare i documenti
4. io / salvare l'e-mail
5. io e Patrizio / registrare la password
6. tu / spegnere il computer

3 Identificare Usa i disegni per spiegare che cosa vuole comprare ogni persona.

MODELLO Lorenzo / videogioco
Lorenzo vuole comprare un videogioco.

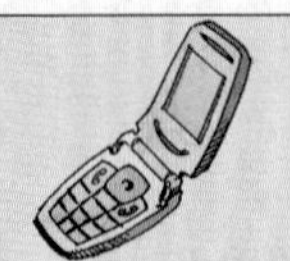
1. noi / cellulare

2. l'insegnante / computer portatile

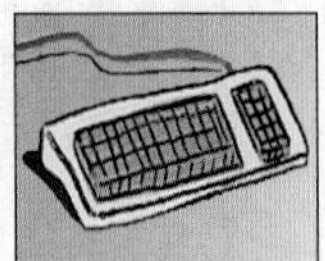
3. Sofia e Marco / tastiera

4. voi / televisore

5. io / stampante

6. Susanna / cuffie

Practice more at **vhlcentral.com.**

COMUNICAZIONE

4 **Consigli** A coppie, guardate che cosa vogliono fare le persone a sinistra (*on the left*) e decidete quale attività a destra (*on the right*) devono fare. Poi create una frase completa.

MODELLO

Giorgio / stampare documenti → comprare una stampante
Giorgio vuole stampare documenti, quindi deve comprare una stampante.

1. io / ascoltare il CD	imparare a nuotare
2. Luigi e Ugo / fare fotografie	comprare la macchina fotografica
3. tu / fare la modella	andare in biblioteca
4. noi / imparare l'italiano	essere in forma
5. gli studenti / studiare molto	cercare le cuffie
6. Mario / fare nuoto	avere un dizionario

5 **Cosa possiamo fare?** In gruppi di tre, parlate di ogni oggetto e dite che cosa volete o potete fare con quell'oggetto.

MODELLO un cellulare

S1: *Voglio usare il cellulare per chiamare gli amici.*
S2: *Io posso usare il cellulare per mandare SMS.*

1. un computer
2. uno smartphone
3. un impianto stereo
4. una macchina fotografica
5. un registratore DVR
6. un telecomando

6 **Inviti** In gruppi di quattro, fate a turno a invitare i vostri amici alle varie attività. Se rifiutate un invito (*you turn down an invitation*), dite che cosa dovete o volete fare invece (*instead*).

MODELLO

S1: *Volete giocare a calcio?*
S2: *Voglio, ma non posso. Devo studiare.*

1.

2.

3.

4.

5.

6.

- **Potere** can express either ability (the equivalent of *can* in English) or permission to do something (*may* in English).

Non posso trovare il telecomando!
***I can't** find the remote control!*

Posso usare il tuo cellulare?
***May I** use your cell phone?*

- **Volere** can be used either with nouns or with verbs in the infinitive form.

volere (to want)

voglio	vogliamo
vuoi	volete
vuole	vogliono

Vuoi comprare un computer?
***Do you want to buy** a computer?*

Sì, **voglio** un nuovo computer.
*Yes, **I want** a new computer.*

- In **Lezione 2B** you learned the expression **avere voglia di**. Use this expression to mean *to feel like having/doing something*; use the verb **volere** to express *to want*.

Hai voglia di guardare la TV?
***Do you feel like** watching TV?*

Vogliono navigare in rete.
***They want** to surf the Internet.*

- **Volere** followed by the infinitive **dire** (*to say; to tell*) expresses *to mean*. Use the expression **Cosa vuol dire...?** to ask what something means. Note that the form **vuole** is commonly shortened to **vuol** in this construction.

Se squilla, **vuol dire** che funziona.
*If it rings, **it means** it's working.*

Cosa vogliono dire queste frasi?
***What do** these sentences **mean**?*

Provalo! Completa ogni frase con la forma corretta del verbo indicato.

dovere

1. Tu ___devi___ tornare a mezzogiorno?
2. Virginia ________ mangiare alle dodici e trenta.
3. Noi ________ dare alla mamma venti euro.

potere

4. Io non ________ lavare i piatti (*dishes*) stasera.
5. Tu ________ comprare i biglietti per il cinema?
6. Gianna ________ andare all'università in bicicletta.

volere

7. Voi ________ andare al ristorante domenica?
8. Anna, ________ un caffè o un cappuccino?
9. I professori ________ preparare un esame facile.

4A.2 *Dire, uscire,* and *venire,* and disjunctive pronouns

Punto di partenza The verbs **dire** (*to say; to tell*), **uscire** (*to go out; to leave*), and **venire** (*to come*) are irregular.

dire, uscire, and *venire*

	dire	uscire	venire
io	dico	esco	vengo
tu	dici	esci	vieni
Lei/lui/lei	dice	esce	viene
noi	diciamo	usciamo	veniamo
voi	dite	uscite	venite
loro	dịcono	ẹscono	vẹngono

- Most forms of **dire** use the stem of the original Latin infinitive *dicere*.

  Diciamo «Ciao» al professore tutte le mattine.
  We say *"Hi" to the professor every morning.*

  L'insegnante **dice** che devo stampare i compiti.
  *The teacher **says** I have to print out the homework.*

- **Dire** means *to say* or *to tell*. Do not confuse it with **parlare** (*to speak*), which you learned in **Lezione 2A**.

  Cosa dici a Stefania?
  What are you telling *Stefania?*

  Parli a Stefania?
  Are you speaking *to Stefania?*

- **Uscire** is irregular in all but the **noi** and **voi** forms.

  Usciamo sempre con le amiche.
  *We always **go out** with our girlfriends.*

  Da quanto tempo **esce** con Davide?
  *How long **has she been going out** with Davide?*

- Use **uscire** for the English *to leave* only in the sense of *to go out of*. To express *to depart*, use **partire**, which you learned in **Lezione 3A**.

  Stasera mio fratello **non esce** di casa.
  *My brother **is not leaving** the house tonight.*

  Le mie sorelle **partono** per l'Italia domani.
  *My sisters **are leaving** for Italy tomorrow.*

- The verb **riuscire** (*to succeed; to manage*) follows the same pattern of conjugation as **uscire**. Use **riuscire a** + [*infinitive*] in two-verb constructions.

  Riuscite a caricare la foto? Io non posso.
  Can you manage *to upload the photo? I can't.*

  Voglio mandare un e-mail, ma **non riesco**.
  I want to send an e-mail, but I'm not succeeding.

PRATICA

1 Identificare Scegli l'espressione che meglio completa le frasi. Usa ogni espressione una volta.

1. Giacomo telefona ___
2. Anna viene al cinema ___
3. Non esco ___
4. Antonio studia italiano ___
5. L'esame è facile ___
6. Finiamo l'esame ___

a. secondo noi.
b. da sé.
c. prima di lei.
d. con me.
e. senza di te.
f. a loro.

2 Completare Completa la conversazione con la forma corretta del verbo indicato.

GIULIO Voglio giocare a calcio, ma devo studiare.

LORENZO Anch'io studio, ma io (1) ________ (uscire) stasera, vado al cinema. Perché non (2) ________ (venire) con me?

GIULIO Sì! Che (3) ________ (dire / tu), andiamo a vedere il film *La grande bellezza*?

LORENZO Va bene. I critici (4) ________ (dire) che è un film eccezionale. Invitiamo Davide?

GIULIO D'accordo. Angela e Davide (5) ________ (uscire) insieme, quindi invitiamo anche Angela.

LORENZO Perfetto. Voi (6) ________ (venire) a casa mia alle sette e andiamo al cinema insieme.

GIULIO Bene. A stasera!

3 Creare Crea frasi complete.

MODELLO io / uscire / con Maria
Io esco con Maria.

1. la mamma / dire / ai bambini / di non mangiare le caramelle
2. tu / uscire / sempre il sabato sera?
3. i bambini / venire / a scuola tutti i giorni
4. io / uscire / per comprare vestiti nuovi
5. noi / dire / che fa freddo!
6. tu e Francesco / venire / al ristorante con noi

Practice more at **vhlcentral.com.**

COMUNICAZIONE

4 **Programmi** A coppie, leggete che cosa fanno le persone questo pomeriggio. Fate domande per scoprire se stanno a casa o escono.

MODELLO io e tu / giocare a scacchi

S1: *Io e tu usciamo oggi pomeriggio?*
S2: *No, non usciamo. Giochiamo a scacchi.*

1. voi / sciare
2. le ragazze / uscire con le amiche
3. Rachele / giocare a carte
4. io / andare al cinema con Stefano
5. tu / nuotare
6. io e Monica / guardare la televisione

5 **Chi viene?** A coppie, leggete le risposte a un invito per un seminario di computer. Scrivete un riassunto (*summary*) di chi viene e chi non viene. Includete il numero totale di persone che vengono.

MODELLO

S1: *Anna viene al seminario.*
S2: *Fabrizio e Donna non vengono al seminario.*
S1: *In totale ____ persone vengono al seminario.*

Anna	sì
Fabrizio e Donna	no
Antonella	no
Giuditta	sì
Matteo	sì
Doria e Nino	sì
Patrizia	no
Antonello	sì

6 **Da solo o in compagnia?** In gruppi di tre, fate a turno a dire se fate queste attività da soli o in compagnia.

MODELLO

S1: *Io navigo su Internet da solo.*
S2: *Davvero (Really)? A me piace navigare su Internet con gli amici.*

ascoltare la musica	guardare la TV
fare i compiti	navigare su Internet
giocare a pallacanestro	passeggiare nel parco
giocare ai videogiochi	studiare per gli esami

- Like **uscire**, **venire** is regular in only the **noi** and **voi** forms.

Vieni in Sicilia a luglio?
Are you coming to Sicily in July?

Oggi **non venite** a lezione.
You're not coming to class today.

Disjunctive pronouns

Disjunctive pronouns (**Pronomi tonici**) are the pronoun forms used after prepositions (see **Lezione 3A**). Note that the third person forms use different words to refer to *one* and *oneself.*

Pronomi tọnici

me	*me, myself*	**noi**	*us, ourselves*
te	*you, yourself*	**voi**	*you, yourselves*
Lei	*you* (form.)		
lui/lei	*him/her*	**loro**	*them*
sé	*yourself* (form.); *himself/herself/itself*	**sé**	*themselves*

Davide esce **con lei**.
*Davide is going out **with her**.*

Diciamo «Arrivederci» **a Lei**?
*Do we say goodbye **to you**?*

- Some prepositions add **di** before a disjunctive pronoun, including **dopo** (*after*), **prima** (*before*), **senza** (*without*), **su** (*on*), and **sotto** (*under*). **Secondo** (*According to*) is used alone.

Uscite **senza di noi**?
*Are you going out **without us**?*

Secondo lei, è facile scaricare le foto.
***According to her**, it's easy to download the photos.*

- **Da** is often used before a disjunctive pronoun to mean *by oneself.* In this case, use **sé** for the third-person forms. Remember, **da** can also indicate *at* a person's home or workplace.

Installa il programma **da sé**.
*It installs the program **by itself**.*

Faccio il sito **da me**.
*I'm making the web site **by myself**.*

Vieni **da me** alle otto.
*You're coming **to my place** at 8:00.*

Vai **da loro** oggi?
*Are you going **to their place** today?*

Provalo! **Completa la tabella con le forme mancanti (*missing*) di ogni verbo.**

	dire	uscire	venire
1. io	dico	______	vengo
2. tu	dici	______	vieni
3. Lei/lui/lei	______	esce	______
4. noi	______	usciamo	______
5. voi	dite	______	______
6. loro	dicono	______	______

Ricapitolazione

1 **Cosa fare?** A coppie, guardate le scene e immaginate di essere lì. Dite almeno (*at least*) quattro cose che potete o volete fare in ogni situazione.

MODELLO

S1: *In campagna (the country) voglio camminare.*
S2: *Io posso andare a cavallo.*

2 **Volere e dovere** Lavorate in gruppi di tre. A turno, dite quattro cose che volete fare e quattro cose che dovete fare questo fine settimana.

MODELLO

S1: *Voglio andare al cinema, ma devo scaricare un programma dal computer.*
S2: *Io devo stampare i miei compiti, ma voglio giocare a pallacanestro con i miei amici.*

3 **L'orario del fine settimana** In gruppi di quattro, fate a turno a dire che cosa fate quando uscite il fine settimana. Se non uscite, dite cosa fate a casa.

MODELLO

S1: *Quando esco con il mio amico Sebastiano, andiamo in discoteca.*
S2: *Io e Jessica non usciamo; ascoltiamo musica a casa e cantiamo.*
S3: *Noi usciamo e andiamo al ristorante vicino all'università.*

4 **Cercasi informatico** A coppie, create un annuncio di lavoro (*job ad*) per un tecnico informatico per la scuola. Fate una lista delle qualità che cercate. L'annuncio deve essere quanto più completo possibile (*as complete as possible*).

MODELLO

S1: *Il nuovo tecnico deve potere scaricare tutti i nuovi programmi.*
S2: *Il candidato perfetto deve…*

5 **Una festa fantastica** Completa la seguente inchiesta (*survey*). Poi, in gruppi di quattro, paragonate (*compare*) le risposte per descrivere l'ospite (*guest*) perfetto.

MODELLO

S1: *L'ospite perfetto vuole guardare la televisione.*
S2: *No, no, no! L'ospite perfetto vuole organizzare attività!*
S3: *Secondo me, l'ospite perfetto…*

L'ospite perfetto...	Sì	No
1. vuole ballare/cantare?		
2. viene da solo o con amici?		
3. suona la chitarra?		
4. aiuta a pulire?		
5. è estroverso ed energico?		
6. porta da mangiare e da bere?		
7. aiuta con l'organizzazione?		
8. può offrire intrattenimento?		
9. deve organizzare attività?		
10. porta fotografie delle sue vacanze?		
11. ha altre qualità?		

6 **Pettegolezzi** Lavorate a coppie. L'insegnante vi darà (*will give you*) due fogli diversi, ciascuno (*each one*) con metà d'una conversazione. A turno, fate domande per ricostruire (*reconstruct*) la conversazione intera.

MODELLO

S1: *Cosa dice Gina?*
S2: *Gina dice che Alba esce con Carlo. Cosa dice Daniele?*
S1: *Daniele dice che…*

risorse

SAM WB: pp. 51–54	SAM LM: pp. 30–31	vhlcentral.com

Video: TV Clip

Lo Zapping

TIM (Telecom Italia Mobile)

Una delle figure più importanti della storia italiana moderna è il generale e politico Giuseppe Garibaldi. Garibaldi ha avuto un ruolo centrale nel processo di unificazione italiana (completato nel 1861) ed è conosciuto come "eroe° dei due mondi" per le sue altrettanto° eroiche imprese° in America Latina. Garibaldi si trovò° spesso in disaccordo con un altro personaggio chiave° nel processo di unità nazionale: il politico Giuseppe Mazzini. In questo spot la loro rivalità viene attualizzata° "a colpi° di Facebook" grazie all'offerta di TIM, una delle più importanti compagnie italiane di telefonia mobile.

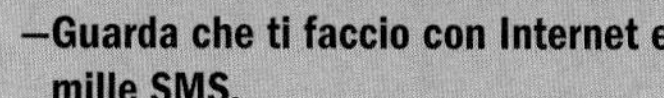
—Guarda che ti faccio con Internet e mille SMS.

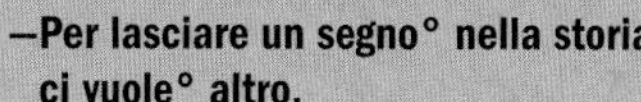
—Per lasciare un segno° nella storia ci vuole° altro.

—Te la posto sul tuo Facebook?
—No, meglio su quello di Mazzini.

Comprensione Rispondi alle seguenti domande.

1. Secondo Garibaldi, qual è il luogo migliore (*best*) per postare la foto del suo esercito (*army*)?
2. Che cosa offre la promozione TIM YOUNG?

Discussione A coppie, rispondete a queste domande.

1. Quanti SMS o messaggi in chat mandate mediamente (*on average*) al giorno? Con chi vi scambiate (*exchange*) più messaggi?
2. Ci sono momenti in cui tenete il cellulare spento, o siete senza cellulare? Se sì, quali e perché. Se no, cosa vi spinge (*pushes*) ad avere sempre il cellulare acceso?
3. Secondo voi, quanto e come l'uso dei cellulari e l'idea di essere sempre connessi ha cambiato il concetto di "stare insieme"?

Practice more at **vhlcentral.com.**

eroe *hero* **altrettanto** *equally* **imprese** *feats* **si trovò** *found himself* **chiave** *key* **attualizzata** *updated* **colpi** *shots* **segno** *mark* **ci vuole** *it takes*

Lezione

4B

Communicative Goals

You will learn how to:

- describe clothing
- talk about shopping

Facciamo spese

Vocabulary Tools

Vocabolario

l'abbigliamento	***clothing***
la biancheria intima	*underwear*
il calzino	*sock*
la camicetta	*blouse*
la camicia	*dress shirt*
la canottiera	*tank top*
il cappotto	*overcoat*
la felpa	*sweatshirt*
la gonna	*skirt*
il guanto	*glove*
i jeans	*jeans*
la maglietta (a maniche corte/lunghe)	*(short-/long-sleeved) T-shirt*
il maglione	*sweater*
i pantaloni	*pants, trousers*
lo stivale	*boot*
la taglia	*clothing size*
il tailleur	*women's suit*
la valigetta	*briefcase*
il vestito	*dress; suit*
per parlare dei vestiti	***talking about clothes***
il cotone	*cotton*
la lana	*wool*
la pelle	*leather*
la seta	*silk*
a righe	*striped*
a tinta unita	*solid color*
azzurro/a	*sky blue*
beige (*invar.*)	*beige*
chiaro/a	*light*
scuro/a	*dark*
fare spese	***shopping***
il/la commesso/a	*salesperson*
i saldi	*sales*
ciascuno/a	*each (one)*
costoso/a	*expensive*
largo/a	*loose, big*
stretto/a	*tight-fitting*

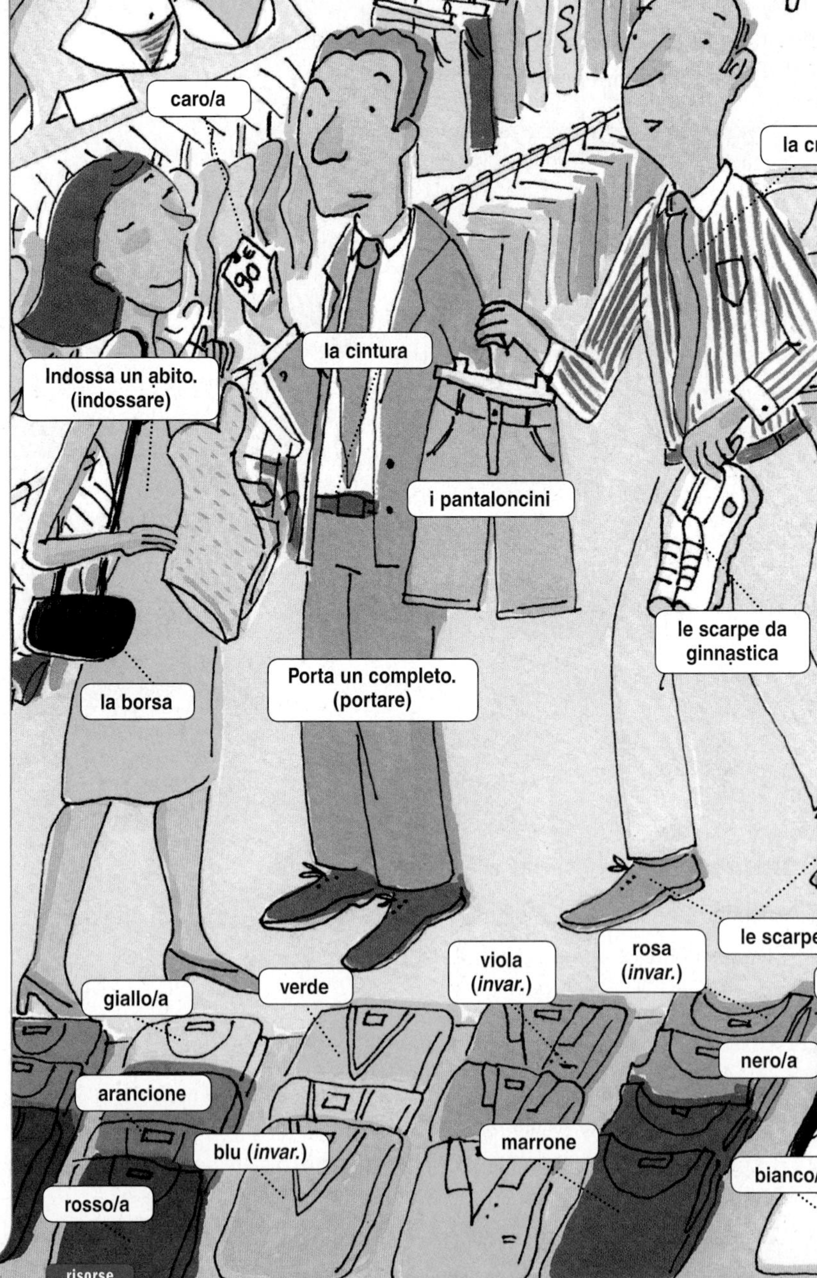

risorse

SAM WB: pp. 55-56 | SAM LM: p. 32 | vhlcentral.com

Attenzione!

Note that the adjectives **beige**, **blu**, **rosa**, and **viola** are invariable; they do not change to match the gender or number of the noun they modify.

Adoro questa giacca blu!
Renata porta un abito rosa.

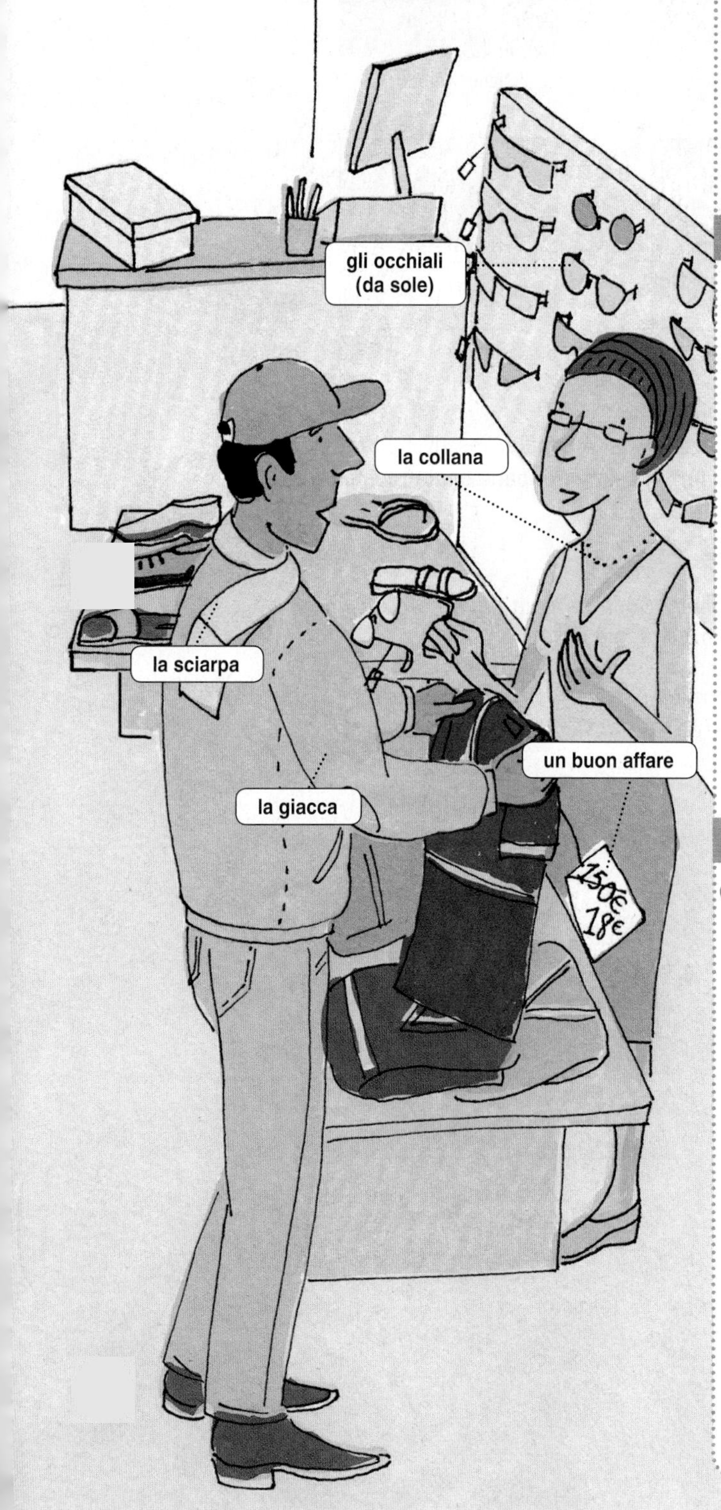

gli occhiali (da sole)
la collana
la sciarpa
un buon affare
la giacca
150€ 18€

Pratica

1 Trova l'intruso

Trova la parola che non appartiene (*doesn't fit*) al gruppo.

MODELLO la cravatta, lo stivale, (il rosso), il vestito

1. rosa, cappello, giallo, verde
2. il cappotto, il calzino, i pantaloni, il commesso
3. la gonna, l'abito, la cravatta, il tailleur
4. le scarpe, i pantaloncini, i jeans, i pantaloni
5. la borsa, l'arancione, la collana, la cintura
6. la maglietta, la camicetta, il guanto, la felpa
7. a righe, blu, scuro, i saldi
8. il costume da bagno, il maglione, la sciarpa, il cappotto

2 Mettere etichette

Etichetta ogni foto con il colore corretto.

1. ____________

2. ____________

3. ____________

4. ____________

5. ____________

6. ____________

3 Completare

Scegli dalla lista la parola o espressione corretta per completare ogni frase.

cappotto	costume da bagno	gonna	scarpe da ginnastica
cintura	cravatta	occhiali da sole	stivali

1. Voglio andare a nuotare. Dov'è il mio __________?
2. Non mi piacciono i pantaloni. Preferisco portare la __________.
3. Oggi fa freddo. Penso di indossare il __________.
4. Questi pantaloni sono troppo larghi! Ho bisogno di una __________.
5. C'è troppo sole oggi. Per fortuna ho portato gli __________.
6. In questo posto piove sempre! Ecco perché ho comprato degli __________ da pioggia.
7. Quando mi vesto (*I dress*) elegante, indosso la camicia e la __________.
8. Non posso andare a correre! Ho dimenticato (*I forgot*) le __________.

Practice more at **vhlcentral.com.**

Comunicazione

4 **Che cosa indossano?** A coppie, scrivete quello che indossa ogni persona.

MODELLO

Paola indossa i jeans, una maglietta e la giacca rossa.

Paola

1. Luca

2. il signor Alfredo

3. Carla

4. il gondoliere

5. Valentina

6. Stefano

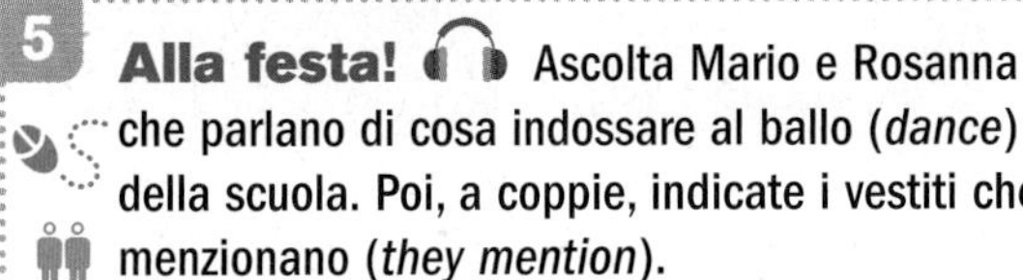

5 **Alla festa!** Ascolta Mario e Rosanna che parlano di cosa indossare al ballo (*dance*) della scuola. Poi, a coppie, indicate i vestiti che menzionano (*they mention*).

1. l'abito	☐	6. la borsa	☐	11. la camicetta	☐
2. la camicia	☐	7. la cintura	☐	12. la collana	☐
3. la cravatta	☐	8. la felpa	☐	13. la giacca	☐
4. la gonna	☐	9. il maglione	☐	14. i pantaloni	☐
5. la sciarpa	☐	10. il tailleur	☐	15. il vestito	☐

6 **Le sette differenze** Lavorate a coppie. L'insegnante vi darà due fogli diversi, ciascuno con un disegno. A turno, fate domande per scoprire le sette differenze fra i vostri disegni.

MODELLO

S1: *La tua figura porta i jeans?*
S2: *No, la mia figura porta una gonna.*

7 **La mia camera** A coppie, descrivete a turno la camera (*room*) di Laura. Poi paragonate (*compare*) le sue cose alle vostre.

MODELLO

S1: *Laura indossa una camicetta gialla. Anch'io indosso una camicetta, ma è bianca.*
S2: *Laura ha un computer portatile. Io non ho un computer portatile, ma mio fratello sì.*

Pronuncia e ortografia  Audio

The letters s and z

casa	**esatto**	**riso**	**sbaglio**

The Italian **s** may be voiced or voiceless. When **s** appears between two vowels or precedes a voiced consonant (such as **b** or **d**), it is pronounced like the *z* in the English word *zoo*.

festa	**posso**	**presto**	**spesso**

In all other cases, and when doubled, the **s** is voiceless, like the *s* in the English word *sun*.

zuppa	**zebra**	**zero**	**zucchero**

In Italian, **z** has a harder sound than in English and can be voiced or voiceless. The voiced **z** sounds like the *ds* in the English *beds*. An initial **z** is usually voiced. The distinction between voiced and voiceless varies regionally and generally does not follow specific rules.

azione	**grazie**	**pezzo**	**tazza**

The voiceless **z** is pronounced like the *ts* in *bits*.

casa	**cassa**	**Pisa**	**pizza**

Correct pronunciation of **s** and **z** helps distinguish between similar words.

Pronunciare Ripeti le parole ad alta voce.

1. rosso
2. Pisa
3. prezzo
4. zona
5. stella
6. fisso
7. sport
8. pizza
9. zuppa
10. scusi
11. viso
12. passo

Articolare Ripeti le frasi ad alta voce.

1. La cena è alle sette e mezzo di sera.
2. Stefano, sta' zitto!
3. La vista è splendida!
4. Sofia e Lisa comprano gli stivali.
5. Mi piace la borsa rosa.
6. Sabato lo zoo è chiuso.

Proverbi Ripeti i proverbi ad alta voce.

Ogni rosa ha le sue spine.[2]

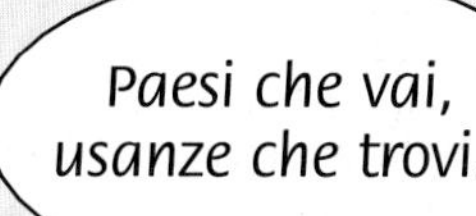

[1] When in Rome, do as the Romans do. (lit. The countries you go to, the customs you find.)

[2] Every rose has its thorns.

risorse

SAM LM: p. 33

vhlcentral.com

FOTOROMANZO

Viva lo shopping

Video: *Fotoromanzo*

PERSONAGGI

Il commesso

Emily

Lorenzo

Marcella

Riccardo

Viola

EMILY Questo colore è molto alla moda adesso.
VIOLA È carina. Cotone. Ma molto cara.
EMILY Accidenti! Non hai bisogno di una maglia.
VIOLA Vero. Una felpa, un pantalone, una camicetta o un cappello.

EMILY Peter ha scritto ieri sera.
VIOLA E?
EMILY Non viene più a Roma.
VIOLA Bene, no?
EMILY Sì. Ma è arrabbiato con me.
VIOLA Gli uomini non capiscono niente.

EMILY Ciò che conta sei tu, non i tuoi vestiti. Come si veste Massimo?
VIOLA Non lo so. Porta sempre jeans e camicia.
EMILY Una camicia stretta stretta?
VIOLA Lorenzo invece porta camicie costose.
EMILY Ma lui è di Milano. È chic.

MARCELLA Quanti vestiti! Grazie per l'aiuto, Riccardo.
RICCARDO Sono in debito con te. Ho usato il tuo scooter tre volte la settimana scorsa.
MARCELLA Quattro. (*Continua.*) Oh, Paolo. Il mio bambino ha già quindici anni.

RICCARDO Questa è una giacca da uomo di lana.
MARCELLA È di Stefano.
RICCARDO Stefano?
MARCELLA Mio marito. Il padre di Paolo.

MARCELLA Abbiamo frequentato la stessa università. Lui ha studiato legge. Sono vedova da cinque anni. Paolo ricorda ancora suo padre. È importante.
RICCARDO Mi dispiace, Marcella.
MARCELLA Rivedo Stefano in Paolo.

ATTIVITÀ

1 Completare Scegli le parole che meglio completano (*best complete*) le frasi.

1. La maglia che piace a Emily è di (seta / cotone).
2. Secondo Viola, gli uomini non (capiscono / scrivono) niente.
3. (Massimo / Lorenzo) porta sempre camicie costose.
4. Viola compra due collane per (trentacinque / venticinque) euro.
5. Viola ha un appuntamento con Massimo (giovedì / martedì).
6. La settimana scorsa, Riccardo ha usato lo scooter di Marcella (quattro / cinque) volte.
7. Stefano è il padre di (Marcella / Paolo).
8. Il padre di Paolo ha studiato (legge / lingue).
9. Riccardo è (felice / triste) con Marcella.
10. Riccardo ama (ballare / scherzare) come Stefano.

Practice more at **vhlcentral.com.**

I ragazzi fanno spese.

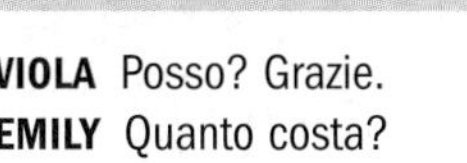

VIOLA Posso? Grazie.
EMILY Quanto costa?
COMMESSO Quindici euro.
VIOLA Che bella! Mi piace. Venti euro per due?
COMMESSO Venticinque.
VIOLA Venticinque è un buon affare. Va bene. Grazie.

EMILY Abbiamo comprato queste collane.
LORENZO Senti, quand'è il tuo appuntamento con Massimo?
VIOLA Martedì. Ti piace?
LORENZO Molto carina. Scusate, devo andare.
EMILY Ho voglia di caffè, tu no? Conosco un buon bar qui vicino.

MARCELLA Dimmi, Riccardo, perché stai qui con me in una giornata così bella? Dovresti essere in giro.
RICCARDO Sono felice qui.

MARCELLA Questo è per te.
RICCARDO Marcella... non posso... è di Stefano.
MARCELLA Sì, dai. Come Stefano, ami ascoltare la musica, viaggiare e scherzare. Per favore. Sei un ragazzo dolce, Riccardo. Ecco.

Espressioni utili

Talking about fashion and shopping

- **alla moda**
  trendy
- **Come si veste Massimo?**
  How does Massimo dress?
- **Una camicia stretta stretta?**
  A very tight-fitting shirt?
- **Quanto costa?**
  How much does this cost?
- **Quanti vestiti!**
  So many clothes!
- **una giacca da uomo di lana**
  a man's wool jacket

Additional vocabulary

- **Peter ha scritto ieri sera.**
  Peter wrote last night.
- **ciò che conta**
  what's important
- **abbiamo comprato**
  we bought
- **Conosco un buon bar qui vicino.**
  I know a good café nearby.
- **Ho usato il tuo scooter tre volte la settimana scorsa.**
  I used your scooter three times last week.
- **abbiamo frequentato**
  we attended
- **Dovresti essere in giro.**
  You should be out and about.
- **Accidenti!**
  Wow!
- **Mi dispiace.**
  I'm sorry.
- **rivedo**
  I recognize
- **dimmi**
  tell me
- **non... più**
  anymore
- **già**
  already
- **ancora**
  still
- **scherzare**
  to joke

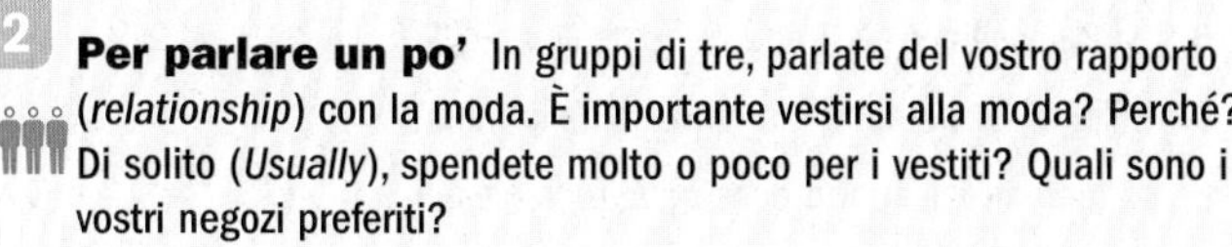

2 **Per parlare un po'** In gruppi di tre, parlate del vostro rapporto (*relationship*) con la moda. È importante vestirsi alla moda? Perché? Di solito (*Usually*), spendete molto o poco per i vestiti? Quali sono i vostri negozi preferiti?

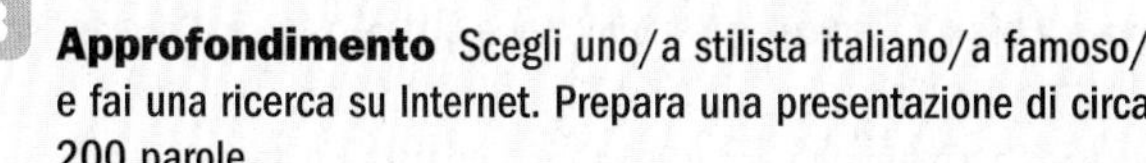

3 **Approfondimento** Scegli uno/a stilista italiano/a famoso/a e fai una ricerca su Internet. Prepara una presentazione di circa 200 parole.

ATTIVITÀ

IN PRIMO PIANO

Un giro per i negozi

Andiamo in centro questo weekend? È una domanda molto frequente tra i giovani italiani; significa andare nelle vie principali° di una grande città e fare un giro per i negozi.

Un giro di sabato a Milano include Corso Vittorio Emanuele tra le mete° obbligatorie. Qui è possibile andare alla Rinascente, un grande magazzino°, o entrare da Benetton, da Zara e da H&M per trovare abbigliamento alla moda ma a prezzi abbordabili°. La qualità e il livello° dei negozi cambiano in Via Montenapoleone, la *Rodeo Drive* di Milano. Qui ci sono le vetrine di tutte le grandi firme° della moda italiana: Versace, Dolce & Gabbana, Armani, Gucci, Prada, Ferragamo e Valentino. Milano è proprio la capitale della moda!

Molti italiani seguono le tendenze del momento. Spesso vanno di moda le marche americane per l'abbigliamento sportivo e casual. I giovani, quando comprano gli accessori, a volte scelgono gli occhiali da sole e le borse di Prada, Gucci e D&G, che possono comprare grazie all'aiuto° dei genitori o con i loro risparmi°. Seguire la moda significa anche scegliere i colori «che vanno°». Le vetrine dei negozi mostrano quali sono i colori della stagione e i modelli di gonne, giacche, maglioni e vestiti che sono di moda.

Un altro posto dove i giovani trovano abbigliamento alla moda, facendo° buoni affari, è il mercato all'aperto°. Ogni città ospita° il mercato in una piazza, che diventa la piazza del mercato, in un giorno fisso° della settimana e spesso anche il sabato.

In Italia non è ancora molto diffuso° fare shopping su Internet; gli italiani amano passeggiare per i negozi, guardare le vetrine, entrare a «dare un'occhiata» e, se possibile, comprare qualcosa° di bello.

vie principali *main streets* **mete** *destinations* **grande magazzino** *department store* **prezzi abbordabili** *reasonable prices* **livello** *level* **grandi firme** *designer brands* **grazie all'aiuto** *thanks to the help* **risparmi** *savings* **colori che vanno** *trendy colors* **facendo** *getting* **all'aperto** *open-air* **ospita** *hosts* **giorno fisso** *set day* **non è ancora diffuso** *it is not yet popular* **qualcosa** *something*

Conversione taglie americane e italiane

Taglie americane da donna	4	6	8	10	12	14
Taglie italiane da donna	40	42	44	46	48	50
Taglie americane da uomo	30	32	34	36	38	40
Taglie italiane da uomo	46	48	50	52	54	56

ATTIVITÀ

1 Vero o falso? Indica se l'affermazione è **vera** o **falsa**. Correggi le affermazioni false.

1. In Italia i giovani non seguono la moda perché costa molto.
2. Molti giovani milanesi fanno un giro in Corso Vittorio Emanuele il sabato.
3. In Via Montenapoleone ci sono buoni affari.
4. I giovani portano solo vestiti di Dolce & Gabbana.
5. I colori «che vanno» sono i colori che una persona preferisce portare.
6. La Rinascente è la *Rodeo Drive* italiana.
7. Milano è considerata la capitale della moda.
8. Al mercato all'aperto posso comprare vestiti a buon prezzo.
9. Gli italiani non comprano spesso abbigliamento online perché amano passeggiare per i negozi.
10. Le taglie italiane sono uguali alle taglie americane.

Practice more at **vhlcentral.com.**

L'ITALIANO QUOTIDIANO

Le tendenze del momento

Com'è conciato/a!	*What a slob!; How badly dressed he/she is!*
Va moltissimo ora!	*It's very trendy now!*
il centro commerciale	*shopping mall*
la marca	*brand*
lo/la stilista	*designer*
la vetrina	*shop window*
(non) andare di moda	*to (not) be in fashion*
dare un'occhiata	*to take a look*
superato/a	*old-fashioned*

USI E COSTUMI

L'eccellenza della qualità italiana

Le regioni italiane si differenziano° per la gastronomia, ma anche per i prodotti tipici di ciascuna regione. La zona di **Como** (Lombardia) è famosa, per esempio, per l'industria tessile°, in modo particolare per l'industria della seta. Qui hanno origine i tessuti per l'arredamento° della casa e per l'abbigliamento. Il territorio attorno a° **Biella** (Piemonte) è ricco di lanifici°. Qui si producono° meravigliosi tessuti per la sartoria°. La **Toscana** è ricca di calzaturifici° e pelletterie°; Prada, Gucci e molte altre grandi firme nascono in questa regione. Anche la zona di **Napoli** (Campania) produce eleganti calzature. Stilisti come Salvatore Ferragamo fanno conoscere° le meravigliose cravatte e i vestiti da uomo delle eccellenti sartorie campane.

si differenziano *are differentiated* **tessile** *textile* **arredamento** *interior decorating* **attorno a** *around* **lanifici** *wool mills* **si producono** *they produce* **sartoria** *tailors and dressmakers* **calzaturifici** *shoe factories* **pelletterie** *leather producers* **fanno conoscere** *make popular*

RITRATTO

La libertà delle donne di Krizia

Mariuccia Mandelli, nota come° Krizia, prende il nome dal titolo di un'opera di Platone°. Nata a Bergamo (Lombardia), passa l'infanzia° a creare abiti per le sue bambole°. Più tardi decide di abbandonare il lavoro di insegnante per iniziare una nuova carriera nel mondo della moda. Il marchio° Krizia è il primo a introdurre la minigonna° in Italia. La stilista crede che «Ognuno deve vestirsi come vuole, purché l'abito diventi una seconda pelle°».

Nel 1957 presenta la sua prima collezione, la quale° include una serie di vestiti a stampe con motivi di frutta°. Il suo stile è adattabile° a ogni stile di vita e situazione, e mantiene° sempre un tocco° femminile. Oggi le diverse etichette di Krizia creano più di 50 collezioni all'anno che includono vestiti da uomo, da bambino, maglieria°, occhiali, borse, profumi e arredamento per la cucina.

nota come *known as* **Platone** *Plato* **infanzia** *childhood* **bambole** *dolls* **marchio** *brand* **minigonna** *miniskirt* **purché l'abito diventi una seconda pelle** *provided that the clothing becomes a second skin* **la quale** *which* **a stampe con la frutta** *fruit print* **adattabile** *adaptable* **mantiene** *maintains* **create** *created* **maglieria** *knitwear*

SU INTERNET

Cos'è la settimana della moda? Chi partecipa?

Go to vhlcentral.com to find more information related to this **CULTURA**.

2 **Rispondere** Rispondi alle domande.

1. Chi è Mariuccia Mandelli?
2. Qual è l'origine del nome Krizia?
3. Cosa introduce Krizia in Italia?
4. Qual è il prodotto tipico di Como?
5. Dove hanno origine Prada e Gucci?
6. Per cosa è famoso Salvatore Ferragamo?

3 **A voi** A coppie, immaginate di essere a Milano e di poter intervistare uno/a stilista famoso/a. Create una conversazione fra uno/a stilista e un(a) giornalista di *Donna Moderna*, un settimanale (*weekly magazine*) femminile.

ATTIVITÀ

4B.1 The *passato prossimo* with *avere*

Punto di partenza Italian uses two principal tenses to talk about events in the past: the **passato prossimo** and the **imperfetto**. In this lesson, you will learn how to form the **passato prossimo**, which is used to express actions or states of being that ended in the past. You will learn about the imperfect in **Lezione 6B**.

- To form the **passato prossimo**, use a present-tense form of the *auxiliary verb* (either **avere** or **essere**) followed by the *past participle* of the verb that expresses the action. You will learn how to form the **passato prossimo** with **essere** in **Lezione 5A**.

AUXILIARY VERB / PAST PARTICIPLE

Abbiamo stampato la foto.
***We printed** the photo.*

- Form the past participles of regular verbs by changing the **-are**, **-ere**, or **-ire** ending of the infinitive as follows.

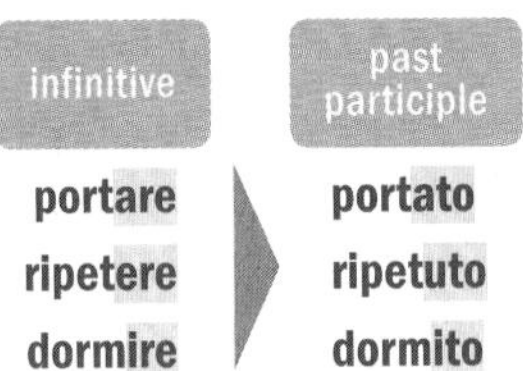

infinitive	past participle
portare	**portato**
ripetere	**ripetuto**
dormire	**dormito**

- The verb **parlare** is an example of a regular **-are** verb that uses **avere** in the **passato prossimo**.

Passato prossimo of parlare

ho parlato	*I spoke*	abbiamo parlato	*we spoke*
hai parlato	*you spoke*	avete parlato	*you spoke*
ha parlato	*you spoke; he/she/it spoke*	hanno parlato	*they spoke*

- The **passato prossimo** can be translated into English in different ways.

Ho trovato gli occhiali da sole.
***I found/have found/did find** the sunglasses.*

- Some verbs have irregular past participles that must be memorized. Note that many of these are **-ere** verbs.

La commessa **ha acceso** il computer.
*The saleswoman **turned on** the computer.*

Ho letto dei saldi sul giornale.
***I read** about the sales in the newspaper.*

PRATICA

1 Completare Completa ogni frase con il participio passato del verbo indicato.

1. Noi abbiamo _______ (regalare) una borsa alla zia.
2. Tu hai _______ (comprare) due camicie nuove.
3. Il bambino ha _______ (perdere) il cappello blu.
4. Avete _______ (vedere) il nuovo negozio in centro?
5. Hai _______ (cercare) la felpa marrone?
6 Io ho _______ (trovare) buoni affari al mercato.

2 Riscrivere Riscrivi ogni frase usando il passato prossimo.

MODELLO Mangiano la pasta.
Hanno mangiato la pasta.

1. Piero porta il costume da bagno in vacanza.
2. Perdo la sciarpa a righe.
3. Giulia cerca sempre i saldi.
4. I commessi rispondono alle domande del cliente.
5. Il proprietario apre il negozio alle dieci.
6. Loro spendono pochi soldi questo mese.
7. Io e mio fratello paghiamo sempre in contanti (*cash*).
8. Tu decidi di comprare la cravatta verde.

3 Descrivere Guarda le foto e scrivi che cosa hanno fatto quelle persone sabato al centro commerciale.

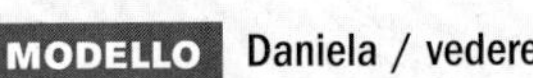

MODELLO Daniela / vedere
Daniela ha visto gli stivali neri sabato scorso.

1. Martino / comprare

2. Gioia / perdere

3. Mario / indossare

4. Giovanni / portare

5. Antonietta / cambiare

6. Michela / comprare

Practice more at **vhlcentral.com.**

COMUNICAZIONE

4 Un'inchiesta Leggi le attività dell'inchiesta (*survey*). Poi chiedi ai tuoi compagni se hanno fatto quelle attività. Se sì, scrivi il loro nome.

MODELLO portare una cravatta Roberto

S1: *Hai mai portato una cravatta?*
S2: *Sì, ho portato una cravatta la settimana scorsa.*

1. portare un vestito ________
2. nuotare nel Mediterraneo ________
3. comprare scarpe molto costose ________
4. portare occhiali da sole dentro (*inside*) ________
5. prendere la bicicletta in inverno ________
6. leggere il testo il giorno dell'esame ________
7. avere un proprio sito Internet ________
8. comprare una macchina fotografica digitale ________

5 Che cosa hai comprato? A coppie, guardate la pubblicità di una svendita di vestiti (*clothing sale*). Immaginate di avere 100 euro da spendere. Che cosa comprate? A turno fate domande sui vestiti che vedete nella pubblicità.

MODELLO

S1: *Hai trovato un buon affare?*
S2: *Sì, ho comprato i jeans a 20 euro. Tu hai comprato i jeans?*
S1: *No, ma ho comprato una felpa a 18 euro!*

Un Buon Affare
Via Portobello 19

Grande Svendita!!!
Sabato 18 dicembre dalle 9.00 alle 18.00

Jeans... 20 euro	Costumi da bagno... 16 euro
Camicie... 8 euro	Occhiali da sole... 5,25 euro
Cappelli... 3,50 euro	Felpe ... 18 euro
Sciarpe... 6 euro	Cinture... 11,99 euro
Completi... 50 euro	Pantaloncini... 9 euro

6 L'ultima volta A coppie, parlate di che cosa avete indossato e che cosa avete fatto l'ultima volta (*last time*) che vi siete vestiti bene (*you dressed up*) per un'occasione speciale.

MODELLO

Per l'anniversario di matrimonio di mamma e papà ho indossato un vestito rosso e scarpe nere. Ho mangiato molto e ho ballato fino alle undici di notte...

Some irregular past participles

accendere	acceso	mettere	messo
aprire	aperto	offrire	offerto
chiedere	chiesto	perdere	perso/perduto
chiudere	chiuso	prendere	preso
comporre	composto	rispondere	risposto
correre	corso	scrivere	scritto
decidere	deciso	spegnere	spento
dire	detto	spendere	speso
fare	fatto	vedere	visto/veduto
leggere	letto	vincere	vinto

- Time expressions often used with the **passato prossimo** include **ieri** (*yesterday*), **scorso** (*last*), and **fa** (*ago*). Note their meanings in the following expressions.

Time expressions

ieri sera	*last night*	la settimana scorsa	*last week*
l'altro ieri	*the day before yesterday*	dieci giorni fa	*ten days ago*
il mese scorso	*last month*	un anno fa	*one year ago*

Cosa avete fatto **domenica scorsa**?
What did you do ***last Sunday****?*

Ha visto Marco **tre settimane fa**.
She saw Marco ***three weeks ago****.*

- Place common adverbs of time, including **sempre**, **mai**, **non... mai**, **già** (*already*), and **non... ancora** (*not yet*), between **avere** and the past participle.

Avete **mai** portato una cravatta?
Have you ***ever*** *worn a tie?*

Non ho **mai** portato una cravatta.
I've ***never*** *worn a tie.*

Hai **già** perso i guanti?
You ***already*** *lost the gloves?*

Non ha **ancora** comprato i jeans.
He ***hasn't*** *bought the jeans* ***yet****.*

Provalo! **Scegli la forma corretta del passato prossimo per completare ogni frase.**

1. Il signor Amodei (ha letto / ho letto) un libro questo pomeriggio.
2. Gli studenti (avete perso / hanno perso) lo zaino.
3. Io (ho partecipato / ha partecipato) alla conferenza.
4. Tu (avete mangiato / hai mangiato) tutti i biscotti.
5. Io e Roberta (abbiamo parlato / hanno parlato) con il professore.
6. Gianpaolo (hai dormito / ha dormito) fino alle dieci di mattina.
7. Voi (abbiamo trovato / avete trovato) gli stivali neri.
8. Io (ho comprato / hai comprato) una cravatta nuova.

4B.2 The verbs *conoscere* and *sapere*

Punto di partenza The verbs **conoscere** and **sapere** both mean *to know*. The choice of verb depends on its context.

conoscere	
conosco	conosciamo
conosci	conoscete
conosce	conoscono

- **Conoscere** means *to know* or *to be familiar with* a person, place, or thing. It can also mean *to meet (for the first time)*.

Conosci quel negozio?
***Do you know** that store?*

Non conosco il commesso.
***I don't know** the salesman.*

Conosciamo Roma.
***We're familiar with** Rome.*

Vuoi **conoscere** Sabatino?
*Do you want **to meet** Sabatino?*

- In the **passato prossimo**, **conoscere** means only *to meet (for the first time)*. It is used with **avere**, and its past participle is **conosciuto**.

Ho conosciuto Enrico due anni fa.
***I met** Enrico two years ago.*

Non hai ancora **conosciuto** Luisa?
***You haven't met** Luisa yet?*

- The expression **conoscere di vista** means *to know by sight*; **conoscere... a fondo** means *to know something inside and out*; and **conoscere la strada** means *to know the way*.

Papà **conosce la strada** per Ponte Vecchio.
*Dad **knows the way** to Ponte Vecchio.*

Conosco il gioco **a fondo**.
***I know** the game **inside and out**.*

- **Riconoscere** (*To recognize*) follows the same conjugation pattern as **conoscere**.

Non riconosco la ragazza dalla giacca blu.
***I don't recognize** the girl in the blue jacket.*

Il commesso **ha riconosciuto** il cliente.
*The salesperson **recognized** the customer.*

PRATICA

1 Descrivere Completa le frasi con la forma corretta di **conoscere**.

1. Noi __________ Roma molto bene.
2. Tu __________ il commesso in quel negozio.
3. Beatrice __________ Angelo di vista.
4. Tu e Gilberto __________ la strada.
5. Io __________ un ristorante molto elegante.
6. I signori Ghezzi __________ un attore famoso.

2 Identificare Scrivi che cosa sa fare ogni persona.

MODELLO Patrizio
Patrizio sa andare a cavallo.

1. voi

2. tu

3. Anna

4. noi

5. Alessio

6. Silvia ed io

3 Completare Completa le conversazioni con la forma corretta di **conoscere** o **sapere**.

1. —Melania __________ trovare sempre un buon affare qui.
   —Lei __________ il manager del negozio?
2. —Voi __________ il direttore del museo?
   —No, ma noi __________ chi è.
3. —I bambini __________ nuotare?
   —No, ma loro __________ sciare benissimo.
4. —Io __________ che il treno di Marco e Simone arriva alle tre del pomeriggio.
   —Io non __________ questi ragazzi; sono i tuoi amici?
5. —Tu __________ mio cugino Andrea?
   —Sì, ho __________ Andrea ieri alla festa.
6. —Hai __________ come si chiama il nuovo professore?
   —No, non ho ancora __________ il professore.

Practice more at **vhlcentral.com.**

COMUNICAZIONE

4 Inchiesta Lavorate a coppie. A turno, fate e rispondete alle domande.

1. *Sai usare il fax?*
2. *Sai scrivere messaggi istantanei?*
3. *Conosci un negozio che ha buoni affari?*
4. *Sai vivere senza televisione?*
5. *Conosci una modella famosa?*
6. *Conosci il numero di telefono di tutti i tuoi amici?*
7. *Sai dove comprare giacche eleganti?*
8. *Sai qual è il computer migliore?*

5 Intervista una persona famosa Lavorate a coppie. Uno/a di voi interpreta (*acts out*) una persona famosa. L'altro/a fa domande su cosa sa fare e chi conosce per poter indovinare (*guess*) chi è. Poi scambiate (*switch*) il ruolo.

MODELLO

S1: *Che cosa sai fare?*
S2: *So cantare e ballare.*
S1: *Conosci Madonna?*
S2: *No, ma conosco Lorde...*

6 Esperti del posto Lavorate in gruppi di tre. Uno studente italiano è arrivato alla vostra scuola e ha bisogno di una guida (*guide*). Rispondete alle sue domande e descrivete cosa sapete fare e chi conoscete per dimostrare la vostra esperienza.

MODELLO

S1: *Sai parlare italiano?*
S2: *Sì, un po'. Conosco anche il migliore negozio di vestiti di stilisti italiani.*
S3: *Io so parlare italiano e conosco i migliori ristoranti.*
S1: *Avete visitato l'Italia?...*

- **Sapere** means *to know facts or information*. It is irregular in the present tense.

sapere	
so	sappiamo
sai	sapete
sa	sanno

- To express *to know how to do something*, use **sapere** + [*infinitive*].

Non sanno usare il portatile.
They don't know how to use *the laptop.*

La nonna **sa navigare** in rete?
Does Grandma ***know how to surf*** *the Internet?*

- In the **passato prossimo**, **sapere** means *to find out*. It is used with **avere**, and its past participle is **saputo**.

Sabato scorso **hanno saputo** che lui ha chiuso il negozio.
Last Saturday ***they found out*** *that he closed the store.*

Ho saputo che la sciarpa gialla è in saldo.
I found out *that the yellow scarf is on sale.*

- Reply with the expression **Non lo so** if you do not know the information asked for in a question.

Chi ha inventato gli occhiali?
Who invented glasses?

Non lo so!
I don't know!

- You can use either **conoscere** or **sapere** with languages. Remember, however, that the two verbs are rarely interchangeable. Compare the following examples.

Conosci Roberta?
Do you know *Roberta?*

Sai dove abita Roberta?
Do you know *where Roberta lives?*

Ieri **ho conosciuto** Vincenzo.
Yesterday ***I met*** *Vincenzo.*

Avete saputo che è sposato.
You found out *that he's married.*

Provalo! Scegli la forma di **conoscere** o **sapere** per completare correttamente ogni frase.

1. Geltrude non (sa / conosce) qual è il mio numero di telefono.
2. Martina e Lorenzo (sanno / conoscono) Firenze.
3. Io ed Elena non (sappiamo / conosciamo) dov'è la festa.
4. Ieri voi (avete saputo / avete conosciuto) il mio professore.
5. (Sai / Conosci) a che ora apre il negozio di scarpe?
6. Loro non (sanno / conoscono) usare la macchina fotografica digitale.
7. Tu (hai saputo / hai conosciuto) che il computer della biblioteca non funziona?
8. Io (ho saputo / ho conosciuto) Maria due anni fa.

SINTESI

Ricapitolazione

1 **Un gioco** L'insegnante ti darà (*will give you*) una lista di venti attività. Scegli cinque attività che hai fatto recentemente e marca le attività con una X. L'insegnante poi leggerà (*will read*) le attività in ordine sparso (*randomly*). Una persona vince il gioco se l'insegnante legge tutte le attività che lui o lei ha selezionato.

MODELLO

Insegnante: *Chi ha giocato a calcio?*
(Marca il tuo foglio se hai selezionato quell'attività.)

2 **All'improvviso** A coppie, guardate le due fotografie. Scegliete una foto e immaginate cosa può succedere all'improvviso (*happen suddenly*). Scrivete cinque frasi che raccontano la storia.

MODELLO

S1: *All'improvviso piove!*
S2: *Le persone corrono verso un ristorante.*
S1: *Il ristorante è chiuso e...*

3 **Che cosa hai imparato?** Che cosa sai o chi conosci adesso che non sapevi o conoscevi (*you didn't know*) cinque anni fa? Prepara una lista di cinque attività che sai fare o di persone o luoghi che conosci adesso. Usa il passato prossimo di sapere e conoscere per creare la lista. Poi paragona la tua lista con quella di un(a) compagno/a.

MODELLO

S1: *L'anno scorso ho conosciuto la sorella di Laura. Quest'anno voglio imparare a giocare a pallavolo.*
S2: *L'anno scorso ho saputo che Brad Pitt ha fatto un film nuovo. Voglio andare a Hollywood e incontrare Brad Pitt!*

4 **Un negozio nuovo** In gruppi di quattro, immaginate di andare all'apertura (*opening*) di un nuovo negozio di vestiti. Voi siete responsabili dell'organizzazione e della gestione (*management*) del negozio. A turno dite cosa sapete, cosa sapete fare e chi conoscete. Cosa potete fare per rendere (*to make*) il negozio un successo?

MODELLO

S1: *Io conosco molte persone che spendono tanti soldi in vestiti.*
S2: *Io so usare il computer per la contabilità (accounting).*
S3: *Io posso parlare italiano con i clienti italiani...*

5 **Che cosa hanno fatto?** A coppie, guardate i disegni. Fate una descrizione e scrivete che cosa indossa ogni persona e che cosa ha fatto ieri. Usate la vostra immaginazione!

MODELLO

S1: *Lui porta i pantaloncini stretti.*
S2: *Ha giocato al parco con gli amici e poi ha mangiato un gelato.*

1.

2.

3.

4.

6 **La giornata di Gina** Lavorate a coppie. L'insegnante vi darà due fogli diversi, ciascuno con metà delle informazioni sulla giornata di Gina. A turno, fate domande per ricostruire l'intera giornata.

MODELLO

S1: *Che cosa ha fatto Gina alle 4.30 di mattina?*
S2: *Ha fatto jogging. Che cosa ha fatto...?*

7 **La strana coppia** A coppie, create la descrizione di due personaggi (*characters*) per una sitcom. Nella sitcom, due persone condividono (*share*) un appartamento, ma sono molto diverse l'una dall'altra (*from each other*). Scrivete la descrizione per ogni persona. Cosa sa fare? Chi conosce? Che vestiti porta? Fate una descrizione più completa possibile.

MODELLO

Roberta sa usare il computer molto bene. Lei porta sempre un tailleur e le scarpe con il tacco (heel). Conosce il direttore dell'ufficio personalmente e...

Martina

Roberta

8 **Vero o falso?** Scrivi cinque attività che hai fatto l'anno scorso. Alcune (*Some*) sono vere, altre sono false. Poi, in gruppi di quattro, leggete a turno un'attività dalla lista. Gli altri studenti devono indovinare (*guess*) se è vera o falsa.

MODELLO

Ho visitato Roma.
Ho visto i Coldplay in concerto.
Ho comprato un abito di Gucci.
Ho conosciuto il Presidente degli Stati Uniti.
Ho imparato a guidare la macchina.

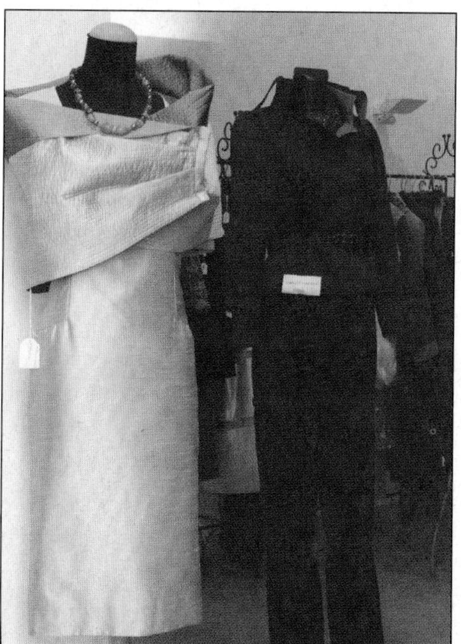

Il mio di·zio·na·rio

Aggiungi (*Add*) cinque parole relative ai computer o ai vestiti al tuo dizionario personale.

lo sconto

Sconto 50% alla cassa

traduzione
discount

categoria grammaticale
sostantivo (m.)

uso
Posso avere uno sconto sul maglione rosso?

sinonimi
il ribasso, la riduzione (del prezzo)

antonimi
l'aumento, il prezzo intero

risorse

SAM WB: pp. 57-60	SAM LM: pp. 34-35	vhlcentral.com

Panorama

Interactive Map

Milano

La città in cifre

- **Popolazione della provincia:** *3.147.358*
- **Popolazione della città:** *1.315.416*
- **Superficie della provincia:** *1575 km²*
- **Superficie della città:** *182 km²*

Milano è la seconda città più grande d'Italia. Oltre ad essere uno dei capoluoghi° mondiali della moda, Milano è anche un centro economico e la sede della Borsa° italiana. La città ospitò° L'Esposizione Universale° nel 1906 e la ospiterà° ancora una volta° nel 2015.

- **Da non perdere:** *il Teatro alla Scala, il Duomo, la Galleria Vittorio Emanuele II, il Castello Sforzesco, il Cenacolo° nella chiesa di Santa Maria delle Grazie*

Milanesi celebri

- **Michelangelo Merisi da Caravaggio,** *pittore° (1571–1610)*
- **Cesare Beccaria,** *filosofo e scrittore (1738–1794)*
- **Luchino Visconti,** *regista° (1906–1976)*
- **Nino Rota,** *compositore di colonne sonore° (1911–1979)*
- **Cristina Scabbia,** *cantante (1972–)*
- **Francesca Schiavone,** *tennista (1980–)*

l'autostrada Milano-Laghi
Parco Sempione
Piazzale Marengo
VIA PONTACCIO
VIA FATEBENEFRATELLI
VIA DELLA SPIGA
Piazza Cavour
Giardini Pubblici
Palazzo di Brera
VIALE MOLIÈRE
VIA MERCATO
Il Castello Sforzesco
Piazza Castello
Stazione Nord
VIA ALESSANDRO MANZONI
VIA MONTE NAPOLEONE
VIA SENATO
CORSO VENEZIA
il Teatro alla Scala
Piazza della Scala
la chiesa di Santa Maria delle Grazie
VIA CARDUCCI
CORSO MAGENTA
VIA MERAVIGLI
la Borsa
Piazza degli Affari
Piazza Cordusio
la Galleria Vittorio Emanuele II
Piazza San Babila
Piazza Beccaria
CORSO EUROPA
Piazza del Duomo
il Duomo
Piazza Pio XI
Piazza Borromeo
Palazzo Reale
Piazza S Maria Beltrade
Piazza Diaz
Piazza G. Missori
VIA TORINO
VIA FRANCESCO SFORZA
Giardino della Guastalla
Università degli Studi di Milano
CORSO DI PORTA TICINESE
CORSO DI PORTA ROMANA
Università Commerciale Luigi Bocconi Milano
0 0,5 miglio
0 0,5 chilometro

la Galleria Vittorio Emanuele II

un mercato sui navigli°

il Duomo

Incredibile ma vero!

I problemi di traffico a Milano risalgono° all'anno 285, quando l'Imperatore Diocleziano nominò Milano capitale dell'Impero Romano d'Occidente. L'autostrada° Milano-Laghi, costruita nel 1924 per collegare Milano a Varese, è stata la prima autostrada del mondo. Il limite di velocità° in Italia è molto alto: in autostrada è di 130 km/h (più di 80 miglia all'ora°)!

capoluoghi *capitals* **Borsa** *Stock Exchange* **ospitò** *hosted* **Esposizione Universale** *World's Fair* **la ospiterà** *will host it* **ancora una volta** *again* **Cenacolo** *The Last Supper* **pittore** *painter* **colonne sonore** *soundtracks* **regista** *director* **navigli** *canals* **risalgono** *date back* **autostrada** *highway* **limite di velocità** *speed limit* **più di 80 miglia all'ora** *more than 80 miles per hour*

La moda

Andiamo a Milano

Ogni anno a Milano, come in altre città quali° New York, Parigi e Madrid, un'intera settimana è dedicata all'alta moda°. Stilisti famosi in tutto il mondo, come Armani, Versace, Dolce & Gabbana, Coveri, Cavalli, Moschino, Missoni e molti altri, presentano le loro collezioni a un pubblico entusiasta di curiosi e professionisti. In una settimana ci sono circa 100 sfilate° e sono presentate più di 200 collezioni. I biglietti° per le sfilate variano dai €30,00 (in piedi°, sfilata individuale) ai €3.500,00 (Platinum VIP Seating, biglietto valido per tre giorni).

La gastronomia

Il pane di Toni

Il panettone di Milano è un tipico dolce° di Natale°. Ci sono molte leggende sulla sua invenzione. Una di esse° parla di un garzone°, Toni, che lavorava in un panificio. Toni voleva aiutare il fornaio° a guadagnare più soldi e un giorno ha preso uova°, burro°, uvetta° e frutta candita° e le ha unite all'impasto del pane°. Tutti volevano comprare «il pane di Toni» (da qui il nome «panettone») e il fornaio è diventato ricco e famoso. Il taglio° sul panettone simboleggia la croce°, un segno di benedizione° prima di mangiare il dolce a Natale.

La finanza

La Borsa italiana

La Borsa di Milano è stata fondata° nel 1808. Ha sede a° Palazzo Mezzanotte, in Piazza degli Affari a Milano, e per questo° si chiama anche Piazza Affari. Milano è considerata la capitale economica e finanziaria d'Italia ed è molto importante anche nell'ambito° dell'Unione Europea. Molte aziende° italiane e straniere, infatti, hanno sede a Milano. Per capitalizzazione totale la Borsa italiana è la tredicesima° al mondo. Il 23 giugno 2007 la Borsa di Londra ha annunciato l'acquisto° della Borsa Italiana. Il primo ottobre 2007 la Borsa Italiana è stata quotata° per la prima volta a Londra.

Lo spettacolo

Tutti a teatro!

Il Teatro alla Scala è uno dei teatri più famosi del mondo. L'imperatrice Maria Teresa d'Austria richiese° la sua costruzione nel 1776. Il teatro fu inaugurato° il 3 agosto 1778. Nel 1921 la proprietà è stata trasferita al Comune di Milano. Nel 1943 il teatro è stato danneggiato° da una bomba, ma è stato aperto di nuovo° l'11 maggio 1946. Oggi il teatro ha circa 2.240 posti disponibili, ma, per ragioni di sicurezza°, il Comune di Milano autorizza un massimo di 2.030 persone. Tra i direttori d'orchestra più famosi ricordiamo Arturo Toscanini, Claudio Abbado e Riccardo Muti.

Quanto hai imparato? Completa le frasi.

1. I problemi di traffico a Milano risalgono all' __________.
2. La prima autostrada del mondo è stata __________.
3. Molti stilisti presentano le loro collezioni a Milano. Tra loro, __________.
4. I biglietti più costosi per le sfilate di Milano costano __________.
5. Il nome «panettone» deriva da __________.
6. Il panettone è un dolce tipico di __________.
7. La Borsa Italiana ha sede a __________.
8. Nel 2007 la __________ ha acquistato la Borsa Italiana.
9. __________ richiede la costruzione del Teatro alla Scala nel 1776.
10. Tre direttori d'orchestra italiani famosi sono __________.

Practice more at **vhlcentral.com.**

risorse

SAM WB: pp. 61-62 | vhlcentral.com

SU INTERNET

Go to vhlcentral.com to find more cultural information related to this **Panorama**.

1. Milano ha importanti aeroporti che la collegano all'Europa e al mondo. Cerca informazioni su questi aeroporti.
2. Gli italiani amano mangiare. Trova altri dolci tipici del Natale italiano.
3. Scegli uno/a stilista italiano/a e cerca informazioni sulle sue collezioni.
4. Cerca informazioni su un(a) cantante lirico/a italiano/a e presenta la sua carriera.

quali *such as* **alta moda** *high fashion* **sfilate** *fashion shows* **biglietti** *tickets* **in piedi** *standing* **dolce** *sweet* **Natale** *Christmas* **esse** *them* **garzone** *apprentice* **fornaio** *baker* **uova** *eggs* **burro** *butter* **uvetta** *raisins* **frutta candita** *candied fruit* **le ha unite all'impasto del pane** *mixed them with the bread dough* **taglio** *cut* **croce** *cross* **benedizione** *blessing* **è stata fondata** *was founded* **ha sede a** *it has its headquarters in* **per questo** *for this reason* **nell'ambito** *within* **aziende** *firms* **tredicesima** *thirteenth* **acquisto** *purchase* **è stata quotata** *was quoted* **richiese** *requested* **fu inaugurato** *was opened* **è stato danneggiato** *was damaged* **di nuovo** *again* **per ragioni di sicurezza** *for safety reasons*

Lettura

Audio: Reading

Prima di leggere

STRATEGIA

Scanning

Scanning involves glancing over a document in search of specific information. For example, you can scan to identify the document's format, to find cognates, to locate visual clues about the document's content, or to find specific facts. Scanning allows you to learn a great deal about a text without having to read it word for word.

Esamina il testo

Guarda il testo e fai la lista di otto parole affini (*cognates*).

1. ________ 5. ________
2. ________ 6. ________
3. ________ 7. ________
4. ________ 8. ________

Trovare

Guarda il documento. Indica se le seguenti informazioni sono esenti (*present*) nel testo.

1. ____ un indirizzo (*address*)
2. ____ il nome del negozio
3. ____ un numero di telefono
4. ____ gli orari d'apertura (business hours)
5. ____ misure della giacca da uomo
6. ____ materiale delle scarpe
7. ____ colori per la cravatta
8. ____ numero di prodotto per la maglietta nera
9. ____ acquisto minimo su Internet
10. ____ costi di spedizione

Descrivere

Guarda le foto. Scrivi un breve paragrafo per descrivere il sito Web. Paragona il tuo paragrafo con il paragrafo di un(a) compagno/a di classe.

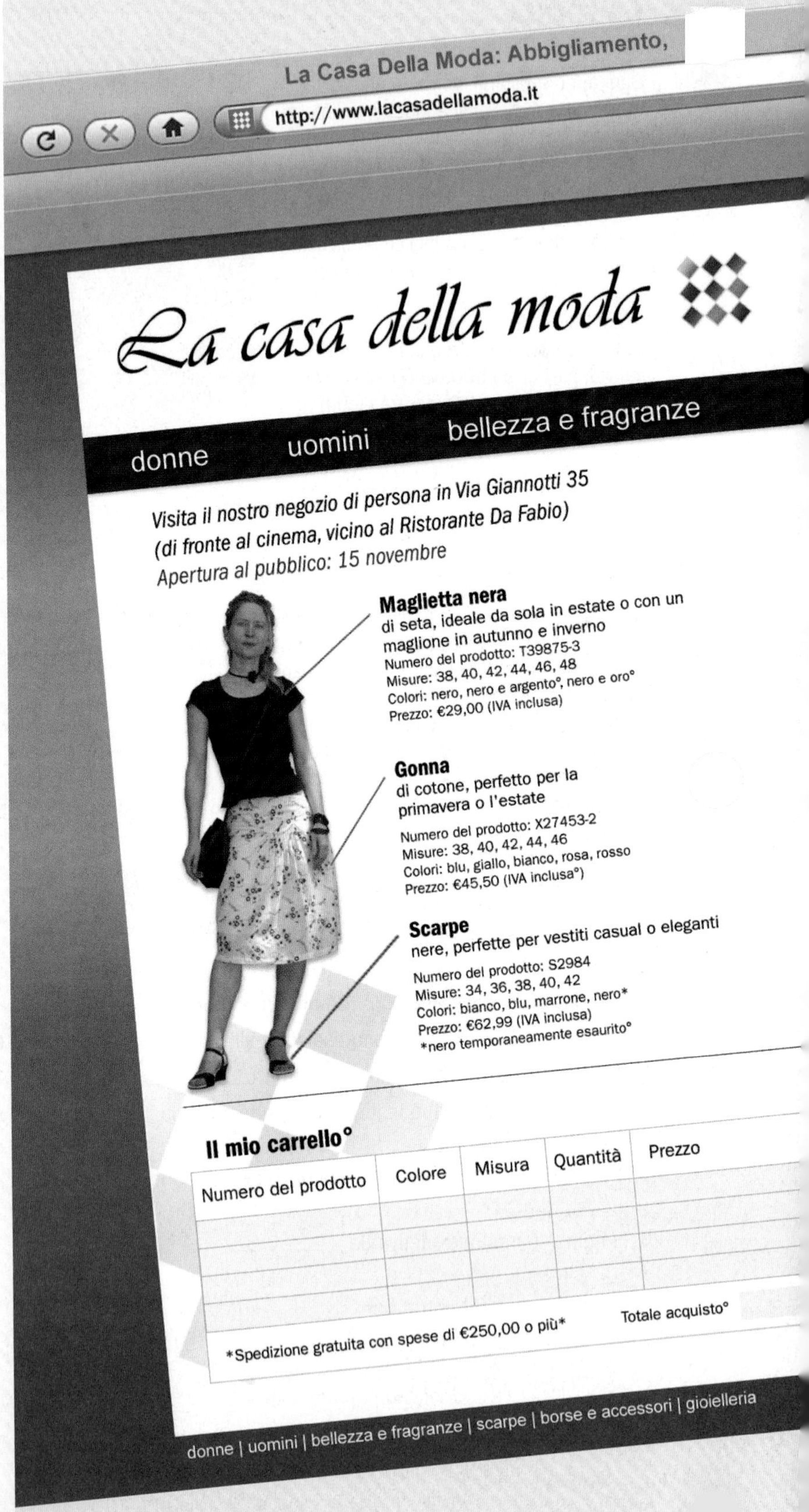

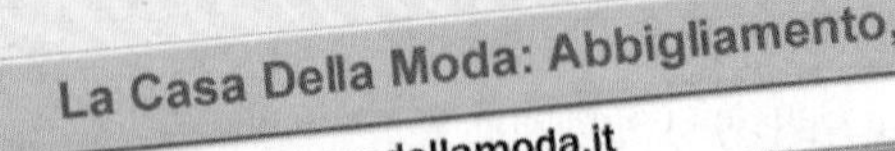

http://www.lacasadellamoda.it

La casa della moda

donne uomini bellezza e fragranze

Visita il nostro negozio di persona in Via Giannotti 35 (di fronte al cinema, vicino al Ristorante Da Fabio)
Apertura al pubblico: 15 novembre

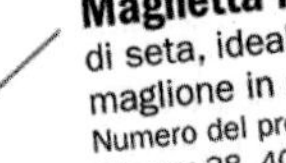

Maglietta nera
di seta, ideale da sola in estate o con un maglione in autunno e inverno
Numero del prodotto: T39875-3
Misure: 38, 40, 42, 44, 46, 48
Colori: nero, nero e argento°, nero e oro°
Prezzo: €29,00 (IVA inclusa)

Gonna
di cotone, perfetto per la primavera o l'estate
Numero del prodotto: X27453-2
Misure: 38, 40, 42, 44, 46
Colori: blu, giallo, bianco, rosa, rosso
Prezzo: €45,50 (IVA inclusa°)

Scarpe
nere, perfette per vestiti casual o eleganti
Numero del prodotto: S2984
Misure: 34, 36, 38, 40, 42
Colori: bianco, blu, marrone, nero*
Prezzo: €62,99 (IVA inclusa)
*nero temporaneamente esaurito°

Il mio carrello°

Numero del prodotto	Colore	Misura	Quantità	Prezzo
			Totale acquisto°	

Spedizione gratuita con spese di €250,00 o più

donne | uomini | bellezza e fragranze | scarpe | borse e accessori | gioielleria

IVA inclusa *sales tax included* **argento** *silver* **oro** *gold* **esaurito** *out of stock* **mio carrello** *my shopping cart* **acquisto** *purchase* **allo stesso tempo** *at the same time* **su misura** *custom made*

Dopo la lettura

Rispondere Rispondi alle seguenti domande con frasi complete.

1. Quando è l'apertura al pubblico del negozio?
2. Quali sono i prodotti descritti nella pubblicità?
3. Qual è il prodotto più economico?
4. Quali prodotti puoi comprare in blu?
5. Quali informazioni ci sono in «Il mio carrello»?
6. Quanto costa la spedizione di tre giorni?

Scegliere Indica quale prodotto può comprare ogni persona. Scrivi frasi complete.

MODELLO

Monica cerca un regalo per il compleanno del papà, ma ha solo €20.
Monica può comprare la cravatta!

1. Sabina ha bisogno di una maglietta da indossare sotto il suo nuovo maglione di colore oro.
2. Alessandro ha €55 e ha bisogno di accessori.
3. Il figlio di Maria ha un'occasione importante, ma Maria ha solo €35.
4. È il compleanno di Gianluca e i suoi amici vogliono comprare un bel regalo per lui.
5. Zoe ha un vestito elegante, bianco e nero, ma non ha scarpe.
6. Bianca e Franco devono andare a un anniversario di matrimonio. Non hanno problemi di soldi.

Oggi indosso... A coppie, usate questo sito Web come modello per scrivere una descrizione di quello che indossate oggi. Presentate le descrizioni alla classe.

MODELLO

Oggi indosso i jeans blu e una maglietta rossa. Ho una cintura marrone e le scarpe da ginnastica bianche...

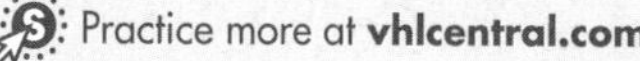
Practice more at **vhlcentral.com.**

In ascolto

Audio

STRATEGIA

Listening for the gist

Listening for the gist can help you get a general idea of what someone is talking about, even if you can't hear or understand some of the words. When you listen for the gist, you try to capture the essence of what you hear without focusing on individual words.

To help you practice this strategy, you will listen to three sentences. Jot down a brief summary of what you hear.

Preparazione

Guarda la foto. Quante persone ci sono? Dove sono Lucilla e Amedeo? Cosa vogliono mangiare? Cosa vogliono bere? Che ore sono? Che cosa hanno fatto oggi?

Ascoltiamo

Ascolta la conversazione tra Lucilla, Amedeo e il cameriere. Ascolta una seconda volta e indica quali attività hanno fatto oggi.

1. ____ Hanno comprato un libro.
2. ____ Durante la mattina, hanno nuotato.
3. ____ Hanno ascoltato la musica.
4. ____ Hanno visto un amico.
5. ____ Hanno mangiato molto al bar.
6. ____ Hanno comprato dei vestiti.
7. ____ Hanno mangiato in un ristorante elegante.
8. ____ Hanno organizzato una serata (*evening*) con gli amici.
9. ____ Hanno studiato per un esame difficile.
10. ____ Hanno deciso di andare al cinema.

Comprensione

Un riassunto Completa il riassunto (*summary*) della conversazione tra Lucilla e Amedeo con le parole della lista.

al cinema	hanno comprato
aranciata	hanno visitato
ballare	in discoteca
biscotti	i pantaloni
caffè	in piscina
cappuccino	le scarpe
ha fame	le sciarpe

Lucilla e Amedeo sono in un (1) ________. Amedeo beve un (2) ________. Lucilla (3) ________ e mangia (4) ________ e torta al cioccolato. La mattina loro (5) ________ i negozi e hanno nuotato (6) ________. Lucilla ha comprato (7) ________ e una gonna, Amedeo ha comprato (8) ________. La sera Lucilla e Amedeo non vogliono andare (9) ________, ma invece vogliono andare (10) ________.

E tu? A coppie, parlate di che cosa avete fatto lo scorso fine settimana e dei vostri programmi per questo fine settimana. Cosa dovete fare? Cosa volete fare?

MODELLO

Sabato ho dormito fino alle dieci e mezzo. La sera ho visto un film con i miei amici. Domenica mattina ho dormito fino a tardi e poi sono andato a fare la spesa...

Scrittura

STRATEGIA

Adding details

How can you make your writing more informative or more interesting? You can add details by answering the "W" questions: Who? What? When? Where? Why? The answers to these questions will provide useful information that can be incorporated into your writing. Here are some useful question words that you have already learned:

A che ora?	Dove?
Che cosa?	Perché?
Chi?	Quando?

Compare these two sentences.

«Ho comprato una giacca.»

«Dopo la classe d'italiano ho comprato una giacca di pelle nera, perché mia nonna mi ha dato i soldi per il mio compleanno.»

While both sentences give the same basic information (the writer bought a jacket), the second provides details that are much more informative.

Tema

Baci da Milano!

Hai deciso di passare un anno in Italia e vivere con una famiglia. Sei a Milano per il fine settimana e mandi una cartolina (*postcard*) alla famiglia che ti ospita (*hosts*) per raccontare cosa hai fatto. Scrivi cinque cose che hai visto e fatto. Aggiungi dettagli alla descrizione rispondendo (*answering*) alle domande **chi?**, **cosa?**, **quando?**, **dove?** e **perché?**

Sabato pomeriggio ho visitato il Duomo con i miei amici...

VOCABOLARIO

Usare la tecnologia

accendere	*to turn on*
cancellare	*to erase*
caricare	*to charge; to load*
cominciare	*to start*
comporre	*to dial (a number)*
essere connesso/a	*to be connected*
essere in linea	*to be online*
funzionare	*to work, to function*
navigare in rete	*to surf the Internet*
registrare	*to record*
salvare	*to save*
scaricare	*to download*
spegnere	*to turn off*
squillare	*to ring (telephone)*
stampare	*to print*

Di che colore?

arancione	*orange*
azzurro/a	*sky blue*
beige (*invar.*)	*beige*
bianco/a	*white*
blu (*invar.*)	*blue*
giallo/a	*yellow*
grigio/a	*gray*
marrone	*brown*
nero/a	*black*
rosa (*invar.*)	*pink*
rosso/a	*red*
verde	*green*
viola (*invar.*)	*purple*
a righe	*striped*
a tinta unita	*solid color*
chiaro/a	*light*
scuro/a	*dark*

I tessuti

il cotone	*cotton*
la lana	*wool*
la pelle	*leather*
la seta	*silk*

L'abbigliamento

indossare, portare	*to wear*
l'abito	*dress*
la biancheria intima	*underwear*
la borsa	*handbag; purse*
il calzino	*sock*
la camicetta	*blouse*
la camicia	*dress shirt*
la canottiera	*tank top*
il cappello	*hat*
il cappotto	*overcoat*
la cintura	*belt*
la collana	*necklace*
il completo	*suit; matching outfit*
il costume da bagno	*bathing suit*
la cravatta	*tie*
la felpa	*sweatshirt*
la giacca	*jacket*
la gonna	*skirt*
il guanto	*glove*
i jeans	*jeans*
la maglietta (a maniche corte/lunghe)	*(short-/long-sleeved) T-shirt*
il maglione	*sweater*
gli occhiali (da sole)	*(sun)glasses*
i pantaloncini	*shorts*
i pantaloni	*pants, trousers*
la scarpa (da ginnastica)	*(running) shoe*
la sciarpa	*scarf*
lo stivale	*boot*
la taglia	*clothing size*
il tailleur	*women's suit*
la valigetta	*briefcase*
il vestito	*dress; suit*
largo/a	*loose, big*
stretto/a	*tight-fitting*

Verbi

conoscere	*to know; to meet*
dire	*to say; to tell*
dovere	*to have to/must; to owe*
potere	*to be able to/can*
riconoscere	*to recognize*
riuscire	*to succeed; to manage*
sapere	*to know*
uscire	*to go out; to leave*
venire	*to come*
volere	*to want*

Termini tecnologici

il canale (televisivo)	*(television) channel*
il carica batteria	*battery charger*
la cartella	*folder*
il CD/compact disc	*CD*
il cellulare	*cell phone*
il (computer) portatile	*laptop (computer)*
le cuffie	*headphones*
il disco rigido	*hard drive*
il documento	*document*
l'e-mail (*f.*)	*e-mail message*
l'impianto stereo	*stereo*
il lettore MP3/CD/DVD	*MP3/CD/DVD player*
la macchina fotografica (digitale)	*(digital) camera*
il messaggio (di testo); l'SMS	*text message*
il microfono	*microphone*
il mouse	*mouse*
la password	*password*
il programma	*program*
la rete	*network; Internet*
il (registratore) DVR	*DVR*
lo schermo	*screen*
il sito Internet	*Web site*
lo smartphone	*smartphone*
la stampante	*printer*
il tablet	*tablet*
la tastiera	*keyboard*
il telecomando	*remote control*
il televisore	*television set*
il videogioco	*video game*

Fare spese

il buon affare	*good deal*
il/la commesso/a	*salesperson*
i saldi	*sales*
caro/a	*expensive*
ciascuno/a	*each (one)*
costoso/a	*expensive*

Espressioni utili	*See pp. 121 and 135.*
Pronomi tonici	*See p. 127.*
Irregular past participles	*See p. 139.*

UNITÀ

Buon appetito!

Lezione 5A

CONTESTI
pagine 152–155
- Grocery shopping
- The letter combination **gl**

FOTOROMANZO
pagine 156–157
- **La lista della spesa**

CULTURA
pagine 158–159
- **Mercato o supermercato?**

STRUTTURE
pagine 160–165
- The **passato prossimo** with **essere**
- Direct object pronouns
- Partitives and expressions of quantity

SINTESI
pagine 166–167
- **Ricapitolazione**
- **Lo zapping**

Lezione 5B

CONTESTI
pagine 168–171
- Dining
- Diphthongs and triphthongs

FOTOROMANZO
pagine 172–173
- **Troppi cuochi guastano la cucina**

CULTURA
pagine 174–175
- **I pasti in famiglia**

STRUTTURE
pagine 176–179
- Indirect object pronouns
- Adverbs

SINTESI
pagine 180–181
- **Ricapitolazione**

Per cominciare
- Dove sono Marcella e Riccardo?
  a. al mercato b. al supermercato
- Marcella compra della frutta o del gelato?
- Che cosa indossa Riccardo?
- Di che colore è la borsa di Marcella?

AVANTI
pagine 182–188
Panorama: Gastronomia e arte: Emilia-Romagna and **Toscana**
Lettura: Read a restaurant menu and review.
In ascolto: Listen to a recipe for **ragù bolognese**.
Scrittura: Write a restaurant review.
Vocabolario dell'Unità 5

Lezione

5A

Communicative Goals

You will learn how to:

- talk about food
- discuss grocery shopping

CONTESTI

La spesa

Vocabolario

espressioni	***expressions***
Quanto costa...?	*How much is . . . ?*
cucinare	*to cook*
i negozi	***shops***
la gelateria	*ice cream shop*
la macelleria	*butcher*
il mercato	*market*
il negozio d'alimentari	*grocery store*
la panetteria	*bakery*
la pasticceria	*pastry shop*
la pescheria	*fish/seafood shop*
la salumeria	*delicatessen*
il supermercato	*supermarket*
il cibo	***food***
il biscotto	*cookie*
il burro	*butter*
il formaggio	*cheese*
l'olio (d'oliva)	*(olive) oil*
il pane	*bread*
la pasta (asciutta)	*pasta*
il riso	*rice*
lo yogurt	*yogurt*
carne e pesce	***meat and fish***
la carne di maiale	*pork*
la carne di manzo	*beef*
i frutti di mare	*seafood*
il gamberetto	*shrimp*
il prosciutto	*ham*
il tonno	*tuna*
la vongola	*clam*
frutta e verdura	***fruit and vegetables***
l'ananas (*m.*)	*pineapple*
il carciofo	*artichoke*
il fungo	*mushroom*
il lampone	*raspberry*
il melone	*melon*
l'uva	*grapes*

risorse

SAM WB: pp. 63–64

SAM LM: p. 36

vhlcentral.com

Attenzione!

In Italian, **uva** (*grapes*) is a non-count noun, meaning its quantity cannot be expressed as a number and it has no plural form. To talk about a bunch of grapes, say **un grappolo d'uva.**

la marmellata

la *crostata*

il peperone verde

la lattuga

l'uovo (*pl.* le uova *f.*)

Pratica

1 Abbinare Abbina ogni parola con la sua immagine.

1. ____ formaggio
2. ____ pane
3. ____ uova
4. ____ vongola
5. ____ uva
6. ____ pomodori

a.

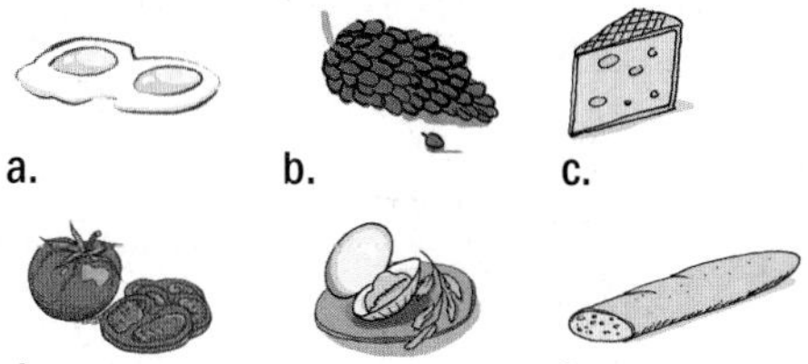

b.

c.

d.

e.

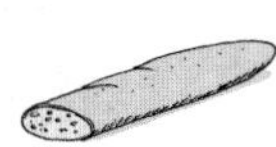
f.

2 Prova d'artista In gruppi di quattro, fate a turno a disegnare e a indovinare (*guess*) le parole del vocabolario della lezione.

3 Scegliere Scegli la risposta che meglio completa (*best completes*) le seguenti frasi.

MODELLO Vado in pescheria a comprare (il riso / (le vongole) / la carne di maiale).

1. Devo comprare delle (*some*) arance. Vado (in pescheria / al supermercato / in panetteria).
2. Preparo una crostata con uova, burro e (cibo, mercato / frutta).
3. Marta è vegetariana e non mangia mai (la carne / il melone / l'aglio).
4. (I fagiolini, Le pesche, Le fragole) sono la mia verdura preferita.
5. Andrea adora il pesce e i frutti di mare. Al ristorante ordina sempre (la carne di maiale / i gamberetti / il formaggio).
6. Un ingrediente fondamentale della dieta mediterranea è (l'olio d'oliva / il fungo / la salumeria).
7. Per colazione Camilla preferisce mangiare (lo yogurt / la pasta / il tonno).
8. Che buona la frutta! Le pere, le banane, le fragole, (le carote / la lattuga / l'ananas)...

4 Definire A coppie, fate a turno a definire e a indovinare le parole dal vocabolario della lezione.

MODELLO

S1: *È una verdura arancione.*
S2: *Una carota!*

Practice more at **vhlcentral.com.**

Comunicazione

5 **Quanta spesa!** La signora Rizzi deve andare a fare la spesa oggi. Ascolta quello che dice a suo marito. A coppie, indicate l'ordine in cui visiterà (*in which she will visit*) i posti nella lista.

1. ____ pescheria
2. ____ supermercato
3. ____ macelleria
4. ____ panetteria
5. ____ mercato
6. ____ gelateria
7. ____ pasticceria
8. ____ salumeria

6 **Enzo fa la spesa** A coppie, recitate (*role-play*) le conversazioni di Enzo con i seguenti negozianti (*vendors*).

MODELLO

S1: *Buongiorno! Vorrei del (I would like some) gelato.*
S2: *Che gusto (flavor) Le piace?*
S1: *Alla fragola!*
S2: *Ecco qui.*
S1: *Grazie!*

in gelateria

Un piccolo aiuto

Use these words to help you complete this activity.

il/la fruttivẹndolo/a	→	*greengrocer*
il/la gelatạio/a	→	*ice cream seller*
il/la macellạio/a	→	*butcher*
il/la pescivẹndolo/a	→	*fishmonger*

1. in macelleria

2. al mercato

3. nel negozio d'alimentari

4. in pescheria

7 **Il menu della festa!** Lavorate a coppie. L'insegnante vi darà (*will give you*) due fogli diversi, ciascuno con metà delle informazioni sui prezzi del cibo. Create insieme un menu per la vostra festa. Poi scrivete la lista della spesa di quello che dovete comprare. Avete un budget di 100 euro.

MODELLO

S1: *Dobbiamo servire la pizza con il prosciutto e i funghi. Quanto costa?*
S2: *Una pizza costa 8,50 euro. Quante ne (of them) compriamo?*
S1: *Due. E poi...*

8 **I cibi preferiti** In gruppi di tre, parlate dei cibi che piacciono o non piacciono a voi, alle vostre famiglie e ai vostri amici. Dite quali cibi mangiate più spesso e dove andate a comprarli (*to buy them*).

MODELLO

S1: *A mia madre piace il pane. Ogni giorno va in panetteria a comprare il pane.*
S2: *Mio fratello adora il gelato! Va sempre in gelateria. A me non piace il gelato, preferisco la crostata...*

Pronuncia e ortografia

The letter combination *gl*

figlio	**gli**	**miglia**	**Puglia**

In Italian, **gl** followed by the letter **i** is usually pronounced like the *lli* in *million*.

glaciale	**globale**	**glossare**	**siglare**

When followed by a vowel other than **i**, **gl** sounds like the *gl* in the English word *glow*.

ganglio	**geroglifico**	**glicerina**	**glissare**

In words derived from Greek (medical terms, scientific terms, etc.) and foreign terms, **gl** is pronounced like the *gl* in the English word *glow*, even when followed by the letter **i**.

Pronunciare Ripeti le parole ad alta voce.

1. maglia
2. globo
3. migliaia
4. pigliare
5. glissare
6. togliere
7. globalizzare
8. taglia
9. figlia
10. aglio
11. gloria
12. foglio

Articolare Ripeti le frasi ad alta voce.

1. Posso mettere l'aglio nella pentola?
2. Voglio un biglietto per il concerto.
3. Mangiamo le tagliatelle stasera?
4. Gli zii preparano gli gnocchi.
5. Mi sveglio alle otto.
6. I figli di Maria studiano glottologia.

Proverbi Ripeti i proverbi ad alta voce.

[1] If one person cooks the meal, it is up to the others to wash the dishes.
[2] One never ages when at the table.

risorse
SAM LM: p. 37
vhlcentral.com

FOTOROMANZO

La lista della spesa

PERSONAGGI

Emily

Lorenzo

Marcella

Riccardo

Viola

EMILY Burro, uova, pane. Vai al mercato oggi?
MARCELLA Sì. Voglio fare spaghetti alla carbonara per tutti stasera. Ti piace cucinare?
EMILY Sì. So preparare dei piatti svedesi. Me lo ha insegnato mio padre.
MARCELLA E tua madre? Cucina piatti italiani?

RICCARDO Buongiorno. Sei pronta per andare a fare la spesa, Marcella?
MARCELLA Fra un attimo.
EMILY Marcella, posso preparare io la cena stasera?
RICCARDO Tu? Siamo troppo giovani per morire!

VIOLA Ciao mamma, ciao papà. Questo è il nostro blog della pensione. È stata un'idea di Riccardo. Beh, eccomi qua. Ho preso trenta nel mio ultimo esame. Devo finire una tesina per martedì. Hmm... Sono andata a cena con Massimo a... (*Continua.*) Come si spegne questa videocamera?

Al mercato...
MARCELLA Oh, frutta e verdura.
RICCARDO Marcella, insalata mista. Abbiamo bisogno di lattuga, pomodori, peperoni e cipolle.
EMILY E altri pomodori per la bruschetta.
MARCELLA Va bene, possiamo comprare tanti pomodori.

EMILY Ecco della lattuga e delle cipolle.
MARCELLA E ci serve dell'olio d'oliva e del basilico.
RICCARDO Ho trovato dei peperoni e dell'aglio.
EMILY Abbiamo bisogno di aglio?
RICCARDO Abbiamo sempre bisogno di aglio.
EMILY Abbiamo dimenticato gli asparagi.

MARCELLA Bene. Ah, poi andiamo dal macellaio.
EMILY Quanta pancetta ci serve?
MARCELLA Paolo ama la carne.
RICCARDO Quattro etti e mezzo.
EMILY Non è troppo?
RICCARDO Nooo. Ho mangiato la stessa quantità di pancetta la settimana scorsa.

ATTIVITÀ

1 Completare Completa le seguenti frasi.

1. Marcella vuole fare spaghetti alla ________ stasera.
2. Emily sa preparare dei piatti ________.
3. Riccardo vuole fare un'insalata mista con lattuga, pomodori, ________ e cipolle.
4. Emily vuole altri pomodori per la ________.
5. Riccardo ha trovato dei peperoni e dell' ________.
6. Servono quattro etti e mezzo di ________.
7. Riccardo mangia tanto, ma è molto ________.
8. Non possono fare la carbonara senza uova e ________.
9. Per dolce, Emily suggerisce il ________.
10. Riccardo ha voglia di ________.

Practice more at **vhlcentral.com.**

Emily, Marcella e Riccardo fanno la spesa.

4

5

LORENZO Ti posso aiutare io.
VIOLA Oh, Lorenzo. Ciao. Grazie.
LORENZO Di niente. Non vuoi dire ai tuoi genitori di Massimo?
VIOLA Tu hai detto che è aggressivo ed egoista.
LORENZO Non Massimo in particolare, ho detto che alcuni uomini sono cattivi.
VIOLA Massimo è un ragazzo gentile.

VIOLA Come Francesca?
LORENZO Sono uscito con lei per due anni. Poi lei ha incontrato un altro ragazzo ed è stata con lui solo per due settimane.
VIOLA La ami?
LORENZO E tu, lo ami Massimo?
VIOLA Lo conosco da un mese. Vuoi tornare con lei? ...o c'è una nuova ragazza?

9

10

MARCELLA Riccardo, Riccardo! Ma allora perché sei così magro se mangi così tanto? ...Che cosa abbiamo dimenticato?
EMILY Uova e formaggio!
MARCELLA Non possiamo fare la carbonara senza uova e formaggio.

EMILY Compriamo del tiramisù per dolce?
MARCELLA Va bene.
RICCARDO Io ho fame. Ho voglia di biscotti. E di un caffè.
EMILY Andiamo in un bar? Offriamo io e Riccardo.
RICCARDO Hmm?
EMILY Proprio così.
MARCELLA Siete molto cari. Grazie.

Espressioni utili

Talking about groceries

- **Ci serve dell'olio d'oliva e del basilico.** *We need some olive oil and some basil.*
- **dei piatti** *some dishes*
- **l'insalata mista** *mixed salad*
- **dal macellaio** *to the butcher shop*
- **quattro etti e mezzo** *450 grams*
- **un po'** *a little bit*
- **per dolce** *for dessert*

Talking about past actions

- **Me lo ha insegnato mio padre.** *My dad taught me.*
- **Sono andata a cena con Massimo.** *I went to dinner with Massimo.*
- **Sono uscito con lei per due anni.** *I went out with her for two years.*
- **È stata con lui solo per due settimane.** *She was with him for just two weeks.*

Additional vocabulary

- **Siamo troppo giovani per morire!** *We are too young to die!*
- **Come si spegne questa videocamera?** *How do you turn off this videocamera?*
- **Fra un attimo.** *In a minute.*
- **Beh, eccomi qua.** *Well, here I am.*
- **La ami?/Lo ami?** *Do you love her?/ Do you love him?*
- **Non è troppo?** *Isn't it too much?*
- **per tutti stasera** *for everyone tonight*
- **la stessa quantità** *the same amount*
- **una tesina** *essay; term paper*
- **ultimo** *last*
- **tanti** *many*
- **in particolare** *specifically*
- **alcuni uomini** *some men*

2 **Per parlare un po'** Tu e un amico volete invitare alcuni amici a cena questa sera. A coppie, scrivete una conversazione in cui (*in which*) decidete che cosa volete servire. Parlate di che cosa dovete comprare e di chi cucina i piatti che avete scelto.

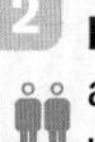

3 **Approfondimento** Vuoi invitare a cena alcuni amici e decidi di cucinare italiano. Prepara un menu di piatti italiani, poi cerca le ricette su Internet o su qualche libro di cucina. Descrivi ai tuoi compagni le ricette che hai scelto.

ATTIVITÀ

CULTURA

IN PRIMO PIANO

Mercato o supermercato?

Dove facciamo la spesa oggi? Nelle principali piazze delle città italiane, in un giorno fisso° della settimana, c'è il mercato, dove si trovano gli ingredienti fondamentali della cucina italiana: la frutta e le verdure fresche e di stagione°. Spesso al mercato è possibile risparmiare° su frutta e verdura. Città come Venezia, Palermo, Genova e anche Milano sono conosciute per i loro ricchissimi mercati del pesce, dov'è possibile trovare molluschi° e pesci freschissimi del Mediterraneo.

Oltre ai mercati, in Italia ci sono tantissimi negozi alimentari specializzati, come le panetterie, le macellerie e le salumerie. Generalmente gli anziani preferiscono questi negozi tradizionali, vicino a casa, in cui° fanno la spesa da parecchi° anni e hanno un rapporto° non solo di fiducia°, ma spesso anche di amicizia con il negoziante°.

Oggigiorno però è sempre più comune fare la spesa al supermercato. Spesso le famiglie italiane scelgono di andare nei supermercati all'interno dei centri commerciali. Qui possono fare la spesa e trovare anche altri negozi in cui fare acquisti°. Per parecchie famiglie è conveniente andare in un unico posto e fare la scorta° del necessario per tutta la settimana, con una sola sosta°. La continua costruzione di nuovi centri commerciali ha causato ai negozi che vendono prodotti al dettaglio° la perdita° di molti clienti. Ciononostante°, se vuoi perderti negli aromi e nei colori, i mercati all'aperto non sono difficili da trovare.

Un piccolo aiuto

In Italian, it is common to add the suffix **-ssimo** to masculine plural adjectives to mean *very* or *extremely*.

ricchi + **-ssimo** = **ricchissimo**

freschi + **-ssimo** = **freschissimo**

tanti + **-ssimo** = **tantissimo**

fisso *set, fixed* **di stagione** *seasonal* **risparmiare** *to save* **molluschi** *mollusks* **in cui** *in which* **parecchi** *many* **rapporto** *relationship* **fiducia** *trust* **negoziante** *shopkeeper* **fare acquisti** *to shop* **fare la scorta** *stock up* **sosta** *stop* **al dettaglio** *retail* **perdita** *loss* **Ciononostante** *However*

ATTIVITÀ

1 Vero o falso? Indica se l'affermazione è **vera** o **falsa**. Correggi le affermazioni false.

1. Tutti gli italiani fanno sempre la spesa al mercato.
2. Gli anziani spesso preferiscono fare la spesa nei negozi tradizionali.
3. Le salumerie e le macellerie vendono prodotti al dettaglio.
4. La costruzione di centri commerciali aiuta anche i negozianti tradizionali.
5. A volte gli anziani hanno un rapporto di amicizia e fiducia con i negozianti.
6. In molte città c'è il mercato del pesce.
7. Le famiglie non fanno la spesa al supermercato.
8. Il mercato c'è tutti i giorni in tutte le città.
9. Spesso c'è un rapporto di fiducia con i proprietari dei supermercati.
10. Gli italiani comprano i molluschi al mercato di frutta e verdura.

Practice more at **vhlcentral.com.**

L'ITALIANO QUOTIDIANO

Come cuciniamo questo piatto?

(far) soffriggere	*to brown, to fry lightly*
(far) tostare	*to toast*
impanare	*to bread*
affumicato/a	*smoked*
agrodolce	*sweet and sour*
alla griglia	*grilled*
al vapore	*steamed*
arrosto/a	*roasted*
fritto/a	*fried*
in umido	*stewed*
sottaceto	*pickled*
sottolio	*in oil*

USI E COSTUMI

Che aroma!

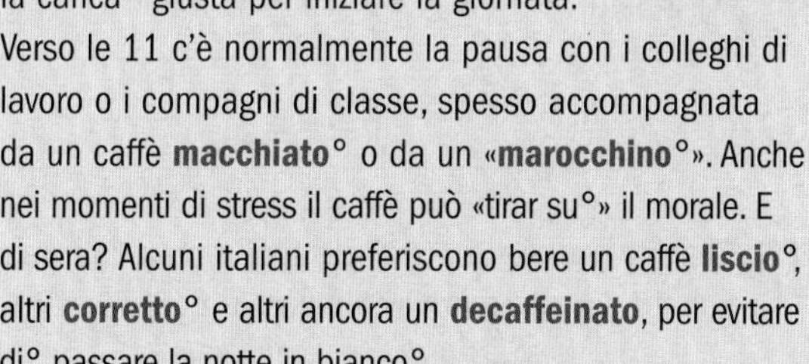

Qual è il migliore amico di tanti italiani? Il caffè, naturalmente! Il caffè è sempre con loro. Al momento del risveglio° non c'è niente° di meglio di un **caffè lungo**° o di un **cappuccino** che offre la carica° giusta per iniziare la giornata. Verso le 11 c'è normalmente la pausa con i colleghi di lavoro o i compagni di classe, spesso accompagnata da un caffè **macchiato**° o da un «**marocchino**°». Anche nei momenti di stress il caffè può «tirar su°» il morale. E di sera? Alcuni italiani preferiscono bere un caffè **liscio**°, altri **corretto**° e altri ancora un **decaffeinato**, per evitare di° passare la notte in bianco°.

risveglio *waking up* **non c'è niente** *there's nothing* **caffè lungo** *espresso with hot water added* **carica** *boost* **macchiato** *espresso "stained" with milk* **marocchino** *espresso with cocoa powder and milk* **tirar su** *pull up* **liscio** *plain* **corretto** *espresso with alcohol* **evitare di** *to avoid* **passare la notte in bianco** *being up all night*

RITRATTO

Com'è buona la pasta!

Mangiare la pasta fa sognare a tutti° di essere nella penisola a forma di stivale. È possibile trovare tipi di pasta diversi in ogni regione d'Italia. La regione dove nasce l'arte di tirare la sfoglia° è l'Emilia-Romagna. Sulle tavole italiane, di casa o dei ristoranti, non mancano° mai i primi piatti di pasta «fatta in casa», come **gli spaghetti**, le tagliatelle, le fettuccine, le trofie, le orecchiette e gli gnocchi. Ci sono tantissimi tipi di sughi°: la semplice° salsa di pomodoro, il pesto, i quattro formaggi, il ragù, la carbonara, l'amatriciana e così via°. Altri primi piatti sono le lasagne al ragù o vegetariane; i tortelli o ravioli ripieni° di ricotta e spinaci, prosciutto e funghi, o formaggi; e i tortellini ripieni di carne e serviti «in brodo°». C'è un tipo di pasta per ogni gusto!

fa sognare a tutti *makes everyone dream* **tirare la sfoglia** *rolling pastry dough* **non mancano** *aren't missing* **sughi** *sauces* **semplice** *simple* **e così via** *and so on* **ripieni** *filled* **brodo** *broth*

SU INTERNET

Quali sono i tipi di pasta tipici delle diverse regioni d'Italia?

Go to vhlcentral.com to find more information related to this **CULTURA**.

ATTIVITÀ

2 Completare Completa le frasi.

1. In Emilia-Romagna nasce l'arte di ___________.
2. I tortelli e i ravioli sono due tipi di pasta ________.
3. I tortellini sono spesso serviti in ________.
4. Gli italiani, al mattino, bevono (*drink*) il caffè lungo o il ________.
5. Nei momenti di stress il caffè aiuta a ________ il morale.
6. Alcuni italiani, alla sera, bevono il ________, cioè il caffè senza caffeina.

3 A voi A coppie, rispondete alle seguenti domande.

1. Qual è il piatto tradizionale della tua regione o stato?
2. Secondo te, quali sono le differenze tra la cultura del caffè in America e quella in Italia?
3. Fai la spesa sempre al supermercato? C'è un mercato all'aperto nella tua città?

STRUTTURE

5A.1 The *passato prossimo* with *essere*

Punto di partenza In **Lezione 4B** you learned to form the **passato prossimo** with **avere**. Some verbs, however, form the **passato prossimo** with **essere**.

- Form the **passato prossimo** of verbs that take **essere** by pairing a present-tense form of **essere** with the past participle of the primary verb. The past participle must agree in gender and number with the subject.

The *passato prossimo* of *andare*

sono andato/a	*I went*	siamo andati/e	*we went*
sei andato/a	*you went*	siete andati/e	*you went*
è andato/a	*you went; he/she/it went*	sono andati/e	*they went*

Teresa **è andata** in macelleria.
*Teresa **went** to the butcher shop.*

Ragazze, a che ora **siete andate** a casa?
*Girls, when **did you go** home?*

Francesco **non è mai andato** in bicicletta.
*Francesco **has never ridden** a bicycle.*

I miei fratelli **sono andati** in gelateria.
*My brothers **went** to the ice cream shop.*

- Many verbs that take **essere** in the **passato prossimo** express motion or lack of motion. You have already learned several of these verbs: **andare**, **arrivare**, **partire**, **stare**, **tornare**, **uscire**, and **venire**.

Giuseppe **è uscito** ieri sera.
*Giuseppe **went out** last night.*

Quando **sono arrivati** i Bianchi?
*When **did** the Bianchis **arrive**?*

PRATICA

1 Completare Completa ogni frase con il passato prossimo del verbo indicato.

Ieri io (1) ________ (andare) in centro con Tommaso e Graziella. Tommaso ha fatto una telefonata ed io e Graziella (2) ________ (restare) nella gelateria in Via Pacini. Poi Tommaso e Graziella (3) ________ (entrare) in pescheria per comprare dei calamari. Dopo tutti noi (4) ________ (entrare) nella salumeria «Il maiale felice». A Tommaso quella salumeria (5) ________ (piacere) molto. Tommaso e Graziella non (6) ________ mai ________ (venire) al mercato così noi (7) ________ (tornare) in Via Pacini. (8) ________ (essere) un pomeriggio divertente!

2 Creare Riscrivi ogni frase usando il passato prossimo.

MODELLO Un gelato lì costa un euro.
Un gelato lì è costato un euro.

1. Mi piacciono molto i broccoli con il formaggio.
____
2. Il pane diventa secco dopo due giorni.
____
3. La macelleria rimane aperta questa domenica.
____
4. La crostata viene sempre bene.
____
5. La carne e le uova costano troppo.
____
6. I signori Cefaletti vanno alla pasticceria.
____

3 Descrivere Guarda i disegni e crea una frase usando un verbo della tabella.

andare	partire	restare
arrivare	piacere	tornare

1. io

2. Camillo e Gaia

3. tu

4. io e Patrizia

5. Carmelo

6. mio fratello

Practice more at **vhlcentral.com.**

COMUNICAZIONE

4 **Vacanze** A coppie, fate a turno a fare domande sulle vostre ultime vacanze. Usate gli indizi (*cues*) dati.

MODELLO quando / partire

S1: *Quando sei partito?*
S2: *Sono partito il quattro aprile.*

1. dove / andare
2. con chi / partire
3. quanto / costare (il viaggio, i biglietti)
4. a che ora / arrivare
5. dove / restare
6. quanto tempo / restare
7. che cosa / piacere di più (*most*)
8. uscire / ogni sera
9. in quali negozi / entrare
10. quando / tornare

5 **Inchiesta** Chiedi ai tuoi compagni di classe se hanno fatto una delle attività nella lista. Se sì, scrivi il nome della persona. Fai domande per trovare una persona per ogni attività.

MODELLO andare a un museo

S1: *Sei andato a un museo recentemente?*
S2: *Sì, venerdì scorso sono andato al museo di arte.*

Attività	*Nome*
1. andare a un museo	*Gianni*
2. non venire in classe ieri	
3. partire per un fine settimana	
4. stare a letto tutto il giorno	
5. salire su un aereo	
6. essere malato/a	

6 **Una vita lunga e felice** A coppie, scrivete un riassunto (*summary*) della vita di una persona famosa. Usate forme del passato prossimo con **avere** ed **essere**.

MODELLO

Il tenore Luciano Pavarotti è nato a Modena nel 1935...

- In the **passato prossimo**, **essere** is also used with verbs that express states of being or changes of state.

Verbs used with *essere* in the *passato prossimo*

cadere	*to fall*	nascere*	*to be born*
costare	*to cost, to be worth*	piacere	*to please (to like)*
diventare	*to become*	restare	*to stay, to remain*
entrare	*to enter*	rimanere*	*to remain, to stay*
essere	*to be*	salire*	*to climb, to go up; to get on (bus, train)*
morire	*to die*	scendere	*to go down*

I ragazzi **sono saliti** in autobus.
*The boys **got on** the bus.*

La cuoca **è diventata** famosa nel 2010.
*The chef **became** famous in 2010.*

ATTREZZI
In **Lezione 2B**, you learned to use the **passato prossimo** form of **nascere** to talk about when a person was born.

- Many verbs that take **essere** have irregular past participles that must be memorized.

Some irregular past participles

essere	stato	rimanere*	rimasto
morire*	morto	scendere	sceso
nascere*	nato	venire	venuto
piacere	piaciuto	vivere	vissuto

Ieri **sono rimasto** a casa.
*Yesterday **I stayed** home.*

Le amiche **sono venute** in pasticceria.
*The friends **came** to the bakery.*

- **Essere** and **stare** share the same past participle: **stato**. Use context to determine which verb is being used.

Non **siete** mai **stati** a Roma?
***You have** never **been** to Rome?*

Lele **è stato** a casa per cucinare.
*Lele **stayed** home to cook.*

Provalo! **Completa ogni frase con il participio passato corretto.**

1. Voi siete (nato / nate) nel 1970.
2. Vi è (piaciuto / piaciuta) il film?
3. Gli studenti sono (andate / andati) al museo.
4. Tu sei (tornato / tornate) a casa alle due di notte.
5. Ragazzi, davvero siete (rimasti / rimaste) in piscina tutto il giorno?
6. Sono molto triste perché ieri è (morta / morto) il mio pesce.
7. Ida e Adamo sono (restata / restati) a cenare a casa mia.
8. Tu e Mirella siete (arrivato / arrivate) in Italia il quattro giugno.

5A.2 Direct object pronouns

Punto di partenza A direct object receives the action of a verb directly and answers the question *what*? or *whom*? Direct objects generally follow the verb.

SUBJECT	VERB	DIRECT OBJECT
Gli studenti	hanno mangiato	**una pizza.**
The students	*ate*	*a pizza.*

- Direct object *pronouns* replace direct object nouns.

DIRECT OBJECT NOUN	DIRECT OBJECT PRONOUN
Compri **le pere**?	**Le** compri?
Are you buying ***the pears?***	*Are you buying* ***them?***
Non conosciamo **il macellaio.**	Non **lo** conosciamo.
We don't know ***the butcher.***	*We don't know* ***him.***

- These are the forms of the direct object pronouns in Italian.

Direct object pronouns

singular		plural	
mi	*me*	ci	*us*
ti	*you*	vi	*you*
La	*you* (form., m. or f.)		
lo	*him/it* (m.)	li	*them* (m.)
la	*her/it* (f.)	le	*them* (f.)

- Place the direct object pronoun immediately before a conjugated verb.

Non **ti** vedo mai al mercato.
I never see ***you*** *at the market.*

Arturo **mi** saluta sempre.
Arturo always greets ***me.***

- In two-verb constructions with an infinitive, drop the final **-e** and attach the pronoun to the end of the infinitive.

Ecco le vongole! Hai voglia di mangiar**le**?
Here are the clams! Do you feel like eating ***them?***

I funghi? Non mi piace comprar**li**.
Mushrooms? I don't like to buy ***them.***

- In two-verb constructions with **dovere**, **potere**, or **volere**, place the pronoun before the conjugated verb or attach it to the infinitive.

Ho dimenticato le fragole. **Le** devi comprare!/Devi comprar**le**!
I forgot the strawberries. You have to buy ***them!***

PRATICA

1 Completare Completa ogni frase con il pronome diretto corretto.

MODELLO patate: Giovanni __le__ ha mangiate.

1. **riso:** Lapo ____ ha cucinato.
2. **uva:** Noi ____ abbiamo comprata.
3. **carciofi:** Tu ____ hai preparati.
4. **forchette:** Io ____ ho lavate.
5. **lamponi:** Voi ____ avete cercati.
6. **panetteria:** Loro ____ hanno trovata.
7. **tavolo:** Io e Lidia ____ abbiamo lavato.
8. **carote:** La mamma ____ ha mangiate.

2 Descrivere Usa i disegni e gli indizi per dire chi ha comprato che cosa al supermercato.

MODELLO

L'ho comprato al supermercato.

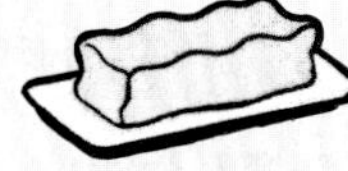

io

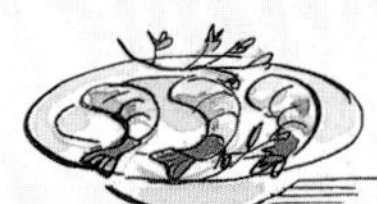

1. noi

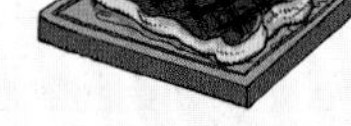

2. tu e Antonella

3. loro

4. mia nonna

5. tu

6. Lisa

3 Rispondere Rispondi a ogni domanda usando un pronome diretto.

1. Fai spesso la spesa? (Sì)
2. Hai finito lo yogurt? (No)
3. Vuoi preparare la cena stasera? (Sì)
4. Devi comprare i peperoni? (No)
5. Hai fatto colazione stamattina? (Sì)
6. Mangi le verdure? (No)

Practice more at **vhlcentral.com.**

COMUNICAZIONE

4 **Una macedonia fantastica!** In gruppi di tre, guardate la ricetta (*recipe*) per la macedonia (*fruit salad*). Dite a turno se avete nel frigo (*in the fridge*) gli ingredienti della lista o se dovete comprarli.

MODELLO

S1: *Abbiamo bisogno di dieci fragole.*
S2: *Abbiamo dieci fragole nel frigo.*
S3: *Allora non dobbiamo comprarle.*

Ricetta	*Nel frigo*
10 fragole	*10 fragole*
2 mele verdi	*5 mele rosse*
1 banana	*3 pesche*
½ (mezzo) melone	*15 lamponi*
15 lamponi	*2 pere*
3 pesche	
2 pere	
1 arancia	
½ (mezzo) ananas	
1 yogurt alla vaniglia	

5 **Chi l'ha comprato?** In gruppi di tre, guardate la lista. A turno, chiedete chi ha comprato ogni cosa. Se non l'hai comprato tu, chiedi a un'altra persona.

MODELLO

S1: *Anna, hai comprato il tonno?*
S2: *No, non l'ho comprato. Jason, tu hai comprato il tonno?*
S3: *Sì, l'ho comprato ieri.*

S1	S2	S3
caffè	arance	carne di maiale
formaggio	crostata	patate
melanzane	pasta	pomodori
olio	vongole	tonno

6 **Una pubblicità** A coppie, scrivete una pubblicità per un negozio, per esempio una panetteria, una macelleria o una gelateria. Descrivete le cose che vende e usate i pronomi diretti il più possibile.

MODELLO

Ecco la Pasticceria Salvatore, dove trovate biscotti buonissimi. Venite al nostro negozio dove potete assaggiarli (taste them). Potete comprarli per voi o per i vostri amici!...

- In sentences with the **passato prossimo**, place the direct object pronoun directly before the conjugated form of **avere**. Direct object pronouns are not used with verbs that take **essere**.

  Vi abbiamo chiamato molte volte. Non **ci** avete sentito?
  *We called **you** many times. Didn't you hear **us**?*

  Mariella **mi** ha visto al negozio di alimentari.
  *Mariella saw **me** at the grocery store.*

- When the direct object pronouns **lo**, **la**, **li**, and **le** precede a verb in the **passato prossimo**, the past participle must agree with the pronoun in gender and number.

  Le pesche? I bambini **le** hanno mangiat**e**.
  *The peaches? The kids ate **them**.*

  Ecco i carciofi. **Li** ho comprat**i** ieri.
  *Here are the artichokes. I bought **them** yesterday.*

- **Lo** and **la** can be shortened to **l'** before verbs beginning with a vowel sound, including **avere** forms that begin with **h**. Do not shorten the plural pronouns **li** and **le**.

  Chi è quella signora? **L'**ho vista in salumeria l'altro ieri.
  *Who is that lady? I saw **her** at the deli the day before yesterday.*

- To call attention to a person or object, attach the direct object pronoun to the end of **ecco**.

  Dov'è la crostata...? **Eccola**!
  *Where is the pie . . . ? **Here it is!***

  Mamma, **eccomi** qua!
  *Mom, **here I am!***

- The disjunctive pronouns you learned in **Lezione 4A** can be used instead of direct object pronouns to add emphasis. Always place disjunctive pronouns after the verb.

  Non vedo **lui**, ma vedo **lei**.
  *I don't see **him**, but I see **her**.*

  Conosce **me**?
  *He knows **me**?*

Provalo! **Scegli il pronome diretto corretto per completare ogni risposta.**

1. Compri le pere al supermercato? Sì, (le / li) compro al supermercato.
2. Bevi il caffè tutti i giorni? Sì, (le / lo) bevo tutti i giorni.
3. Dove compri le cipolle e i funghi? (Le / Li) compro al mercato.
4. Compri la marmellata al supermercato? Sì, (li / la) compro al supermercato.
5. Mangiate lo yogurt tutti i giorni? Sì, (la / lo) mangiamo tutti i giorni.
6. Usi spesso le vongole sulla pasta? Sì, (li / le) uso spesso.
7. Conosci quella pasticceria? Sì, (la / le) conosco.
8. Compri qui il pane? Sì, (lo / li) compro qui.

5A.3 Partitives and expressions of quantity

Punto di partenza Partitives express *some* or *any*; they refer to part of a whole or an undefined quantity. To form the partitive in Italian, combine the preposition **di** with the definite article. These contracted forms were presented in **Lezione 3A**.

Articoli partitivi					
	singular			plural	
masculine	del	dell'	dello	dei	degli
feminine	della	dell'		delle	

Usiamo **dell'**aglio per condire la pasta.
Let's use ***some*** *garlic to season the pasta.*

Ieri Lina ha comprato **dei** pomodori.
Yesterday Lina bought ***some*** *tomatoes.*

- The partitive is optional, and infrequent, in questions. The partitive is never used in negative statements.

Vuoi **del/il** succo?
*Do you want (****some****) juice?*

Hai chiesto **dell'/l'**acqua?
*Did you ask for (****some****) water?*

Non mi piace il tè verde.
I don't like green tea.

Non abbiamo preso la limonata.
We didn't take ***any*** *lemonade.*

- To use the partitive with non-count nouns, nouns whose quantity cannot be expressed with a number, use the singular form of the noun and the partitive.

Compriamo **dello yogurt** e **dell'uva**.
We are buying ***some yogurt*** *and* ***some grapes****.*

Beatrice ha messo **dello zucchero** nel caffè.
Beatrice put ***some sugar*** *in the coffee.*

- Use the invariable expression **un po' di** with non-count nouns to express *a little bit of* something.

Paolo ha cucinato **un po' di** riso.
Paolo cooked ***a little*** *rice.*

Prendiamo **un po' di** caffè espresso.
We're having ***some*** *espresso.*

- **Alcuni/e** and **qualche** also express *some* or *a few* with countable nouns. **Alcuni** (*m.*) and **alcune** (*f.*) precede plural nouns while the invariable **qualche** precedes singular nouns.

Il babbo ha portato **alcuni biscotti**.
Dad brought ***a few cookies****.*

Il babbo ha portato **qualche biscotto.**
Dad brought ***a few cookies****.*

Ho **alcune amiche napoletane**.
I have ***some Neapolitan friends****.*

Ho **qualche amica napoletana**.
I have ***some Neapolitan friends****.*

PRATICA

1 Completare Completa ogni frase con **alcuni/e, qualche o il partitivo corretto.**

1. Avete ________ latte?
2. Mangio ________ fragola.
3. Voglio ________ carciofi.
4. Ho comprato ________ succo d'ananas.
5. Ci sono ________ cipolle sul tavolo.
6. Ho trovato ________ peperone.
7. Ho bisogno di ________ pesca per la macedonia.
8. Ho mangiato ________ riso.

2 Identificare Guarda i disegni e scrivi che cosa beve la persona indicata usando il partitivo.

MODELLO Aldo / caffè

Aldo beve del caffè.

1. io / il latte

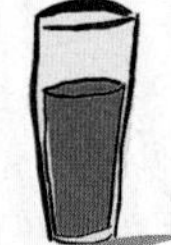

2. il signor Martinoli / il succo di pomodoro

3. Marcella e Ilaria / il tè

4. io e Ugo / il succo d'arancia

5. Camilla / l'acqua naturale

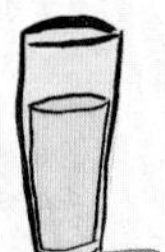

6. tu e Teresa / la limonata

3 Completare Completa le frasi usando il passato prossimo. Attenzione a usare la forma corretta dell'aggettivo!

MODELLO Mariano / comprare / un etto / formaggio

Mariano ha comprato un etto di formaggio.

1. io / bere / troppo / acqua
2. noi / mangiare / tutto / carne
3. tu / comprare / un po' di / pane
4. Pio / provare / tanto / cibi nuovi
5. Dora e Danilo / ordinare / un sacco di / prosciutto
6. tu e Maddalena / bere / molto / latte
7. la signora Emporio / volere / alcuno / biscotti
8. noi / mangiare / poco / lattuga

Practice more at **vhlcentral.com.**

COMUNICAZIONE

4 Quando l'hanno comprato? A coppie, immaginate di essere compagni di stanza. Guardate cosa avete nel frigo e poi fate domande su ciascun cibo. Dite quando l'avete comprato e usate il partitivo se necessario.

MODELLO

S1: *Abbiamo dello yogurt. Quando l'hai comprato?*
S2: *Hmmm... L'ho comprato domenica scorsa.*

5 Poco, tanto o un sacco di? A coppie, fate domande e rispondete su che cosa avete da mangiare e da bere in casa di solito. Usate poco, molto, troppo e un sacco di per descrivere le quantità.

MODELLO

S1: *Hai biscotti?*
S2: *Oh, sì! Abbiamo un sacco di biscotti! Tu hai pasta?*
S1: *Sì, ma di solito abbiamo poca pasta...*

6 Inchiesta A coppie, leggete la seguente inchiesta. Poi chiedete ai vostri compagni di classe se fanno le attività indicate. Se sì, scrivete i loro nomi accanto all'attività.

MODELLO

S1: *Usi molto olio d'oliva per cucinare?*
S2: *No, non molto. Mangi una mela tutti i giorni?*
S1: *Sì, sempre!*

Attività	*Nome*
1. cucinare con molto olio d'oliva	*Sabrina*
2. mangiare una mela tutti i giorni	
3. fare il pane in casa	
4. comprare il formaggio alla salumeria	
5. sapere come fare la pasta in casa	
6. mangiare del gelato ogni settimana	
7. comprare un chilo di riso al mese	
8. usare un sacco di aglio per cucinare	

- Other common adjectives that express quantities include **molto** (*a lot, many*), **poco** (*little*), **troppo** (*too much/many*), **tanto** (*so much/many*), and **tutto** (*all*). Like other adjectives, they agree with the noun they modify in gender and number. Always use a definite article after **tutto**.

C'è **poco cibo** in frigo.
*There's **not much food** in the fridge.*

Abbiamo **tanti compiti**!
*We have **so much homework**!*

Quel ragazzo fa **molte domande**.
*That boy asks **a lot of questions**.*

Avete mangiato **tutta la pasta**.
*You ate **all of the pasta**.*

- Specific quantities include **chilo** (*kilo*), **etto** (*100 grams*), and **fetta** (*slice*). The invariable expression **un sacco di** is equivalent to *a ton of* in English.

Mi può dare **un chilo di** prosciutto e **due etti di** ricotta?
*Could you give me **a kilo of** ham and **200 grams of** ricotta?*

Gli studenti hanno **un sacco di** vocabolario da imparare.
*The students have **a ton of** vocabulary to learn.*

Bere

- The verb **bere** (*to drink*) has an irregular stem: **bev-**.

Present tense of *bere*

bevo	beviamo
bevi	bevete
beve	bẹvono

- The past participle of **bere** is **bevuto**. Note that it uses the same stem as the present-tense forms.

I gatti **bevono** molto latte.
*Cats **drink** a lot of milk.*

Bevo sempre l'acqua frizzante.
*I always **drink** sparkling water.*

Ha bevuto una bottiglia d'aranciata.
*She **drank** a bottle of orangeade.*

Hai bevuto il caffè stamattina?
***Did you drink** coffee this morning?*

Provalo! **Scegli il partitivo corretto per completare ogni frase.**

del dello dell' della dei degli delle

1. Clara beve <u>dell'</u> acqua naturale.
2. Letizia e sua sorella mangiano ____ marmellata.
3. Io e Oriana beviamo ____ latte.
4. Tu compri ____ yogurt.
5. Vogliamo ____ tè.
6. Preferisco ____ melone.
7. Compriamo ____ ananas oggi.
8. Desidero ____ frutti di mare.

Ricapitolazione

1 **Preparare una cena** A coppie, immaginate di essere compagni di stanza e di dover preparare una cena per i vostri genitori. Prima preparate un menu e una lista di ingredienti. Poi guardate il disegno e dite che cosa comprate in ogni negozio.

MODELLO

S1: *Abbiamo bisogno di un po' di pane. Vado a comprarlo in panetteria.*
S2: *Bene! Voglio anche dei gamberetti. Vado a comprarli in pescheria.*

2 **Un ospite difficile** A coppie, create una conversazione in cui una padrona di casa (*hostess*) offre molte cose da mangiare e da bere a un ospite, ma l'ospite ha sempre qualche problema. Alla fine trovate qualche cosa che l'ospite accetta. Dovete essere creativi!

MODELLO

S1: *Posso offrirti qualcosa? Ho delle fragole molto buone.*
S2: *No grazie, non mi piacciono le fragole.*
S1: *Qualcosa da bere? Un caffè?*
S2: *No grazie, sono allergico al caffè...*

3 **Chi vuole comprarlo?** Scrivi dieci parole del vocabolario della lezione su pezzi di carta e assegna un prezzo a ogni cosa. Poi, in gruppi di quattro, fate a turno a prendere un pezzo di carta e a dire se volete comprare quella cosa o no. Avete 50 euro da spendere.

MODELLO

S1: *Una pera. Costa due euro. No, non la voglio comprare!*
S2: *Due crostate. Costano 25 euro. Sì, le voglio comprare!*

4 **Un viaggio fantastico** In gruppi di tre, fate a turno a fare le seguenti domande ai vostri compagni su un viaggio recente. Paragonate le vostre risposte.

MODELLO

S1: *Quando sei partito e quando sei tornato?*
S2: *Sono partito il 25 luglio e sono tornato il...*

1. Quando sei partito e quando sei tornato?
2. Dove sei andato?
3. Hai comprato dei regali?
4. Sei uscito la sera?
5. Hai scritto molte e-mail alla tua famiglia?
6. Quanto è costato il viaggio?
7. Che cosa ti è piaciuto di più del viaggio?
8. Che cosa non ti è piaciuto del viaggio?

5 **Catena di memoria** In gruppi di tre, fate a turno a dire una frase usando il vocabolario della lezione. Gli altri devono poi aggiungere una frase alla frase precedente per vedere chi ha più memoria! Fate attenzione a usare i partitivi correttamente.

MODELLO

S1: *Sono andato in panetteria e ho comprato del pane.*
S2: *Sono andato in panetteria e ho comprato del pane. Poi sono andato in salumeria e ho comprato un etto di prosciutto.*
S3: *Sono andato...*

6 **Sette differenze** Lavorate a coppie. L'insegnante vi darà (*will give you*) due fogli diversi, ciascuno con un disegno. A turno, fate domande per trovare sette differenze fra i disegni. Usate i partitivi quando possibile.

MODELLO

S1: *Io ho dello yogurt. E tu?*
S2: *Anch'io ho dello yogurt. Io ho dell'acqua. E tu?*

risorse

SAM WB: pp. 65-70	SAM LM: pp. 38-40	vhlcentral.com

Video: TV Clip

Lo Zapping

Calcio vigna

Lo spot *Vigna*, commissionato da SKY TV per promuovere° la stagione calcistica°, è indubbiamente originale. Non per niente ha vinto la ventunesima° edizione del Grand Prix, ambito premio° per la migliore pubblicità° italiana che si assegna° ogni anno. Questa pubblicità associa due ragioni d'orgoglio° per gli italiani: il calcio e il vino. Secondo l'Organizzazione internazionale della vite° e dell'uva, nel 2008 l'Italia ha superato° la Francia, storica rivale, nell'esportazione di vino. Non è solo questione° di quantità, però: grandi risultati si raggiungono° solo con un duro lavoro e un'attenta selezione. Nella viticoltura° così come nel calcio.

Questo è un lembo° di terra fertile dove nascono° frutti superbi.

Ora finalmente i tempi sono maturi: «Questa è l'annata° migliore di sempre.»

Comprensione Rispondi alle domande.

1. Secondo la pubblicità, come sono i frutti che nascono e crescono in questo terreno straordinario?
2. Com'è stato il lavoro per ottenere questi frutti?
3. Com'è quest'annata?

Discussione Discutete a coppie le seguenti domande.

1. Che cosa ti piace di questo spot? Che cosa non ti piace?
2. Come puoi adattare questo spot al tuo paese? Riesci a pensare a uno sport e a un cibo caratteristici della tua regione ed elaborare una pubblicità?

promuovere *promote* **stagione calcistica** *soccer season* **ventunesima** *twenty-first*
ambito premio *coveted prize* **migliore pubblicità** *best advertisement* **si assegna** *is awarded*
ragioni d'orgoglio *sources of pride* **vite** *grapevines* **ha superato** *surpassed* **questione** *matter*
si raggiungono *are achieved* **viticoltura** *wine-growing* **lembo** *strip* **nascono** *are born* **annata** *year*

Practice more at **vhlcentral.com.**

Lezione

5B

Communicative Goals

You will learn how to:

- talk about meals and place settings
- describe flavors

CONTESTI

A tavola

Vocabolario

espressioni	*expressions*
Vorrei...	*I would like. . .*
essere a dieta	*to be on a diet*
fatto/a in casa	*homemade*
al ristorante	*at the restaurant*
l'antipasto	*appetizer; starter*
la bottiglia	*bottle*
il conto	*bill*
il contorno	*side dish*
il dolce	*dessert*
l'insalata	*salad*
il primo/secondo piatto	*first/second course*
il servizio	*service*
la tazza	*cup; mug*
i pasti	*meals*
la colazione	*breakfast*
il pranzo	*lunch*
la merenda	*afternoon snack*
lo spuntino	*snack*
la cena	*supper, dinner*
le bibite	*drinks*
l'acqua (frizzante, naturale)	*(sparkling, still) water*
la birra	*beer*
il latte	*milk*
il succo (d'arancia)	*(orange) juice*
il tè	*tea*
il vino (bianco, rosso)	*(white, red) wine*
per parlare del cibo	*talking about food*
il gusto	*flavor; taste*
dolce	*sweet*
leggero/a	*light*
insipido/a	*bland*
pesante	*rich, heavy*
piccante	*spicy*
saporito/a	*tasty*
salato/a	*salty*

il cuoco (la cuoca *f.*)

Assaggia la zuppa. (assaggiare)

il piatto

Menu del giorno

il menu

la forchetta

il tovagliolo

il coltello

la tovaglia

risorse

SAM WB: pp. 71–72

SAM LM: p. 41

vhlcentral.com

Attenzione!

In Italy, leaving a tip (**la mancia**) for a waiter is not customary, though some people choose to leave small change for exceptional service. However, a flat fee for table service (**il coperto**) is commonly added to bills.

Pratica

1 Abbinare Abbina ogni utensile con il cibo o la bibita che meglio corrisponde.

1. ____ cucchiaio	a. insalata
2. ____ caraffa	b. caffè
3. ____ tazza	c. zuppa
4. ____ bicchiere	d. manzo
5. ____ piatto	e. acqua
6. ____ coltello	f. succo d'arancia

2 Rispondere Rispondi a ogni domanda con una parola dal vocabolario della lezione.

S1: *Come si chiama l'acqua con le bollicine (little bubbles)?*
S2: *frizzante*

1. Che cosa usi per bere il caffè?
2. Come si chiama un cucchiaio piccolo?
3. È dolce o salato il gelato?
4. È leggera o pesante l'insalata?
5. Che cosa lasci al cameriere per un buon servizio?
6. Chi cucina al ristorante?

3 Completare Scegli la parola che completa meglio ogni frase.

1. Ho bisogno di un (cucchiaio / coltello) per mangiare la zuppa.
2. Di solito bevo il caffè con il (sale / latte).
3. Come contorno ordiniamo (l'insalata / il pepe).
4. Vorrei un (piatto / bicchiere) di acqua frizzante.
5. Sono a dieta e devo mangiare un piatto (leggero / pesante).
6. Questa carne è insipida! Vorrei un po' di (sale / tè) e pepe.

4 Creare A coppie, scrivete due frasi riguardo ai disegni usando parole dal vocabolario della lezione.

1. ____________

2. ____________

3. ____________

4. ____________

5. ____________

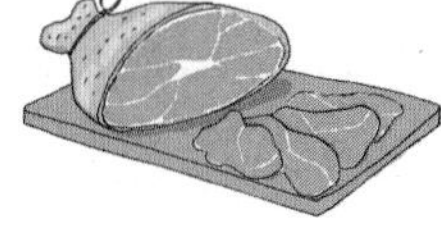
6. ____________

Comunicazione

5 **Vero o falso?**  Ascolta la conversazione tra i signori Tedesco e il cameriere. Poi, a coppie, decidete se le seguenti affermazioni sono **vere** o **false**. Correggete quelle false.

MODELLO

S1: *Il marito della signora Tedesco prende un antipasto.*
S2: *Falso. La signora Tedesco prende un antipasto.*

1. La signora Tedesco prende un antipasto di frutti di mare.
2. Il signor Tedesco è a dieta.
3. La pasta servita al ristorante è fatta in casa.
4. La signora Tedesco ordina carne di manzo.
5. I signori Tedesco ordinano del vino bianco.
6. La signora Tedesco non vuole il dolce.
7. In tavola non ci sono i bicchieri.
8. La signora Tedesco vuole anche un caffè con lo zucchero.

6 **Gli opposti** A coppie, recitate (*role-play*) per la classe una scenetta in cui (*in which*) due amici con gusti completamente opposti escono a cena. Parlate del menu, di quello che volete ordinare e delle vostre reazioni a ogni scelta.

MODELLO

S1: *Mmmm, mi piace il manzo! Questo manzo al vino rosso sembra (seems) delizioso.*
S2: *Veramente? Io non mangio la carne! Preferisco mangiare qualcosa di più leggero...*

La melanzana rossa

PRIMI PIATTI
Pasta fatta in casa con condimento del giorno
Tortellini al burro
Risotto al pomodoro
Zuppa di patate

CONTORNI
Patate arrosto
Insalata mista
Verdure miste al forno (zucchine, peperoni rossi e verdi, patate)
Melanzane con pomodori

SECONDI PIATTI
Carne di manzo al vino rosso
Carne di maiale con pepe rosa
Pesce alla griglia con olio e limone
Prosciutto e melone
Insalata di tonno e patate
Frutti di mare fritti
Gamberetti in salsa rosa

DOLCI
Gelato alla vaniglia
Frutta di stagione
Crostata di mele

7 **Il nuovo ristorante** A gruppi di tre, immaginate di aprire un nuovo ristorante. Decidete quali cibi volete servire e come sarà (*will be*) il menu. Poi scrivete una pubblicità.

MODELLO

Nel nostro nuovo ristorante «Da zia Dede» serviamo pasta e tortellini fatti in casa. Usiamo solo ingredienti freschi. Tra i nostri piatti principali ci sono...

8 **A cena dai Ricci!** Lavorate a coppie. L'insegnante vi darà (*will give you*) due fogli diversi, ciascuno con un disegno della famiglia Ricci che  prepara la tavola. A turno, fate domande per completare la lista di quello che ogni membro della famiglia porta in tavola.

MODELLO

S1: *Che cosa porta in tavola la signora Ricci?*
S2: *Porta i piatti.*

Pronuncia e ortografia

Diphthongs and triphthongs

Giorgio **guancia** **scuola** **suono**

A diphthong is the combination of two vowel sounds to make a one-syllable sound.

piatto **più** **guerra** **guido**

In Italian, a diphthong is usually formed when an unstressed **i** or **u** is followed by another vowel. An unstressed **i** + [*another vowel*] is pronounced like the *y* in the English word *you*. An unstressed **u** + [*another vowel*] is pronounced like the *w* in *we*.

guai **miei** **suoi** **vuoi**

A triphthong is the combination of three vowel sounds to make a one-syllable sound.

due **io** **sua** **zia**

When **i** and **u** are stressed, no diphthong or triphthong is formed. Each vowel is pronounced as an individual sound.

Pronunciare Ripeti le parole ad alta voce.

1. lingua
2. tuono
3. giunto
4. nuovo
5. fiume
6. puoi
7. tua
8. qua
9. bottiglie
10. quando
11. piatto
12. cucchiaio

Articolare Ripeti le frasi ad alta voce.

1. Hai preparato le uova?
2. Metto i bicchieri e i piatti nella lavastoviglie.
3. La pescheria chiude alle sette.
4. Il suocero di Giorgio lavora in ufficio.
5. Puoi venire a casa mia per Pasqua?
6. Guardo un bel film dopo questa cena.

Proverbi Ripeti i proverbi ad alta voce.

Pane al pane, vino al vino.[2]

Troppi cuochi guastano la cucina.[1]

[1] Too many cooks spoil the broth. (lit. Too many cooks spoil the cooking.)

[2] Call a spade a spade. (lit. Bread is bread, wine is wine.)

risorse

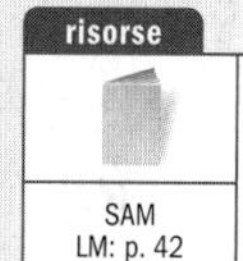

FOTOROMANZO

Troppi cuochi guastano la cucina

PERSONAGGI

Emily

Lorenzo

Marcella

Paolo

Riccardo

Viola

MARCELLA Prima la pancetta. Comincia con la pancetta. La devi rosolare lentamente. Guarda, così.
EMILY No! Voglio dire, scusa, Marcella. Voglio davvero farlo io. Voglio preparare la cena per la pensione. Adesso, sciò.
MARCELLA Va bene, va bene.
EMILY Caffè.

RICCARDO A che ora è la cena? Ho fame... Devo fare uno spuntino. Fammi vedere. *(con la bocca piena)* Ma questo è facile!
VIOLA Marcella ha detto che prepari tu la cena stasera. Posso aiutarti?
RICCARDO Tre cuochi! Forza, al lavoro!

RICCARDO No, Viola, così non va. Manca l'aglio.
VIOLA Ma mia madre cucina sempre così.
RICCARDO E devi mettere più pepe.
VIOLA Basta così! È troppo piccante.
EMILY Io apparecchio la tavola.

RICCARDO È insipido!
VIOLA No, va bene così.
(La pancetta si è bruciata.)
RICCARDO Oh, no!
VIOLA È colpa tua.
RICCARDO Mia? Ma se l'hai cucinata tu.
EMILY Un cucchiaio, per favore.

VIOLA Marcella ci ha lasciato la cucina e guarda che cosa abbiamo fatto. È tutta piena di fumo.
EMILY State calmi. A volte un piatto cattivo può facilmente diventare buono. Possiamo friggere velocemente una cipolla con dei funghi.

A cena...
MARCELLA Non male. Strana. Di sapore forte. Gustosa.
PAOLO Assolutamente deliziosa!
LORENZO Non ho mai mangiato una pasta così... americana. Che c'è per dolce? *Apple pie?*

ATTIVITÀ

1 Chi è? A chi si riferiscono queste affermazioni? Emily, Lorenzo, Marcella, Paolo, Riccardo o Viola?

1. Vuole preparare la cena per la pensione.
2. Fa uno spuntino.
3. Apparecchia la tavola.
4. Ama l'insalata.
5. Secondo lei, i veri cuochi rispettano i sapori.
6. Suggerisce di friggere i funghi con una cipolla.
7. Dice che la pasta è gustosa.
8. Usa troppo aglio.
9. Ha mangiato tutto il tiramisù.
10. Preferisce i piatti tradizionali.

Practice more at **vhlcentral.com.**

I ragazzi preparano una cena speciale.

PAOLO Prepari tu la cena stasera? Non vedo l'ora!
EMILY Grazie. In realtà hanno fatto quasi tutto Riccardo e Viola. Io ho preparato l'insalata.
PAOLO Io amo l'insalata. Dai, prendo i bicchieri, le forchette e i tovaglioli.

RICCARDO Un pizzico di sale nell'acqua.
VIOLA Basta un cucchiaino, Riccardo.
RICCARDO Viola. I grandi cuochi sono tutti uomini.
VIOLA Ma tu non sei un cuoco, Riccardo. Usi troppo pepe e aglio. I veri cuochi rispettano i sapori.

MARCELLA Abbiamo comprato del tiramisù in pasticceria.
EMILY L'ho cercato in cucina prima di cena. Dov'è?
PAOLO Eeh...
MARCELLA Oh, Paolo. L'hai mangiato tutto?
PAOLO Mi dispiace.

RICCARDO Non ti piace la pasta, Lorenzo?
LORENZO Preferisco i piatti tradizionali.
RICCARDO L'ha fatta Viola.
LORENZO Interessante, un po' piccante, un po' salata. Molto olio, burro, molto burro... Ma no!
VIOLA Scusa!
LORENZO Accidenti! Idiota!

Espressioni utili

Dinner is ready!

- **La devi rosolare lentamente.**
  You have to brown it slowly.
- **Manca l'aglio.**
  It's missing garlic.
- **Apparecchio la tavola.**
  I'll set the table.
- **un pizzico di sale**
  a pinch of salt
- **Basta un cucchiaino.**
  A teaspoon is enough.
- **I veri cuochi rispettano i sapori.**
  True chefs respect flavors.
- **Se l'hai cucinata tu.**
  You're the one who cooked it.
- **Marcella ci ha lasciato la cucina.**
  Marcella let us use the kitchen.
- **friggere**
  to fry
- **gustosa**
  tasty

Adverbs

- **facilmente**
  easily
- **assolutamente**
  absolutely
- **velocemente**
  quickly
- **davvero**
  really

Additional vocabulary

- **Sciò.**
  Shoo.
- **Forza, al lavoro!**
  Let's get to work!
- **Non vedo l'ora!**
  I can't wait!
- **È tutta piena di fumo.**
  It's completely full of smoke.
- **È colpa tua.**
  It's your fault.
- **Basta così!**
  That's enough!

ATTIVITÀ

2 Per parlare un po' In gruppi di tre, scegliete un piatto italiano e fate una lista degli ingredienti. Poi presentatela ai vostri compagni di classe, che devono indovinare il piatto che avete scelto.

3 Approfondimento Ogni regione italiana ha diversi piatti tipici. Scegli cinque regioni e per ognuna trova un cibo tipico. Presenta i tuoi risultati alla classe e parla di questi cibi: li hai mai provati? Se sì, dove? Ti sono piaciuti? Se no, quale vorresti (*would you like*) provare? Perché?

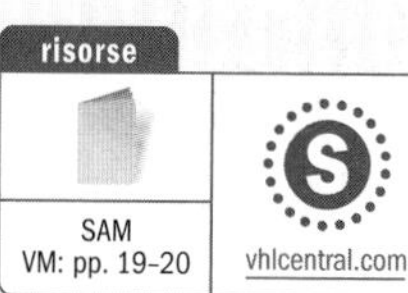

IN PRIMO PIANO

I pasti in famiglia

Nessuna cucina è buona come quella di casa. Tutti sanno che due elementi fondamentali della cultura italiana sono la famiglia e la cucina. Il cibo fatto in casa è infatti una tradizione importante per ogni occasione, non solo a Natale, a Capodanno e a Pasqua°. Ogni giorno è un giorno speciale!

Poiché° molti giovani vivono in famiglia anche dopo aver finito° gli studi, ci sono molte occasioni per condividere° il tempo a tavola con la famiglia. Questo succede° praticamente ogni sera. Tradizionalmente, anche se meno° oggi che in passato, la mamma italiana dedica almeno° una o due ore alla preparazione della cena. Molti italiani cenano quotidianamente° con l'intera famiglia e hanno un pasto a più portate°.

A pranzo, invece, studenti e lavoratori spesso mangiano «qualcosa di veloce°», come un panino o un'insalata mista in un bar vicino all'ufficio o all'università. Il pranzo della domenica a volte vede la presenza dell'intera famiglia, nonni e zii inclusi. Si serve un primo piatto—meglio noto° semplicemente come «un primo»—di pasta o riso e «un secondo» di carne o di pesce con un contorno di verdure. L'insalata mista in Italia si serve con il secondo. Solitamente, prima della frutta e del caffè, si mangia il dolce, fatto in casa oppure comprato dal pasticciere di fiducia°. La sera, dalle 18.30 alle 20.00, molti giovani hanno l'abitudine di andare a prendere un aperitivo con gli amici, ma tornano a casa ansiosi° di sapere quello che la mamma ha preparato per cena.

La voglia di gelato degli italiani

Spesa annuale per famiglia per il gelato	
Nord Italia	€88
Centro Italia	€73
Sud Italia	€68
Isole	€72

FONTE: ISTAT

a Natale, a Capodanno e a Pasqua *at Christmas, New Year's, and Easter* **Poiché** *Since* **dopo aver finito** *after finishing* **condividere** *share* **succede** *happens* **se meno** *if less* **almeno** *at least* **quotidianamente** *daily* **a più portate** *multi-course* **qualcosa di veloce** *something quick* **meglio noto** *better known* **di fiducia** *trusted* **ansiosi** *eager*

ATTIVITÀ

1 Vero o falso? Indica se l'affermazione è **vera** o **falsa**. Correggi le affermazioni false.

1. Gli studenti di solito tornano a casa per pranzo.
2. La cena è un momento di riunione con la famiglia.
3. La domenica i giovani escono per pranzo e cena.
4. I giovani vanno a prendere l'aperitivo di mattina.
5. A pranzo, di domenica, si mangia solo il primo piatto.
6. Anche i nonni e gli zii partecipano al pranzo domenicale.
7. Molti giovani italiani vivono in famiglia dopo aver finito gli studi.
8. La pasta è un primo piatto.
9. Il contorno accompagna la carne o il pesce.
10. La frutta è servita subito dopo il primo piatto.

 Practice more at **vhlcentral.com.**

L'ITALIANO QUOTIDIANO

Dove si mangia?

la birreria	*pub; beer garden*
la cioccolateria	*café specializing in chocolate*
la focacceria	*store specializing in focaccia*
l'enoteca	*store specializing in wine*
il laboratorio di pasta fresca	*store specializing in homemade pasta*
l'osteria	*small restaurant*
la paninoteca	*sandwich shop*
la pizzeria	*pizza shop*
la tavola calda	*snack bar; cafeteria*
la trattoria	*small (family run) restaurant*

USI E COSTUMI

Un dolce per ogni festa

A Natale sulle tavole delle famiglie di tutta Italia—nonostante° la sua origine milanese—non manca mai il **panettone**. Per i più golosi° c'è il panettone ripieno di cioccolato, di crema o perfino° di gelato! Per chi invece non ama la frutta candita°, c'è un'altra possibilità: il **pandoro**. Questo può essere liscio oppure con crema al mascarpone. Un altro dolce natalizio° è la **veneziana**: tradizionale di Milano, ha una pasta° simile a quella del pandoro, ma con la superficie ricoperta° di zucchero e mandorle°, molto simile alla **colomba** pasquale. Altri dolci, non esclusivamente festivi, sono la **cassata** siciliana, i **cannoli** siciliani, la **pastiera** napoletana e il **bonnet** piemontese. Insomma, a ciascuno il suo°!

nonostante *in spite of* **golosi** *gluttonous* **perfino** *even* **frutta candita** *candied fruit* **natalizio** *Christmas-time* **pasta** *dough* **ricoperta** *covered* **mandorle** *almonds* **a ciascuno il suo** *to each his own*

RITRATTO

La celebrità della cucina italiana

Gualtiero Marchesi è nato a Milano. Oggi è famoso in tutto il mondo per la sua arte in cucina. Ha cominciato la sua carriera nella cucina del ristorante dei suoi genitori, chiamato «Mercato». Marchesi ha poi studiato e fatto esperienza all'hotel Kulm, nella località turistica° di St. Moritz, e alla scuola alberghiera° di Lucerna. Ha lavorato anche a Parigi°, a Digione° e a Roanne, in Francia. Nel 1986 ha fondato°, insieme ad altri cuochi, la Comunità Europea dei Cuochi. Nello stesso anno è nominato° Cavaliere° della Repubblica e riceve l'Ambrogino d'Oro, un onore conferito° dalla città di Milano. La sua cucina ha la caratteristica di utilizzare elementi semplici e gli ingredienti fondamentali della cucina italiana. Tra i suoi piatti non manca il risotto «giallo» alla milanese, fatto con lo zafferano°.

località turistica *resort area* **alberghiera** *hotel management* **Parigi** *Paris* **Digione** *Dijon* **ha fondato** *established* **è nominato** *is nominated* **Cavaliere** *Knight* **conferito** *awarded* **zafferano** *saffron*

SU INTERNET

Cerca una ricetta per dei dolci tradizionali italiani.

Go to vhlcentral.com to find more information related to this **CULTURA**.

ATTIVITÀ

2 Completare Completa le frasi.

1. Gualtiero Marchesi è nato a ________.
2. L'Ambrogino d'Oro è ________ dalla città di Milano.
3. Il panettone può essere ________ di cioccolato.
4. Il pandoro e la veneziana sono dolci ________.
5. Un dolce siciliano molto famoso è la ________.
6. Un dolce napoletano molto famoso è ________.

3 A voi A coppie, discutete le seguenti domande.

1. Ti piace cucinare?
2. Qual è il tuo piatto preferito?
3. Qual è il tuo dolce preferito? Descrivi la ricetta.

5B.1 Indirect object pronouns

Punto di partenza In **Lezione 5A**, you learned that a direct object answers the question *what*? or *whom*? An indirect object identifies *to whom* or *for whom* an action is done.

SUBJECT	VERB	INDIRECT OBJECT
Le ragazze	parlano	**al cameriere.**
The girls	*are talking*	***to the waiter.***

- In Italian, indirect objects are always preceded by a preposition, typically **a**, but sometimes **per**.

Dà lo scontrino **a Mario**.
*He's giving the receipt **to Mario**.*

Hai preparato uno spuntino **per me**?
*Did you make a snack **for me**?*

- You have already learned some verbs commonly used with indirect objects, including **chiedere**, **dare**, **dire**, **domandare**, **insegnare**, **mandare**, **offrire**, **parlare**, **portare**, **rispondere**, **scrivere**, **spiegare**, and **telefonare**. The following verbs are also used with indirect objects.

Additional verbs used with indirect objects

consigliare	*to recommend*	prestare	*to lend*
mostrare	*to show*	regalare	*to give (as a gift)*
preparare	*to prepare*	restituire (-isc-)	*to give back*

- Indirect objects can be replaced with indirect object pronouns. Direct and indirect object pronouns have identical forms, except in the third person.

Indirect object pronouns

singular		plural	
mi	*(to, for) me*	ci	*(to, for) us*
ti	*(to, for) you*	vi	*(to, for) you*
Le	*(to, for) you* (form., m. or f.)		
gli	*(to, for) him*	gli (loro)	*(to, for) them*
le	*(to, for) her*		

- Like direct object pronouns, indirect object pronouns either precede a conjugated verb or are attached to an infinitive.

Il cuoco non **gli prepara** il dolce.
*The cook does not **prepare** the dessert **for him**.*

Devi **darle** una buona mancia.
*You have to **give her** a good tip.*

PRATICA

1 Completare Completa ogni frase con il pronome indiretto corretto.

1. Io ____ offro il pranzo oggi. (a te e a Lavinia)
2. Signor Acilio, ____ consiglio il manzo. (a Lei)
3. Irene ____ telefona dal supermercato. (a me)
4. Tu ____ offri un caffè. (a me e a Emilia)
5. Io ____ regalo i cucchiaini d'argento (*silver*). (a te)
6. La mia famiglia ____ porta della marmellata. (a loro)
7. Tu e Serena ____ pagate la spesa. (a noi)
8. Loro ____ ordinano la cena. (a Carla)

2 Riscrivere Riscrivi ogni frase sostituendo (*replacing*) l'oggetto indiretto con un pronome indiretto.

MODELLO Il cameriere consiglia i gamberetti al cliente.
Il cameriere gli consiglia i gamberetti.

1. Il cameriere porta le bibite ai bambini.
2. I clienti danno la mancia a voi.
3. Il cuoco propone il dolce al cioccolato a Maria.
4. Questo ristorante serve solo piatti vegetariani a me e alla mia famiglia.
5. La mamma legge il menu a te.
6. Gino dà il conto a me.

3 Creare Scrivi che cosa piace a ogni persona usando un pronome indiretto.

MODELLO *Gli piace il pesce.*

Marco

1. Giuliano e Alessandra

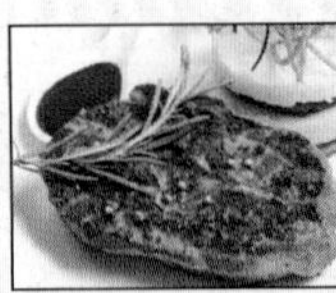
2. voi

3. tu

4. Carlotta

5. noi

6. io

 Practice more at **vhlcentral.com.**

COMUNICAZIONE

4 **Creare** A coppie, create frasi su di (*about*) voi, le vostre famiglie e i vostri amici usando pronomi indiretti e parole da ogni colonna.

MODELLO

S1: *Io ti compro dei regali.*
S2: *Io, invece, ti presto dei soldi.*

A	B	C
io	comprare	spesso
tu	dare	dei regali
mio padre	fare	la macchina
mia madre	portare	dei soldi
mio fratello	preparare	al telefono
mia sorella	prestare	delle domande
i miei cugini	scrivere	i biscotti
i miei amici	spiegare	l'e-mail
il/la mio/a ragazzo/a	telefonare	i suoi problemi
?	?	?

5 **Compleanni** Lavorate a coppie. A turno, fate domande su che cosa comprate o fate per il compleanno delle persone indicate.

MODELLO

S1: *Che cosa compri per il compleanno di tua madre?*
S2: *Io le compro dei bicchieri nuovi, perché i nostri bicchieri sono brutti.*

mio padre
mia madre
i miei fratelli e sorelle
il/la mio/a migliore amico/a
i miei professori
i miei nonni
il/la mio/a compagno/a di stanza

6 **Lontano da casa** In gruppi di quattro, chiedete che cosa o chi vi manca di più quando siete lontani da casa.

MODELLO

S1: *Che cosa ti manca da casa?*
S2: *Mi mancano le crostate di mia madre. Sono così buone!*
S3: *Mi manca mio fratello, anche se litighiamo (fight) spesso!*

- **Loro** is an exception. Always place it after the verb, and do not attach it to infinitives. In modern usage, however, **gli** is the preferred way to express *to/for them*.

Il cameriere mostra **loro** il menu.
(Il cameriere **gli** mostra il menu.)
*The waiter is showing **them** the menu.*

Volete regalare **loro** la torta?
(Volete regalar**gli** la torta?)
*Do you want to give **them** the cake?*

- Note that the pronouns **le** and **gli** never elide before vowels, and that past participles do not agree in gender or number with indirect object pronouns.

La mamma sta bene. **Le** ho telefonato ieri.
*Mom is feeling well. I called **her** yesterday.*

Chi è Giorgio? Non **gli** abbiamo mai parlato.
*Who is Giorgio? We've never talked **to him**.*

Verbs like *piacere*

- In **Lezione 2B** you learned to use indirect object pronouns with the verb **piacere**.

SUBJECT ↔ INDIRECT OBJECT
L'insalata **mi** piace.

SUBJECT ↔ DIRECT OBJECT
I like salad.

- Note that the subject of the English sentence corresponds to the indirect object pronoun of the Italian sentence. Unlike in English, in Italian the thing that is being liked is the subject of the sentence.

Ti piacciono **i dolci** fatti in casa?
Do you like homemade desserts?

Vi è piaciuta **la zuppa**?
Did you like the soup?

- Other verbs that use a similar construction include **mancare** (*to miss*), **bastare** (*to be enough*), **restare** (*to remain*), **sembrare** (*to seem*), and **dispiacere** (*to be sorry*). Like **piacere**, these verbs are conjugated with **essere** in the **passato prossimo**.

I peperoncini **vi sono sembrati piccanti**?
*Did the peppers **seem spicy to you**?*

Marco, **mi manchi**! **Ti manco** anch'io?
*Marco, **I miss you! Do you miss me**, too?*

Provalo! **Scegli il pronome indiretto corretto.**

1. Tu (mi / ci) mostri la nuova pasticceria. (a noi)
2. Loro (ti / mi) offrono un caffè. (a te)
3. Antonella (vi / le) prepara la pasta fatta in casa. (a voi)
4. Io ed Edoardo (le / gli) portiamo una crostata. (a lei)
5. Adriana e Leonardo (mi / vi) portano un gelato. (a me)
6. Il cameriere (mi / gli) consiglia un antipasto. (a loro)

5B.2 Adverbs

Punto di partenza Adverbs describe *how*, *when*, and *where* actions take place. They modify verbs, adjectives, and other adverbs. Unlike adjectives, adverbs are invariable; they do not vary in gender or number.

- You've already learned some adverbs, such as **(non) ancora**, **bene**, **male**, **già**, **(non) mai**, **sempre**, and **spesso**. Here are other common adverbs.

Common adverbs and adverbial expressions

adesso	*now*	presto	*soon, quickly*
di solito	*usually*	prima	*before, first, beforehand*
dopo	*after, afterwards*	qualche volta	*sometimes*
non... più	*no more, no longer*	subito	*immediately, right away*
poi	*then, later*	tardi	*late*

Ordiniamo **subito** l'antipasto?
*Shall we order the appetizer **right away**?*

Caterina **non** è **più** a dieta.
*Caterina is**n't** on a diet **anymore**.*

- Many Italian adverbs can be formed by adding **-mente** to the feminine singular form of an adjective. This ending is equivalent to *-ly* in English.

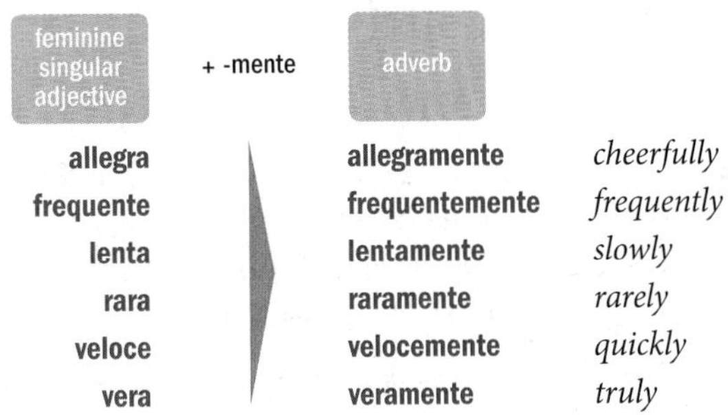

feminine singular adjective	+ -mente	adverb	
allegra		**allegramente**	*cheerfully*
frequente		**frequentemente**	*frequently*
lenta		**lentamente**	*slowly*
rara		**raramente**	*rarely*
veloce		**velocemente**	*quickly*
vera		**veramente**	*truly*

I cani mangiano **rapidamente**.
*The dogs eat **quickly**.*

L'ho vista **recentemente.**
*I saw her **recently**.*

- If an adjective ends in **-le** or **-re**, drop the final **-e** before adding the **-mente** ending.

Finalmente arriva l'antipasto.
*The appetizer is **finally** arriving.*

Probabilmente prendiamo il dolce.
*We're **probably** getting dessert.*

Mangiano **regolarmente** alla mensa?
*Do they eat at the cafeteria **regularly**?*

La zuppa non è **particolarmente** saporita.
*The soup isn't **particularly** tasty.*

- There are some exceptions to these rules, such as **leggermente** and **violentemente**, whose forms must be memorized.

PRATICA

1 Scegliere Scegli l'avverbio che completa meglio ogni frase.

1. I genitori vanno al ristorante (frequentemente / leggermente).
2. La mamma parla (velocemente / probabilmente).
3. I bambini giocano (particolarmente / regolarmente).
4. La macchina va (lentamente / recentemente).
5. Giovanna mangia riso e verdure (gentilmente / frequentemente).
6. Noi puliamo la cucina (attentamente / pesantemente).

2 Completare Sostituisci ogni aggettivo tra parentesi con un avverbio per completare la conversazione tra Gina e Giorgio.

GINA Mi piace il Ristorante Roma. I camerieri ti parlano sempre (1) _______ (allegro).

GIORGIO È vero. E poi ti servono il cibo (2) _______ (veloce).

GINA La pasta alle vongole è (3) _______ (leggero) piccante, buonissima!

GIORGIO E i dolci sono (4) _______ (incredibile) saporiti, vero?

GINA Sono d'accordo. Mi piace molto anche la musica; l'atmosfera è (5) _______ (costante) allegra.

GIORGIO Sì, il Ristorante Roma è il mio preferito. Dobbiamo andare lì più (6) _______ (frequente)!

3 Ordinare Leggi le frasi sull'esperienza di Luigi al ristorante. Poi mettile in ordine e riscrivile usando **prima** (1), **dopo** (2), **poi** (3), **subito dopo** (4) e **finalmente** (5).

1. ____ Ha chiesto un'insalata con i pomodori.
2. ____ Ha ordinato il caffè e dei biscotti.
3. ____ Luigi ha ordinato un antipasto.
4. ____ Ha chiesto il conto.
5. ____ Ha aspettato la pasta con le melanzane e le zucchine.

____

____

____

Practice more at **vhlcentral.com.**

COMUNICAZIONE

4 La vita all'università A coppie, fate le seguenti domande sulla vita nella vostra università. Rispondete a turno usando gli avverbi che conoscete.

MODELLO

S1: *Vai sempre a lezione d'italiano?*
S2: *Sì, ma spesso arrivo tardi.*

1. Mangi regolarmente alla mensa dell'università?
2. Vai spesso nei ristoranti eleganti fuori dall'università?
3. Studi il fine settimana?
4. Mangi spesso nel tuo dormitorio?
5. Tu e i tuoi amici fate spesso sport?
6. Mangi molta carne?

5 Un ristorante in piena attività A coppie, scrivete frasi sulla foto. Descrivete come stanno e cosa fanno le persone nel ristorante. Dovete essere creativi e usare gli avverbi.

MODELLO

S1: *Il cameriere lavora lentamente oggi perché è stanco.*
S2: *L'uomo dalla camicia blu ascolta la donna distrattamente.*

6 La nostra classe In gruppi di quattro, scegliete un(a) compagno/a di classe che, secondo voi, corrisponde meglio a queste descrizioni. Identificate tutte le persone che potete e poi paragonate (*compare*) i risultati con la classe.

Chi in classe...	*Nome*
1. impara l'italiano velocemente?	*Gianni*
2. canta bene?	
3. mangia spesso cibi biologici (organic)?	
4. studia sempre in biblioteca?	
5. non mangia il gelato abitualmente?	
6. mangia frequentemente in ristoranti eleganti?	

- Some words can act as either adjectives or adverbs. These include **molto** (*a lot, many; very*), **poco** (*little, few; not much, not very*), **troppo** (*too much; too*), and **tanto** (*so much, so many; so*). In **Lezione 5A**, you learned to use the adjective forms. Note that as adverbs their forms are invariable.

adjective	adverb
Questo ristorante offre **molte** bibite. *This restaurant offers **lots of** drinks.*	Il tè è **molto** buono. *The tea is **very** good.*
Ci sono **troppi** dolci! *There are **too many** desserts!*	I dolci sono **troppo** pesanti. *The desserts are **too** heavy.*

- Adverbs are usually placed immediately after the verb they modify, or before the adjective or adverb they modify.

Bevo **raramente** il succo di mela.
*I **rarely** drink apple juice.*

Sono **veramente** piccanti.
*They are **really** spicy.*

ATTREZZI
In **Lezione 4B**, you learned to place the adverbs **ancora**, **già**, **mai**, and **sempre** between the auxiliary verb and the past participle in the **passato prossimo**.

- In compound tenses, **ancora**, **già**, **mai**, **più**, and **sempre** always immediately precede the past participle.

Non hai mai assaggiato il tiramisù?
***You've never tasted** tiramisu?*

Ho già chiesto il conto.
***I have already asked for** the check.*

Provalo! **Scrivi l'avverbio che corrisponde all'aggettivo dato.**

1. lento *lentamente*
2. allegro ________
3. finale ________
4. rapido ________
5. raro ________
6. recente ________
7. intelligente ________
8. intenso ________
9. frequente ________
10. vero ________
11. probabile ________
12. veloce ________

SINTESI

Ricapitolazione

1 Al ristorante A coppie, usate i verbi della lista e i pronomi diretti per creare una conversazione tra le persone nel disegno.

MODELLO

Signora Bellini: *Perché telefoni ai bambini?*
Signor Bellini: *Perché mi mancano! Voglio parlargli e...*

bastare	parlare
consigliare	piacere
dare	preparare
mancare	regalare
mostrare	restare

2 Un compleanno fantastico Lavorate a coppie. L'insegnante vi darà (*will give you*) due fogli diversi, ciascuno con metà delle informazioni sul compleanno di Paolo. A turno, descrivete quello che la gente fa per Paolo il giorno del suo compleanno. Usate i pronomi indiretti quando possibile.

MODELLO

S1: *Gli amici di Paolo gli telefonano.*
S2: *Poi...*

3 Il tuo compleanno In gruppi di tre, preparate una festa di compleanno per un'amica. Poi fate domande usando i seguenti verbi.

MODELLO

S1: *Che cosa prepari per gli invitati?*
S2: *Gli preparo il mio piatto preferito: la pasta...*

consigliare	mandare	scrivere
dare	preparare	telefonare

4 Cibi e bibite preferiti L'insegnante ti darà un sondaggio. Chiedi ai tuoi compagni se mangiano o bevono le cose indicate nella lista raramente, una volta alla settimana o tutti i giorni. Scrivi i nomi sul foglio e poi condividi i risultati con la classe.

MODELLO

S1: *Bevi il caffè?*
S2: *Sì, bevo il caffè tutti i giorni, e tu?*

Cibi e bibite	Raramente	Una volta alla settimana	Tutti i giorni
Caffè			Francesco
Gelato			
Insalata			
Pizza			
Zuppa			
Latte			

5 Una storia In gruppi di tre, scrivete una storia. La prima persona scrive una frase che inizia con **prima**, poi piega (*folds*) il foglio e lo passa alla persona seguente. Usate gli avverbi **poi**, **subito**, **dopo**, **presto** e **adesso**. Quando tutti hanno scritto due frasi, aprite il foglio e leggete la storia che avete creato!

MODELLO

S1: *Prima Mario ha trovato lavoro in un ristorante molto elegante.*
(piegare il foglio)
S2: *Dopo cena Mario è molto stanco e beve del caffè.*
(piegare il foglio)

6 Le tue abitudini Scrivi tre frasi per dire cosa fai spesso, cosa non fai più e cosa fai di solito. Poi in gruppi di tre, paragonate le frasi e create una tabella per riassumere le abitudini del gruppo.

MODELLO

S1: *Io non mangio più la pizza a mezzanotte.*
S2: *Di solito io mangio alla mensa dell'università.*

allegramente	lentamente
di solito	non... più
finalmente	raramente
frequentemente	velocemente

7 **Impressioni veloci** A coppie, reagite il più velocemente possibile (*react as fast as you can*) a questi disegni e dite se vi piacciono o no le attività o le cose che vedete nei disegni. Il/La vostro/a compagno/a scrive le vostre reazioni. Poi spiegate perché avete risposto così.

1.

2.

3.

4.

5.

6.

7.

8.

8 **Il nuovo studente** A coppie, fate una lista di consigli per un nuovo studente che arriva nella vostra università. Scrivete almeno otto cose che deve o non deve fare. Dite quanto spesso (*how often*) deve fare le cose che avete consigliato.

MODELLO

S1: *Ti consiglio di studiare in biblioteca almeno quattro giorni alla settimana.*

S2: *Ti consiglio di mangiare spesso alla mensa.*

Il mio di·zio·na·rio

Aggiungi al tuo dizionario personalizzato cinque parole relative al cibo.

mangiucchiare

traduzione
to nibble

categoria grammaticale
verbo

uso
Di solito mangiucchio degli spuntini davanti alla TV.

sinonimi
mangiare lentamente

antonimi
divorare

risorse

SAM WB: pp. 99–104	SAM LM: pp. 57–59	vhlcentral.com

Panorama

Gastronomia e arte

Emilia-Romagna

La regione in cifre

- **Superficie:** *22.447 km²*
- **Popolazione:** *4.386.763*
- **Industrie principali:** *agricoltura, automobilismo, assicurazione°, finanza, turismo*
- **Città principali:** *Bologna, Modena, Parma, Reggio Emilia, Ravenna*

Emiliano-romagnoli celebri

- **Arturo Toscanini,** *direttore d'orchestra (1867–1957)*
- **Ondina Valla,** *campionessa olimpica° (1916–2006)*
- **Luciano Pavarotti,** *tenore (1935–2007)*
- **Romano Prodi,** *economista e politico (1939–)*

Toscana

La regione in cifre

- **Superficie:** *22.994 km²*
- **Popolazione:** *3.692.433*
- **Industrie principali:** *turismo, agricoltura, automobilismo, tessile°, petrolchimici°*
- **Città principali:** *Firenze, Prato, Livorno, Arezzo, Pisa*

Toscani celebri

- **Leonardo Fibonacci,** *matematico (1170–1250)*
- **Stefania Sandrelli,** *attrice (1946–)*
- **Roberto Benigni,** *regista e attore (1952–)*
- **Gianna Nannini,** *cantante (1956–)*

il Parmigiano-Reggiano

la torre pendente di Pisa

EMILIA-ROMAGNA
Po
Parma
Reggio Emilia
Modena
Bologna
Ravenna
MARE ADRIATICO
SAN MARINO
APPENNINI
Prato
Pisa
Arno
Firenze
Livorno
MAR LIGURE
San Gimignano
TOSCANA
Arezzo
Siena
Golfo di Follonica
Elba
CORSICA (FRANCIA)
MAR TIRRENO
0 30 miglia
0 30 chilometri

San Gimignano

Incredibile ma vero!

I portici di Bologna sono molto famosi in tutto il mondo. Sostengono° gli appartamenti e creano posto per i pedoni°. Quello più lungo, il portico di San Luca, è lungo più di 3,5 km, ha 666 archi e ci sono voluti° 58 anni per costruirlo (1674–1732). È il portico più lungo del mondo!

assicurazione *insurance* **campionessa olimpica** *Olympic champion* **tessile** *textile engineering* **petrolchimici** *petrochemicals* **Sostengono** *They support* **creano posto per i pedoni** *create space for pedestrians* **ci sono voluti** *it took*

La gastronomia

L'aceto balsamico tradizionale

L'aceto balsamico tradizionale di Modena o di Reggio Emilia è totalmente diverso dall'aceto balsamico che si trova° nei supermercati. La sua produzione risale al Medioevo° o al Rinascimento° e ha caratteristiche molto peculiari°. L'aceto balsamico venduto nei supermercati non è molto costoso ed è usato soprattutto per l'insalata o per cucinare. L'aceto tradizionale, invece, è venduto normalmente in bottiglie da 100 ml e spesso è usato a crudo° su carni, verdure, formaggi, dolci o frutta. Una bottiglietta di aceto balsamico tradizionale può costare anche centinaia° di euro!

L'automobilismo

Ferrari o Lamborghini?

L'Emilia-Romagna è famosa per molte cose: il cibo, l'architettura, la storia, l'Università di Bologna e la produzione di automobili e motociclette. La Ferrari e la Lamborghini hanno sede° nella provincia di Modena, la Maserati nella città di Modena e la Ducati nella città di Bologna. Ferrari e Lamborghini possono essere affittate° per i matrimoni: il costo varia dai 1.400 ai 1.700 euro al giorno ed è necessario lasciare un deposito di 5.000-7.000 euro.

L'artigianato

Cerchi un bel regalo?

Borse, sandali, giacche, portafogli° e cinture sono alcuni dei prodotti in cuoio° che puoi trovare in Toscana. La lavorazione del cuoio è molto importante per l'economia della Toscana. All'interno della chiesa di Santa Croce, a Firenze, c'è la Scuola del Cuoio. La scuola fu creata° per aiutare gli orfani di guerra a specializzarsi in un lavoro di artigianato°. Oggi, la scuola è rinomata° per la qualità e la bellezza dei suoi prodotti ed è stata spesso visitata° da clienti e personalità di fama internazionale, come Nancy Reagan, Barbara Bush, Paul Newman, Grace Kelly, Audrey Hepburn e Steven Spielberg.

Le feste

Il Palio di Siena

Il Palio di Siena è una corsa di cavalli° che si svolge° a Siena il 2 luglio e il 16 agosto. È un evento molto importante per la città, dove ci sono diciassette «contrade», cioè zone corrispondenti alle diverse parti della città. Dieci contrade partecipano al Palio ogni anno: sette che non hanno partecipato l'anno prima, più tre sorteggiate°. Già nel 1499 si parlava di contrade, ma il Palio moderno nasce da cambiamenti avvenuti° nel 1721. Il premio della corsa è il Palio, che è un drappo° dipinto a mano da un artista locale scelto ogni anno dalla città.

Quanto hai imparato? Completa le frasi.

1. I portici di Bologna creano posto per ______________.
2. Il portico di Bologna più famoso è ______________.
3. L'aceto balsamico tradizionale è usato su ______________.
4. L'aceto balsamico tradizionale costa ______________ alla bottiglietta.
5. L'industria automobilistica della Ferrari ha sede nella provincia di ______________.
6. La sede della Ducati è a ______________.
7. Esempi (*Examples*) di prodotti in cuoio sono ______________.
8. A Santa Croce, a Firenze, c'è la rinomata ______________.
9. Il Palio si svolge ______________.
10. ______________ contrade partecipano ogni anno al Palio.

Practice more at **vhlcentral.com.**

SU INTERNET

Go to vhlcentral.com to find more cultural information related to this **Panorama**.

1. La gastronomia dell'Emilia-Romagna è molto ricca e particolare. Quali altri prodotti culinari sono famosi in questa regione?
2. Il Palio di Siena è un evento importante e unico. Cerca informazioni complete su come si svolge e condividi (*share*) con la classe che cosa ti ha colpito (*struck*) di più.

si trova *is found* **risale al Medioevo** *dates back to the Middle Ages* **Rinascimento** *Renaissance* **peculiari** *particular* **a crudo** *raw* **centinaia** *hundreds* **sede** *headquarters* **affittate** *rented* **portafogli** *wallets* **cuoio** *leather* **fu creata** *was established* **artigianato** *craftwork* **è rinomata** *is renowned* **è stata spesso visitata** *has often been visited* **corsa di cavalli** *horse race* **si svolge** *takes place* **sorteggiate** *selected by draw* **avvenuti** *happened* **drappo** *drape, cloth*

Prima di leggere

STRATEGIA

Skimming

Skimming consists of quickly reading through a document to absorb its general meaning. This allows you to understand the main ideas without having to read word for word. When you skim a text, look at its title and subtitles and read the first sentence of each paragraph.

Esamina il testo

Questa selezione di lettura consiste di due testi. Guarda brevemente i testi. Qual è il titolo di ciascuno? Quante sezioni ha ogni testo? Quali sono i titoli di ciascuna sezione? Quali strategie puoi usare per determinare il genere (*genre*) di questi testi? Paragona le tue idee con le idee di un(a) compagno/a di classe.

Categorie

Trova tre parole o espressioni che rappresentano le diverse categorie.

Piatti del ristorante

__________ __________ __________

Elementi positivi delle recensioni

__________ __________ __________

Elementi negativi delle recensioni

__________ __________ __________

Trovare

Guarda i documenti. Indica se queste informazioni sono incluse o no.

1. ____ numero di telefono della trattoria
2. ____ indirizzo della trattoria
3. ____ giorni di chiusura (*closing*)
4. ____ prezzi dei dolci
5. ____ prodotti surgelati
6. ____ prezzi delle bibite
7. ____ sito Web
8. ____ metodo di pagamento (*payment*)

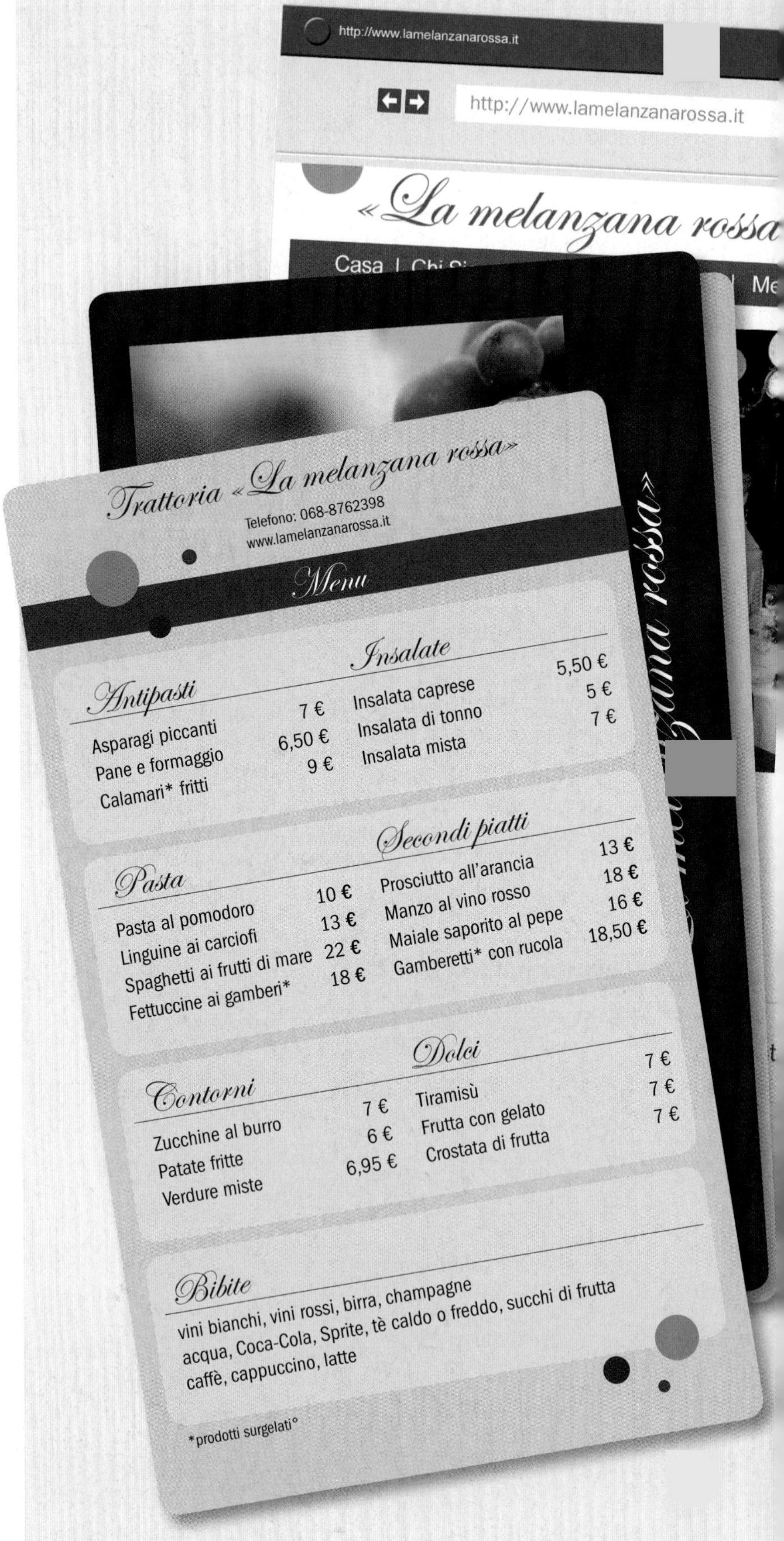

http://www.lamelanzanarossa.it

«La melanzana rossa»

Casa | Chi Si...

Trattoria «La melanzana rossa»

Telefono: 068-8762398
www.lamelanzanarossa.it

Menu

Antipasti

Asparagi piccanti	7 €
Pane e formaggio	6,50 €
Calamari* fritti	9 €

Insalate

Insalata caprese	5,50 €
Insalata di tonno	5 €
Insalata mista	7 €

Pasta

Pasta al pomodoro	10 €
Linguine ai carciofi	13 €
Spaghetti ai frutti di mare	22 €
Fettuccine ai gamberi*	18 €

Secondi piatti

Prosciutto all'arancia	13 €
Manzo al vino rosso	18 €
Maiale saporito al pepe	16 €
Gamberetti* con rucola	18,50 €

Contorni

Zucchine al burro	7 €
Patate fritte	6 €
Verdure miste	6,95 €

Dolci

Tiramisù	7 €
Frutta con gelato	7 €
Crostata di frutta	7 €

Bibite

vini bianchi, vini rossi, birra, champagne
acqua, Coca-Cola, Sprite, tè caldo o freddo, succhi di frutta
caffè, cappuccino, latte

*prodotti surgelati°

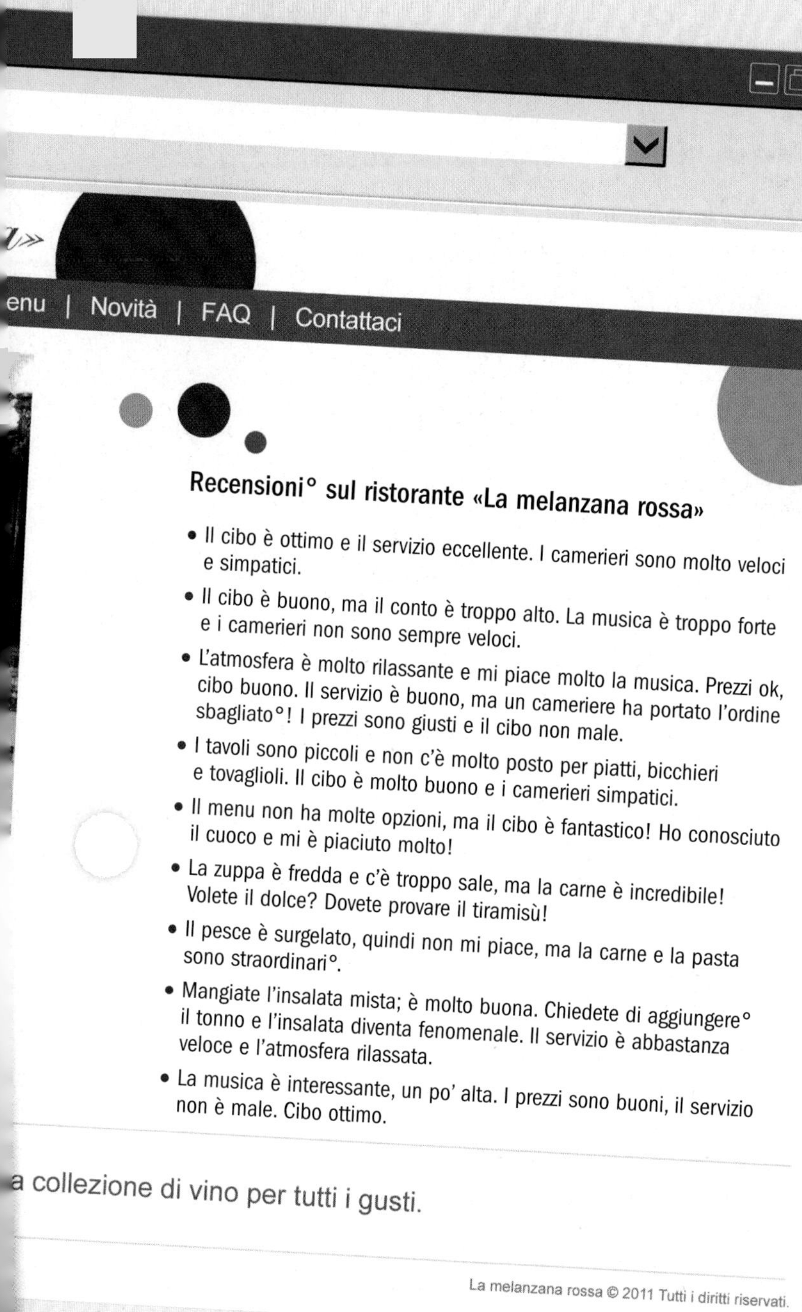
enu | Novità | FAQ | Contattaci

Recensioni° sul ristorante «La melanzana rossa»

- Il cibo è ottimo e il servizio eccellente. I camerieri sono molto veloci e simpatici.
- Il cibo è buono, ma il conto è troppo alto. La musica è troppo forte e i camerieri non sono sempre veloci.
- L'atmosfera è molto rilassante e mi piace molto la musica. Prezzi ok, cibo buono. Il servizio è buono, ma un cameriere ha portato l'ordine sbagliato°! I prezzi sono giusti e il cibo non male.
- I tavoli sono piccoli e non c'è molto posto per piatti, bicchieri e tovaglioli. Il cibo è molto buono e i camerieri simpatici.
- Il menu non ha molte opzioni, ma il cibo è fantastico! Ho conosciuto il cuoco e mi è piaciuto molto!
- La zuppa è fredda e c'è troppo sale, ma la carne è incredibile! Volete il dolce? Dovete provare il tiramisù!
- Il pesce è surgelato, quindi non mi piace, ma la carne e la pasta sono straordinari°.
- Mangiate l'insalata mista; è molto buona. Chiedete di aggiungere° il tonno e l'insalata diventa fenomenale. Il servizio è abbastanza veloce e l'atmosfera rilassata.
- La musica è interessante, un po' alta. I prezzi sono buoni, il servizio non è male. Cibo ottimo.

a collezione di vino per tutti i gusti.

La melanzana rossa © 2011 Tutti i diritti riservati.

surgelati *frozen* **Recensioni** *Reviews* **sbagliato** *wrong* **straordinari** *extraordinary* **aggiungere** *add*

Dopo la lettura

Vero o falso? **Indica se ogni frase sulla trattoria è corretta. Correggi le frasi false.**

1. La trattoria si chiama «La melanzana».
2. I calamari fritti sono un secondo piatto.
3. Le linguine ai carciofi costano 13 euro.
4. Il pesce è fresco.
5. I contorni includono zucchine, patate e verdure miste.
6. La trattoria è un ristorante di lusso e molto costoso.

Ordinare **Suggerisci almeno due piatti per questi clienti del ristorante.**

1. La signora Ginetti è una vegetariana.
2. Il signor Tritone ama il pesce e le verdure, ma non gli piace l'insalata.
3. I signori Micheletti mangiano solo carne e pasta.
4. I bambini della famiglia Cortesi non vogliono mangiare verdure.

A voi **A coppie, fate programmi per andare a mangiare al ristorante. Decidete in quale ristorante volete mangiare. Che cosa volete ordinare? Cosa pensate della trattoria «La melanzana rossa»?**

Practice more at **vhlcentral.com.**

In ascolto

Audio

STRATEGIA

Listening for key words

By listening for key words (**parole chiave**) or phrases, you can identify the topic and main ideas of a speech or conversation, as well as some of the details.

To practice this strategy, you will listen to a short paragraph. Jot down the key words that help you identify the subject of the paragraph and its main ideas.

Preparazione

Guarda la foto e descrivi cosa vedi. Dove sono queste persone? Che cosa fanno? Cosa c'è nella padella (*pan*)? Che tipo di piatto preparano, secondo te?

Ascoltiamo

Ascolta la conversazione una volta. Poi, ascolta la conversazione un'altra volta e scrivi le parole chiave e gli ingredienti della ricetta del ragù alla bolognese.

Ingredienti

________ ________
________ ________
________ ________

Preparazione

________ ________
________ ________
________ ________
________ ________

Practice more at **vhlcentral.com.**

Comprensione

Ordinare Metti le istruzioni in ordine seguendo (*following*) la ricetta del ragù alla bolognese.

a. ____ Aggiungere il pomodoro.
b. ____ Mettere il ragù sulla pasta.
c. ____ Far cuocere per 10 minuti.
d. ____ Aggiungere il vino rosso.
e. ____ Far cuocere per 35 minuti.
f. ____ Cuocere carote, sedano (*celery*) e cipolla.
g. ____ Aspettare due minuti.
h. ____ Aggiungere la carne.

Il tuo piatto preferito Qual è il tuo piatto o dolce preferito? Fai la lista degli ingredienti e poi descrivi la ricetta a un piccolo gruppo. Non dare il nome della ricetta. I tuoi compagni devono prendere appunti e poi indovinare. Ogni studente deve avere il proprio turno.

Scrittura

STRATEGIA

Using a dictionary

A common mistake made by beginning language learners is to embrace the dictionary as the ultimate resource for reading, writing, and speaking. While a dictionary is a useful tool that can provide valuable information about vocabulary, using the dictionary correctly requires that you understand the elements of each entry.

If you glance at an Italian-English dictionary, you will notice that its format is similar to that of an English dictionary. The word is listed first, usually followed by its pronunciation. Then come the definitions, organized by parts of speech. The most frequently used meanings are usually listed first.

To find the best word for your needs, you should refer to the abbreviations and the explanatory notes that appear next to the entries. For example, imagine that you are writing about your eating preferences. You want to write *I prefer my steaks rare*, but you don't know the Italian word for *rare*.

In the dictionary, you might find an entry like this one:

rare agg 1. raro; 2. al sangue (culinary)

The abbreviation key at the front of the dictionary says that *agg* corresponds to **aggettivo** (*adjective*). Then, the first word you see is **raro**. The definition of **raro** is *rare* or *infrequent*, so **raro** is not the word you want. The second meaning is **al sangue**, followed by the word *culinary,* which indicates that it is related to food. This detail tells you that the expression **al sangue** is the best choice for your needs.

Tema

Scrivere una recensione

Scrivi una recensione di un ristorante della tua città per il giornale dell'università. Prima scrivi il nome del ristorante e il tipo di cibo che serve (italiano, americano, francese ecc.), poi parla delle categorie seguenti. Infine (*Finally*) dai la tua opinione personale sul ristorante. Quante stelle (*stars*) si merita (*does it deserve*)?

- **Cibo**

  Quali tipi di piatti sono sul menu? Il ristorante ha una specialità? Fai una lista dei piatti del ristorante (antipasti e primi piatti) che ti piacciono e indica gli ingredienti pincipali.

- **Servizio**

  Com'è il servizio? I camerieri sono gentili? Sono veloci o lenti a portare il menu, le bibite e il cibo?

- **Atmosfera**

  Com'è il ristorante? È carino? Grande? Ben arredato (*furnished*)? È un ristorante semplice o molto elegante? C'è una terrazza? Un bar? C'è musica?

- **Informazioni utili**

  Qual è il prezzo medio per un pasto? Dov'è il ristorante? Dai l'indirizzo e le indicazioni per andare dal campus al ristorante. Includi il numero di telefono e l'orario di apertura (*hours of operation*).

VOCABOLARIO

Espressioni

Quanto costa...?	*How much is . . . ?*
Vorrei...	*I would like . . .*
assaggiare	*to taste*
bere	*to drink*
cucinare	*to cook*
essere a dieta	*to be on a diet*
ordinare	*to order*
fatto/a in casa	*homemade*

I negozi

la gelateria	*ice cream shop*
la macelleria	*butcher*
il mercato	*market*
il negozio d'alimentari	*grocery store*
la panetteria	*bakery*
la pasticceria	*pastry shop*
la pescheria	*fish/seafood shop*
la salumeria	*delicatessen*
il supermercato	*supermarket*

Le bibite

l'acqua (frizzante, naturale)	*(sparkling, still) water*
la birra	*beer*
il caffè	*coffee*
il latte	*milk*
il succo (d'arancia, di mela)	*(orange, apple) juice*
il tè	*tea*
il vino (bianco, rosso)	*(white, red) wine*

I pasti

la colazione	*breakfast*
il pranzo	*lunch*
la merenda	*afternoon snack*
lo spuntino	*snack*
la cena	*supper, dinner*

Il cibo

l'aglio	*garlic*
l'ananas (*m.*)	*pineapple*
l'arancia	*orange*
la banana	*banana*
il biscotto	*cookie*
il burro	*butter*
il carciofo	*artichoke*
la carne	*meat*
la carne di maiale	*pork*
la carne di manzo	*beef*
la carota	*carrot*
la cipolla	*onion*
la crostata	*pie*
il fagiolino	*bean*
il formaggio	*cheese*
la fragola	*strawberry*
la frutta	*fruit*
i frutti di mare	*seafood*
il fungo	*mushroom*
il gamberetto	*shrimp*
il lampone	*raspberry*
la lattuga	*lettuce*
la marmellata	*jam*
la mela	*apple*
la melanzana	*eggplant*
il melone	*melon*
l'olio (d'oliva)	*(olive) oil*
il pane	*bread*
la pasta (asciutta)	*pasta*
la patata	*potato*
il peperone (rosso, verde)	*(red, green) pepper*
la pera	*pear*
la pesca	*peach*
il pesce	*fish*
il pomodoro	*tomato*
il prosciutto	*ham*
il riso	*rice*
il tonno	*tuna*
l'uovo (*pl.* le uova *f.*)	*egg*
l'uva	*grapes*
la vongola	*clam*
lo yogurt	*yogurt*
la zuppa	*soup*

Al ristorante

l'antipasto	*appetizer; starter*
il bicchiere	*glass*
la bottiglia	*bottle*
la caraffa	*carafe*
il coltello	*knife*
il conto	*bill*
il contorno	*side dish*
il cucchiaio	*spoon*
il cucchiaino	*teaspoon*
il/la cuoco/a	*cook; chef*
il dolce	*dessert*
la forchetta	*fork*
l'insalata	*salad*
la mancia	*tip*
il menu	*menu*
il pepe	*pepper*
il piatto	*plate*
il primo/secondo piatto	*first/second course*
il sale	*salt*
la scodella	*bowl*
il servizio	*service*
il tavolo	*table*
la tazza	*cup; mug*
la tovaglia	*table cloth*
il tovagliolo	*napkin*

Per parlare del cibo

il gusto	*flavor; taste*
dolce	*sweet*
leggero/a	*light*
insipido/a	*bland*
pesante	*rich, heavy*
piccante	*spicy*
saporito/a	*tasty*
salato/a	*salty*

Espressioni utili	See pp. 157 and 173.
Verbs commonly used with *essere*	See p. 161.
Direct object pronouns	See p. 162.
Expressions of quantity	See pp. 164–165.
Verbs used with indirect object pronouns	See p. 176.
Indirect object pronouns	See p. 176.
Verbs like *piacere*	See p. 177.
Adverbs	See pp. 178–179.

La salute e il benessere

UNITÀ

Lezione 6A

Lezione 6B

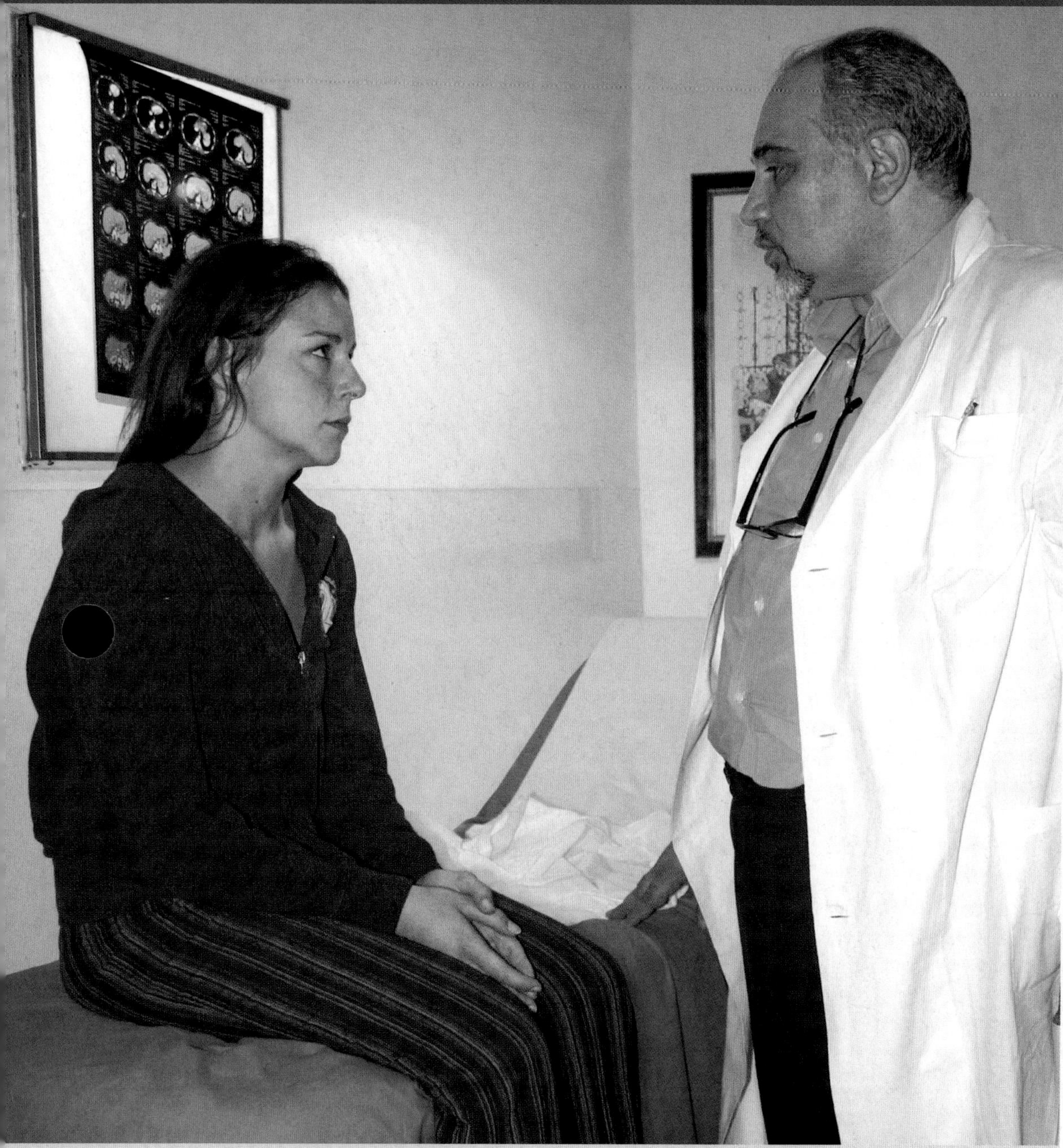

Per cominciare
- Dov'è Viola, dal dottore o dal fiorista?
- Che cosa indossa Viola, un abito o il pigiama?
- Secondo te, Viola ha bisogno di un'ambulanza?
- Come sta Viola?

Lezione

6A

Communicative Goals

You will learn how to:

- talk about morning routines
- discuss personal hygiene

CONTESTI

Vocabulary Tools

La routine del mattino

Vocabolario

espressioni	*expressions*
Suona la sveglia. (suonare)	*The alarm clock rings.*
lavarsi* i denti	*to brush one's teeth*
sbadigliare	*to yawn*
svegliarsi*	*to wake up*
le parti del corpo	*body parts*
il ciglio (*pl.* le ciglia)	*eyelash(es)*
il corpo	*body*
il cuore	*heart*
la faccia	*face*
la gola	*throat*
il labbro (*pl.* le labbra)	*lip(s)*
la mano (*pl.* le mani)	*hand(s)*
la pelle	*skin*
il petto	*chest*
il sangue	*blood*
la schiena	*back*
il sopracciglio (*pl.* le sopracciglia)	*eyebrow(s)*
la spalla	*shoulder*
lo stọmaco	*stomach*
la vita	*waist*
in bagno	*in the bathroom*
l'asciugacapelli (*m.*)	*hair dryer*
la crema	*lotion*
il rossetto	*lipstick*
lo shampoo	*shampoo*
lo specchio	*mirror*

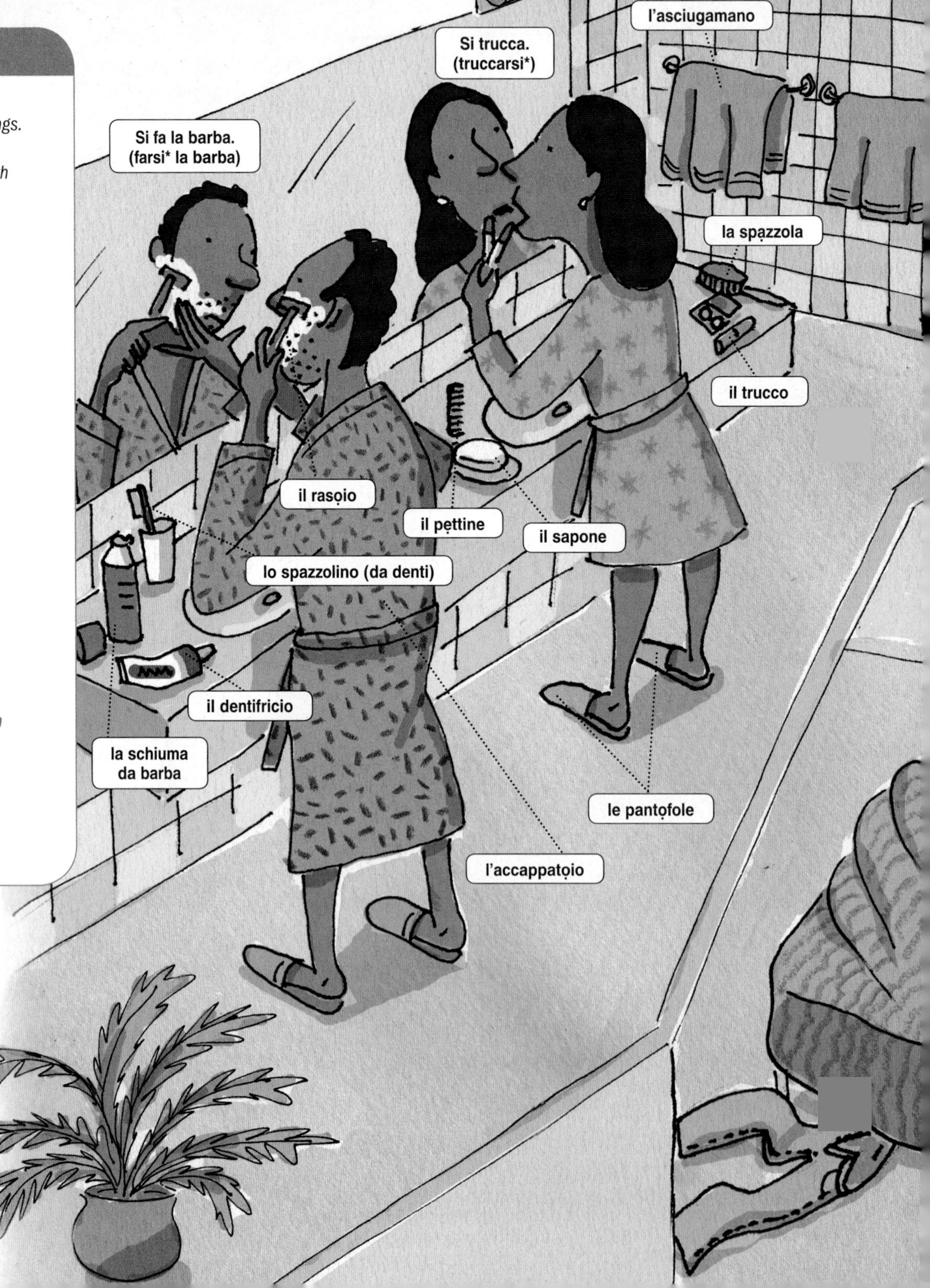

Si trucca. (truccarsi*)
l'asciugamano
Si fa la barba. (farsi* la barba)
la spạzzola
il trucco
il rasọio
il pẹttine
il sapone
lo spazzolino (da denti)
il dentifricio
la schiuma da barba
le pantọfole
l'accappatọio

risorse

SAM WB: pp. 79–80	SAM LM: p. 45	vhlcentral.com

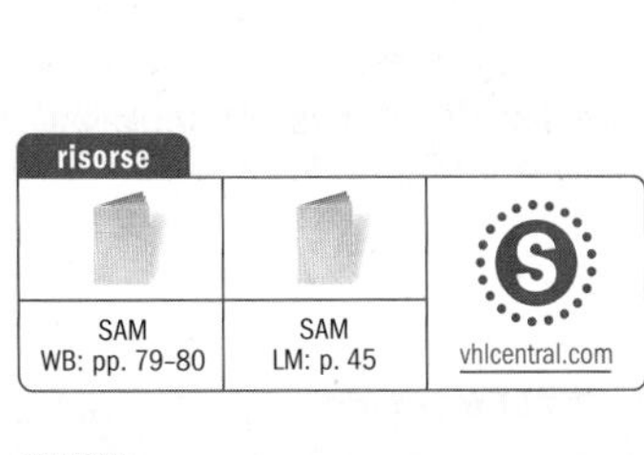

la testa
l'occhio
il naso
la bocca
l'orecchio (*pl.* le orecchie)
il collo
il braccio (*pl.* le braccia)
il gomito
il dito (*pl.* le dita)
il ventre
il pigiama
la gamba
il ginocchio (*pl.* le ginocchia)
il piede
il dito del piede

Attenzione!

Many Italian words for parts of the body, such as **braccio** and **dito**, are masculine in the singular and feminine in the plural. Be sure to use the masculine form of an adjective with the singular form and the feminine form of an adjective with the plural form.

il labbro rosso
le labbra rosse

Pratica

1 Trova l'intruso Trova la parola che non appartiene al gruppo.

MODELLO occhio, ciglia, sopracciglia, (cuore)

1. bocca, naso, gomito, occhio
2. vita, stomaco, ventre, sangue
3. accappatoio, ginocchio, piede, gamba
4. pettine, asciugacapelli, spazzola, pigiama
5. mano, spalla, dito del piede, braccio
6. schiena, gola, naso, orecchio
7. petto, cuore, ciglia, stomaco
8. truccarsi, rossetto, specchio, sveglia

2 Mettere etichette Etichetta ogni parte del corpo.

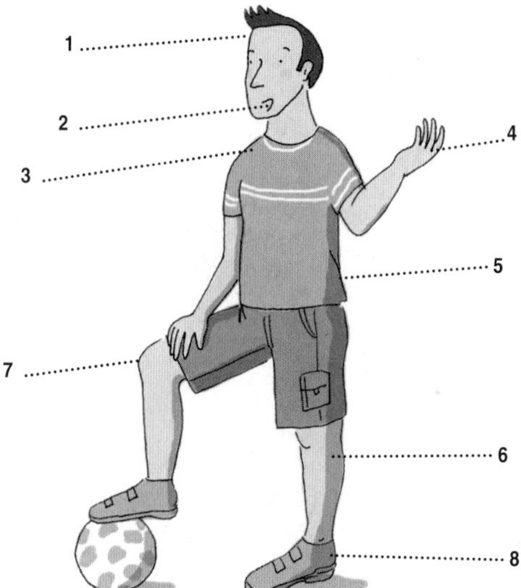

1. ______________ 5. ______________
2. ______________ 6. ______________
3. ______________ 7. ______________
4. ______________ 8. ______________

3 Le coppie Abbina le parole con le definizioni.

1. ____ la spazzola e il pettine
2. ____ la bocca
3. ____ il naso
4. ____ le dita
5. ____ il rossetto
6. ____ lo spazzolino da denti

a. Serve per lavarsi i denti.
b. Le donne lo mettono sulle labbra.
c. Ne abbiamo cinque nella mano.
d. Li usiamo per i capelli.
e. La usiamo per parlare e per mangiare.
f. Con questo sentiamo i profumi.

Practice more at **vhlcentral.com.**

Comunicazione

4 **Che cosa abbiamo?** A coppie, parlate dei seguenti oggetti. Fate domande per scoprire se il/la tuo/a compagno/a ha questi oggetti e quanti ne (*of them*) ha.

MODELLO

S1: *Hai un asciugacapelli?*
S2: *Sì, ho un asciugacapelli.*
S1: *Quanti asciugacapelli hai?*

1.

2.

3.

4.

5.

6.

7.

8.

5 **La routine di Fabiola** Ascolta Fabiola mentre descrive la sua routine al mattino. Poi a coppie indicate con i numeri l'ordine delle sue attività e dite a che ora voi fate queste attività.

1. ____ faccio la doccia
2. ____ mi trucco
3. ____ mi lavo i denti
4. ____ mi sveglio
5. ____ sbadiglio e guardo la sveglia
6. ____ faccio colazione

Un piccolo aiuto

Verbs that end with the reflexive pronoun **si** are called reflexive verbs because they "reflect" the action of the verb onto the subject. To talk about your own actions, place the reflexive pronoun **mi** in front of the conjugated verb.

Mi sveglio alle otto.
I wake up at eight.

6 **Le sette differenze** Lavorate a coppie. L'insegnante vi darà due fogli diversi, ciascuno con un disegno di un extraterrestre (*alien*)! A turno fate domande per trovare sette differenze fra i disegni. Poi scrivete un riassunto sulle differenze.

MODELLO

S1: *Quanti occhi ha il tuo extraterrestre?*
S2: *Il mio extraterrestre ha tre occhi.*
S1: *Ah! Il mio extraterrestre ha solo un occhio.*

7 **Personaggi celebri** Scegli un personaggio famoso e scrivi sei frasi sul suo aspetto fisico. A coppie, fate a turno a descrivere e a indovinare i personaggi famosi.

MODELLO

S1: *È un giocatore di pallacanestro. Ha le gambe lunghe e le braccia molto forti...*
S2: *È LeBron James?*
S1: *Sì!*

Pronuncia e ortografia

Audio

Spelling plurals I

amica	**amiche**	**albergo**	**alberghi**

Italian words ending in **-co**, **-ca**, **-go**, and **-ga** usually add the letter **h** in the plural to maintain the hard *c* or *g* sound.

simpatico	**simpatici**	**equivoco**	**equivoci**

However, words ending in **-ico** and words ending in **-co** that are stressed on the third-to-last syllable generally form the plural with **-ci**. Note that these plurals are pronounced with a soft *c* sound.

catalogo	**cataloghi**	**astrologo**	**astrologi**

While **-go** usually becomes **-ghi** in the plural, words ending in **-go** that represent professions often form the plural with **-gi**.

asparago	**asparagi**	**greco**	**greci**

These are some common exceptions.

Pronunciare Ripeti le parole ad alta voce.

1. psicologo
2. psicologi
3. analogo
4. analoghi
5. organico
6. organici
7. dialogo
8. dialoghi
9. simpatica
10. simpatiche
11. porco
12. porci

Articolare Ripeti le frasi ad alta voce.

1. Le amiche di Maria sono molto simpatiche.
2. Laura e Marco studiano per diventare biologi.
3. Gli alberghi greci sono belli.
4. Hai trovato dei funghi?
5. Il fotografo cerca i libri antichi.
6. Sono stati tre giorni molto romantici.

Proverbi Ripeti i proverbi ad alta voce.

[1] A word to the wise is enough.
[2] The best is the enemy of the good.

risorse

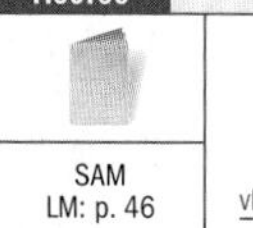

SAM LM: p. 46

vhlcentral.com

Sbrigati, Lorenzo!

 Video: *Fotoromanzo*

PERSONAGGI

Emily

Lorenzo

Riccardo

Viola

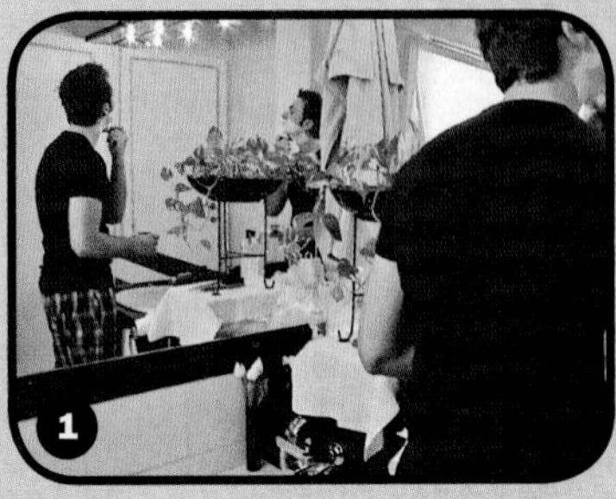

1

LORENZO Mi devo fare la barba.
EMILY Mi devo lavare i denti.
LORENZO E allora ti devi svegliare prima di me.
RICCARDO Lorenzo?
EMILY Si fa la barba.

2

RICCARDO Non capisco perché Lorenzo si fa la barba... La barba mi sta bene, no?
EMILY Lorenzo! Devo pettinarmi e truccarmi.
LORENZO E io mi devo preparare per andare al lavoro.

3

RICCARDO Un solo bagno. Abbiamo bisogno di un altro bagno. Ci incontriamo qui tutte le mattine.
EMILY Hmm, hmmm.
RICCARDO Che succede? Sei arrabbiata con me? Perché?
EMILY Per la cena.

6

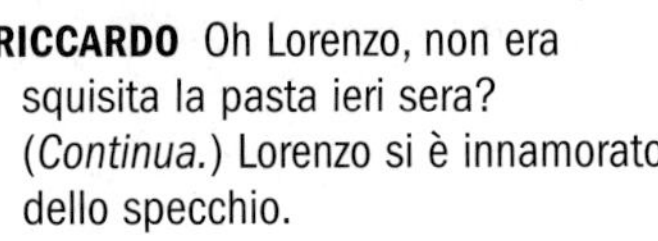

RICCARDO Oh Lorenzo, non era squisita la pasta ieri sera? (*Continua.*) Lorenzo si è innamorato dello specchio.
LORENZO Troppo aglio.
VIOLA L'ha fatta Riccardo.

7

EMILY Volevo preparare io la cena.
RICCARDO Viviamo insieme. Ci aiutiamo.
VIOLA Riccardo, a volte tu aiuti troppo. (*Continua.*) Mi dispiace, Emily. La prossima volta?

8

RICCARDO Che cosa ho sbagliato? Emily ha preparato la pasta.
EMILY Sì, ma tu hai bruciato la pancetta.
RICCARDO Io mi sono divertito. E a Marcella è piaciuta.
VIOLA Marcella è troppo gentile. La pasta era orribile.
RICCARDO (*A Emily*) Però il tuo amico Paolo ne ha mangiati due piatti.

ATTIVITÀ

1 **Vero o falso?** Decidi se le seguenti affermazioni sono **vere** o **false**.

1. Emily si deve fare la barba.
2. Lorenzo deve truccarsi.
3. Emily è arrabbiata con Riccardo.
4. Viola deve usare il bagno.
5. Lorenzo si è innamorato dello specchio.

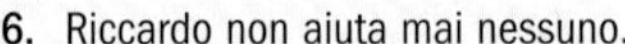

6. Riccardo non aiuta mai nessuno.
7. Viola ha bruciato la pancetta.
8. Paolo ha mangiato poca pasta.
9. Viola ha lezione alle nove.
10. Emily vuole il rossetto.

 Practice more at **vhlcentral.com.**

La mattina, i ragazzi si preparano.

4

VIOLA Non ci credo. Lorenzo? Devo usare il bagno. (*A Emily*) Buongiorno, Emily.
RICCARDO Ciao.
EMILY Ciao.

5

RICCARDO Emily ce l'ha con me.
VIOLA Anch'io.
RICCARDO Ma che cosa vi succede?

9

VIOLA Lorenzo, devo andare a lezione. Posso entrare? Ho lezione alle nove.
EMILY Mi dai il mio rossetto e la mia spazzola? Ne ho bisogno.
RICCARDO Ma che fai, ti arricci i capelli?

10

LORENZO Il prossimo.

Espressioni utili

Morning routines

- **Mi devo fare la barba.** *I have to shave.*
- **ti devi svegliare** *you have to wake up*
- **Si fa la barba.** *He's shaving.*
- **La barba mi sta bene.** *A beard looks good on me.*
- **Devo pettinarmi e truccarmi.** *I have to comb my hair and put on makeup.*
- **Mi devo preparare.** *I have to get ready.*
- **Ci incontriamo qui tutte le mattine.** *We meet here every morning.*
- **Ti arricci i capelli?** *Are you curling your hair?*

Additional vocabulary

- **Che succede?** *What's going on?*
- **Non ci credo.** *I don't believe it.*
- **Emily ce l'ha con me.** *Emily is angry at me.*
- **si è innamorato dello specchio** *he's in love with the mirror*
- **volevo preparare** *I wanted to prepare*
- **Ci aiutiamo.** *We help each other.*
- **a volte** *sometimes*
- **Che cosa ho sbagliato?** *What did I do wrong?*
- **Mi sono divertito.** *I had fun.*
- **Paolo ne ha mangiati due piatti.** *Paolo ate two plates of it.*
- **Ne ho bisogno.** *I need them.*

ATTIVITÀ

2  **Per parlare un po'** A coppie, scegliete uno dei personaggi e scrivete un paragrafo sulla sua routine del mattino. Usate l'immaginazione e le informazioni contenute in questa puntata del **Fotoromanzo**.

3 **Approfondimento** In italiano ci sono molte espressioni e proverbi che fanno uso del vocabolario delle parti del corpo, come «Occhio non vede, cuore non duole» (*Out of sight, out of mind*). Cerca tre espressioni o proverbi italiani con il vocabolario del corpo. Che cosa vogliono dire? C'è un proverbio o un'espressione simile in inglese?

risorse

SAM
VM: pp. 21–22

vhlcentral.com

IN PRIMO PIANO

Farsi° belli la mattina

Quando la sveglia suona al mattino, molti si domandano: perché non posso stare ancora dieci minuti a letto? Per molti italiani la risposta è ovvia°: perché bisogna prepararsi° e uscire perfettamente in ordine!

La cosa più importante della routine del mattino è certamente il caffè, ma subito dopo viene il rito° fondamentale dell'igiene personale°.

Pulizia° non significa semplicemente lavarsi, ma anche cominciare la giornata con una sensazione di benessere° e piacere; molti italiani amano infatti usare vari prodotti per l'igiene e la bellezza. Nei negozi c'è una grande scelta° di creme, saponi e bagnoschiuma° di differenti tipi, aromi° e confezioni°, tutti elementi importanti per scegliere il prodotto più adatto°!

Anche la scelta del vestito per uscire di casa è importante. I vestiti devono essere appropriati per il ruolo che si ha° al lavoro (per esempio, i sandali, i pantaloni corti e le magliette senza maniche non sono considerati accettabili in un ufficio). In generale, però, le nuove generazioni amano la praticità° e sono più tolleranti con le persone che si vestono in modo meno formale; ad esempio, è abbastanza raro vedere studentesse che portano la gonna a scuola o all'università. Quando però si tratta di° uscire con gli amici è fondamentale truccarsi, pettinarsi e vestirsi alla moda; è un modo, per i più giovani, di sentirsi grandi°. Comunque una cosa è certa: svegliarsi un po' prima per avere cura di sé° è per un italiano un atto assolutamente necessario.

Un piccolo aiuto

Reflexive verbs "reflect" the action of the verb onto the subject. Thus, **preparare** means *to prepare*, while **prepararsi** means *to get* (*oneself*) *ready*.

Quanto costa un...?

Taglio° donna	20 euro
Piega°	18 euro
Colore	28 euro
Colpi di sole°	40 euro
Permanente°	45 euro
Taglio uomo	20 euro

FONTE: Gibo Staff Parrucchieri (listino prezzi)

Farsi *Making oneself* **ovvia** *obvious* **prepararsi** *get ready* **rito** *ritual* **igiene personale** *personal hygiene* **Pulizia** *Cleanliness* **benessere** *well-being* **scelta** *selection* **bagnoschiuma** *shower gel* **aromi** *scents* **confezioni** *packaging* **adatto** *appropriate* **il ruolo che si ha** *the role one has* **praticità** *practicality* **si tratta di** *it's a matter of* **sentirsi grandi** *feel older* **avere cura di sé** *to take care of oneself* **Taglio** *Haircut* **Piega** *Hair styling* **Colpi di sole** *Highlights* **Permanente** *Perm*

ATTIVITÀ

1 **Vero o falso?** Indica se l'affermazione è **vera** o **falsa**. Correggi le affermazioni false.

1. Per molti italiani la mattina è importante prendersi cura di sé.
2. Per molti italiani l'igiene personale è il rito quotidiano più importante.
3. Lavarsi è considerato un modo per stare bene.
4. Gli italiani amano usare differenti prodotti per l'igiene personale.
5. Nei negozi c'è soltanto (*only*) un tipo di sapone che usano tutti.
6. I sandali, i pantaloni corti e le magliette senza maniche sono accettabili in un ufficio.
7. Anche i giovani preferiscono vestirsi in modo formale.
8. La maggior parte delle ragazze va a scuola in pantaloni.
9. Pettinarsi e vestirsi alla moda è importante per andare a scuola.
10. Truccarsi e vestirsi alla moda, per i giovani italiani, è un modo di sentirsi adulti.

Practice more at **vhlcentral.com.**

L'ITALIANO QUOTIDIANO

Come mi stanno i capelli?°

i capelli a spazzola	*crew cut*
i capelli raccolti	*hair pulled back*
i capelli sciolti	*loose hair*
il ciuffo	*tuft of hair*
la coda	*ponytail*
la frangia	*bang s*
la riga	*part*
la treccia	*braid*
le treccine	*little braids/cornrows*
spuntare (i capelli)	*to trim (one's hair)*
tagliare (i capelli)	*to cut (one's hair)*

Come mi stanno i capelli? *How does my hair look?*

USI E COSTUMI

Che tipo in gamba!

L'italiano è una lingua ricca di espressioni idiomatiche: molte di queste contengono° parti del corpo. **Un tipo in gamba**, ad esempio, è una persona davvero simpatica, intelligente e in generale con buone capacità; **una persona alla mano** è molto disponibile e informale.

Se una cosa è molto costosa, si dice° che **costa un occhio della testa**, ma se vuoi comprarla lo stesso° allora sei una persona **con le mani bucate**°, cioè una che spende molto e non riesce a risparmiare°.

Se dopo una lezione d'italiano non riesci più a concentrarti, sei distratto e pensi ad altro, allora **hai la testa fra le nuvole**, mentre il tuo insegnante, stanco di provare a farti stare attento, è arrabbiatissimo e ha **un diavolo° per capello**!

contengono *contain* **si dice** *you say* **comprarla lo stesso** *to buy it anyway* **bucate** *with holes in them* **risparmiare** *to save money* **diavolo** *devil*

RITRATTO

Bottega Verde: la bellezza secondo natura

Bottega Verde è una grande azienda italiana che produce e vende° articoli per la cura del viso, del corpo e dei capelli. I suoi prodotti contengono molti ingredienti naturali.

Nasce come erboristeria° nei primi anni '70 a Pienza e, dopo una ventina di° anni, il successo commerciale è tale che° l'azienda è acquisita° dal gruppo Modafil, leader nella vendita per corrispondenza°. Oggi il marchio° è presente in circa 300 negozi monomarca° e franchising in Italia e in Spagna.

Bottega Verde ha ancora sede a Pienza, ma ha un laboratorio di ricerca e sviluppo° a Biella e un laboratorio per la certificazione dei prodotti in provincia di Parma. Bottega Verde fa anche i test dermatologici e ipoallergenici presso l'università di Pisa. Moltissime donne italiane si affidano° ai prodotti di Bottega Verde.

vende *sells* **erboristeria** *herbalist's shop* **una ventina di** *about twenty* **è tale che** *is such that* **è acquisita** *was bought* **per corrispondenza** *mail-order* **marchio** *brand* **monomarca** *brand outlet* **ricerca e sviluppo** *research and development* **si affidano** *trust*

SU INTERNET

Quali sono alcuni dei prodotti per l'igiene personale usati in Italia?

Go to **vhlcentral.com** to find more information related to this **CULTURA**.

ATTIVITÀ

2 Completare Completa le frasi.

1. Bottega Verde nasce come ____________ a Pienza.
2. Bottega Verde ha un laboratorio di ____________ a Biella.
3. Modafil è un'azienda specializzata nella vendita per ____________.
4. Uffa, che caro! Costa un ____________ della testa!
5. Hai di nuovo finito i soldi! Hai davvero le mani ____________.
6. Perché non mi ascolti? Sei sempre distratto, hai ____________.

3 A voi Osserva i tuoi compagni di classe. Con un compagno, descrivili usando le parole da **L'italiano quotidiano**. Poi rispondete insieme alle seguenti domande.

1. Quante volte all'anno ti tagli i capelli o vai a fare la piega?
2. Come sei pettinato/a adesso? Com'è pettinato/a il/la tuo/a compagno/a?
3. Quanto tempo dedichi (*do you spend*) la mattina a lavarti, pettinarti e vestirti?

6A.1 Reflexive verbs

Punto di partenza A reflexive verb "reflects" the action of the verb back to the subject. The infinitive form of reflexives ends with the reflexive pronoun **-si**, as in the verb **svegliarsi**. As with object pronouns, the final **-e** of the infinitive is dropped before adding the pronoun.

Fabrizio **si sveglia** alle sette.
Fabrizio ***wakes (himself) up*** *at 7:00.*

- Reflexive verbs are made up of two parts: the verb and the reflexive pronoun. Both must agree with the subject.

alzarsi **(to get up)**		
io	mi alzo	*I get (myself) up*
tu	ti alzi	*you get (yourself) up*
Lei/lui/lei	si alza	*you get (yourself) up; he/she/it gets (himself/herself/itself) up*
noi	ci alziamo	*we get (ourselves) up*
voi	vi alzate	*you get (yourselves) up*
loro	si alzano	*they get (themselves) up*

- Note that reflexive pronouns are the same as direct and indirect object pronouns in all but the third person (**si**) forms.

Tu **ti svegli** alle nove, ma io **mi sveglio** alle undici.
You ***wake up*** *at 9:00, but I* ***wake up*** *at 11:00.*

Stefania **si trucca** mentre i bambini **si lavano**.
Stefania ***puts on makeup*** *while the children* ***wash (themselves).***

- Like other object pronouns, reflexive pronouns precede conjugated verb forms or are attached to the infinitive. Pronouns are commonly attached to the infinitive in a two-verb construction, although they can also precede the conjugated verb, particularly in constructions with **dovere**, **potere**, and **volere**.

L'attrice preferisce truccar**si** da sola.
The actress prefers to put on her makeup herself.

Vi dovete alzare prima delle otto.
You have to get up before eight o'clock.

- While some Italian reflexive verbs are equivalent to an English construction with *myself*, *yourself*, etc., many others are not.

Ci prepariamo per uscire. BUT Non **mi annoio** mai a lezione.
We get (ourselves) ready *to go out.* *I never* ***get bored*** *in class.*

PRATICA

1 Completare Completa ogni frase con la forma corretta del verbo riflessivo.

1. Loro ________ (divertirsi) molto il fine settimana.
2. Letizia ________ (innamorarsi) sempre della persona sbagliata!
3. Tu e Amedeo ________ (laurearsi) quest'anno?
4. Federico e Dario ________ (farsi sempre male) quando vanno in bicicletta.
5. Io e Raffaele ________ (annoiarsi) alle conferenze.
6. Erminia e Elda non ________ (truccarsi) mai.
7. Io ________ (preoccuparsi) dell'esame.
8. Perché tu ________ (arrabbiarsi) spesso con Luciano?

2 Creare Usa gli indizi dati per creare frasi complete.

1. Luigi / svegliarsi / alle sei
2. tu e Pina / lavarsi / i denti
3. io / alzarsi / e poi / fare la doccia
4. noi / pettinarsi / prima di uscire
5. Antonella / vestirsi / velocemente
6. tu / chiamarsi / Tobia
7. i bambini / spogliarsi / prima di andare a letto
8. voi / addormentarsi / alle dieci

3 Descrivere Usa i verbi riflessivi per descrivere che cosa fa Giulia ogni mattina.

1. ________________

2. ________________

3. ________________

4. ________________

Practice more at **vhlcentral.com.**

COMUNICAZIONE

4 **E tu?** **A coppie, fatevi domande sulla vostra routine quotidiana. Domandate e rispondete a turno.**

MODELLO

S1: *Ti alzi presto la mattina?*
S2: *Sì, di solito mi alzo presto.*

1. svegliarsi presto o tardi il fine settimana
2. alzarsi subito
3. truccarsi tutte le mattine
4. lavarsi i capelli tutti i giorni
5. radersi la sera o la mattina
6. addormentarsi prima o dopo mezzanotte

5 **Un'inchiesta** **Chiedi ai tuoi compagni se fanno o no le attività indicate. Se una persona dice sì, scrivi il suo nome. Se dice no, continua a chiedere ad altri compagni di classe.**

MODELLO

S1: *Ti svegli prima delle sei di mattina?*
S2: *Sì, mi sveglio prima delle sei.*

Attività	*Nome*
1. svegliarsi prima delle sei di mattina	*Andrea*
2. truccarsi per venire in classe	
3. lavarsi i denti tre volte al giorno	
4. pettinarsi prima di andare a dormire	
5. vestirsi prima di fare colazione	
6. addormentarsi presto il venerdì sera	

6 **Il mimo** **In gruppi di quattro, scegliete a turno un verbo che avete imparato in questa lezione e mimatelo. La persona che indovina mima il verbo successivo.**

MODELLO

S1: *Si sposa!*
S2: *No, si laurea!*
S3: *No! Si...*

addormentarsi	laurearsi
annoiarsi	radersi
arrabbiarsi	sposarsi
farsi male	svegliarsi
incontrarsi	...

Common reflexive verbs

addormentarsi	*to fall asleep*	pettinarsi	*to comb/brush one's hair*
alzarsi	*to stand/get up*	preoccuparsi (di)	*to worry (about)*
annoiarsi	*to get/be bored*	prepararsi	*to get ready*
arrabbiarsi	*to get angry*	rạdersi	*to shave*
chiamarsi	*to be called*	rẹndersi conto (di)	*to realize*
divertirsi	*to have fun*	riposarsi	*to rest*
farsi male	*to hurt oneself*	sbagliarsi	*to make a mistake*
fermarsi	*to stop (oneself)*	sedersi	*to sit down*
innamorarsi	*to fall in love*	sentirsi	*to feel*
lamentarsi (di)	*to complain (about)*	spogliarsi	*to undress*
laurearsi	*to graduate from college*	sposarsi	*to get married*
mẹttersi	*to put on*	svegliarsi	*to wake up*
		truccarsi	*to put on makeup*
		vestirsi	*to get dressed*

- **Sedersi** is irregular in all forms except **noi** and **voi**. The stem of the irregular forms is **sied-**.

  Non **si siedono** mai sulla panchina. Dove **vi sedete** a tavola?
  ***They** never **sit** on the bench.* *Where **do you sit** at the table?*

- Note that some verbs can be used reflexively or non-reflexively. Compare these examples.

  Mi sveglio alle sei. **Sveglio** mia sorella alle sei e mezzo.
  ***I wake (myself) up** at 6:00.* ***I wake up** my sister at 6:30.*

  Perché **ti metti** quella maglietta? Perché **metti** una maglietta al cane?
  *Why **are you putting on** that T-shirt?* *Why **are you putting** a T-shirt on the dog?*

- When a body part or an article of clothing is the object of a reflexive verb, use the definite article with it, not the possessive adjective.

  Mi lavo **la faccia** e **le mani**. Non ti metti **gli stivali**.
  *I wash **my face** and **my hands**.* *You're not putting on **your boots**.*

Provalo! **Aggiungi le forme mancanti dei verbi riflessivi indicati.**

	pettinarsi	radersi	vestirsi
1. io	mi pettino	mi rado	______
2. tu	ti pettini	______	ti vesti
3. Lei/lui/lei	si pettina	______	______
4. noi	______	ci radiamo	______
5. voi	vi pettinate	______	vi vestite
6. loro	______	si radono	______

6A.2 Reciprocal reflexives and reflexives in the *passato prossimo*

Punto di partenza Reciprocal verbs are reflexives that express a shared or reciprocal action between two or more people or things. In English we often express a reciprocal meaning with the phrases *(to) each other* or *(to) one another.*

Si amano?
Do they love each other?

Non **si parlano**.
*They aren't **speaking to each other**.*

- Reciprocal verbs follow the same pattern as reflexive verbs, but they are limited to the plural forms **noi**, **voi**, and **loro**.

Domani Silvia e Davide **si sposano**.
*Tomorrow Silvia and Davide **are getting married (to each other)**.*

Io e Alessandro **ci scriviamo** spesso.
*Alessandro and I often **write to one another**.*

- These verbs are commonly used with reciprocal meanings.

Common reciprocal verbs

abbracciarsi	*to hug each other*	lasciarsi	*to leave each other, to split up*
aiutarsi	*to help each other*	odiarsi	*to hate each other*
amarsi	*to love each other*	parlarsi	*to speak to each other*
baciarsi	*to kiss each other*	salutarsi	*to greet each other*
chiamarsi	*to call each other*	scriversi	*to write to each other*
conoscersi	*to know each other*	sposarsi	*to marry each other*
darsi	*to give to each other*	telefonarsi	*to phone each other*
guardarsi	*to look at each other*	vedersi	*to see each other*
incontrarsi	*to meet each other*		
innamorarsi	*to fall in love with each other*		

Ci diamo del tu.
***We address each other** familiarly.*

I miei gatti **si odiano**.
*My cats **hate one another**.*

Le ragazze **si aiutano** a studiare.
*The girls **help each other** study.*

Perché non **vi abbracciate**?
*Why don't **you hug each other?***

PRATICA

1 Completare Scegli le forme corrette per completare la frase.

1. Natalia (ti / si) è (fatta / fatto) male alla gamba.
2. Tu e Roberto (ci / vi) siete (divertite / divertiti) alla festa.
3. Io (si / mi) sono (svegliate / svegliata) tardi.
4. Noi (vi / ci) siamo (lavati / lavato) i capelli ieri.
5. Tiziana e Caterina (si / mi) sono (innamorata / innamorate) dello stesso ragazzo.
6. Tu (ti / vi) sei (addormentata / addormentati).
7. Io (mi / ci) sono (vestito / vestite) elegantemente per la cena.
8. Voi (ci / vi) siete (annoiato / annoiati) ieri.

2 Creare Usa verbi reciproci per raccontare la storia di Lorenzo e Lina.

MODELLO

Lina incontra Lorenzo tutti i giorni.
Lorenzo incontra Lina tutti i giorni.
Loro si incontrano tutti i giorni.

1. Lina conosce Lorenzo da un anno. Lorenzo conosce Lina da un anno.
2. Lina guarda Lorenzo con amore. Lorenzo guarda Lina con amore.
3. Lina scrive spesso e-mail a Lorenzo. Lorenzo scrive spesso e-mail a Lina.
4. Lina telefona a Lorenzo tutte le sere. Lorenzo telefona a Lina tutte le sere.
5. Lina dice a Lorenzo tutti i suoi segreti. Lorenzo dice a Lina tutti i suoi segreti.
6. Lina regala a Lorenzo dei cioccolatini. Lorenzo regala a Lina dei cioccolatini.

3 Descrivere Usa verbi reciproci per scrivere frasi su che cosa fanno le persone nei disegni.

1. gli uomini d'affari

2. Armando ed io

3. loro

4. tu e Claudia

5. noi

6. voi

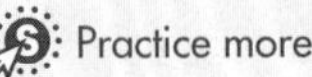
Practice more at **vhlcentral.com.**

COMUNICAZIONE

4 **Il mimo** Lavorate a coppie. A turno, mimate azioni reciproche davanti alla classe. Le altre coppie devono indovinare. La coppia che indovina mima l'azione successiva.

MODELLO

S1: *Secondo me, si parlano.*
S2: *No, si salutano!*

abbracciarsi	lasciarsi
chiamarsi	salutarsi
guardarsi	scriversi
incontrarsi	sposarsi

5 **Relazioni** In gruppi di quattro, usate i verbi dati per farvi domande sulle relazioni che avete con altre persone. Rispondete a turno.

MODELLO

S1: *Come aiuti il tuo compagno di stanza?*
S2: *Lo aiuto a svegliarsi la mattina.*
S3: *Ci aiutiamo a studiare l'italiano.*
S4: *...*

abbracciarsi	chiamarsi	incontrarsi	scriversi
aiutarsi	darsi	parlarsi	svegliarsi

6 **Una storia romantica** A coppie, scrivete una storia romantica tra due personaggi reali o immaginari. Descrivete la loro storia, dall'inizio alla fine, usando verbi reciproci e il passato prossimo.

MODELLO

Roberto e Gina si sono incontrati nella classe di chimica. Si sono guardati e...

- Note that the use of reciprocal verbs can be ambiguous. For example, **si guardano** can mean *they look at themselves* or *they look at each other*. To clarify or emphasize a verb's reciprocal meaning, use phrases like **fra di loro**, **l'un l'altro** (males only), or **l'un l'altra** (when there is one or more female in a group).

Renzo e Lucia **si guardano l'un l'altra**.
*Renzo and Lucia **are looking at one another**.*

Vi parlate fra di voi in inglese o in italiano?
***Do you talk to each other** in English or in Italian?*

Reflexives in the *passato prossimo*

Always conjugate reflexive verbs, including reciprocals, with **essere** in the **passato prossimo**. Remember that the past participle has to agree with the subject.

Natalia **si è pettinata**.
*Natalia **combed her hair**.*

Ci siamo visti al mercato.
***We saw each other** at the market.*

Marco **si è svegliato** tardi.
*Marco **woke up** late.*

Vi siete già **conosciute**?
***Have you** already **met**?*

Ci siamo sposati due anni fa.
***We got married** two years ago.*

Oggi **si è laureato**.
***He graduated from college** today.*

Provalo! Completa ogni frase con il pronome riflessivo corretto per descrivere queste azioni reciproche.

1. Carlo e Annalisa __si__ telefonano tre volte al giorno.
2. Noi ____ vediamo a pranzo tutti i mercoledì.
3. Tu e Riccardo ____ parlate sempre in inglese.
4. Io e Enea ____ aiutiamo a fare i compiti.
5. Tamara e Bartolomeo ____ amano tantissimo.
6. Tu e Ilaria non ____ parlate da due mesi?
7. Le bambine ____ sono chiamate.
8. Io e Roberto ____ siamo conosciuti a Padova.
9. Giacomo e Anna ____ chiamano spesso.
10. Tu e Luigi ____ date del tu?
11. Io e Maria ____ siamo incontrati ieri.
12. Marco e Francesco ____ salutano sempre.

6A.3 *Ci* and *ne*

Punto di partenza Use the adverb **ci** to mean *there* or to replace certain prepositional phrases. Use the pronoun **ne** to replace a previously mentioned phrase that includes the partitive or an expression of quantity, or that begins with the preposition **di**.

- In **Lezione 1A** you learned how to use **ci** in the expressions **c'è** and **ci sono**. **Ci** can be used to replace expressions of location, which are often preceded by the prepositions **a**, **in**, **su**, or **da**.

—Vai **a casa**? —*Are you going **home**?*	—Sì, **ci** vado. —*Yes, I'm going **there**.*
—Siete andate **in biblioteca**? —*Did you go **to the library**?*	—No, non **ci** siamo andate. —*No, we didn't go **there**.*
—Sei stato **dal dentista**? —*Did you go **to the dentist**?*	—Sì, **ci** sono stato ieri. —*Yes, I was **there** yesterday.*

- **Ci** is also used to replace phrases beginning with **a** after many common verbs.

Credo **all'amore a prima vista**. *I believe **in love at first sight**.*	**Ci** credo. *I believe **in it**.*
Pensa sempre **ai compiti**. *She is always thinking **about homework**.*	**Ci** pensa sempre. *She is always thinking **about it**.*
È riuscito **a svegliarsi presto**. *He was able **to wake up early**.*	**Ci** è riuscito. *He was able **to do it**.*
Quella ragazza prova **a truccarsi** senza lo specchio. *That girl is trying **to put on makeup** without the mirror.*	Quella ragazza **ci** prova senza lo specchio. *That girl is trying **to do it** without the mirror.*

- **Ci** follows the same placement rules as object pronouns. You learned these rules in **Lezione 5A**.

Se stai male, perché non vai dal medico? **Ci** devi andare! *If you're not feeling well, why don't you go to the doctor? You should go (**there**)!*	No, non voglio andar**ci**. *No, I don't want to go (**there**).*
Hai lasciato le chiavi in farmacia. **Ci** torni adesso? *You left the keys at the pharmacy. Are you going back (**there**) now?*	Sì, ma prima di tornar**ci**, devo telefonare. *Yes, but before I go back (**there**), I have to call.*

- Note that **ci** is used differently from **là/lì**, which you learned in **Lezione 1A**. Use **là/lì** to indicate a specific location. Use **ci** to point out the existence of something.

Il dottore non **c'è**. *The doctor is not **in**.*	L'infermiera è **lì**. *The nurse is **over there**.*

PRATICA

1 Completare Scrivi la forma corretta del participio passato per completare ogni frase.

IACOPO Isabella, hai (1) ________ (comprare) tutte le medicine per Cirillo?

ISABELLA No, ne ho (2) ________ (comprare) solo due.

IACOPO Perché, non hai (3) ________ (portare) abbastanza soldi?

ISABELLA Esatto, ne ho (4) ________ (portare) pochi e le medicine sono più care ora.

IACOPO Hai (5) ________ (parlare) al farmacista dei suoi sintomi (*symptoms*)?

ISABELLA No, non ne ho (6) ________ (parlare) con lui, solo con il dottore.

IACOPO Va bene, non ti preoccupare. Ci vediamo dopo? Ho (7) ________ (comprare) dei film, possiamo guardare la televisione tutta la sera!

ISABELLA Tutta la sera? Ma quanti ne hai (8) ________ (comprare)?

2 Trasformare Riscrivi ogni frase usando **ne**.

MODELLO Ho due computer.
Ne ho due.

1. Luigi compra una macchina.
2. Antonella e Simona guardano due film.
3. Voi parlate sempre di casa vostra.
4. Io e Annabella abbiamo molti amici in comune.
5. Tu hai tre cani.
6. Io ho bisogno di dormire molto.

3 Rispondere Rispondi a ogni domanda usando **ci**.

1. Vai spesso dal dottore?
2. Riesci a ingoiare (*swallow*) le pillole senza acqua?
3. Provi spesso a svegliarti presto la mattina?
4. Pensi alla tua famiglia quando sei all'università?
5. Riesci a truccarti/raderti senza specchio?
6. Provi a stare in forma?

Practice more at **vhlcentral.com.**

COMUNICAZIONE

4 In centro A coppie, fatevi domande sui posti indicati. Usate **ci** nelle risposte.

MODELLO alla mensa

S1: *Quando vai alla mensa?*
S2: *Ci vado il fine settimana.*

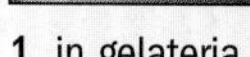

1. in gelateria

2. in biblioteca

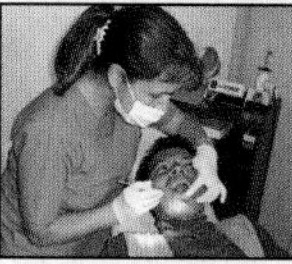

3. dal dentista

4. all'ospedale

5. in farmacia

6. in palestra

5 Dove sono? A coppie, dite se le persone indicate sono oggi all'ospedale o no. Se no, dite dove sono. Usate **ci** e **lì/là** nelle vostre risposte.

MODELLO

S1: *Il dottore è all'ospedale oggi?*
S2: *Sì, il dottore c'è. C'è l'infermiera?*
S1: *No, l'infermiera non c'è. È là, in ambulanza! C'è il radiologo?*

Chi	Dov'è?
il dottore	all'ospedale
l'infermiera	in ambulanza
il radiologo	alla clinica
lo specialista delle allergie	all'ospedale
l'anestesista	all'ospedale
il cardiologo	in ufficio
la psicologa	in ufficio

6 Che cosa hai? A coppie, fate un elenco di otto articoli d'igiene personale. Fate domande su quali oggetti avete nel vostro bagno. Rispondete a turno usando **ne**.

MODELLO

S1: *Hai dello shampoo?*
S2: *Sì, ne ho. Tu hai dei trucchi?*
S1: *No, non ne ho.*

Ne

Ne means *some* or *any* when it replaces the partitive. It follows the same rules of placement as **ci**.

Hai **dello** shampoo? ▶ **Ne** hai?
*Do you have **any** shampoo?* ▶ *Do you have **any**?*

- **Ne** can also mean *of it/them* when replacing nouns used with expressions of quantity. Note that the use of **ne** is required in these cases.

  Ho due **asciugacapelli**. ▶ **Ne** ho due.
  *I have two **hairdryers**.* ▶ *I have two (**of them**).*

- When **ne** is used with an adjective expressing quantity, the adjective must agree with the noun that **ne** replaces.

  Quanti **cani** avete? ▶ **Ne** abbiamo molti.
  *How many **dogs** do you have?* ▶ *We have many (**of them**).*

- **Ne** often replaces phrases introduced by **di**, especially after expressions such as **avere paura/bisogno/voglia di**.

  Ho voglia **di dormire**. ▶ **Ne** ho voglia.
  *I feel like **sleeping**.* ▶ *I feel like **it**.*

  Parli sempre **di politica**? ▶ **Ne** parli sempre?
  *Do you always talk **about politics**?* ▶ *Do you always talk **about it**?*

- If **ne** is used with an expression of quantity in the **passato prossimo**, the past participle must agree with the noun being replaced. However, when **ne** replaces a prepositional phrase, no agreement is necessary.

  Quanti **rasoi** hai comprato? ▶ Ne ho **comprati** due.
  *How many **razors** did you buy?* ▶ *I bought two of them.*

  Quanta **crema** ha usato? ▶ Ne ha **usata** molta.
  *How much **lotion** did she use?* ▶ *She used a lot (of it).*

  Ha parlato **di politica**. ▶ Ne ha **parlato**.
  *He spoke **about politics**.* ▶ *He spoke about it.*

Provalo! **Riscrivi ogni frase sostituendo la parola o le parole sottolineate con ci o ne.**

1. Ieri sono andato all'ospedale. (ci) *Ieri ci sono andato.*
2. Andiamo spesso dal farmacista. (ci) ______
3. Vado in palestra per fare esercizio. (ci) ______
4. Vittoria sta in bagno 45 minuti la mattina. (ci) ______
5. Ho bisogno di una pillola per la nausea. (ne) ______
6. Giada ha comprato due creme per le mani. (ne) ______
7. Tu hai paura del dentista. (ne) ______
8. Avete parlato al dottore della vostra depressione? (ne) ______

Ricapitolazione

1 **Chi è?** A coppie, descrivete e indovinate a turno uno dei disegni che seguono includendo quanti più dettagli possibili.

MODELLO

S1: *È in bagno...*
S2: *Disegno uno?*
S1: *No, è in bagno, davanti allo specchio...*

1.

2.

3.

4.

5.

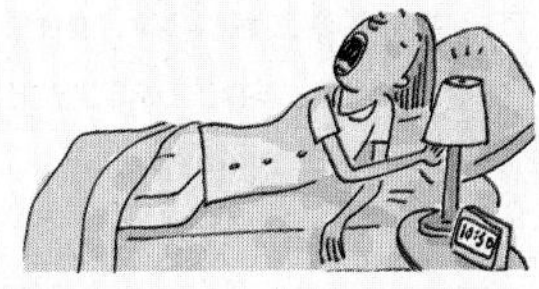
6.

2 **Regole di vita** In gruppi di tre, create una lista di regole che i compagni di stanza devono seguire per rendere la convivenza (*living together*) più facile. Usate verbi riflessivi e reciproci.

MODELLO

I compagni di stanza devono aiutarsi tutti i giorni...

3 **Dove vado?** Pensa a un posto dove vai questa settimana. Scrivi il posto su un foglio di carta. A coppie, fatevi domande per indovinare dove va l'altra persona. Usate **ci** dove possibile.

MODELLO

S1: *Vai in biblioteca questa settimana?*
S2: *No, non ci vado questa settimana.*
S1: *Vai...?*

4 **Parti del corpo** A coppie, usate i verbi riflessivi e reciproci della lista per descrivere le azioni che quelle parti del corpo possono fare.

MODELLO

S1: *Usiamo le mani per scriverci.*
S2: *Usiamo gli occhi per guardarci...*

A	B
bocca	baciarsi
dita	guardarsi
labbra	parlarsi
mani	pettinarsi
occhi	radersi
orecchie	scriversi
	telefonarsi
	truccarsi

5 **Un negozio vuoto** A coppie, preparate una conversazione fra un cliente e il proprietario di una profumeria. Il cliente chiede diversi articoli, ma il negoziante non ne ha! Usate i partitivi e **ne** dove possibile.

MODELLO

S1: *Ha dello shampoo?*
S2: *No, non ne ho.*
S1: *Ha delle spazzole?*
S2: *...*

6 **Un dibattito** In gruppi di quattro, preparate un dibattito su questo argomento: chi ci mette più tempo a prepararsi la mattina, gli uomini o le donne? Preparate una lista di ragioni per difendere la vostra posizione e poi presentate le vostre opinioni alla classe.

MODELLO

S1: *Le donne ci mettono più tempo perché devono truccarsi.*
S2: *Sì, ma molti uomini si radono tutte le mattine!*

risorse

SAM WB: pp. 81-86	SAM LM: pp. 47-49	vhlcentral.com

Lo Zapping

La febbre

John Travolta si lamenta° a letto, madre e figlia si guardano preoccupate... poi la battuta°, forse inaspettata, forse scontata°, ma certamente comprensibile alla maggior parte degli italiani. *La febbre del sabato sera* è un film noto in Italia e così ha ispirato una serie di spot di Sky TV. L'azienda, equivalente in Italia della pay TV e coerente con il proprio slogan «Non smettere° di sognare», propone un maturo Travolta ospite di una famiglia italiana, che nel bene e nel male° si prende cura° di lui: dopo tutto, riposo e buon cibo sono le ricette migliori per superare un lieve malanno° come un po' di febbre.

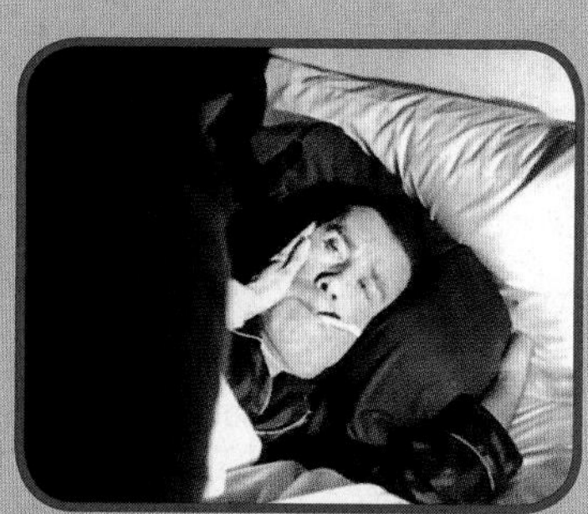

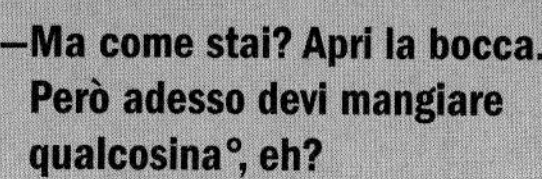

—Ma come stai? Apri la bocca. Però adesso devi mangiare qualcosina°, eh?

—Ha la febbre.
—Strano, però. Non è mica° sabato sera...

Comprensione Rispondi alle domande.

1. Secondo la mamma, che cosa deve fare il malato?
2. Che cosa rivela il termometro?

Discussione Discutete a coppie le seguenti domande.

1. Secondo te, la battuta su cui gioca lo spot è divertente?
2. Immagina di ospitare a casa tua un personaggio famoso: chi è? Perché scegli questo personaggio?
3. Scegliete un personaggio famoso e immaginate una situazione simile a quella dello spot. Presentate il dialogo alla classe.

si lamenta *is complaining* **battuta** *joke* **scontata** *expected* **Non smettere** *Don't stop* **nel bene e nel male** *for better or for worse* **si prende cura** *takes care* **lieve malanno** *minor illness* **qualcosina** *a little something* **Non è mica** *It's not even*

Practice more at **vhlcentral.com.**

Lezione

6B

Communicative Goals

You will learn how to:

- talk about health
- talk about remedies and well-being

CONTESTI

Vocabulary Tools

Dal dottore

Tossisce. (tossire -isc-)

Ha mal di schiena.

il paziente (la paziente *f.*)

È incinta.

la pillola

Ha il raffreddore.

È in buona salute.

ETCIÙ!

Starnutisce. (starnutire -isc-)

La Repubblica

Vocabolario

espressioni	*expressions*
andare dal dottore	*to go to the doctor*
controllare la linea	*to watch one's weight*
curare	*to heal; to treat*
essere allergico/a (a)	*to be allergic (to)*
essere in/fuori forma	*to be in/out of shape*
evitare (di)	*to avoid*
farsi male	*to hurt oneself*
guarire (-isc-)	*to get better*
piangere	*to cry*
rompersi (un braccio)	*to break (an arm)*
all'ospedale	*at the hospital*
l'ambulanza	*ambulance*
l'aspirina	*aspirin*
il/la chirurgo/a	*surgeon*
il/la dentista	*dentist*
il/la farmacista	*pharmacist*
la medicina	*medicine; drug*
il medico (di famiglia)	*(family) doctor*
il pronto soccorso	*first aid; emergency room*
la ricetta	*prescription*
il termometro	*thermometer*
le malattie e i sintomi	*ailments and symptoms*
la carie (*invar.*)	*cavity*
la depressione	*depression*
il dolore	*pain*
l'infezione (*f.*)	*infection*
l'influenza	*flu*
l'insonnia	*insomnia*
il naso intasato	*stuffy nose*
la nausea	*nausea*
descrizioni	*descriptions*
grave	*serious*
leggero/a	*slight*
malato/a	*ill*
sano/a	*healthy*

risorse

SAM WB: pp. 87-88 | SAM LM: p. 50 | vhlcentral.com

l'infermiere (*m.*)

VIETATO FUMARE

Fa esercizio. / Fa ginnastica.

l'infermiera

Ha mal di testa.

Ha mal di pancia.

Attenzione!

To talk about aches and pains, remember to use the definite article, not the possessive, with the body part in question.

Mi fa male il ginocchio.
My knee hurts.

Pratica

1 **Associazioni** Scegli una parola della lista da associare con le seguenti parole o frasi.

l'aspirina	l'influenza	il pronto soccorso
la carie	la nausea	il raffreddore

1. il vomito __________
2. il dentista __________
3. la ferita __________
4. fare una puntura __________
5. tossire e starnutire __________
6. avere la febbre __________

2 **Mettere etichette** Etichetta ogni foto con una parola o un'espressione appropriata.

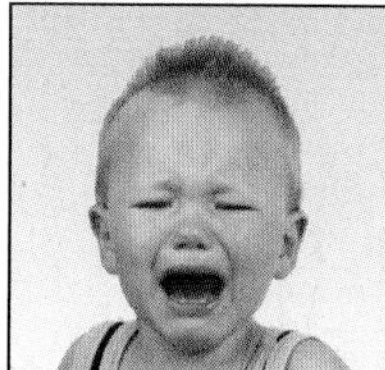
1. __________

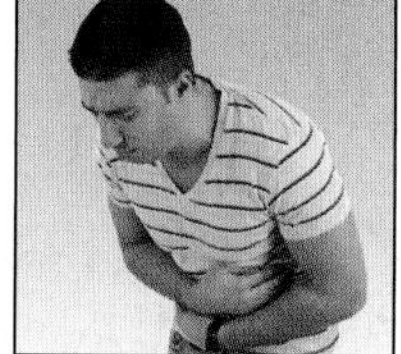
2. __________

3. __________

4. __________

5. __________

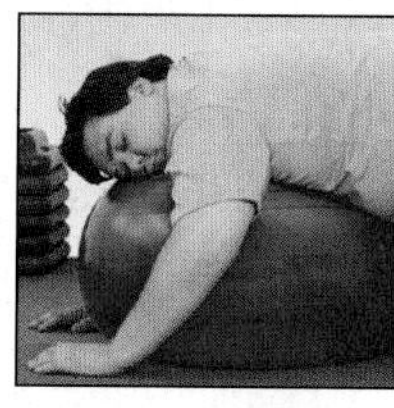
6. __________

3 **Completare** Scegli la parola corretta per completare ogni frase.

1. Il paziente chiede al dottore (una carie / un naso pieno / una medicina).
2. Ho la tosse e la febbre, sono proprio (in buona salute / malata / in forma).
3. Valeria aspetta un bambino! Cioè, è (allergica / incinta / sana).
4. Per andare al pronto soccorso abbiamo chiamato (un'ambulanza / un termometro / una pillola).
5. Ho preso un appuntamento con il dentista. Ho paura di avere (l'insonnia / la nausea / una carie).
6. Un po' di esercizio aiuta a (fare una puntura / essere fuori forma / controllare la linea).

4 **Rispondere** Rispondi alle domande usando frasi complete.

1. Hai la febbre oggi?
2. Quando hai il raffreddore, tossisci e starnutisci molto?
3. Che cosa prendi quando hai la febbre?
4. Che tipo di esercizio fisico fai?
5. Che cosa fai per controllare la linea?
6. Vai spesso dal dottore?

Practice more at **vhlcentral.com.**

Comunicazione

5 **Dal dottore** A coppie, ascoltate la conversazione tra Marco e il suo dottore. Mentre ascoltate, spuntate (*check off*) le parole o espressioni che sentite.

1. essere in forma	☐	**7.** la depressione	☐
2. fare esercizio	☐	**8.** la ricetta	☐
3. fare una puntura	☐	**9.** il mal di pancia	☐
4. la febbre	☐	**10.** il mal di schiena	☐
5. il naso intasato	☐	**11.** il raffreddore	☐
6. l'insonnia	☐	**12.** rompersi una gamba	☐

6 **Consigli** A coppie, guardate le seguenti persone. Descrivete la loro condizione, poi date un consiglio per curare o migliorare (*to improve*) la loro situazione.

MODELLO

S1: *Federico si è fatto male al piede.*
S2: *Deve andare al pronto soccorso!*

1. Federico

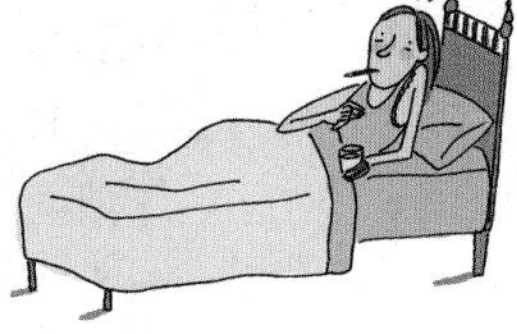
2. Marta

3. Graziella

4. Paola

5. Luciano

6. Davide

7. Michela

8. Sara

7 **Al pronto soccorso!** Lavorate a coppie. L'insegnante vi darà due fogli diversi, ciascuno con metà delle informazioni sui pazienti del pronto soccorso. A turno, fate domande per trovare il problema o la malattia di ciascuna persona al pronto soccorso. Poi scrivete un riassunto (*summary*) di quello che avete scoperto.

MODELLO

S1: *Chi ha un braccio rotto?*
S2: *La signora Rossini ha un braccio rotto! Che problema ha il signor Tucci?*
S1: *Ha...*

8 **Indoviniamo!** In gruppi di tre, fate a turno a descrivere e a indovinare le parole della **Lezione 6A**. Usate il vocabolario della lezione per descrivere le parole che i vostri compagni devono indovinare.

MODELLO

S1: *Lo soffi (blow) quando hai il raffreddore.*
S2: *Il naso!*

Pronuncia e ortografia

Spelling plurals II

arancia **arance** **loggia** **logge**

When the Italian word endings **-cia** and **-gia** contain a diphthong and are preceded by a consonant, the plural is usually formed by dropping the **i** to form **-ce** or **-ge**.

camicia **camicie** **ciliegia** **ciliegie**

When **-cia** and **-gia** contain a diphthong and are preceded by a vowel, the **i** is retained to form the plurals **-cie** and **-gie**.

farmacia **farmacie** **magia** **magie**

When there is no diphthong and the letter **i** is stressed in **-cia** and **-gia**, the **i** is retained to form the plurals **-cie** and **-gie**.

esempio **esempi** **negozio** **negozi**

When Italian words ending in **-io** form a diphthong, the plural is usually formed by dropping the final **-o**.

trio **trii** **zio** **zii**

However, when a diphthong is not formed in words ending in **-io**, the final **-o** is changed to **-i** in the plural, resulting in double **i**.

Pronunciare Ripeti le parole ad alta voce.

1. provincia
2. province
3. addio
4. addii
5. lancia
6. lance
7. grigia
8. grigie
9. pio
10. pii
11. freccia
12. frecce

Articolare Ripeti le frasi ad alta voce.

1. I miei zii sono vecchi.
2. Oggi c'è la pioggia.
3. Non dire bugie!
4. Piangi perché hai paura della magia?
5. Quelle camicie grigie costano molto.
6. Attenzione alle strisce gialle!

Proverbi Ripeti i proverbi ad alta voce.

1 Better the devil you know than the devil you don't. (lit. He who leaves the old road for the new knows what he left but not what he'll find.)

2 He who speaks to your face is not a traitor.

risorse

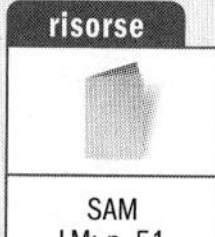

SAM LM: p. 51

vhlcentral.com

FOTOROMANZO

Una visita medica

 Video: *Fotoromanzo*

PERSONAGGI

Emily

Lorenzo

Marcella

Il medico

Riccardo

Viola

Dal medico...

MEDICO Cosa è successo?

RICCARDO Facevamo il turno per il bagno...

EMILY Quando si è svegliata non aveva nessun sintomo...

LORENZO Hanno preparato la cena ieri sera...

MEDICO Va bene, basta così. Viola, cosa è successo?

VIOLA Ieri io, Riccardo e Emily abbiamo preparato la cena.

RICCARDO Rigatoni alla carbonara alla pensione!

MARCELLA Una carbonara con qualche ingrediente extra.

EMILY Cipolle, funghi, aglio.

LORENZO Troppo aglio.

MEDICO Sei allergica a uno di questi cibi?

MEDICO Continua.

VIOLA Ieri sera mi facevano male lo stomaco e il petto, però stanotte ho dormito bene e anche stamattina stavo bene. Aspettavamo Lorenzo, che era in bagno, poi mi sono svegliata sul pavimento.

MEDICO Va bene. Tutti fuori dal mio studio. (*A Viola*) Hai altri sintomi?

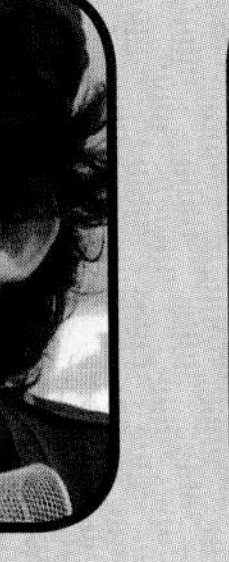

In centro...

LORENZO Sono per Viola. Da parte tua.

RICCARDO Da parte mia?

LORENZO È colpa tua se sta male. E poi mi devi una camicia nuova.

RICCARDO È stata Viola a macchiare d'olio la tua camicia, non io.

LORENZO Hai preparato tu la cena.

RICCARDO E Emily ci ha messo le cipolle e i funghi.

RICCARDO Andiamo, Lorenzo: sei innamorato di Viola.

LORENZO Ma che dici? Viola? È troppo timida e seria.

RICCARDO Sì, lo so. Ma a volte quando vi guardate i tuoi occhi brillano.

LORENZO Sei pazzo.

RICCARDO Dici di no, ma in realtà vuoi dire sì.

Alla pensione...

VIOLA E poi io ho macchiato d'olio la camicia di Lorenzo. Si è molto arrabbiato.

EMILY Eh già, le camicie di Lorenzo costano più della mia università. Gli studenti in America non sono così eleganti. (*Verso la porta*) Entrate. Volete aiutarci a finire la ripresa per il blog?

ATTIVITÀ

1 Completare Completa ogni frase con un verbo nel passato prossimo.

1. Quando Viola __________ non aveva nessun sintomo.
2. Riccardo ed Emily __________ la cena ieri sera.
3. Ieri sera Viola __________ bene.
4. Il medico le __________ delle medicine contro la nausea.
5. Riccardo __________ la cena ieri sera e tutti si sono sentiti male.
6. __________ Viola a macchiare d'olio la camicia di Lorenzo.
7. Emily __________ le cipolle e i funghi nella pasta.
8. Lorenzo __________ per la camicia.
9. Riccardo __________ troppo aglio.
10. Riccardo __________ insensibile e scortese.

Practice more at **vhlcentral.com.**

Viola si è sentita male.

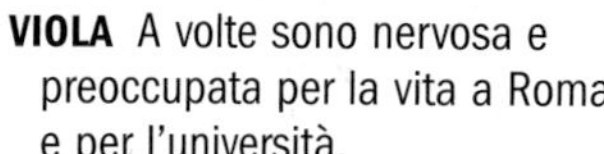

VIOLA A volte sono nervosa e preoccupata per la vita a Roma e per l'università.

MEDICO Secondo me, sei stata male a causa di una leggera depressione e di un brutto bruciore di stomaco. Ti ho prescritto delle medicine contro la nausea. Ti consiglio di riposare, di bere acqua e tè e di evitare la cucina di Riccardo.

Alla pensione...

EMILY Oggi Viola è andata dal dottore con dolore di stomaco e nausea. Come è successo?

VIOLA Riccardo ha preparato la cena ieri sera e ci siamo sentiti male tutti.

EMILY È pericoloso lasciarlo entrare in cucina.

VIOLA Riccardo fa sempre quello che gli pare. Non si sa trattenere.

LORENZO Questi sono da parte di Riccardo. Si scusa per aver usato troppo aglio.

VIOLA Grazie.

RICCARDO Ecco le tue pillole. «Prendere una compressa prima di mangiare i miei piatti.» (*A Emily*) Scusa Emily. Volevi preparare la cena per tutti e io sono stato insensibile e scortese.

EMILY E?

LORENZO Ed egoista, inutile, stupido e un pessimo cuoco!

VIOLA Sapete una cosa? Roma comincia a piacermi.

Espressioni utili

Talking about events in the past

- **facevamo il turno**
  we were waiting for our turn
- **Quando si è svegliata non aveva nessun sintomo.**
  When she woke up she had no symptoms.
- **Mi facevano male lo stomaco e il petto.**
  My stomach and chest hurt.
- **Anche stamattina stavo bene.**
  I felt fine this morning, too.
- **Aspettavamo Lorenzo, che era in bagno.**
  We were waiting for Lorenzo, who was in the bathroom.
- **volevi preparare tu la cena**
  you wanted to prepare dinner

Additional vocabulary

- **bruciore di stomaco**
  heartburn
- **È pericoloso lasciarlo entrare.**
  It's dangerous to let him enter.
- **Riccardo fa sempre quello che gli pare. Non si sa trattenere.**
  Riccardo always does what he wants. He doesn't know how to stop himself.
- **da parte tua**
  from you
- **brillano**
  sparkle
- **pavimento**
  floor
- **studio**
  office
- **finire la ripresa**
  to finish shooting
- **macchiare d'olio**
  to stain with oil
- **dici di no**
  you say no
- **compressa**
  tablet
- **pessimo**
  awful

2 Per parlare un po' A coppie, scegliete uno dei personaggi di questa puntata e parlate di un suo problema di salute. Di che tipo di problema si tratta? Qual è la causa? Che cosa deve fare per stare meglio?

3 Approfondimento «Ospedale», «ambulanza», «infermiere/a»: conosci l'origine di queste parole? Cerca su Internet o su un dizionario italiano la loro etimologia e presenta la tua risposta alla classe.

ATTIVITÀ

risorse

SAM
VM: pp. 23–24

vhlcentral.com

IN PRIMO PIANO

L'importante è la salute

Come funziona il sistema sanitario in Italia? Quali tipi di assistenza sono gratuiti°? Quanto spendono gli italiani per la salute?

La Costituzione italiana dice che è un dovere° dello Stato proteggere° la salute pubblica; per legge°, quindi, lo Stato si occupa dell'assistenza medica degli italiani. Assistenza significa prevenzione, cure mediche e organizzazione degli ospedali. La prevenzione comprende le vaccinazioni e le campagne° di screening per varie malattie. Le cure mediche, invece, garantiscono la possibilità per tutti di avere un medico e dei farmaci°, o di fare esami clinici. Infine, l'organizzazione degli ospedali implica° che lo Stato gestisce° le strutture mediche pubbliche, cioè il pronto soccorso, gli ospedali e le strutture per anziani°.

Tutti e tre° i tipi di assistenza sono pagati, per la maggior parte, dallo Stato e dalle Regioni. La popolazione è infatti divisa in fasce di reddito° e ogni persona paga una percentuale su ogni medicina o esame clinico in rapporto a quanto guadagna°. Le medicine per le persone che soffrono° di malattie molto gravi, o che sono necessarie per salvare la vita, sono sempre totalmente gratuite. È ovvio che alcune forme di assistenza non sono incluse in questo sistema: per esempio, le medicine alternative e le operazioni di chirurgia estetica° non vengono mai pagate dallo Stato.

Questo sistema ha aspetti positivi e negativi. Certamente, è un grande vantaggio° per tutti avere diritto° a un'assistenza medica che costa poco, ma per questa stessa ragione le tasse° in Italia sono alte. Inoltre, la qualità del servizio non è uguale dappertutto°; nelle regioni più ricche lo standard è molto alto, mentre in altre zone ci sono pochi ospedali e le strutture a volte sono molto vecchie. Di conseguenza, molti italiani preferiscono curarsi fuori dal sistema pubblico, rivolgendosi° a medici privati spesso molto costosi.

Consumi medi mensili° delle famiglie italiane (in euro)

	ALIMENTARI	SPESE SANITARIE	SIGARETTE	ALTRO
NORD	461	99,8	18,9	2.117,3
CENTRO	474	82,3	22,4	1.915,3
SUD	472	62,5	23,4	1.394,1

FONTE: ISTAT

gratuiti *free* **dovere** *obligation* **proteggere** *to protect* **per legge** *by law* **campagne** *campaigns* **farmaci** *drugs* **implica** *implies* **gestisce** *manages* **anziani** *the elderly* **Tutti e tre** *All three* **fasce di reddito** *income levels* **in rapporto a quanto guadagna** *in relation to what he/she earns* **soffrono** *suffer* **chirurgia estetica** *plastic surgery* **vantaggio** *advantage* **diritto** *right* **tasse** *taxes* **dappertutto** *everywhere* **medi mensili** *monthly average* **rivolgendosi** *turning to*

ATTIVITÀ

1 **Vero o falso?** Indica se l'affermazione è **vera** o **falsa**. Correggi le affermazioni false.

1. La Costituzione italiana protegge la salute pubblica.
2. Il servizio medico nazionale in Italia paga anche le vaccinazioni.
3. Lo Stato paga, per la maggior parte, l'assistenza medica.
4. I malati pagano le medicine in riferimento alla fascia di reddito.
5. Le operazioni di chirurgia estetica sono gratuite.
6. Lo Stato paga in parte le medicine per le malattie molto gravi.
7. Le tasse in Italia sono alte anche perché lo Stato paga molti servizi medici.
8. Lo standard degli ospedali in Italia è sempre molto alto.
9. Molti italiani preferiscono andare dai medici privati.
10. L'assistenza medica privata non è molto costosa.

Practice more at **vhlcentral.com.**

L'ITALIANO QUOTIDIANO

Malattie e disturbi°

l'emicrania	*migraine*
l'eruzione cutanea	*rash*
il foruncolo	*pimple*
la frattura	*fracture*
il livido	*bruise*
il mal di gola	*sore throat*
il mal di mare	*seasickness*
il morbillo	*measles*
l'orticaria	*hives*
la scottatura	*burn*
la tosse	*cough*
la varicella	*chickenpox*

disturbi *ailments*

USI E COSTUMI

I rimedi naturali

In Italia, come in tutto il mondo, ci sono dei rimedi° tradizionali contro le malattie più comuni, chiamati «i rimedi della nonna». Per la tosse, ad esempio, «la nonna» consiglia di bere un bicchiere di **latte** fatto bollire° con uno o due spicchi° d'**aglio**. **L'origano**° o **il basilico** sono molto utili per le indigestioni, mentre il rimedio per i reumatismi° è un sacchetto° di **sale**, scaldato° e poi messo sulla parte del corpo che fa male. Ma contro questi dolori la cosa che «la nonna» considera veramente efficace è la pomata° al **veleno d'api**°: un rimedio per le persone più coraggiose!

rimedi *remedies* **fatto bollire** *boiled* **spicchi** *cloves* **origano** *oregano* **reumatismi** *rheumatism* **sacchetto** *small bag* **scaldato** *heated* **pomata** *salve* **veleno d'api** *bee venom*

RITRATTO

Rita Levi Montalcini: una vita per la ricerca

Rita Levi Montalcini è nata nel 1909 a Torino, dove si è laureata in medicina nel 1936 e ha cominciato i suoi studi sul sistema nervoso°. Nel 1938 è costretta° dalle leggi razziali fasciste a emigrare in Belgio. Nel 1946 è invitata a lavorare all'Università di Washington a St. Louis, dove ha continuato a studiare le cellule° nervose fino al 1977. In questa università ha scoperto° il fattore di crescita nervoso°, che ha continuato a studiare per il resto della sua carriera° e che le ha fatto vincere il Premio Nobel nel 1986.

Anche dopo il ritiro° a causa dell'età non ha smesso di° fare ricerca: ritornata in Italia, ha lavorato nel Centro Nazionale di Ricerca per la Neurobiologia fino al 1995. È stata membro della *National Academy of Sciences* negli Stati Uniti e Senatore a vita° per meriti scientifici in Italia e si è dedicata ad attività in difesa dell'ambiente°. È morta a Roma il 30 dicembre 2012.

sistema nervoso *nervous system* **costretta** *forced* **cellule** *cells* **scoperto** *discovered* **fattore di crescita nervoso** *nerve growth factor* **carriera** *career* **ritiro** *retirement* **smesso di** *stopped* **Senatore a vita** *Senator for life* **ambiente** *environment*

SU INTERNET

Quali sono alcuni rimedi tradizionali per i disturbi descritti in L'italiano quotidiano?

Go to vhlcentral.com to find more information related to this **CULTURA**.

ATTIVITÀ

2 Completare Completa le frasi.

1. Rita Levi Montalcini era laureata in ___________.
2. Rita Levi Montalcini è emigrata in ___________ nel 1938.
3. Nel 1986 Rita Levi Montalcini ha vinto il ___________.
4. I rimedi tradizionali sono chiamati ___________.
5. Contro la tosse, la nonna consiglia di bere latte con uno o due ___________.
6. La pomata al veleno d'api è usata per i ___________.

3 A voi A coppie, rispondete alle seguenti domande.

1. Per curarti usi farmaci, rimedi tradizionali o medicine alternative?
2. Secondo te, quali tipi di medicine sono più efficaci?
3. Secondo te, le medicine alternative sono utili anche per curare malattie molto gravi?

6B.1 The *imperfetto*

Punto di partenza You've learned how to use the **passato prossimo** to express past actions. Now you'll learn another past tense, the **imperfetto** (*imperfect*).

- The **imperfetto** can be translated into English in several ways.

Lia **piangeva**.	**Facevo esercizio**.
*Lia **cried**.*	***I exercised**.*
*Lia **used to cry**.*	***I used to exercise**.*
*Lia **was crying**.*	***I was exercising**.*

- The **imperfetto** is a simple tense; it does not require an auxiliary verb. The pattern of conjugation is identical for verbs ending in **-are**, **-ere**, and **-ire**. Drop the **-re** to form the stem and add the appropriate imperfect ending.

The *imperfetto*

	parlare	leggere	dormire	finire (-isc-)
io	parlavo	leggevo	dormivo	finivo
tu	parlavi	leggevi	dormivi	finivi
Lei/lui/lei	parlava	leggeva	dormiva	finiva
noi	parlavamo	leggevamo	dormivamo	finivamo
voi	parlavate	leggevate	dormivate	finivate
loro	parlạvano	leggẹvano	dormịvano	finịvano

- **Essere** is irregular in the **imperfetto**, and the verbs **bere**, **dire**, and **fare** have irregular stems.

Irregular verbs in the *imperfetto*

	ẹssere	bere	dire	fare
io	ero	bevevo	dicevo	facevo
tu	eri	bevevi	dicevi	facevi
Lei/lui/lei	era	beveva	diceva	faceva
noi	eravamo	bevevamo	dicevamo	facevamo
voi	eravate	bevevate	dicevate	facevate
loro	ẹrano	bevẹvano	dicẹvano	facẹvano

- Use the **imperfetto** to talk about actions that took place repeatedly or habitually during an unspecified period of time. Note that, in English, we often use the phrase *used to* or *would* to indicate habitual or repeated actions.

Alberto **faceva esercizio** ogni giorno.	**Andavo** regolarmente dal dottore.
*Alberto **used to exercise** every day.*	***I would go** to the doctor regularly.*

PRATICA

1 Completare Completa ogni frase con la forma corretta dell'imperfetto.

1. Da piccolo, mi ________ (fare) spesso male lo stomaco.
2. L'estate i bambini ________ (svegliarsi) tardi.
3. Francesca non ________ (usare) mai il trucco.
4. Io e la mia famiglia non ________ (programmare) la sveglia il fine settimana.
5. Tu ________ (essere) spesso malata.
6. Voi ________ (parlare) francese con vostra nonna?
7. Gigliola ed Evelina ________ (usare) solo rimedi biologici (*organic*).
8. Elena ________ (evitare) sempre di fare ginnastica.

2 Descrivere Scrivi una frase completa per ogni disegno per dire cosa facevano queste persone l'anno scorso.

MODELLO Gabriele / dormire sempre
Gabriele dormiva sempre.

1. io / fare / jogging

2. i ragazzi / finire / i compiti

3. voi / mangiare / il gelato

4. tu / bere / troppo caffè

5. Agostina / pettinarsi

6. Adelaide / essere allergica / ai fiori

3 Rispondere Rispondi alle domande sulla tua gioventù (*youth*) usando l'imperfetto.

1. Tu e i tuoi amici eravate in forma?
2. Che cosa bevevi a colazione?
3. A che ora ti svegliavi l'estate?
4. La tua famiglia andava spesso dal dottore?
5. Quante volte al giorno ti lavavi i denti?
6. Cosa facevate tu e la tua famiglia il fine settimana?
7. Quante ore passavi al computer o a guardare la TV?
8. Andavi a scuola volentieri?

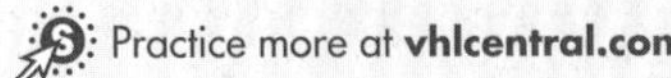

Practice more at **vhlcentral.com.**

COMUNICAZIONE

4 **La salute** A coppie, fatevi delle domande su come era la vostra routine fisica l'estate scorsa. Rispondete a turno.

MODELLO essere in buona salute

S1: *Eri in buona salute l'estate scorsa?*
S2: *Sì, ero in buona salute. / No, non ero in buona salute…*

1. fare attività fisica
2. avere il raffreddore
3. controllare la linea
4. comprare uno shampoo speciale
5. usare la sveglia
6. avere spesso mal di testa

5 **Come stavano?** A coppie, fate a turno a descrivere i problemi di salute che, l'anno scorso, avevano le persone dei disegni. Dovete essere creativi!

MODELLO Diego

S1: *Diego aveva forti dolori alla gamba.*
S2: *L'anno scorso giocava a calcio tutte le settimane.*
S1: *Spesso si faceva male…*

1. Lina

2. Iacopo

3. Fosca

4. Renzo

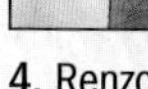

5. Gina

6. Daniela

6 **Un'inchiesta** Chiedi ai tuoi compagni cosa facevano durante le vacanze quando erano al liceo. Poi fai un rapporto sui risultati per la classe e discutete qual era l'attività più popolare e l'attività meno popolare.

MODELLO

S1: *Cosa facevi durante le vacanze quando eri al liceo?*
S2: *Leggevo e guardavo la televisione tutti i giorni.*
S3: *Anch'io a volte leggevo, ma di solito lavoravo.*

- The **imperfetto** is also a descriptive tense. Use it to describe physical and mental states in the past, including age.

Rachele **era** contenta, ma Franco **era** depresso. *Rachele **was** happy, but Franco **was** depressed.*	Dante **aveva** nove anni quando ha visto Beatrice. *Dante **was** nine years old when he saw Beatrice.*

- Also use the **imperfetto** to describe weather and time in the past.

Pioveva stamattina. ***It was raining** this morning.*	**Erano** le sei e **faceva** bel tempo. ***It was** 6:00 and the weather **was** nice.*

- Use the **imperfetto** to describe an action or actions in progress in the past. **Mentre** (*While*) often signals two ongoing actions occurring over the same period of time.

L'infermiere **parlava mentre leggevo** la ricetta. *The nurse **was speaking while I was reading** the prescription.*	Carlo **piangeva mentre guardava** quel film. *Carlo **was crying while he was watching** that film.*

- An ongoing action in the **imperfetto** can also be interrupted by another action expressed with the **passato prossimo**. **Quando** (*When*) is often used to introduce the interrupting action.

L'infermiere **parlava quando** il medico è entrato. *The nurse **was speaking when** the doctor came in.*	**Guardavamo** il film **quando** Carlo ha starnutito. ***We were watching** the film **when** Carlo sneezed.*

Provalo! **Scegli la forma corretta dell'imperfetto per completare ogni frase.**

1. Da piccola, Geltrude non (amavo / amava) leggere.
2. A te (piaceva / piacevano) i broccoli da bambino?
3. Le nostre camere da letto (erano / eravate) molto piccole.
4. Io non (beveva / bevevo) il latte.
5. Chi (voleva / volevo) diventare un dottore da bambino?
6. Voi (preparavi / preparavate) dei dolci buonissimi.
7. Io e Antonio non (dicevate / dicevamo) mai bugie (*lies*).
8. Quell'inverno (facevo / faceva) veramente molto freddo.

6B.2 Imperfetto vs. passato prossimo

Punto di partenza Although the **passato prossimo** and the **imperfetto** are both past tenses, they have distinct uses and are not interchangeable. The choice between these two tenses depends on the context and the point of view of the speaker.

Uses of the *passato prossimo* and the *imperfetto*

Passato prossimo	Imperfetto
To express actions completed at a specific moment or within a definite time period in the past: Lisa si **è rotta** il braccio due volte. *Lisa **broke** her arm twice.* Mia sorella **ha parlato** con il farmacista stamattina. *My sister **spoke** with the pharmacist this morning.*	**To express ongoing actions with no reference to beginning or end or for an unspecified period of time in the past:** Da giovane **ero** sempre in buona salute. *When I **was** always in good health.* Mia sorella **parlava** mentre **cercavo** la ricetta. *My sister **was talking** while **I was looking** for the prescription.*
To refer to the beginning or end of a past action or event: **Abbiamo cominciato** a controllare la linea due anni fa. *We **started** watching our weight two years ago.* Il dolore **è sparito** all'improvviso. *The pain **disappeared** suddenly.*	**To refer to habitual or recurring past actions and events:** Ogni giorno **andavamo** in palestra per fare ginnastica. ***We used to go** to the gym every day to exercise.* Di solito il dottore ci **faceva** le punture. *Usually, the doctor **gave** us shots.*
To express a change in mental, physical, or emotional state in the past: **Mi sono ammalato** perché ho dimenticato la giacca. *I **got sick** because I forgot my jacket.*	**To describe past mental, physical, or emotional states and conditions, including age:** Raffaella **era** incinta e **si sentiva** spesso male. *Raffaella **was** pregnant and **she** often **felt** ill.*
To narrate a series of past actions or events: **Sono caduto, mi sono rotto** il braccio e **sono andato** al pronto soccorso. ***I fell down, broke** my arm, and **went** to the emergency room.*	**To describe weather and talk about time in the past:** **Erano** le sei e **pioveva** ancora. ***It was** six o'clock and **it was** still **raining.***

PRATICA

1 Scegliere Scegli il tempo del verbo che completa meglio ogni frase.

L'estate scorsa (1.) (ho fatto / facevo) esercizio regolarmente. Di solito mi (2.) (è piaciuto / piaceva) andare in piscina a nuotare. (3.) (Ha fatto / Faceva) molto caldo quell'estate. Un giorno (4.) (mi sono rotto / mi rompevo) il braccio. Mia sorella mi (5.) (ha portato / portava) all'ospedale. Non (6.) (ho potuto / potevo) nuotare per il resto dell'estate. (7.) (Sono stato / Ero) molto triste. Per fortuna il 24 agosto il dottore (8.) (ha detto / diceva): «Ora stai bene, torna in piscina!».

2 Completare Completa il brano con le forme corrette del passato prossimo o dell'imperfetto.

Cari amici,

Vi voglio raccontare un'avventura dell'anno scorso. Quel giorno (1) ______ (piovere), ma io (2) ______ (essere) molto contenta per il mio viaggio a Roma. Purtroppo a mezzogiorno l'aeroporto (3) ______ (cancellare) il mio volo. Allora io (4) ______ (telefonare) a mia mamma e le (5) ______ (chiedere) di venire a prendermi e riportarmi a casa. Io (6) ______ (essere) triste e arrabbiata, ma per fortuna (7) ______ (potere) partire il giorno dopo. Che avventura! Buona fortuna con il vostro viaggio!

Giuliana

3 Descrivere Scrivi che cosa facevano le persone quando qualcos'altro (*something else*) è successo.

MODELLO Marcello (fare esercizio) / noi (arrivare)
Marcello faceva esercizio quando noi siamo arrivati.

1. dottore (visitare) il paziente / l'infermiere (entrare)
2. Quintino (stare) meglio / l'ambulanza (arrivare)
3. mi (fare male) lo stomaco / i miei amici (andare) alla partita
4. Pamela (giocare) a calcio / (rompersi) la gamba
5. io (sentirsi) in forma / (iscriversi) alla maratona
6. Diletta non (essere) ancora incinta / mia zia (avere) il suo bambino
7. il ragazzo (avere) la febbre / (andare) in vacanza
8. i pazienti (bere) acqua / l'infermiera (portare) le pillole

 Practice more at **vhlcentral.com.**

COMUNICAZIONE

4 Una storia In gruppi di quattro, fate a turno a scrivere una storia. La prima persona scrive una frase su una situazione passata, poi la seconda descrive un'interruzione. Ripetete con le altre due persone fino a scrivere dodici frasi. Potete usare le espressioni della lista. Poi leggete la storia alla classe.

MODELLO

S1: *Era una giornata calda e Michela leggeva un libro in giardino.*
S2: *All'improvviso il suo amico Dimitri ha telefonato...*

all'improvviso	*all of a sudden*
improvvisamente	*suddenly*
inaspettatamente	*unexpectedly*
tutto ad un tratto	*all at once*

5 Una malattia o una ferita A coppie, fate a turno a raccontare l'ultima volta che eravate malati o che vi siete fatti male. Cosa facevi prima di stare male? Che sintomi avevi? Cosa hai fatto per stare meglio?

MODELLO

S1: *Durante l'anno accademico stavo bene, ma alla fine di maggio mi sono ammalata...*

6 Nella sala d'aspetto A coppie, scegliete una o due persone dal disegno e scrivete una storia su che cosa gli/le è successo prima di venire dal dottore.

MODELLO

S1: *Il bambino giocava a calcio.*
S2: *Correva quando all'improvviso ha guardato i suoi amici e...*

- The **passato prossimo** and the **imperfetto** are often used together for narrative purposes.

Ieri il tempo **era** bello e la neve mi **sembrava** perfetta. **Ho deciso** di andare a sciare in montagna e **sono uscito** di casa. Non c'**era** nessuno in giro quando **sono salito** in cima. Improvvisamente, **ho sentito** un rumore che **veniva** dal bosco. Santo cielo, **era** lo Yeti!	***Yesterday** the weather **was** beautiful and the snow **seemed** perfect to me. **I decided** to go skiing in the mountains and **I left** the house. There **was** no one around when **I climbed** to the summit. Suddenly, **I heard** a sound that **was coming** from the woods. Good heavens, **it was** the Abominable Snowman!*

- Certain verbs have different meanings in the **imperfetto** and the **passato prossimo**. Compare the use of **conoscere** and **sapere** in these examples.

Il chirurgo **conosceva** Anna. *The surgeon **knew** Anna.*	**Ho conosciuto** il chirurgo. ***I met** the surgeon (for the first time).*
Luisa **sapeva** cosa fare per guarire. *Luisa **knew** what to do to get better.*	Carlo **ha saputo** che Luisa era malata. *Carlo **found out** that Luisa was sick.*

- **Dovere**, **potere**, and **volere** have slightly different meanings in the **imperfetto** as well. The **imperfetto** describes intention or capability but doesn't specify the outcome, whereas the **passato prossimo** indicates that an action was carried out.

Anna **doveva** andare dal medico. *Anna **was supposed to** go to the doctor.*	Anna **è dovuta** andare dal medico. *Anna **had to (and did)** go to the doctor.*
Il dottore **poteva** curarlo. *The doctor **could (had the ability to)** heal him.*	Il dottore **ha potuto** curarlo. *The doctor **was able to (and did)** heal him.*
Rosa non **voleva** fare ginnastica, ma è andata in palestra lo stesso. *Rosa **did** not **want to** exercise, but she went to the gym anyway.*	Rosa non **ha voluto** fare ginnastica, e allora è restata a casa. *Rosa **did** not **want to** exercise, so she stayed home.*

Provalo! **Scrivi la forma corretta del verbo indicato.**

passato prossimo	imperfetto
1. cominciare (lui) *ha cominciato*	6. giocare (noi) *giocavamo*
2. andare (tu) ________	7. essere (tu) ________
3. bere (noi) ________	8. dire (lei) ________
4. fare (loro) ________	9. avere (voi) ________
5. nascere (io) ________	10. leggere (io) ________

6B.3 The *trapassato prossimo*

Punto di partenza The **trapassato prossimo** is used to talk about what someone had done or what had occurred before another past action, event, or state. The **trapassato prossimo** uses the imperfect tense of **avere** or **essere** with the past participle of the primary verb.

The *trapassato prossimo*

parlare		uscire	
avevo parlato	*I had spoken*	ero uscito/a	*I had gone out*
avevi parlato	*you had spoken*	eri uscito/a	*you had gone out*
aveva parlato	*you had spoken; he/she/it had spoken*	era uscito/a	*you had gone out; he/she/it had gone out*
avevamo parlato	*we had spoken*	eravamo usciti/e	*we had gone out*
avevate parlato	*you had spoken*	eravate usciti/e	*you had gone out*
avevano parlato	*they had spoken*	erano usciti/e	*they had gone out*

Quando Paolo le ha portato l'acqua, Maria non **aveva** ancora **trovato** l'aspirina.
*When Paolo brought her the water, Maria **had** not yet **found** the aspirin.*

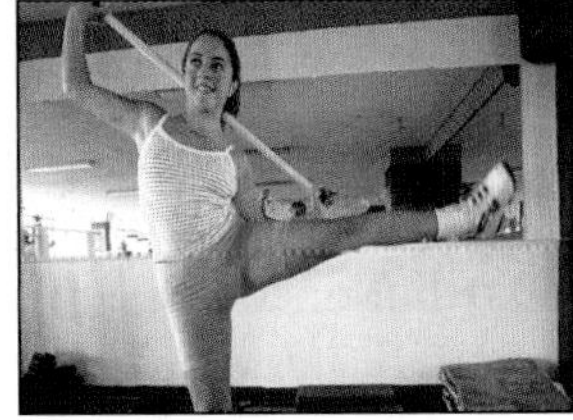

Pina **aveva** già **fatto ginnastica** per due ore prima di andare al lavoro.
*Pina **had** already **exercised** for two hours before going to work.*

- In the **trapassato prossimo**, like in the **passato prossimo**, the past participle of verbs formed with **essere** must agree in gender and number with the subject.

Giulia e Antonio non **erano** mai **andati** a Como.
*Giulia and Antonio **had** never **gone** to Como.*

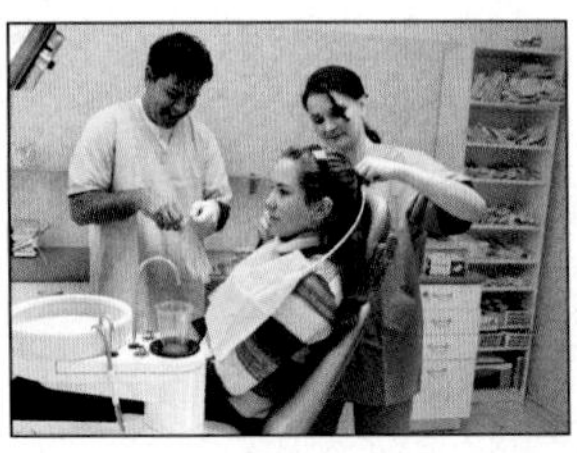

La paziente **era** appena **arrivata** quando il dentista è entrato.
*The patient **had** just **arrived** when the dentist came in.*

PRATICA

1 Completare Completa ogni frase con la forma corretta del trapassato prossimo.

Il dottore è arrivato alla casa alle otto di sera. Io gli (1) __________ (telefonare) perché mia nonna stava male. Mia nonna (2) __________ (farsi male) quel pomeriggio. Io e mia mamma (3) __________ (fare esercizio) dopo pranzo. Quando siamo tornate a casa, mia nonna (4) __________ (cadere già) e aspettava aiuto. Mia nonna non (5) __________ (mangiare); era molto debole. Quando il dottore è arrivato, mia nonna (6) __________ (andare già) a letto. Il dottore le ha dato delle medicine e il giorno dopo mia nonna è tornata in forma.

2 Abbinare Abbina i soggetti e le forme di **avere** o **essere** con i participi passati per creare frasi originali.

A	B
io avevo	studiato
loro si erano	mangiato
tu eri	arrivato
noi avevamo	truccate
lui aveva	fatto ginnastica
voi avevate	fatta male
io mi ero	scritto
lei si era	caduta

3 Descrivere Racconta che cosa avevano fatto le persone prima di questo momento.

MODELLO Tommaso / svegliarsi / suonare / la sveglia
Tommaso si era già svegliato quando è suonata la sveglia.

1. il paziente / guarire / ricevere la medicina
2. Gloria / non lavarsi i capelli / uscire di casa
3. io / fare esercizio / fare la doccia
4. tu / rompersi il braccio / rompersi l'altro
5. la signora Bellini / prendere l'aspirina / andare dal dottore
6. Bianca e Brigitta / non comprare le pillole / la farmacia / chiudere

Practice more at **vhlcentral.com.**

COMUNICAZIONE

4 Un anno fa A coppie, fate domande su cosa avevate già fatto l'anno scorso prima della data di oggi.

MODELLO

S1: *Eri già stato dal dottore l'anno scorso prima di questa data?*
S2: *No, non ero ancora stato dal dottore.*

1. Eri stato/a dal dottore?
2. Eri stato/a al pronto soccorso?
3. Avevi avuto la febbre?
4. Avevi fatto le vaccinazioni?
5. Avevi avuto il raffreddore?
6. Eri stato/a dal dentista?
7. Avevi fatto il vaccino per l'influenza?
8. Avevi perso (*missed*) delle lezioni perché eri malato/a?

5 Al liceo Fai una lista di sei cose che avevi già fatto quando hai iniziato a studiare all'università. Poi, in gruppi di tre, fatevi domande e rispondete.

MODELLO

S1: *Che cosa avevi già fatto quando sei arrivato all'università?*
S2: *Io avevo già studiato algebra. E tu?*
S3: *Io avevo già viaggiato in Europa!*

6 Malattie e ferite A coppie, parlate delle malattie e dei problemi di salute che avevate già avuto prima dei dieci anni. Fate una lista e poi discutetela con la classe.

MODELLO

S1: *A otto anni mi ero già rotto il braccio.*
S2: *Io non mi ero rotto niente, ma avevo già...*

braccio rotto / gamba rotta
carie
allergie
insonnia
infezioni
febbre alta
varicella

- The **trapassato prossimo** can be used in conjunction with either the **passato prossimo** or the **imperfetto**.

I bambini non avevano fame perché **avevano mangiato** prima.
*The children weren't hungry because **they had eaten** before.*

Sono arrivata dopo che **eravate usciti**.
*I arrived after **you had gone out**.*

Ti eri già **svegliato** quando ti ho telefonato?
***Had you** already **woken up** when I called you?*

Avevamo sonno perché non **avevamo dormito** bene.
*We were sleepy because **we hadn't slept** well.*

- The **trapassato prossimo** is often used with the word **già** to indicate that an action, event, or mental or physical state had already occurred before another. Remember to place **già**, as well as adverbs such as **mai**, **appena**, and **ancora**, between the conjugated form of **avere** or **essere** and the past participle.

Avevano appena ordinato quando è suonato il suo telefonino.
*They **had just ordered** when her cell phone rang.*

Quando il conto è arrivato, la sua fidanzata **era già andata via**.
*When the bill arrived, his girlfriend **had already left**.*

Provalo! **Scegli la forma corretta del trapassato prossimo per completare ogni frase.**

1. Lunedì scorso la professoressa (aveva già corretto / avevi già corretto) tutti gli esami.
2. Io non (era mai stata / ero mai stato) in Italia per Natale.
3. Tu e Alberto (avevamo promesso / avevate promesso) di venire con noi.
4. Quando tu sei arrivato, noi (avevamo già finito / avevano già finito) di fare i compiti.
5. L'infermiera era stanca perché (eri tornata / era tornata) dal pronto soccorso un'ora prima.
6. Nadia stava ancora male perché (mi ero dimenticata / si era dimenticata) di prendere la medicina.
7. Letizia e Domenico sono arrivati in anticipo perché (erano uscite / erano usciti) presto.
8. Quando siamo andati a vedere il film, io (avevamo già letto / avevo già letto) il libro.

Ricapitolazione

1 Opposti A coppie, descrivete due compagni di stanza, Aldo e Federico, che sono completamente diversi l'uno dall'altro. Scrivete cinque frasi per ogni persona e raccontate che cosa facevano ieri. Usate l'imperfetto.

MODELLO

S1: *Aldo era in bagno a farsi la doccia, a radersi, a pettinarsi e a guardarsi allo specchio.*
S2: *Federico era sulla poltrona (armchair) davanti alla TV.*

2 Un gioco Scrivi la prima parte di sei frasi su sei fogli di carta. Tre devono avere un'azione continua e tre un'interruzione o azione finita. Poi, in gruppi di quattro, fate a turno a prendere un foglio da ogni gruppo e a creare una frase.

MODELLO

S1: *Leggevo in biblioteca...*
S2: *...quando un extraterrestre è entrato!*

3 All'improvviso A coppie, scegliete uno dei disegni e scrivete una breve storia. Prima descrivete la scena, poi dite cosa è successo all'improvviso. Usate l'imperfetto e il passato prossimo. Siate creativi!

MODELLO

S1: *Era domenica e mi rilassavo nel bagno.*
S2: *Leggevo il mio libro preferito...*

4 La sala d'attesa L'insegnante ti darà un foglio con il disegno di una sala d'attesa. Chiedi ai tuoi compagni di classe di disegnare un paziente che aspetta il dottore. Chiedi informazioni sui suoi sintomi. Poi scrivi un piccolo riassunto (*summary*) sui pazienti e i loro problemi.

MODELLO

S1: *Il bambino mangiava un gelato quando la sua faccia è diventata tutta rossa...*

5 Un brutto giorno al ristorante A coppie, guardate la foto e poi create una storia in cui qualcosa di inaspettato (*something unexpected*) succede ad uno degli ospiti. Può essere un incidente, una reazione allergica o qualcosa di completamente differente. Usate la vostra immaginazione!

MODELLO

S1: *Sara e Carlo mangiavano e parlavano al ristorante La melanzana rossa.*
S2: *All'improvviso...*

6 Mini storie In gruppi di tre, fate a turno a creare tre mini storie di tre frasi ciascuna. La prima persona descrive qualcosa che è già successo. La seconda scrive che cosa faceva il personaggio dopo. La terza aggiunge un'azione improvvisa. Poi scegliete la storia che vi piace di più e illustratela per la classe come un fumetto (*comic book*). Usate il trapassato prossimo, l'imperfetto e il passato prossimo.

MODELLO

S1: *Riccardo si era rotto un braccio.*
S2: *Dopo un mese, stava molto meglio.*
S3: *Ma ieri si è rotto l'altro braccio!*

7 Cosa è successo? In gruppi di quattro, scegliete una delle due foto e descrivete cosa è successo prima di arrivare alla situazione che vedete. Siate creativi!

MODELLO

S1: *Tiziana si sentiva male da tre giorni.*
S2: *Stamattina è andata dal dottore…*

Tiziana

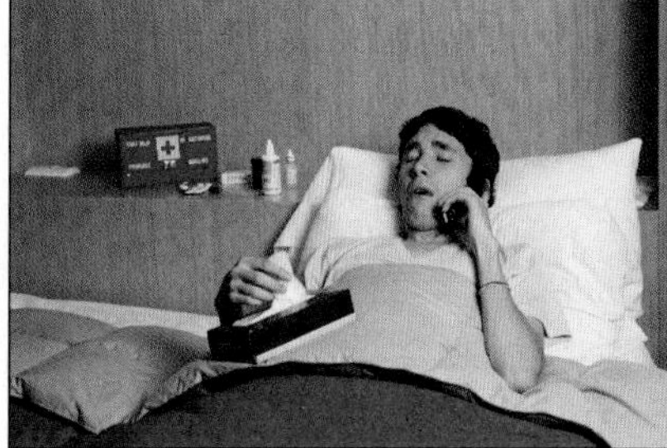
Davide

8 La nuova paziente Lavorate a coppie. L'insegnante vi darà due fogli diversi, ciascuno con metà delle informazioni su una paziente che è appena arrivata in ospedale. A turno, fate domande sul passato della paziente per ricostruire la sua storia medica. Usate l'imperfetto, il passato prossimo e il trapassato prossimo quando e come necessario.

MODELLO

S1: *La signora Gramicci è stata all'ospedale l'anno scorso?*
S2: *No, ma si era rotta il braccio l'anno prima.*

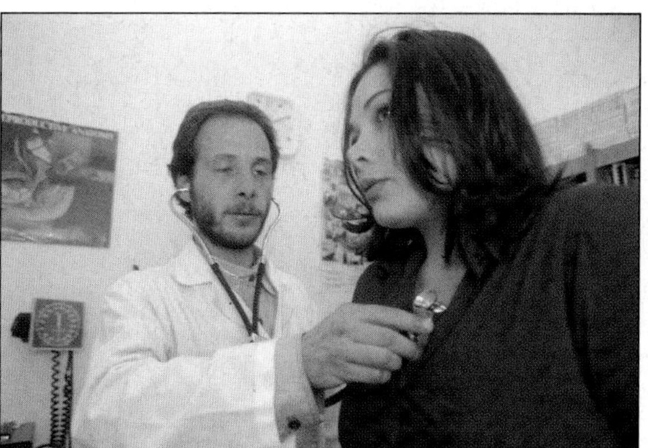

Il mio di·zio·na·rio

Aggiungi al tuo dizionario personalizzato cinque parole relative alla salute.

ingessare

traduzione
to put a cast on

categoria grammaticale
verbo

uso
Mi sono rotta la gamba e il dottore me l'ha ingessata.

sinonimi
/

antonimi
togliere il gesso

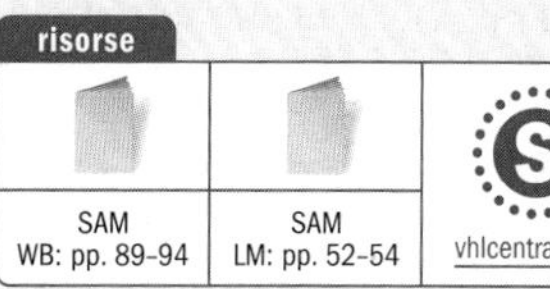

Interactive Map

Panorama

Il Triveneto

Trentino-Alto Adige

La regione in cifre

- **Superficie:** *13.607 km²* ▶ **Popolazione:** *1.047.229*
- **Industrie principali:** *turismo, energia idroelettrica°*
- **Città principali:** *Trento, Bolzano, Merano*

Trentini celebri

- **Alcide De Gasperi,** *ex-primo ministro (1881–1954)*
- **Fortunato Depero,** *pittore e grafico° (1892–1960)*
- **Francesca Neri,** *attrice (1964–)*

Veneto

La regione in cifre

- **Superficie:** *18.399 km²* ▶ **Popolazione:** *4.904.643*
- **Industrie principali:** *commercio, turismo*
- **Città principali:** *Venezia, Verona, Padova*

Veneti celebri

- **Marco Polo,** *esploratore (1254–1324)*
- **Tiziano Vecellio,** *pittore (1490–1576)*
- **Giuliana Benetton,** *donna d'affari (1937–)*

Friuli-Venezia Giulia

La regione in cifre

- **Superficie:** *7.845 km²* ▶ **Popolazione:** *1.221.860*
- **Industrie principali:** *agricoltura, cantieristica°*
- **Città principali:** *Trieste, Udine, Pordenone*

Friulani celebri

- **Italo Svevo,** *scrittore (1861–1928)*
- **Pier Paolo Pasolini,** *regista e scrittore (1922–1975)*
- **Lidia Bastianich,** *cuoca e ristoratrice° (1947–)*

energia idroelettrica *hydroelectric energy* **grafico** *graphic designer* **cantieristica** *shipbuilding* **ristoratrice** *restaurateur* **mummia** *mummy* **ghiacciaio** *glacier* **permette** *allows*

il tramonto a Trieste

i canali a Venezia

il leone marciano

Incredibile ma vero!

È molto famoso in tutto il mondo, è italiano e ha più di cinquemila anni. Chi è? È Ötzi, una mummia° trovata in un ghiacciaio° del Norditalia nel 1991. La sua storia è un mistero, ma oggi si trova nel Museo Archeologico dell'Alto Adige, a Bolzano, conservata in una struttura che ne permette° l'osservazione.

La storia

Trieste: città di confine

La città di Trieste si trova nell'estremo nordest dell'Italia, al confine° con la Slovenia. Trieste fa parte dell'Italia dal 1918. Tra il 1945 e il 1954 è stata contesa° fra Italia ed ex-Iugoslavia. Durante il XIX secolo° è stata rivendicata° dal movimento nazionalista detto "irredentista," che si batteva per l'annessione° allo stato italiano di tutti i territori e le popolazioni etnicamente italiani. Il dialetto triestino è molto difficile per i parlanti dell'italiano standard e ha diverse influenze austriache. Trieste è la città dove si fondono° la cultura italiana e quella dell'Europa dell'est.

L'artigianato

Capolavori di vetro

Murano, chiamata anche «isola del vetro°», si trova a un chilometro da Venezia. È formata da sette isole e ha circa 4.500 abitanti. L'industria del vetro è presente a Murano dal 1921, quando venne spostata° da Venezia a causa degli incendi° creati dalle vetrerie°. Venezia voleva inoltre mantenere l'arte del vetro un segreto in possesso solo delle famiglie coinvolte°; per questo l'ha trasferita su un'isola fuori dalla città. Esempi di prodotti in vetro di Murano sono piatti, bicchieri, lampadari, soprammobili° e specchi.

Lo sport

Tutti in barca°!

La regata Barcolana è uno degli eventi sportivi più seguiti in Italia. Si svolge° a Trieste la seconda domenica di ottobre e attrae in media più di 200.000 persone. Le origini della regata risalgono° al 1969, quando l'unico requisito° era avere una barca lunga minimo sei metri°. Recentemente 2.000 imbarcazioni° hanno partecipato alla regata, con un totale di circa 25.000 persone di equipaggio°, rendendo questo evento un'occasione unica per gli amanti° di questo sport.

La letteratura

Shakespeare in Italia

La città di Verona è diventata molto famosa grazie alle opere di Shakespeare. La più conosciuta è «Romeo e Giulietta», ma un'altra grande opera del poeta inglese è «I due gentiluomini di Verona», una storia di amori e tradimenti° che si svolge tra Verona e Milano. Non si sa° perché per queste sue opere Shakespeare abbia scelto° Verona, che nel 1500 è stata teatro di molte guerre° e della peste°. È interessante anche il fatto che Shakespeare non sia mai stato° a Verona e che immaginasse° la città simile a Venezia. Grazie a Shakespeare, Verona è conosciuta anche come «città dell'amore».

Quanto hai imparato? Completa le frasi.

1. Ötzi è stato trovato in Italia nel ________________.
2. Oggi la mummia Ötzi si trova ________________.
3. Trieste fa parte dell'Italia dal ________________.
4. Il movimento nazionalista ________________ voleva l'annessione di Trieste allo stato italiano.
5. A causa degli incendi, l'industria del vetro è stata spostata da ________________ a Murano nel 1921.
6. Murano è in provincia di ________________.
7. La Barcolana è una ________________.
8. Negli ultimi anni circa ________________ hanno partecipato alla Barcolana.
9. ________________ sono due opere di Shakespeare che si svolgono a Verona.
10. Shakespeare immaginava Verona simile a ________________.

risorse

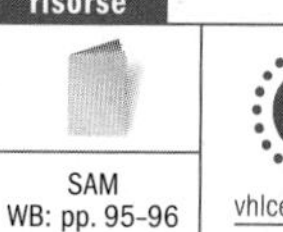

SAM WB: pp. 95-96

vhlcentral.com

Practice more at **vhlcentral.com.**

SU INTERNET

Go to vhlcentral.com to find more cultural information related to this **Panorama**.

1. Ötzi è una mummia famosa, ma ci sono stati altri ritrovamenti (*discoveries*) incredibili sui ghiacciai. Cerca informazioni su altri ritrovamenti in Italia.
2. L'isola di Murano è famosa per il vetro. Per che cosa è famosa l'isola di Burano, un'altra isola in provincia di Venezia?
3. Un'altra opera di Shakespeare che ha a che fare (*deals with*) con Verona è «La bisbetica domata». Cerca informazioni su questa commedia e i luoghi italiani in cui (*in which*) si svolge.

confine *border* **contesa** *disputed* **secolo** *century* **rivendicata** *reclaimed* **annessione** *annexation* **si fondono** *merge* **vetro** *glass* **venne spostata** *was moved* **incendi** *fires* **vetrerie** *glassworks* **coinvolte** *involved* **soprammobili** *knickknacks* **barca** *boat* **Si svolge** *It takes place* **risalgono** *date back* **requisito** *requirement* **lunga minimo sei metri** *at least six meters long* **imbarcazioni** *boats* **equipaggio** *crew* **amanti** *lovers* **tradimenti** *betrayals* **Non si sa** *It isn't known* **abbia scelto** *chose* **guerre** *wars* **peste** *plague* **non sia mai stato** *had never been* **immaginasse** *he imagined*

Lettura

Audio: Reading

Prima di leggere

STRATEGIA

Recognizing word families

Recognizing related words can help you guess the meaning of words in context, ensuring better comprehension of a reading selection. Using this strategy will enrich your Italian vocabulary.

Esamina il testo Questa è una lista di parole che conosci. Per ogni parola trovane un'altra nel testo, che faccia parte della stessa famiglia. Usa il dizionario per dare un equivalente in inglese.

MODELLO

settimana	*il fine settimana*	*weekend*
1. ora	______	______
2. lavorare	______	______
3. aiuto	______	______
4. consigliare	______	______
5. divertirsi	______	______
6. stress	______	______

Famiglie di parole A coppie, trovate la parola migliore per completare ogni famiglia di parole. (Nota: Conoscete tutte le parole che mancano e c'è una parola per famiglia nel testo.)

MODELLO

VERBO	NOME	AGGETTIVO
vedere	*vista*	**visto/a**
1. dovere	dovere	______
2. esagerare	______	esagerato/a
3. ______	aiuto	aiutato/a
4. ______	consiglio	consigliabile
5. rilassarsi	______	______
6. ______	lettura	letto/a

Tutti in forma!

della dottoressa Giovanna Palmieri

Sei sempre stanco? Non trovi una soluzione? Non c'è problema! La dottoressa Giovanna Palmieri ha dieci idee per tornare in forma in poco tempo.

1 Dovete mangiare sano

È molto importante mangiare di tutto. Dovete fare una buona colazione e mangiare poco la sera. Evitate i carboidrati e scegliete molta frutta, verdura e pesce. Un dolce ogni tanto va bene, ma non dovete esagerare!

2 Dovete evitare fumo, alcool e caffeina

Fumare e bere è dannoso° alla salute. Dovete limitare l'uso di caffeina (caffè, Coca-Cola, tè) e bere invece tanta acqua.

3 Dovete fare sport

Forse siete stanchi dopo lo sport, ma non fare sport non è la soluzione! È una buona idea fare attività fisica tre volte alla settimana. Attenzione, però, a non fare sport prima di andare a dormire o potete avere problemi ad addormentarvi!

4 Dovete fare una pausa°

Siete sempre di corsa°? Siete occupati tutto il giorno? Fermatevi! Potete ascoltare la musica (classica, non rock!), fare una passeggiata nel parco o riposarvi° qualche minuto.

5 Dovete avere orari regolari
Dovete alzarvi la mattina e andare a letto la sera alla stessa ora tutti i giorni, con una piccola eccezione il fine settimana. Avere orari regolari è molto importante per essere in forma.

6 Dovete fare un riposino°
Anche solo 15–20 minuti sono sufficienti a darvi tanta energia per il resto della giornata. Se avete tempo, provate a fare un riposino: i risultati sono incredibili! Se dormite un pochino siete più rilassati e concentrati e potete fare tante cose!

7 Dovete ridere
È sempre consigliabile° ridere un po' durante il giorno. Potete leggere delle barzellette°, vedere gli amici o passare del tempo con la famiglia. Dovete parlare di cose divertenti e rilassanti e non pensare allo stress per una o due ore.

8 Dovete evitare i problemi la sera
La sera è il momento peggiore° per avere discussioni e risolvere i problemi esistenziali. Se siete nervosi e stressati non dormite bene e non potete pensare a buone soluzioni. È consigliabile aspettare il giorno dopo.

9 Dovete rilassarvi prima di dormire
Quando siete pronti per andare a letto, usate pochi minuti per un po' di rilassamento. Provate a dimenticare lo stress, il lavoro, gli esami e gli altri problemi. La meditazione e lo yoga possono aiutare.

10 Dovete dormire bene
Potete dormire 6 ore o potete dormirne 10, non è importante. L'importante è dormire le ore di cui° il vostro corpo ha bisogno. È anche importante dormire bene, senza musica o televisione. Buonanotte!

dannoso *harmful* **fare una pausa** *to take a break* **di corsa** *rushing* **riposarvi** *rest* **riposino** *nap* **consigliabile** *advisable* **barzellette** *jokes* **peggiore** *worse* **di cui** *that*

Dopo la lettura

Completare Completa le frasi seguenti.

1. Per essere in forma dovete mangiare ____________.
2. È importante dormire senza ____________.
3. ____________ possono aiutarvi a dormire quando siete stressati.
4. Se siete sempre di corsa è importante ____________.
5. È una buona idea fare attività fisica ____________ alla settimana.
6. La sera non è un buon momento per risolvere ____________.
7. Non fa bene alla salute bere ____________.
8. Se possibile provate a dormire per ____________ durante la giornata.

Vero o falso? Indica se ogni frase è **vera** o **falsa.** Correggi le frasi false.

1. Giovanna Palmieri è una cliente della dottoressa.
   ____
2. Se mangiate frutta e verdura, potete mangiare anche tanti dolci.
   ____
3. È importante dormire con della musica classica.
   ____
4. È consigliabile avere orari regolari.
   ____
5. La meditazione e lo yoga non fanno dormire bene.
   ____
6. È bene non fare molto sport prima di dormire.
   ____
7. È una buona idea evitare discussioni la sera.
   ____
8. Il fumo e la caffeina sono elementi positivi per il corpo.
   ____

La vostra opinione Che cosa pensate delle idee della dottoressa Palmieri? Secondo voi, ha ragione o no? A coppie, scegliete due delle sue raccomandazioni e dite cosa ne pensate di ciascuna. Quali consigli potete dare a un(a) amico/a?

 Practice more at **vhlcentral.com.**

In ascolto

Audio

STRATEGIA

Listening for specific information

Once you identify the subject of a conversation, you can listen more effectively for specific information. You can also use your background knowledge to predict what kinds of information you might hear.

To practice this strategy, you will listen to a commercial for a flu relief medication. Before you listen, use what you already know about the flu and commercials for medications to predict the content of the commercial. Then, listen and jot down specific information the commercial provides. Compare these details to the predictions you first made.

Preparazione

Guarda la foto e descrivi le due persone. Come sono? Secondo te, sono atletiche? Sono in forma? Hanno problemi di salute? Che tipo di problemi? Di che cosa parlano?

Ascoltiamo

Ascolta la conversazione e indica i problemi che ha Beatrice.

1. ____ naso intasato
2. ____ carie
3. ____ influenza
4. ____ insonnia
5. ____ febbre
6. ____ mal di pancia
7. ____ depressione
8. ____ nausea

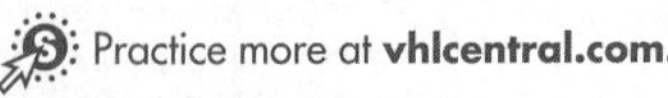

Practice more at **vhlcentral.com.**

Comprensione

Completare Completa le frasi.

1. Beatrice non sta bene, è ____________________.
2. Beatrice ha ____________________.
3. Il dottore può venire alle ____________________.
4. Paola chiede a Beatrice se ha ____________________ in casa.
5. Beatrice ha bevuto ____________________ e ora è a letto.
6. Paola chiede a Beatrice se vuole andare ____________________.
7. Beatrice chiede a Paola di portarle ____________________.
8. Beatrice dice a Paola che la chiama ____________________.

Un questionario In gruppi di tre, immaginate di lavorare all'ambulatorio (*health center*) della tua università. Ci sono molti studenti italiani quest'anno e tutti devono andare dal dottore prima di essere ammessi (*admitted*). Il vostro direttore vi ha chiesto di creare un questionario in italiano sulla salute e lo stile di vita degli studenti. Preparate il questionario (minimo dieci domande) e poi presentatelo alla classe. Temi da considerare:

- malattie
- recenti problemi di salute
- nutrizione
- attività fisica
- dieta
- stress e problemi personali
- abitudini per il dormire

Scrittura

STRATEGIA

How to report an interview

There are several ways to prepare a written report about an interview. You can transcribe the interview verbatim, you can summarize what was said, or you can combine the two approaches. Whatever approach you choose, the report should begin with an interesting title and a brief introduction including the five W's (*who, what, when, where, why*) and the H (*how*) of the interview. The report should end with an interesting conclusion. Note that when you transcribe a conversation in Italian, you should pay careful attention to format and punctuation.

Scrivere una conversazione in italiano

- Per mostrare chi parla in una conversazione, potete scrivere il nome della persona prima della frase.

  MONICA Lucia, che cosa hai fatto ieri sera?

  LUCIA Sono restata a casa. Dovevo andare alla festa di Davide, ma avevo la febbre.

  MONICA Poverina! Ti senti meglio adesso?

  LUCIA Un po', ma vado dal dottore questo pomeriggio.

- Puoi anche iniziare la frase con una lineetta (*dash*) per indicare che parla una persona diversa.

  – Ciao, Luca! Come stai? Ti vedo in forma!

  – Grazie, Antonio. Da due mesi vado in palestra.

  – Bravo. Anch'io volevo andare in palestra, ma proprio non trovo il tempo!

  – Allora, la prossima volta che ci vado, ti chiamo.

Tema

Scrivere un'intervista

Sergio DeCarli è l'autore di un libro su una nuova dieta e stile di vita (*lifestyle*). Il suo libro è molto popolare e aiuta molti italiani a stare in forma. DeCarli viene alla tua università per una presentazione e tu hai il compito di intervistarlo per il giornale della scuola.

- Inizia con un'introduzione.

  MODELLO

  Ecco Sergio DeCarli, autore del libro sulla salute più venduto (sold) quest'anno.

- Prepara una lista di domande da fare a Sergio DeCarli sul suo nuovo libro. Per esempio, considera i seguenti argomenti:
  - il titolo del libro
  - il suo successo
  - dove ha preso l'idea
  - perché è importante essere in forma
- Scrivi una conversazione immaginaria di 10 o 12 righe (*lines*) tra te e DeCarli. Indica chi parla con una lineetta o con il nome di ogni persona.
- Finisci la conversazione con una breve conclusione.

  MODELLO

  Potete trovare il libro di Sergio DeCarli in tutte le librerie. Sabato 26 luglio alle 15.00 DeCarli sarà (will be) alla Libreria Trugotto a firmare (sign) libri.

VOCABOLARIO

In bagno

l'accappatọio	*bathrobe*
l'asciugacapelli (*m.*)	*hair dryer*
l'asciugamano	*towel*
la crema	*lotion*
il dentifricio	*toothpaste*
le pantọfole	*slippers*
il pẹttine	*comb*
il pigiama	*pajamas*
il rasọio	*razor*
il rossetto	*lipstick*
il sapone	*soap*
la schiuma da barba	*shaving cream*
la spạzzola	*hairbrush*
lo spazzolino (da denti)	*toothbrush*
lo shampoo	*shampoo*
lo specchio	*mirror*
il trucco	*makeup*

La routine del mattino

Suona la sveglia.	*The alarm clock rings.*
farsi la barba	*to shave (beard)*
lavarsi i denti	*to brush one's teeth*
sbadigliare	*to yawn*
svegliarsi	*to wake up*
truccarsi	*to put on makeup*

All'ospedale

l'ambulanza	*ambulance*
l'aspirina	*aspirin*
il/la chirurgo/a	*surgeon*
il/la dentista	*dentist*
il/la farmacista	*pharmacist*
l'infermiere/a	*nurse*
la medicina	*medicine; drug*
il mẹdico (di famiglia)	*(family) doctor*
il/la paziente	*patient*
la pịllola	*pill*
il pronto soccorso	*first aid; emergency room*
la ricetta	*prescription*
il termọmetro	*thermometer*

Le parti del corpo

la bocca	*mouth*
il braccio (*pl.* le braccia)	*arm(s)*
il ciglio (*pl.* le ciglia)	*eyelash(es)*
il collo	*neck*
il corpo	*body*
il cuore	*heart*
il dito (*pl.* le dita)	*finger(s)*
il dito del piede	*toe*
la faccia	*face*
la gamba	*leg*
il ginocchio (*pl.* le ginocchia)	*knee(s)*
la gola	*throat*
il gọmito	*elbow*
il labbro (*pl.* le labbra)	*lip(s)*
la mano (*pl.* le mani)	*hand(s)*
il naso	*nose*
l'occhio	*eye*
l'orecchio (*pl.* le orecchie)	*ear(s)*
la pelle	*skin*
il petto	*chest*
il piede	*foot*
il sangue	*blood*
la schiena	*back*
il sopracciglio (*pl.* le sopracciglia)	*eyebrow(s)*
la spalla	*shoulder*
lo stọmaco	*stomach*
la testa	*head*
il ventre	*abdomen*
la vita	*waist*

Descrizioni

grave	*serious*
leggero/a	*slight*
malato/a	*ill*
sano/a	*healthy*

Dal dottore

andare dal dottore	*to go to the doctor*
avere la febbre	*to have a fever*
avere mal di pancia (schiena, testa)	*to have a stomachache (backache, headache)*
avere il raffreddore	*to have a cold*
controllare la lịnea	*to watch one's weight*
curare	*to heal; to treat*
ẹssere allẹrgico/a (a)	*to be allergic (to)*
ẹssere in buona salute	*to be in good health*
ẹssere in/fuori forma	*to be in/out of shape*
ẹssere incinta	*to be pregnant*
evitare (di)	*to avoid*
fare esercizio / fare ginnastica	*to exercise*
fare una puntura	*to give a shot*
farsi male	*to hurt oneself*
guarire (-isc-)	*to get better*
piạngere	*to cry*
rọmpersi (un braccio)	*to break (an arm)*
starnutire (-isc-)	*to sneeze*
tossire (-isc-)	*to cough*

Le malattịe e i sịntomi

la carie (*invar.*)	*cavity*
la depressione	*depression*
il dolore	*pain*
la ferita	*injury; wound*
l'infezione (*f.*)	*infection*
l'influenza	*flu*
l'insonnia	*insomnia*
il naso intasato	*stuffy nose*
la nạusea	*nausea*

Espressioni ụtili	See pp. 195 and 211.
Reflexive verbs	See pp. 198–199.
Reciprocal reflexives	See p. 200.

Il mondo

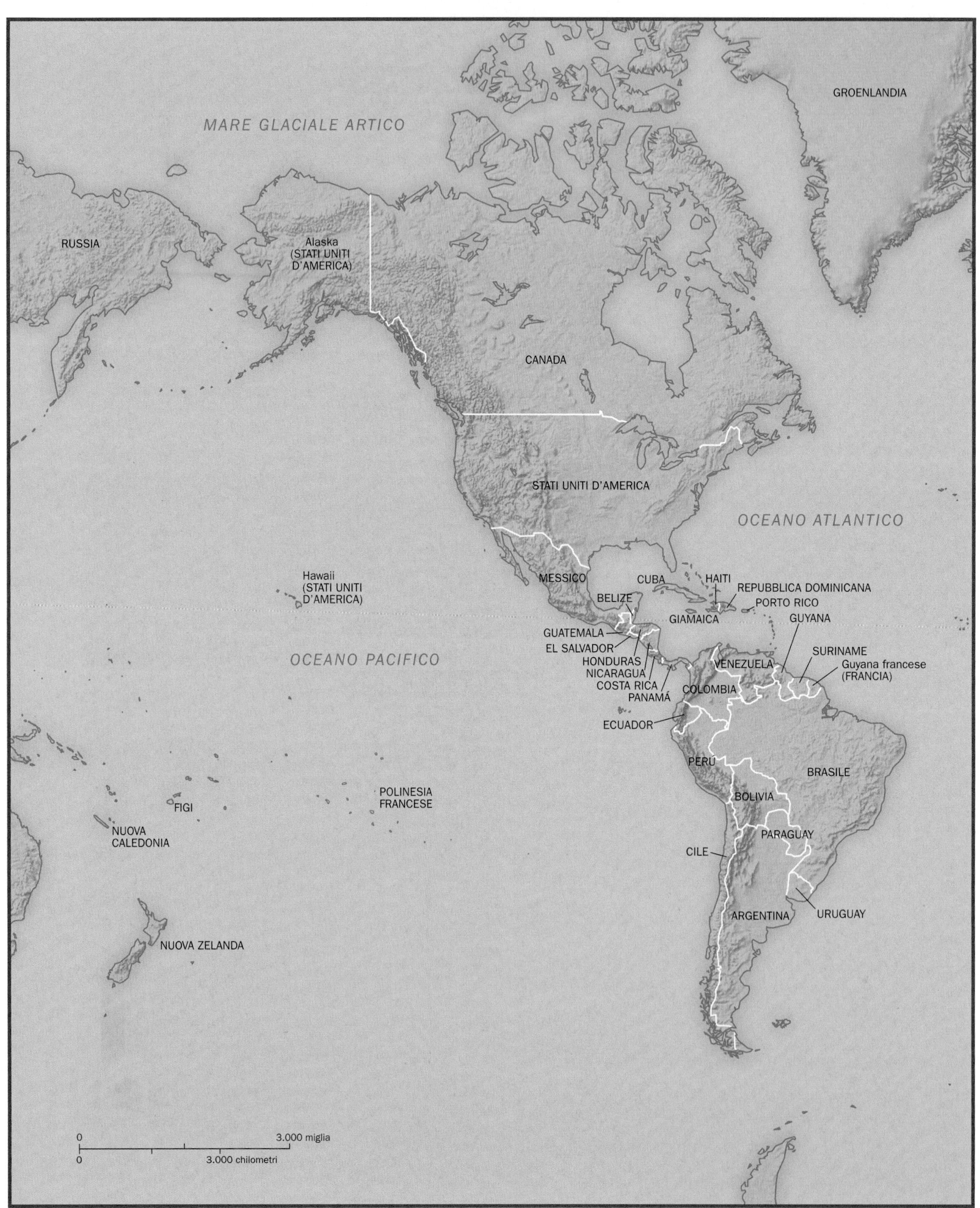
MARE GLACIALE ARTICO
GROENLANDIA
RUSSIA
Alaska
(STATI UNITI
D'AMERICA)
CANADA
STATI UNITI D'AMERICA
OCEANO ATLANTICO
Hawaii
(STATI UNITI
D'AMERICA)
MESSICO
CUBA
HAITI
REPUBBLICA DOMINICANA
BELIZE
PORTO RICO
GIAMAICA
GUYANA
GUATEMALA
EL SALVADOR
OCEANO PACIFICO
HONDURAS
NICARAGUA
COSTA RICA
PANAMÁ
VENEZUELA
SURINAME
Guyana francese
(FRANCIA)
COLOMBIA
ECUADOR
PERÚ
BRASILE
POLINESIA
FRANCESE
FIGI
BOLIVIA
NUOVA
CALEDONIA
PARAGUAY
CILE
ARGENTINA
URUGUAY
NUOVA ZELANDA
0
3.000 miglia
0
3.000 chilometri

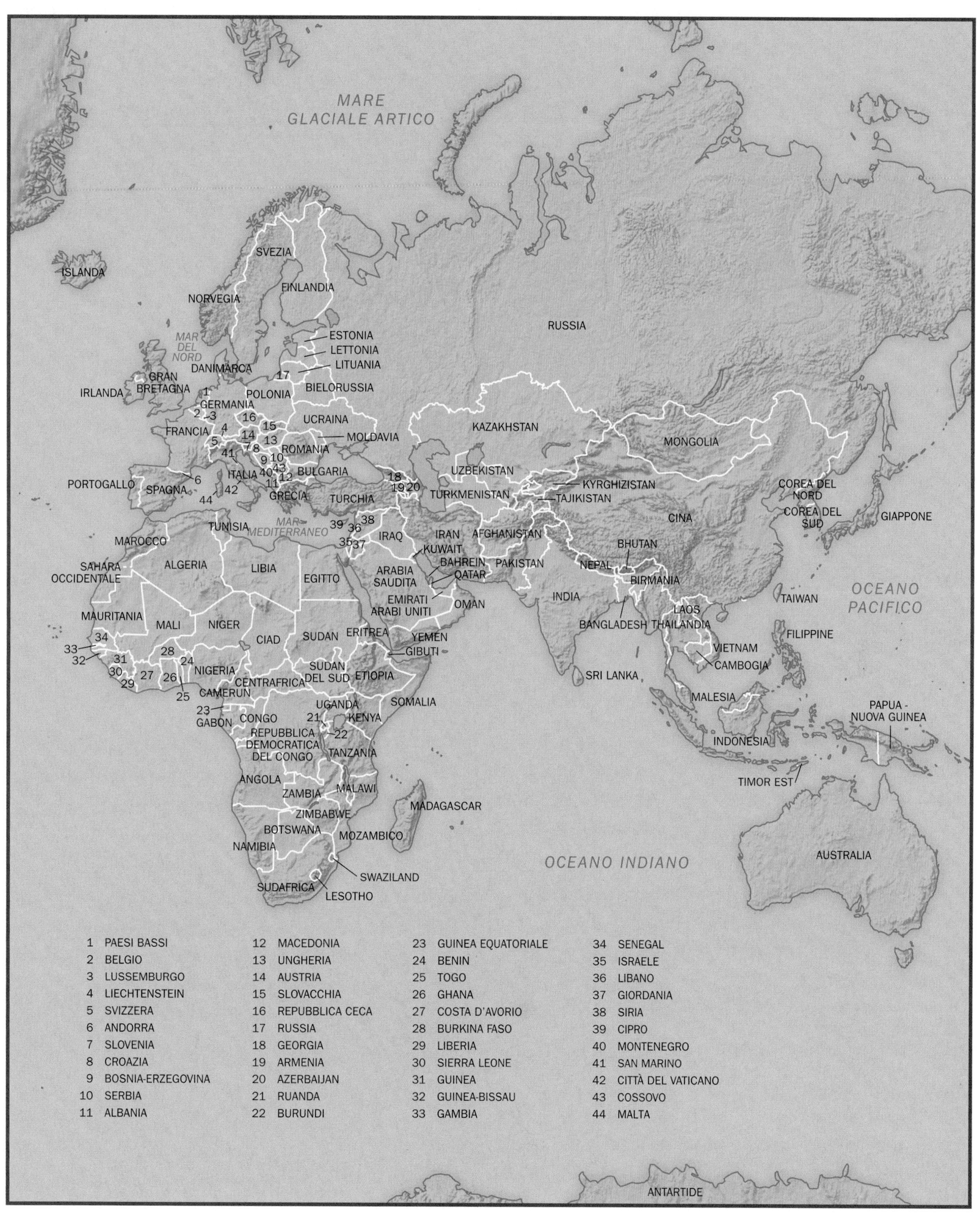
MARE
GLACIALE ARTICO
ISLANDA
SVEZIA
FINLANDIA
NORVEGIA
RUSSIA
MAR DEL NORD
ESTONIA
LETTONIA
LITUANIA
DANIMARCA
GRAN BRETAGNA
IRLANDA
17
BIELORUSSIA
POLONIA
GERMANIA
UCRAINA
MOLDAVIA
FRANCIA
ROMANIA
BULGARIA
ITALIA
PORTOGALLO
SPAGNA
GRECIA
TURCHIA
KAZAKHSTAN
MONGOLIA
UZBEKISTAN
KYRGHIZISTAN
TAJIKISTAN
TURKMENISTAN
COREA DEL NORD
COREA DEL SUD
GIAPPONE
CINA
TUNISIA
MAR MEDITERRANEO
MAROCCO
IRAQ
IRAN
AFGHANISTAN
KUWAIT
BAHREIN
QATAR
PAKISTAN
NEPAL
BHUTAN
SAHARA OCCIDENTALE
ALGERIA
LIBIA
EGITTO
ARABIA SAUDITA
EMIRATI ARABI UNITI
OMAN
INDIA
BIRMANIA
OCEANO PACIFICO
TAIWAN
LAOS
BANGLADESH
THAILANDIA
MAURITANIA
MALI
NIGER
CIAD
SUDAN
ERITREA
YEMEN
GIBUTI
FILIPPINE
VIETNAM
CAMBOGIA
NIGERIA
SUDAN DEL SUD
ETIOPIA
CENTRAFRICA
CAMERUN
SRI LANKA
MALESIA
SOMALIA
UGANDA
KENYA
CONGO
GABON
PAPUA - NUOVA GUINEA
REPUBBLICA DEMOCRATICA DEL CONGO
TANZANIA
INDONESIA
ANGOLA
TIMOR EST
ZAMBIA
MALAWI
MADAGASCAR
ZIMBABWE
BOTSWANA
MOZAMBICO
NAMIBIA
OCEANO INDIANO
AUSTRALIA
SWAZILAND
SUDAFRICA
LESOTHO
1 PAESI BASSI
2 BELGIO
3 LUSSEMBURGO
4 LIECHTENSTEIN
5 SVIZZERA
6 ANDORRA
7 SLOVENIA
8 CROAZIA
9 BOSNIA-ERZEGOVINA
10 SERBIA
11 ALBANIA
12 MACEDONIA
13 UNGHERIA
14 AUSTRIA
15 SLOVACCHIA
16 REPUBBLICA CECA
17 RUSSIA
18 GEORGIA
19 ARMENIA
20 AZERBAIJAN
21 RUANDA
22 BURUNDI
23 GUINEA EQUATORIALE
24 BENIN
25 TOGO
26 GHANA
27 COSTA D'AVORIO
28 BURKINA FASO
29 LIBERIA
30 SIERRA LEONE
31 GUINEA
32 GUINEA-BISSAU
33 GAMBIA
34 SENEGAL
35 ISRAELE
36 LIBANO
37 GIORDANIA
38 SIRIA
39 CIPRO
40 MONTENEGRO
41 SAN MARINO
42 CITTÀ DEL VATICANO
43 COSSOVO
44 MALTA
ANTARTIDE

Paesi dove si parla italiano

L'Europa

500 miglia
0
500 chilometri
Paesi dove l'italiano è una lingua ufficiale
MARE DI BARENTS
MARE DI NORVEGIA
ISLANDA
Reykjavik
SVEZIA
FINLANDIA
NORVEGIA
Helsinki
RUSSIA
Stoccolma
Tallinn
Oslo
ESTONIA
MARE BALTICO
LETTONIA
Riga
Mosca
MARE DEL NORD
DANIMARCA
LITUANIA
Vilnius
Copenaghen
Minsk
RUSSIA
BIELORUSSIA
Dublino
IRLANDA
PAESI BASSI
GRAN BRETAGNA
Berlino
Varsavia
Amsterdam
Kiev
Londra
POLONIA
Bruxelles
GERMANIA
LUSSEMBURGO
BELGIO
UCRAINA
OCEANO ATLANTICO
Praga
Lussemburgo
REPUBBLICA CECA
Parigi
SLOVACCHIA
MOLDAVIA
Bratislava
LIECHTENSTEIN
Vienna
Chisinau
AUSTRIA
Budapest
Berna
Vaduz
SLOVENIA
UNGHERIA
SVIZZERA
ROMANIA
FRANCIA
Lubiana
Zagabria
MARE NERO
CROAZIA
Bucarest
ITALIA
Belgrado
BOSNIA-ERZEGOVINA
SERBIA
COSSOVO
Monaco
SAN MARINO
Sarajevo
Pristina
Città di San Marino
MONTENEGRO
BULGARIA
Andorra la Vella
Sofia
PORTOGALLO
MONACO
Podgorica
Skopje
Ankara
ANDORRA
Roma
Tirana
MACEDONIA
Madrid
Corsica
TURCHIA
Lisbona
CITTÀ DEL VATICANO
ALBANIA
SPAGNA
GRECIA
Sardegna
Sicilia
Atene
Nicosia
Algeri
CIPRO
Tunisi
Rabat
La Valetta
MALTA
ALGERIA
MARE MEDITERRANEO
MAROCCO
TUNISIA

Italian Terms for Direction Lines and Classroom Use

Parole utili *Useful words*

l'affermazione (*f.*)	*statement*
il/la compagno/a	*partner*
i compiti	*homework*
la conversazione	*conversation*
il disegno	*drawing*
la domanda	*question*
l'elenco, la lista	*list*
la fine	*end*
la frase completa	*complete sentence*
il gioco	*game*
l'inchiesta	*survey; investigation*
l'indizio	*clue; indication*
l'inizio	*beginning*
l'intervista	*interview*
la lavagna	*(black)board*
la lettura	*reading*
il nome	*name*
l'opuscolo	*brochure*
il personaggio	*character*
la prossima prova	*next quiz*
la pubblicità	*ad/advertisement; commercial*
il punto di partenza	*starting point*
il riassunto	*summary*
le risorse	*resources*
Il saggio	*essay, paper*
lo scopo, il fine	*purpose, goal*
il sondaggio	*opinion poll*
la tabella	*chart, table*
il tema, l'argomento	*topic*
per esempio	*for example*
quello che	*what; that which*
giusto/a	*right*
sbagliato/a	*wrong*
vero/a	*true*
falso/a	*false*
a destra	*to/on the right*
a sinistra	*to/on the left*
adesso	*now*
allora	*then*
dopo	*after*
(tutti) insieme	*(all) together*
ogni	*each*
per primo	*first*
per ultimo	*last*
poi	*then, later*

Verbi utili *Useful verbs*

abbinare	*to match*
aggiungere	*to add*
aiutare	*to help*
appartenere	*to belong*
ascoltare	*to listen (to)*
categorizzare	*to categorize*
cercare	*to look for*
chiacchierare	*to chat*
collegare	*to connect*
combinare	*to combine*
completare	*to complete*
controllare	*to check*
correggere	*to correct*
creare	*to create*
definire (-isc-)	*to define*
descrivere	*to describe*
dire	*to say*
discutere	*to discuss*
disegnare	*to draw*
domandare, chiedere	*to ask*
etichettare	*to label*
guardare	*to look at*
identificare	*to identify*
includere	*to include*
indicare	*to show, to indicate*
indovinare	*to guess*
lavorare	*to work*
leggere	*to read*
mescolare	*to mix*
paragonare	*to compare*
presentare	*to present*
provare	*to try*
raccontare	*to tell*
recitare	*to role-play*
riassumere	*to summarize*
riempire	*to fill in*
ripetere	*to repeat*
rispondere	*to answer, to reply*
scambiare	*to exchange, to switch*
scegliere	*to choose*
scoprire	*to find out; to uncover*
scrivere	*to write*
seguire	*to follow*
sostituire (-isc-)	*to substitute*
spiegare	*to explain*
tradurre	*to translate*
trasformare	*to transform*
trovare	*to find*
usare	*to use*

Espressioni ụtili *Useful expressions*

A coppie...	*With a partner . . .*
A propọsito di...	*Regarding . . .*
A tụo/vostro avviso...	*In your opinion . . .*
A turno...	*Take turns . . .*
ad alta voce	*aloud*
Andate/Vai a pạgina 2.	*Go to page 2.*
Aprite/Chiudete i vostri libri.	*Open/Close your books.*
Avete/Hai capito?	*Do you understand?*
Avete/Hai delle domande?	*Do you have any questions?*
Avete/Hai finito?	*Have you finished?*
che completa meglio	*that best completes*
Chi ha vinto?	*Who won?*
Chiedo scusa per il ritardo.	*Excuse me for being late.*
Come si dice ________ in italiano?	*How do you say ________ in Italian?*
Come si scrive ________?	*How do you spell ________ ?*
Comincio ịo./Cominci tu.	*I'll start./You start.*
Completate/Completa la tabella.	*Fill in the chart.*
Completate/Completa le frasi.	*Complete the sentences.*
Congratulazioni!	*Congratulations!*
Correggete/Correggi le affermazioni false	*Correct the false statements.*
Cosa ne pensate/pensi?	*What do you think?*
Cosa pensate/pensi di...?	*What do you think about . . . ?*
Cosa vuol dire ________?	*What does ________ mean?*
Create/Formate delle frasi.	*Create/Form sentences.*
Descrivete/Descrivi le foto/i disegni.	*Describe the photos/drawings.*
Discutete le seguenti domande.	*Discuss the following questions.*
Dite/Di' se siete/sei d'accordo oppure no.	*Say if you agree or not.*
Dividẹtevi in gruppi di quattro.	*Get into groups of four.*
Domani non ci sarò.	*I won't be here tomorrow.*
Domani farete...	*Tomorrow you're going to do . . .*
Dopo un secondo ascolto...	*After a second listening . . .*
Etichettate/Etichetta...	*Label . . .*
Fate a turno a....	*Take turns . . .*
Fạtevi le seguenti domande.	*Ask each other the following questions.*
Ho vinto!/Abbiamo vinto!	*I won!/We won!*
il/la più appropriato/a	*the most appropriate*
Indicate/Indica chi ha detto...	*Indicate who said . . .*
Indicate/Indica la parola che non appartiene.	*Indicate the word that doesn't belong.*
Leggete/Leggi...	*Read . . .*
Lentamente, per favore.	*Slowly, please.*

Mettete/Metti in ordine...	*Put in order . . .*
Mi presti la matita?	*Could you lend me your pencil?*
Mi scusi, ho dimenticato.	*I'm sorry, I forgot.*
Non capisco./Non ho capito.	*I don't understand.*
Non dirmi la risposta.	*Don't tell me the answer.*
Non ho capito.	*I don't understand.* (past form.)
Non ho/abbiamo ancora finito.	*I/We have not finished yet.*
Non lo so.	*I don't know.*
Per domani, fate...	*For tomorrow, do . . .*
Posso continuare?	*May I continue?*
la prima/seconda persona	*the first/second person*
Pronunciate/Pronuncia (con attenzione).	*Pronounce (carefully).*
Può ripẹtere per favore?	*Could you repeat please?*
Può spiegare ancora una volta, per favore?	*Could you explain again, please?*
Riempite/Riempi gli spazi bianchi.	*Fill in the blanks.*
Riscrivete/Riscrivi le frasi...	*Rewrite the sentences . . .*
Rispondete/Rispondi alle seguenti domande.	*Answer the following questions.*
Scambiate i ruoli.	*Switch roles.*
Scegliete/Scegli delle parole da ogni colonna.	*Choose words from each column.*
Scegliete/Scegli la forma corretta.	*Choose the correct form.*
Scegliete/Scegli la parola giusta.	*Choose the right word.*
Scrivete/Scrivi una lẹttera/frase.	*Write a letter/sentence.*
Secondo me/te...	*According to me/you . . .*
Siate creativi!/Sịi creativo/a!	*Be creative!*
Siate pronti/Sịi pronto/a a...	*Be ready to . . .*
Siete pronti?/Sei pronto/a?	*Are you ready?*
(Non) sono d'accordo.	*I (dis)agree.*
Tocca a...	*It's ________'s turn.*
Tocca a te./Tocca a me.	*It's your/my turn.*
Trovate/Trova la parola che non appartiene al gruppo.	*Find the word that doesn't belong to the group.*
Trovate/Trova l'intruso.	*Choose the item that doesn't belong.*
Unịtevi a un altro gruppo.	*Get together with another group.*
Usando...	*Using . . .*
Vero o falso?	*True or false?*
Venite/Vieni alla lavagna.	*Come to the board.*
Vuoi lavorare con me?	*Do you want to work with me?*

Glossary of Grammatical Terms

ADJECTIVE A word that modifies, or describes, a noun or pronoun.

dei libri **interessanti** *some **interesting** books*	un uomo **alto** *a **tall** man*
dei **bei** fiori *some **pretty** flowers*	Tu sei **generosa.** *You are **generous.***

Demonstrative adjective An adjective that specifies which noun a speaker is referring to.

questa camicia ***this** shirt*	**quest'**armadio ***this** closet*
quell'albergo ***that** hotel*	**queste** scatole ***these** boxes*

Possessive adjective An adjective that indicates ownership or possession.

il **mio** bell'orologio ***my** beautiful watch*	È **sua** cugina. *It's **his/her** cousin.*
le **tue** matite ***your** pencils*	Sono le **loro** zie. *They are **their** aunts.*

ADVERB A word that modifies, or describes, a verb, adjective, or another adverb.

Giovanni parla **bene** l'italiano.
*Giovanni speaks Italian **well**.*

Questi bambini sono **veramente** intelligenti.
*These children are **really** smart.*

Lei corre **molto** velocemente.
*She runs **very** fast.*

ARTICLE A word that points out a noun in either a specific or a non-specific way.

Definite article An article that points out a noun in a specific way.

il mercato ***the** market*	**la** valigia ***the** suitcase*
lo zaino ***the** backpack*	**l'**amica ***the** friend*
i dizionari ***the** dictionaries*	**le** parole ***the** words*

Indefinite article An article that points out a noun in a general, non-specific way.

una bicicletta ***a** bike*	**un** ragazzo ***a** boy*

CLAUSE A group of words that contains both a conjugated verb and a subject, either expressed or implied.

Main (or Independent) clause A clause that can stand alone as a complete sentence.

Ho un cappotto verde.
I have a green overcoat.

Subordinate (or Dependent) clause A clause that does not express a complete thought and therefore cannot stand alone as a sentence.

Lavoro in un ristorante **perché ho bisogno di soldi.**
*I work in a restaurant **because I need money.***

COMPARATIVE A construction used with an adjective or adverb to express a comparison between two people, places, or things.

Tommaso è **più alto di** Giuseppe.
*Tommaso is **taller than** Giuseppe.*

A Bologna, piove **meno spesso che** a Roma.
*In Bologna, it rains **less often than** in Rome.*

Questa casa ha **tante finestre quante** porte.
*This house has **as many windows as** it does doors.*

CONJUGATION A set of the forms of a verb for a specific tense or mood, or the process by which these verb forms are presented.

Imperfetto conjugation of **cantare:**

io cant**avo**	noi cant**avamo**
tu cant**avi**	voi cant**avate**
Lei/lui/lei cant**ava**	loro cant**avano**

CONJUNCTION A word used to connect words, clauses, or phrases.

Susanna **e** Piero abitano in Svizzera.
*Susanna **and** Piero live in Switzerland.*

Non disegno molto bene, **ma** mi piacciono le lezioni d'arte.
*I don't draw very well, **but** I like art classes.*

CONTRACTION The joining of two words into one. Examples of Italian contractions are **agli, dalla, del,** and **nelle**.

Mia sorella è andata **al** concerto ieri sera.
*My sister went **to the** concert last night.*

Ritiro **dei** soldi **dalla** cassa automatica.
*I withdraw **some** money **from the** ATM.*

Lui parla sempre **della** politica italiana.
*He always talks **about** Italian politics.*

Nel passato, giocavamo a scacchi.
***In the** past, we used to play chess.*

DIRECT OBJECT A noun or pronoun that directly receives the action of the verb.

Pietro legge **un libro**.
*Pietro reads **a book**.*

L'ho visto ieri.
*I saw **him** yesterday.*

GENDER The grammatical categorizing of certain kinds of words, such as nouns, pronouns, and adjectives as masculine or feminine.

Masculine
articles **il, un**
pronouns **lui, lo, questo, quello, gli**
adjective **generoso**

Feminine
articles **la, una**
pronouns **lei, la, questa, quella, le**
adjective **generosa**

IMPERSONAL EXPRESSION A third-person expression with no expressed or specific subject.

Piove.
It's raining.

Qui **si parla** italiano.
*Italian **is spoken** here.*

INDIRECT OBJECT A noun or pronoun that receives the action of the verb indirectly; the object, often a living being, to or for whom an action is performed.

Mario regala un libro **a Linda**.
*Mario gives a book **to Linda**.*

Il professore **mi** ha dato un bel voto.
*The teacher gave **me** a good grade.*

INFINITIVE The basic form of a verb. Most Italian infinitives end in **-are**, **-ere**, or **-ire**.

parlare	**leggere**	**partire**
to speak	*to read*	*to leave*

INTERROGATIVE An adjective or pronoun used to ask a question.

Chi parla?
***Who** is speaking?*

Quanti biscotti hai comprato?
***How many** cookies did you buy?*

Cosa pensi di fare oggi?
***What** do you plan to do today?*

INVERSION Changing the word order of a sentence, often to form a question.

Statement: **Laura ha comprato i fagioli.**

Inversion: **Ha comprato i fagioli Laura?**

MOOD A grammatical distinction of verbs that indicates whether the verb is intended to make a statement or command or to express doubt, emotion, or a condition contrary to fact.

Conditional mood Verb forms used to express what would be done or what would happen under certain circumstances; to make a polite request or soften a demand; to express what someone could or should do; or to state a contrary-to-fact situation.

Farebbe una passeggiata se avesse il tempo.
***He would go** for a walk if he had the time.*

Spegneresti le luci, per favore?
***Would you** turn off the lights, please?*

Avrei dovuto parlare con lei gentilmente.
***I should have** talked to her nicely.*

Imperative mood Verb forms used to make commands or suggestions.

Parla lentamente.
***Speak** slowly.*

Venite con me.
***Come** with me.*

Indicative mood Verb forms used to state facts, actions, and states considered to be real.

So che lui **ha** un gatto.
***I know** that **he has** a cat.*

Subjunctive mood Verb forms used principally in subordinate (dependent) clauses to express wishes, desires, emotions, doubts, and certain conditions, such as contrary-to-fact situations.

È importante che **tu finisca** i compiti.
*It's important that **you finish** your homework.*

Dubito che **Lele abbia** abbastanza soldi.
*I doubt that **Lele has** enough money.*

NOUN A word that identifies people, animals, places, things, and ideas.

uomo *man*	**gatto** *cat*
Belgio *Belgium*	**casa** *house*
amicizia *friendship*	**libro** *book*

NUMBER A grammatical term that refers to singular or plural. Nouns in Italian and English have number. Other parts of a sentence, such as adjectives, articles, and verbs, can also have number.

Singular	Plural
una cosa ***a*** *thing*	**delle** cose ***some*** *things*
il professore ***the*** *professor*	**i** professori ***the*** *professors*

NUMBERS Words that represent amounts.

Cardinal numbers Words that indicate specific amounts.

cinque minuti
five *minutes*

l'anno **duemilaundici**
the year ***2011***

Ordinal numbers Words that indicate the order of a noun in a series.

il **quarto** giocatore *the* ***fourth*** *player*	la **decima** volta *the* ***tenth*** *time*

PAST PARTICIPLE A past form of the verb used in compound tenses. The past participle may also be used as an adjective, in which case it must agree in number and gender with the word it modifies.

Hanno **camminato** molto.
They have ***walked*** *a lot.*

Non ho **studiato** per l'esame.
I haven't ***studied*** *for the exam.*

C'è una finestra **aperta** nel soggiorno.
There is an ***open*** *window in the living room.*

PERSON The form of the verb or pronoun that indicates the speaker, the one spoken to, or the one spoken about. In Italian, as in English, there are three persons: first, second, and third.

Person	Singular	Plural
1st	**io** *I*	**noi** *we*
2nd	**tu/Lei** *you*	**voi/Loro** *you*
3rd	**lui/lei** *he/she*	**loro** *they*

PREPOSITION A word or words that describe(s) the relationship, most often in time or space, between two other words.

Anna abita **lontano da** Roma.
Anna lives ***far from*** *Rome.*

La giacca è **nella** macchina.
The jacket is ***in the*** *car.*

Marina si è pettinata **prima di** uscire.
Marina combed her hair ***before*** *going out.*

PRONOUN A word that takes the place of a noun or nouns.

Demonstrative pronoun A pronoun that takes the place of a specific noun.

Voglio **questo**.
I want ***this one***.

Comprerà **quello**?
Will you buy ***that one***?

Andrea preferiva **quelle**.
Andrea preferred ***those***.

Disjunctive pronoun A pronoun used after a preposition or in order to provide emphasis.

Sei sempre arrabbiata con **me**.
You are always angry with ***me***.

Ha scritto il libro da **sé**.
He wrote the book by ***himself***.

Object pronoun A pronoun that functions as a direct or indirect object of the verb.

Lei **gli** dà un regalo.
She gives ***him*** *a present.*

Federica **me l'**ha portato.
Federica brought ***it to me***.

Reflexive pronoun A pronoun that indicates that the action of a verb is performed by the subject on itself. These pronouns are often expressed in English with
-self: *myself, yourself*, etc.

Mi lavo prima di uscire.
I wash ***(myself)*** *before going out.*

Maria **si** è addormentata alle undici e mezzo.
Maria fell asleep at eleven-thirty.

Relative pronoun A pronoun that connects a subordinate clause to a main clause.

Quando vedremo la chiesa **che** mi piace?
When will we see the church ***that*** *I like?*

Ecco il poliziotto con **cui** ha parlato Mario.
There's the police officer with ***whom*** *Mario spoke.*

Subject pronoun A pronoun that replaces the name or title of a person or thing, and acts as the subject of a verb.

Tu parti subito.
You *are leaving immediately.*

Lui arriva domani.
He *arrives tomorrow.*

SUBJECT A noun or pronoun that performs the action of a verb and is often implied by the verb.

Alfredo va al supermercato.
Alfredo *goes to the supermarket.*

(**Loro**) lavorano molto.
They *work a lot.*

Quei libri sono molto costosi.
Those books *are very expensive.*

SUPERLATIVE A word or construction used with an adjective, adverb, or a noun to express the highest or lowest degree of a specific quality among three or more people, places, or things.

Il corso d'italiano è **il più interessante** di tutti.
The Italian class is ***the most interesting*** *of all.*

Silvio corre **meno velocemente** di tutti.
Silvio runs ***the least fast*** *of all.*

Il suo giardino ha **il maggior numero di alberi**.
Her garden has ***the most trees***.

TENSE A set of verb forms that indicates the time of an action or state: past, present, or future.

Compound tense A two-word tense made up of an auxiliary verb and a present or past participle. In Italian, there are two auxiliary verbs: **essere** and **avere**.

Il pacco non **è** ancora **arrivato**.
The package ***has*** *not* ***arrived*** *yet.*

Lei **ha bevuto** un bicchiere d'acqua.
She ***drank*** *a glass of water.*

Simple tense A tense expressed by a single verb form.

Valentina **gioca** a pallavolo ogni settimana.
Valentina ***plays*** *volleyball every week.*

Claudia **parlerà** a suo fratello domani.
Claudia ***will speak*** *with her brother tomorrow.*

VERB A word that expresses actions or states-of-being.

Auxiliary verb A verb used with a present or past participle to form a compound tense. **Avere** is the most commonly used auxiliary verb in Italian.

I bambini **hanno** visto gli elefanti.
The children ***have*** *seen the elephants.*

Spero che tu **abbia** mangiato.
I hope you ***have*** *eaten.*

Reflexive verb A verb that describes an action performed by the subject on itself and is always used with a reflexive pronoun.

Io **mi sono comprato** una macchina nuova.
I ***bought myself*** *a new car.*

Paolo e Letizia **si alzano** molto presto.
Paolo and Letizia ***get (themselves) up*** *very early.*

Spelling-change verb A verb that undergoes a predictable change in spelling in the various conjugations.

cominciare	(- i)	comincio	→	comin**ci**
mangiare	(- i)	mangiamo	→	man**ge**remo
cercare	(+ h)	cerco	→	cer**chi**amo
pagare	(+ h)	pagate	→	pa**ghe**rete

Verb Conjugation Tables

The list of verbs below and the model verb tables that start on page 473 show you how to conjugate the verbs that appear in **SENTIERI**. Each verb in the list is followed by a model verb conjugated according to the same pattern. The number in parentheses indicates where in the verb tables you can find the conjugated forms of the model verb. For example, if you want to find out how to conjugate the verb **offrire**, look up number 10 to refer to its model verb, **aprire**. The cross symbol (†) after a verb indicates that it is conjugated with **essere** in the **passato prossimo** and other compound tenses. Note that some verbs take **avere** when they are used transitively and **essere** when they are used intransitively, as noted in the verb list. Reminder: All reflexive verbs use **essere** as their auxiliary verb in compound tenses. Remember, too, that the second-person singular negative imperative form for all verbs is formed by placing **non** in front of the infinitive: **non dimenticare!**

In the tables you will find the infinitive, past participle, gerund, and all the forms of each model verb you have learned.

abbracciarsi like cominciare (16), alzarsi (5) †
abbronzarsi like alzarsi (5) †
abitare like adorare (1)
accẹdere like credere (2)
accẹndere like prendere (35)
accomodarsi like alzarsi (5) †
accọrgersi like credere (2), alzarsi (5) †, *except* irreg. p. part. **accorto**
addormentarsi like alzarsi (5) †
adorare (1)
affittare like adorare (1)
aggiustare like adorare (1)
aiutare like adorare (1)
aiutarsi like alzarsi (5) †
allacciare like cominciare (16)
alzarsi (5) †
amare like adorare (1)
amarsi like alzarsi (5) †
andare (8) †
annoiarsi like cambiare (13), alzarsi (5) †
annullare like adorare (1)
apparecchiare like cambiare (13)
applaudire like dormire (3)
aprire (10)
arrabbiarsi like cambiare (13), alzarsi (5) †
arrẹndersi like prendere (35), alzarsi (5) †
arricciare like cominciare (16)
arrivare like adorare (1) †
ascoltare like adorare (1)
aspettare like adorare (1)
assaggiare like mangiare (27)
attẹndere like prendere (35)
atterrare like adorare (1)
attraversare like adorare (1)
avere (6)
baciare like cominciare (16)
baciarsi like cominciare (16), alzarsi (5) †
ballare like adorare (1)
bastare like adorare (1) †
bere (11)
bucare like cercare (14)
cadere (12) †
cambiare (13) †; **p.p.** with **avere** if transitive
camminare like adorare (1)
cancellare like adorare (1)
cantare like adorare (1)
capire (4)
caricare like dimenticare (19)
cenare like adorare (1)
cercare (14)
chiamare like adorare (1)
chiamarsi like alzarsi (5) †
chiẹdere (15)
chiụdere like credere (2), *except* irreg. p. part. **chiuso**
colpire like capire (4)
cominciare (16) †; **p.p.**with **avere** if transitive
commẹttere like mettere (28)
comporre like porre (33)
comprare like adorare (1)
condurre like produrre (36)
conọscere like credere (2), *except* irreg. p. part. **conosciuto**
conọscersi like credere (2), alzarsi (5), *except* irreg. p. part. **conosciuto** †
consigliare like cambiare (13)
controllare like adorare (1)
cọrrere like credere (2), *except* irreg. p. part. **corso** †; **p.p.** with **avere** if transitive
costare like adorare (1) †
costruire like capire (4)
crẹdere (2)
curare like adorare (1)
dare (18)
darsi like dare (18), alzarsi (5) †
decịdere like credere (2), *except* irreg. p. part. **deciso**
decollare like adorare (1)
depositare like adorare (1)
desiderare like adorare (1)
dimenticare (19)
dimenticarsi like dimenticare (19), alzarsi (5) †
dipịngere like credere (2), *except* irreg. p. part. **dipinto**

dire (20)
dispiacere like tacere (46) †
diventare like adorare (1) †
divertirsi like dormire (3), alzarsi (5) †
domandare like adorare (1)
dormire (3)
dovere (22)
dubitare like adorare (1)
entrare like adorare (1) †
esplorare like adorare (1)
ẹssere (7) †
evitare like adorare (1)
fallire like capire (4)
fare (23)
farsi like fare (23), alzarsi (5) †
fermarsi like alzarsi (5) †
fidarsi like alzarsi (5) †
fịngere like credere (2), *except* irreg. p. part. **finto**
finire like capire (4) †; **p.p.** with **avere** if transitive
firmare like adorare (1)
fotocopiare like cambiare (13)
frenare like adorare (1)
frequentare like adorare (1)
frịggere like credere (2), *except* irreg. p. part. **fritto**
funzionare like adorare (1)
giocare (24)
girare like adorare (1)
guadagnare like sognare (43)
guardare like adorare (1)
guardarsi like alzarsi (5) †
guarire like capire (4) †; **p.p.** with **avere** if transitive
guidare like adorare (1)
imbucare like cercare (14)
immaginare like adorare (1)
imparare like adorare (1)
incontrare like adorare (1)
incontrarsi like alzarsi (5) †
indossare like adorare (1)
indovinare like adorare (1)
ingolfare like adorare (1)
innamorarsi like alzarsi (5) †
insegnare like sognare (43)
insịstere like credere (2), *except* irreg. p. part. **insistito**
interpretare like adorare (1)
inventare like adorare (1)
inviare (25)
invitare like adorare (1)
lamentarsi like alzarsi (5) †
lasciare like cominciare (16)
lasciarsi like cominciare (16), alzarsi (5) †
laurearsi like alzarsi (5) †
lavare like adorare (1)
lavarsi like alzarsi (5) †
lavorare like adorare (1)
lẹggere like credere (2), *except* irreg. p. part. **letto**
macchiare like cambiare (13)
mancare like cercare (14) †; **p.p.** with **avere** if transitive
mandare like adorare (1)
mangiare (27)
mantenersi like tenere (47), alzarsi (5) †
meritare like adorare (1)
mẹttere (28)
mẹttersi like mettere (28), alzarsi (5) †
migliorare like adorare (1)
morire (29) †
mostrare like adorare (1)
nạscere like credere (2), *except* irreg. p. part. **nato** †
navigare like litigare (26)
nevicare like dimenticare (19)
noleggiare like mangiare (27)
nuotare like adorare (1)
obbligare like litigare (26)
occuparsi like alzarsi (5) †
odiarsi like inviare (25), alzarsi (5) †
offrire like aprire (10)
ordinare like adorare (1)
orientarsi like alzarsi (5) †
ottenere like tenere (47)
pagare like litigare (26)
parcheggiare like mangiare (27)
parere (32) †
parlare like adorare (1)
parlarsi like alzarsi (5) †
partire like dormire (3) †
passare like adorare (1) †; **p.p.** with **avere** if transitive
pensare like adorare (1)
pẹrdere like credere (2), *except* irreg. p. part. **perso/perduto**
pẹrdersi like credere (2), alzarsi (5), *except* irreg. p. part. **perso/perduto** †
permẹttere like mettere (28)
pescare like cercare (14)
pettinarsi like alzarsi (5) †
piacere like tacere (46) †
piạngere like credere (2), *except* irreg. p. part. **pianto**
piọvere like credere (2), *except* irreg. p. part. **piovuto**
portare like adorare (1)
possedere like sedere (42)
potere (34)
praticare like dimenticare (19)
preferire like capire (4)
prẹndere (35)
prenotare like adorare (1)
preoccuparsi like alzarsi (5) †
preparare like adorare (1)
prepararsi like alzarsi (5) †
presentare like adorare (1)
preservare like adorare (1)
prestare like adorare (1)
promẹttere like mettere (28)
proporre like porre (33)
proseguire like dormire (3) †; **p.p.** with **avere** if transitive
provare like adorare (1)
pubblicare like dimenticare (19)

pulire like capire (4)
raccomandare like adorare (1)
ṛadersi like credere (2), alzarsi (5); *except* irreg. p. part. **raso** †
recitare like adorare (1)
regalare like adorare (1)
registrare like adorare (1)
remare like adorare (1)
ṛendersi like prendere (35), alzarsi (5) †
restare like adorare (1) †
restituire like capire (4)
riattaccare like cercare (14)
riceṿere like credere (2)
riciclare like adorare (1)
riconoṣcere like credere (2), *except* irreg. p. part. **riconosciuto**
ricordare like adorare (1)
ricordarsi like alzarsi (5) †
ridare like dare (18)
riempire (37)
rimanere (38) †
rincoṛrere like credere (2), *except* irreg. p. part. **rincorso**
rinviare like inviare (25)
riparare like adorare (1)
ripeṭere like credere (2)
riposarsi like alzarsi (5) †
risparmiare like cambiare (13)
rispettare like adorare (1)
rispoṇdere (39)
ritirare like adorare (1)
ritornare like adorare (1) †
riuscire like uscire (51) †
rivedere like vedere (53)
roṃpersi like credere (2), alzarsi (5), *except* irreg. p. part. **rotto** †
rosolare like adorare (1)
salire (40) †; **p.p.** *with* **avere** if transitive
salutarsi like alzarsi (5) †
salvare like adorare (1)
sapere (41)
sbadigliare like cambiare (13)
sbagliarsi like cambiare (13), alzarsi (5) †
sbrigarsi like litigare (26), alzarsi (5) †
scalare like adorare (1)
scaricare like dimenticare (19)
sceṇdere like prendere (35) †; **p.p.** with **avere** if transitive
scherzare like adorare (1)
scolpire like capire (4)
scriṿere like credere (2), *except* irreg. p. part. **scritto**
scriṿersi like credere (2), alzarsi (5), *except* irreg. p. part. **scritto** †
scusare like adorare (1)
sedersi like sedere (42), alzarsi (5) †
seguire like dormire (3) †; **p.p.** with **avere** if transitive
sembrare like adorare (1) †
sentire like dormire (3)
sentirsi like dormire (3), alzarsi (5) †
servire like dormire (3)
significare like dimenticare (19)
sistemare like adorare (1)
smeṭtere like mettere (28)
sognare (43)
soṛgere like credere (2), *except* irreg. p. part. **sorto** †
sparecchiare like cambiare (13)
spazzare like adorare (1)
spedire like capire (4)
speġnere (44)
speṇdere like prendere (35)
sperare like adorare (1)
spiegare like litigare (26)
spogliarsi like cambiare (13) †
spolverare like adorare (1)
sporcare like cercare (14)
sposarsi like alzarsi (5) †
sprecare like cercare (14)
squillare like adorare (1)
stampare like adorare (1)
stare (45) †
starnutire like capire (4)
stirare like adorare (1)
strafare like fare (23)
studiare like cambiare (13)
subaffittare like adorare (1)
succeḍere like credere (2), *except* irreg. p. part. **successo** †
suggerire like capire (4)
suonare like adorare (1)
superare like adorare (1)
svegliarsi like cambiare (13), alzarsi (5) †
sviluppare like adorare (1)
tagliare like cambiare (13)
telefonare like adorare (1)
telefonarsi like alzarsi (5) †
temere like credere (2)
tenere (47)
toccare like cercare (14)
tornare like adorare (1) †
tossire like capire (4)
tradurre like produrre (36)
tramontare like adorare (1) †
trasferirsi like capire (4), alzarsi (5) †
traslocare like cercare (14)
trattenersi like tenere (47), alzarsi (5) †
trovare like adorare (1)
truccarsi like cercare (14), alzarsi (5) †
usare like adorare (1)
uscire (51) †
vedere (53)
vedersi like vedere (53), alzarsi (5) †
veṇdere like credere (2)
venire (54) †
vestirsi like dormire (3), alzarsi (5) †
viaggiare like mangiare (27)
viṇcere (55)
visitare like adorare (1)
viṿere (56) †; **p.p.** with **avere** if transitive
volere (57)

Regular verbs

	Infinito	INDICATIVO				CONDIZIONALE	CONGIUNTIVO		IMPERATIVO
	Participio passato Gerundio presente Infinito passato	Presente	Passato prossimo	Imperfetto	Futuro	Presente	Presente	Imperfetto	
1	**adorare**	adoro	ho adorato	adoravo	adorerò	adorerei	adori	adorassi	
	(to adore)	adori	hai adorato	adoravi	adorerai	adoreresti	adori	adorassi	adora (non adorare)
	adorato	adora	ha adorato	adorava	adorerà	adorerebbe	adori	adorasse	adori
	adorando	adoriamo	abbiamo adorato	adoravamo	adoreremo	adoreremmo	adoriamo	adorạssimo	adoriamo
	avere adorato	adorate	avete adorato	adoravate	adorerete	adorereste	adoriate	adoraste	adorate
		adọrano	hanno adorato	adorạvano	adoreranno	adorerẹbbero	adọrino	adorạssero	adọrino
2	**crẹdere**	credo	ho creduto	credevo	crederò	crederei	creda	credessi	
	(to believe)	credi	hai creduto	credevi	crederai	crederesti	creda	credessi	credi (non crẹdere)
	creduto	crede	ha creduto	credeva	crederà	crederebbe	creda	credesse	creda
	credendo	crediamo	abbiamo creduto	credevamo	crederemo	crederemmo	crediamo	credẹssimo	crediamo
	avere creduto	credete	avete creduto	credevate	crederete	credereste	crediate	credeste	credete
		crẹdono	hanno creduto	credẹvano	crederanno	crederẹbbero	crẹdano	credẹssero	crẹdano
3	**dormire**	dormo	ho dormito	dormivo	dormirò	dormirei	dorma	dormissi	
	(to sleep)	dormi	hai dormito	dormivi	dormirai	dormiresti	dorma	dormissi	dormi (non dormire)
	dormito	dorme	ha dormito	dormiva	dormirà	dormirebbe	dorma	dormisse	dorma
	dormendo	dormiamo	abbiamo dormito	dormivamo	dormiremo	dormiremmo	dormiamo	dormịssimo	dormiamo
	avere dormito	dormite	avete dormito	dormivate	dormirete	dormireste	dormiate	dormiste	dormite
		dọrmono	hanno dormito	dormịvano	dormiranno	dormirẹbbero	dọrmano	dormịssero	dọrmano
4	**capire**	capisco	ho capito	capivo	capirò	capirei	capisca	capissi	
	(to understand)	capisci	hai capito	capivi	capirai	capiresti	capisca	capissi	capisci (non capire)
	capito	capisce	ha capito	capiva	capirà	capirebbe	capisca	capisse	capisca
	capendo	capiamo	abbiamo capito	capivamo	capiremo	capiremmo	capiamo	capịssimo	capiamo
	avere capito	capite	avete capito	capivate	capirete	capireste	capiate	capiste	capite
		capịscono	hanno capito	capịvano	capiranno	capirẹbbero	capịscano	capịssero	capịscano

Reflexive (Pronominal)

	Infinito **Participio passato** **Gerundio presente** **Infinito passato**	INDICATIVO Presente	INDICATIVO Passato prossimo	INDICATIVO Imperfetto	INDICATIVO Futuro	CONDIZIONALE Presente	CONGIUNTIVO Presente	CONGIUNTIVO Imperfetto	IMPERATIVO
5	alzarsi *(to get up)* alzato/a alzạndosi ẹssersi alzato/a	mi alzo ti alzi si alza ci alziamo vi alzate si ạlzano	mi sono alzato/a ti sei alzato/a si è alzato/a ci siamo alzati/e vi siete alzati/e si sono alzati/e	mi alzavo ti alzavi si alzava ci alzavamo vi alzavate si alzạvano	mi alzerò ti alzerai si alzerà ci alzeremo vi alzerete si alzeranno	mi alzerei ti alzeresti si alzerebbe ci alzeremmo vi alzereste si alzerẹbbero	mi alzi ti alzi si alzi ci alziamo vi alziate si ạlzino	mi alzassi ti alzassi si alzasse ci alzạssimo vi alzaste si alzạssero	— ạlzati (non alzarti/ non ti alzare) si alzi alziạmoci alzạtevi si ạlzino

Auxiliary verbs: *avere* and *essere*

	Infinito **Participio passato** **Gerundio presente** **Infinito passato**	INDICATIVO Presente	INDICATIVO Passato prossimo	INDICATIVO Imperfetto	INDICATIVO Futuro	CONDIZIONALE Presente	CONGIUNTIVO Presente	CONGIUNTIVO Imperfetto	IMPERATIVO
6	avere *(to have)* avuto avendo avere avuto	**ho** **hai** **ha** **abbiamo** avete **hanno**	ho avuto hai avuto ha avuto abbiamo avuto avete avuto hanno avuto	avevo avevi aveva avevamo avevate avẹvano	**avrò** **avrai** **avrà** **avremo** **avrete** **avranno**	**avrei** **avresti** **avrebbe** **avremmo** **avreste** **avrẹbbero**	**abbia** **abbia** **abbia** **abbiamo** **abbiate** **ạbbiano**	avessi avessi avesse avẹssimo aveste avẹssero	— **abbi** (non avere) **abbia** **abbiamo** **abbiate** **ạbbiano**
7	ẹssere *(to be)* **stato/a** essendo ẹssere **stato/a**	**sono** **sei** **è** **siamo** **siete** **sono**	**sono stato/a** **sei stato/a** **è stato/a** **siamo stati/e** **siete stati/e** **sono stati/e**	**ero** **eri** **era** **eravamo** **eravate** **ẹrano**	**sarò** **sarai** **sarà** **saremo** **sarete** **saranno**	**sarei** **saresti** **sarebbe** **saremmo** **sareste** **sarẹbbero**	**sịa** **sịa** **sịa** **siamo** **siate** **sịano**	**fossi** **fossi** **fosse** **fọssimo** **foste** **fọssero**	— **sịi** (non ẹssere) **sịa** **siamo** **siate** **sịano**

Compound tenses: Perfect tenses

Ausiliare	INDICATIVO								CONDIZIONALE		CONGIUNTIVO			
	Passato prossimo		Trapassato prossimo		Trapassato remoto		Futuro anteriore		Passato		Passato		Trapassato	
avere	ho		avevo		ebbi		avrò		avrei		abbia		avessi	
(to have)	hai	adorato	avevi	adorato	avesti	adorato	avrai	adorato	avresti	adorato	abbia	adorato	avessi	adorato
	ha	perduto	aveva	perduto	ebbe	perduto	avrà	perduto	avrebbe	perduto	abbia	perduto	avesse	perduto
	abbiamo	dormito	avevamo	dormito	avemmo	dormito	avremo	dormito	avremmo	dormito	abbiamo	dormito	avẹssimo	dormito
	avete	capito	avevate	capito	aveste	capito	avrete	capito	avreste	capito	abbiate	capito	aveste	capito
	hanno		avẹvano		ẹbbero		avranno		avrẹbbero		ạbbiano		avẹssero	
ẹssere	sono		ero		fui		sarò		sarei		sịa		fossi	
(to be)	sei	andato/a	eri	andato/a	fosti	andato/a	sarai	andato/a	saresti	andato/a	sịa	andato/a	fossi	andato/a
	è		era		fu		sarà		sarebbe		sịa		fosse	
	siamo		eravamo		fummo		saremo		saremmo		siamo		fọssimo	
	siete	andati/e	eravate	andati/e	foste	andati/e	sarete	andati/e	sareste	andati/e	siate	andati/e	foste	andati/e
	sono		ẹrano		fụrono		saranno		sarẹbbero		sịano		fọssero	

Irregular verbs

Infinito Participio passato Gerundio presente Infinito passato	INDICATIVO				CONDIZIONALE	CONGIUNTIVO		IMPERATIVO
	Presente	Passato prossimo	Imperfetto	Futuro	Presente	Presente	Imperfetto	
8 andare	**vado**	sono andato/a	andavo	**andrò**	**andrei**	**vada**	andassi	
(to go)	**vai**	sei andato/a	andavi	**andrai**	**andresti**	**vada**	andassi	**vai, va'** (non andare)
andato/a	**va**	è andato/a	andava	**andrà**	**andrebbe**	**vada**	andasse	**vada**
andando	andiamo	siamo andati/e	andavamo	**andremo**	**andremmo**	andiamo	andạssimo	andiamo
ẹssere andato/a	andate	siete andati/e	andavate	**andrete**	**andreste**	andiate	andaste	andate
	vanno	sono andati/e	andạvano	**andranno**	**andrẹbbero**	**vạdano**	andạssero	**vạdano**
9 apparire	**appạio**	sono **apparso/a**	apparivo	apparirò	apparirei	**appạia**	apparissi	
(to appear)	appari	sei **apparso/a**	apparivi	apparirai	appariresti	**appạia**	apparissi	appari (non apparire)
apparso/a	appare	è **apparso/a**	appariva	apparirà	apparirebbe	**appạia**	apparisse	**appạia**
apparendo	appariamo	siamo **apparsi/e**	apparivamo	appariremo	appariremmo	appariamo	apparịssimo	appariamo
ẹssere **apparso/a**	apparite	siete **apparsi/e**	apparivate	apparirete	apparireste	appariate	appariste	apparite
	appạiono	sono **apparsi/e**	apparịvano	appariranno	apparirẹbbero	**appạiano**	apparịssero	**appạiano**

	Infinito **Participio passato** **Gerundio presente** **Infinito passato**	INDICATIVO				CONDIZIONALE	CONGIUNTIVO		IMPERATIVO
		Presente	**Passato prossimo**	**Imperfetto**	**Futuro**	**Presente**	**Presente**	**Imperfetto**	
10	**aprire**	apro	ho **aperto**	aprivo	aprirò	aprirei	apra	aprissi	
	(to open)	apri	hai **aperto**	aprivi	aprirai	apriresti	apra	aprissi	apri (non aprire)
	aperto	apre	ha **aperto**	apriva	aprirà	aprirebbe	apra	aprisse	apra
	aprendo	apriamo	abbiamo **aperto**	aprivamo	apriremo	apriremmo	apriamo	aprịssimo	apriamo
	avere **aperto**	aprite	avete **aperto**	aprivate	aprirete	aprireste	apriate	apriste	aprite
		ạprono	hanno **aperto**	aprịvano	apriranno	aprirẹbbero	ạprano	aprịssero	ạprano
11	**bere**	**bevo**	ho **bevuto**	**bevevo**	**berrò**	**berrei**	**beva**	**bevessi**	
	(to drink)	**bevi**	hai **bevuto**	**bevevi**	**berrai**	**berresti**	**beva**	**bevessi**	**bevi** (non bere)
	bevuto	**beve**	ha **bevuto**	**beveva**	**berrà**	**berrebbe**	**beva**	**bevesse**	**beva**
	bevendo	**beviamo**	abbiamo **bevuto**	**bevevamo**	**berremo**	**berremmo**	**beviamo**	**bevẹssimo**	**beviamo**
	avere **bevuto**	**bevete**	avete **bevuto**	**bevevate**	**berrete**	**berreste**	**beviate**	**beveste**	**bevete**
		bẹvono	hanno **bevuto**	**bevẹvano**	**berranno**	**berrẹbbero**	**bẹvano**	**bevẹssero**	**bẹvano**
12	**cadere**	cado	sono caduto/a	cadevo	**cadrò**	**cadrei**	cada	cadessi	
	(to fall)	cadi	sei caduto/a	cadevi	**cadrai**	**cadresti**	cada	cadessi	cadi (non cadere)
	caduto	cade	è caduto/a	cadeva	**cadrà**	**cadrebbe**	cada	cadesse	cada
	cadendo	cadiamo	siamo caduti/e	cadevamo	**cadremo**	**cadremmo**	cadiamo	cadẹssimo	cadiamo
	ẹssere caduto/a	cadete	siete caduti/e	cadevate	**cadrete**	**cadreste**	cadiate	cadeste	cadete
		cạdono	sono caduti/e	cadẹvano	**cadranno**	**cadrẹbbero**	cạdano	cadẹssero	cạdano
13	**cambiare**	cambio	ho cambiato	cambiavo	cambierò	cambierei	**cambi**	cambiassi	
	(to change)	**cambi**	hai cambiato	cambiavi	cambierai	cambieresti	**cambi**	cambiassi	cambia (non cambiare)
	cambiato	cambia	ha cambiato	cambiava	cambierà	cambierebbe	**cambi**	cambiasse	**cambi**
	cambiando	**cambiamo**	abbiamo cambiato	cambiavamo	cambieremo	cambieremmo	**cambiamo**	cambiạssimo	**cambiamo**
	avere cambiato	cambiate	avete cambiato	cambiavate	cambierete	cambiereste	**cambiate**	cambiaste	cambiate
		cạmbiano	hanno cambiato	cambiạvano	cambieranno	cambierẹbbero	**cạmbino**	cambiạssero	**cạmbino**
14	**cercare**	cerco	ho cercato	cercavo	**cercherò**	**cercherei**	**cerchi**	cercassi	
	(to look for)	**cerchi**	hai cercato	cercavi	**cercherai**	**cercheresti**	**cerchi**	cercassi	cerca (non cercare)
	cercato	cerca	ha cercato	cercava	**cercherà**	**cercherebbe**	**cerchi**	cercasse	**cerchi**
	cercando	**cerchiamo**	abbiamo cercato	cercavamo	**cercheremo**	**cercheremmo**	**cerchiamo**	cercạssimo	**cerchiamo**
	avere cercato	cercate	avete cercato	cercavate	**cercherete**	**cerchereste**	**cerchiate**	cercaste	cercate
		cẹrcano	hanno cercato	cercạvano	**cercheranno**	**cercherẹbbero**	**cẹrchino**	cercạssero	**cẹrchino**
15	**chiẹdere**	chiedo	ho **chiesto**	chiedevo	chiederò	chiederei	chieda	chiedessi	
	(to ask for)	chiedi	hai **chiesto**	chiedevi	chiederai	chiederesti	chieda	chiedessi	chiedi (non chiẹdere)
	chiesto	chiede	ha **chiesto**	chiedeva	chiederà	chiederebbe	chieda	chiedesse	chieda
	chiedendo	chiediamo	abbiamo **chiesto**	chiedevamo	chiederemo	chiederemmo	chiediamo	chiedẹssimo	chiediamo
	avere **chiesto**	chiedete	avete **chiesto**	chiedevate	chiederete	chiedereste	chiediate	chiedeste	chiedete
		chiẹdono	hanno **chiesto**	chiedẹvano	chiederanno	chiederẹbbero	chiẹdano	chiedẹssero	chiẹdano

	Infinito **Participio passato** **Gerundio presente** **Infinito passato**	INDICATIVO Presente	INDICATIVO Passato prossimo	INDICATIVO Imperfetto	INDICATIVO Futuro	CONDIZIONALE Presente	CONGIUNTIVO Presente	CONGIUNTIVO Imperfetto	IMPERATIVO
16	cominciare *(to begin)*	comincio	ho cominciato	cominciavo	**comincerò**	**comincerei**	**cominci**	cominciassi	
	cominciato	**cominci**	hai cominciato	cominciavi	**comincerai**	**cominceresti**	**cominci**	cominciassi	comincia (non cominciare)
	cominciando	comincia	ha cominciato	cominciava	**comincerà**	**comincerebbe**	**cominci**	cominciasse	**cominci**
	avere cominciato	**cominciamo**	abbiamo cominciato	cominciavamo	**cominceremo**	**cominceremmo**	**cominciamo**	cominciạssimo	**cominciamo**
		cominciate	avete cominciato	cominciavate	**comincerete**	**comincereste**	**cominciate**	cominciaste	**cominciate**
		comịnciano	hanno cominciato	comincịavano	**cominceranno**	**comincerẹbbero**	**comịncino**	cominciạssero	**comịncino**
17	cuọcere *(to cook)*	**cuocio**	ho **cotto**	cuocevo	cuocerò	cuocerei	**cuocia**	cuocessi	
	cotto	cuoci	hai **cotto**	cuocevi	cuocerai	cuoceresti	**cuocia**	cuocessi	cuoci (non cuọcere)
	cuocendo	cuoce	ha **cotto**	cuoceva	cuocerà	cuocerebbe	**cuocia**	cuocesse	cuocia
	avere **cotto**	cuociamo	abbiamo **cotto**	cuocevamo	cuoceremo	cuoceremmo	cuociamo	cuocẹssimo	cuociamo
		cuocete	avete **cotto**	cuocevate	cuocerete	cuocereste	cuociate	cuoceste	cuocete
		cuọciono	hanno **cotto**	cuocẹvano	cuoceranno	cuocerẹbbero	**cuọciano**	cuocẹssero	**cuọciano**
18	dare *(to give)*	**do**, **dò**	ho dato	davo	**darò**	**darei**	**dịa**	**dessi**	
	dato	**dai**	hai dato	davi	**darai**	**daresti**	**dịa**	**dessi**	**dai**, **da'**, **dà** (non dare)
	dando	**dà**	ha dato	dava	**darà**	**darebbe**	**dịa**	**desse**	**dịa**
	avere dato	diamo	abbiamo dato	davamo	**daremo**	**daremmo**	diamo	**dẹssimo**	diamo
		date	avete dato	davate	**darete**	**dareste**	diate	**deste**	date
		danno	hanno dato	dạvano	**daranno**	**darẹbbero**	**dịano**	**dẹssero**	**dịano**
19	dimenticare *(to forget)*	dimẹntico	ho dimenticato	dimenticavo	**dimenticherò**	**dimenticherei**	**dimẹntichi**	dimenticassi	
	dimenticato	**dimẹntichi**	hai dimenticato	dimenticavi	**dimenticherai**	**dimenticheresti**	**dimẹntichi**	dimenticassi	dimẹntica (non dimenticare)
	dimenticando	dimẹntica	ha dimenticato	dimenticava	**dimenticherà**	**dimenticherebbe**	**dimẹntichi**	dimenticasse	**dimẹntichi**
	avere dimenticato	**dimentichiamo**	abbiamo dimenticato	dimenticavamo	**dimenticheremo**	**dimenticheremmo**	**dimentichiamo**	dimenticạssimo	**dimentichiamo**
		dimenticate	avete dimenticato	dimenticavate	**dimenticherete**	**dimentichereste**	**dimentichiate**	dimenticaste	dimenticate
		dimẹnticano	hanno dimenticato	dimenticạvano	**dimenticheranno**	**dimenticherẹbbero**	**dimẹntichino**	dimenticạssero	**dimẹntichino**
20	dire *(to say)*	**dico**	ho **detto**	**dicevo**	dirò	direi	**dica**	**dicessi**	
	detto	**dici**	hai **detto**	**dicevi**	dirai	diresti	**dica**	**dicessi**	**di'**, **dì** (non dire)
	dicendo	**dice**	ha **detto**	**diceva**	dirà	direbbe	**dica**	**dicesse**	**dica**
	avere **detto**	**diciamo**	abbiamo **detto**	**dicevamo**	diremo	diremmo	**diciamo**	**dicẹssimo**	**diciamo**
		dite	avete **detto**	**dicevate**	direte	direste	**diciate**	**diceste**	dite
		dịcono	hanno **detto**	**dicẹvano**	diranno	dirẹbbero	**dịcano**	**dicẹssero**	**dịcano**

	Infinito Participio passato Gerundio presente Infinito passato	INDICATIVO Presente	Passato prossimo	Imperfetto	Futuro	CONDIZIONALE Presente	CONGIUNTIVO Presente	Imperfetto	IMPERATIVO
21	dolere	**dolgo**	sono doluto/a	dolevo	**dorrò**	**dorrei**	**dolga**, **dogla**	dolessi	
	(to hurt)	**duoli**	sei doluto/a	dolevi	**dorrai**	**dorresti**	**dolga**, **dogla**	dolessi	**duoli** (non dolere)
	doluto/a	**duole**	è doluto/a	doleva	**dorrà**	**dorrebbe**	**dolga**, **dogla**	dolesse	**dolga**
	dolendo	doliamo, **dogliamo**	siamo doluti/e	dolevamo	**dorremo**	**dorremmo**	doliamo, **dogliamo**	dolẹssimo	doliamo
	essere doluto/a	dolete	siete doluti/e	dolevate	**dorrete**	**dorreste**	doliate, **dogliate**	doleste	dolete
		dọlgono	sono doluti/e	dolẹvano	**dorranno**	**dorrẹbbero**	**dọlgano**	dolẹssero	**dọlgano**
22	dovere	**devo**, **debbo**	ho dovuto	dovevo	**dovrò**	**dovrei**	**deva**, **debba**	dovessi	*This verb is not used in the imperative form.*
	(to have to; to owe)	**devi**	hai dovuto	dovevi	**dovrai**	**dovresti**	**deva**, **debba**	dovessi	
	dovuto	**deve**	ha dovuto	doveva	**dovrà**	**dovrebbe**	**deva**, **debba**	dovesse	
	dovendo	**dobbiamo**	abbiamo dovuto	dovevamo	**dovremo**	**dovremmo**	**dobbiamo**	dovẹssimo	
	avere dovuto	dovete	avete dovuto	dovevate	**dovrete**	**dovreste**	**dobbiate**	doveste	
		dẹvono, **dẹbbono**	hanno dovuto	dovẹvano	**dovranno**	**dovrẹbbero**	**dẹvano**, **dẹbbano**	dovẹssero	
23	fare	**faccio**	ho **fatto**	**facevo**	**farò**	**farei**	**faccia**	**facessi**	
	(to do; to make)	**fai**	hai **fatto**	**facevi**	**farai**	**faresti**	**faccia**	**facessi**	**fai**, **fa'** (non fare)
	fatto	fa	ha **fatto**	**faceva**	**farà**	**farebbe**	**faccia**	**facesse**	**faccia**
	facendo	**facciamo**	abbiamo **fatto**	**facevamo**	**faremo**	**faremmo**	**facciamo**	**facẹssimo**	**facciamo**
	avere fatto	fate	avete **fatto**	**facevate**	**farete**	**fareste**	**facciate**	**faceste**	fate
		fanno	hanno **fatto**	**facẹvano**	**faranno**	**farẹbbero**	**fạcciano**	**facẹssero**	**fạcciano**
24	giocare	gioco	ho giocato	giocavo	**giocherò**	**giocherei**	**giochi**	giocassi	
	(to play)	**giochi**	hai giocato	giocavi	**giocherai**	**giocheresti**	**giochi**	giocassi	gioca (non giocare)
	giocato	gioca	ha giocato	giocava	**giocherà**	**giocherebbe**	**giochi**	giocasse	**giochi**
	giocando	**giochiamo**	abbiamo giocato	giocavamo	**giocheremo**	**giocheremmo**	**giochiamo**	giocạssimo	**giochiamo**
	avere giocato	giocate	avete giocato	giocavate	**giocherete**	**giochereste**	**giochiate**	giocaste	giocate
		giọcano	hanno giocato	giocạvano	**giocheranno**	**giocherẹbbero**	**giọchino**	giocạssero	**giọchino**
25	inviare	invịo	ho inviato	inviavo	invierò	invierei	invịi	inviassi	
	(to send)	invịi	hai inviato	inviavi	invierai	invieresti	invịi	inviassi	invịa (non inviare)
	inviato	invịa	ha inviato	inviava	invierà	invierebbe	invịi	inviasse	invịi
	inviando	**inviamo**	abbiamo inviato	inviavamo	invieremo	invieremmo	**inviamo**	inviạssimo	**inviamo**
	avere inviato	inviate	avete inviato	inviavate	invierete	inviereste	**inviate**	inviaste	inviate
		invịano	hanno inviato	inviạvano	invieranno	invierẹbbero	invịino	inviạssero	invịino

	Infinito Participio passato Gerundio presente Infinito passato	INDICATIVO Presente	INDICATIVO Passato prossimo	INDICATIVO Imperfetto	INDICATIVO Futuro	CONDIZIONALE Presente	CONGIUNTIVO Presente	CONGIUNTIVO Imperfetto	IMPERATIVO
26	litigare	lịtigo	ho litigato	litigavo	**litigherò**	**litigherei**	**lịtighi**	litigassi	
	(to quarrel)	**lịtighi**	hai litigato	litigavi	**litigherai**	**litigheresti**	**lịtighi**	litigassi	lịtiga (non litigare)
	litigato	lịtiga	ha litigato	litigava	**litigherà**	**litigherebbe**	**lịtighi**	litigasse	**lịtighi**
	litigando	**litighiamo**	abbiamo litigato	litigavamo	**litigheremo**	**litigheremmo**	**litighiamo**	litigạssimo	**litighiamo**
	avere litigato	litigate	avete litigato	litigavate	**litigherete**	**litighereste**	**litighiate**	litigaste	litigate
		lịtigano	hanno litigato	litigạvano	**litigheranno**	**litigherẹbbero**	**lịtighino**	litigạssero	**lịtighino**
27	mangiare	mangio	ho mangiato	mangiavo	**mangerò**	**mangerei**	**mangi**	mangiassi	
	(to eat)	**mangi**	hai mangiato	mangiavi	**mangerai**	**mangeresti**	**mangi**	mangiassi	mangia (non mangiare)
	mangiato	mangia	ha mangiato	mangiava	**mangerà**	**mangerebbe**	**mangi**	mangiasse	**mangi**
	mangiando	**mangiamo**	abbiamo mangiato	mangiavamo	**mangeremo**	**mangeremmo**	**mangiamo**	mangiạssimo	**mangiamo**
	avere mangiato	mangiate	avete mangiato	mangiavate	**mangerete**	**mangereste**	**mangiate**	mangiaste	mangiate
		mạngiano	hanno mangiato	mangiạvano	**mangeranno**	**mangerẹbbero**	**mạngino**	mangiạssero	**mạngino**
28	mẹttere	metto	ho **messo**	mettevo	metterò	metterei	metta	mettessi	
	(to put)	metti	hai **messo**	mettevi	metterai	metteresti	metta	mettessi	metti (non mẹttere)
	messo	mette	ha **messo**	metteva	metterà	metterebbe	metta	mettesse	metta
	mettendo	mettiamo	abbiamo **messo**	mettevamo	metteremo	metteremmo	mettiamo	mettẹssimo	mettiamo
	avere **messo**	mettete	avete **messo**	mettevate	metterete	mettereste	mettiate	metteste	mettete
		mẹttono	hanno **messo**	mettẹvano	metteranno	metterẹbbero	mẹttano	mettẹssero	mẹttano
29	morire	**muọio**	sono **morto/a**	morivo	morirò, **morrò**	morirei, **morrei**	**muọia**	morissi	
	(to die)	**muori**	sei **morto/a**	morivi	morirai, **morrai**	moriresti, **morresti**	**muọia**	morissi	**muori** (non morire)
	morto/a	**muore**	è **morto/a**	moriva	morirà, **morrà**	morirebbe, **morrebbe**	**muọia**	morisse	**muọia**
	morendo	moriamo	siamo **morti/e**	morivamo	moriremo, **morremo**	moriremmo, **morremmo**	moriamo	morịssimo	moriamo
	ẹssere **morto/a**	morite	siete **morti/e**	morivate	morirete, **morrete**	morireste, **morreste**	moriate	moriste	morite
		muọiono	sono **morti/e**	morịvano	moriranno, **morranno**	morirẹbbero, **morrẹbbero**	**muọiano**	morịssero	**muọiano**
30	muọvere	muovo	ho **mosso**	muovevo, **movevo**	muoverò, **moverò**	muoverei, **moverei**	muova	muovessi, **movessi**	
	(to move)	muovi	hai **mosso**	muovevi, **movevi**	muoverai, **moverai**	muoveresti, **moveresti**	muova	muovessi, **movessi**	muovi (non muọvere)
	mosso	muove	ha **mosso**	muoveva, **moveva**	muoverà, **moverà**	muoverebbe, **moverebbe**	muova	muovesse, **movesse**	muova
	muovendo, **movendo**	muoviamo, **moviamo**	abbiamo **mosso**	muovevamo, **movevamo**	muoveremo, **moveremo**	muoveremmo, **moveremmo**	muoviamo, **moviamo**	muovẹssimo, **movẹssimo**	muoviamo, **moviamo**
	avere **mosso**	muovete, **movete**	avete **mosso**	muovevate, **movevate**	muoverete, **moverete**	muovereste, **movereste**	muoviate, **moviate**	muoveste, **moveste**	muovete, **movete**
		muọvono	hanno **mosso**	muovẹvano, **movẹvano**	muoveranno, **moveranno**	muoverẹbbero, **moverebbe**	muọvano	muovẹssero, **movẹssero**	muọvano

	Infinito **Participio passato** **Gerundio presente** **Infinito passato**	INDICATIVO				CONDIZIONALE	CONGIUNTIVO		IMPERATIVO
		Presente	**Passato prossimo**	**Imperfetto**	**Futuro**	**Presente**	**Presente**	**Imperfetto**	
31	nuọcere *(to harm)*	**nuoccio**, **noccio**	ho **nuociuto/ nociuto**	nuocevo, **nocevo**	nuocerò, **nocerò**	nuocerei, **nocerei**	**nuoccia**	nuocessi, **nocessi**	
	nuociuto, nociuto	nuoci	hai **nuociuto/ nociuto**	nuocevi, **nocevi**	nuocerai, **nocerai**	nuoceresti, **noceresti**	**nuoccia**	nuocessi, **nocessi**	nuoci (non nuọcere)
	nuocendo, **nocendo**	nuoce	ha **nuociuto/ nociuto**	nuoceva, noceva	nuocerà, **nocerà**	nuocerebbe, **nocerebbe**	**nuoccia**	nuocesse, **nocesse**	nuoccia, **noccia**
	avere **nuociuto, nociuto**	**nuociamo**, **nociamo**	abbiamo **nuociuto/ nociuto**	nuocevamo, **nocevamo**	nuoceremo, **noceremo**	**nuoceremmo**, **noceremmo**	nuociamo, **nociamo**	nuocẹssimo, **nocẹssimo**	nuociamo, **nociamo**
		nuocete, **nocete**	avete **nuociuto/ nociuto**	nuocevate, **nocevate**	nuocerete, **nocerete**	nuocereste, **nocereste**	nuociate, **nociate**	nuoceste, **noceste**	nuocete, **nocete**
		nuọcciono, **nọcciono**	hanno **nuociuto/ nociuto**	nuocẹvano, **nocẹvano**	nuoceranno, **noceranno**	nuocerẹbbero, **nocerebbe**	**nuọcciano**	nuocẹssero, **nocẹssero**	**nuọcciano**
32	parere *(to seem)*	**pạio**	sono **parso/a**	parevo	**parrò**	**parrei**	**pạia**	paressi	*This verb is not used in the imperative form.*
	parso/a	pari	sei **parso/a**	parevi	**parrai**	**parresti**	**pạia**	paressi	
	parendo	pare	è **parso/a**	pareva	**parrà**	**parrebbe**	**pạia**	paresse	
	ẹssere **parso/a**	**paiạmo**	siamo **parsi/e**	parevamo	**parremo**	**parremmo**	**paiạmo**	parẹssimo	
		parete	siete **parsi/e**	parevate	**parrete**	**parreste**	**paiạte**	pareste	
		pạiono	sono **parsi/e**	parẹvano	**parranno**	**parrẹbbero**	**pạiano**	parẹssero	
33	porre *(to put)*	**pongo**	ho **posto**	**ponevo**	**porrò**	**porrei**	**ponga**	**ponessi**	**poni** (non porre)
	posto	**poni**	hai **posto**	**ponevi**	**porrai**	**porresti**	**ponga**	**ponessi**	**ponga**
	ponendo	**pone**	ha **posto**	**poneva**	**porrà**	**porrebbe**	**ponga**	**ponesse**	**poniamo**
	avere **posto**	**poniamo**	abbiamo **posto**	**ponevamo**	**porremo**	**porremmo**	**poniamo**	**ponẹssimo**	**ponete**
		ponete	avete **posto**	**ponevate**	**porrete**	**porreste**	**poniate**	**poneste**	**pọngano**
		pọngono	hanno **posto**	**ponẹvano**	**porranno**	**porrẹbbero**	**pọngano**	**ponẹssero**	
34	potere *(to be able to)*	**posso**	ho potuto	potevo	**potrò**	**potrei**	**possa**	potessi	*This verb is not used in the imperative form.*
	potuto	**puoi**	hai potuto	potevi	**potrai**	**potresti**	**possa**	potessi	
	potendo	**può**	ha potuto	poteva	**potrà**	**potrebbe**	**possa**	potesse	
	avere potuto	**possiamo**	abbiamo potuto	potevamo	**potremo**	**potremmo**	**possiamo**	potẹssimo	
		potete	avete potuto	potevate	**potrete**	**potreste**	**possiate**	poteste	
		pọssono	hanno potuto	potẹvano	**potranno**	**potrẹbbero**	**pọssano**	potẹssero	
35	prẹndere *(to take)*	prendo	ho **preso**	prendevo	prenderò	prenderei	prenda	prendessi	
	preso	prendi	hai **preso**	prendevi	prenderai	prenderesti	prenda	prendessi	prendi (non prẹndere)
	prendendo	prende	ha **preso**	prendeva	prenderà	prenderebbe	prenda	prendesse	prenda
	avere **preso**	prendiamo	abbiamo **preso**	prendevamo	prenderemo	prenderemmo	prendiamo	prendẹssimo	prendiamo
		prendete	avete **preso**	prendevate	prenderete	prendereste	prendiate	prendeste	prendete
		prẹndono	hanno **preso**	prendẹvano	prenderanno	prenderẹbbero	prẹndano	prendẹssero	prẹndano

	Infinito Participio passato Gerundio presente Infinito passato	INDICATIVO				CONDIZIONALE	CONGIUNTIVO		IMPERATIVO
		Presente	Passato prossimo	Imperfetto	Futuro	Presente	Presente	Imperfetto	
36	produrre *(to produce)*	**produco**	ho **prodotto**	**producevo**	**produrrò**	**produrrei**	**produca**	**producessi**	
	prodotto	**produci**	hai **prodotto**	**producevi**	**produrrai**	**produrresti**	**produca**	**producessi**	**produci** (non produrre)
	producendo	**produce**	ha **prodotto**	**produceva**	**produrrà**	**produrrebbe**	**produca**	**producesse**	**produca**
	avere **prodotto**	**produciamo**	abbiamo **prodotto**	**producevamo**	**produrremo**	**produrremmo**	**produciamo**	**producẹssimo**	**produciamo**
		producete	avete **prodotto**	**producevate**	**produrrete**	**produrreste**	**produciate**	**produceste**	**producete**
		prodụcono	hanno **prodotto**	**producẹvano**	**produrranno**	**produrrẹbbero**	**prodụcano**	**producẹssero**	**prodụcano**
37	riempire *(to fill)*	**riempio**, riempisco	ho riempito	riempivo	riempirò	riempirei	**riempia**	**riempissi**	
	riempito	**riempi**, riempisci	hai riempito	riempivi	riempirai	riempiresti	**riempia**	**riempissi**	**riempi** (non riempire)
	riempiendo	**riempie**, riempisce	ha riempito	riempiva	riempirà	riempirebbe	**riempia**	**riempisse**	**riempia**
	avere riempito	riempiamo	abbiamo riempito	riempivamo	riempiremo	riempiremmo	riempiamo	**riempissimo**	riempiamo
		riempiete	avete riempito	riempivate	riempirete	riempireste	riempiate	riempiste	riempite
		riẹmpiono, riempịscono	hanno riempito	riempịvano	riempiranno	riempirẹbbero	**riẹmpiano**	**riempissero**	**riẹmpiano**
38	rimanere *(to stay)*	**rimango**	sono **rimasto/a**	rimanevo	**rimarrò**	**rimarrei**	**rimanga**	rimanessi	
	rimasto/a	rimani	sei **rimasto/a**	rimanevi	**rimarrai**	**rimarresti**	**rimanga**	rimanessi	rimani (non rimanere)
	rimanendo	rimane	è **rimasto/a**	rimaneva	**rimarrà**	**rimarrebbe**	**rimanga**	rimanesse	**rimanga**
	ẹssere **rimasto/a**	rimaniamo	siamo **rimasti/e**	rimanevamo	**rimarremo**	**rimarremmo**	rimaniamo	rimanẹssimo	rimaniamo
		rimanete	siete **rimasti/e**	rimanevate	**rimarrete**	**rimarreste**	rimaniate	rimaneste	rimanete
		rimạngono	sono **rimasti/e**	rimanẹvano	**rimarranno**	**rimarrẹbbero**	**rimạngano**	rimanẹssero	**rimạngano**
39	rispọndere *(to answer)*	rispondo	ho **risposto**	rispondevo	risponderò	risponderei	risponda	rispondessi	
	risposto	rispondi	hai **risposto**	rispondevi	risponderai	risponderesti	risponda	rispondessi	rispondi (non rispọndere)
	rispondendo	risponde	ha **risposto**	rispondeva	risponderà	risponderebbe	risponda	rispondesse	risponda
	avere **risposto**	rispondiamo	abbiamo **risposto**	rispondevamo	risponderemo	risponderemmo	rispondiamo	rispondẹssimo	rispondiamo
		rispondete	avete **risposto**	rispondevate	risponderete	rispondereste	rispondiate	rispondeste	rispondete
		rispọndono	hanno **risposto**	rispondẹvano	risponderanno	risponderẹbbero	rispọndano	rispondẹssero	rispọndano
40	salire *(to go up)*	**salgo**	sono salito/a	salivo	salirò	salirei	**salga**	salissi	
	salito/a	sali	sei salito/a	salivi	salirai	saliresti	**salga**	salissi	sali (non salire)
	salendo	sale	è salito/a	saliva	salirà	salirebbe	**salga**	salisse	**salga**
	ẹssere salito/a	saliamo	siamo saliti/e	salivamo	saliremo	saliremmo	saliamo	salịssimo	saliamo
		salite	siete saliti/e	salivate	salirete	salireste	saliate	saliste	salite
		sạlgono	sono saliti/e	salịvano	saliranno	salirẹbbero	**sạlgano**	salịssero	**sạlgano**

	Infinito Participio passato Gerundio presente Infinito passato	INDICATIVO Presente	 Passato prossimo	 Imperfetto	 Futuro	CONDIZIONALE Presente	CONGIUNTIVO Presente	 Imperfetto	IMPERATIVO
41	**sapere**	**so**	ho saputo	sapevo	**saprò**	**saprei**	**sappia**	sapessi	
	(to know)	**sai**	hai saputo	sapevi	**saprai**	**sapresti**	**sappia**	sapessi	**sappi** (non sapere)
	saputo	**sa**	ha saputo	sapeva	**saprà**	**saprebbe**	**sappia**	sapesse	**sappia**
	sapendo	**sappiamo**	abbiamo saputo	sapevamo	**sapremo**	**sapremmo**	**sappiamo**	sapẹssimo	**sappiamo**
	avere saputo	sapete	avete saputo	sapevate	**saprete**	**sapreste**	**sappiate**	sapeste	**sappiate**
		sanno	hanno saputo	sapẹvano	**sapranno**	**saprẹbbero**	**sạppiano**	sapẹssero	**sạppiano**
42	**sedere**	**siedo**, **sẹggo**	sono seduto/a	sedevo	sederò, **siederò**	sederei, **siederei**	**sieda**, **segga**	sedessi	
	(to sit)	**siedi**	sei seduto/a	sedevi	sederai, **siederai**	sederesti, **siederesti**	**sieda**, **segga**	sedessi	**siedi** (non sedere)
	seduto/a	**siede**	è seduto/a	sedeva	sederà, **siederà**	sederebbe, **siederebbe**	**sieda**, **segga**	sedesse	**sieda**, **segga**
	sedendo	sediamo	siamo seduti/e	sedẹvamo	sederemo, **siederemo**	sederemmo, **siederemmo**	sediamo	sedẹssimo	sediamo
	essere seduto/a	sedete	siete seduti/e	sedevate	sederete, **siederete**	sedereste, **siedereste**	sediate	sedeste	sedete
		siẹdono, **sẹggono**	sono seduti/e	sedẹvano	sederanno, **siederanno**	sederẹbbero, **siederẹbbero**	**siẹdano**, **sẹggano**	sedẹssero	**siẹdano**, **sẹggano**
43	**sognare**	sogno	ho sognato	sognavo	sognerò	sognerei	sogni	sognassi	
	(to dream)	sogni	hai sognato	sognavi	sognerai	sogneresti	sogni	sognassi	sogna (non sognare)
	sognato	sogna	ha sognato	sognava	sognerà	sognerebbe	sogni	sognasse	sogni
	sognando	sogniamo, **sognamo**	abbiamo sognato	sognavamo	sogneremo	sogneremmo	sogniamo, **sognamo**	sognạssimo	sogniamo
	avere sognato	**sogniate**, **sognate**	avete sognato	sognavate	sognerete	sognereste	sogniate, **sognate**	sognaste	sognate
		sọgnano	hanno sognato	sognạvano	sogneranno	sognerẹbbero	sọgnino	sognạssero	sọgnino
44	**spẹgnere**	**spengo**	ho **spento**	spegnevo	spegnerò	spegnerei	**spenga**	spegnessi	
	(to turn off)	spegni	hai **spento**	spegnevi	spegnerai	spegneresti	**spenga**	spegnessi	spegni (non spẹgnere)
	spento	spegne	ha **spento**	spegneva	spegnerà	spegnerebbe	**spenga**	spegnesse	**spenga**
	spegnendo	spegniamo	abbiamo **spento**	spegnevamo	spegneremo	spegneremmo	spegniamo	spegnẹssimo	spegniamo
	avere **spento**	spegnete	avete **spento**	spegnevate	spegnerete	spegnereste	spegniate	spegneste	spegnete
		spẹngono	hanno **spento**	spegnẹvano	spegneranno	spegnerẹbbero	**spẹngano**	spegnẹssero	**spẹngano**
45	**stare**	sto	sono stato/a	stavo	**starò**	**starei**	**stịa**	**stessi**	
	(to stay; to be)	**stai**	sei stato/a	stavi	**starai**	**staresti**	**stịa**	**stessi**	**stai**, **sta'** (non stare)
	stato/a	sta	è stato/a	stava	**starà**	**starebbe**	**stịa**	**stesse**	**stịa**
	stando	stiamo	siamo stati/e	stavamo	**staremo**	**staremmo**	stiamo	**stẹssimo**	stiamo
	ẹssere stato/a	state	siete stati/e	stavate	**starete**	**stareste**	stiate	**steste**	state
		stanno	sono stati/e	stạvano	**staranno**	**starẹbbero**	**stịano**	**stẹssero**	**stịano**

	Infinito Participio passato Gerundio presente Infinito passato	INDICATIVO Presente	INDICATIVO Passato prossimo	INDICATIVO Imperfetto	INDICATIVO Futuro	CONDIZIONALE Presente	CONGIUNTIVO Presente	CONGIUNTIVO Imperfetto	IMPERATIVO
46	tacere	**taccio**	ho **taciuto**	tacevo	tacerò	tacerei	**taccia**	tacessi	
	(to be silent)	taci	hai **taciuto**	tacevi	tacerai	taceresti	**taccia**	tacessi	taci (non tacere)
	taciuto	tace	ha **taciuto**	taceva	tacerà	tacerebbe	**taccia**	tacesse	**taccia**
	tacendo	**tacciamo**	abbiamo **taciuto**	tacevamo	taceremo	taceremmo	**tacciamo**	tacẹssimo	**tacciamo**
	avere **taciuto**	tacete	avete **taciuto**	tacevate	tacerete	tacereste	**tacciate**	taceste	tacete
		tạcciono	hanno **taciuto**	tacẹvano	taceranno	tacerẹbbero	**tạcciano**	tacẹssero	**tạcciano**
47	tenere	**tengo**	ho tenuto	tenevo	**terrò**	**terrei**	**tenga**	tenessi	
	(to hold)	**tieni**	hai tenuto	tenevi	**terrai**	**terresti**	**tenga**	tenessi	**tieni** (non tenere)
	tenuto	**tiene**	ha tenuto	teneva	**terrà**	**terrebbe**	**tenga**	tenesse	**tenga**
	tenendo	teniamo	abbiamo tenuto	tenevamo	**terremo**	**terremmo**	teniamo	tenẹssimo	teniamo
	avere tenuto	tenete	avete tenuto	tenevate	**terrete**	**terreste**	teniate	teneste	tenete
		tẹngono	hanno tenuto	tenẹvano	**terranno**	**terrẹbbero**	**tẹngano**	tenẹssero	**tẹngano**
48	tọgliere	**tolgo**	ho **tolto**	toglievo	toglierò	toglierei	**tolga**	togliessi	
	(to remove)	**togli**	hai **tolto**	toglievi	toglierai	toglieresti	**tolga**	togliessi	**togli** (non tọgliere)
	tolto	toglie	ha **tolto**	toglieva	toglierà	toglierebbe	**tolga**	togliesse	**tolga**
	togliendo	**togliamo**	abbiamo **tolto**	toglievamo	toglieremo	toglieremmo	**togliamo**	togliẹssimo	**togliamo**
	avere **tolto**	togliete	avete **tolto**	toglievate	toglierete	togliereste	**togliate**	toglieste	togliete
		tọlgono	hanno **tolto**	togliẹvano	toglieranno	toglierẹbbero	**tọlgano**	togliẹssero	**tọlgano**
49	trarre	**traggo**	ho **tratto**	traevo	**trarrò**	**trarrei**	**tragga**	traessi	
	(to draw)	trai	hai **tratto**	traevi	**trarrai**	**trarresti**	**tragga**	traessi	trai (non trarre)
	tratto	trae	ha **tratto**	traeva	**trarrà**	**trarrebbe**	**tragga**	traesse	**tragga**
	traendo	traiạmo	abbiamo **tratto**	traevamo	**trarremo**	**trarremmo**	traiạmo	traẹssimo	traiạmo
	avere **tratto**	traete	avete **tratto**	traevate	**trarrete**	**trarreste**	traiạte	traeste	traete
		trạggono	hanno **tratto**	traẹvano	**trarranno**	**trarrẹbbero**	**trạggano**	traẹssero	**trạggano**
50	udire	**odo**	ho udito	udivo	udirò, **udrò**	udirei, **udrei**	**oda**	udissi	
	(to hear)	**odi**	hai udito	udivi	udirai, **udrai**	udiresti, **udresti**	**oda**	udissi	**odi** (non udire)
	udito	**ode**	ha udito	udiva	udirà, **udrà**	udirebbe, **udrebbe**	**oda**	udisse	**oda**
	udendo	udiamo	abbiamo udito	udivamo	udiremo, **udremo**	udiremmo, **udremmo**	udiamo	udịssimo	udiamo
	avere udito	udite	avete udito	udivate	udirete, **udrete**	udireste, **udreste**	udiate	udiste	udite
		ọdono	hanno udito	udịvano	udiranno, **udranno**	udirẹbbero, **udrẹbbero**	**ọdano**	udịssero	**ọdano**
51	uscire	**esco**	sono uscito/a	uscivo	uscirò	uscirei	**esca**	uscissi	
	(to go out)	**esci**	sei uscito/a	uscivi	uscirai	usciresti	**esca**	uscissi	**esci** (non uscire)
	uscito/a	**esce**	è uscito/a	usciva	uscirà	uscirebbe	**esca**	uscisse	**esca**
	uscendo	usciamo	siamo usciti/e	uscivamo	usciremo	usciremmo	usciamo	uscịssimo	usciamo
	ẹssere uscito/a	uscite	siete usciti/e	uscivate	uscirete	uscireste	usciate	usciste	uscite
		ẹscono	sono usciti/e	uscịvano	usciranno	uscirẹbbero	**ẹscano**	uscịssero	**ẹscano**

	Infinito Participio passato Gerundio presente Infinito passato	INDICATIVO				CONDIZIONALE	CONGIUNTIVO		IMPERATIVO
		Presente	Passato prossimo	Imperfetto	Futuro	Presente	Presente	Imperfetto	
52	valere	**valgo**	ho **valso**	valevo	**varrò**	**varrei**	**valga**	valessi	
	(to be worth)	vali	hai **valso**	valevi	**varrai**	**varresti**	**valga**	valessi	vali (non valere)
	valso	vale	ha **valso**	valeva	**varrà**	**varrebbe**	**valga**	valesse	**valga**
	valendo	valiamo	abbiamo **valso**	valevamo	**varremo**	**varremmo**	valiamo	valẹssimo	valiamo
	avere **valso**	valete	avete **valso**	valevate	**varrete**	**varreste**	valiate	valeste	valete
		vạlgono	hanno **valso**	valẹvano	**varranno**	**varrẹbbero**	**vạlgano**	valẹssero	**vạlgano**
53	vedere	vedo	ho **visto**/veduto	vedevo	**vedrò**	**vedrei**	veda	vedessi	
	(to see)	vedi	hai **visto**/veduto	vedevi	**vedrai**	**vedresti**	veda	vedessi	vedi (non vedere)
	visto, veduto	vede	ha **visto**/veduto	vedeva	**vedrà**	**vedrebbe**	veda	vedesse	veda
	vedendo	vediamo	abbiamo **visto**/ veduto	vedevamo	**vedremo**	**vedremmo**	vediamo	vedẹssimo	vediamo
	avere **visto,** veduto	vedete	avete **visto**/veduto	vedevate	**vedrete**	**vedreste**	vediate	vedeste	vedete
		vẹdono	hanno **visto**/veduto	vedẹvano	**vedranno**	**vedrẹbbero**	vẹdano	vedẹssero	vẹdano
54	venire	**vengo**	sono venuto/a	venivo	**verrò**	**verrei**	**venga**	venissi	
	(to come)	**vieni**	sei venuto/a	venivi	**verrai**	**verresti**	**venga**	venissi	**vieni** (non venire)
	venuto/a	**viene**	è venuto/a	veniva	**verrà**	**verrebbe**	**venga**	venisse	**venga**
	venendo	veniamo	siamo venuti/e	venivamo	**verremo**	**verremmo**	veniamo	venịssimo	veniamo
	ẹssere venuto/a	venite	siete venuti/e	venivate	**verrete**	**verreste**	veniate	veniste	venite
		vẹngono	sono venuti/e	venịvano	**verranno**	**verrẹbbero**	**vẹngano**	venịssero	**vẹngano**
55	vịncere	vinco	ho **vinto**	vincevo	vincerò	vincerei	vinca	vincessi	
	(to win)	vinci	hai **vinto**	vincevi	vincerai	vinceresti	vinca	vincessi	vinci (non vịncere)
	vinto	vince	ha **vinto**	vinceva	vincerà	vincerebbe	vinca	vincesse	vinca
	vincendo	vinciamo	abbiamo **vinto**	vincevamo	vinceremo	vinceremmo	vinciamo	vincẹssimo	vinciamo
	avere **vinto**	vincete	avete **vinto**	vincevate	vincerete	vincereste	vinciate	vinceste	vincete
		vịncono	hanno **vinto**	vincẹvano	vinceranno	vincerẹbbero	vịncano	vincẹssero	vịncano
56	vịvere	vivo	sono **vissuto/a**	vivevo	**vivrò**	**vivrei**	viva	vivessi	
	(to live)	vivi	sei **vissuto/a**	vivevi	**vivrai**	**vivresti**	viva	vivessi	vivi (non vịvere)
	vissuto	vive	è **vissuto/a**	viveva	**vivrà**	**vivrebbe**	viva	vivesse	viva
	vivendo	viviamo	siamo **vissuti/e**	vivevamo	**vivremo**	**vivremmo**	viviamo	vivẹssimo	viviamo
	ẹssere **vissuto**	vivete	siete **vissuti/e**	vivevate	**vivrete**	**vivreste**	viviate	viveste	vivete
		vịvono	sono **vissuti/e**	vivẹvano	**vivranno**	**vivrẹbbero**	vịvano	vivẹssero	vịvano
57	volere	**voglio**	ho voluto	volevo	**vorrò**	**vorrei**	**voglia**	volessi	
	(to want)	**vuoi**	hai voluto	volevi	**vorrai**	**vorresti**	**voglia**	volessi	**vogli** (non volere)
	voluto	**vuole**	ha voluto	voleva	**vorrà**	**vorrebbe**	**voglia**	volesse	**voglia**
	volendo	**vogliamo**	abbiamo voluto	volevamo	**vorremo**	**vorremmo**	**vogliamo**	volẹssimo	**vogliamo**
	avere voluto	volete	avete voluto	volevate	**vorrete**	**vorreste**	**vogliate**	voleste	**vogliate**
		vọgliono	hanno voluto	volẹvano	**vorranno**	**vorrẹbbero**	**vọgliano**	volẹssero	**vọgliano**

These verbs follow regular conjugation patterns in all forms but the **participio passato** and the **passato remoto**. (See p. 486 for a brief introduction to the **passato remoto**.) Use this table to study the irregular past participles and first-person **passato remoto** forms, and follow regular cojugation patterns for all other forms. The full conjugation of several high-frequency verbs is presented in the preceding pages for your reference.

Infinito		**participio passato**	**passato remoto**
accẹndere	*to turn on*	acceso	accesi
accọrgersi	*to realize*	accorto	accorsi
aprire	*to open*	aperto	apersi
assịstere	*to assist*	assistito	assistetti
attẹndere	*to wait for*	atteso	attesi
chiẹdere	*to ask for*	chiesto	chiesi
chiụdere	*to close*	chiuso	chiusi
commẹttere	*to commit*	commesso	commisi
conọscere	*to know*	conosciuto	conobbi
cọrrere	*to run*	corso	corsi
crẹscere	*to grow*	cresciuto	crebbi
decịdere	*to decide*	deciso	decisi
dipịngere	*to paint*	dipinto	dipinsi
fịngere	*to pretend*	finto	finsi
frịggere	*to fry*	fritto	frissi
insịstere	*to insist*	insistito	insistetti
lẹggere	*to read*	letto	lessi
mẹttere	*to put*	messo	misi
nạscere	*to be born*	nato	nacqui
offrire	*to offer*	offerto	offersi
pẹrdere	*to lose*	perso, perduto	persi
permẹttere	*to permit*	permesso	permisi
piạngere	*to cry*	pianto	piansi
piọvere	*to rain*	piovuto	piovve *(3rd person)*
pọrgere	*to give*	porto	porsi
prẹndere	*to take*	preso	presi
promẹttere	*to promise*	promesso	promisi
rạdere	*to shave*	raso	rasi
rẹndere	*to give back*	reso	resi
rịdere	*to laugh*	riso	risi
rispọndere	*to answer*	risposto	risposi
rọmpere	*to break*	rotto	ruppi
scẹndere	*to descend*	sceso	scesi
scrịvere	*to write*	scritto	scrissi
smẹttere	*to quit*	smesso	smisi
sọrgere	*to rise*	sorto	sorsi
spẹndere	*to spend*	speso	spesi
spịngere	*to push*	spinto	spinsi
succẹdere	*to happen*	successo	successe
vịncere	*to win*	vinto	vinsi

The *passato remoto*

You've learned to use the **passato prossimo** to talk about actions, events, and states of being that began and ended in the past. Italian has another past tense, the **passato remoto**, which is also used to narrate completed past actions. Use the **passato remoto** to refer to events that took place in a completed time period in the past and that have no continuing effect on the present. Compare the following examples.

passato prossimo	passato remoto
Ieri **ho scritto** una poesia per la mia ragazza. *Yesterday **I wrote** a poem for my girlfriend.*	Dante **scrisse** il suo capolavoro mentre era in esilio. *Dante **wrote** his masterpiece while he was in exile.*
Sono nati molti bambini quest'anno. *Many children **were born** this year.*	Leonardo da Vinci **nacque** nel 1452. *Leonardo da Vinci **was born** in 1452.*

- The use of the **passato remoto** in conversation varies by region. Northern speakers generally use it less frequently (some not at all). Its use in spoken Italian is more common in the South, where speakers may also use it in place of the **passato prossimo** to refer to recent events. As students of Italian, you do not need to use the **passato remoto** for everyday conversation. It is, however used in writing and you should be able to recognize its forms when reading, especially for literature.
- To form the **passato remoto**, drop the **-re** ending of the infinitive for all but the third-person singular form, which drops the characteristic vowel as well; then add the endings. Most **-ere** verbs also have alternate first-person singular and third-person forms.

The *passato remoto*

parlare		credere		dormire	
parlai	parlammo	credei (credetti)	credemmo	dormii	dormimmo
parlasti	parlaste	credesti	credeste	dormisti	dormiste
parlò	parlarono	credé (credette)	crederono (credettero)	dormì	dormirono

- Many common verbs are irregular in the **passato remoto**.

essere	bere	dare	dire	fare	stare
fui	bevvi	diedi (detti)	dissi	feci	stetti
fosti	bevesti	desti	dicesti	facesti	stesti
fu	bevve	diede (dette)	disse	fece	stette
fummo	bevemmo	demmo	dicemmo	facemmo	stemmo
foste	beveste	deste	diceste	faceste	steste
furono	bevvero	diedero (dettero)	dissero	fecero	stettero

- Most irregular verbs follow a 1-3-3 pattern: the first-person singular (**io**) and third-person singular and plural (**lui/lei**, **loro**) forms only are irregular. These forms have a different stem and their endings are **-i**, **-e**, and **-ero**.

Some irregular *passato remoto* first-person forms

avere	ebbi	conoscere	conobbi	nascere	nacqui	sapere	seppi
chiedere	chiesi	leggere	lessi	piacere	piacqui	scrivere	scrissi
chiudere	chiusi	mettere	misi	prendere	presi	venire	venni

Guide to Vocabulary

Abbreviations used in this glossary

adj.	adjective	fam.	familiar	*p.p.*	past participle
adv.	adverb	*form.*	formal	*pl.*	plural
art.	article	*imp.*	imperative	*poss.*	possessive
comp.	comparative	*indef.*	indefinite	*prep.*	preposition
conj.	conjunction	*interr.*	interrogative	*pron.*	pronoun
dbl.o.	double object	*invar.*	invariable	*refl.*	reflexive
def.	definite	*i.o.*	indirect object	*rel.*	relative
dem.	demonstrative	*m.*	masculine	*sing.*	singular
disj.	disjunctive	*n.*	noun	*sub.*	subject
d.o.	direct object	*obj.*	object	*super.*	superlative
f.	feminine	*part.*	partitive	*v.*	verb

Italiano-Inglese

A

a *prep.* at; in; to 1B
a casa at home 3A
a condizione che *conj.* provided that 12A
a destra *prep.* to the right 7A
A domani. See you tomorrow. 1A
A dopo. See you later. 1A
a due passi da not far from 9A
a letto in/to bed 3A
a lezione in class 1B
a meno che… non *conj.* unless 12A
a mezzanotte at midnight 3A
a patto che *conj.* provided that 12A
a piedi on foot 3A
A più tardi. See you later. 1A
A presto. See you soon. 1A
a righe *adj.* striped 4B
a scuola at/to school 3A
a sinistra *prep.* to the left 7A
a sụo agio *adv.* at ease 7B
a tạvola at the table 3A
a teatro at/to the theater 3A
a tempo parziale *adj.* part-time 11A
a tempo pieno *adj.* full-time 11A
a tinta unita *adj.* solid color 4B
a volte *adv.* sometimes 6A
al cịnema at/to the movies 3A
al completo *adj.* full; no vacancies 8B
al mare at/to the beach 3A
al sọlito sụo as he/she usually does 8A
al vapore *adj.* steamed 5A
alla griglia *adj.* grilled 5A
Alla prọssima! Until next time! 1A
all'ẹstero *adv.* abroad 8B
all'inizio *adv.* at first 2A
abbastanza *adv.* enough 1A
Abbastanza bene. Pretty well. 1A
abbigliamento *m.* clothing 4B
abbonamento *m.* subscription; pass 8A
abbracciare *v.* to hug 6A
abbracciarsi *v.* to hug each other 6A
abbronzarsi *v.* to tan 8B
abete *m.* fir 12A
abitare *v.* to live, to reside 2A
Dove ạbiti? Where do you live? 7A
ạbito *m.* dress 4B
accadere *v.* to happen 12A
accanto (a) *prep.* next to 7A
accappatọio *m.* bathrobe 6A
accẹndere *v.* to turn on 4A
acceso/a (accẹndere) *p.p., adj.* turned on 4B
Accidenti! Wow! 4B; Darn! 5B
accọrgersi *v.* to realize 12B
ạcido/a *adj.* acidic 12A
pioggia ạcida *f.* acid rain 12A
acqua (frizzante, naturale) *f.* (sparkling, still) water 5B
acquisito/a *adj.* acquired 3A
parenti acquisiti *m., pl.* in-laws 3A
addormentarsi *v.* to fall asleep 6A
adesso *adv.* now 5B
adorare *v.* to adore 2A
adottare *v.* to adopt 3A
aẹreo *m.* airplane 8B
aeroporto *m.* airport 8B
affatto *adv.* at all; completely 9B
non… affatto not at all 9B
affinché *conj.* so that 12A
affittare *v.* to rent (*owner*) 7A
affịttasi for rent 7A
affitto *m.* rent 7A
prẹndere in affitto *v.* to rent (*tenant*) 7A
affollato/a *adj.* crowded 8A
affumicato/a *adj.* smoked 5A
agenda *f.* planner 1B
agente *m., f.* agent 8B
agente di viaggio *m., f.* travel agent 8B
agente immobiliare *m., f.* real estate agent 11A
agenzịa *f.* agency 7A
agenzịa di somministrazione lavoro *f.* temp agency 11B
agenzịa immobiliare *f.* real estate agency 7A
aggiustare *v.* to fix 4A
agio *m.* ease 7B
a sụo agio *adv.* at ease 7B
aglio *m.* garlic 5A
agosto *m.* August 2B
agricoltore/agricoltrice *m., f.* farmer 11A
agricoltura *f.* agriculture 12A
agricoltura biolọgica *f.* organic farming 12A
agrodolce *adj.* sweet and sour 5A
aiuọla *f.* flower bed 9A
aiutare *v.* to help 2A
aiutarsi *v.* to help each other 6A
alba *f.* dawn; sunrise 12A
albergo (a cinque stelle) *m.* (five-star) hotel 8B
ạlbero *m.* tree 12A
alcuni/e *indef. adj., pron.* some, a few 5A
alimentari *m., pl.* foodstuffs 5A
negozio d'alimentari *m.* grocery store 5A
allacciare *v.* to buckle (*seatbelt*) 8A

allegramente *adv.* cheerfully 5B
allegro/a *adj.* cheerful 3B
allẹrgico/a *adj.* allergic 6B
alloggi *m., pl.* lodgings 8B
allora *adv., adj.* so; then 1A
alluvione *f.* flood 12A
alto/a *adj.* tall 3B
altro *indef. pron.* something/anything else 9B
altro/a/i/e *indef. adj.* other 9B
  l'altro ieri the day before yesterday 4B
  l'un l'altro/a each other 6A
altri/e *indef. pron.* others
altroché *conj.* absolutely 9B
alunno/a *m., f.* pupil; student 1B
alzarsi *v.* to stand, to get (oneself) up 6A
amare *v.* to love 10A
amaro/a *adj.* bitter 3B
amarsi *v.* to love each other 6A
ambientalismo *m.* environmentalism 12A
ambiente *m.* environment 12A
ambulanza *f.* ambulance 6B
americano/a *adj.* American 1B
amico/a *m., f.* friend 1A
ạnanas *m.* pineapple 5A
anche *conj.* also; too; as well 1A
  Anch'ịo. Me, too. 1A
ancora *adv.* still; yet; again 4B
  non… ancora *adv.* not yet 4B
andare *v.* to go 2A
  (non) andare di moda. to be/not be in fashion 4B
  andare a cavallo to go horseback riding 2A
  andare al cịnema to go to the movies 2A
  andare dal dottore to go to the doctor 6B
  andare in bicicletta to ride a bicycle 2A
  Come si va… How do you get to . . . ? 9A
  Come va? How are things? 1A
  Va moltịssimo ora! It's very trendy now! 4B
andata e ritorno *adj.* round trip 8B
ạngolo *m.* corner 9A
  dietro l'ạngolo around the corner 9A
animale *m.* animal 12A
  animale domẹstico *m.* pet 3A
anno *m.* year 1A
  avere… anni to be . . . years old 2B
annoiarsi *v.* to get/be bored 6A
annullare *v.* to cancel 8B
annuncio *m.* advertisement 11B
  annuncio di lavoro *m.* job ad 11B
antipasto *m.* appetizer; starter 5B
antipạtico/a *adj.* unpleasant 1B
ape *f.* bee 12A
aperto/a (aprire) *p.p., adj. (used as past participle)* opened; (*used as adjective*) open 4B
apparecchiare *v.* to set 7B
  apparecchiare la tạvola *v.* to set the table 7B
appartamento *m.* apartment 7A
  appartamento arredato *m.* furnished apartment 7A
appena *adv., conj.* just; as soon as 6B
applaudire *v.* to applaud 10A
applauso *m.* applause 10A
appuntamento *m.* appointment; date 11B
  prẹndere un appuntamento to make an appointment 11B
appunti *m., pl.* notes 1B
aprile *m.* April 2B
aprire *v.* to open 3A
arancia *f.* orange 5A
arancione *adj.* orange (*color*) 4B
ạrbitro *m.* referee 2A
architetto *m.* architect 3B
armadio *m.* closet 7A
aroma *m.* aroma; flavoring 10A
arrabbiarsi *v.* to get angry 6A
arrabbiato/a *adj.* angry 3B
arrampicata *f.* climbing 2A
arrẹndersi *v.* to surrender; to give up 2B
arricciare *v.* to curl 6A
arrivare *v.* to arrive 2A
  Arrivo sụbito. I'll be right there. 1A
ArrivederLa/ci. *(form./fam.)* Good-bye. 1A
arrivi *m., pl.* arrivals 8B
arrosto *adj., invar.* roasted 5A
arte *f.* art 1A
  belle arti *f., pl.* fine arts 10B
  ọpera d'arte *f.* work of art 10B
  visitare una gallerịa d'arte to visit an art gallery 10B
artịstico/a *adj.* artistic 10B
ascensore *m.* elevator 8B
asciugacapelli *m., invar.* hair dryer 6A
asciugamano *m.* towel 6A
asciugatrice *f.* clothes dryer 7B
asciutto/a *adj.* dry 5A
  pasta asciutta *f.* pasta
ascoltare *v.* to listen 2A
  ascoltare la mụsica to listen to music 2A
aspettare *v.* to wait (for) 2A
aspirapọlvere *m.* vacuum cleaner 7B
  passare l'aspirapọlvere to vacuum 7B
aspirina *f.* aspirin 6B
assaggiare *v.* to taste 5B
asse da stiro *f.* ironing board 7B
assegno *m.* check 9B
  pagare con assegno to pay by check 9B
assicurazione (sulla vita) *f.* (life) insurance 11A
assistente amministrativo/a *m., f.* administrative assistant 11B
assolo *m.* solo 10A
assụmere *v.* to hire 11A
assunzione *f.* hiring 11B
atlẹtica *f.* track and field 2A
atlẹtico/a *adj.* athletic 3B
attẹndere *v.* to wait for 11B
  Attenda in lịnea, per favore. Please hold. 11B
attento/a *adj.* attentive 2A
attenzione *f.* attention 2A
  fare attenzione to pay attention 2A
atterrare *v.* to land 8B
attesa *f.* waiting 11B
  restare in attesa *to* be on hold 11B
ạttimo *m.* minute; moment 5A
attività *f.* activity 2A; business 12A
  condurre un'attività to run a business 12A
attivo/a *adj.* active 3B
atto *m.* act 10A
attore/attrice *m., f.* actor/actress 1A
attraversare *v.* to cross (*street*) 9A
audace *adj.* audacious, bold 3B
aula *f.* lecture hall; classroom 1B
aumento *m.* raise 11A
autista *m., f.* driver 8A
ạutobus *m.* bus 1A
  in ạutobus by bus 3A
automọbile *f.* car 1A
automobilismo *m.* car racing 2A
autore/autrice *m., f.* author 10B
autostrada *f.* highway 8A
autunno *m.* fall, autumn 2B
avaro/a *adj.* greedy 3B
avere *v.* to have 2B
  avẹrcela con qualcuno to be angry at someone 6A
  avere… anni to be . . . years old 2B
  avere bisogno (di) to need 2B
  avere caldo to feel hot 2B
  avere fame to be hungry 2B
  avere freddo to feel cold 2B
  avere fretta to be in a hurry 2B
  avere il raffreddore to have a cold 6B

avere la febbre to have a fever 6B
avere mal di pancia (schiena, testa) to have a stomachache (backache, headache) 6B
avere paura (di) to be afraid (of) 2B
avere ragione to be right 2B
avere sete to be thirsty 2B
avere sonno to be sleepy 2B
avere torto to be wrong 2B
avere un incidente to have/be in an accident 8A
avere voglia (di) to feel like 2B
avvocato *m.* lawyer 1A
azienda *f.* firm 11B
azzurro/a *adj.* (sky) blue 3B

B

bacca *f.* berry 12A
bacheca *f.* bulletin board 11B
baciare *v.* to kiss 6A
baciarsi *v.* to kiss each other 6A
bagaglio a mano *m.* carry-on baggage 8B
bagno *m.* bath 2A; bathroom 6A
fare il bagno to take a bath 2A
vasca da bagno *f.* bathtub 7A
baita *f.* cabin (*mountain shelter*) 12A
balconata *f.* theater balcony; dress circle 10A
balcone *m.* balcony 7A
balia *f.* nanny 7B
ballare *v.* to dance 2A
ballerino/a *m., f.* (ballet) dancer, ballerina 10A
balletto *m.* ballet 10A
balneare *adj.* bathing; beach 8B
località balneare *f.* ocean resort 8B
bambino/a *m., f.* child; baby 3A
banana *f.* banana 5A
banca *f.* bank 9B
in banca at/to the bank 3A
bancario/a *adj.* banking 9B
conto bancario *m.* bank account 9B
banchiere/a *m., f.* banker 11A
banco *m.* desk 1B
bancomat *m.* ATM 9B
banconota *f.* bill (*banknote*) 9B
barba *f.* beard 6A
farsi la barba to shave (*beard*) 6A
schiuma da barba *f.* shaving cream 6A
barca *f.* boat 8A
barista *m., f.* bartender 11A
barocco/a *adj.* Baroque 10B
basket *m.* basketball 2A
basso/a *adj.* short (*height*) 3B
salario basso *m.* low salary 11B
bastare *v.* to be enough 5B
batteria *f.* drums 2A
batterista *m., f.* drummer 10A
baule *m.* trunk 8A
beh *inter.* well 2A
beige *adj., invar.* beige 4B
bellezza *f.* beauty 9B
salone di bellezza *m.* beauty salon 9B
bellino/a *adj.* cute, pretty 10B
bello/a *adj.* beautiful, handsome 1B
belle arti *f., pl.* fine arts 10B
È bello. It's nice out. 2B
Fa bel tempo. The weather is nice. 2B
benché *conj.* although 12A
bene *adj.* well 1A
Abbastanza bene. Pretty well. 1A
Sto (molto) bene. I am (very) well. 1A
Tutto bene? Everything OK? 1A
Benvenuto/a/i/e! Welcome! 1A
benzina *f.* gas 8A
fare benzina *v.* to get gas 8A
bere *v.* to drink 5A
bernoccolo *m.* bump 6B
biancheria intima *f.* underwear 4B
bianco/a *adj.* white 3B
bibita *f.* drink 5B
biblioteca *f.* library 1B
in biblioteca at/to the library 3A
bicchiere *m.* glass 5B
bicicletta *f.* bicycle 2A
in bicicletta by bicycle 3A
bidello/a *m., f.* caretaker; custodian 11A
biglietteria *f.* ticket office/window 8A
biglietto *m.* ticket 8A
biglietto a fascia chilometrica *m.* kilometric zone ticket 8A
biglietto intero *m.* full price ticket 10A
biglietto ridotto *m.* reduced ticket 10A
bilocale *m.* two-room apartment 7A
binario *m.* track; platform 8A
biologia *f.* biology 1A
biologico/a *adj.* biological; organic 12A
agricoltura biologica *f.* organic farming 12A
biondo/a *adj.* blond(e) 3B
birra *f.* beer 5B
birreria *f.* pub; beer garden 5B
biscotto *m.* cookie 5A
bisnonno/a *m., f.* great grandfather/grandmother 3A
bisogna it's necessary 11A
bizantino/a *adj.* Byzantine 10B
blu *adj., invar.* blue 3B
bocca *f.* mouth 6A
In bocca al lupo. Good luck. (*lit.* In the mouth of the wolf.) 1B
bocciare *v.* to fail (*exam*) 1B
boccuccia *f.* cute little mouth 10B
bollette *f., pl.* bills 7A
pagare le bollette to pay the bills 9B
borsa *f.* handbag, purse 4B
borsetta *f.* small purse 10B
bottiglia *f.* bottle 5B
braccio (*pl.* braccia *f.*) *m.* arm 6A
bravo/a *adj.* good; skilled 1B
briciola *f.* crumb 7B
brillante *adj.* bright 3B
brillare *v.* to sparkle 6B
brindisi *m.* toast 4A
bruciore di stomaco *m.* heartburn 6B
bruno/a *adj.* dark-haired 3B
brutto/a *adj.* ugly 3B
bucare *v.* to puncture 8A
bucare una gomma to get a flat tire 8A
bucato *m.* laundry 7B
fare il bucato to do laundry 7B
buffo/a *adj.* funny 3B
buffone *m.* buffoon 10A
fare il buffone to act the fool 10A
Buona giornata! Have a nice day! 1A
Buonanotte. Good night. 1A
Buonasera. Good evening. 1A
Buongiorno. Hello.; Good morning. 1A
buono/a *adj.* good 1B
buon affare *m.* good deal 4B
burro *m.* butter 5A
busta *f.* envelope 9B
buttare via *v.* to throw away 12A
Vietato buttare rifiuti. No littering. 12A

C

C.V. *m.* résumé 11B
cabina telefonica *f.* phone booth 9A
cadere *v.* to fall 5A
caffè *m.* coffee 1A
caffettiera *f.* coffee maker 7B
cafone/a *m., f.* slob 7B
calciatore/calciatrice *m., f.* soccer player 2A
calcio *m.* soccer 2A
caldo/a *adj.* hot 2B
avere caldo to feel hot 2B
ondata di caldo *f.* heat wave 2B
calzino *m.* sock 4B
cambiare *v.* to change 2A
camera *f.* room 7A

camera da letto *f.* bedroom 7A
camera doppia *f.* double room 7A
camera singola *f.* single room 7A
servizio in camera *m.* room service 8B
cameriere/a *m., f.* waiter 3B
camicetta *f.* blouse 4B
camicia *f.* dress shirt 4B
camion *m.* truck 8A
camion della nettezza urbana *m.* garbage truck 12A
camionista *m., f.* truck driver 11A
camminare *v.* to walk 2A
campagna *f.* countryside 12A
campeggio *m.* camping 2A
campo *m.* field; court 2A
canadese *adj.* Canadian 1B
canale (televisivo) *m.* (television) channel 4A
canarino *m.* canary 3A
cancellare *v.* to erase 4A
candidato/a *m., f.* candidate 11B
cane *m.* dog 3A
canottiera *f.* tank top 4B
cantante *m., f.* singer 10A
cantare *v.* to sing 2A
canzone *f.* song 10A
capacità *f.* skill 11B
caparra *f.* deposit 7A
capelli *m., pl.* hair 6A
capelli a spazzola *m., pl.* crew cut 6A
capelli raccolti *m., pl.* pulled back hair 6A
capelli sciolti *m., pl.* loose hair 6A
spuntare i capelli *v.* to trim one's hair 6A
tagliare i capelli *v.* to cut one's hair 6A
capire *v.* to understand 3A
capodanno *m.* New Year's Day 8B
capolavoro *m.* masterpiece 10B
capolinea *m.* terminus 8A
cappello *m.* hat 4B
cappotto *m.* overcoat 4B
capra *f.* goat 12A
caraffa *f.* carafe 5B
carciofo *m.* artichoke 5A
carica batteria *m.* battery charger 4A
caricare *v.* to charge; to load 4A
carie *f., invar.* cavity 6B
carino/a *adj.* cute 3B
carne *f.* meat 5A
carne di maiale *f.* pork 5A
carne di manzo *f.* beef 5A
caro/a *adj.* expensive; dear 4B
carota *f.* carrot 5A
carriera *f.* career 11A
carta *f.* paper; card 2A
carta di credito/debito *f.* credit/debit card 9B
carta d'imbarco *f.* boarding pass 8B
foglio di carta *m.* sheet of paper 1B
carte *f., pl.* playing cards 2A
cartella *f.* folder 4A
cartina *f.* map 1B
cartoleria *f.* stationery store 9B
cartolina *f.* postcard 9B
cartone animato *m.* cartoon 10B
caruccio/a *adj.* sweet, very dear 10B
casa *f.* house 1A
a casa at home 3A
casalingo/a *m., f.* househusband/housewife 11A
cascata *f.* waterfall 12A
casino *m.* mess 7B
Che casino! What a mess! 7B
cassetta delle lettere *f.* mailbox 9B
cassettiera *f.* dresser 7A
cassetto *m.* drawer 7A
castano/a *adj.* brown (*hair, eyes*) 3B
catastrofe *f.* catastrophe 12A
cattivello/a *adj.* a little bit naughty 10B
cattivo/a *adj.* bad; naughty 1B
cavallo *m.* horse 2A
andare a cavallo to go horseback riding 2A
CD *m.* CD 4A
c'è there is 1A
C'è il temporale. It's stormy. 2B
C'è il/la signor(a)...? Is Mr./Mrs. . . . there? 11B
C'è il sole. It's sunny. 2B
C'è vento. It's windy. 2B
Che c'è di nuovo? What's new? 1A
Che cosa c'è? What's wrong? 1B
celibe *adj.* single (*male*) 3A
cellulare *m.* cell phone 4A
cena *f.* supper, dinner 5B
cenare *v.* to have dinner 2A
centesimo/a *adj.* hundreth 10B
cento *m., adj.* one hundred 1A
centomila *m., adj., invar.* one hundred thousand 2B
centrale nucleare *f.* nuclear power plant 12A
centro *m.* center; downtown 3A
centro commerciale *m.* mall; shopping center 9A
centro storico *m.* downtown 9A
in centro in town 3A
cercare v. to look for 2A; to try 10A 2A
certo/a *adj.* certain 11B
cespuglio *m.* bush 12A
cestino *m.* wastebasket 1B
che *interr. pron.* what 3B; *rel. pron.* who, whom, that, which 9A
Che casino! What a mess! 7B
Che c'è di nuovo? What's new? 1A
Che conciato/a! What a slob!, How badly dressed he/she is! 4B
Che cosa c'è? What's wrong? 1B
Che cos'è? *exp.* What is it? 1B
Che giorno è oggi? What's the date? 2B
Che noia! How boring! 1B
Che ora è/Che ore sono? What time is it? 1B
Che tempo fa? What is the weather like? 2B
prima che *conj.* Before 12A
chi *interr. pron.* who, whom 3B; *rel. pron.* those who, the one(s) who 9A
Chi è? Who is it? 1B
Chi parla? Who's calling? 11B
Da parte di chi? On behalf of whom? 11B
chiacchierone/a *m., f.* chatterbox 10B
chiamare *v.* to call 2A
chiamarsi *v.* to be called; to call each other 6A
Come si/ti chiama/i? *(form./fam.)* What is your name? 1A
Mi chiamo... My name is . . . 1A
chiaro/a *adj.* light 4B; clear 11B
chiave *f.* key 8B
chic *adj., invar.* chic 3B
chiedere *v.* to ask (for) 2B
chiedere un prestito to ask for a loan 9B
chiesa *f.* church 9A
chiesto/a (chiedere) *p.p., adj.* asked; requested 4B
chilo *m.* kilo 5A
chiosco *m.* newsstand; kiosk 9A
chiosco per le informazioni *m.* information booth 9A
chirurgo/a *m., f.* surgeon 6B
chitarra *f.* guitar 2A
chitarrista *m., f.* guitarist 10A
chiudere *v.* to close 2B
chiuso/a (chiudere) *p.p., adj.* closed 4B
ci *d.o. pron., pl.* us 5A; *i.o. pron., pl.* (to, for) us 5B; *adv.* there 6A
ci sono there are 1A
Ci sono 18 gradi. It's 18 degrees out. 2B
Ci vediamo! See you soon! 1A
Ciao. Hi.; Good-bye. 1A
ciascuno *adj., pron.* each (one) 4B
cibo *m.* food 5A

ciclismo *m.* cycling 2A
ciclone *m.* cyclone 2B
cielo *m.* sky 12A
ciglio (*pl.* ciglia *f.*) *m.* eyelashes 6A
Cin cin! Cheers! 1A
cinema *m.* cinema 2A
  al cinema at/to the movies 3A
cinese *adj.* Chinese 1B
cinquanta *m., adj., invar.* fifty 1A
cinque *m., adj., invar.* five 1A
cinquecentesimo/a *adj.* five hundreth 10B
cinquecento *m., adj., invar.* five hundred 2B
cinquemila *m., adj., invar.* five thousand 2B
cintura *f.* belt 4B
  cintura di sicurezza *f.* seatbelt 8A
ciò che *rel. pron.* that which, what 9A
cioccolateria *f.* café specializing in chocolate 5B
cipolla *f.* onion 5A
cipresso *m.* cypress 12A
città *f.* city 1A
ciuffo *m.* tuft of hair 6A
civile *adj.* civil 3A
  stato civile *m.* marital status 3A
clarinetto *m.* clarinet 10A
classe *f.* class; classroom 1B
  classe economica *f.* economy class 8B
  classe turistica *f.* tourist class 8B
  prima/seconda classe *f.* first/second class 8A
classico/a *adj.* classical; classic 10B
cliente *m., f.* customer; client 8B
clima *m.* climate 10A
coda *f.* ponytail 6A
cofano *m.* hood 8A
cognato/a *m., f.* brother-/sister-in-law 3A
cognome *m.* last name 3A
coincidenza *f.* connection 8A
coinquilino/a *m., f.* roommate 9A
colazione *f.* breakfast 5B
  fare colazione to have breakfast 2A
collaboratrice domestica f. maid 7B
collana *f.* necklace 4B
collezione *f.* collection 10B
collo *m.* neck 6A
colloquio di lavoro *m.* job interview 11B
colore *m.* color 4B
  Di che colore? What color? 4B
colpire *v.* to hit 8A
coltello *m.* knife 5B
come *adv.* how 3B
  Come si va... How do you get to . . . ? 9A
  Come si/ti chiama/i? *(form./fam.)* What is your name? 1A
  Come sta/stai? *(form./fam.)* How are you? 1A
  Come te la passi? How are you getting along? 1A
  Come va? How are things? 1A
cominciare *v.* to begin 2A; to start 4A
commedia *f.* comedy 10A
commesso/a *m., f.* salesperson 4B
commettere *v.* to commit 11B
commissioni *f., pl.* errands 9B
  fare delle commissioni to run errands 9B
commovente *adj.* touching, moving 10B
comodino *m.* night table 7A
compact disc *m.* CD 4A
compagno/a di classe *m., f.* classmate 1B
competenza *f.* competence; ability 11B
compiti *m., pl.* homework 1B
compleanno *m.* birthday 2B
  Quando è il tuo compleanno? When is your birthday? 2B
completo *m.* suit; matching outfit 4B
completo/a *adj.* complete 8B
  al completo *adj.* full; no vacancies 8B
comporre *v.* to dial; to compose 4A
compositore/compositrice *m., f.* composer 10A
composto (comporre) *p.p., adj.* composed 4B
comprare *v.* to buy 2A
compressa *f.* tablet 6B
compromesso *m.* compromise 12B
computer (portatile) *m.* (laptop) computer 4A
comune *m.* town hall 9B
comunque *conj., adv.* however 4A
con *prep.* with 3A
concerto *m.* concert 10A
condizione *f.* condition 12A
  a condizione che *conj.* provided that 12A
condurre *v.* to manage, to run 12A
  condurre un'attività to run a business 12A
congedo *m.* leave 11A
  prendere un congedo to take leave time 11A
congelatore *m.* freezer 7B
coniglio *m.* rabbit 12A
connesso/a *adj.* connected 4A
  essere connesso/a to be connected 4A
conoscere *v.* to know; to meet 4B
  conoscere di vista to know by sight 4B
  conoscere la strada to know the way 4B
  conoscere... a fondo to know something inside and out 4B
  Piacere di conoscerLa/ti. *(form./fam.)* Pleased to meet you. 1A
conoscersi *v.* to meet each other 6A
conservare *v.* to preserve 12A
consigliare *v.* to advise 5B
consiglio *m.* advice 11B
consulente *m., f.* consultant 11A
contabile *m., f.* accountant 11A
contanti *m., pl.* cash 9B
  pagare in contanti to pay in cash 9B
contemporaneo/a *adj.* contemporary; modern 10B
contento/a *adj.* content, happy 1B
continuare *v.* to continue 10A
conto *m.* bill 5A; account 9B
  conto bancario *m.* bank account 9B
  conto corrente *m.* checking account 9B
  conto risparmio *m.* savings account 9B
  rendersi conto (di) to realize, to become aware (of) 6A
contorno *m.* side dish 5B
contratto *m.* contract; lease 7A
contributi *m., pl.* contributions; taxes 11A
controllare *v.* to check 6B
  controllare la linea to watch one's weight 6B
controllo *m.* control 8B
  controllo passaporti *m.* passport control 8B
controllore *m.* ticket collector 8A
convalidare *v.* to validate (*ticket*) 8A
conversazione *f.* conversation 1B
convinto/a *adj.* earnest 3B
coperta *f.* blanket 7B
coperto/a *adj.* overcast 2B
coppia *f.* couple 3A
coraggioso/a *adj.* courageous 3B
cornetta *f.* phone receiver 11B
coro *m.* chorus 10A
corpo *m.* body 6A
corrente *adj.* current 9B
  conto corrente *m.* checking account 9B
correre *v.* to run 2B
corridoio *m.* hallway 7A

corso *m.* course 2A
corso/a (cọrrere) *p.p., adj.* run 4B
cortese *adj.* courteous 3B
cortesịa *f.* courtesy 1A
  forme di cortesịa polite expressions 1A
cortile *m.* courtyard 7A
corto/a *adj.* short (*length*) 3B
cortometraggio *m.* short film 10B
cosa *interr. pron.* what 3B; *f.* thing 1A
  (Che) cos'è? *exp.* What is it? 1B
  Cosa vuol dire...? What does . . . mean? 4A
  La sọlita cosa. The usual. 1A
coscienza ambientale *f.* enviornmental awareness 12A
così *adv.* so 8A
  così... come *adv.* as . . . as 8A
  Così così. So-so. 1A
costa *f.* coast 12A
costare *v.* to cost, to be worth 5A
  Quanto costa...? How much is . . . ? 5A
costoso/a *adj.* expensive 4B
costruire *v.* to build 9A
costume da bagno *m.* bathing suit 4B
cotone *m.* cotton 4B
cottura *f.* cooking 7A
  piano cottura *m.* stovetop 7A
cravatta *f.* tie 4B
credenza *f.* cupboard 7A
crẹdere *v.* to believe 10A
crẹdito *m.* credit 9B
  pagare con carta di crẹdito to pay with a credit card 9B
crema *f.* lotion 6A
Crepi. Thanks. (*lit.* May the wolf die.) 1B
cretino/a *m., f.* jerk 7A
crociera *f.* cruise 8B
crostata *f.* pie 5A
crudele *adj.* cruel 3B
cucchiaịno *m.* teaspoon 5B
cucchiạio *m.* spoon 5B
cucina *f.* kitchen 7A
cucinare *v.* to cook 5A
cucitrice *f.* stapler 11B
cuffie *f., pl.* headphones 4A
cugino/a *m., f.* cousin 3A
cui *rel. pron.* whom, which 9A
cuoco/a *m., f.* cook, chef 5B
cuore *m.* heart 6A
curare *v.* to heal 6B
curioso/a *adj.* curious 3B
currịculum vitae *m.* résumé 11B
cuscino *m.* pillow 7B
cutạneo/a *adj.* skin 6B
  eruzione cutạnea *f.* rash 6B

D

da *prep.* from; at; by; since 1B
  Da parte di chi? On behalf of whom? 11B
  Da quando... Since when 2B
  Da quanto tempo...? For how long . . . ? 2B
  Da questa parte. This way. 1A
danza clạssica *f.* classical dance 2A
dare *v.* to give 2A
  dare le dimissioni to resign 11A
  dare un passaggio to give (someone) a ride 9A
  dare un'occhiata to take a look 4B
  Ma dai! Oh, come on! 1A
darsi *v.* to give to each other 6A
  può darsi it's possible 11B
data *f.* date 2B
davanti (a) *prep.* in front (of) 7A
davvero *adv., adj.* really 5B
dẹbito *m.* due; debt 9B
  pagare con carta di dẹbito to pay with a debit card 9B
dẹbole *adj.* weak 3B
debutto *m.* debut 10A
decịdere *v.* to decide 10A
dẹcimo/a *adj.* tenth 10B
decisione *f.* decision 2B
  prẹndere una decisione to make a decision 2B
deciso/a (decịdere) *p.p., adj.* decided 4B
decollare *v.* to take off 8B
degrado *m.* deterioration 12A
deluso/a *adj.* disappointed 8A
denaro *m.* money 9B
  depositare il denaro to deposit money 9B
dente *m.* tooth 6A
  lavarsi i denti *v.* to brush one's teeth 6A
dentifricio *m.* toothpaste 6A
dentista *m., f.* dentist 6B
dentro *prep.* inside 7A
depositare *v.* to deposit 9B
  depositare il denaro to deposit money 9B
depressione *f.* depression 6B
depurare *v.* to purify 12A
descrizioni personali *f., pl.* personal descriptions 3B
deserto *m.* desert 12A
desiderare *v.* to desire, to want 2A to wish 10A
destra *f.* right 7A
  a destra *prep.* to the right 7A
detto (dire) *p.p., adj.* said 4B
di (d') *prep.* of, from 3A
  dei *part. art., m., pl.* some 5A
  degli *part. art., m., pl.* some 5A
  del *part. art., m., sing.* some 5A
  dell' *part. art., m., f., sing.* some 5A
  della *part. art., f., sing.* some 5A
  delle *part. art., f., pl.* some 5A
  dello *part. art., m., sing.* some 5A
  Di che colore? What color? 4B
  Di dove sei? Where are you from? 1B
  di fronte a *prep.* across from 9A
  di media statura *adj.* of average height 3B
  Di niente. You're welcome. 1A
  di nuovo *adv.* again 3B
  di sọlito *adv.* usually 5B
  di tanto in tanto off and on 4A
dicembre *m.* December 2B
diciannove *m., adj., invar.* nineteen 1A
diciassette *m., adj., invar.* seventeen 1A
diciottẹsimo/a *adj.* eighteenth 10B
diciotto *m., adj., invar.* eighteen 1A
dieci *m., adj., invar.* ten 1A
dieta *f.* diet 5B
  ẹssere a dieta to be on a diet 5B
dietro (a) *prep.* behind 7A
  dietro l'ạngolo around the corner 9A
diffịcile *adj.* difficult 1B
digitale *adj.* digital
  mạcchina fotogrạfica digitale *f.* digital camera 4A
dilemma *m.* dilemma, quandary 10A
diluvio *m.* torrential downpour; flood 2B
dimenticare *v.* to forget 2A
dimenticarsi (di) *v.* to forget 10A
dinạmico/a *adj.* dynamic 3B
dipịngere *v.* to paint 2B, 10A
diploma *m.* diploma; degree 10A
dire *v.* to say; to tell 4A
  Cosa vuol dire...? What does . . . mean? 4A
diretta *f.* live broadcast 7B
  in diretta *adv.* live 7B
direttore/direttrice (del personale) *m., f.* (personnel) manager 11B
dirigente *m., f.* executive; manager 11A
dirịgere *v.* to manage 11A
diritto *prep.* straight 9A
disboscamento *m.* deforestation 12A
discạrica *f.* dump 12A
disco rịgido *m.* hard drive 4A
discreto/a *adj.* discreet 3B
disinvolto/a *adj.* confident 3B

disoccupato/a *adj.* unemployed **11A**
ẹssere disoccupato/a to be unemployed **11A**
disonesto/a *adj.* dishonest **1B**
dispensa *f.* pantry **7A**
dispiacere *v.* to be sorry **5B**
disponịbile *adj.* helpful; available **3B**
posto disponịbile *m.* vacancy **8B**
dito (*pl.* dita *f.*) *m.* finger **6A**
dito *m.* **del piede (*pl.* dita *f.*)** toe **6A**
divano *m.* couch **7A**
diventare *v.* to become **5A**
divergenza *f.* difference **12A**
divertente *adj.* fun **1B**
divertirsi *v.* to have fun **6A**
divorziato/a *adj.* divorced **3A**
dizionario *m.* dictionary **1B**
doccia *f.* shower **2A**
fare la doccia to take a shower **2A**
docente *m., f.* teacher, lecturer **11A**
documentario *m.* documentary **10B**
documento *m.* document **4A**; ID **8B**
dọdici *m., adj., invar.* twelve **1A**
dogana *f.* customs **8B**
dolce *adj.* sweet **3B**; *m.* dessert **5B**
dolore *m.* pain **6B**
domanda *f.* question **1A**
fare domanda to apply **11B**
fare una domanda to ask a question **2A**
domandare *v.* to ask **2B**
domani *adv.* tomorrow **2B**
A domani. See you tomorrow. **1A**
domẹnica *f.* Sunday **1B**
domẹstico/a *adj.* domestic **3A**
animale domẹstico *m.* pet **3A**
collaboratrice domẹstica *f.* maid **7B**
donna *f.* woman **1A**
donna d'affari *f.* businesswoman **3B**
dono *m.* gift **10A**
dopo *prep.* after **4A**; *adv.* after, afterwards **5B**
A dopo. See you later. **1A**
dopodomani *adv.* the day after tomorrow **7A**
dormire *v.* to sleep **3A**
dotato/a *adj.* gifted; talented **10B**
dottore(ssa) *m., f.* doctor **1A**
andare dal dottore to go to the doctor's **2A**
dove *adv.* where **3B**
Di dove sei? Where are you from? **1B**
Dove abiti? Where do you live? **7A**
dovere *v.* to have to/must; to owe **4A**
dramma *m.* drama; play **10A**
dramma psicolọgico *m.* psychological drama **10B**
drammạtico/a *adj.* dramatic **10B**
drammaturgo/a *m., f.* playwright **10A**
dubitare *v.* to doubt **10A**
due *m., adj., invar.* two **1A**
duecento *m., adj., invar.* two hundred **2B**
duemila *m., adj., invar.* two thousand **2B**
durante *prep.* during **7B**
durare *v.* to last **7B**
duro/a *adj.* hard; tough **3B**

E

e *conj.* and **1B**
E Lei/tu? *(form./fam.)* And you? **1A**
ecco *adv.* here **1A**
ecologịa *f.* ecology **12A**
economịa *f.* economics **1B**
edịcola *f.* newsstand **9B**
editorịa *f.* publishing industry **10B**
effetto *m.* effect **12B**
effetto serra *m.* greenhouse effect **12B**
egoista *adj.* selfish **3B**
Ehilà! Hey there! **1A**
elettricista *m., f.* electrician **11A**
elettrodomẹstico *m.* appliance **7B**
elevato/a *adj.* high **11B**
salario elevato *m.* high salary **11B**
e-mail *f.* e-mail message **4A**
emicrania *f.* migraine **6B**
energịa *f.* energy **12A**
energịa eọlica *f.* wind power **12A**
energịa nucleare *f.* nuclear energy **12A**
energịa rinnovạbile *f.* renewable energy **12A**
energịa solare *f.* solar energy **12A**
energịa tẹrmica *f.* thermal energy **12A**
enẹrgico/a *adj.* energetic **3B**
enoteca *f.* store specializing in wine **5B**
entrare *v.* to enter **5A**
ẹpico/a *adj.* epic **10B**
racconto ẹpico *m.* epic **10B**
epifanịa *f.* Twelfth Night, Epiphany **8B**
erba *f.* grass **12A**
errore *m.* error **11B**
eruzione *f.* eruption **2B**
eruzione cutạnea *f.* rash **6B**
eruzione vulcạnica *f.* volcanic eruption **2B**
esame *m.* exam **1A**
escursione *f.* outing **12A**
esercitazione a scuola *f.* school project **10B**
esercizio *m.* exercise **6B**
fare esercizio to exercise **6B**
esibizione *f.* performance **10A**
esigente *adj.* demanding **11A**
esperienza *f.* experience **11B**
esperienza professionale *f.* professional experience **11B**
esplorare *v.* to explore **12A**
esposizione *f.* exhibit **10B**
espressione *f.* expression **5A**
ẹssere *v.* to be **1B**
Che ora è/Che ore sono? What time is it? **1B**
Di dove sei? Where are you from? **1B**
È bello. It's nice out. **2B**
È il 15 agosto. It's August 15th. **2B**
È il 23 marzo. It's March 23rd. **2B**
È un porcile! It's a pigsty! **7B**
ẹssere a dieta to be on a diet **5B**
ẹssere al verde to be broke **9B**
ẹssere allẹrgico (a) to be allergic (to) **6B**
ẹssere ben/mal pagato/a to be well/poorly paid **11A**
ẹssere connesso/a to be connected **4A**
ẹssere disoccupato/a to be unemployed **11A**
ẹssere forte in... to be strong in . . . **1B**
ẹssere in buona salute to be in good health **6B**
ẹssere in lịnea to be online **4A**
ẹssere in panne to break down **8A**
ẹssere in tour to be on tour **10A**
ẹssere in/fuori forma to be in/out of shape **6B**
ẹssere incinta to be pregnant **6B**
ẹssere nato nel... to be born in . . . **2B**
ẹssere negato/a per to be no good at . . . **1B**
est m. east **9A**
estate *f.* summer **2B**
ẹstero *m.* foreign countries **8B**
all'ẹstero *adv.* abroad **8B**
etto *m.* 100 grams **5A**
evitare (di) *v.* to avoid **6B**

F

fa *adv.* ago 4B
dieci giorni fa ten days ago 4B
un anno fa a year ago 4B
fạbbrica *f.* factory 12A
faccende *f., pl.* chores 7B
fare le faccende to do household chores 7B
faccia *f.* face 6A
fạcile *adj.* easy 1B
facoltà *f.* faculty; department 1B
fagiolino *m.* green bean 5A
falegname *m.* carpenter 7B
fallire *v.* to fail 11A
fame *f.* hunger 2B
avere fame to be hungry 2B
famiglia *f.* family 3A
fantascienza *f.* science-fiction 10B
film di fantascienza *m.* sci-fi film 10B
fare *v.* to do; to make 2A
Che tempo fa? What is the weather like? 2B
Fa bel/brutto tempo. The weather is nice/bad. 2B
Fa caldo/freddo/fresco. It's hot/cold/cool. 2B
Fammi vedere. Let me see. 2B
far soffrịggere to brown, to fry lightly 5A
far tostare to toast 5A
fare attenzione to pay attention 2A
fare benzina to get gas 8A
fare colazione to have breakfast 2A
fare delle commissioni to run errands 9B
fare domanda to apply 11B
fare due passi to take a short walk 2A
fare esercizio to exercise 6B
fare ginnạstica to exercise 6B
fare i mestieri/le faccende to do household chores 7B
fare il bagno to take a bath 2A
fare il bucato to do the laundry 7B
fare il buffone to act the fool 10A
fare il letto to make the bed 7B
fare il pendolare to commute 12A
fare il ponte to take a long weekend 8B
fare la doccia to take a shower 2A
fare la fila to wait in line 9B
fare la spesa/le spese to buy groceries/to shop 2A
fare la valigia to pack a suitcase 8B
fare progetti to make plans 11B
fare spese to go shopping 4B
fare un picnic to have a picnic 12A
fare un viaggio to take a trip 2A
fare una domanda to ask a question 2A
fare una foto to take a picture 2A
fare una gita to take a field trip 2A
fare una passeggiata to take a walk 2A
fare una puntura to give a shot 6B
farsi la barba to shave (*beard*) 6A
farsi male to hurt oneself 6A
farmacịa *f.* pharmacy 6A
farmacista *m., f.* pharmacist 6B
faro *m.* headlight 8A
fatto/a (fare) *p.p., adj.* done; made 4B
fatto/a in casa adj. homemade 5B
fattorịa *f.* farm 12A
fạvola *f.* fairy tale 10B
favore *m.* favor 1A
per favore please 1A
febbrạio *m.* February 2B
febbre *f.* fever 6B
avere la febbre to have a fever 6B
fedele *adj.* faithful 3B
felice *adj.* happy 1B
felpa *f.* sweatshirt 4B
fẹmmina *f.* female 3A
femminista *adj.* feminist 3B
ferie *f., pl.* paid vacation 11A
ferita *f.* injury; wound 6B
fermare *v.* to stop 6A
fermarsi *v.* to stop (*oneself*) 6A
fermata *f.* (*bus/train*) stop 8A
fermata a richiesta *f.* stop on request 8A
ferragosto *m.* August 15 holiday 8B
ferro (da stiro) *m.* iron 7B
fẹstival *m.* festival 10A
festivo *m.* public holiday 8B
fetta *f.* slice 5A
fidanzato/a *adj.* engaged 3A; *m., f.* fiancé(e); boyfriend/girlfriend 3A
fidarsi *v.* to trust 11A
fiducia *f.* trust 11A
fieno *m.* hay 12A
figliastro/a *m., f.* stepson/stepdaughter 3A
figlio/a *m., f.* son/daughter 3A
figlio/a ụnico/a *m., f.* only child 3A
fila *f.* line 9B
fare la fila to wait in line 9B
film (dell'orrore/di fantascienza) *m.* (horror/sci-fi) film 10B
filmino *m.* short film; home video 10B
fine *f.* end 10A
finestra *f.* window 1B
fịngere *v.* to pretend 10A
finire *v.* to finish 3A
fino a *prep.* until 2B
fiore *m.* flower 7A
fiorista *m.* flower shop; *m., f.* florist 9B
firmare *v.* to sign 9B
fisarmọnica *f.* accordion 10A
fiume *m.* river 12A
flauto *m.* flute 10A
focaccerịa *f.* store specializing in focaccia 5B
foglia *f.* leaf 12A
foglio di carta *m.* sheet of paper 1B
fondo *m.* bottom 4B
conọscere... a fondo *to* know something inside and out 4B
in fondo *prep.* at the end; bottom 9B
fontana *f.* fountain 9A
football americano *m.* football 2A
forchetta *f.* fork 5B
foresta *f.* forest 12A
forma *f.* shape 6B
ẹssere in/fuori forma to be in/out of shape 6B
forme di cortesịa polite expressions 1A
formaggio *m.* cheese 5A
formazione *f.* training 11B
fornelli *m., pl.* stovetop; burners 7B
forno *m.* oven 7B
(forno a) microonde *m.* microwave (oven) 7B
forse *adv.* maybe 3A
forte *adj.* strong 3B
ẹssere forte in... to be strong in . . . 1B
forụncolo *m.* pimple 6B
Forza! Come on! 5B
foschịa *f.* mist 2B
foto(grafịa) *f.* photo(graph) 1A
fare una foto to take a picture 2A
fotocopiare to photocopy 11B
fotọgrafo *m.* photo shop 9B
fotọgrafo/a *m., f.* photographer 9B
fra *prep.* among, between, in 3A
fra di loro *(between/among) each other* 6A
fra due giorni in two days 7A
fra poco in a little while 7A
fra una settimana in a week 7A
frạgola *f.* strawberry 5A
francese *adj.* French 1B
francobollo *m.* stamp 9B

frangia *f.* bang 6A
fratellastro *m.* stepbrother; half brother 3A
fratellino *m.* little/younger brother 3A
fratello *m.* brother 3A
frattura *f.* fracture 6B
freccette *f., pl.* darts 2A
freddo/a *adj.* cold 2B
  avere freddo to feel cold 2B
frenare *v.* to brake 8A
freni *m., pl.* brakes 8A
frequentare *v.* to attend 2A
  frequentare la lezione to attend class 1B
frequentemente *adv.* frequently 5B
fresco/a *adj.* cool, fresh 2B
fretta *f.* haste 2B
  avere fretta to be in a hurry 2B
friggere *v.* to fry 5B
frigo(rifero) *m.* fridge, refrigerator 7B
fritto/a *adj.* fried 5A
frizione *f.* clutch 8A
frizzante *adj.* sparkling 5B
  acqua frizzante *f.* sparkling water 5B
fronte *f.* front 9A
  di fronte a *prep.* across from 9A
frutta *f.* fruit 5A
frutti di mare *m., pl.* seafood 5A
fulmine *m.* lightning 2B
fungo *m.* mushroom 5A
funzionare *v.* to work, to function 4A
funzionario/a *m., f.* civil servant 11A
fuori *prep.* outside 7A
furbo/a *adj.* shrewd, sly 3B
futurista *adj.* Futurist 10B
futuro *m.* future 7A
  in futuro in the future 7A

G

gabbiano *m.* seagull 12A
gabinetto *m.* toilet 7A
galleria *f.* gallery 10A
  visitare una galleria d'arte to visit an art gallery 10B
gamba *f.* leg 6A
  in gamba *adj.* smart, sharp 3B
gamberetto *m.* shrimp 5A
garage *m., invar.* garage 7A
gatto *m.* cat 3A
gelateria *f.* ice cream shop 5A
geloso/a *adj.* jealous 3B
gemelli/e *m., f., pl.* twins 3A
genere *m.* kind; genre 10B
  in genere *adv.* generally 3A
genero *m.* son-in-law 3A
generoso/a *adj.* generous 1B
genio/a *m., f.* genius 4A
genitori *m., pl.* parents 3A
gennaio *m.* January 2B
gente *f.* people 1B
gentile *adj.* kind 3B
gestore *m., f.* manager 11B
gettare *v.* to throw 12A
già *inter.* yeah 2A; *adv.* already 4B
giacca *f.* jacket 4B
giallo/a *adj.* yellow 4B
giapponese *adj.* Japanese 1B
giardiniere/a *m., f.* gardener 11A
ginnastica *f.* gymnastics 4B
  fare ginnastica to exercise 6B
  scarpa da ginnastica *f.* running shoe 4B
ginocchio (*pl.* ginocchia *f.*) *m.* knee 6A
giocare *v.* to play 2A
giocatore/giocatrice *m., f.* player 2A
gioielleria *f.* jewelry store 9B
giornalaccio *m.* trashy newspaper 10B
giornale *m.* newspaper 8B
giornalista *m., f.* journalist 3B
giornataccia *f.* bad day 10B
giorno *m.* day 1B
  Che giorno è oggi? What's the date? 2B
  fra due giorni in two days 7A
  giorno festivo *m.* public holiday 8B
giovane *adj.* young 3B
giovedì *m.* Thursday 1B
gioventù *f.* youth 8B
  ostello della gioventù *m.* youth hostel 8B
girare *v.* to turn 9A; to film, to shoot 10B
giro *m.* turn; tour 4B
  in giro around; out and about 4B
  prendere in giro to tease 8B
gita *f.* field trip 2A
  fare una gita to take a field trip 2A
giudice *m., f.* judge 11A
giugno *m.* June 2B
giurisprudenza *f.* law 1B
giusto/a *adj.* right 11A
gli *def. art. m., pl.* the 1A; *i.o. pron., m., sing.* (to, for) him 5B; *i.o. pron., m., f., pl.* (to, for) them 5B
glielo/a/i/e/ne *dbl.o. pron. m., f., sing.* it (to, for) him/her 7A
gola *f.* throat 6A
  mal di gola *m.* sore throat 6B
gomito *m.* elbow 6A
gomma *f.* eraser 1A; tire 8A
gonna *f.* skirt 4B
gotico/a *adj.* Gothic 10B
governo *m.* government 12A
gradinata *f.* tier 10A
gradino *m.* step 9A
grado *m.* degree 2B
  Ci sono 18 gradi. It's 18 degrees out. 2B
graffetta *f.* paper clip; staple 11B
grande *adj.* big 2A
grande magazzino *m.* department store 9A
grandine *f.* hail 2B
grasso/a *adj.* fat 3B
gratis *adj.* free 10A
gratitudine *f.* gratitude 12A
grave *adj.* serious 6B
Grazie. Thank you. 1A
  Grazie mille. Thanks a lot. 1A
greco/a *adj.* Greek 1B
grigio/a *adj.* gray 3B
griglia *f.* grill 5A
  alla griglia *adj.* grilled 5A
gruppo rock *m.* rock band 10A
guadagnare *v.* to earn 11A
guanto *m.* glove 4B
guardare *v.* to look at 6A
  guardare la TV to watch TV 2A
guardarsi *v.* to look at each other 6A
guarire *v.* to get better 6B
guidare *v.* to drive 2A
gusto *m.* flavor, taste 5B
gustoso/a *adj.* tasty 5B

I

i *def. art., m., pl.* the 1A
idea *f.* idea 1A
idraulico *m* plumber 7B
ieri *adv.* yesterday 4B
  ieri sera last night 4B
  l'altro ieri the day before yesterday 4B
il *def. art., m., sing.* the 1A
imbarco *m.* boarding 8B
  carta d'imbarco *f.* boarding pass 8B
imbianchino *m.* painter 7B
imbucare *v.* to mail 9B
  imbucare una lettera to mail a letter 9B
immaginare *v.* to imagine 11B
immobiliare *adj.* building 11A
  agente immobiliare *m., f.* real estate agent 11A
  agenzia immobiliare *f.* real estate agency 7A
immondizia *f.* trash 12A
impanare *v.* to bread 5A
imparare (a) *v.* to learn (to) 2A
impeccabile *adj.* impeccable; perfectly clean 7B
impermeabile *m.* raincoat 2B

impianto *m.* system 4A
impianto stẹreo *m.* stereo system 4A
impiegato/a *m., f.* employee 11B
importante *adj.* important 1B
impossịbile *adj.* impossible 11A
impressione *f.* impression 11B
improbạbile *adj.* unlikely 11A
in *prep.* in; to; at 3A
in ạutobus by bus 3A
in banca at/to the bank 3A
in biblioteca at/to the library 3A
in bicicletta by bicycle 3A
In bocca al lupo. Good luck. (*lit.* In the mouth of the wolf.) 1B
in centro in town 3A
in diretta *adv.* live 7B
in fondo *prep.* at the end; bottom 9B
in futuro in the future 7A
in gamba *adj.* smart, sharp 3B
in gẹnere *adv.* generally 3A
in giro around; out and about 4B
in mạcchina by car 3A
in modo che *conj.* so that 12A
in montagna in/to the mountains 3A
in treno by train 3A
in ụmido *adj.* stewed 5A
in vacanza on vacation 3A
incidente *m.* accident 8A
avere un incidente to have/be in an accident 8A
incinta *adj.* pregnant 6B
ẹssere incinta to be pregnant 6B
incominciare *v.* to begin 2A
incontrare *v.* to meet with 2A
incontrarsi *v.* to meet each other 6A
incredịbile *adj.* incredible 11B
incrocio *m.* intersection 9A
indicazione *f.* direction 9A
indipendente *adj.* independent 1B
indirizzo *m.* address 9B
indossare *v.* to wear 4B
indovinare *v.* to guess 8A
infermiere/a *m., f.* nurse 6B
infezione *f.* infection 6B
influenza *f.* flu 6B
informạtica *f.* computer science 1B
ingegnere *m., f.* engineer 1A
ingenuo/a *adj.* naïve 3B
inglese *adj.* English 1B
ingolfare *v.* to flood 12B
innamorarsi *v.* to fall in love 6A
innanzitutto *adv.* first of all 9A
innovativo/a *adj.* innovative 10B
inopportuno/a *adj.* inappropriate 11A
inquietante *adj.* disturbing 10B
inquilino/a *m., f.* tenant 7A
inquinamento *m.* pollution 12A
insalata *f.* salad 5B
insegnante *m., f.* instructor 1B
insegnare *v.* to teach 2A
insensịbile *adj.* insensitive 3B
insetto *m.* insect 12A
insieme *adv.* together 2A
insịpido/a *adj.* bland 5B
insịstere *v.* to insist 11B
insonnia *f.* insomnia 6B
intasato/a *adj.* crowded; clogged 6B, 8A
intelligente *adj.* intelligent 1B
interessante *adj.* interesting 1B
interesse *m.* interest 9B
tasso di interesse *m.* interest rate 9B
Internet café *m.* Internet café 9B
interpretare *v.* to perform 10A
intervallo *m.* intermission 10A
invece *adv.* instead; on the other hand 1B
inventare *v.* to invent 10A
inverno *m.* winter 2B
investimento *m.* investment 9B
inviare *v.* to send 9B
invitare *v.* to invite 10A
ịo *sub. pron.* I 1B
irresponsạbile *adj.* irresponsible 3B
ịsola *f.* island 12A
ịsola pedonale *f.* pedestrian area 9A
isolato *m.* block 9A
istantạneo/a *adj.* instantaneous 4A
messaggio istantạneo *m.* instant message, IM 4A
istruzione *f.* education 11B
italiano/a *adj.* Italian 1B

J

jeans *m., pl.* jeans 4B

L

l' *def. art., m., f., sing.* the 1A
la *def. art., f., sing.* the 1A; *d.o. pron., f., sing.* her/it 5A
La *d.o. pron., sing., form.* you 5A
là *adv.* there 1A
labbro (*pl.* labbra *f.*) *m.* lip 6A
laboratorio *m.* laboratory 5B
laboratorio di pasta fresca *m.* store specializing in homemade pasta 5B
lagna *f.* whiner 7B
lago *m.* lake 12A
lamentarsi (di) *v.* to complain (about) 6A
lamentoso/a *adj.* whiny 3B
lạmpada *f.* lamp 7A
lampo *m.* flash of lightning 2B
lampone *m.* raspberry 5A
lana *m.* wool 4B
largo/a *adj.* loose, big 4B
lasciare *v.* to allow, to let; to leave 10A
Lạsciami in pace. Leave me alone. 1A
lasciare un messaggio to leave a message 11B
lasciarsi *v.* to leave each other, to split up 6A
latte *m.* milk 5B
lattuga *f.* lettuce 5A
laurearsi *v.* to graduate from college 6A
lavagna *f.* (black)board 1B
lavanderịa *f.* laundromat 9B
lavare *v.* to wash 7B
lavare i piatti to wash the dishes 7B
lavarsi *v.* to wash oneself 6A
lavarsi i denti *v.* to brush one's teeth 6A
lavastoviglie *f.* dishwasher 7B
lavatrice *f.* washing machine 7B
lavavetri *m.* window cleaner 7B
lavello *m.* kitchen sink 7B
lavorare *v.* to work 2A
lavoro *m.* work; job 11B
agenzịa di somministrazione lavoro *f.* temp agency 11B
annuncio di lavoro *m.* job ad 11B
offerte di lavoro *f., pl.* job openings 11B
trovare lavoro *v.* to find a job 11B
le *def. art., f., pl.* the 1A; *d.o. pron., f., pl.* them 5A; *i.o. pron., f., sing.* (to, for) her 5B
Le *i.o. pron., sing., form.* (to, for) you 5B
legge *f.* law 12A
lẹggere *v.* to read 2A
lẹggere la mappa to read a map 8B
leggero/a *adj.* light 5B; slight 6B
legumi *m., pl.* legumes 5A
lei *sub. pron.* she 1B; *disj. pron., f., sing.* her 4A
Lei *sub. pron., sing., form.* you 1B; *disj. pron., sing., form.* you 4A
lentamente *adv.* slowly 5B
lento/a *adj.* slow 3B
lenzuolo (*pl.* lenzuola *f.*) *m.* sheet 7B
lẹttera *f.* letter 9B
imbucare una lẹttera *v.* to mail a letter 9B
lẹttera di referenze *f.* letter of reference 11B
letteratura *f.* literature 1A
lẹttere *f., pl.* arts; humanities 1B

letterona *f.* long letter 10B
letto *m.* bed 7A
a letto in/to bed 3A
fare il letto to make the bed 7B
letto/a (lẹggere) *p.p., adj.* read 4B
lettore *m.* reader 4A
lettore CD *m.* CD player 4A
lettore DVD *m.* DVD player 4A
lettore MP3 *m.* MP3 player 4A
lettura *f.* reading 1B
lezione *f.* lesson 1A
a lezione in class 1B
frequentare la lezione to attend class 1B
saltare la lezione to skip class 1B
li *d.o. pron., m., pl.* them 5A
lì *adv.* there 1A
librerịa *f.* bookstore 1B
libro *m.* book 1A
licenziare *v.* to fire, to dismiss 11A
liceo *m.* high school 1B
lịmite di velocità *m.* speed limit 8A
lịnea *f.* line 4A
ẹssere in lịnea to be online 4A
lingue *f., pl.* languages (*subject*) 1B
liquidazione *f.* buyout; settlement 11A
liscio/a *adj.* straight (*hair*); smooth; plain 3B
livello *m.* level 11A
passaggio a livello *m.* level crossing 8A
lịvido *m.* bruise 6B
lo *def. art., m., sing.* the 1A; *d.o. pron., m., sing.* him/it 5A
locale notturno *m.* nightclub 9A
località *f.* resort 8B
località balneare *f.* ocean resort 8B
località montana *f.* mountain resort 8B
loggione *m.* upper circle 10A
lontano/a *adj.* far 9A
lontano da *prep.* far from 9A
Loro *sub. pron., pl., form.* you 1B
loro sub. pron., **they** 1B; *poss. adj., m., f.* their 3A; *disj. pron., m., f., pl.* themselves 4A; *i.o. pron., m., f., pl.* (to, for) them 5B
fra di loro (between/among) each other 6A
luglio *m.* July 2B
lui *sub. pron.* he 1B; *disj. pron., m., sing.* him 4A
luna *f.* moon 12A
lunedì *m.* Monday 1B
lungo/a *adj.* long 1B
luogo *m.* place 1B
lupo *m.* wolf 1B
In bocca al lupo. Good luck. (*lit.* In the mouth of the wolf.) 1B

M

ma *conj.* but 12A
Ma dai. Oh, come on. 1A
Ma quando mai! No way! 9A
macchiare *v.* to stain 6B
macchiato/a *adj.* stained 7B
mạcchina *f.* car 8A
in mạcchina by car 3A
mạcchina ịbrida *f.* hybrid car 12A
mạcchina fotogrạfica (digitale) *f.* (digital) camera 4A
macellạio/a *m., f.* butcher's shop 5A
macellerịa *f.* butcher 5A
madre *f.* mother 3A
magazzino *m.* warehouse 9A
grande magazzino *m.* department store 9A
maggio *m.* May 2B
maggiore *adj.* elder 3A; bigger 8A
maglietta (a mạniche corte/ lunghe) *f.* (short-/long-sleeved) T-shirt 4B
maglione *m.* sweater 4B
magro/a *adj.* thin 3B
mah *inter.* well 3A
mai *adv.* ever 2B
Ma quando mai! No way! 9A
non... mai *adv.* never 2B
maiale *m.* pork 5A
malato/a *adj.* ill 6B
malattịa *f.* ailment, sickness 6B
male *m.* evil; pain 6A
avere mal di pancia (schiena, testa) to have a stomachache (backache, headache) 6A
farsi male to hurt oneself 6A
mal di gola *m.* sore throat 6B
mal di mare *m.* sea-sickness 6B
Non c'è male. Not bad. 1A
Sto male. I am not well. 1A
maledetto/a *adj.* darned 12A
mamma *f.* mom 3A
mancare *v.* to miss 5B
mancia *f.* tip 5B
mandare *v.* to send 2A
mangiare *v.* to eat 2A
mạnica *f.* sleeve 4B
maglietta (a mạniche corte/ lunghe) *f.* (short-/long-sleeved) T-shirt 4B
manierista *adj.* Mannerist 10B
manina *f.* little hand 10B
mano (*pl.* le mani) *f.* hand 6A
mansarda *f.* attic 7A
mantenersi *v.* to provide for oneself 11B
manzo *m.* beef 5A

mappa *f.* map 9A
lẹggere la mappa *v.* to read a map 8B
marca *f.* brand 4B
marciapiede *m.* sidewalk 9A
mare *m.* sea 8B
al mare at/to the beach 3A
frutti di mare *m., pl.* seafood 5A
mal di mare *m.* sea-sickness 6B
marea *f.* tide 2B
onda di marea *f.* tidal wave 2B
marito *m.* husband 3A
primo/secondo marito *m.* first/second husband 3A
marmellata *f.* jam 5A
marmo *m.* marble 8B
marocchino/a *adj.* Moroccan 1B
marrone *adj.* brown 3B
martedì *m.* Tuesday 1B
marzo *m.* March 2B
maschio *m.* male 3A
mạssimo/a *adj.* biggest, greatest 8A
matemạtica *f.* mathematics 1A
materia *f.* subject 1B
matita *f.* pencil 1B
matrigna *f.* stepmother 3A
matrimonio *m.* wedding; marriage 3A
mattina *f.* morning 1B
me *disj. pron., sing.* me, myself 4A
meccạnico/a *m., f.* mechanic 8A
media *m., pl.* media 10B
medicina *f.* medicine 1B; drug 6B
mẹdico (di famiglia) *m.* (family) doctor 6B
medio/a *adj.* average 3B
di media statura *adj.* of average height 3B
Medioẹvo *m.* Middle Ages 8B
meglio *adv.* better 8A
mela *f.* apple 5A
melanzana *f.* eggplant 5A
melone *m.* melon 5A
meno *prep.* minus 1B; *adv.* less 8A
a meno che... non *conj.* unless 12A
mensa *f.* cafeteria 1B
mensilità *f.* monthly paycheck; salary 11A
mentre *conj.* while 6B
menụ *m.* menu 5B
mercato *m.* market 5A
mercoledì *m.* Wednesday 1B
merenda *f.* afternoon snack 5B
meritare *v.* to earn 11A
mese *m.* month 2B
mese scorso last month 4B
messaggio *m.* message 11B
messaggio (di testo) *m.* text message 4A

messicano/a *adj.* Mexican 1B
messo/a (mẹttere) *p.p., adj.* put, placed 4B
mestiere *m.* occupation, trade 11B
mestieri *m., pl.* chores 7B
fare i mestieri to do household chores 7B
metro(politana) *f.* subway 8A
mẹttere *v.* to put 2B
mẹtterci *v.* to spend (*time*) 7B
mẹttere in ọrdine *v.* to tidy up 7B
mẹttere in scena *v.* to put on a show
mẹttersi *v.* to put on 6A
mezzanotte *f.* midnight 1B
a mezzanotte at midnight 3A
mezzo/a *m., f.* half; half hour 1B
mezzo di trasporto *m.* means of transportation 8A
mezzogiorno *m.* noon 1B
mi *d.o. pron., sing.* me 5A; *i.o. pron., sing.* (to, for) me 5B
Mi chiamo... My name is . . . 1A
Mi raccomando. Take care of yourself. 1B
micrọfono *m.* microphone 4A
microonda *f.* microwave 7B
(forno a) microonde *m.* microwave (oven) 7B
miglio (*pl.* miglia *f.*) *m.* mile 10A
migliorare *v.* to improve 12A
migliore *adj.* better 8A
milione *m., adj., invar.* million 2B
mille *m., adj., invar.* thousand 2B
Grazie mille. Thanks a lot. 1A
millẹsimo/a *adj.* thousandth 10B
minestrone *m.* thick soup 10B
mịnimo/a *adj.* smallest 8A
minore *adj.* younger 3A; smaller 8A
minuto *m.* minute 7B
mịo/a, miei, mịe *poss. adj., m., f.* my 3A
i miei *m., pl.* my parents 3A
miseria *f.* fraction 10B
Porca miseria! Darn! 8A
mọbili *m., pl.* furniture 7A
moda *f.* fashion 4B
(non) andare di moda to be/not be in fashion 4B
modesto/a *adj.* modest 3B
modo *m.* way 12A
in modo che *conj.* so that 12A
mọdulo *m.* form 9B
riempire un mọdulo *v.* to fill out a form 9B
moglie *f.* wife 3A
molto/a/i/e *indef. adj., pron.* many, a lot of; much 5A
Molto piacere. A real pleasure. 1A
moneta *f.* coin; change 9B
monolocale *m.* studio apartment 7A
montagna *f.* mountain 12A
in montagna in/to the mountains 3A
montano/a *adj.* mountain 8B
località montana *f.* mountain resort 8B
morbillo *m.* measles 6B
morire *v.* to die 5A
morso *m.* bit 7A
morto/a (morire) *p.p., adj.* (*used as past participle*) died; (*used as adjective*) dead 5A
mosso/a *adj.* wavy 3B
mostra *f.* show 10B
mostrare *v.* to show 5B
motore *m.* engine; motor 8A
motorino *m.* scooter 8A
mouse *m.* mouse (*computer*) 4A
mucca *f.* cow 12A
multa *f.* fine 8A
mura *f., pl.* city walls 9A
muratore *m.* bricklayer 7B
muschio *m.* moss 12A
muscoloso/a *adj.* muscular 3B
mụsica *f.* music 2A
ascoltare la mụsica to listen to music 2A
musicale *adj.* musical 10A
strumento musicale *m.* musical instrument 10A
musicista *m., f.* musician 3B

N

nạscere *v.* to be born 5A
nasino *m.* little nose 10B
naso *m.* nose 6A
naso intasato *m.* stuffy nose 6B
Natale *m.* Christmas 8B
nato/a (nạscere) *p.p., adj.* born 5A
ẹssere nato/a nel... to be born in . . . 2B
naturale *adj.* natural 5B
acqua naturale *f.* still water 5B
nạusea *f.* nausea 6B
nave *f.* ship 8A
navigare *v.* to navigate 4A
navigare in rete *v.* to surf the Web 4A
ne *pron.* some, any; of it/them 6A
né *conj.* neither; nor 9B
non... né... né neither . . . nor 9B
neanche *adv.* not even 9B
non... neanche not even 9B
necessario/a *adj.* necessary 11A
negato/a *adj.* denied 1B
ẹssere negato/a per to be no good at . . . 1B
negozio *m.* store 9A
negozio d'alimentari *m.* grocery store 5A
nemmeno *conj.* not even 9B
non... nemmeno not even 9B
neoclạssico/a *adj.* Neoclassical 10B
neppure *conj.* not even 9B
non... neppure not even 9B
nero/a *adj.* black 3B
nervoso/a *adj.* nervous 1B
nessuno/a *adj., pron.* (*used as adj.*) no; not; any; (*used as pron.*) nobody; anybody 9B
non... nessuno *nobody* 9B
netturbino/a *m., pl.* garbage collector 12A
neve *f.* snow 2B
nevicare *v.* to snow 2B
niente *pron.* nothing 9B
Di niente. You're welcome. 1A
Niente di nuovo. Nothing new. 1A
non... niente/nulla nothing 9B
nipote *m., f.* nephew/niece; grandson/granddaughter 3A
no *adv.* no 1B
noi *sub. pron.* we 1B; *disj. pron., m., f., pl.* us; ourselves 4A
nọia *f.* boredom 1B
Che nọia! How boring! 1B
noioso/a *adj.* boring 1B
noleggiare *v.* to rent (*car*) 8A
non *adv.* not 1B
Non c'è male. Not bad. 1A
Non lo so. I don't know. 1A
Non vedo l'ora. I can't wait. 5B
non... affatto *adv.* not at all 9B
non... ancora *adv.* not yet 4B
non... mai *adv.* never 2B
non... né... né neither . . . nor 9B
non... neanche/nemmeno/neppure not even 9B
non... nessuno nobody 9B
non... niente/nulla nothing 9B
non... più *adv.* no more, no longer 5B
nonno/a *m., f.* grandfather/grandmother 3A
nono/a *adj.* ninth 10B
nord *m.* north 9A
nostro/a/i/e *poss. adj. m., f.* our 3A
notte *f.* night 1A
novanta *m., adj., invar.* ninety 1A
nove *m., adj., invar.* nine 1A
novecento *m., adj., invar.* nine hundred 2B

novembre *m.* November 2B
nụbile *adj.* single (*female*) 3A
nulla *pron.* nothing 9B
 non… nulla nothing 9B
nụmero *m.* number 11B
 nụmero di telẹfono *m.* phone number 11B
nuora *f.* daughter-in-law 3A
nuotare *v.* to swim 2A
nuoto *m.* swimming 2A
nuovo/a *adj.* new 1A
 Che c'è di nuovo? What's new? 1A
 di nuovo *adv.* again 3B
nụvola *f.* cloud 2B
nuvoloso/a *adj.* cloudy 2B

O

o *conj.* or 12A
obbligare *v.* to force, to compel 10A
occhiali (da sole) *m., pl.* (sun) glasses 4B
occhiata *f.* look 4B
 dare un'occhiata *v.* to take a look 4B
occhio *m.* eye 6A
occuparsi *v.* to be interested in 12B
occupazione *f.* occupation 11B
 prima occupazione *f.* first job 11B
ocẹano *m.* ocean 12A
odiare *v.* to hate 6A
odiarsi *v.* to hate each other 6A
offerta *f.* offer 11B
 offerte di lavoro *f., pl.* job openings 11B
offerto/a (offrire) *p.p., adj.* offered 4B
offrire *v.* to offer 3A
oggi *adv.* today 1B
 Che giorno è oggi? What's the date? 2B
ogni *adj.* each, every 9B
Ognissanti *m.* All Saints' Day 8B
olio (d'oliva) *m.* (olive) oil 5A
oliva *f.* olive 5A
ombrello *m.* umbrella 2B
onda *f.* wave 2B
 onda di marea *f.* tidal wave 2B
 ondata di caldo *f.* heat wave 2B
onesto/a *adj.* honest 1B
ọpera *f.* opera 10A; work 10B
 ọpera d'arte *f.* work of art 10B
operạio/a *m., f.* (factory) worker 11A
opportuno/a *adj.* appropriate 11A
oppure *conj.* or 12A
ora *f.* hour 1B
 A che ora? What time? 1B
 Che ora è?/Che ore sono? What time is it? 1B
 è ora it's time 11A
 Non vedo l'ora. I can't wait. 5B
orario *m.* schedule, timetable 8A
orchestra *f.* orchestra 10A
ordinare *v.* to order 5B
ọrdine *m.* order 7B
 mẹttere in ọrdine *v.* to tidy up 7B
orecchio (*pl.* orecchie *f.*) *m.* ear 6A
orientarsi *v.* to get one's bearings 9A
orizzonte *m.* horizon 12A
ormai *adv.* by now; already 2A
orologio *m.* clock; watch 1B
orrore *m.* horror 10B
 film dell'orrore *m.* horror film 10B
orticaria *f.* hives 6B
ospedale *m.* hospital 6B
ostello della gioventù *m.* youth hostel 8B
osterịa *f.* small restaurant 5B
ottanta *m., adj., invar.* eighty 1A
ottantaduẹsimo/a *adj.* eighty-second 10B
ottantun(o) *m., adj.* eighty-one 1A
ottavo/a *adj.* eighth 10B
ottenere *v.* to get; to obtain 11B
ottimista *adj.* optimistic 3B
ọttimo/a *adj.* excellent 8A
otto *m., adj., invar.* eight 1A
ottobre *m.* October 2B
ottocento *m. adj., invar.* eight hundred 2B
ovest *m.* west 9A
ovunque *adv.* wherever; all over 11A

P

pacco *m.* package 9B
padre *m.* father 3A
padrone/a di casa *m., f.* landlord/landlady 7A
paesaggio *m.* landscape 10B
paese *m.* town; country 9A
pagare *v.* to pay 2A
 pagare con assegno to pay by check 9B
 pagare con carta di crẹdito/dẹbito to pay with a credit/debit card 9B
 pagare in contanti to pay in cash 9B
 pagare le bollette to pay the bills 9B
pagato/a *adj.* paid 11A
 ẹssere ben/mal pagato/a to be well/poorly paid 11A
pạio (*pl.* pạia *f.*) *m.* pair 10A
palazzo *m.* apartment building; palace 7A
palco *m.* box; stage 10A
palestra *f.* gymnasium 2A
pallacanestro *f.* basketball 2A
pallavolo *f.* volleyball 2A
pallone *m.* ball; soccer 2A
panchina *f.* bench 9A
pane *m.* bread 5A
panetterịa *f.* bakery 5A
paninoteca *f.* sandwich shop 5B
panne *f., invar.* breakdown 8A
 ẹssere in panne to break down 8A
pannello solare *m.* solar panel 12A
panorama *m.* panorama, landscape 10A
pantaloncini *m., pl.* shorts 4B
pantaloni *m., pl.* pants, trousers 4B
pantọfole *f., pl.* slippers 6A
papà *m.* dad 3A
parapendịo *m.* paragliding 2A
parcheggiare *v.* to park 8A
parenti *m., pl.* relatives 3A
 parenti acquisiti *m., pl.* in-laws 3A
parere *v.* to seem 11A
parete *f.* wall 7A
parlare *v.* to speak 2A
 Chi parla? Who's calling? 11B
parlarsi *v.* to speak to each other 6A
parrucchiere/a *m., f.* hairdresser 3B
parte *f.* part 7A
 Da parte di chi? On behalf of whom? 11B
 Da questa parte. This way. 1A
partenze *f., pl.* departures 8B
partire *v.* to leave, to depart 2A
 partire in vacanza *to leave for vacation* 8B
partita *f.* game; match 2A
parziale *adj.* partial 11A
 a tempo parziale *adj.* part-time 11A
pasqua *f.* Easter Sunday 8B
pasquetta *f.* Easter Monday 8B
passaggio *m.* passage 8A
 dare un passaggio *v.* to give (someone) a ride 9A
 passaggio a livello *m.* level crossing 8A
passaporto *m.* passport 8B
 controllo passaporti *m.* passport control 8B
passare *v.* to pass by; to spend time 12A
 Come te la passi? How are you getting along? 1A
 passare l'aspirapọlvere to vacuum 7B

passeggero *m* passenger 8B
passeggiata *f.* walk 2A
fare una passeggiata to take a walk 2A
passo *m.* step; pass 2A
a due passi da not far from 9A
fare due passi to take a short walk 2A
password *f.* password 4A
pasta (asciutta) *f.* pasta 5A
laboratorio di pasta fresca *m.* store specializing in homemade pasta 5B
pasticceria *f.* pastry shop 5A
pasto *m.* meal 5B
patata *f.* potato 5A
patente *f.* driver's license 8A
patrigno *m.* stepfather 3A
patto *m.* deal 12A
a patto che *conj.* provided that 12A
paura *f.* fear 2B
avere paura (di) to be afraid (of) 2B
pavimento *m.* floor 6B
paziente *adj.* patient 3B; *m., f.* patient 6B
pazzo/a *adj.* crazy 3B
peccato *m.* pity 11A
pecora *f.* sheep 12A
pedone *m.* pedestrian 9A
peggio *adv.* worse 8A
peggiore *adj.* worse, worst 8A
pelle *f.* leather 4B; skin 6A
pendolare *m., f.* commuter 12A
fare il pendolare to commute 12A
penna *f.* pen 1B
pensare (a/di) *v.* to think (about/of doing) 2A
pensionato/a *m., f.* retiree 11A
pensione *f.* boarding house 8B; pension 11A
pepe *m.* pepper 5B
peperone (rosso, verde) *m.* (red, green) pepper 5A
per *prep.* for, through, in order to 3A
per favore *please* 1A
per quanto *conj.* although 12A
percento *m.* percent 2B
pera *f.* pear 5A
perché *conj.* why 3B; so that 12A
perciò *conj.* so 9A
perdere *v.* to lose 2A
perdersi *v.* to get lost 9A
pericolo *m.* danger 12A
pericoloso/a *adj.* dangerous 6B
permettere *v.* to permit 10A
perso/a (perdere) *p.p., adj.* lost 4B
persona *f.* person 1A
personaggio (principale) *m.* (main) character 10A
pesante *adj.* rich, heavy 5B
pesca *f.* peach 5A
pescare *v.* to go fishing 2A
pesce *m.* fish 3A
pescheria *f.* fish/seafood shop 5A
peso *m.* weight 9A
pessimista *adj.* pessimistic 3B
pessimo/a *adj.* very bad, awful 8A
Il tempo è pessimo. The weather is dreadful. 2B
pettinare *v.* to brush 6A
pettinarsi *v.* to comb/brush one's hair 6A
pettine *m.* comb 6A
petto *m.* chest 6A
piacere *v.* to please 2B
(Non) mi piace… I (don't) like . . . 2A
Molto piacere. A real pleasure. 1A
Piacere di conoscerLa/ti. *(form./fam.)* Pleased to meet you. 1A
Piacere mio. My pleasure. 1A
Piacere. Delighted. 1A
piaciuto/a (piacere) *p.p., adj.* liked 5A
pianeta *m.* planet 12A
salvare il pianeta to save the planet 12A
piangere *v.* to cry 6B
pianista *m., f.* pianist 10A
piano *m.* piano 2A
piano cottura *m.* stovetop 7A
pianta *f.* plant 12A
piatto *m.* plate 5B
lavare i piatti to wash the dishes 7B
primo/second piatto *m.* first/second course 5B
piccante *adj.* spicy 5B
piccolino/a *adj.* very small 10B
piccolo *adj.* little, small 4A
picnic *m.* picnic 12A
fare un picnic to have a picnic 12A
piede *m.* foot 6A
a piedi on foot 3A
pieno/a *adj.* full 6B
a tempo pieno *adj.* full-time 11A
pietra *f.* rock 12A
pigiama *m.* pajamas 6A
pigro/a *adj.* lazy 1B
pillola *f.* pill 6B
pineta *f.* pine forest 12A
pioggia *f.* rain 2B
pioggia acida *f.* acid rain 12A
piovere *v.* to rain 2B
piovoso/a *adj.* rainy 2B
piscina *f.* pool 9A
pittore/pittrice *m., f.* painter 10B
pittura *f.* painting; paint 10B
più *adj., adv.* more; most 1A; *prep.* plus 2B
A più tardi. See you later. 1A
non… più *adv.* no more, no longer 5B
pizzeria *f.* pizza shop 5B
pizzico *m.* pinch 5B
platea *f.* stall 10A
poco/a (po') *adj.* little, few 5A, 9B; *adv.* little, few, not much, not very 5B
fra poco in a little while 7A
un po' di a little bit of 5A
poema *m.* poem 10A
poesia *f.* poem; poetry 10B
poeta/poetessa *m., f.* poet 10B
poi *adv.* then, later 5B
poliziotto/a *m., f.* police officer 9A
poltrona *f.* armchair 7A; seat 10A
pomeriggio *m.* afternoon 1B
pomodoro *m.* tomato 5A
pompiere/a *m., f.* firefighter 9A
ponte *m.* bridge 9A
fare il ponte to take a long weekend 8B
Porca miseria! Darn! 8A
porcile *m.* pigsty 7B
È un porcile! It's a pigsty! 7B
porta *f.* door 1B
portare *v.* to bring 2A; to wear 4B
portare fuori la spazzatura to take out the trash 7B
portare un vestito *v.* to wear a suit 4B
portatile *adj.* portable 4A
(computer) portatile laptop (computer) 4A
lettore CD portatile *m.* portable CD player 4A
portiera *f.* door (*car*) 8A
portiere/a *m., f.* doorman; caretaker 11A
posizione *f.* position 7A
possedere *v.* to possess; to own 10B
possibile *adj.* possible 11A
posta *f.* mail 9B
posta prioritaria *f.* priority mail 9B
poster *m.* poster 7A
postino/a *m., f.* mail carrier 9B
posto *m.* room 8B; job, position 11B
posto disponibile *m.* vacancy 11B
potere *v.* to be able to/can 4A
può darsi it's possible 11B
poveraccio *m.* poor man 10B
povero/a *adj.* poor 3B
pranzo *m.* lunch 5B
sala da pranzo *f.* dining room 7A

praticare *v.* to practice, to play 2A
prato *m.* meadow 12A
preferibile *adj.* preferable 11B
preferire *v.* to prefer 3A
preferito/a *adj.* favorite 3B
Prego. You're welcome. 1A
premio *m.* prize 2A
prendere *v.* to take 2B
  prendere in affitto *v.* to rent (*tenant*) 7A
  prendere in giro to tease 8B
  prendere un appuntamento to make an appointment 11B
  prendere un congedo. to take leave time 11A
  prendere una decisione to make a decision 2B
prenotare *v.* to make a reservation 8B
prenotazione *f.* reservation 8A
preoccuparsi (di) *v.* to worry (about) 6A
preoccupato/a *adj.* worried 3B
preparare *v.* to prepare 5B
prepararsi *v.* to get oneself ready 6A
presentare *v.* to present; to introduce 1A
  Le/Ti presento... (*form./fam.*) I would like to introduce [*name*] to you. 1A
presentazione *f.* introduction 1A
preservare *v.* to preserve 12A
preso/a (prendere) *p.p., adj.* taken 4B
prestare *v.* to lend 5B
prestito *m.* loan 9B
presto *adv.* soon quickly 5B
  A presto. See you soon. 1A
prima *prep.* before 4A; *adv.* before, first, beforehand 5B
prima che *conj.* before 12A
primavera *f.* spring 2B
primo *m.* first 2B
primo/a *adj.* first 10B
  prima classe *f.* first class 8A
  prima occupazione *f.* first job 11B
  primo piatto *m.* first course 5B
  primo marito *m.* first husband 3A
primogenito/a *m., f.* first-born 3A
principale *adj.* main 10A; *m., f.* boss; head 11A
  personaggio (principale) *m.* (main) character 10A
prioritario/a *adj.* priority 9B
  posta prioritaria *f.* priority mail 9B
probabile *adj.* likely 11A
problema *m.* problem 10A
prof *m., f.* professor 1B
professionale *adj.* professional 11B
  esperienza professionale *f.* professional experience 11B
professione *f.* profession 3B
professore(ssa) *m., f.* professor, teacher 1A
profumeria *f.* perfume/cosmetics shop 9B
progetto *m.* plan 11B
  fare progetti to make plans 11B
programma *m.* program 4A; plan 10A
proiezione *f.* screening 10A
promettere *v.* to promise 10A
promozione *f.* promotion 11A
pronto/a *adj.* ready 3B
  pronto soccorso *m.* first aid; emergency room 6B
Pronto? Hello? (*on the phone*) 1A, 11B
proporre *v.* to propose 12A
  proporre una soluzione to propose a solution 12A
proprietario/a *m., f.* owner 3B
prosciutto *m.* ham 5A
proseguire *v.* to continue 9A
prossimo/a *adj.* next 7A
  Alla prossima! Until next time! 1A
  settimana prossima next week 7A
proteggere *v.* to protect 12B
provare *v.* to try 10A
psicologico/a *adj.* psycological 10B
  dramma psicologico *m.* psychological drama 10B
psicologo/a *m., f.* psychologist 11A
pubblicare *v.* to publish 10B
pubblico *m.* public; audience 10A
pulire *v.* to clean 3A
pulito/a *adj.* clean 7B
pullman *m.* bus; coach 8A
puntuale *adj.* on-time 8B
puntura *f.* shot 6B
  fare una puntura to give a shot 6B
purché *conj.* provided that 12A
pure *adv.* also; even 3B

Q

qua *adv.* here 1A
quaderno *m.* notebook 1A
quadro *m.* painting 7A
qualche *adj.* some, a few 5A, 9B
  qualche volta *adv.* sometimes 5B
quale *adj., pron., adv.* which/what 3B
qualifica *f.* qualification 11B
quando *conj., adv.* when 3B
  Da quando... Since when . . . 2B
  Ma quando mai! No way! 9A
  Quando è il tuo compleanno? When is your birthday? 2B
quanti/e *adj.* how many 1A
  Quanti gradi ci sono? What is the temperature? 2B
quanto/a *adj., pron., adv.* how much 3B
  Da quanto tempo...? For how long . . . ? 2B
  Quanto costa...? How much is . . . ? 5A
  tanto... quanto *adv.* as . . . as 8A
quaranta *m., adj., invar.* forty 1A
quarantaseiesimo/a *adj.* forty-sixth 10B
quartiere *m.* neighborhood 9A
quarto *m.* quarter hour 1B
quarto/a *adj.* fourth 10B
quattordici *m., adj., invar.* fourteen 1A
quattro *m., adj., invar.* four 1A
quattrocento *m., adj., invar.* four hundred 2B
quel che *rel. pron.* that which; what 9A
quello *rel. pron.* that which; what 9A
quello/a *adj.* that 3B
quercia *f.* oak 12A
questo/a *adj., pron.* this 3B
  Da questa parte. This way. 1A
  questo weekend this weekend 7A
questura *f.* police headquarters 9B
qui *adv.* here 1A
  qui vicino *prep.* nearby 9A
quindici *m., adj., invar.* fifteen 1A
quinto/a *adj.* fifth 10B

R

raccomandare *v.* to recommend; to urge 1B
  Mi raccomando. Take care of yourself. 1B
raccomandata *f.* registered letter 9B
raccomandazione *f.* recommendation 11B
racconto *m.* short story 10B
  racconto epico *m.* epic 10B
radersi *v.* to shave 6A
radice *f.* root 12A
radura *f.* clearing 12A
raffreddore *m.* cold 6B
  avere il raffreddore to have a cold 6B
rafting *m.* rafting 2A
ragazzaccio *m.* bad boy 10B
ragazzo/a *m., f.* boy/girl 1A; boyfriend/girlfriend 3A
ragione *f.* reason 2B

avere ragione to be right 2B
ramo *m.* branch 12A
rappresentazione dal vivo *f.* live performance 10A
raramente *adv.* rarely 5B
rasọio *m.* razor 6A
rata *f.* installment; payment 9B
recensione *f.* review 10B
recitare *v.* to recite; to act 10A
recitare un ruolo to play a role 10A
referenze *f., pl.* references 11B
lẹttera di referenze *f.* letter of reference 11B
regalare *v.* to give (*gift*) 5B
regista *m., f.* director 10A
registrare *v.* to record 4A
registratore DVR *m.* DVR 4A
remare *v.* to row 12A
rẹndersi *v.* to become 6A
rẹndersi conto (di) to realize, to become aware (of) 6A
responsạbile *adj.* responsible 3B
restare *v.* to stay, to remain 5A
restare in attesa to be on hold 11B
restituire *v.* to give back 5B
rete *f.* network; Internet 4A
navigare in rete *v.* to surf the Internet 4A
riattaccare *v.* to hang up 11B
riattaccare il telẹfono *v.* to hang up the phone 11B
riccio/a *adj.* curly 3B
ricco/a *adj.* rich 3B
ricetta *f.* prescription; recipe 6B
ricẹvere *v.* to receive 2B
richiesta *f.* request 8A
fermata a richiesta *f.* stop on request 8A
riciclaggio *m.* recycling 12A
riciclare *v.* to recycle 12A
riconọscere *v.* to recognize 4B; to acknowledge 11B
ricordare *v.* to remember 2A
ricordarsi *v.* to remember 10A
ridare *v.* to give back 10A
riempire *v.* to fill 9B
riempire un mọdulo *v.* to fill out a form 9B
rifiuti *m., pl.* garbage 12A
rifiuti tọssici *m., pl.* toxic waste 12A
Vietato buttare rifiuti. No littering. 12A
riga *f.* part; stripe 6A
a righe *adj.* striped 4B
rịgido *adj.* rigid, hard 4A
disco rịgido *m.* hard drive 4B
rimanere *v.* to remain, to stay 5A
rimasto/a (rimanere) *p.p., adj.* (*used as past participle*) remained; (*used as adjective*) remaining 5A
rimborso *m.* refund 8A
rinascimentale *adj.* Renaissance 10B
rincọrrere *v.* to chase 12B
riparare *v.* to repair 8A
ripẹtere *v.* to repeat 2B
riposarsi *v.* to rest 6A
riscaldamento globale *m.* global warming 12B
riso *m.* rice 5A
risorse umane *f., pl.* human resources 11B
risparmiare *v.* to save 7B
risparmio *m.* saving 9B
conto risparmio *m.* savings account 9B
rispettare *v.* to respect 5B
rispọndere *v.* to reply 2B; to answer 11B
risponde al telẹfono to answer the phone 11B
risposto/a (rispọndere) *p.p., adj.* answered 4B
ristorante *m.* restaurant 5B
ritardo *m.* delay 8B
ritirare *v.* to withdraw 9B
ritirare dei soldi *v.* to withdraw money 9B
ritornare *v.* to return 2A
ritorno *m.* return 8B
andata e ritorno *adj.* round-trip 8B
ritratto *m.* portrait 10B
riunione *f.* meeting 11A
riuscire *v.* to succeed; to manage 4A
rivedere *v.* to recognize 4B
rivista *f.* magazine 9B
rock *m.* rock (*music*) 10A
gruppo rock *m.* rock band 10A
romạnico/a *adj.* Romanesque 10B
romạntico/a *adj.* Romantic 10B
romanzo *m.* novel 10B
rọmpere *v.* to break 6B
rọmpersi un braccio *v.* to break an arm 6B
rọndine *f.* swallow 12A
rosa *adj., invar.* pink 4B
rosolare *v.* to brown 5B
rossetto *m.* lipstick 6A
rosso/a *adj.* red 3B
rotonda *f.* traffic circle, rotary 9A
rozzo/a *adj.* crude 9B
rubrica *f.* address book 11B
ruolo *m.* role 10A
recitare un ruolo to play a role 10A
ruscello *m.* stream 12A

S

sạbato *m.* Saturday 1B
sacco *m.* sack 5B
un sacco di a ton of 5A
sala *f.* room/hall 1A
sala da pranzo *f.* dining room 7A
salario (elevato/basso) *m.* (high/low) salary 11B
salato/a *adj.* salty 5B
saldi *m., pl.* sales 4B
sale *m.* salt 5B
salire *v.* to climb, to go up; to get on (*bus, train*) 5A
salire le scale *v.* to climb stairs 9A
salone di belleza *m.* beauty salon 9B
saltare *v.* to jump 1B
saltare la lezione to skip class 1B
salumerịa *f.* delicatessen 5A
salutare *v.* to greet 6A
salutarsi *v.* to greet each other 6A
salute *f.* health 6B
ẹssere in buona salute to be in good health 6B
saluto *m.* greeting 1A
salvare *v.* to save 4A
salvare il pianeta to save the planet 12A
Salve. Hello. 1A
sangue *m.* blood 6A
sano/a *adj.* healthy 6B
sapere *v.* to know 4B
Non lo so. I don't know. 1A
sapone *m.* soap 6A
saporito/a *adj.* tasty 5B
sasso *m.* stone 12A
sassọfono *m.* saxophone 10A
sbadigliare *v.* to yawn 6A
sbagliarsi *v.* to make a mistake 6A
sbagliato/a *adj.* wrong 6A
sbarazzarsi di *v.* to get rid of 12A
sbrigarsi *v.* to hurry up 4A
scacchi *m., pl.* chess 2A
scaffale *m.* bookshelf 7A
scalare *v.* to climb 12A
scala *f.* staircase 9A
salire le scale *v.* to climb stairs 9A
scẹndere le scale *v.* to go down the stairs 9A
scappamento *m.* exhaust 12A
scaricare *v.* to download 4A
scarpa (da ginnạstica) *f.* (running) shoe 4B
scạtola *f.* box 10A
scemo/a *adj.* dim-witted 3B
scena *f.* scene 10A
mẹttere in scena to put on a play 10A

scẹndere *v.* to go down 5A
scẹndere le scale *v.* to go down the stairs 9A
sceso/a (scẹndere) *p.p., adj.* descended 5A
schema *m.* scheme; diagram 10A
schermo *m.* screen 4A
scherzare *v.* to joke 4B
scherzo *m.* joke 8B
scherzoso/a *adj.* playful 3B
schiena *f.* back 6A
schifoso/a *adj.* disgusting 7B
schiuma da barba *f.* shaving cream 6A
sci *m.* skiing 2A
sciarpa *f.* scarf 4B
scienze *f., pl.* science 1B
scienziato/a *m., f.* scientist 11A
Sciò! Shoo! 5B
scodella *f.* bowl 5B
scogliera *f.* cliff 12A
scoiạttolo *m.* squirrel 12A
scolpire *v.* to carve; to sculpt 10B
scopa *f.* broom 7B
scoria *f.* waste 12A
scorso/a *adj.* last 4B
mese scorso last month 4B
scortese *adj.* discourteous 3B
scottatura *f.* burn 6B
scritto/a (scrịvere) *p.p., adj.* written 4B
scrittore/scrittrice *m., f.* writer 10B
scrivanịa *f.* desk 7A
scrịvere *v.* to write 2B
scrịversi *v.* to write to each other 6A
scultore/scultrice *m., f.* sculptor 10B
scultura *f.* sculpture 10B
scuola *f.* school 3A
a scuola at/to school 3A
scuro/a *adj.* dark 4B
scusare *v.* to excuse 1A
Scusi/a. *(form./fam.)* Excuse me. 1A
se *conj.* if 12A
sé *disj. pron., m., f., sing., pl.* yourself; himself/herself/itself; themselves 4A; *disj. pron., sing., form.* yourself 4A
sebbene *conj.* although 12A
secco/a *adj.* dry 2B
secondo *prep.* according to 4A
secondo/a *adj.* second 10B
seconda classe *f.* second class 8A
secondo marito *m.* second husband 3A
sedersi *v.* to sit down 6A
sedia *f.* chair 1B
sedicẹsimo/a *adj.* sixteenth 10B
sẹdici *m., adj., invar.* sixteen 1A
segretario/a *m., f.* secretary 11A
segreterịa telefọnica *f.* voicemail 4A
seguire *v.* to follow; to take *(a class)* 3A
sei *m., adj., invar.* six 1A
seicento *m., adj., invar.* six hundred 2B
semạforo *m.* traffic light 9A
sembrare *v.* to seem 5B
seminterrato *m.* basement; garden-level apartment 7A
sempre *adv.* always 2B
sensịbile *adj.* sensitive 3B
senso ụnico *m.* one way 8A
sentiero *m.* path 12A
sentire *v.* to feel; to hear 3A
sentirsi *v.* to feel 6A
senza *prep.* without 4A
senza che *conj.* without 12A
separato/a *adj.* separated 3A
sera *f.* evening 1B
ieri sera last night 4B
serata *f.* evening 3B
serio/a *adj.* serious 1B
serpente *m.* snake 12A
serra *f.* greenhouse 12B
effetto serra *m.* greenhouse effect 12B
servire *v.* to serve 3A
servizio *m.* service 5B
servizio in cạmera *m.* room service 8B
stazione di servizio *f.* service station 8A
sessanta *m., adj., invar.* sixty 1A
sesto/a *adj.* sixth 10B
seta *f.* silk 4B
sete *f.* thirst 2B
avere sete to be thirsty 2B
settanta *m., adj., invar.* seventy 1A
sette *m., adj., invar.* seven 1A
settecento *m., adj., invar.* seven hundred 2B
settembre *m.* September 2B
settimana *f.* week 1B
fra una settimana in a week 7A
settimana bianca *f.* ski vacation 8B
settimana prọssima next week 7A
settimana scorsa last week 4B
sẹttimo/a *adj.* seventh 10B
settore *m.* block of seats; section 10A; field; sector 11B
shampoo *m., invar.* shampoo 6A
si *ref. pron., m., f., sing., pl.* oneself/himself/herself/themselves/itself 6A; *pron.* one 9A
Come si va...? How do you get to . . . ? 9A
siccità *f.* drought 2B
sicuro/a *adj.* sure; safe; certain 11B
significare *v.* to mean 3A
signor(a)... *m., f.* Mr./Mrs. . . . 1A
C'è il/la signor(a)...? Is Mr./Mrs. . . . there? 11B
signorina... *f.* Miss . . . 1A
simpạtico/a *adj.* nice; likeable 1B
sincero/a *adj.* sincere 1B
sindacato *m.* (labor) union 11A
sịndaco *m.* mayor 9A
sinistra *f.* left 7A
a sinistra *prep.* to the left 7A
sịntomo *m.* symptom 6B
sistema *m.* system 10A
sistemare *v.* to put together 11B
sito Internet *m.* Web site 4A
smaltire *v.* to drain; to dispose of 12B
smartphone *m.* smartphone 4A
smẹttere *v.* to stop, to quit 10A
smog *m.* smog 12A
SMS *m.* text message 4A
sociẹvole *adj.* sociable; friendly 3B
socio/a *m., f.* partner 8B
socio/a d'affari *m., f.* business partner 8B
soffrịggere *v.* to brown; to fry lightly 5A
far soffrịggere to brown; to fry lightly 5A
soffitto *m.* ceiling 7A
soggiorno *m.* living room 7A
sognare *v.* to dream 10A
solare *adj.* solar 12A
pannello solare *m.* solar panel 12A
soldi *m., pl.* money 9B
ritirare dei soldi *v.* to withdraw money 9B
sole *m.* sun 12A
C'è il sole. It's sunny. 2B
soleggiato/a *adj.* sunny 2B
sọlito/a *adj.* usual 5B
al sọlito sụo as he/she usually does 8A
di sọlito *adv.* usually 5B
La sọlita cosa. The usual. 1A
soltanto *adv.* only 2A
soluzione *f.* solution 12A
proporre una soluzione to propose a solution 12A
somministrazione *f.* administration 11B
agenzịa di somministrazione lavoro *f.* temp agency 11B
sonno *m.* sleep 2B
avere sonno to be sleepy 2B.
sopra *prep.* above, over 7A
sopracciglio (*pl.* sopracciglia *f.*) *m.* eyebrow 6A
sorella *f.* sister 3A

sorellastra *f.* stepsister; half sister 3A
sorellina *f.* little/younger sister 3A
sọrgere *v.* to rise (*sun*) 12A
sottaceto *adj. invar.* pickled 5A
sotto *prep.* under 4A, 7A
sottolio *adj. invar.* in oil 5A
sovrappopolazione *f.* overpopulation 12A
spagnolo/a *adj.* Spanish 1B
spalla *f.* shoulder 6A
sparecchiare *v.* to clear 7B
  sparecchiare la tạvola to clear the table 7B
spazzacamino *m.* chimney sweep 7B
spazzare *v.* to sweep 7B
spazzatura *f.* garbage 7B
  portare fuori la spazzatura to take out the trash 7B
spazzino/a *m., f.* street sweeper; garbage collector 9A
spạzzola *f.* hairbrush 6A
spazzolino (da denti) *m.* tooth brush 6A
specchio *m.* mirror 6A
specialista *m., f.* specialist 11B
specializzazione *f.* specialization 11B
spedire *v.* to send 3A
spẹgnere *v.* to turn off 4A
spẹndere *v.* to spend (*money*) 2B
spento/a (spẹgnere) *p.p., adj.* turned off 4B
sperare *v.* to hope 10A
spesa *f.* expense; purchase 2A
  fare la spesa to buy groceries 2A
  fare le spese to shop 2A
speso/a (spẹndere) *p.p., adj.* spent 4B
spesso *adv.* often 2B
spettạcolo *m.* show 10A
spettatore/spettatrice *m., f.* spectator 10A
spiaggia *f.* beach 8B
spiegare *v.* to explain 2A
spiritoso/a *adj.* funny; clever 3B
spogliarsi *v.* to undress 6A
spolverare *v.* to dust 7B
sporcare *v.* to soil 7B
sporco/a *adj.* dirty 7B
sport *m.* sport 1A
  sport estremi *m., pl.* extreme sports 2A
sportello *m.* window (*teller*) 9B
  sportello automạtico *m.* ATM 9B
sportivo/a *adj.* active 3B
sposare *v.* to marry 6A
sposarsi *v.* to get married/to marry each other 6A
sposato/a *adj.* married 3A

sprecare *v.* to waste 12A
spuntare (i capelli) *v.* to trim (one's hair) 6A
spuntino *m.* snack 5B
squadra *f.* team 2A
squillare *v.* to ring (*telephone*) 4A
squisito/a *adj.* exquisite 2A
stadio *m.* stadium 2A
stage *m.* internship 11B
stagione *f.* season 2B
stagista *m., f.* intern 2A
stamattina *adv.* this morning 6B
stampante *f.* printer 4A
stampare *v.* to print 4A
stanco/a *adj.* tired 3B
stanza *f.* room 7A
stare *v.* to be; to stay 2A
  Come sta/stai? (*form./fam.*) How are you? 1A
  stare attento/a to pay attention 2A
  stare zitto/a to be/stay quiet 2A
  Sto (molto) bene. I am (very) well. 1A
  Sto male. I am not well. 1A
starnutire *v.* to sneeze 6B
stasera *adv.* tonight, this evening 5A
stato (ẹssere; stare) *p.p.* been 5A
stato civile *m.* marital status 3A
statua *f.* statue 9A
statura *f.* height 3B
  di media statura *adj.* of average height 3B
stazione *f.* station 1A
  stazione di servizio *f.* service station 8A
stella *f.* star 12A
stẹreo/a *adj.* stereo(phonic) 4A
  impianto stẹreo *m.* stereo system 4A
stilista *m., f.* designer 4B
stipendio *m.* wage; salary 11A
stirare *v.* to iron 7B
stiro *m.* ironing 7B
  asse da stiro *f.* ironing board 7B
  ferro da stiro *m.* iron 7B
stivale *m.* boot 4B
stọmaco *m.* stomach 6A
  bruciore di stọmaco *m.* heartburn 6B
storia *f.* history; story 1B
strada *f.* street 9A
  conọscere la strada to know the way 4B
strafare *v.* to overdo things 8A
straniero/a *adj.* foreign 3B
strano/a *adj.* weird, strange 3B
stretto/a *adj.* tight-fitting 4B
strisce (pedonali) *f., pl.* crosswalk 9A

strumento musicale *m.* musical instrument 10A
studente(ssa) *m., f.* student 1A
studi *m., pl.* studies 1B
studiare *v.* to study 2A
studio *m.* office; study 7A
studioso/a *adj.* studious 1B
su *prep.* in; on 3A
  su Internet online/on the Internet 3A
  sul computer on the computer 3A
  sul giornale in the newspaper 3A
subaffittare *v.* to sublet 7A
sụbito *adv.* immediately; right away 5B
succẹdere *v.* to happen 6A
successo *m.* success 11A
succo (d'arancia) *m.* (orange) juice 5B
sud *m.* south 9A
suggerire *v.* to suggest 10A
sụo/a, suoi, sụe *poss. adj., m., f.* his, her, its 3A
suọcero/a *m., f.* father-/mother-in-law 3A
suonare *v.* to play (*instrument*) 2A
superare *v.* to pass (*exam*) 1B; to overcome 12B
superato/a *adj.* old-fashioned 4B
supermercato *m.* supermarket 5A
supplemento *m.* supplement; excess fare 8A
svago *m.* relaxation 7A
svedese *adj.* Swedish 1B
sveglia *f.* alarm clock 6A
svegliare *v.* to wake 6A
svegliarsi *v.* to wake up 6A
sviluppare *v.* to develop 12A
svịzzero/a *adj.* Swiss 1B

T

tablet *m.* tablet 4A
taglia *f.* clothing size 4B
tagliare *v.* to cut 8B
  tagliare i capelli *v.* to cut one's hair 6A
tailleur *m.* women's suit 4B
tamburo *m.* drum 10A
tanto/a *adj.* so much, so many 5A; *adv.* so much, so many, so 5A
  di tanto in tanto off and on 4A
  tanto... quanto *adv.* as . . . as 8A
tappeto *m.* carpet 7A
tardi *adv.* late 5B
  A più tardi. See you later. 1A
tariffa *f.* fare 8A
tassì *m.* taxi 8A
tassista *m., f.* taxi driver 11A

tasso di interesse *m.* interest rate 9B
tastiera *f.* keyboard 4A
tạvola *f.* table 3A
  a tạvola *at the table* 3A
  sparecchiare la tạvola to clear the table 7B
  tạvola calda *f.* snack bar; cafeteria 5B
tạvolo *m.* table 1A
taxi *m.* taxi 8A
tazza *f.* cup; mug 5B
te *disj. pron., sing., fam.* you, yourself 4A
tè *m.* tea 5B
teatrale *adj.* theatrical 10A
teatro *m.* theater 3A
  a teatro at/to the theater 3A
tẹcnico *m., f.* technician 11A
  tẹcnico del telẹfono/televisore/computer *m., f.* telephone/TV/computer repairman/woman 7B
tecnologịa *f.* technology 4A
tecnolọgico/a *adj.* tecnological 4A
tedesco/a *adj.* German 1B
telecomando *m.* remote control 4A
telefonare (a) *v.* to telephone 2A
telefonarsi *v.* to phone each other 6A
telefọnico/a *adj.* telephone 4A
  cabina telefọnica *f.* phone booth 9A
  segreterịa telefọnica *f.* answering machine 4A
telẹfono *m.* telephone 11B
  rispọndere al telẹfono to answer the phone 11B
televisione *f.* television 1A
televisore *m.* TV set 4A
tema *m.* theme; essay 10A
temere *v.* to fear 10A
tempaccio *m.* bad weather 10B
tempo *m.* time; weather 2B
  a tempo parziale *adj.* part-time 11A
  Che tempo fa? What is the weather like? 2B
  Fa bel/brutto tempo. The weather is nice/bad. 2B
  Il tempo è pẹssimo. The weather is dreadful. 2B
  tempo lịbero *m.* free time 2A
temporale *m.* storm 2B
  C'è il temporale. It's stormy. 2B
tenace *adj.* tenacious 3B
tenda *f.* curtain 7A
tenere *v.* to keep 10B
tẹnero/a *adj.* sweet; tender 12A
tennis *m.* tennis 2A
teorema *m.* theorem 10A
tergicristallo *m.* windshield wiper 8A
tẹrmine *m.* term 4A
termọmetro *m.* thermometer 6B
terrazza *f.* terrace 7A
terremoto *m.* earthquake 2B
terzo/a *adj.* third 10B
tesina *f.* essay; term paper 5A
testa *f.* head 6A
  mal di testa *m.* headache 6B
testardo/a *adj.* stubborn 3B
testo *m.* textbook 1B
tetto *m.* roof 7A
ti *d.o. pron., sing., fam.* you 5A; *i.o. pron., sing., fam.* (to, for) you 5B
  Ti amo. I love you. 4A
  Ti piace… ? Do you like …? 2A
  Ti voglio bene. I care for you. 4A
tifare *v.* to root for a team 2A
tịmido/a *adj.* timid; shy 1B
tinta *f.* dye; color 4B
  a tinta unita *adj.* solid color 4B
tintorịa *f.* dry cleaner 9B
tipo *m.* guy 1B
tirocinio *m.* professional training 11B
Tocca a me. My turn. 3A
toccare *v.* to touch 3A
tonno *m.* tuna 5A
tonto/a *adj.* thick; dumb 3B
topolino *m.* little mouse 10B
tormenta *f.* blizzard 2B
tornado *m.* tornado 2B
tornare *v.* to return 2A
toro *m.* bull 12A
torto *m.* fault 2B
  avere torto to be wrong 2B
tosse *f.* cough 6B
tọssico/a *adj.* toxic 12A
  rifiuti tọssici *m., pl.* toxic waste 12A
tossire *v.* to cough 6B
tostapane *m.* toaster 7B
tostare *v.* to toast 5A
  far tostare to toast 5A
tour *m.* tour 10A
  ẹssere in tour to be on tour 10A
tovaglia *f.* tablecloth 5B
tovagliolo *m.* napkin 5B
tra *prep.* among, between, in 3A
trạffico *m.* traffic 8A
tragedia *f.* tragedy 10A
traghetto *m.* ferry 8A
trama *f.* plot 10B
tramontare *v.* to set (*sun*) 12A
tramonto *m.* sunset 12A
tranquillo/a *adj.* tranquil; calm 1B
trasferirsi *v.* to move 7A
traslocare *v.* to move 7A
trasporto *m.* transportation 8A
  mezzo di trasporto *m.* means of transportation 8A
  trasporto pụbblico *m.* public transportation 8A
trattenersi *v.* to restrain oneself 6B
trattorịa *f.* small restaurant 5B
trauma *m.* trauma 10A
tre *m., adj., invar.* three 1A
treccia *f.* braid 6A
treccine *f., pl.* dreadlocks 6A
trecento *m., adj., invar.* three hundred 2B
tredicẹsima *f.* year-end bonus 11A
trẹdici *m., adj., invar.* thirteen 1A
trendy *adj., invar.* trendy 3B
treno *m.* train 8A
  in treno by train 3A
trenta *m., adj., invar.* thirty 1A
trentatreẹsimo/a *adj.* thirty-third 10B
tribuna *f.* stand 10A
triste *adj.* sad 1B
troppo/a *adj.* too much 5A, 9B; *adv.* too, too much 5B
trovare *v.* to find 2A
  Dove si trova...? Where is . . . ? 9A
  trovare lavoro to find a job 11B
truccarsi *v.* to put on makeup 6A
trucco *m.* makeup 6A
tu *sub. pron., sing., fam.* you 1B
tụo/a, tuoi, tụe *poss. adj., m., f.* your 3A
  i tuoi *m., pl.* your parents 3A
tuono *m.* thunder 2B
turịstico/a *adj.* tourist 8B
  villaggio turịstico *m.* resort 8B
tutto/a *adj., pron.* all 5A
  tutti e due/tre *adj., pron.* both/all 7A
  Tutto bene? Everything OK? 1A
TV *f.* TV 2A
  guardare la TV to watch TV 2A

U

uccello *m.* bird 12A
ufficio *m.* office 1A
  ufficio informazioni *m.* (*tourist*) information office 9B
  ufficio postale *m.* post office 9B
ụltimo/a *adj.* last 5A
umano/a *adj.* human 11B
  risorse umane *f., pl.* human resources 11B
umidità *f.* humidity 2B
ụmido/a *adj.* humid 2B
  in ụmido *adj.* stewed 5A
un *indef. art., m., adj.* a; an 1A
  l'un l'altro/a each other 6A

un' *indef. art., f., adj.* a; an 1A
una *indef. art., f., adj.* a; an 1A
undicesimo/a *adj.* eleventh 10B
undici *m., adj., invar.* eleven 1A
unico/a *adj.* only; unique 3A
figlio/a unico/a *m., f.* only child 3A
senso unico *m.* one way 8A
unito/a *adj.* united 4B
a tinta unita *adj.* solid color 4B
università *f.* university 1B
un(o) *m., adj.* one 1A; *indef. art., m.* a; an 1A
uomo (*pl.* uomini) *m.* man 1A
uomo d'affari *m.* businessman 3B
uovo (*pl.* uova f.) *m.* egg 5A
urbano/a *adj.* urban 8A
vigile urbano/a *m., f.* traffic officer 8A
usare *v.* to use 2A
uscire *v.* to go out; to leave 4A
uscita *f.* exit 8B
uva *f.* grapes 5A

V

vacanza *f.* vacation 8B
in vacanza on vacation 3A
partire in vacanza to go on vacation 8B
valigetta *f.* briefcase 4B
valigia *f.* suitcase 8B
fare la valigia to pack a suitcase 8B
valle *f.* valley 12A
vapore *m.* steam 5A
al vapore *adj.* steamed 5A
varicella *f.* chicken pox 6B
vasca da bagno *f.* bathtub 7A
vaso *m.* vase 7A
vecchio/a *adj.* old 3B
vedere *v.* to see 2B
Ci vediamo! See you soon! 1A
Fammi vedere. Let me see. 2B
Non vedo l'ora. I can't wait. 5B
vedersi *v.* to see each other 6A
vedovo/a *adj.* widowed 3A
veloce *adj.* fast 3B
velocemente *adv.* quickly 5B
vendere *v.* to sell 2B
vendesi for sale 7A
venerdì *m.* Friday 1B
venire *v.* to come 4A
ventesimo/a *adj.* twentieth 10B
venti *m., adj., invar.* twenty 1A
venticinque *m., adj., invar.* twenty-five 1A
ventidue *m., adj., invar.* twenty-two 1A
ventinove *m., adj., invar.* twenty-nine 1A
ventiquattro *m., adj., invar.* twenty-four 1A
ventisei *m., adj., invar.* twenty-six 1A
ventisette *m., adj., invar.* twenty-seven 1A
ventitré *m., adj., invar.* twenty-three 1A
vento *m.* wind 2B
C'è vento. It's windy. 2B
ventoso/a *adj.* windy 2B
ventotto *m., adj., invar.* twenty-eight 1A
ventre *m.* abdomen 6A
ventun(o) *m., adj.* twenty-one 1A
venuto (venire) *p.p., adj.* come 5A
veramente *adv.* truly 5B
verde *adj.* green 3B
essere al verde to be broke 9B
verdura *f.* vegetable 5A
verista *adj.* belonging to the *Verismo* movement 10B
verso *prep.* toward 9A
vestirsi *v.* to get dressed 6A
vestiti *m., pl.* clothing 4A
vestito *m.* dress; suit 4B
portare un vestito *v.* to wear a suit 4B
veterinario/a *m., f.* veterinarian 11A
vetrina *f.* shop window 8A
vetro *m.* windshield 8A
vi *d.o. pron., pl., fam., form.* you 5A; *i.o. pron., pl., fam., form.* (to, for) you 5B
via *f.* street 9A
viaggiare *v.* to travel 2A
viaggiatore/viaggiatrice *m., f.* traveler 8B
viaggio *m.* trip 2A
agente di viaggio *m., f.* travel agent 8B
fare un viaggio to take a trip 2A
vicino/a *adj.* near 9A
qui vicino *prep.* nearby 9A
vicino a *prep.* close to 9A
vicolo *m.* alley 9A
videogioco *m.* videogame 4A
videoteca *f.* video store 9B
Vietato buttare rifiuti. No littering. 12A
vigile urbano/a *m., f.* traffic officer 8A
villa *f.* single-family home; villa 7A
villaggio turistico *m.* resort 8B
vincere *v.* to win 2A
vino (bianco, rosso) *m.* (white, red) wine 5B
vinto/a (vincere) *p.p., adj.* won 4B
viola *adj., invar.* purple 4B
violinista *m., f.* violinist 10A
violino *m.* violin 10A
visitare *v.* to visit 10B
visitare una galleria d'arte *v.* to visit an art gallery 10B
vissuto (vivere) *p.p., adj.* lived 5A
vista *f.* sight 4B
conoscere di vista to know by sight 4B
visto *m.* visa 8B
visto/a (vedere) *p.p., adj.* seen 4B
vita *f.* waist; life 6A
vivere *v.* to live 2B
vivo/a *adj.* alive 10A
rappresentazione dal vivo *f.* live performance 10A
voglia *f.* desire 2B
avere voglia di to feel like 2B
voi *sub. pron., pl., fam.* you 1B; *disj. pron., pl., fam., form. you,* yourselves 4A
volante *m.* steering wheel 8A
volerci *v.* to take (*time*) 7B
volere *v.* to want 4A
Cosa vuol dire...? What does . . . mean? 4A
Vorrei... I would like . . . 5B
volo *m.* flight 8B
volta *f.* time; turn 6A
a volte *adv.* sometimes 6A
qualche volta *adv.* sometimes 5B
vongola *f.* clam 5A
vostro/a/i/e *poss. adj. m., f.* your 3A
voto *m.* grade 1B
vulcanico/a *adj.* volcanic 2B
eruzione vulcanica *f.* volcanic eruption 2B
vuoto/a *adj.* empty 10A

W

windsurf *m.* windsurfing 2A

Y

yogurt *m.* yogurt 5A

Z

zaino *m.* backpack 1B
zero *m., adj., invar.* zero 1A
zio/a *m., f.* uncle/aunt 3A
zitto/a *adj.* quiet 2A
zuppa *f.* soup 5B

Inglese-Italiano

A

a **un** *indef. art., m.* 1A; **un'** *indef. art., m., f.* 1A; **una** *indef. art., f.* 1A; **uno** *indef. art., m.* 1A
abdomen **ventre** *m.* 6A
ability **competenza** *f.* 11B
able: to be able **potere** *v.* 4A
above **sopra** *prep.* 7A
abroad **all'ẹstero** *adv.* 8B
absolutely **altroché** *conj.* 9B; **assolutamente** *adv.* 5B
accident **incidente** *m.* 8A
  to have/be in an accident **avere un incidente** *v.* 8A
according to **secondo** *prep.* 4A
accordion **fisarmọnica** *f.* 10A
account **conto** *m.* 9B
accountant **contạbile** *m., f.* 11A
acid rain **pioggia** *f.* **ạcida** 12A
acknowledge **riconọscere** *v.* 11B
across from **di fronte a** *prep.* 9A
act **atto** *m.* 10A; recitare *v.* 10A
active **attivo/a** *adj.* 3B; **sportivo/a** *adj.* 3B
actor **attore** *m.* 1A
actress **attrice** *f.* 1A
ad: job ad **annuncio** *m.* **di lavoro** 11B
address **indirizzo** *m.* 9B
  address book **rubrica** *f.* 11B
administrative assistant **assistente** *m., f.* **amministrativo/a** 11B
adopt **adottare** *v.* 3A
adore **adorare** *v.* 2A
advice **consiglio** *m.*
advise **consigliare** *v.* 10A
afraid: to be afraid (of) **avere paura (di)** *v.* 2B
after **dopo** *adv.* 5B
afternoon **pomeriggio** *m.* 1B
afterwards **dopo** *adv.* 5B
again **di nuovo** *adv.* 3B; **ancora** *adv.* 4B
agency **agenzịa** *f.* 7A
agent **agente** *m., f.* 8B
ago **fa** *adv.* 4B
  ten days ago **dieci giorni fa** 4B
  one year ago **un anno fa** 4B
agriculture **agricoltura** *f.* 12A
ailment **malattịa** *f.* 6B
airplane **aẹreo** *m.* 8B
airport **aeroporto** *m.* 8B
alarm clock **sveglia** *f.* 6A
all **tutto/a** *adj., pron.* 5A
  all over **ovunque** *adv.* 11A
  All Saints' Day **Ognissanti** *m.* 8B
  all three **tutti/e e tre** 7A
allergic: to be allergic (to) **ẹssere allẹrgico (a)** *v.* 6B
alley **vịcolo** *m.* 9A
allow **lasciare** *v.* 10A
already **già** *adv.* 4B
  by now, already **ormai** *adv.* 2A
also **pure** *adv.* 3B; **anche** *conj.* 1A
although **benché** *conj.* 12A; **per quanto** *conj.* 12A; **sebbene** *conj.* 12A
always **sempre** *adv.* 2B
ambulance **ambulanza** *f.* 6B
American **americano/a** *adj.* 1B
among **fra** *prep.* 3A; **tra** *prep.* 3A
an **un** *indef. art.* 1A; **un'** indef. art. 1A; **una** *indef. art.* 1A; **uno** *indef. art.* 1A
and **e** *conj.* 1B
  And you? **E Lei/tu?** *(form./fam.)* 1A
angry **arrabbiato/a** *adj.* 3B
  to be angry at someone **avẹrcela con qualcuno** *v.* 6A
  to get angry **arrabbiarsi** *v.* 6A
animal **animale** *m.* 12A
answer **rispọndere** *v.* 11B
  to answer the phone **rispọndere al telẹfono** *v.* 11B
answered **risposto/a (rispọndere)** *p.p., adj.* 4B
any **nessun(o)/a** *adj.* 9B
  some, any; of it/them **ne** *pron.* 6A
anybody **qualcuno** *pron.* 1A; **nessuno/a** *pron.* 9B
apartment **appartamento** *m.* 7A
  apartment building **palazzo** *m.* 7A
  studio apartment **monolocale** *m.* 7A
  two-room apartment **bilocale** *m.* 7A
appetizer **antipasto** *m.* 5B
applaud **applaudire** *v.* 10A
applause **applauso** *m.* 10A
apple **mela** *f.* 5A
appliance **elettrodomẹstico** *m.* 7B
apply **fare domanda** *v.* 11B
appointment: to make an appointment **prẹndere un appuntamento** *v.* 11B
appropriate **opportuno/a** *adj.* 11A
April **aprile** *m.* 2B
architect **architetto** *m.* 3B
arm **braccio (*pl.* braccia f.)** *m.* 6A
armchair **poltrona** *f.* 7A
aroma **aroma** *m.* 10A
around **intorno** *prep.* 9A
  around the corner **dietro l'ạngolo** 9A
  around; out and about **in giro** *4B*
arrivals **arrivi** *m., pl.* 8B
arrive **arrivare** *v.* 2A
art **arte** *f.* 1A
artichoke **carciofo** *m.* 5A
artistic **artịstico/a** *adj.* 10B
arts (*humanities*) **lẹttere** *f., pl.* 1B
as . . . as **così... come** *adv.* 8A; **tanto... quanto** *adv.* 8A
as well **anche** *conj.* 1A
ask **domandare** *v.* 2B
  to ask a question **fare una domanda** *v.* 2A
  to ask for **chiẹdere** *v.* 2B
asked **chiesto/a (chiẹdere)** *p.p., adj.* 4B
aspirin **aspirina** *f.* 6B
at **a** *prep.* 1B; **da** *prep.* 1B; **in** prep. 3A
athletic **atlẹtico/a** *adj.* 3B
ATM **bancomat** *m.* 9B; **sportello** *m.* **automạtico** 9B
attend **frequentare** *v.* 2A
attention: to pay attention **fare attenzione** *v.* 2A
attentive **attento/a** *adj.*
attic **mansarda** *f.* 7A
audacious **audace** *adj.* 3B
audience **pụbblico** *m.* 10A
August **agosto** *m.* 2B
  It's August 15th. **È il 15 agosto.** 2B
aunt **zịa** *f.* 3A
author **autore/autrice** *m., f.* 10B
autumn **autunno** *m.* 2B
average: of average height **di media statura** *adj.* 3B
avoid **evitare (di)** *v.* 6B
aware: to become aware (of) **rẹndersi conto (di)** *v.* 6A
awareness: evironmental awareness **coscienza** *f.* **ambientale** 12A
awful **pẹssimo/a** *adj.* 8A

B

baby **bambino/a** *m., f.* 3A
back **schiena** *f.* 6A
backache **mal** *m.* **di schiena** 6B
backpack **zaino** *m.* 1B
bad **cattivo/a** *adj.* 1B
  bad boy **ragazzaccio** *m.* 10B
  bad day **giornataccia** *f.* 10B
  bad weather **tempaccio** *m.* 10B
  very bad **pẹssimo/a** *adj.* 8A
bakery **panetterịa** *f.* 5A
balcony **balcone** *m.* 7A
ball **pallone** *m.* 2A
ballerina **ballerina** *f.* 10A
ballet **balletto** *m.* 10A
banana **banana** *f.* 5A
band: rock band **gruppo** *m.* **rock** 10A
bang **frangia** *f.* 6A
bank **banca** *f.* 9B
  bank account **conto** *m.* **bancario** 9B

banker **banchiere/a** *m., f.* 11A
Baroque **barocco/a** *adj.* 10B
bartender **barista** *m., f.* 11A
basement **seminterrato** *m.* 7A
basketball **pallacanestro** *f.* 2A; **basket** *m.* 2A
bath **bagno** *m.* 2A
bathing suit **costume** *m.* **da bagno** 4B
bathrobe **accappatọio** *m.* 6A
bathroom **bagno** *m.* 6A
bathtub **vasca** *f.* **da bagno** 7A
battery charger **cạrica batterịa** *m.* 4A
be **ẹssere** *v.* 1B; **stare** *v.* 2A
beach **spiaggia** *f.* 8B
at/to the beach **al mare** 3A
beard **barba** *f.* 6A
bearings: to get one's bearings **orientarsi** *v.* 9A
beautiful **bello/a** *adj.* 1B
beauty salon **salone** *m.* **di bellezza** 9B
become **diventare** *v.* 5A
bed **letto** *m.* 7A
to make the bed **fare il letto** *v.* 7B
bedroom **cạmera** *f.* **da letto** 7A
bee **ape** *f.* 12A
beef **carne** *f.* **di manzo** 5A
beer **birra** *f.* 5B
beer garden **birrerịa** *f.* 5B
before **prima** *adv.* 5B; **prima che** *conj.* 12A; **prima** *prep.* 4A
beforehand **prima** *adv.* 5B
begin **(in)cominciare** *v.* 2A
behalf: On behalf of whom? **Da parte di chi?** 11B
behind **dietro (a)** *prep.* 7A
beige **beige** *adj., invar.* 4B
believe **crẹdere** *v.* 10A
below **sotto** *prep.* 7A
belt **cintura** *f.* 4B
bench **panchina** *f.* 9A
berry **bacca** *f.* 12A
best **migliore** *adj.* 8A
better **migliore** *adj.* 8A; **meglio** *adv.* 8A
to get better **guarire** *v.* 6B
between **fra** *prep.* 3A; **tra** *prep.* 3A
bicycle **bicicletta** *f.* 2A
big **grande** *adj.* 2A
bigger **maggiore** *adj.* 8A
biggest **mạssimo/a** *adj.* 8A
bill **banconota** (*banknote*) f. 9B; **conto** *m.* 5B
bills **bollette** *f., pl.* 7A
to pay the bills **pagare le bollette** *v.* 9B
biology **biologịa** *f.* 1A
bird **uccello** *m.* 12A
birthday **compleanno** *m.* 2B
bite **morso** *m.* 7A
bitter **amaro/a** *adj.* 3B
black **nero/a** *adj.* 3B
blackboard **lavagna** *f.* 1B
bland **insịpido/a** *adj.* 5B
blanket **coperta** *f.* 7B
blizzard **tormenta** *f.* 2B
block **isolato** *m.* 9A
block of seats **settore** *m.* 10A
blond(e) **biondo/a** *adj.* 3B
blood **sangue** *m.* 6A
blouse **camicetta** *f.* 4B
blue **azzurro/a** *adj.* 3B; **blu** *adj., invar.* 3B
boarding house **pensione** *f.* 8B
boarding pass **carta** *f.* **d'imbarco** 8B
boat **barca** *f.* 8A
body **corpo** *m.* 6A
bold **audace** *adj.* 3B
book **libro** *m.* 1A
bookshelf **scaffale** *m.* 7A
bookstore **librerịa** *f.* 1B
boot **stivale** *m.* 4B
bored: to get bored **annoiarsi** *v.* 6A
boring **noioso/a** *adj.* 1B
How boring! **Che nọia!** 1B
born **nato/a** *p.p., adj.* 5A
to be born **nạscere** *v.* 5A
boss **principale** *m., f.* 11A
bottle **bottiglia** *f.* 5B
bottom **fondo** *m.* 4B; **in fondo** *prep.* 9B
bowl **scodella** *f.* 5B
box **palco** *m.* 10A; **scatola** *f.* 10A
boy **ragazzo** *m.* 1A
boyfriend **ragazzo** *m.* 3A; **fidanzato** *m.* 3A
braid **treccia** *f.* 6A
brake **frenare** *v.* 8A
brakes **freni** *m., pl.* 8A
branch **ramo** *m.* 12A
brand **marca** *f.* 4B
bread **pane** *m.* 5A; **impanare** *v.* 5A
break **rọmpere** *v.* 6B
to break an arm **rọmpersi un braccio** *v.* 6B
break down **ẹssere in panne** *v.* 8A
breakfast **colazione** *f.* 5B
bricklayer **muratore** *m.* 7B
bridge **ponte** *m.* 9A
briefcase **valigetta** *f.* 4B
bright **brillante** *adj.* 3B
bring **portare** *v.* 2A
broke: to be broke **ẹssere al verde** *v.* 9B
broom **scopa** *f.* 7B
brother **fratello** *m.* 3A
little/younger brother **fratellino** *m.* 3A
brother-in-law **cognato** *m.* 3A
brown **rosolare** *v.* 5B; **far soffrịggere** *v.* 5A
brown **marrone** *adj.* 3B
brown (*hair, eyes*) **castano/a** *adj.* 3B
bruise **lịvido** *m.* 6B
brush **pettinare** *v.* 6A
to brush one's hair **pettinarsi** *v.* 6A
to brush one's teeth **lavarsi i denti** *v.* 6A
buckle (*seatbelt*) **allacciare** *v.* 8A
build **costruire** *v.* 9A
bull **toro** *m.* 12A
bulletin board **bacheca** *f.* 11B
bump **bernọccolo** *m.* 6B
burn **scottatura** *f.* 6B
burners **fornelli** *m., pl.* 7B
bus **ạutobus** *m.* 1A; **pullman** *m.* 8A
bush **cespuglio** *m.* 12A
businessman **uomo** *m.* **d'affari** 3B
businesswoman **donna** *f.* **d'affari** 3B
but **ma** *conj.* 12A
butcher **macellạio/a** *m., f.* 5A
butcher's shop **macellerịa** *f.* 5A
butter **burro** *m.* 5A
buy **comprare** *v.* 2A
buyout **liquidazione** *f.* 11A
by **da; per** *prep.* 1B
by now; already **ormai** *adv.* 2A
Byzantine **bizantino/a** *adj.* 10B

C

cabin (*mountain shelter*) **baita** *f.* 12A
cafè specializing in chocolate **cioccolaterịa** *f.* 5B
cafeteria **mensa** *f.* 1B; **tạvola** *f.* **calda** 5B
call **chiamare** *v.* 2A
to be called/to call each other **chiamarsi** *v.* 6A
calm **tranquillo/a** *adj.* 1B
camera: digital camera **mạcchina** *f.* **fotogrạfica digitale** 4A
camping **campeggio** *m.* 2A
can **potere** *v.* 4A
Canadian **canadese** *adj.* 1B
canary **canarino** *m.* 3A
cancel **annullare** *v.* 8B
candidate **candidato** *m.* 11B
car **automọbile** *f.* 1A; **mạcchina** *f.* 8A
car door **portiera** *f.* 8A
car racing **automobilismo** *m.* 2A
carafe **caraffa** *f.* 5B
card **carta** *f.* 2A
playing cards **carte** *f., pl.* 2A
care: I care for you. **Ti voglio bene.** 4A

Take care of yourself. **Mi raccomando.** 1B
career **carriera** *f.* 11A
caretaker **bidello/a** *m., f.* 11A; **portiere/a** *m., f.* 11A
carpenter **falegname** *m.* 7B
carpet **tappeto** *m.* 7A
carrot **carota** *f.* 5A
carry-on baggage **bagaglio** *m.* **a mano** 8B
cartoon **cartone** *m.* **animato** 10B
carve **scolpire** *v.* 10B
cash **contanti** *m., pl.* 9B
to pay in cash **pagare in contanti** *v.* 9B
cat **gatto** *m.* 3A
catastrophe **catastrofe** *f.* 12A
cavity **carie** *f. invar.* 6B
CD **CD/compact disc** *m.* 4A
CD player **lettore** *m.* **CD** 4A
ceiling **soffitto** *m.* 7A
cell phone **cellulare** *m.* 4A
center **centro** *m.* 3A
certain **certo/a** *adj.* 11B; **sicuro** *adj.* 11B
chair **sedia** *f.* 1B
chalk **gesso** *m.* 1B
change **moneta** *f.* 9B; **cambiare** *v.* 2A
channel: television channel **canale** *m.* **(televisivo)** 4A
character: main character **personaggio** *m.* **principale** 10A
charge **caricare** *v.* 4A
chase **rincorrere** *v.* 12B
chatterbox **chiacchierone/a** *m., f.* 10B
check **assegno** *m.* 9B; **controllare** *v.* 6B
to pay by check **pagare con assegno** *v.* 9B
checking account **conto** *m.* **corrente** *m.* 9B
cheerful **allegro/a** *adj.* 3B
cheerfully **allegramente** *adv.* 5B
Cheers! **Cin, cin!** 1A
cheese **formaggio** *m.* 5A
chef **cuoco/a** *m., f.* 5B
chess **scacchi** *m., pl.* 2A
chest **petto** *m.* 6A
chic **chic** *adj., invar.* 3B
chicken-pox **varicella** *f.* 6B
child **bambino/a** *m., f.* 3A
only child **figlio/a** *m., f.* **unico/a** 3A
chimney sweep **spazzacamino** *m.* 7B
Chinese **cinese** *adj.* 1B
chores **faccende** *f., pl.* 7B; **mestieri** *m., pl.* 7B
to do household chores **fare i mestieri/le faccende** *v.* 7B
chorus **coro** *m.* 10A
Christmas **Natale** *m.* 8B
church **chiesa** *f.* 9A
cinema **cinema** *m.* 10B
city **città** *f.* 1A
city walls **mura** *f., pl.* 9A
civil servant **funzionario/a** *m., f.* 11A
clam **vongola** *f.* 5A
clarinet **clarinetto** *m.* 10A
class **classe** *f.* 1B
in class **a lezione** 1B
classical; classic **classico/a** *adj.* 10B
classmate **compagno/a** *m., f.* **di classe** 1B
classroom **aula** *f.* 1B; **classe** *f.* 1B
clean **pulito/a** *adj.* 7B; **pulire** *v.* 3A
perfectly clean **impeccabile** *adj.* 7B
clear **chiaro/a** *adj.* 11B
to clear the table **sparecchiare la tavola** *v.* 7B
clearing **radura** *f.* 12A
clever **spiritoso/a** *adj.* 3B
client **cliente** *m., f.* 8B
cliff **scogliera** *f.* 12A
climate **clima** *m.* 10A
climb **scalare** *v.* 12A; **salire** *v.* 5A
to climb stairs **salire le scale** *v.* 9A
climbing **arrampicata** *f.* 2A
clock **orologio** *m.* 1B
close **chiudere** *v.* 2B
close (to) **vicino (a)** *prep.* 9A
closed **chiuso** *p.p., adj.* 4B
closet **armadio** *m.* 7A
clothing **abbigliamento** *m.* 4A
cloud **nuvola** *f.* 2B
cloudy **nuvoloso/a** *adj.* 2B
clutch **frizione** *f.* 8A
coach **pullman** *m.* 8A
coast **costa** *f.* 12A
coffee **caffè** *m.* 1A
coffee maker **caffettiera** *f.* 7B
coin **moneta** *f.* 9B
cold **freddo/a** *adj.* 2B; **raffreddore** *m.* 6B
It's cold. **Fa freddo.** 2B
to feel cold **avere freddo** *v.* 2B
to have a cold **avere il raffreddore** *v.* 6B
collection **collezione** *f.* 10B
color **colore** *m.* **4B**
comb **pettine** *m.* 6A
to comb one's hair **pettinarsi** *v.* 6A
come **venuto/a** *p.p., adj.* 5A
come **venire** *v.* 4A
Come on! **Forza!** 5B
Oh, come on. **Ma dai.** 1A
comedy **commedia** *f.* 10A
commit **commettere** *v.* 11B
commute **fare il pendolare** *v.* 12A
compel **obbligare** *v.* 10A
competence **competenza** *f.* 11B
complain (about) **lamentarsi (di)** *v.* 6A
completely **affatto** *adv.* 9B
compose **comporre** *v.* 4A
composed **composto/a** *p.p., adj.* 4B
composer **compositore/compositrice** *m., f.* 10A
compromise **compromesso** *m.* 12B
computer **computer** *m.* 4A
computer science **informatica** *f.* 1B
concert **concerto** *m.* 10A
condition **condizione** *f.* 12A
confident **disinvolto/a** *adj.* 3B
connected: to be connected **essere connesso/a** *v.* 4A
connection **coincidenza** *f.* 8A
consultant **consulente** *m., f.* 11A
contemporary **contemporaneo/a** *adj.* 10B
content **contento/a** *adj.* 1B
continue **continuare** *v.* 10A; **proseguire** *v.* 9A
contract **contratto** *m.* 7A
contributions **contributi** *m., pl.* 11A
conversation **conversazione** *f.* 1B
cook **cuoco/a** *m., f.* 5B; **cucinare** *v.* 5A
cookie **biscotto** *m.* 5A
cool; **fresco/a** *adj.* 2B
It's cool. **Fa fresco.** *2B*
corner **angolo** *m.* 9A
cosmetics shop **profumeria** *f.* 9B
cost **costare** *v.* 5A
cotton **cotone** *m.* 4B
couch **divano** *m.* 7A
cough **tosse** *f.* 6B; **tossire** *v.* 6B
countryside **campagna** *f.* 12A
couple **coppia** *f.* 3A
courageous **coraggioso/a** *adj.* 3B
course **piatto** *m.* 5B; **corso** *m.* 2A
first/second course **primo/secondo piatto** *m.* 5B
court **campo** *m.* 2A
courteous **cortese** *adj.* 3B
courtesy **cortesia** *f.* 1A
courtyard **cortile** *m.* 7A
cousin **cugino/a** *m., f.* 3A
cow **mucca** *f.* 12A
crazy **pazzo/a** *adj.* 3B
credit card **carta** *f.* **di credito** 9B
to pay with a credit card **pagare con carta di credito** *v.* 9B
crew cut **capelli** *m., pl.* **a spazzola** 6A

cross **attraversare** *v.* 9A
crosswalk **strisce** *f., pl.* **(pedonali)** 9A
crowded **affollato/a** *adj.* 8A; **intasato/a** *adj.* 8A
crude **rozzo/a** *adj.* 9B
cruel **crudele** *adj.* 3B
cruise **crociera** *f.* 8B
crumb **briciola** *f.* 7B
cry **piangere** *v.* 6B
cup **tazza** *f.* 5B
cupboard **credenza** *f.* 7A
curious **curioso/a** *adj.* 3B
curl **arricciare** *v.* 6A
curly **riccio/a** *adj.* 3B
curtain **tenda** *f.* 7A
custodian **bidello/a** *m., f.* 11A
customer **cliente** *m., f.* 8B
customs **dogana** *f.* 8B
cut **tagliare** *v.* 8B
  to cut one's hair **tagliare i capelli** *v.* 6A
cute **carino/a** *adj.* 3B; **bellino/a** *adj.* 10B
  cute little mouth **boccuccia** *f.* 10B
cycling **ciclismo** *m.* 2A
cyclone **ciclone** *m.* 2B
cypress **cipresso** *m.* 12A

D

dad **papà** *m.* 3A
dance **ballare** *v.* 2A
  classical dance **danza** *f.* **classica** 2A
danger **pericolo** *m.* 12A
dangerous **pericoloso/a** *adj.* 6B
dark **scuro/a** *adj.* 4B
dark-haired **bruno/a** *adj.* 3B
Darn! **Accidenti!** 5B; **Porca miseria!** 8A
darned **maledetto/a** *adj.* 12A
darts **freccette** *f., pl.* 2A
date **data** *f.* 2B; **appuntamento** *m.* 11B
daughter **figlia** *f.* 3A
daughter-in-law **nuora** *f.* 3A
dawn **alba** *f.* 12A
day **giorno** *m.* 1B; **giornata** *f.* 1A
dead **morto/a** *p.p., adj.* 5A
deal **affare** *m.* 4B; **patto** *m.* 12A
  good deal **buon affare** *m.* 4B
dear **caro/a** *adj.* 4B
  very dear, sweet **caruccio/a** *adj.* 10B
debit card **carta** *f.* **di debito** *f.* 9B
  to pay with a debit card **pagare con carta di debito** *v.* 9B
debut **debutto** *m.* 10A
December **dicembre** *m.* 2B

decide **decidere** *v.* 10A
decided **deciso/a** *p.p., adj.* 4B
decision: to make a decision **prendere una decisione** *v.* 2B
deforestation **disboscamento** *m.* 12A
degree **grado** *m.* 2B; **diploma** *m.* 10A
  It's 18 degrees out. **Ci sono 18 gradi.** 2B
delay **ritardo** *m.* 8B
delicatessen **salumeria** *f.* 5A
Delighted. **Piacere.** 1A
demanding **esigente** *adj.* 11A
dentist **dentista** *m., f.* 6B
depart **partire** *v.* 2A
department **facoltà** *f.* 1B
department store **grande magazzino** *m.* 9A
departures **partenze** *f., pl.* 8B
deposit **caparra** *f.* 7A
  to deposit money **depositare il denaro** *v.* 9B
depression **depressione** *f.* 6B
desert **deserto** *m.* 12A
designer **stilista** *m., f.* 4B
desire **voglia** *f.* 2B; **desiderare** *v.* 2A
desk **banco** *m.* 1B; **scrivania** *f.* 7A
dessert **dolce** *m.* 5B
deterioration **degrado** *m.* 12A
develop **sviluppare** *v.* 12A
diagram **schema** *m.* 10A
dial **comporre** *v.* 4A
dictionary **dizionario** *m.* 1B
die **morire** *v.* 5A
died **morto (morire)** *p.p.* 5A
diet **dieta** *f.* 5B
  to be on a diet **essere a dieta** *v.* 5B
difference **divergenza** *f.* 12A
difficult **difficile** *adj.* 1B
digital camera **macchina** *f.* **fotografica (digitale)** 4A
dilemma **dilemma** *m.* 10A
dim-witted **scemo/a** *adj.* 3B
dining room **sala** *f.* **da pranzo** 7A
dinner **cena** *f.* 5B
  to have dinner **cenare** *v.* 2A
diploma **diploma** *m.* 10A
direction **indicazione** *f.* 9A
director **regista** *m., f.* 10A
dirty **sporco/a** *adj.* 7B
disappointed **deluso/a** *adj.* 8A
discourteous **scortese** *adj.* 3B
discreet **discreto/a** *adj.* 3B
disgusting **schifoso/a** *adj.* 7B
dishonest **disonesto/a** *adj.* 1B
dishwasher **lavastoviglie** *f.* 7B
dismiss **licenziare** *v.* 12B
dispose of **smaltire** *v.* 11A

disturbing **inquietante** *adj.* 10B
divided by **diviso** *adj.* 2B
divorced **divorziato/a** *adj.* 3A
do **fare** *v.* 2A
doctor **dottore(ssa)** *m., f.* 1A
  family doctor **medico** *m.* **di famiglia** 6B
  to go to the doctor **andare dal dottore** *v.* 6B
document **documento** *m.* 4A
documentary **documentario** *m.* 10B
dog **cane** *m.* 3A
domestic **domestico/a** *adj.* 3A
done **fatto/a** *p.p., adj.* 4B
door **porta** *f.* 1B; **portiera** *f.* 8A
doorman **portiere/a** *m., f.* 11A
doubt **dubitare** *v.* 10A
download **scaricare** *v.* 4A
downtown **centro** *m.* **storico** 9A
drain **smaltire** *v.* 12B
drama **dramma** *m.* 10A
dramatic **drammatico/a** *adj.* 10B
drawer **cassetto** *m.* 7A
dreadlocks **treccine** *f., pl.* 6A
dream **sognare** *v.* 10A; **sogno** *m.* 10A
dress **abito** *m.* 4B; **vestito** *m.* 4B
  to get dressed **vestirsi** *v.* 6A
dress circle **balconata** *f.* 10A
dress shirt **camicia** *f.* 4B
dresser **cassettiera** *f.* 7A
drink **bibita** *f.* 5B; **bere** *v.* 5A
drive **guidare** *v.* 2A
driver **autista** *m., f.* 8A
driver's license **patente** *f.* 8A
drought **siccità** *f.* 2B
drug **medicina** *f.* 6B
drum **tamburo** *m.* 10A
drummer **batterista** *m., f.* 10A
drums **batteria** *f.* 2A
dry **secco/a** *adj.* 2B
dry clearner **tintoria** *f.* 9B
dryer (*clothes*) **asciugatrice** *f.* 7B
dumb **tonto/a** *adj.* 3B
dump **discarica** *f.* 12A
during **durante** *prep.* 7B
dust **spolverare** *v.* 7B
DVD player **lettore** *m.* **DVD** 4A
DVR **registratore DVR** *m.* 4A
dynamic **dinamico/a** *adj.* 3B

E

each **ogni** *adj.* 9B
  each one **ciascuno/a** *adj., pron.* 4B
  each other **l'un l'altro/a** 6A; **fra di loro** 6A
ear **orecchio (*pl.* orecchie *f.*)** *m.* 6A

earn **guadagnare** *v.* 11A; **meritare** *v.* 11A
earnest **convinto/a** *adj.* 3B
earthquake **terremoto** *m.* 2B
ease: at ease **a sụo agio** 7B
east **est** *m.* 9A
Easter Monday **Pasquetta** *f.* 8B
Easter Sunday **Pasqua** *f.* 8B
easy **fạcile** *adj.* 1B
eat **mangiare** *v.* 2A
ecology **ecologịa** *f.* 12A
economics **economịa** *f.* 1B
economy class **classe** *f.* **ecọnomica** 8B
education **istruzione** *f.* 11B
effect **effetto** *m.* 12B
egg **uovo (*pl.* uova f.)** *m.* 5A
eggplant **melanzana** *f.* 5A
eight **otto** *m., adj.* 1A
eight hundred **ottocento** *m., adj.* 2B
eighteen **diciotto** *m., adj.* 1A
eighteenth **diciottẹsimo/a** *adj.* 10B
eighth **ottavo/a** *adj.* 10B
eighty **ottanta** *m., adj.* 1A
eighty-one **ottantun(o)** *m., adj.* 1A
eighty-second **ottantaduẹsimo/a** *adj.* 10B
elbow **gọmito** *m.* 6A
elder **maggiore** *adj.* 3A
electrician **elettricista** *m., f.* 11A
elevator **ascensore** *m.* 8B
eleven **ụndici** *m., adj., invar.* 1A
eleventh **undicẹsimo/a** *adj.* 10B
e-mail message **e-mail** *f.* 4A
emergency room **pronto soccorso** *m.* 6B
employee **impiegato/a** *m., f.* 11B
empty **vuoto/a** *adj.* 10A
end **fine** *f.* 10A
  at the end, bottom **in fondo** *prep.* 9B
energetic **enẹrgico/a** *adj.* 3B
energy **energịa** *f.* 12A
engaged **fidanzato/a** *adj.* 3A
engine **motore** *m.* 8A
engineer **ingegnere** *m., f.* 1A
English **inglese** *adj.* 1B
enough **abbastanza** *adv.* 1A
  to be enough **bastare** *v.* 5B
enter **entrare** *v.* 5A
envelope **busta** *f.* 9B
environment **ambiente** *m.* 12A
environmentalism **ambientalismo** *m.* 12A
epic **racconto** *m.* **ẹpico** 10B
equal **uguale** *adj.* 2B
erase **cancellare** *v.* 4A
eraser **gomma** *f.* 1A
errands: to run errands **fare delle commissioni** *v.* 9B
error **errore** *m.* 11B
eruption **eruzione** *f.* 2B
essay **tesina** *f.* 5A; **tema** *m.* 10A
even **pure** *adv.* 3B
  not even **non... neanche** *adv.* 9B; **non... nemmeno** *conj.* 9B; **non... neppure** *conj.* 9B
evening **sera** *f.* 1B, **serata** *f.* 3B
  Good evening. **Buonasera.** 1A
  this evening. **stasera** *adv.* 5A
ever **mai** *adv.* 2B
every **ogni** *adj.* 9B
everything **tutto** *pron.* 9B
  Everything OK? **Tutto bene?** 1A
exam **esame** *m.* 1A
excuse **scusare** *v.* 1A
  Excuse me. **Scusi/a.** *(form./fam.)* 1A
executive **dirigente** *m., f.* 11A
exercise **fare esercizio, fare ginnạstica** *v.* 6B
exhaust **scappamento** *m.* 12A
exhibit **esposizione** *f.* 10B
exit **uscita** *f.* 8B
expensive **caro/a** *adj.* 4B; **costoso/a** *adj.* 4B
experience: professional experience **esperienza** *f.* **professionale** 11B
explain **spiegare** *v.* 2A
explore **esplorare** *v.* 12A
expression **espressione** *f.* 5A
exquisite **squisito/a** *adj.* 2A
extreme sports **sport** *m., pl.* **estremi** 2A
eye **occhio** *m.* 6A
eyebrow **sopracciglio (*pl.* sopracciglia f.)** *m.* 6A
eyelash **ciglio (*pl.* ciglia f.)** *m.* 6A

F

face **faccia** *f.* 6A
factory **fạbbrica** *f.* 12A
factory worker **operạio/a** *m., f.* 11A
faculty **facoltà** *f.* 1B
fail **fallire** *v.* 11A
  to fail (*exam*) **bocciare** *v.* 1B
fairy tale **fạvola** *f.* 10B
faithful **fedele** *adj.* 3B
fall **autunno** *m.* 2B; **cadere** *v.* 5A
  to fall asleep **addormentarsi** *v.* 6A
  to fall in love **innamorarsi** *v.* 6A
family **famiglia** *f.* 3A
  family doctor **mẹdico** *m.* **di famiglia** 6B
far (from) **lontano/a (da)** *adj.* 9A
  not far from **a due passi da** 9A
fare **tariffa** *f.* 8A
  excess fare **supplemento** *m.* 8A
farm **fattorịa** *f.* 12A
farmer **agricoltore/agricoltrice** *m., f.* 11A
fashion **moda** *f.* 4B
  to be/not be in fashion **(non) andare di moda** *v.* 4B
fast **veloce** *adj.* 3B
fat **grasso/a** *adj.* 3B
father **padre** *m.* 3A
father-in-law **sụocero** *m.* 3A
favorite **preferito/a** *adj.* 3B
fear **paura** *f.* 2B; **temere** *v.* 10A
February **febbrạio** *m.* 2B
feel **sentire** *v.* 3A; **sentirsi** *v.* 6A
  to feel like **avere voglia di** *v.* 2B
female **fẹmmina** *f.* 3A
feminist **femminista** *adj.* 3B
ferry **traghetto** *m.* 8A
festival **fẹstival** *m.* 10A
fever **febbre** *f.* 6B
  to have a fever **avere la febbre** *v.* 6B
few: a few **alcuni/e** *indef. adj., pron.* 5A, 9B; **qualche** *adj.* 5A, 9B; **pochi/e** *adj.* 5B, 9B
fiancé **fidanzato** *m.* 3A
fiancée **fidanzata** *f.* 3A
field **campo** *m.* 2A; **settore** *m.* 11B
fifteen **quịndici** *m., adj.* 1A
fifth **quinto/a** *adj.* 10B
fifty **cinquanta** *m., adj.* 1A
fill: to fill out a form **riempire un mọdulo** *v.* 9B
film **film** *m.* 10B; **girare** *v.* 10B
  horror/sci-fi film **film** *m.* **di fantascienza/dell'orrore** 10B
find **trovare** *v.* 2A
fine **multa** *f.* 8A
fine arts **belle arti** *f., pl.* 10B
finger **dito (*pl.* dita f.)** *m.* 6A
finish **finire** *v.* 3A
fir **abete** *m.* 12A
fire **licenziare** *v.* 11A
firefighter **pompiere/a** *m., f.* 9A
firm **azienda** *f.* 11B
first **primo** *m.* 2B; **primo/a** *adj.* 10B; **prima** *adv.* 5B
  at first **all'inizio** *adv.* 2A
  first class **prima classe** *f.* 8A
  first of all **innanzitutto** *adv.* 9A
first aid **pronto soccorso** *m.* 6B
first-born **primogẹnito/a** *m., f.* 3A
fish **pesce** *m.* 3A
  to go fishing **pescare** *v.* 2A
fish shop **pescherịa** *f.* 5A
five **cinque** *m., adj.* 1A
five hundred **cinquecento** *m., adj.* 2B
five thousand **cinquemila** *m., adj.* 2B
five-hundredth **cinquecentẹsimo/a** *adj.* 10B

fix **aggiustare** *v.* 4A
flash of lightning **lampo** *m.* 2B
flat: to get a flat tire **bucare una gomma** *v.* 8A
flavor **gusto** *m.* 5B
flavoring **aroma** *m.* 10A
flight **volo** *m.* 8B
flood **alluvione** *f.* 12A; **ingolfare** *v.* 12B
floor **pavimento** *m.* 6B
florist **fiorista** *m., f.* 9B
flower **fiore** *m.* 7A
flower bed **aiuọla** *f.* 9A
flower shop **fiorista** *m.* 9B
flu **influenza** *f.* 6B
flute **flauto** *m.* 10A
folder **cartella** *f.* 4A
follow **seguire** *v.* 3A
food **cibo** *m.* 5A
fool: to act the fool **fare il buffone** *v.* 10A
foot **piede** *m.* 6A
  on foot **a piedi** 3A
football **football** *m.* **americano** 2A
for **per** *prep.* 3A
  For how long . . .? **Da quanto tempo...?** 2B
  for rent **affịttasi** 7A
  for sale **vẹndesi** 7A
force **obbligare** *v.* 10A
foreign **straniero/a** *adj.* 3B
forest **foresta** *f.* 12A
forget **dimenticare** *v.* 2A; **dimenticarsi** *v.* 10A
fork **forchetta** *f.* 5B
form **mọdulo** *m.* 9B
forty **quaranta** *m., adj.* 1A
forty-sixth **quarantaseiẹsimo/a** *adj.* 10B
fountain **fontana** *f.* 9A
four **quattro** *m., adj.* 1A
four hundred **quattrocento** *m., adj.* 2B
fourteen **quattọrdici** *m., adj.* 1A
fourth **quarto/a** *adj.* 10B
fraction **miseria** *f.* 10B
fracture **frattura** *f.* 6B
free **gratis** *adj., invar.* 10A
freezer **congelatore** *m.* 7B
French **francese** *adj.* 1B
frequently **frequentemente** *adv.* 5B
fresh **fresco/a** *adj.* 2B
Friday **venerdì** *m.* 1B
fridge **frigo(rịfero)** *m.* 7B
fried **fritto/a** *adj.* 5A
friend **amico/a** *m., f.* 1A
friendly **sociẹvole** *adj.* 3B
from **da** *prep.* 1B; **di (d')** *prep.* 3A
front: in front of **davanti (a)** *prep.* 7A
fruit **frutta** *f.* 5A
fry **frịggere** *v.* 5B
  to fry lightly **soffrịggere** *v.* 5A
full **pieno/a** *adj.* 11A
  full price ticket **biglietto** *m.* **intero** 10A
  full-time **a tempo pieno** *adj.* 11A
  no vacancies **al completo** *adj.* 8B
fun **divertente** *adj.* 1B
  to have fun **divertirsi** *v.* 6A
function **funzionare** *v.* 4A
funny **buffo/a** *adj.* 3B; **spiritoso/a** *adj.* 3B
furnished apartment **appartamento** *m.* **arredato** 7A
furniture **mọbili** *m., pl.* 7A
future **futuro** *m.* 7A
Futurist **futurista** *adj.* 10B

G

gallery **gallerịa** *f.* 10A
game **partita** *f.* 2A
garage **garage** *m., invar.* 7A
garbage **spazzatura** *f.* 7B; **rifiuti** *m., pl.* 12A
garbage collector **netturbino/a** *m., f.* 12A; **spazzino/a** *m., f.* 9A
garbage truck **camion** *m.* **della nettezza urbana** 12A
gardener **giardiniere/a** *m., f.* 11A
garden-level apartment **seminterrato** *m.* 7A
garlic **aglio** *m.* 5A
gas **benzina** *f.* 8B
  to get gas **fare benzina** *v.* 8B
generally **in gẹnere** *adv.* 3A
generous **generoso/a** *adj.* 1B
genius **genio/a** *m., f.* 4A
genre **gẹnere** *m.* 10B
German **tedesco/a** *adj.* 1B
get **ottenere** *v.* 11B
  get on (*bus, train*) **salire** *v.* 5A
get up **alzarsi** *v.* 6A
gift **dono** *m.* 10A
gifted **dotato/a** *adj.* 10B
girl **ragazza** *f.* 1A
girlfriend **ragazza** *f.* 3A; **fidanzata** *f.* 3A
give **dare** *v.* 2A
  to give (*gift*) **regalare** *v.* 5B
  to give back **restituire** *v.* 5B
  to give (someone) a ride **dare un passaggio** *v.* 9A
  to give to each other **darsi** *v.* 6A
  to give up **arrẹndersi** *v.* 2B
glass **bicchiere** *m.* 5B
glasses **occhiali** *m., pl.* 4B
global warming **riscaldamento** *m.* **globale** 12A
glove **guanto** *m.* 4B
go **andare** *v.* 2A
  to go down (the stairs) **scẹndere (le scale)** *v.* 9A
  to go out **uscire** *v.* 4A
  to go up **salire** *v.* 5A
goat **capra** *f.* 12A
good **buono/a** *adj.* 1B; **bravo/a** *adj.* 1B
  good deal **buon affare** *m.* 4B
  Good evening. **Buonasera.** 1A
  Good luck. **In bocca al lupo.** (lit. *In the mouth of the wolf.*) 1B
  Good morning. **Buongiorno.** 1A
  Good night. **Buonanotte.** 1A
  to be no good at . . . **ẹssere negato/a per...** *v.* 1B
Good-bye. **ArrivederLa/ci.** 1A; **Ciao.** 1A
Gothic **gọtico/a** *adj.* 10B
government **governo** *m.* 12A
grade **voto** *m.* 1B
graduate: to graduate from college **laurearsi** *v.* 6A
granddaughter **nipote** *f.* 3A
grandfather **nonno** *m.* 3A
grandmother **nonna** *f.* 3A
grandson **nipote** *m.* 3A
grapes **uva** *f., sing.* 5A
grass **erba** *f.* 12A
gratitude **gratitụdine** *f.* 12A
gray **grigio/a** *adj.* 3B
great grandfather **bisnonno** *m.* 3A
great grandmother **bisnonna** *f.* 3A
greedy **avaro/a** *adj.* 3B
Greek **greco/a** *adj.* 1B
green **verde** *adj.* 3B
green bean **fagiolino** *m.* 5A
greenhouse effect **effetto** *m.* **serra** 12B
greet **salutare** *v.* 6A
  to greet each other **salutarsi** *v.* 6A
greeting **saluto** *m.* 1A
grilled **alla griglia** *adj.* 5A
groceries: to buy groceries **fare la spesa** *v.* 2A
grocery store **negozio** *m.* **d'alimentari** 5A
group **gruppo** *m.* 10A
guess **indovinare** *v.* 8A
guitar **chitarra** *f.* 2A
guitarist **chitarrista** *m., f.* 10A
guy **tipo** *m.* 1B
gymnasium **palestra** *f.* 2A
gymnastics **ginnạstica** *f.* 4B

H

hail **grạndine** *f.* 2B
hair **capelli** *m., pl.* 6A
  to cut one's hair **tagliare i capelli** *v.* 6A
hair dryer **asciugacapelli** *m., invar.* 6A

hairbrush **spạzzola** *f.* 6A
hairdresser **parrucchiere/a** *m., f.* 3B
half brother **fratellastro** *m.* 3A
half hour **mezzo/a** *m., f.* 1B
half sister **sorellastra** *f.* 3A
hall **sala** *f.* 1A
hallway **corridọio** *m.* 7A
ham **prosciutto** *m.* 5A
hand **mano (*pl.* le mani)** *f.* 6A
  little hand **manina** *f.* 10B
  on the other hand **invece** *adv.* 1B
handbag **borsa** *f.* 4B
handsome **bello/a** *adj.* 1B
hang: to hang up the phone **riattaccare il telẹfono** *v.* 11B
happen **accadere** *v.* 12A; **succẹdere** *v.* 6A
happy **contento/a** *adj.* 1B; **felice** *adj.* 1B
hard **duro/a** *adj.* 3B
hard drive **disco** *m.* **rịgido** 4A
hardly **appena** *adv., conj.* 6B
hardworking **laborioso/a** *adj.* 3B
hat **cappello** *m.* 4B
hate **odiare** *v.* 6A
  to hate each other **odiarsi** *v.* 6A
have **avere** *v.* 2B
  Have a nice day! **Buona giornata!** 1A
  to have to **dovere** *v.* 4A
hay **fieno** *m.* 12A
he **lui** *sub. pron.* 1B
head **testa** *f.* 6A; **principale** *m., f.* 11A
headache **mal** *m.* **di testa** 6B
headlight **faro** *m.* 8A
headphones **cuffie** *f., pl.* 4A
heal **curare** *v.* 6B
health **salute** *f.* 6B
  to be in good health **ẹssere in buona salute** *v.* 6B
healthy **sano/a** *adj.* 6B
hear **sentire** *v.* 3A
heart **cuore** *m.* 6A
heartburn **bruciore** *m.* **di stọmaco** 6B
heat wave **ondata** *f.* **di caldo** 2B
heavy **pesante** *adj.* 5B
height: of average height **di media statura** *adj.* 3B
Hello. **Salve.** 1A; **Buongiorno.** 1A
  (on the phone) **Pronto?** 1A, 11B
help **aiutare** *v.* 2A
  to help each other **aiutarsi** *v.* 6A
helpful **disponịbile** *adj.* 3B
her **la** *d.o. pron., f., sing.* 5A; **lei** *disj. pron., f., sing.* 4A; **glielo/a/i/e/ne** *dbl.o. pron., m., f., sing.* 7A; **le** *i.o. pron., f., pl.* 5B; **sụo/a, suoi, sụe** *poss. adj., m., f.* 3A
here **ecco** *adv.* 1A; **qua** *adv.* 1A; **qui** *adv.* 1A
herself **sé** *disj. pron., f., sing.* 4A; **si** *ref. pron. m., f., sing., pl.* 6A
Hey there! **Ehilà!** 1A
Hi. **Ciao.** 1A
high **elevato/a** *adj.* 11B
high school **liceo** *m.* 1B
highway **autostrada** *f.* 8A
him **lo** *d.o. pron., m. sing.* 5A; **lui** *disj. pron., m., sing.* 4A; **glielo/a/i/e/ne** *dbl.o. pron., m., f., sing.* 7A; **gli** *i.o. pron., m., sing.* 5B
himself **sé** *disj. pron., m., f., sing., pl.* 4A; **si** *ref. pron. m., f., sing., pl.* 6A
hire **assụmere** *v.* 11A
hiring **assunzione** *f.* 11B
his **sụo/a, suoi, sụe** *poss. adj., m., f.* 3A
history **storia** *f.* 1B
hit **colpire** *v.* 8A
hives **orticaria** *f.* 6B
hold: to be on hold **restare in attesa** *v.* 11B
  Please hold. **Attenda in lịnea, per favore.** 11B
holiday: public holiday **giorno** *m.* **festivo** 8B
home **casa** *f.* 3A
  single-family home **villa** *f.* 7A
homemade **fatto/a in casa** *adj.* 5B
homework **cọmpiti** *m., pl.* 1B
honest **onesto/a** *adj.* 1B
hood **cọfano** *m.* 8A
hope **sperare** *v.* 10A
horizon **orizzonte** *m.* 12A
horror film **film** *m.* **dell'orrore** 10B
horse **cavallo** *m.* 2A
  to go horseback riding **andare a cavallo** *v.* 2A
hospital **ospedale** *m.* 6B
hot **caldo/a** *adj.* 2B
  It's hot. **Fa caldo.** 2B
  to feel hot **avere caldo** *v.* 2B
hotel **albergo** *m.* 8B
  five-star hotel **albergo** *m.* **a cinque stelle** 8B
hour **ora** *f.* 1B
house **casa** *f.* 1A
househusband **casalingo** *m.* 11A
housewife **casalinga** *f.* 11A
how **come** *adv.* 3B
  For how long . . . ? **Da quanto tempo...?** 2B
  How are things? **Come va?** 1A
  How are you getting along? **Come te la passi?** 1A
  How are you? **Come sta/stai?** *(form./fam.)* 1A
  How do you get to . . . ? **Come si va...** 9A
  how many **quanti/e** *adj.* 1A
  how much **quanto/a** *adj., pron., adv.* 3B
  How much is . . . ? **Quanto costa...?** 5A
however **comunque** *conj., adv.* 4A
hug **abbracciare** *v.* 6A
  to hug each other **abbracciarsi** *v.* 6A
human resources **risorse** *f., pl.* **umane** 11B
humanities **lẹttere** *f., pl.* 1B
humid **ụmido/a** *adj.* 2B
humidity **umidità** *f.* 2B
hunger **fame** *f.* 2B
hungry: to be hungry **avere fame** *v.* 2B
hurry: to be in a hurry **avere fretta** *v.* 2B
  to hurry up **sbrigarsi** *v.* 4A
hurt: to hurt oneself **farsi male** *v.* 6A
husband **marito** *m.* 3A
  first/second husband **primo/secondo marito** *m.* 3A
hybrid car **mạcchina** *f.* **ịbrida** 12A

I

I **io** *sub. pron.* 1B
ice cream **gelato** *m.* 11A
ice cream shop **gelaterịa** *f.* 5A
ID **documento** *m.* 8B
idea **idea** *f.* 1A
if **se** *conj.* 12A
ill **malato/a** *adj.* 6B
imagine **immaginare** *v.* 11B
impeccable **impeccạbile** *adj.* 5B
immediately **sụbito** *adv.* 5B
important **importante** *adj.* 1B
impossible **impossịbile** *adj.* 11A
impression **impressione** *f.* 11B
improve **migliorare** *v.* 12A
in **fra** *prep.* 3A; **tra** *prep.* 3A; **a** *prep.* 1B; **su** *prep.* 3A; **in** *prep.* 3A
  in order to **per** *prep.* 3A
inappropriate **inopportuno/a** *adj.* 11A
incredible **incredịbile** *adj.* 11B
independent **indipendente** *adj.* 1B
infection **infezione** *f.* 6B
information booth **chiosco** *m.* **per le informazioni** 9A
injury **ferita** *f.* 6B
in-laws **parenti** *m., pl.* **acquisiti** 3A
innovative **innovativo/a** *adj.* 10B
insect **insetto** *m.* 12A
insensitive **insensịbile** *adj.* 3B
inside **dentro** *prep.* 7A
insist **insịstere** *v.* 11B

insomnia **insonnia** *f.* 6B
installment **rata** *f.* 9B
instead **invece** *adv.* 1B
instructor **insegnante** *m., f.* 1B
instrument: musical instrument **strumento** *m.* **musicale** 10A
insurance: life insurance **assicurazione** *f.* **sulla vita** 11A
intelligent **intelligente** *adj.* 1B
interest rate **tasso** *m.* **di interesse** 9B
interested: to be interested in **occuparsi** *v.* 12B
interesting **interessante** *adj.*
intermission **intervallo** *m.* 10A
intern **stagista** *m., f.* 2A
Internet: to surf the Internet **navigare in rete** *v.* 4A
Internet café **Internet café** *m.* 9B
internship **stage** *m.* 11B
intersection **incrocio** *m.* 9A
interview: job interview **colloquio** *m.* **di lavoro** 11B
introduce **presentare** *v.* 1A
  I would like to introduce [*name*] to you. **Le/Ti presento…** *(form./fam.)* 1A
introduction **presentazione** *f.* 1A
invent **inventare** *v.* 10A
investment **investimento** *m.* 9B
invite **invitare** *v.* 10A
iron **ferro** *m.* **da stiro** 7B; **stirare** *v.* 7B
ironing board **asse** *f.* **da stiro** 7A
irresponsible **irresponsạbile** *adj.* 3B
island **ịsola** *f.* 12A
it **la** *d.o. pron., f., sing.* 5A; **lo** *d.o. pron. m., sing.,* 5A
  some/any of it/them **ne** *pron.* 6A
Italian **italiano/a** *adj.* 1B
its **sụo/a, suoi, sụe** *poss. adj., m., f.* 3A
itself **sé** *disj. pron., m., f., sing.* 4A; **si** *ref. pron. m., f., sing., pl.* 6A

J

jacket **giacca** *f.* 4B
jam **marmellata** *f.* 5A
January **gennạio** *m.* 2B
Japanese **giapponese** *adj.* 1B
jealous **geloso/a** *adj.* 3B
jeans **jeans** *m., pl.* 4B
jerk **cretino/a** *m., f.* 7A
jewelry store **gioielleṛia** *f.* 9B
job **lavoro** *m.* 11B; **posto** *m.* 11B
  first job **prima occupazione** *f.* 11B
  to find a job **trovare lavoro** *v.* 11B
joke **scherzo** *m.* 8B; **scherzare** *v.* 4B
journalist **giornalista** *m., f.* 3B
judge **giụdice** *m., f.* 11A
juice **succo** *m.* 5B
July **luglio** *m.* 2B
jump **saltare** *v.* 1B
June **giugno** *m.* 2B
just **appena** *adv., conj.* 6B

K

keep **tenere** *v.* 10B
key **chiave** *f.* 8B
keyboard **tastiera** *f.* 4A
kilo **chilo** *m.* 5A
kilometric zone ticket **biglietto** *m.* **a fascia chilomẹtrica** 8A
kind **gentile** *adj.* 3B; **gẹnere** *m.* 10B
kiosk **chiosco** *m.* 9A
kiss **baciare** *v.* 6A
  to kiss each other **baciarsi** *v.* 6A
kitchen **cucina** *f.* 7A
knee **ginocchio (*pl.* ginocchia *f.*)** *m.* 6A
knife **coltello** *m.* 5B
know **sapere** *v.* 4B; **conọscere** *v.* 4B
  I don't know. **Non lo so.** 1A
  to know by sight **conọscere di vista** *v.* 4B
  to know something inside and out **conọscere… a fondo** *v.* 4B
  to know the way **conọscere la strada** *v.* 4B

L

lake **lago** *m.* 12A
lamp **lạmpada** *f.* 7A
land **atterrare** *v.* 8B
landlady **padrona** *f.* **di casa** 7A
landlord **padrone** *m.* **di casa** 7A
landscape **paesaggio** *m.* 10B; **panorama** *m.* 10A
languages **lingue** *f., pl.* 1B
laptop (computer) **(computer) portạtile** *m.* 4A
last **scorso/a** *adj.* 4B; **ụltimo/a** *adj.* 5A; **durare** *v.* 7B
  last name **cognome** *m.* 3A
  last night **ieri sera** 4B
late **tardi** *adv.* 5B
later **poi** *adv.* 5B
  See you later. **A dopo.** 1A; **A più tardi.** 1A
laundromat **lavanderịa** *f.* 9B
laundry **bucato** *m.* 7B
  to do the laundry **fare il bucato** *v.* 7B
law **giurisprudenza** *f.* 1B; **legge** *f.* 12A
lawyer **avvocato** *m.* 1A
lazy **pigro/a** *adj.* 1B
leaf **foglia** *f.* 12A
learn (to) **imparare (a)** *v.* 2A
lease **contratto** *m.* 7A
leather **pelle** *f.* 4B
leave **congedo** *m.* 11A; **lasciare** *v.* 10A; **partire** *v.* 2A; **uscire** *v.* 4A
  Leave me alone. **Lạsciami in pace.** 1A
  to leave a message **lasciare un messaggio** *v.* 11B
  to leave each other, to split up **lasciarsi** *v.* 6A
  to take leave time **prẹndere un congedo** *v.* 11A
lecture hall **aula** *f.* 1B
lecturer **docente** *m., f.* 11A
left **sinistra** *f.* 7A
leg **gamba** *f.* 6A
legumes **legumi** *m., pl.* 5A
lend **prestare** *v.* 5B
less **meno** *adv.* 8A
lesson **lezione** *f.* 1A
let **lasciare** *v.* 10A
  Let me see. **Fammi vedere.** 2B
letter **lẹttera** *f.* 9B
  letter of reference **lẹttera** *f.* **di referenze** 11B
  long letter **letterona** *f.* 10B
lettuce **lattuga** *f.* 5A
level **livello** *m.* 11A
level crossing **passaggio** *m.* **a livello** 8A
library **biblioteca** *f.* 1B
light **chiaro/a** *adj.* 4B; **leggero/a** *adj.* 5B
lightning **fụlmine** *m.* 2B
like **piacere** *v.* 2B, 5B
  Do you like . . . ? **Ti piace… ?** 2A
  I (don't) like . . . **(Non) mi piace…** 2A
  I would like . . . **Vorrei…** 5B
likeable **simpạtico/a** *adj.* 1B
liked **piaciuto/a (piacere)** *p.p., adj.* 5A
likely **probạbile** *adj.* 11A
line **fila** *f.* 8B; **lịnea** *f.* 4A
  to wait in line **fare la fila** *v.* 8B
lip **labbro (*pl.* labbra *f.*)** *m.* 6A
lipstick **rossetto** *m.* 6A
listen **ascoltare** *v.* 2A
  to listen to music **ascoltare la mụsica** *v.* 2A
literature **letteratura** *f.* 1A
littering: No littering. **Vietato buttare rifiuti.** 12A
little **pịccolo/a** *adj.* 4A; **poco/a** *adj.* 5A, 9B
  little (*not much*) (of) **po' (di)** *adj.* 5A

in a little while **fra poco** 7A
little brother **fratellino** *m.* 3A
little sister **sorellina** *f.* 3A
live **in diretta** *adv.* 7B; **abitare** *v.* 2A; **vịvere** *v.* 2B
live performance **rappresentazione** *f.* **dal vivo** 10A
Where do you live? **Dove ạbiti?** 7A
living room **soggiorno** *m.* 7A
load **caricare** *v.* 4A
loan: to ask for a loan **chiedere un prẹstito** *v.* 9B
lodgings **alloggi** *m., pl.* 8B
long **lungo/a** *adj.* 1B
no longer **non... più** *adv.* 5B
look **occhiata** *f.* 4B
to take a look **dare un'occhiata** *v.* 4B
look at **guardare** *v.* 6A
to look at oneself/each other **guardarsi** *v.* 6A
look for **cercare** *v.* 2A
loose **largo/a** *adj.* 4B
loose hair **capelli** *m., pl.* **sciolti** 6A
lose **pẹrdere** *v.* 2A
lost **perso/a** *p.p., adj.* 4B
to get lost **pẹrdersi** *v.* 9A
lot: a lot of **molto/a** *indef. adj.* 5A; **molto** *adv.* 5B
lotion **crema** *f.* 6A
love **amare** *v.* 10A
to fall in love **innamorarsi** *v.* 6A
to love each other **amarsi** *v.* 6A
luck: Good luck. **In bocca al lupo.** (lit. *In the mouth of the wolf.*) 1B
lunch **pranzo** *m.* 5B

M

made **fatto/a (fare)** *p.p., adj.* 4B
magazine **rivista** *f.* 9B
maid **collaboratrice** *f.* **domẹstica** 7B
mail **posta** *f.* 9B
to mail a letter **imbucare una lẹttera** *v.* 9B
mail carrier **postino/a** *m., f.* 9B
mailbox **cassetta** *f.* **delle lẹttere** 9B
main **principale** *adj.* 10A
make **fare** *v.* 2A
to make the bed **fare il letto** *v.* 7B
makeup **trucco** *m.* 6A
to put on makeup **truccarsi** *v.* 6A
male **maschio** *m.* 3A
mall **centro** *m.* **commerciale** 9A
man **uomo (*pl.* uọmini)** *m.* 1A
manage **dirịgere** *v.* 11A; **riuscire** *v.* 4A
manager **gestore** *m., f.* 11B; **dirigente** *m., f.* 11A
Mannerist **manierista** *adj.* 10B
many **molto/a** *adj.* 5A; **molto** *adv.* 5B, 9B
how many **quanti/e** *adj.* 1A
so many **tanti/e** *adj.* 5A
map **cartina** *f.* 1B; **mappa** *f.* 9A
marble **marmo** *m.* 8B
March **marzo** *m.* 2B
It's March 23rd. **È il 23 marzo.** 2B
marital status **stato** *m.* **civile** 3A
market **mercato** *m.* 5A
marriage **matrimonio** *m.* 3A
married **sposato/a** *adj.* 3A
marry **sposare** *v.* 6A
to get married **sposarsi** *v.* 6A
masterpiece **capolavoro** *m.* 10B
match **partita** *f.* 2A
mathematics **matemạtica** *f.* 1A
May **maggio** *m.* 2B
maybe **forse** *adv.* 3A
mayor **sịndaco** *m.* 9A
me **mi** *d.o. pron., sing.* 5A; **me** *disj. pron., sing.* 4A; **mi** *i.o. pron., sing.* 5B
Me, too. **Anch'ịo.** 1A
meadow **prato** *m.* 12A
meal **pasto** *m.* 5B
mean **significare** *v.* 3A
What does . . . mean? **Cosa vuol dire...?** 4A
means of transportation **mezzo** *m.* **di trasporto** 8A
measles **morbillo** *m.* 6B
meat **carne** *f.* 5A
mechanic **meccạnico/a** *m., f.* 8A
media **media** *m., pl.* 10B
medicine **medicina** *f.* 1B
meet **conọscere** *v.* 4B
to meet with **incontrare** *v.* 2A
to meet each other **incontrarsi** *v.* 6A
to meet each other **conọscersi** *v.* 6A
meeting **riunione** *f.* 11A
melon **melone** *m.* 5A
menu **menụ** *m.* 5B
mess: What a mess! **Che casino!** *7B*
message **messaggio** *m.* 11B
Mexican **messicano/a** *adj.* 1B
microphone **micrọfono** *m.* 4A
microwave (oven) **(forno a) microonde** *m.* 7B
Middle Ages **Medioẹvo** *m.* 8B
midnight **mezzanotte** *f.* 1B
migraine **emicrania** *f.* 6B
mile **miglio (*pl.* miglia f.)** *m.* 10A
milk **latte** *m.* 5B
minus **meno** *adv.* 1B
minute **minuto** *m.* 7B
in a minute **fra un ạttimo** 5A
mirror **specchio** *m.* 6A
miss **mancare** *v.* 5B
Miss . . . **signorina...** *f.* 1A
mist **foschịa** *f.* 2B
mistake: to make a mistake **sbagliarsi** *v.* 6A
modern **contemporạneo/a** *adj.* 10B
modest **modesto/a** *adj.* 3B
mom **mamma** *f.* 3A
moment **ạttimo** *m.* 5A
Monday **lunedì** *m.* 1B
money **denaro** *m.* 9B; **soldi** *m., pl.* 9B
month **mese** *m.* 2B
moon **luna** *f.* 12A
more **più** *adj., adv.* 1A
no more **non... più** *adv.* 5B
morning **mattina** *f.* 1B
Good morning. **Buongiorno.** 1A
this morning **stamattina** *adv.* 6B
Moroccan **marocchino/a** *adj.* 1B
moss **muschio** *m.* 12A
most **più** *adj., adv.* 1A
mother **madre** *f.* 3A
mother-in-law **suọcera** *f.* 3A
motor **motore** *m.* 8A
mountain **montagna** *f.* 12A
mouse (*computer*) **mouse** *m.* 4A
mouse: little mouse **topolino** *m.* 10B
mouth **bocca** *f.* 6A
move **trasferirsi** *v.* 7A; **traslocare** *v.* 7A
movie **film** *m.* 10B
moving **commovente** *adj.* 10B
MP3 player **lettore MP3** *m.* 4A
Mr. . . . **signor...** *m.* 1A
Mrs. . . . **signora...** *f.* 1A
much **molto/a/i/e** *indef. adj., pron.* 5A
how much **quanto** *adj., pron., adv.* 3B
How much is . . . ? **Quanto costa...?** 5A
not much **poco** *adv.* 5B
so much **tanto/a** *adj.* 5A; **tanto** *adv.* 5B
too much **troppo/a** *adj.* 5A; **troppo** *adv.* 5B
mug **tazza** *f.* 5B
muscular **muscoloso/a** *adj.* 3B
mushroom **fungo** *m.* 5A
music **mụsica** *f.* 2A
musician **musicista** *m., f.* 3B
must **dovere** *v.* 4A
my **mịo/a, miei, mịe** *poss. adj., m., f.* 3A
myself **me** *disj. pron., sing.* 4A

N

naïve **ingenuo/a** *adj.* 3B
name: My name is . . . **Mi chiamo...** 1A

last name **cognome** *m.* 3A
nanny **balia** *f.* 7B
napkin **tovagliolo** *m.* 5B
natural **naturale** *adj.* 5B
naughty **cattivo/a** *adj.* 1B
a little bit naughty **cattivello/a** *adj.* 10B
nausea **nausea** *f.* 6B
near **vicino/a** *adj.* 9A
nearby **qui vicino** *prep.* 9A
necessary **necessario/a** *adj.* 11A
neck **collo** *m.* 6A
necklace **collana** *f.* 4B
need **avere bisogno di** *v.* 2B
neighborhood **quartiere** *m.* 9A
neither . . . nor **non… né… né** *conj.* 9B
Neoclassical **neoclassico/a** *adj.* 10B
nephew **nipote** *m.* 3A
nervous **nervoso/a** *adj.* 1B
network **rete** *f.* 4A
never **non… mai** *adv.* 2B
new **nuovo/a** *adj.* 1A
What's new? **Che c'è di nuovo?** 1A
New Year's Day **capodanno** *m.* 8B
newspaper **giornale** *m.* 8B
trashy newspaper **giornalaccio** *m.* 10B
newsstand **edicola** *f.* 9B; **chiosco** *m.* 9A
next **prossimo/a** *adj.* 7A
next to **accanto (a)** *prep.* 7A
Until next time! **Alla prossima!** 1A
nice **simpatico/a** *adj.* 1B
Have a nice day **Buona giornata!** 1A
It's nice out. **È bello.** 2B
niece **nipote** *f.* 3A
night **notte** *f.* 1A
Good night. **Buonanotte.** 1A
night table **comodino** *m.* 7A
nightclub **locale** *m.* **notturno** 9A
nine **nove** *m., adj.* 1A
nine hundred **novecento** *m., adj.* 2B
nineteen **diciannove** *m., adj.* 1A
ninety **novanta** *m., adj.* 1A
ninth **nono/a** *adj.* 10B
no **nessuno/a** *adj.* 9B; **no** *adv.* 1B
no more, no longer **non… più** *adv.* 5B
No way! **Ma quando mai!** 9A
nobody **(non…) nessuno** *pron.* 9B
noon **mezzogiorno** *m.*
nor: neither . . . nor **non… né… né** *conj.* 9B
north **nord** *m.* 9A
nose **naso** *m.* 6A
little nose **nasino** *m.* 10B
stuffy nose **naso** *m.* **intasato** 6B
not **nessuno/a** *adj.* 9B; **non** *adv.* 1B
not at all **non… affatto** *adv.* 9B
Not bad. **Non c'è male.** 1A
not even **non… neanche/nemmeno/neppure** *adv.* 9B
not far from **a due passi da** 9A
not yet **non… ancora** *adv.* 4B
notebook **quaderno** *m.* 1A
notes **appunti** *m., pl.* 1B
nothing **niente** *pron.* 9B; **nulla** *pron.* 9B
Nothing new. **Niente di nuovo.** 1A
novel **romanzo** *m.* 10B
November **novembre** *m.* 2B
now **adesso** *adv.* 5B
nuclear energy **energia** *f.* **nucleare** 12A
nuclear power plant **centrale** *f.* **nucleare** 12A
number **numero** *m.* 11B
nurse **infermiere/a** *m., f.* 6B

O

oak **quercia** *f.* 12A
obtain **ottenere** *v.* 11B
occupation **occupazione** *f.* 11B
ocean **oceano** *m.* 12A
October **ottobre** *m.* 2B
of **di (d')** *prep.* 3A
off: off and on **di tanto in tanto** 4A
offer **offrire** *v.* 3A
offered **offerto/a (offrire)** *p.p., adj.* 4B
office **ufficio** *m.* 1A; **studio** *m.* 7A
often **spesso** *adv.* 2B
oil **olio** *m.* 5A
in oil **sottolio** *adj., invar.* 5A
old **vecchio/a** *adj.* 3B
to be . . . years old **avere… anni** *v.* 2B
old-fashioned **superato/a** *adj.* 4B
olive: olive oil **olio d'oliva** *m.* 5A
on **su** *prep.* 3A
one **un(o)** *m., adj.* 1A; **si** *pron.* 9A
those who, the one(s) who **chi** *rel. pron.* 9A
one hundred **cento** *m., adj.* 1A
one hundred grams **etto** *m.* 5A
one hundred thousand **centomila** *m., adj.* 2B
one million **milione** *m., adj.* 2B
one thousand **mille** *m., adj.* 2B
one way **senso** *m.* **unico** 8A
oneself **si** *ref. pron. m., f., sing., pl.* 6A
one-thousandth **millesimo/a** *adj.* 10B
onion **cipolla** *f.* 5A
online **su Internet** *3A*
to be online **essere in linea** *v.* 4A
only **soltanto** *adv.* 2A
only child **figlio/a** *m., f.* **unico/a** 3A
on-time **puntuale** *adj.* 8B
open **aperto/a** *adj.* 4B; **aprire** *v.* 3A
opened **aperto** *p.p.* 4B
opening: job openings **offerte** *f., pl.* **di lavoro** 11B
opera **opera** *f.* **(lirica)** 10A
optimistic **ottimista** *adj.* 3B
or **o** *conj.* 12A; **oppure** *conj.* 12A
orange **arancione** *adj.* 4B; **arancia** *f.* 5A
orange juice **succo** *m.* **d'arancia** 5B
orchestra **orchestra** *f.* 10A
order **ordinare** *v.* 5B
organic farming **agricoltura** *f.* **biologica** 12A
other **altro/a/i/e** *indef. adj.* 9B
others **altri/e** *indef. pron.* 9B
our **nostro/a/i/e** *poss. adj., m., f.* 3A
ourselves **noi** *disj. pron., m., f., pl.* 4A
outfit: matching outfit **completo** *m.* 4B
outing **escursione** *f.* 12A
outside **fuori** *prep.* 7A
oven **forno** *m.* 7B
over **sopra** *prep.* 7A
to overdo things **strafare** *v.* 8A
overcast **coperto/a** *adj.* 2B
overcoat **cappotto** *m.* 4B
overcome **superare** *v.* 12B
overpopulation **sovrappopolazione** *f.* 12A
owe **dovere** *v.* 4A
own **possedere** *v.* 10B
owner **proprietario/a** *m., f.* 3B

P

pack: to pack a suitcase **fare la valigia** *v.* 8B
package **pacco** *m.* 9B
paid: to be well/poorly paid **essere ben/mal pagato/a** *v.* 11A
pain **male** *m.* 6A; **dolore** *m.* 6B
paint **pittura** *f.* 10B; **dipingere** *v.* 2B
painter **imbianchino** *m.* 7B; **pittore/pittrice** *m., f.* 10B
painting **pittura** *f.* 10B; **quadro** *m.* 7A
pair **paio** ***(pl.* paia *f.)*** *m.* 10A
pajamas **pigiama** *m.* 6A
palace **palazzo** *m.* 7A
panorama **panorama** *m.* 10A
pantry **dispensa** *f.* 7A
pants **pantaloni** *m., pl.* 4B
paper **carta** *f.* 2A
paper clip **graffetta** *f.* 11B
paragliding **parapendio** *m.* 2A

parents **genitori** *m., pl.* 3A
my parents **i miei** *m., pl.* 3A
your parents **i tuoi** *m., pl.* 3A
park **parcheggiare** *v.* 8A
part **parte** *f.* 7A; **riga** *f.* 6A
partial **parziale** *adj.* 11A
partner **socio/a** *m.,f.* 8B
business partner **socio/a** *m., f.* **d'affari** 8B
part-time **a tempo parziale** *adj.* 11A
party **festa** *f.* 8B
pass **passo** *m.* 2A; **abbonamento** *m.* 8A
to pass (*exam*) **superare** *v.* 1B
to pass by **passare** *v.* 12A
passenger **passeggero** *m.* 8B
passport control **controllo** *m.* **passaporti** 8B
password **password** *f.* 4A
pasta **pasta (asciutta)** *f.* 5A
pastry shop **pasticceria** *f.* 5A
path **sentiero** *m.* 12A
patient **paziente** *adj.* 3B; **paziente** *m., f.* 6B
pay **pagare** *v.* 2A
to pay attention **fare attenzione** *v.* 2A
to pay by check **pagare con assegno** *v.* 9B
to pay in cash **pagare in contanti** *v.* 9B
to pay the bills **pagare le bollette** *v.* 9B
to pay with a credit/debit card **pagare con carta di credito/ debito** *v.* 9B
paycheck: monthly paycheck **mensilità** *f.* 11A
payment **rata** *f.* 9B
peach **pesca** *f.* 5A
pear **pera** *f.* 5A
pedestrian **pedone** *m.* 9A
pen **penna** *f.* 1B
pencil **matita** *f.* 1B
pension **pensione** *f.* 11A
people **gente** *f.* 1B
pepper (*spice*) **pepe** *m.* 5B
(red, green) pepper **peperone (rosso, verde)** *m.* 5A
percent **percento** *m.* 2B
perform **interpretare** *v.* 10A
performance **esibizione** *f.* 10A
perfume shop **profumeria** *f.* 9B
permit **permettere** *v.* 10A
person **persona** *f.* 1A
personal descriptions **descrizioni** *f., pl.* **personali** 3B
personnel manager **direttore/ direttrice** *m., f.* **del personale** 11B
pessimistic **pessimista** *adj.* 3B
pet **animale** *m.* **domestico** 3A
pharmacist **farmacista** *m., f.* 6B
pharmacy **farmacia** *f.* 6A
phone booth **cabina** *f.* **telefonica** 9A
phone number **numero** *m.* di **telefono** 11B
photo shop **fotografo** *m.* 9B
photo(graph) **foto(grafia)** *f.* 1A
photocopy **fotocopiare** *v.* 11B
photographer **fotografo/a** *m., f.* 9B
pianist **pianista** *m., f.* 10A
piano **piano** *m.* 2A
pickled **sottaceto** *adj., invar.* 5A
picnic: to have a picnic **fare un picnic** *v.* 12A
pie **crostata** *f.* 5A
pigsty: It's a pigsty! **È un porcile!** 7B
pill **pillola** *f.* 6B
pillow **cuscino** *m.* 7B
pimple **foruncolo** *m.* 6B
pinch **pizzico** *m.* 5B
pine forest **pineta** *f.* 12A
pineapple **ananas** *m.* 5A
pink **rosa** *adj., invar.* 4B
pity **peccato (che)** 11A
pizza shop **pizzeria** *f.* 5B
place **luogo** *m.* 1B
plan **programma** *m.* 10A
to make plans **fare progetti** *v.* 11B
planet **pianeta** *m.* 12A
planner **agenda** *f.* 1B
plant **pianta** *f.* 12A
plate **piatto** *m.* 5B
plus **più** *m.* 2B
play **dramma** *m.* 10A; **giocare, praticare** *v.* 2A
to play (*instrument*) **suonare** *v.* 2A
to play a role **recitare un ruolo** *v.* 10A
to put on a play **mettere in scena** *v.* 10A
player **giocatore/giocatrice** *m., f.* 2A
playful **scherzoso/a** *adj.* 3B
playwright **drammaturgo/a** *m., f.* 10A
please **per favore** *adv.* 1A
pleasure **piacere** *m.* 1A
A real pleasure. **Molto piacere.** 1A
My pleasure. **Piacere mio.** 1A
Pleased to meet you. **Piacere di conoscerLa/ti.** *(form./fam.)* 1A
plot **trama** *f.* 10B
plumber **idraulico** *m.* 7B
poem **poesia** *f.* 10B; **poema** *m.* 10A
poet **poeta/poetessa** *m., f.* 10Bpoetry poesia f. 10B
police headquarters **questura** *f.* 9B
police officer **poliziotto/a** *m., f.* 9A
polite expressions **forme** *f., pl.* **di cortesia** 1A
pollution **inquinamento** *m.* 12A
ponytail **coda** *f.* 6A
pool **piscina** *f.* 9A
poor **povero/a** *adj.* 3B
poor man **poveraccio** *m.* 10B
pork **carne** *f.* **di maiale** 5A
portable **portatile** *adj.* 4A
portrait **ritratto** *m.* 10B
position **posizione** *f.* 7A
possess **possedere** *v.* 10B
possible **possibile** *adj.* 11A
it's possible **può darsi** 11B
postcard **cartolina** *f.* 9B
post office **ufficio** *m.* **postale** 9B
poster **poster** *m.* 7A
potato **patata** *f.* 5A
pratice **praticare** *v.* 2A
prefer **preferire** *v.* 3A
preferable **preferibile** *adj.* 11B
pregnant: to be pregnant **essere incinta** *v.* 6B
prepare **preparare** *v.* 5B
prescription **ricetta** *f.* 6B
present **presentare** *v.* 1A
preserve **conservare** *v.* 12A; **preservare** *v.* 12A
pretend **fingere** *v.* 10A
pretty **bellino/a** *adj.* 10B
Pretty well. **Abbastanza bene.** 1A
print **stampare** *v.* 4A
printer **stampante** *f.* 4A
priority mail **posta** *f.* **prioritaria** 9B
prize **premio** *m.* 2A
problem **problema** *m.* 10A
profession **professione** *f.* 3B; **mestiere** *m.* 11B
professor **prof** *m., f.* 1B; **professore(ssa)** *m., f.* 1A
program **programma** *m.* 4A
promise **promettere** *v.* 10A
promotion **promozione** *f.* 11A
propose (a solution) **proporre (una soluzione)** *v.* 12A
protect **proteggere** *v.* 12B
provide: to provide for oneself **mantenersi** *v.* 11B
provided that **a condizione che, a patto che** *conj.* 12A; **purché** *conj.* 12A
psychological drama **dramma** *m* **psicologico** 10B
psychologist **psicologo/a** *m., f.* 11A
pub **birreria** *f.* 5B
public **pubblico** *m.* 10A
public transportation trasporto m. **pubblico** 8A
publish **pubblicare** *v.* 10B

publishing industry **editoria** *f.* 10B
pulled back hair **capelli** *m., pl.* **raccolti** 6A
pupil **alunno/a** *m., f.* 1B
purify **depurare** *v.* 12A
purple **viola** *adj., invar.* 4B
purse **borsa** *f.* 4B
small purse **borsetta** *f.* 10B
put **messo/a (mettere)** *p.p., adj.* 4B; **mettere** *v.* 2B
to put on **mettersi** *v.* 6A
to put on a play **mettere in scena** *v.* 10A
to put together **sistemare** *v.* 11B

Q

qualification **qualifica** *f.* 11B
quandary **dilemma** *m.* 10A
quarter hour **quarto** *m.* 1B
question **domanda** *f.* 1A
to ask a question **fare una domanda** *v.* 2A
quickly **velocemente** *adv.* 5B; **presto** *adv.* 5B
quiet **zitto/a** *adj.* 2A
to be/stay quiet **stare zitto/a** *v.* 2A
quit **smettere** *v.* 10A

R

rabbit **coniglio** *m.* 12A
race **corsa** *f.* 3A
rafting **rafting** *m.* 2A
rain **pioggia** *f.* 2B; **piovere** *v.* 2B
acid rain **pioggia** *f.* **acida** 12B
raincoat **impermeabile** *m.* 2B
rainy **piovoso/a** *adj.* 2B
raise **aumento** *m.* 11A
rarely **raramente** *adv.* 5B
rash **eruzione** *f.* **cutanea** 6B
raspberry **lampone** *m.* 5A
razor **rasoio** *m.* 6A
read **letto/a** *p.p., adj.* 4B; **leggere** *v.* 2A
to read a map **leggere la mappa** *v.* 8B
reading **lettura** *f.* 1B
ready **pronto/a** *adj.* 3B
to get oneself ready **prepararsi** *v.* 6A
real estate agency **agenzia** *f.* **immobiliare** 7A
real estate agent **agente immobiliare** *m., f.* 11A
realize **rendersi conto (di)** *v.* 6A, **accorgersi** *v.* 12B
really **davvero** *adv., adj.* 5B
reason **ragione** *f.* 2B
receive **ricevere** *v.* 2B
receiver **cornetta** *f.* 11B
recite **recitare** *v.* 10A
recognize **riconoscere** *v.* 4B; **rivedere** *v.* 4B
recommend **consigliare** *v.* 5B
recommendation **raccomandazione** *f.* 11B
record **registrare** *v.* 4A
recorder **registratore** *m.* 4A
recycle **riciclare** *v.* 12A
recycling **riciclaggio** *m.* 12A
red **rosso/a** *adj.* 3B
reduce: reduced ticket **biglietto** *m.* **ridotto** 10A
referee **arbitro** *m.* 2A
references **referenze** *f., pl.* 11B
refund **rimborso** *m.* 8A
registered letter **raccomandata** *f.* 9B
relatives **parenti** *m., pl.* 3A
relaxation **svago** *m.* 7A
remain **rimanere** *v.* 5A; **restare** *v.* 5A
remained **rimasto/a** *p.p.* 5A
remaining **rimasto/a** *adj.* 5A
remember **ricordare** *v.* 2A; **ricordarsi** *v.* 10A
remote control **telecomando** *m.* 4A
Renaissance **rinascimentale** *adj.* 10B
renewable energy **energia** *f.* **rinnovabile** 12A
rent **affitto** *m.* 7A
for rent **affittasi 7A**
to rent (*car*) **noleggiare** *v.* 8A
to rent (*owner*) **affittare** *v.* 7A
to rent (*tenant*) **prendere in affitto** *v.* 7A
repair **riparare** *v.* 8A
repairman: telephone/TV/computer repairman/woman **tecnico** *m., f.* **del telefono/televisore/computer** 7B
repeat **ripetere** *v.* 2B
reply (to) **rispondere (a)** *v.* 2B
reservation **prenotazione** *f.* 8A
to make a reservation **prenotare** *v.* 8B
reside **abitare** *v.* 2A
resign **dare le dimissioni** *v.* 11A
resort **villaggio** *m.* **turistico** 8B
mountain resort **località** *f.* **montana** 8B
ocean resort **località** *f.* **balneare** 8B
respect **rispettare** *v.* 5B
responsible **responsabile** *adj.* 3B
rest **riposarsi** *v.* 6A
restaurant **ristorante** *m.* 5B
small restaurant **osteria** *f.* 5B
small restaurant **trattoria** *f.* 5B
restrain oneself **trattenersi** *v.* 6B
résumé **C.V.** *m.* 11B; **curriculum vitae** *m.* 11B
retiree **pensionato/a** *m., f.* 11A
return **ritornare** *v.* 2A; **tornare** *v.* 2A
review **recensione** *f.* 10B
rice **riso** *m.* 5A
rich **ricco/a** *adj.* 3B; **pesante** *adj.* 5B
rid: to get rid of **sbarazzarsi di** *v.* 12A
ride: to ride a bicycle **andare in bicicletta** *v.* 2A
to give (someone) a ride **dare un passaggio** *v.* 9A
right **giusto/a** *adj.* 11A; **destra** *f.* 7A
I'll be right there. **Arrivo subito.** 1A
right away **subito** *adv.* 5B
to be right **avere ragione** *v.* 2B
ring (*telephone*) **squillare** *v.* 4A
rise (*sun*) **sorgere** *v.* 12A
river **fiume** *m.* 12A
roasted **arrosto** *adj., invar.* 5A
rock **pietra** *f.* 12A
role **ruolo** *m.* 10A
Romanesque **romanico/a** *adj.* 10B
Romantic **romantico/a** *adj.* 10B
room **camera** *f.* 7A; **stanza** *f.* 7A; **sala** *f.* 1A
single/double room **camera** *f.* **singola/doppia** 7A
roof **tetto** *m.* 7A
room service **servizio** *m.* **in camera** 8B
roommate **coinquilino/a** *m., f.* 9A
root **radice** *f.* 12A
to root for a team **tifare** *v.* 2A
rotary **rotonda** *f.* 9A
round trip **andata e ritorno** *adj.* 8B
row **remare** *v.* 12A
run **condurre** *v.* 12A; **correre** *v.* 2B; **corsa** *f.* 3B; **corso/a** *p.p., adj.* 4B
running shoe **scarpa** *f.* **da ginnastica** 4B

S

sad **triste** *adj.* 1B
said **detto** *p.p., adj.* 4B
salad **insalata** *f.* 5B
salary **mensilità** *f.* 11A; **salario** *m.* 11B; **stipendio** *m.* 11A
high/low salary **salario elevato/basso** *m.* 11B
sale: for sale **vendesi** 7A
sales **saldi** *m., pl.* 4B
salesperson **commesso/a** *m., f.* 4B

salt **sale** *m.* 5B
salty **salato/a** *adj.* 5B
sandwich shop **paninoteca** *f.* 5B
Saturday **sabato** *m.* 1B
save **risparmiare** *v.* 7B; **salvare** *v.* 4A
to save the planet **salvare il pianeta** *v.* 12A
savings account **conto** *m.* **risparmio** 9B
saxophone **sassofono** *m.* 10A
say **dire** *v.* 4A
scarf **sciarpa** *f.* 4B
scene **scena** *f.* 10A
scheme **schema** *m.* 10A
school **scuola** *f.* 3A
school project **esercitazione** *f.* **a scuola** 10B
science **scienze** *f., pl.* 1B
scientist **scienziato/a** *m., f.* 11A
sci-fi film **film** *m.* **di fantascienza** 10B
scooter **motorino** *m.* 8A
screen **schermo** *m.* 4A
screening **proiezione** *f.* 10A
sculpt **scolpire** *v.* 10B
sculptor **scultore/scultrice** *m., f.* 10B
sculpture **scultura** *f.* 10B
sea **mare** *m.* 8B
seafood **frutti** *m., pl.* **di mare** 5A
seafood shop **pescheria** *f.* 5A
seagull **gabbiano** *m.* 12A
sea-sickness **mal** *m.* **di mare** 6B
season **stagione** *f.* 2B
seat **poltrona** *f.* 10A
block of seats **settore** *m.* 10A
seatbelt **cintura** *f.* **di sicurezza** 8A
second **secondo/a** *adj.* 10B
second class **seconda classe** *f.* 8A
secretary **segretario/a** *m., f.* 11A
sector **settore** *m.* 11B
see **vedere** *v.* 2B
Let me see. **Fammi vedere.** 2B
See you later. **A dopo.** 1A; **A più tardi.** 1A
See you soon! **Ci vediamo!** 1A
See you soon. **A presto.** 1A
See you tomorrow. **A domani.** 1A
to see each other **vedersi** *v.* 6A
seem **parere** *v.* 11A; **sembrare** *v.* 5B
seen **visto/a** *p.p., adj.* 4B
selfish **egoista** *adj.* 3B
sell **vendere** *v.* 2B
send **mandare** *v.* 2A; **spedire** *v.* 3A; **inviare** *v.* 9B
sensitive **sensibile** *adj.* 3B
separated **separato/a** *adj.* 3A
September **settembre** *m.* 2B
serious **grave** *adj.* 6B; **serio/a** *adj.* 1B
serve **servire** *v.* 3A
service **servizio** *m.* 5B
service station **stazione** *f.* **di servizio** 8A
set (*sun*) **tramontare** *v.* 12A
set: to set the table **apparecchiare la tavola** *v. 7B*
settlement **liquidazione** *f.* 11A
seven **sette** *m., adj.* 1A
seven hundred **settecento** *m., adj.* 2B
seventeen **diciassette** *m., adj.* 1A
seventh **settimo/a** *adj.* 10B
seventy **settanta** *m., adj.* 1A
shampoo **shampoo** *m., invar.* 6A
shape: to be in/out of shape **essere in/fuori forma** *v.* 6B
sharp **in gamba** *adj.* 3B
shave **radersi** *v.* 6A
to shave (*beard*) **farsi la barba** *v.* 6A
shaving cream **schiuma** *f.* **da barba** 6A
she **lei** *sub. pron.* 1B
sheep **pecora** *f.* 12A
sheet **lenzuolo (*pl.* lenzuola f.)** *m.* 7B
sheet of paper **foglio** *m.* **di carta** 1B
ship **nave** *f.* 8A
shoe **scarpa** *f.* 4B
Shoo! **Sciò!** *5B*
shoot **girare** *v.* 10B
shop **fare le spese** *v.* 2A
shopping center **centro** *m.* **commerciale** 9A
shopping: to go shopping **fare spese** *v.* 4B
short (*height*) **basso/a** *adj.* 3B
short (*length*) **corto/a** *adj.* 3B
short film **cortometraggio** *m.* 10B; **filmino** *m.* 10B
short story **racconto** *m.* 10B
shorts **pantaloncini** *m., pl.* 4B
shot: to give a shot **fare una puntura** *v.* 6B
shoulder **spalla** *f.* 6A
show **mostra** *f.* 10B; **spettacolo** *m.* 10A; **mostrare** *v.* 5B
shower **doccia** *f.* 2A
shrewd **furbo/a** *adj.* 3B
shrimp **gamberetto** *m.* 5A
shy **timido/a** *adj.* 1B
side dish **contorno** *m.* 5B
sidewalk **marciapiede** *m.* 9A
sight: to know by sight **conoscere di vista** *v.* 4B
sign **firmare** *v.* 9B
silk **seta** *f.* 4B
since **da** *prep.* 1B
sincere **sincero/a** *adj.* 1B
sing **cantare** *v.* 2A
singer **cantante** *m., f.* 10A
single (*female*) **nubile** *adj., f.* 3A; (*male*) **celibe** *adj., m.* 3A
sink **lavello** *m.* 7B
sister **sorella** *f.* 3A
little/younger sister **sorellina** *f.* 3A
sister-in-law **cognata** *f.* 3A
sit down **sedersi** *v.* 6A
six **sei** *m., adj.* 1A
six hundred **seicento** *m., adj.* 2B
sixteen **sedici** *m., adj.* 1A
sixteenth **sedicesimo/a** *adj.* 10B
sixth **sesto/a** *adj.* 10B
sixty **sessanta** *m., adj.* 1A
size (*clothing*) **taglia** *f.* 4B
skiing **sci** *m.* 2A
skill **capacità** *f.* 11B
skilled **bravo/a** *adj.* 1B
skin **pelle** *f.* 6A
skip: to skip class **saltare la lezione** *v.* 1B
skirt **gonna** *f.* 4B
sky **cielo** *m.* 12A
sky blue **azzurro/a** *adj.* 3B
sleep **dormire** *v.* 3A
to be sleepy **avere sonno** *v.* 2B
to fall asleep **addormentarsi** *v.* 6A
sleeve **manica** *f.* 4B
slice **fetta** *f.* 5A
slight **leggero/a** *adj.* 6B
slippers **pantofole** *f., pl.* 6A
slob **cafone/a** *m., f.* 7B
What a slob! **Com'è conciato/a!** 4B
slow **lento/a** *adj.* 3B
slowly **lentamente** *adv.* 5B
sly **furbo/a** *adj.* 3B
small **piccolo/a** *m.* 4A
very small **piccolino/a** *adj.* 10B
smaller **minore** *adj.* 8A
smallest **minimo/a** *adj.* 8A
smart **in gamba** *adj.* 3B
smartphone **smartphone** *m.* 4A
smog **smog** *m.* 12A
smoked **affumicato/a** *adj.* 5A
snack **spuntino** *m.* 5B
afternoon snack **merenda** *f.* 5B
snack bar **tavola** *f.* **calda** 5B
snake **serpente** *m.* 12A
sneeze **starnutire** *v.* 6B
snow **neve** *f.* 2B; **nevicare** *v.* 2B
so **allora** *adv., adj.* 1A; **perciò** *conj.* 9A; **tanto** *adv.* 5B
so much, so many **tanto/a** *adj.* 5A; **tanto** *adv.* 5B

so that **affinché** *conj.* 12A; **in modo che** *conj.* 12A; **perché** *conj.* 12A
soap **sapone** *m.* 6A
soccer **calcio** *m.* 2A; **pallone** *m.* 2A
soccer player **calciatore/calciatrice** *m., f.* 2A
sociable **socievole** *adj.* 3B
sock **calzino** *m.* 4B
soil **sporcare** *v.* 7B
solar energy **energia** *f.* **solare** 12A
solar panel **pannello** *m.* **solare** 12A
solid-color **a tinta unita** *adj.* 4B
solo **assolo** *m.* 10A
solution **soluzione** *f.* 12A
some **qualche** *adj.* 5A; **alcuni/e** *indef. adj., pron.* 5A; **dei** *part. art., m., pl.* 5A; **delle** *part. art., f., pl.* 5A; **della** *part. art., f., sing.* 5A; **dello** *part. art., m., sing.* 5A; **degli** *part. art., m., pl.* 5A; **del** *part. art., m., sing.* 5A; **dell'** *part. art., m., f., sing.* 5A; **ne** *pron.* 6A
something else **altro** *indef. pron.* 9B
sometimes **a volte** *adv.* 6A; **qualche volta** *adv.* 5B
son **figlio** *m.* 3A
song **canzone** *f.* 10A
son-in-law **genero** *m.* 3A
soon **presto** *adv.* 5B
See you soon! **Ci vediamo!** 1A
See you soon. **A presto.** 1A
sorry: to be sorry **dispiacere** *v.* 5B
So-so. **Così, così.** 1A
soup **zuppa** *f.* 5B
thick soup **minestrone** *m.* 10B
south **sud** *m.* 9A
Spanish **spagnolo/a** *adj.* 1B
sparkling water **acqua** *f.* **frizzante** 5B
speak **parlare** *v.* 2A
to speak to each other **parlarsi** *v.* 6A
specialist **specialista** *m., f.* 11B
specialization **specializzazione** *f.* 11B
spectator **spettatore/spettatrice** *m., f.* 10A
speed limit **limite** *m.* **di velocità** 8A
spend (*money*) **spendere** *v.* 2B
to spend (*time*) **metterci** *v.* 7B; **passare** *v.* 12A
spent **speso/a** *p.p., adj.* 4B
spicy **piccante** *adj.* 5B
split up **lasciarsi v.** 6A
spoon **cucchiaio** *m.* 5B
sport **sport** *m.* 1A
spring **primavera** *f.* 2B
squirrel **scoiattolo** *m.* 12A
stadium **stadio** *m.* 2A
stain **macchiare** *v.* 6B
stained **macchiato/a** *adj.* 7B
stair **scala** *f.* 9A
to climb/go down stairs **salire/scendere le scale** *v.* 9A
staircase **scala** *f.* 7A
stall **platea** *f.* 10A
stamp **francobollo** *m.* 9B
stand **tribuna** *f.* 10A
stand up **alzarsi** *v.* 6A
staple **graffetta** *f.* 11B
stapler **cucitrice** *f.* 11B
star **stella** *f.* 12A
start **cominciare** *v.* 4A
starter **antipasto** *m.* 5B
station **stazione** *f.* 1A
stationery store **cartoleria** *f.* 9B
statue **statua** *f.* 9A
stay **stare** *v.* 2A; **rimanere** *v.* 5A; **restare** *v.* 5A
steamed **al vapore** *adj.* 5A
steering wheel **volante** *m.* 8A
step **gradino** *m.* 9A; **passo** *m.* 2A
stepbrother **fratellastro** *m.* 3A
stepdaughter **figliastra** *f.* 3A
stepfather **patrigno** *m.* 3A
stepmother **matrigna** *f.* 3A
stepsister **sorellastra** *f.* 3A
stepson **figliastro** *m.* 3A
stereo system **impianto** *m.* **stereo** 4A
stewed **in umido** *adj.* 5A
still **ancora** *adv.* 4B
still water **acqua** *f.* **naturale** 5B
stomach **stomaco** *m.* 6A
stomachache **mal** *m.* **di pancia** 6B
stone **sasso** *m.* 12A
stop **fermare** *v.* 6A; **smettere** *v.* 10A
bus/train stop **fermata** *f.* 8A
stop on request **fermata** *f.* **a richiesta** 8A
to stop oneself **fermarsi** *v.* 6A
store **negozio** *m.* 9A
store specializing in focaccia **focacceria** *f.* 5B
store specializing in homemade pasta **laboratorio** *m.* **di pasta fresca** 5B
store specializing in wine **enoteca** *f.* 5B
storm **temporale** *m.* 2B
It's stormy. **C'è il temporale.** 2B
stovetop **piano** *m.* **cottura** 7A; **fornelli** *m., pl.* 7B
straight **diritto** *prep.* 9A
straight (*hair*) **liscio/a** *adj.* 3B
strange **strano/a** *adj.* 3B
strawberry **fragola** *f.* 5A
stream **ruscello** *m.* 12A
street **strada** *f.* 9A; **via** *f.* 9A
stripe **riga** *f.* 6A
striped **a righe** *adj.* 4B
strong **forte** *adj.* 3B
to be strong in . . . **essere forte in...** *v.* 1B
stubborn **testardo/a** *adj.* 3B
student **alunno/a** *m., f.* 1B; **studente(ssa)** *m., f.* 1A
studies **studi** *m., pl.* 1B
studio apartment **monolocale** *m.* 7A
studious **studioso/a** *adj.* 1B
study **studio** *m.* 7A; **studiare** *v.* 2A
stuffy nose **naso** *m.* **intasato** 6B
subject **materia** *f.* 1B
sublet **subaffittare** *v.* 7A
subscription **abbonamento** *m.* 10A
subway **metro(politana)** *f.* 8A
succeed **riuscire** *v.* 4A
success **successo** *m.* 11A
suggest **suggerire** *v.* 10A
suit (*man's*) **vestito** *m.* 4B; (*woman's*) **tailleur** *m.* 4B; **completo** *m.* 4B
suitcase **valigia** *f.* 1A
to pack a suitcase **fare la valigia** *v.* 8B
summer **estate** *f.* 2B
sun **sole** *m.* 12A
It's sunny. **C'è il sole. 2B**
Sunday **domenica** *f.* 1B
sunglasses **occhiali** *m., pl.* **da sole** 4B
sunny **soleggiato/a** *adj.* 2B
sunrise **alba** *f.* 12A
sunset **tramonto** *m.* 12A
supermarket **supermercato** *m.* 5A
supper **cena** *f.* 5B
supplement **supplemento** *m.* 8A
surf: to surf the Internet **navigare in rete** *v.* 4A
surgeon **chirurgo/a** *m., f.* 6B
surrender **arrendersi** *v.* 2B
swallow **rondine** *f.* 12A
sweater **maglione** *m.* 4B
sweatshirt **felpa** *f.* 4B
Swedish **svedese** *adj.* 1B
sweep **spazzare** *v.* 7B
street sweeper **spazzino/a** *m., f.* 9A
sweet **dolce** *adj.* 3B; **caruccio/a** *adj.* 10B; **tenero/a** *adj.* 12A
sweet and sour **agrodolce** *adj.* 5A
swim **nuotare** *v.* 2A
swimming **nuoto** *m.* 2A
Swiss **svizzero/a** *adj.* 1B
symptom **sintomo** *m.* 6B
system **sistema** *m.* 10A

T

table **tạvola** *f.* 3A; **tạvolo** *m.* 1A
to clear the table **sparecchiare la tạvola** *v.* 7B
tablecloth **tovaglia** *f.* 5B
tablet (*electronic*) **tablet** *m.* 4A; **compressa** *f.* 6B
take **prẹndere** *v.* 2B
Take care of yourself. **Mi raccomando.** 1B
to take (*class*) **seguire** *v.* 3A
to take (*time*) **volerci** *v.* 7B
to take a bath/shower **fare il bagno/la doccia** *v.* 2A
to take a field trip **fare una gita** *v.* 2A
to take a long weekend **fare il ponte** *v.* 8B
to take a picture **fare una foto** *v.* 2A
to take a short walk **fare due passi** *v.* 2A
to take a trip **fare un viaggio** *v.* 2A
to take a walk **fare una passeggiata** *v.* 2A
to take off **decollare** *v.* 8B
to take out the trash **portare fuori la spazzatura** *v.* 7B
taken **preso/a** *p.p., adj.* 4B
talented **dotato/a** *adj.* 10B
tall **alto/a** *adj.* 3B
tan **abbronzarsi** *v.* 8B
tank top **canottiera** *f.* 4B
taste **assaggiare** *v.* 5B; **gusto** *m.* 5B
tasty **gustoso/a** *adj.* 5B; **saporito/a** *adj.* 5B
taxes **contributi** *m., pl.* 11A
taxi **tassì** *m.* 8A; **taxi** *m.* 8A
taxi driver **tassista** *m., f.* 11A
tea **tè** *m.* 5B
teach **insegnare** *v.* 2A
teacher **professor(essa)** *m., f.* 1B; **docente** *m., f.* 11A
team **squadra** *f.* 2A
tease **prẹndere in giro** *v.* 8B
teaspoon **cucchiaịno** *m.* 5B
technician **tẹcnico** *m., f.* 11A
technology **tecnologịa** *f.* 4A
telephone **telẹfono** *m.* 11B; **telefonare (a)** *v.* 2A
to answer the phone **rispọndere al telẹfono** *v.* 11B
to phone each other **telefonarsi** *v.* 6A
television **televisione** *f.* 1A
television set **televisore** *m.* 4A
tell **dire** *v.* 4A
temp agency **agenzịa** *f.* **di somministrazione lavoro** 11B
ten **dieci** *m., adj., invar.* 1A
tenacious **tenace** *adj.* 3B
tenant **inquilino/a** *m., f.* 7A
tender **tẹnero/a** *adj.* 12A
tennis **tennis** *m.* 2A
tenth **dẹcimo/a** *adj.* 10B
term **tẹrmine** *m.* 4A
term paper **tesina** *f.* 5A
terminus **capolịnea** *m.* 8A
terrace **terrazza** *f.* 7A
text message **SMS** *m.* 4A
textbook **testo** *m.* 1B
Thank you. **Grazie.** 1A
Thanks a lot. **Grazie mille.** 1A
Thanks. (*answer to* ***In bocca al lupo.***) **Crepi.** (lit. *May the wolf die.*) 1B
that **quello/a** *adj.* 3B; **che** *rel. pron.* 9A
that which, what **ciò che** *rel. pron.* 9A; **quel che** *rel. pron.* 9A
the **le** *def. art., f., pl.* 1A; **la** *def. art., f., sing.* 1A; **l'** *def. art., m., f., sing.* 1A; **gli** *def. art., m., pl.* 1A; **i** *def. art., m., pl.* 1A; **il** *def. art., m., sing.* 1A; **lo** *def. art., m., sing.* 1A
theater **teatro** *m.* 3A
theatrical **teatrale** *adj.* 10A
their **loro** *poss. adj., m., f.* 3A
them **le** *d.o. pron., f., pl.* 5A; **li** *d.o. pron., m., pl.* 5A; **gli** *i.o. pron. m., f., pl.* 5B; **loro** *i.o. pron., m., f., pl.* 5B; **loro** *disj. pron., m., f., pl.* 4A
some/any of it/them **ne** *pron.* 6A
theme **tema** *m.* 10A
themselves **loro** *disj. pron., m., f., pl.* 4A; **sé** *disj. pron., m., f., sing., pl.* 4A; **si** *ref. pron. m., f., sing., pl.* 6A
then **poi** *adv.* 5B; **allora** *adv.* 1A
theorem **teorema** *m.* 10A
there **ci** *adv.* 6A; **là** *adv.* 1A; **lì** *adv.* 1A
I'll be right there **Arrivo sụbito.** 1A
Is Mr./Mrs. . . . There? **C'è il/la signor(a)...?** 11B
there are **ci sono** 1A
there is **c'è** 1A
thermal energy **energịa** *f.* **tẹrmica** 12A
thermometer **termọmetro** *m.* 6B
they **loro** *sub. pron.* 1B
thick **tonto/a** *adj.* 3B
thin **magro/a** *adj.* 3B
think (about/of doing) **pensare (a/di)** *v.* 2A
third **terzo/a** *adj.* 10B
thirst: to be thirsty **avere sete** *v.* 2B
thirteen **trẹdici** *m., adj.* 1A
thirty **trenta** *m., adj.* 1A
thirty-third **trentatreẹsimo/a** *adj.* 10B
this **questo/a** *adj., pron.* 3B
those **quelli/e** *rel. pron.* 9A
three **tre** *m., adj.* 1A
three hundred **trecento** *m., adj.* 2B
throat **gola** *f.* 6A
sore throat **mal** *m.* **di gola** 6B
through **per** *prep.* 3A
throw **gettare** *v.* 12A
to throw away **buttare vịa** *v.* 12A
thunder **tuono** *m.* 2B
Thursday **giovedì** *m.* 1B
ticket **biglietto** *m.* 8A
ticket collector **controllore** *m.* 8A
ticket office/window **biglietterịa** *f.* 8A
tidal wave **onda** *f.* **di marea** 2B
tidy: to tidy up **mẹttere in ọrdine** *v.* 7B
tie **cravatta** *f.* 4B
tier **gradinata** *f.* 10A
tight-fitting **stretto/a** *adj.* 4B
time **volta** *f.* 6A
free time **tempo** *m.* **lịbero** 2A
What time? **A che ora?** 1B
What time is it? **Che ora è?/Che ore sono?** 1B
times **per** *adv.* 2B
timetable **orario** *m.* 8A
timid **tịmido/a** *adj.* 1B
tip **mancia** *f.* 5B
tire **gomma** *f.* 8A
tired **stanco/a** *adj.* 3B
to **in** *prep.* 3A; **a** *prep.* 1B
toast **far tostare** *v.* 5A, **brindisi** *m.* 4A
toaster **tostapane** *m.* 7B
today **oggi** *adv.* 1B
toe **dito** *m.* **del piede (*pl.* dita *f.*)** 6A
together **insieme** *adv.* 2A
toilet **gabinetto** *m.* 7A
tomato **pomodoro** *m.* 5A
tomorrow **domani** *adv.* 1A
See you tomorrow. **A domani.** 1A
the day after tomorrow **dopodomani** *adv.* 7A
ton (of) **sacco (di)** *adj.* 5A
tonight **stasera** *adv.* 5A
too **anche** *conj.* 1A; **troppo** *adv.* 5B
too much **troppo** *adj.* 5A; **troppo** *adv.* 5B
tooth **dente** *m.* 6A
to brush one's teeth **lavarsi i denti** *v.* 6A
toothbrush **spazzolino (da denti)** *m.* 6A
toothpaste **dentifricio** *m.* 6A
tornado **tornado** *m.* 2B

torrential downpour **diluvio** *m.* 2B
touch **toccare** *v.* 3A
touching **commovente** *adj.* 10B
tough **duro/a** *adj.* 3B
tour **giro** *m.* 4B
to be on tour **essere in tour** *v.* 10A
tourist: tourist class **classe** *f.* **turistica** 8B
tourist information office **ufficio** *m.* **informazioni** 9B
toward **verso** *prep.* 9A
towel **asciugamano** *m.* 6A
town **paese** *m.* 9A
in town **in centro 3A**
town hall **comune** *m.* 9B
toxic waste **rifiuti** *m., pl.* **tossici** 12A
track **binario** *m.* 8A
track and field **atletica** *m.* 2A
traffic **traffico** *m.* 8A
traffic circle **rotonda** *f.* 9A
traffic light **semaforo** *m.* 9A
traffic officer **vigile** *m., f.* **urbano/a** 8A
tragedy **tragedia** *f.* 10A
train **treno** *m.* 8A
training **formazione** *f.* 11B
professional training **tirocinio** *m.* 11B
tranquil **tranquillo/a** *adj.* 1B
transportation **trasporto** *m.* 8A
trash **immondizia** *f.* 12A
to take out the trash **portare fuori la spazzatura** *v.* 7B
trauma **trauma** *m.* 10A
travel **viaggiare** *v.* 2A
travel agent **agente** *m., f.* **di viaggio** 8B
traveler **viaggiatore/ viaggiatrice** *m., f.* 8B
tree **albero** *m.* 12A
trendy **trendy** *adj., invar.* 3B
It's very trendy now! **Va moltissimo ora!** 4B
trim (one's hair) **spuntare (i capelli)** *v.* 6A
trip **viaggio** *m.* 2A
truck **camion** *m.* 8A
truck driver **camionista** *m., f.* 11A
truly **veramente** *adv.* 5B
trunk **baule** *m.* 8A
trust **fiducia** *f.* 11A; **fidarsi** *v.* 11A
try **cercare** *v.* 10A; **provare** *v.* 10A
T-shirt **maglietta** *f.* 4B
short-/long-sleeved T-shirt **maglietta** *f.* **a maniche corte/ lunghe** 4B
Tuesday **martedì** *m.* 1B
tuft of hair **ciuffo** *m.* 6A
tuna **tonno** *m.* 5A
turn **volta** *f.* 6A; **giro** *m.* 4B; **girare** *v.* 9A
My turn. **Tocca a me.** 3A
to turn off **spegnere** *v.* 4A
to turn on **accendere** *v.* 4A
turned off **spento/a** *p.p., adj.* 4B
turned on **acceso/a** *p.p., adj.* 4B
TV **TV** *f.* 2A
Twelfth Night **epifania** *f.* 8B
twelve **dodici** *m., adj.* 1A
twentieth **ventesimo/a** *adj.* 10B
twenty **venti** *m., adj.* 1A
twenty-eight **ventotto** *m., adj.* 1A
twenty-five **venticinque** *m., adj.* 1A
twenty-four **ventiquattro** *m., adj.* 1A
twenty-nine **ventinove** *m., adj.,* 1A
twenty-one **ventun(o)** *m., adj.* 1A
twenty-seven **ventisette** *m., adj.* 1A
twenty-six **ventisei** *m., adj.* 1A
twenty-three **ventitré** *m., adj.* 1A
twenty-two **ventidue** *m., adj.* 1A
twins **gemelli/e** *m., f., pl.* 3A
two **due** *m., adj.* 1A
two hundred **duecento** *m., adj., invar.* 2B
two thousand **duemila** *m., adj.* 2B

U

ugly **brutto/a** *adj.* 3B
umbrella **ombrello** *m.* 2B
uncle **zio** *m.* 3A
under **sotto** *prep.* 4A
understand **capire** *v.* 3A
underwear **biancheria** *f.* **intima** 4B
undress **spogliarsi** *v.* 6A
unemployed **disoccupato/a** *adj.* 11A
to be unemployed **essere disoccupato/a** *v.* 11A
union **sindacato** *m.* 11A
united **unito/a** *adj.* 4B
university **università** *f.* 1B
unless **a meno che... non** *conj.* 12A
unlikely **improbabile** *adj.* 11A
unpleasant **antipatico/a** *adj.* 1B
until **fino a** *prep.* 2B
Until next time! **Alla prossima!** 1A
upper circle **loggione** *m.* 10A
us **ci** *d.o. pron., pl.* 5A; **noi** *disj. pron., m., f., pl.* 4A; **ci** *i.o. pron., pl.* 5B
use **usare** *v.* 2A
usual **solito/a** *adj.* 5B
as usual **al solito suo** 8A
The usual. **La solita cosa.** 1A
usually **di solito** *adv.* 5B

V

vacancy **posto** *m.* **disponibile** 8B
no vacancies **al completo** *adj.* 8B
vacation **vacanza** *f.* 8B
paid vacation **ferie** *f., pl.* 11A
ski vacation **settimana** *f.* **bianca** 8B
to go on vacation **partire in vacanza** *v.* 8B
vacuum cleaner **aspirapolvere** *m.* 7B; **passare l'aspirapolvere** *v.* 7B
validate (*ticket*) **convalidare** *v.* 8A
valley **valle** *f.* 12A
vase **vaso** *m.* 7A
vegetable **verdura** *f.* 5A
Verismo: belonging to the *Verismo* movement **verista** *adj.* 10B
veterinarian **veterinario/a** *m., f.* 11A
very **molto** *adv.* 5B
not very **poco** *adv.* 5B
video game **videogioco** *m.* 4A
villa **villa** *f.* 7A
violin **violino** *m.* 10A
violinist **violinista** *m., f.* 10A
visa **visto** *m.* 8B
visit **visitare** *v.* 10B
to visit an art gallery **visitare una galleria d'arte** *v.* 10B
voicemail **segreteria** *f.* **telefonica** 4A
volcanic eruption **eruzione** *f.* **vulcanica** 2B
volleyball **pallavolo** *f.* 2A

W

wage **stipendio** *m.* 11A
waist **vita** *f.* 6A
wait (for) **aspettare** *v.* 2A; **attendere** *v.* 11B
I can't wait. **Non vedo l'ora.** 5B
to wait in line **fare la fila** *v.* 8B
waiter **cameriere/a** *m., f.* 3B
waiting **attesa** *f.* 11B
wake **svegliare** *v.* 6A
to wake up **svegliarsi** *v.* 6A
walk **passeggiata** *f.* 2A; **camminare** *v.* 2A
wall **parete** *f.* 7A
want **volere** *v.* 4A; **desiderare** *v.* 2A
wash **lavare** *v.* 7B
to wash oneself **lavarsi** *v.* 6A
to wash the dishes **lavare i piatti** *v.* 7B
washing machine **lavatrice** *f.* 7B
waste **scoria** *f.* 12A; **sprecare** *v.* 12A

wastebasket **cestino** *m.* 1B
watch **orologio** *m.* 1B; **guardare** *v.* 2A
to watch one's weight **controllare la linea** *v.* 6B
to watch TV **guardare la TV** *v.* 2A
water **acqua** *f.* 5B
waterfall **cascata** *f.* 12A
wavy **mosso/a** *adj.* 3B
way **modo** *m.* 12A
No way! **Ma quando mai!** 9A
This way. **Da questa parte.** 1A
to know the way **conoscere la strada** *v.* 4B
we **noi** *sub. pron.* 1B
weak **debole** *adj.* 3B
wear **portare; indossare** *v.* 4B
to wear a suit **portare un vestito** *v.* 4B
weather **tempo** *m.* 2B
The weather is dreadful. **Il tempo è pessimo.** 2B
The weather is nice/bad. **Fa bel/brutto tempo.** 2B
Web site **sito** *m.* **Internet** 4A
wedding **matrimonio** *m.* 3A
Wednesday **mercoledì** *m.* 1B
week **settimana** *f.* 1B
weekend **fine** *m.* **settimana** 1A; **weekend** *m.* 7A
weight **peso** *m.* 9A
weird **strano/a** *adj.* 3B
Welcome! **Benvenuto!** *1A*
well **bene** *adj.* 1A; **beh** *inter.* 2A; **mah** *inter.* 3A
I am (very) well. **Sto (molto) bene.** 1A
I am not well. **Sto male.** 1A
Pretty well. **Abbastanza bene.** 1A
west **ovest** *m.* 9A
what **quale** *adj., pron., adv.* 3B; **che** *interr. pron.* 3B; **che cosa** *interr. pron.* 3B; **cosa** *interr. pron.* 3B
that which, what **ciò che** *rel. pron.* 9A; that which, what **quello/quel che** *rel. pron.* 9A
What color? **Di che colore?** 4B
What does . . . mean? **Cosa vuol dire…?** 4A
What is it? **(Che) cos'è?** 1B
What is the temperature? **Quanti gradi ci sono?** 2B
What is the weather like? **Che tempo fa?** 2B
What is your name? **Come si/ti chiama/i?** *(form./fam.)* 1A
What's new? **Che c'è di nuovo?** 1A
What's the date? **Che giorno è oggi?** 2B
What's wrong? **Che cosa c'è?** 1B
wheel: steering wheel **volante** *m.* 8A
when **quando** *conj., adv.* 3B
When is your birthday? **Quando è il tuo compleanno?** 2B
where **dove** *prep.* 3B
Where are you from? **Di dove sei?** 1B
Where do you live? **Dove abiti?** 7A
Where is . . . ? **Dove si trova...?** 9A
wherever **ovunque** *adv.* 11A
which **quale** *adj., pron., adv.* 3B; **che** *rel. pron.* 9A; **cui** *rel. pron.* 9A
that which **quello/quel che, ciò che** *rel. pron.* 9A
while **mentre** *conj.* 6B
whiner **lagna** *f.* 7B
whiny **lamentoso/a** *adj.* 3B
white **bianco/a** *adj.* 3B
who **chi** *interr. pron.* 3B; **che** *rel. pron.* 9A
those who, the one(s) who **chi** *rel. pron.* 9A
Who is it? **Chi è?** 1B
Who's calling? **Chi parla?** 11B
whom **chi** *interr. pron.* 3B; **che** *rel. pron.* 9A; **cui** *rel. pron.* 9A
why **perché** *conj.* 3B
widowed **vedovo/a** *adj.* 3A
wife **moglie** *f.* 3A
win **vincere** *v.* 2A
wind **vento** *m.* 2B
It's windy. **C'è vento.** 2B
wind power **energia** *f.* **eolica** 12A
window **finestra** *f.* 1B
shop window **vetrina** *f.* 4B
window *(teller)* **sportello** *m.* 9B
window cleaner **lavavetri** *m.* 7B
windshield **vetro** *m.* 8A
windshield wiper **tergicristallo** *m.* 8A
windsurfing **windsurf** *m.* 2A
windy **ventoso/a** *adj.* 2B
wine **vino** *m.* 5B
winter **inverno** *m.* 2B
wish **desiderare** *v.* 10A
with **con** *prep.* 3A
withdraw: to withdraw money **ritirare dei soldi** *v.* 9B
without **senza che** *conj.* 12A; **senza** *prep.* 4A
woman **donna** *f.* 1A
won **vinto/a** *p.p., adj.* 4B
wool **lana** *f.* 4B
work **opera** *f.* 10B; **lavoro** *m.* 8B; **lavorare** *v.* 2A; **funzionare** *v.* 4A
work of art **opera** *f.* **d'arte** *f.* 10B
worker **operaio/a** *m., f.* 11A
worried **preoccupato/a** *adj.* 3B
worry **preoccuparsi (di)** *v.* 6A
worse **peggiore** *adj.* 8A; **peggio** *adv.* 8A
worst **peggior(e)** *adj.* 8A
wound **ferita** *f.* 6B
Wow! **Accidenti!** 4B
write **scrivere** *v.* 2B
to write to each other **scriversi** *v.* 6A
writer **scrittore/scrittrice** *m., f.* 10B
written **scritto/a** *adj.* 4B
wrong **sbagliato/a** *adj.* 6A
to be wrong **avere torto** *v.* 2B

Y

yawn **sbadigliare** *v.* 6A
year **anno** *m.* 1A
to be . . . years old **avere… anni** *v.* 2B
year-end bonus **tredicesima** *f.* 11A
yellow **giallo/a** *adj.* 4B
yesterday **ieri** *adv.* 4B
the day before yesterday **l'altro ieri** *adv.* 4B
yet **ancora** *adv.* 4B
not yet **non... ancora** *adv.* 4B
yogurt **yogurt** *m.* 5A
you **vi** *d.o. pron., pl., fam., form.* 5A; **ti** *d.o. pron., sing., fam.* 5A; **La** *d.o. pron., sing., form.* 5A; **voi** *disj. pron., pl., fam., form.* 4A; **te** *disj. pron., sing., fam.* 4A; **vi** *i.o. pron., pl., fam., form.* 5B; **ti** *i.o. pron., sing., fam.* 5B; **Le** *i.o. pron., sing., form.* 5B; **voi** *sub. pron., pl., fam.* 1B; **Loro** *sub. pron., pl., form.* 1B; **tu** *sub. pron., sing., fam.* 1B; **Lei** *sub. pron., sing., form.* 1B; **Lei** *disj. pron., sing., form.* 4A
You're welcome. **Di niente., Prego.** 1A
young **giovane** *adj.* 3B
younger **minore** *adj.* 3A
younger brother **fratellino** *m.* 3A
younger sister **sorellina** *f.* 3A
your **tuo/a, tuoi, tue** *poss. adj., m., f.* 3A; **Suo/a, Suoi, Sue** *poss. adj., m., f., sing., form.* 3A; **vostro/a/i/e** *poss. adj., m., f.* 3A
yourself **sé** *disj. pron., sing., form.* 4A; **te** *disj. pron., sing., fam.* 4A
yourselves **voi** *disj. pron., pl., fam., form.* 4A
youth hostel **ostello** *m.* **della gioventù** 8B

Indice

T

U

V

W

Z

About the Author

Julia Cozzarelli received her PhD and MA degrees in Italian Language and Literature from Yale University. She is an Associate Professor of Italian Studies and Chair of the Department of Modern Languages and Literatures at Ithaca College, where she teaches courses on Italian language, literature, and culture at all levels and leads a summer study-abroad program in Siena, Italy. She has also taught at Cornell University, Wells College, and the State University of New York at Buffalo. Professor Cozzarelli's prior publications include her contributions to an intermediate-level Italian text and its ancillaries as well as journal articles on the literature of Boccaccio, Ficino, Ariosto, and Tasso. In addition to language pedagogy, her research interests in Italian include Renaissance literature and the modern novel.

Photography Credits

All images ©Vista Higher Learning unless otherwise noted.

Cover: © Beyond/Corbis; **Frontmatter: iii** © Andresr/Shutterstock.

Unit 1: 1 Rafael Ríos; **4** Rossy Llano; **8** (t) © Robert Fried/Alamy; **8** (b) © Stephen Coburn/Shutterstock; **9** (t) © Jorge Villegas/Age Fotostock; **9** (b) Katie Wade; **11** (t) © Dmitry Kutlayev/iStockphoto; **11** (mtl) José Blanco; **11** (mtm) Ray Levesque; **11** (mtr) Ventus Pictures; **11** (mbl) VHL; **11** (mbm) Martín Bernetti; **11** (mbr) Ray Levesque; **11** (b) Martín Bernetti; **12** (t) Ventus Pictures; **12** (ml) VHL; **12** (mm) Martin Bernetti; **12** (mr) Oscar Artavia Solano; **12** (bl) Katie Wade; **12** (bm) Martin Bernetti; **12** (br) Rafael Ríos; **22** © Vaklav/Shutterstock; **23** (t) © PhotoBliss/Alamy; **23** (m) © Directphoto.org/Alamy; **23** (b) Anne Loubet; **24** (t) Anne Loubet; **24** (ml) Janet Dracksdorf; **24** (mm) Liliana Bobadilla; **24** (mr) José Blanco; **24** (bl) Martín Bernetti; **24** (bm) Martín Bernetti; **24** (br) © Digital Vision/Getty Images; **25** Anne Loubet; **26** (t) Martín Bernetti; **26** (ml) Martín Bernetti; **26** (mm) © Nancy Ney/Digital Vision/Getty Images; **26** (mr) Pascal Pernix; **26** (bl) Martín Bernetti; **26** (bm) Darío Eusse Tobón; **26** (br) Martín Bernetti; **27** (t) © Image Source/Photolibrary; **27** (ml) © Pixtal/Age Fotostock; **27** (mm) Anne Loubet; **27** (mr) Martín Bernetti; **27** (bl) Martín Bernetti; **27** (bm) Martín Bernetti; **27** (br) © Arena Creative/Fotolia; **30** Mauricio Osorio; **31** (left col: tl) © Pixtal/Age Fotostock; **31** (left col: tr) © Aspen Stock/Age Fotostock; **31** (left col: bl)© Marmion/Big Stock Photo; **31** (left col: br) Martín Bernetti; **31** (right col) © Herreneck/Fotolia; **32** (t) © Vaclav Volrab/Shutterstock; **32** (ml) Ana Cabezas Martín; **32** (mr) Nancy Camley; **32** (bottom box: t) © Alexia Bannister/iStockphoto; **32** (bottom box: b) © Peeter Viisimaa/iStockphoto; **33** (tl) Rafael Ríos; **33** (tr) Katie Wade; **33** (bl) Ana Cabezas Martín; **33** (br) © NICOLAS ASFOURI/AFP/Getty Images; **36** Martín Bernetti; **37** © StockLite/Shutterstock.

Unit 2: 39 Rafael Ríos; **46** © Auremar/Fotolia; **47** (l) © Anyka/Shutterstock; **47** (r) © Ezra Shaw/Staff/Getty Images; **50** (t) Martín Bernetti; **50** (ml) Anne Loubet; **50** (mr) Martín Bernetti; **50** (bl) José Blanco; **50** (br) Martín Bernetti; **56** Nancy Camley; **60** © Ekspansio/iStockphoto; **61** (l) © Stefano Oppo/Getty Images; **61** (r) © Gopal Chitrakar/Reuters/Corbis; **62** (bl) Martin Bernetti; **62** (br) Anne Loubet; **63** (l) Pascal Pernix; **63** (r) © Orange Line Media/Shutterstock; **65** (all) Martín Bernetti; **68** (l) Martín Bernetti; **68** (r) © Photos.com/Getty Images; **69** (tl) Martín Bernetti; **69** (tm) Anne Loubet; **69** (tr) Oscar Artavia Solano; **69** (ml) Katie Wade; **69** (mml) Martín Bernetti; **69** (mmr) © Dmitry Kutlayev/iStockphoto; **69** (mr) © NickyBlade/iStockphoto; **69** (b) Katie Wade; **70** (t) Jessica Beets; **70** (ml) Ana Cabezas Martín; **70** (mr) Rafael Ríos; **70** (b) Katie Wade; **71** (tl) © Pictorial Press Ltd/Alamy; **71** (tr) © Ian G Dagnall/Alamy; **71** (bl) Katie Wade; **71** (br) © Terry Smith Images/Alamy; **72** (background) © Anistidesign/Shutterstock; **72** (l) © Clodio/Dreamstime; **72** (ml) © Zocchi2/Dreamstime; **72** (mr) © Forcdan/Dreamstime; **72** (r) © Duncancampbell/Dreamstime; **73** © Clodio/Dreamstime; **74** © David R. Frazier Photolibrary, Inc./Alamy; **75** (t) © Yuri Arcurs/Shutterstock; **75** (b) © Image Source/Age Fotostock.

Unit 3: 77 José Blanco; **80** Martín Bernetti; **84** Pamela Martinoli; **85** (t) © James Leynse/Corbis; **85** (bl) Rachel Distler; **85** (br) Anne Loubet; **86** (t) Martín Bernetti; **86** (ml) Ray Levesque; **86** (mm) Martín Bernetti; **86** (mr) VHL; **86** (bl) Ray Levesque; **86** (bm) Katie Wade; **86** (br) VHL; **96** (tl) José Blanco; **96** (tm) Anne Loubet; **96** (tr) Ana Cabezas Martín; **96** (ml) © Vstock, LLC/Photolibrary; **96** (mml) Martín Bernetti; **96** (mmr) Anne Loubet; **96** (mr) Anne Loubet; **96** (bl) Martín Bernetti; **96** (br) Martín Bernetti; **100** © ImageGap/Alamy; **101** (tl) Oscar Artavia Solano; **101** (tr) © Tony Gentile/Reuters/Corbis; **101** (b) © Corbis; **105** (tl) Ana Cabezas Martín; 105 (tr) Katie Wade; **105** (tml) José Blanco; **105** (tmr) José Blanco; **105** (ml) VHL; **105** (mr) Katie Wade; **105** (bml) Ana Cabezas Martín; **105** (bmr) Ana Cabezas Martín; **105** (bl) Ray Levesque; **105** (br) Vanessa Bertozzi; **108** (tl) María Eugenia Corbo; **108** (tr) Brian Waite; **108** (m) Rachel Distler; **108** (b) © DNY59/iStockphoto; **109** (tl) María Eugenia Corbo; **109** (tr) © Philip Scalia/Alamy; **109** (bl) © Bureau L.A. Collection/Sygma/Corbis; **109** (br) © Dan Bachman/iStockphoto; **110**© Alvaro Calero/iStockphoto; **111** Ana Cabezas Martín; **112** © Thinkstock/Age Fotostock; **113** © Ephraim Ben-Shimon/Corbis.

Unit 4: **115** Rafael Ríos; **117** (tl) © Konstantin Shevtsov/Shutterstock; **117** (tm) © L. Amica/Shutterstock; **117** (tr) Ray Levesque; **117** (bl) Ray Levesque; **117** (bm) Ray Levesque; **117** (br) Robert Lehmann/Fotolia; **122** Ana Cabezas Martín; **123** (t) © Kevin Fleming/Corbis; **123** (b) © Burke/Triolo Productions/Brand X/Getty Images 128 (tl) VHL; **128** (tr) Anne Loubet; **128** (bl) © Index Open/Photolibrary; **128** (br) © Image Source Limited/Index Stock Imagery/Jupiterimages; **131** (tl) Nancy Camley; **131** (tm) Nancy Camley; **131** (tr) Nancy Camley; **131** (bl) Katie Wade; **131** (bm) © Baloncici/Shutterstock; **131** (br) Ray Levesque; **132** (tl) José Blanco; **132** (tm) José Blanco; **132** (tr) Ana Cabezas Martín; **132** (bl) Katie Wade; **132** (bml) Nancy Camley; **132** (bmr) Martín Bernetti; **132** (br) Katie Wade; **136** © Sabine Lubenow/Alamy; **137** (t) © Vittoriano Rastelli/Corbis; **137** (m) © PeskyMonkey/iStockphoto; **137** (b) © Ivanchenko/iStockphoto; **138** (t) VHL; **138** (ml) VHL; **138** (mm) © Terekhov Igor/Shutterstock; **138** (mr) VHL; **138** (bl) VHL; **138** (bm) VHL; **138** (br) VHL; **140** (t) © Simon Podgorsek/iStockphoto; **140** (ml) José Blanco; **140** (mm) Martín Bernetti; **140** (mr) Martín Bernetti; **140** (bl) Martín Bernetti; **140** (bm) © Lise Gagne/iStockphoto; **140** (br) Anne Loubet; **141** Brian Waite; **142** (l) Martín Bernetti; **142** (r) Anne Loubet; **143** (tl) Martín Bernetti; **143** (tr) Ana Cabezas Martín; **143** (bl) Katie Wade; **143** (br) Tom Delano; **144** (t) Nancy Camley; **144** (ml) © Claudio Arnese/iStockphoto; **144** (mr) Andrew Paradise; **144** (b) © Goodshoot/Alamy; **145** (tl) © Chris Moore/Catwalking/Getty Images; **145** (tr) Ray Levesque; **145** (bl) © Vincenzo Lombardo/Getty Images; **145** (br) © Amro/Fotolia; **146** Anne Loubet; **147** Martin Bernetti; **148** © Pumba1/iStockphoto; **149** © PSD photography/Shutterstock.

Unit 5: **151** Katie Wade; **153** Katie Wade; **154** (t) Nancy Camley; **154** (bl) Katie Wade; **154** (bml) José Blanco; **154** (bmr) Anne Loubet; **154** (br) Anne Loubet; **158** (t) Katie Wade; **158** (b) Janet Dracksdorf; **159** (t)Vanessa Bertozzi; **159** (m) Ana Cabezas Martín; **159** (b) Katie Wade; **170** Ventus Pictures; **174** (l) © Adrian Weinbrecht/Getty Images; **174** (r) © Picture Contact BV/Alamy; **175** (t) © Franco pizzochero/Age Fotostock; **175** (m) Rachel Distler; **175** (b) © Stockbroker/Age Fotostock; **176** (t) José Blanco; **176** (ml) Katie Wade; **176** (mm) © Gresei/Shutterstock; **176** (mr) VHL; **176** (bl) Nancy Camley; **176** (bm) Katie Wade; **176** (br) Oscar Artavia Solano; **179** Anne Loubet; **181** (l) Ventus Pictures; **181** (r) Katie Wade; **182** (tl) © N. Miskovic/Shutterstock; **182** (tr) John DeCarli; **182** (m) © NewPhotoService/Shutterstock; **182** (b) © Claudio Zaccherini/Shutterstock; **183** (tl) John DeCarli; **183** (tr) Katie Wade; **183** (bl) © CuboImages srl/Alamy; **183** (br) © Giulio Andreini/Age Fotostock; **184** (background) © Eric Gevaert/Shutterstock; **186** © Doco Dalfiano/Age Fotostock; **187** Anne Loubet.

Unit 6: **189** Katie Wade; **192** (t) © George Dolgikh/Shutterstock; **192** (ml) © Tatiana Popova/Shutterstock; **192** (mml) © Rafa Irusta/Shutterstock; **192** (mmr) © Slon1971/Shutterstock; **192** (mr) © Lusoimages/Shutterstock; **192** (bl) © SGame/Shutterstock; **192** (bml) © HomeStudio/Shutterstock; **192** (bmr) © Ljupco Smokovski/Shutterstock; **192** (br)© Brandon Blinkenberg/Shutterstock; **196** © Yuri Arcurs/Shutterstock; **197** (t) Katie Wade; **197** (b) Ventus Pictures; **200** (l) Martín Bernetti; **200** (r) © Yellowj/Shutterstock; **201** (left col) Martín Bernetti; **201** (right col: l) Paula Díez; **201** (right col: r) © Andresr/Shutterstock; **203** (t) Martín Bernetti; **203** (ml) Nancy Camley; **203** (mm) Martín Bernetti; **203** (mr) Janet Dracksdorf; **203** (bl) Darío Eusse Tobón; **203** (bm) José Blanco; **203** (br) Martín Bernetti; **207** (tl) © Vasiliy Koval/Shutterstock; **207** (tm) © Gabriel Blaj/Fotolia; **207** (tr) © Dmitriy Shironosov/Shutterstock; **207** (bl) © Diana Lundin/Shutterstock; **207** (bm) © Ricardo Verde Costa/Shutterstock; **207** (br) © Moodboard Premium/Fotolia; **212** (l) © Jochen Tack/Alamy; **212** (r) © Filippo Monteforte/AFP/Getty Images; **213** (t) © Catherine Cabrol/Kipa/Corbis; **213** (m) © Jason Stitt/Shutterstock; **213** (b) Ray Levesque; **218** (tl) Rafael Ríos; **218** (tr) Martín Bernetti; **218** (bl) © Visual Ideas/Camilo M/Age Fotostock; **218** (br) © Europhoto/Age Fotostock; **219** (l) © Olive/Age Fotostock; **219** (r) © Olive/Age Fotostock; **220** © Onoky/Fotolia; **221** (tl) Pascal Pernix; **221** (tr) Paula Díez; **221** (b) Martín Bernetti; **222** (t) John DeCarli; **222** (ml) Nancy Camley; **222** (mr) John DeCarli; **222** (b) © Marco Albonico/Age Fotostock; **223** (tl) John DeCarli; **223** (tr) © Gianni Furlan/123RF; **223** (bl) © Vuk8691/Dreamstime; **223** (br) © Vladimir Daragan/Shutterstock; **224** (t) © Kurhan/Shutterstock; **224** (b) © Monkey Business Images/Shutterstock; **225** © Andresr/Shutterstock; **226** © Directphoto Collection/Alamy; **227** Paula Díez.

Unit 7: **229** Katie Wade; **236** (l) © Photoroller/Shutterstock; **236** (r) Rafael Ríos; **237** © Thomas M Perkins/Shutterstock; **239** (t) © Ligak/Shutterstock; **239** (b) © Ivonne Wierink/Shutterstock; **241** Martín Bernetti; **243** © Supertrooper/Shutterstock; **244** (t) Ali Burafi; **244** (bl) VHL; **244** (bm) VHL; **244** (br) Anne Loubet; **252** © Hannamariah/Shutterstock; **253** (t) Katie Wade; **253** (m) © Anna Kaminska/Shutterstock; **253** (b) © Ace Stock Limited/Alamy; **260** © Dean Tomlinson/iStockphoto; **261** (t) Anne Loubet; **261** (bl) Martín Bernetti; **261** (br) Nancy Camley; **262** (t) © Karel Gallas/Shutterstock; **262** (ml) © Gmv/Dreamstime; **262** (mr) © Ollirg/Shutterstock; **262** (b) © MARCELLO PATERNOSTRO/AFP/Getty Images; **263** (tl) © Seraficus/iStockphoto; **263** (tr) © Lucamoi/Dreamstime; **263** (bl) © Cartographer/Fotolia; **263** (br) © Sarah Bossert/Shutterstock; **264** © Hedda Gjerpen/iStockphoto; **265** © Rocco Montoya/iStockphoto; **266** (l) Anne Loubet; **266** (tr) Anne Loubet; **266** (mr) Anne Loubet; **266** (br) Anne Loubet; **267** Anne Loubet.

Unit 8: **269** Katie Wade; **271** (tl) Vanessa Bertozzi; **271** (tm) Katie Wade; **271** (tr) Ray Levesque; **271** (bl) Katie Wade; **271** (bm) Oscar Artavia Solano; **271** (br) Vanessa Bertozzi; **272** Vanessa Bertozzi; **276** (l) Vanessa Bertozzi; **276** (r) Vanessa Bertozzi; **277** (t) © Keystone/Stringer/Getty Images; **277** (m) Nancy Camley; **277** (b) Vanessa Bertozzi; **278** (tl) © Jaimie Duplass/Shutterstock; **278** (tr) Vanessa Bertozzi; **278** (ml) Katie Wade; **278** (mr) Anne Loubet; **278** (bl) © Tom Grill/Corbis; **278** (br) Anne Loubet; **279** (left col: t) Jessica Beets; **279** (left col: b) Jessica Beets; **279** (right col: l) Pascal Pernix; **279** (right col: r) Martín Bernetti; **281** (tl) Katie Wade; **281** (tm) Katie Wade; **281** (tr) José Blanco; **281** (bl) © Pinosub/Shutterstock; **281** (bm) Katie Wade; **281** (br) Vanessa Bertozzi; **283** Rafael Ríos; **284** (tl) Martín Bernetti; **284** (tr) Martín Bernetti; **284** (bl) José Blanco; **284** (br) José Blanco; **292** © Atlantide Phototravel/Corbis; **293** (t) © San Clemente Palace Hotel & Resort/THI Collection-Luxury

Hotels & Resorts; **293** (b) Ana Cabezas Martín; **295** Nancy Camley; **296** (l) © Yuliya Gagina/Fotolia; **296** (r) © Yuliya Gagina/Fotolia; **297** (left col: tl) John DeCarli; **297** (left col: tr) John DeCarli; **297** (left col: bl) Martín Bernetti; **297** (left col: br) María Eugenia Corbo; **297** (right col: l) © Daltonartworks/Big Stock Photo; **297** (right col: r) © Bonniemari (Bonita Cheshier)/Dreamstime; **300** Andrew Paradise; **301** (tl) Nancy Camley; **301** (tm) Ana Cabezas Martín; **301** (tr) Andrew Paradise; **301** (ml) Nancy Camley; **301** (mml) Nancy Camley; **301** (mmr) Andrew Paradise; **301** (mr) Andrew Paradise; **301** (bl) © William Whitehurst/Corbis; **301** (br) Vanessa Bertozzi; **302** (t) © Evgeniapp/Shutterstock; **302** (ml) © Stepen B. Goodwin/Shutterstock; **302** (mr) © Andrei Nekrassov/Shutterstock; **302** (b) © Wildimage/Alamy; **303** (tl) © E.T./Fotolia; **303** (tr) © Luciano Mortula/Shutterstock; **303** (bl) © Carolyn M Carpenter/Shutterstock; **303** (br) © Drazen Vukelic/Shutterstock; **304** Andrew Paradise; **306** Vanessa Bertozzi; **307** Vanessa Bertozzi.

Unit 9: **309** Katie Wade; **311** (tl) Ana Cabezas Martín; **311** (tm) Katie Wade; **311** (tr) Katie Wade; **311** (bl) Ana Cabezas Martín; **311** (bm) John DeCarli; **311** (br) John DeCarli; **316** Katie Wade; **317** (t) © Rolf Richardson/Alamy; **317** (m) Vanessa Bertozzi; **317** (b) Piero della Francesca (c.1420–1492). Italian. View of an Ideal City. Location: Galleria Nazionale delle Marche, Urbino, Italy. Photo Credit: © Scala/Art Resource, NY.; **319** (all) Katie Wade; **322** (l) Martín Bernetti; **322** (m) José Blanco; **322** (r) María Eugenia Corbo; **325** (tl) Katie Wade; **325** (tm) © JTB Photo/Age Fotostock; **325** (tr) Janet Dracksdorf; **325** (bl) Martín Bernetti; **325** (bm) Vanessa Bertozzi; **325** (br) VHL; **326** Katie Wade; **330** (l) Katie Wade; **330** (r) Vanessa Bertozzi; **331** (t) © Vittoriano Rastelli/Corbis; **331** (m) Katie Wade; **331** (b) © Giulio Andreini/Age Fotostock; **334** (l) Katie Wade; **334** (r) Ventus Pictures; **335** Katie Wade; **336** Martín Bernetti; **337** (tl) Katie Wade; **337** (tr) Katie Wade; **337** (m) Oscar Artavia Solano; **337** (bl) Katie Wade; **337** (br) © Mario loisellei/iStockphoto; **338** (tl) © Vincenzo Vergelli/iStockphoto; **338** (tr) © Universal Images Group/DeAgostini/Alamy; **338** (m) © Richard Osbourne/Alamy; **338** (b) © Atlantide Phototravel/Corbis; **339** (tl) © Justin Guariglia/Corbis; **339** (tr) Katie Wade; **339** (bl) Interior view of the tomb of the Baron, Tarquinia, Etruscan, 510–500 BCE. Location: Photo Credit: © Scala/Art Resource, NY.; **339** (br) © Jaxpix/Alamy; **340** © Rob Bouwman/iStockphoto; **341** © Bonita Cheshier/Dreamstime; **342** Rossy Llano; **343** © Dmitriy Shironosov/Shutterstock.

Unit 10: **345** Katie Wade; **347** (tl) © Dennis Cox/Shutterstock; **347** (mr) © Dennis Cox/Shutterstock; **348** (l) © Niko Guido/iStockphoto; **348** (r) © Rasmus Rasmussen/iStockphoto; **352** © Siepmann/Age Fotostock; **353** (t) © Marka/Alamy; **353** (b) © Associazione Umbria Jazz; **356** (tl) © Karbunar/Shutterstock; **356** (tm) © Infomages/Shutterstock; **356** (tr) Janet Dracksdorf; **356** (bl) Anne Loubet; **356** (bm) VHL; **356** (br) Martín Bernetti; **358** Martín Bernetti; **359** By permission of PREMIUM FILMS; **364** Martín Bernetti; **368** (l) © Reed/Shutterstock; **368** (r) Rafael Ríos; **369** (t) © Stock Montage/Getty Images; **369** (m) Nancy Camley; **369** (b) Rossy Llano; **370** (tl) Anne Loubet; **370** (tm) © www.imagesource.com; **370** (tr) Martín Bernetti; **370** (bl) Janet Dracksdorf; **370** (bm) Carolina Zapata; **370** (br) Ventus Pictures; **373** Martín Bernetti; **374** (l) VHL; **374** (r) Martín Bernetti; **375** (l) Darío Eusse Tobón; **375** (r) © Corel/Corbis; **376** (tl) © Rafael Ramirez Lee/Shutterstock; **376** (tr) Jessica Beets; **376** (m) © Carlos Muñoz/Shutterstock; **376** (b) © WernerHilpert/Fotolia; **377** (tl) Jessica Beets; **377** (tr) © Shutterstock; **377** (bl) © Art Kowalsky/Alamy; **377** (br) Jessica Beets; **378** Rafael Ríos; **378–379** © Bpk, Berlin/Kupferstichkabinett, Staatliche Museen, Berlin, Germany/Volker-H. Photo credit: Bildarchiv Preussischer Kulturbesitz/Art Resource, NY.; **380** © Michael Ventura/Alamy; **381** © Roberto Benzi/Age Fotostock.

Unit 11: **383** Katie Wade; **385** (tl) Nancy Camley; **385** (tm) Vanessa Bertozzi; **385** (tr) Katie Wade; **385** (bl) Vanessa Bertozzi; **385** (bm) Katie Wade; **385** (br) Katie Wade; **386** Katie Wade; **390** (l) Vanessa Bertozzi; **390** (r) © Paolo Cavalli/Age Fotostock; **391** (t) © Courtesy of Premio Giornalistico Televisivo Ilaria Alpi; **391** (b) © Giulio Paolicchi/Alamy; **392** (l) © Kaarsten/Shutterstock; **392** (r) © Amana Images Inc./Alamy; **393** (tl) © Robert Gebbie Photography/Shutterstock; **393** (tr) © Monkey Business Images/Shutterstock; **393** (b) Anne Loubet; **395** © Damir Karan/iStockphoto; **397** By permission of Morgana Production; **401** (tl) © Ragnarock/Shutterstock; **401** (tm) © MarFot/Shutterstock; **401** (tr) © Dmitry Lavrenyuk/Shutterstock; **401** (bl) © Dusan Bartolovic/Shutterstock; **401** (bm) © Sergey Fedenko/Shutterstock; **401** (br) © Ewa Walicka/Shutterstock; **402** (t) Martín Bernetti; **402** (ml) © Andersen Ross/Blend Images; **402** (ml) © Georgy Markov/Shutterstock; **402** (bl) Martín Bernetti; **402** (br) © Avava/Shutterstock; **406** (l) José Blanco; **406** (r) Katie Wade; **407** (t) © Ettore Ferrari/epa/Corbis; **407** (b) © GeoM/Shutterstock; **411** (tl) Janet Dracksdorf; **411** (tm) VHL; **411** (tr) Janet Dracksdorf; **411** (bl) Martín Bernetti; **411** (bm) Martín Bernetti; **411**(br) Martín Bernetti; **412** Vanessa Bertozzi; **413** (tl) © Rafael Ramirez Lee/Shutterstock; **413** (tm) Jessica Beets; **413** (tr) Ana Cabezas Martín; **413** (ml) Ana Cabezas Martín; **413** (mml) Andrew Paradise; **413** (mmr) Andrew Paradise; **413** (mr) Nancy Camley; **413** (bl) Martín Bernetti; **413** (br) Martín Bernetti; **414** (t) © Giovanni/Shutterstock; **414** (ml) © NewPhotoService/Shutterstock; **414** (mr) © Pool/Getty Images; **414** (b) © Danilo Donadoni/Age Fotostock; **415** (tl) © Johner Images/Alamy; **415** (tr) © Barbara Pheby/Shutterstock; **415** (bl) © Alberto Ramella/Age Fotostock; **415** (br) © Maksim Toome/Shutterstock; **416** © Bettmann/Corbis; **416-417** © Leoks/Shutterstock; **418** © Image Source Pink/Alamy; **419** © Holbox/Shutterstock.

Unit 12: **421** Katie Wade; **423** (tl) John DeCarli; **423** (tr) Andrew Paradise; **423** (ml) Andrew Paradise; **423** (mr) Nancy Camley; **423** (bl) John DeCarli; **423** (br) Janet Dracksdorf; **424** (tl) Vanessa Bertozzi; **424** (tr) © Giovanni Benintende/Shutterstock; **424** (bl) Vanessa Bertozzi; **424** (bml) María Eugenia Corbo; **424** (bmr) Vanessa Bertozzi; **424** (br) VHL; **428** © Roca/Shutterstock; **429** (t) © Katye Famy/Fotolia; **429** (b) © Jakub Pavlinec/Shutterstock; **434** (t) Janet Dracksdorf; **434** (ml) © Brand X Pictures/Alamy; **434** (mm) Janet Dracksdorf; **434** (mr) Ali Burafi; **434** (bl) VHL; **434** (bm) Janet Dracksdorf; **434** (br) © Corel/Corbis; **435** By permission of Davide Rizzi; **439** (tl) © Morton Beebe/Corbis; **439** (tm) Rafael Ríos; **439** (tr)

© Antonio S./Shutterstock; **439** (bl) Anne Loubet; **439** (bm) Katie Wade; **439** (br) © Epsylon_Lyrae/Shutterstock; **440** © Mark Karrass/Corbis; **444** (l) © Franck Guizio/Age Fotostock; **444** (r) © Paolo Bona/Age Fotostock; **445** (t) © Frank Rothe/Alamy; **445** (m) Vanessa Bertozzi; **445** (b) Vanessa Bertozzi; **450** (t) Nancy Camley; **450** (ml) © Tomas Sereda/Shutterstock; **450** (mm) Vanessa Bertozzi; **450** (mr) Katie Wade; **450** (bl) © Royalty-Free/Corbis; **450** (bm) Martín Bernetti; **450** (br) © Index Open/Photolibrary; **451** (l) Vanessa Bertozzi; **451** (r) © Corel/Corbis; **452** (all) Vanessa Bertozzi; **453** (tl) © Vito Arcomano/Age Fotostock; **453** (tr) © The Print Collector/Alamy; **453** (bl) Vanessa Bertozzi; **453** (br) © Inacio Pires/Shutterstock; **454** © Gianni Giansanti/Sygma/Corbis; **455** © Will Parson/Shutterstock; **456** © Vincenzo Pinto/AFP/Getty Images; **457** © Ciro Fusco/Corbis.

Text Credits

454 By permission of RCS Libri S.p.A.

Film Credits

359 By permission of PREMIUM FILMS.
397 By permission of Morgana Production.
435 By permission of Davide Rizzi.

Television Credits

15 By permission of Zanichelli editore.
53 Video courtesy of Seat Pagine Gialle and stv DDB, for limited educational use only. No reuse allowed.
93 By permission of Valle Spluga S.p.A.
129 By permission of Telecom Italia, Santo and Indiana Production.
167 By permission of Sky Italia.
205 By permission of Sky Italia.
245 By permission of Leroy Merlin Italia.
285 By permission of Autoestrade per l'Italia S.p.A.
323 By permission of Consorzio "Le Città i Mercati".